개정판

환경행정학

환경행정연구회

김창수 · 김하나 · 문태훈 · 박미옥 · 박용성
오수길 · 윤순진 · 하현상 · 홍준형

도서출판 대영문화사

개정판 머리말

이상 기후 현상이 절실히 다가선다.

지난 해에 이어 금년의 겨울에도 눈 대신 가을비도 아닌 것이 봄비도 아니면서 봄비 인양 내리는 따뜻한 겨울비가 이상 기온의 불안함으로 다가선다.

그런데 그것이 우리나라만의 이야기는 아닌 것 같다. 사막에도 눈이 오고 북극에 가까운 핀란드에서도 이미 헐벗었어야 할 나무에 파릇파릇 이파리들이 붙어있다고 한다. 심지어 연간 강수량이 75mm에 불과하였던 두바이에 폭우가 내리는 동안 이집트 카이로에서는 112년 만의 폭설이 내리고 있다는 외신보도를 듣다 보니, 이젠 여름이 아주 덥거나 서늘해도, 겨울이 매우 춥거나 따뜻해도 기후 변화 시대의 지구에서 기상이변이 더 이상 이변이 아니라는 언론보도가 더 이상 낯설지 않게 느껴진다. 이처럼 막연한 우려처럼 대두되어 왔던 기후 변화는 인류의 눈앞에 당연한 듯이 다가서 있다. 이러한 사태의 원인이 최근 넉 달째 호주의 산불로 누적된 이산화탄소가 대기 중에 복사열을 가두어 생긴 '지구 온난화'가 직·간접적인 요인이라고 한다. 점차 만년설과 빙하가 녹아내리면서 단기적으로는 홍수가 빈발하게 되어 하천이 말라붙게 되고, 결국에는 가뭄과 식량난을 초래하게 될 것이라는 전망이 환경전문가들이 우려하는 불길한 징조이다. 유엔환경계획(UNEP)은 이러한 대재앙을 방지하기 위해서는 2017년 탄소배출량 대비 50%를 감축시켜야 한다고 각국에 권고하고 나섰다.

상황의 심각성을 반증하듯이 지난 주(1월 21일) 개최된 다보스 포럼의 핵심 의제 또한 '기후 변화'였다. 포럼을 통해 스웨덴의 10대 환경운동가 그레타 툰베리는 '기후 위기'를 외면하는 세계 지도자들을 향해 비판의 목소리를 높였다. 그러나 환경의 대재앙을 막아보겠다고 탈원전 정책을 고집하고 있는 한국 정부의 탄소 감축 수준은 2019년 12월 저먼워치, 기후행동네트워크, 뉴클라이마트연구소가 공동 발표한 '기후변화대응지수(CCPI)'에서 총 61위의 발표 순위 가운데 58위를 점했다는 점에서 빨

간불이 켜진 상태이다. 오히려 전년 대비 한 단계 더 떨어졌다는 점에서 문제의 심각성이 제기되고 있다. 2018년 OECD 회원국들은 석탄소비량을 3.5% 감축했음에도 불구하고 한국은 기존 소비량보다 2.4% 증가하여 사상 최대치를 기록하였다. 우리의 탈원전 정책이 초래한 불안정한 에너지 수급으로 인해 경제성장 전망치 또한 한 등급 하향조정되었다는 보도도 들려왔다. 태양광, 풍력 등과 같은 재생에너지를 늘린다고 하였지만 그것의 발전적 효율성은 확보하지 못한 상태에서 탄소를 흡수할 숲만 훼손하는 역설을 빚어내었다는 것이 전문가들의 비판이다. 2016년 국제사회로 부터 붙여진 '기후 악당국'이라는 오명을 벗기도 전에 설상가상으로 덧붙여진 불명예가 아닐 수 없는 현실과 함께, 환경 행정의 중요한 역할이 더욱더 강조되어야 하는 대목이다. 이와 같이 국내 · 외적인 환경위기 전반에 대한 시대적 소명이 부각되는 시점에서 한국행정학회 환경행정연구회는 2014년 9월 『환경행정학』의 초판 발행에 이어서 2020년 2월 『환경행정학』의 개정판을 발간하는 지금까지 우리나라에서 변화된 환경행정이나 정책의 모습은 매우 미미한 수준이라고 볼 수 있다. 오히려 물관리 일원화와 함께 조직구조가 개편된 것을 두고 '환경부'가 너무 커진 것이 아니냐는 여타 부처들의 시대착오적 반응에 강한 아쉬움이 남는다.

이제 우리나라의 환경은 지속가능발전(K-SDGs)의 차원에서 시대적 요구에 부응하는 수준으로 추진되어야 할 중요한 국가적 과제라는 점을 인지하지 않으면 안 될 상황에 놓여 있다고 해도 과언이 아닐 것이다. 그것은 현행 환경부의 조직 규모가 K-SDGs를 이끌어 나갈 수 있는 수준으로 확대 · 강화되어야 만이 '기후 악당국'이라는 오명을 최소한 벗을 수 있지 않을까 하는 기대와 함께 『환경행정학』이 우리나라의 환경발전에 작은 기여를 하고 싶은 희망에서 그 출간의 의미를 담아내고자 한다.

이번에 출간되는 『환경행정학』의 개정판은 빠른 속도로 급변하는 환경의 여건에 대하여 그동안 변화의 시간만큼 환경행정과 정책의 변화를 중심으로 새롭게 편성되었다.

우선 과거의 환경행정학이 1~3편에 총 13장으로 편성하여 작성하였지만 이번 개정판에서는 제1편의 제1~5장을 대폭 축소 개편하여 제1장과 제2장으로 압축하였고, 전체적으로도 편(編)의 구분없이 10개의 장으로 다음과 같이 개편하였다.

제1장은 환경행정으로서의 지속가능발전 거버넌스를 어떻게 이해하고 형성해갈

것인가에 대한 논의를 현실적 사례를 중심으로 정리하였고, 제2장은 현대 사회의 환경행정이 안고 있는 난제들을 해결하기 위해서는 통합적인 관점에서의 추진이 필요하다는 시각에서 지속가능발전의 개념을 설명하였다. 포괄성, 연계성, 형평성, 안정성 및 신중성 등의 특성을 갖고 있는 지속가능발전의 개념을 통해 환경 문제와 경제발전의 양립가능성에 대한 논의를 정리하였다.

제3장은 생물자원의 중요성과 보전, 관리, 이용 현황을 검토한 바, 자원관리의 관점에서 환경 문제를 접근하는 환경정책 패러다임의 변화, 관련 법규의 정비, 행정 기능의 조정과 통합, 생물자원과 관련된 정부의 여러 부처 중에서 부문별 선도 부처와 조정 부처를 명확히 선정하고, 종합적인 거버넌스 체계를 구축하는 것이 생물자원 보전을 위한 정책과 행정이라는 함의가 그 주요 내용이다.

제4장은 환경 문제의 심각성 가운데 수질오염을 중심으로 정리하였는데, 국가 물관리와 관련하여 수질 개선 정책수단에 대하여 논의를 하였고, 물을 이용하면서 발생할 수 있는 이해관계자들 간의 갈등 이슈와 통합물관리 체계의 형성에 따른 정책과제를 다루었다. 다만 환경부 중심으로 수질 · 수량관리를 통합하였다는 점에서 물관리 일원화가 추진되고 있는 점은 업무의 연계성 제고 측면에서 상당한 의미가 있다는 논의와 함께 장차 미래 사회의 블루오션(Blue Ocean)이라고 할 수 있는 물 산업 육성 등에 대한 논의를 다루었다.

제5장은 기후 변화란 무엇이며 왜 발생했는지에 대한 검토를 통하여 국제사회 및 한국 정부의 기후 변화 대응 과정에 대하여 논의하였다. 아울러 기후 변화를 둘러싸고 존재하는 행위자들에 대한 논의와 갈등과정 등을 검토하고 향후 기후 변화 정책이 나아가야 할 바람직한 방향 등에 대하여 소개하였다.

제6장은 최근 국내 · 외적으로 가장 핫이슈가 되고 있는 '환경보건'에 대하여 이론적 개념을 정리하고 미세먼지와 가습기 살균제 피해 및 구미 불화수소 배출 사건 등과 관련된 다양한 사례들을 중심으로 환경보건에 대한 정의, 원칙, 특징 및 내용 등을 소개하였다. 환경보건정책 및 행정의 과학적 근거를 제공하는 위해성 평가, 과학적인 정보 등을 바탕으로 위해성 관리와 소통을 설명하고, 향후 환경보건의 새로운 과제들(기후 변화, 환경 유해인자의 확산 가능성 증가 등) 에 대한 정책 방향을 제시하였다.

제7장은 우리나라 자원순환정책의 기본개요를 개념과 분류, 특징 등을 중심으로 정리하였고, 다양한 폐기물들의 처리와 관리를 위해 준수해야 할 각종 폐기물 관리 제도에 대하여 설명하였다. 또한 갈수록 급증하고 있는 폐기물의 감량화 정책을 어떻게 추진할 것인가에 대한 정책적 지향점 등을 설명하면서, 폐기물의 '발생－배출－처리'의 과정에 연결되어 있는 폐기물 관리의 참여자에 대한 논의를 핵심 과제로 정리하였다. 정책집행자로서 공무원의 역할과, 청소대행 및 처리업체 종사자 및 주민참여 등에 대한 역할과 과제에 대하여 소개하면서 향후 자원순환정책이 극복해 나가야 할 과제에 대하여 논의하였다.

제8장은 정부의 규제정책을 통한 환경 규제의 필요성을 설명하고 명령 지시적, 시장 유인적 환경 규제 수단을 사전적 규제와 사후적 규제의 유형별 논의를 정리하였다. 특히 환경오염 문제를 해결하기 위해 동원되고 있는 규제의 수단에도 그 변화의 흐름이 감지되고 있는 바, 환경 규제 패러다임의 변화에 대한 논의와 함께 우리나라 환경 규제의 특징과 한계 및 향후 풀어나가야 할 과제 등에 대한 논의를 정리하였다.

제9장은 이제 '성장의 부수비용'이 아니라 '생존의 문제'가 되어버린 환경 문제를 국가의 최우선 과제로서 또는 전 지구적 문제로서의 그 해결을 위한 법적 대응을 위해서 수반되는 '환경법'의 중요성과 주요 내용을 정리하였다. 국가의 환경보호 임무에는 환경권의 헌법적 확립이 우선되고 있음을 논의하면서 환경권의 내용과 판례 등을 그 사례로서 설명하였다. 특히 환경법과 법 체계 및 환경행정의 조직과 환경보호를 위한 법적 수단에 대한 내용을 소개하면서 환경법과 규제 실패에 따른 법적 과정 및 극복방안 등에 대한 내용을 함의하였다.

제10장은 환경과 관련된 내용은 국제사회와 공유되는 부분이 적지 않은 만큼 해외 주요 국가들의 환경행정을 비교·분석하는 것이 매우 의미있는 시사점을 제시한다는 점에서 미국, 영국, 일본, 독일 등 선진 국가들이 추진하고 있는 환경행정 및 정책에 대한 내용을 비교·분석하였다. 따라서 이 장에서는 선진 각국의 환경행정의 기본방향과 특징, 환경행정 및 정책의 전개 과정, 환경 관련 행정기관들의 역할, 환경 관련 주요 법 체계 등에 대한 내용을 주요 국가별로 소개하였다. 비교·분석 과정에서 발견된 주요 내용은 대부분의 선진 각국들은 환경 문제의 관리가 '통합적'으로 관리되고 있었으며, 강제보다는 협의에 의한 환경행정을 추진하고 있다는 점이

특징이었다. 따라서 향후 우리나라의 환경행정 및 관리정책도 국가사무 중심의 환경관리 구조에서 지방정부에 더 많은 재량권과 자율권을 보장하는 분산적 환경행정 구조로의 전환을 주요 과제로서 제안함으로써 이 교재의 마지막 장으로서의 의미를 담았다.

서두에서 기후 변화와 환경위기에 대한 내용들을 현실적인 사례를 중심으로 나열하였지만 아직도 기후 변화, 환경위기에 대해 투입되는 노력은 전쟁 방지를 위해 쏟아지는 열정에 대비할 때 얼마나 되는지 가히 짐작도 안된다는 점에서 걱정이 앞서는 것은 당연한 일이다. 그럼에도 불구하고 인류는 여전히 과도한 소비와 자연에 대한 오만함은 버리지 못하고 절제된 삶과 환경을 구축하는 데 서툰 듯하다. 아직 우리 인류가 적극적으로 변화를 주도할 수 있을 때 기후 변화와 환경위기에 대한 대응 행동에 적극 동참한다면 인류의 미래는 그다지 어둡지 않을 것이다. 그러한 문제를 풀어갈 수 있는 유일한 해결책은 환경행정을 토대로 국가행정의 기본 틀이 바뀌어야 하며, 환경행정 패러다임을 전환하여 사회경제적 · 환경적 위기에 대응해 나갈 수 있는 기본적 토대로서 기여하기를 바라는 생각에서 이 교재의 집필에 대한 의미를 담아본다.

끝으로 한국행정학회 환경행정연구회 회원 여러분과 함께 『환경행정학』의 개정판을 편찬할 수 있음에 감사하고, 앞으로도 심도 깊은 『환경행정학』의 연구를 통해 이 교재의 질적 향상을 위한 지속적인 연구개발에 매진할 것임을 다짐하는 바이다. 이 책이 출간되기까지 많은 도움과 협력을 아끼지 않으신 대영문화사 임춘환 사장님과 임직원분들께 감사드리며, 환경을 공부하는 학생들과 환경을 사랑하는 모든 분들께 이 책을 바친다.

2020년 2월

한국행정학회 환경행정연구회 집필진 일동

환경행정연구회장 박미옥 대필

머리말

금세기에 들어서 많은 사람이 시대적 변화와 주요 이슈에 대해 다양한 주장을 하고 있다. 그 중에서도 가장 빈번하게 접하게 되는 것이 기후 변화, 생태계 파괴, 자원 고갈, 식량 부족 등과 같은 환경 문제 또는 환경 위기 등이며, 이러한 용어가 더 이상 낯설지 않은 시대에 우리는 살고 있다. 그만큼 환경 문제, 환경 위기와 관련된 시대적 요청은 그에 대한 적절한 극복 방안 내지 획기적인 대응 정책 마련의 시급함을 담고 있다. 그것은 선후진국을 판가름짓는 주요 잣대 또한 이러한 환경 문제가 정부의 주요 정책으로서 우선 순위를 점하고 있느냐 없느냐에 따라 좌우된다고 할 수 있어, 행정 또는 정책 가운데 핵심적 이슈로 다루어져야 하는 것이 환경행정 내지는 환경정책이라고 할 수 있다. 그동안 우리나라의 환경 문제는 주로 환경공학적인 측면에서만 다루어져 왔던 것이 사실이다. 그러나 이제 환경 문제는 환경행정이나 정책적 차원에서 설계되고 기획되어 추진되어야만이 좀 더 체계적인 환경행정 또는 정책의 집행이 가능하다는 점에서 환경행정의 필요성이 강조되고 있다. 특히 20세기 중반에 접어들면서 산업화에 대한 반성과 인류 발전에 대한 근원적 물음들이 제기되는 가운데 환경행정은 국가와 정부의 역할에 대한 재조명을 시작하면서 행정학의 한 분과 학문으로 자리잡게 되었다.

따라서 환경행정연구회는 한국행정학회에서 행정학을 전공한 학자들 가운데 환경행정 및 정책에 많은 관심과 연구를 아끼지 않는 학자들을 중심으로 2010년 8월에 발족되었다. 그동안 본 연구회는 환경과 관련된 현안을 중심으로 지속적인 발표와 토론의 시간들을 가져왔으며, 2011년 3월에는 당시 국내에서 가장 핫 이슈로 등장했던 4대강 사업에 대한 문제를 중심으로 "포스트 4대강 사업과 향후 정책 추진 방향"에 관한 대토론회를 국회 대강당에서 개최해 사회적 반향을 일으키기도 했다. 근래에 들어서는 매 분기마다 개최되는 한국행정학회 세미나에서 환경 문제와 관련된 현안과 사례 중심의 라운드테이블을 만들어 환경부 담당공무원들에게 이슈별 발제 기회를 제공하고, 환경 관련 전문가집단이 질의 응답하는 형태의 심층 토론 등과 함께 환경행정연구회 세미나 운영의 다양성을 도모하고 있다. 다시 말해서 관학(官·學)의 연계성 도모를 꾀하고 있는 것이다.

그렇게 시간이 흘러 2014년 8월이면 환경행정연구회의 창립 4년이 경과되고 있는 오늘, 환경행정(또는 정책)에 많은 관심과 사랑을 통해 그 연구를 게을리하지 않고 있는 대표적인 환경행정연구회 회원들을 중심으로 한 『환경행정학』의 집필은 적지 않은 의미를 지니고 있으며, 본 연구회의 점진적인 발전에 소중한 토대가 될 것을 믿어 의심치 않는다.

이 교재의 특징은 환경행정과 관련된 내용을 총론과 각론으로 서술하고 있다는 점이다. 우선 총론적 입장에서 제1편은 '환경행정의 접근과 이론'이 기술되었고, 각론적 차원에는 제2편의 '환경행정과 관리정책', 그리고 제3편 '환경 규제와 환경법'의 3개 편으로 대별해 각 전문 분야를 중심으로 다룸으로써 여타의 환경 관련 교재와는 다른 구성과 접근방법으로 차별화했다는 점에서 자부심을 가지고 출간하는 바이다.

우선 제1편 제1장에서는 '지속가능발전의 거버넌스와 환경행정'을 중심으로 국가의 장기적 발전 명제라 할 수 있는 지속가능발전(sustainable development)의 개념과 구성 요소, 그리고 거버넌스 등에 대해 논의하고 있다. 지속가능발전이 환경행정뿐만 아니라 우리 사회 전체의 질적 및 양적 발전의 방향과 내용을 결정할 수 있는 하나의 거시적 개념이라는 취지에서 기술했다. 특히 제1편 1장은 고(故) 김번웅 교수님이 저술한 『환경행정학』의 전반 부분을 발췌해 새롭게 정리했다는 점에서 새삼 감회가 깊으며, 다시 한 번 삼가 고인의 명복을 비는 바이다.

이어서 제2장부터 5장까지는 환경과 관련해 행정이 추구할 규범적 방향과 행정으로서 고려되어야 할 요소들에 대해 기술했다. 즉, 환경행정의 이론적 근거는 무엇이며 어떻게 이해되어야 할까? 또한 어떤 구조와 내용으로 채워져야 환경행정이 추구하는 목적을 달성할 수 있을까 등에 대한 물음에 답하고 있다. 좀 더 구체적인 설명을 위해 제2장 '환경행정의 패러다임', 제3장 '환경 문제와 국가의 책임', 제4장 '환경행정의 구조와 기능', 그리고 제5장 '환경행정의 네트워크와 정책 과정'에 대해 논의하고 있다.

제2편 '환경행정과 관리정책'은 제6장 자연환경 보전정책, 제7장 물환경 보전정책, 제8장 기후 변화 정책과 행정, 제9장 보건환경, 제10장 자원순환 행정 및 관리 등의 5개 장으로 구성했다. 제6장 '자연환경 보전정책'은 생물자원정책을 중심으로 집필했다. 자연환경은 인간 삶의 터전이며 모든 자원을 공급해 주는 보급창이라는 측면에서, 특히 최근에 급증하고 있는 자연생태계에 대한 생물자원의 높은 가치에 주목해 자연환경 보전정책 중에서도 생물자원의 보전과 이용을 위한 정책 비중의 중요성이 점차 크게 대두되고 있는바, 생물자원의 중요성과 보전·관리·이용 등의 현황을 검토하고 생물자원 보전을 위한 정책과 행정의 발전 방향 등을 모색했다.

제7장 '물환경 보전정책'에서는 심각한 환경 문제로서 수질오염의 문제를 먼저 다루었고, 수질오염에 대한 수질 개선 정책수단을 논의하면서 이해관계자들 간의 갈등 이슈를 다루었다. 우리가 물환경 보전정책을 논의하는 가장 중요한 이유는 국가가 국민의 기본적 인권 차원에서 물을 관리해야 할 책임이 있기 때문이다. 특히 물 분쟁에 빠져 있을 경우 분쟁 당사자는 합의 형성에 가장 큰 무게를 두고 접근하게 되는데, 서로 다른 신념, 가치관, 이해관계, 역량과 권력이 서로 다른 집단이나 개인들 간에 어떠한 논리로 물 분쟁을 해소하고 합의 형성에 이를 수 있을 것인가에 대해 논의하고 있다.

제8장 '기후 변화 정책과 행정'은 최근 극단적인 기상이변들이 갈수록 빈번하고 강력하게 전개되면서 1970년대 중반부터 알려지기 시작한 기후 변화 문제를 다루고 있다. 기후 변화 문제는 1990년대 초반부터 유엔회의를 통해 다루어 오면서, 이제 세계 대부분의 사람이 인지하는 용어가 되었다. 이러한 기후 변화에 대해 그간 국제사회가 어떻게 대응해 왔는지, 한국 정부는 또한 어떻게 대응해 왔는지를 검토했다. 특히 기후 변화를 둘러싸고 국내·외적으로 어떤 행위자들이 존재하며, 그들 간에 존재하는 갈등이 무엇인지, 왜 적극적인 기후 변화 대응이 이루어지고 있지 않은지에 대해 논의했으며, 이러한 논의를 토대로 향후 기후 변화 행정이 나아가야 할 바람직한 방향을 제안했다.

제9장 '보건환경'에서는 최근 국민들의 주요 관심사가 건강에 초점을 두고 있다는 점에서, 학문적 관심은 물론, 국가의 환경행정 또한 보건환경의 중요성을 다루고 있

다. 현대 사회에서 보건환경 정책과 행정이 국민 개개인의 생명과 건강 증진에 중대한 영향을 미침에도 불구하고 아직 그 체계성과 학문적인 접근은 미흡하다고 할 수 있다. 공공정책으로서의 보건환경이 개인의 역량을 초월하는 건강 및 환경 문제를 좀 더 효과적으로 대응할 수 있다는 공공의 관점에서 좀 더 체계적인 논의를 했고, 보건환경의 행정 사례를 다루어 일선 정책 및 행정에서의 이슈와 문제들을 검토하고 있다.

제10장 '자원순환 행정과 관리'에서는 산업 시대의 풍부한 물자 제공이 빚어낸 폐기물(쓰레기) 문제와 관련해 그 대응 방법을 논의하고 있다. 우선 우리나라 환경부의 자원순환 정책이 '쓰레기 제로화'를 기본 틀(framework)로 하고 있다는 점에서, 폐기물관리 체계와 관련된 관리제도를 검토했다. 특히 자원순환 정책에서 폐기물 제로화 목표의 성패를 판가름하는 주요 영역이 정책 참여자라는 점에서 청소행정 공무원, 민간 청소대행업체 종사자 및 주민의 역할에 대한 중요성과 자원순환 사회 구축을 위한 향후 과제 등에 대해 논의하고 있다.

제3편에서는 환경 규제와 환경법, 그리고 한국과 주요국의 환경행정에 대해 다루었다. 제11장 '환경 규제'는 환경 규제가 국민의 안전, 인권, 복지, 환경 등 모든 분야에 걸친 삶의 질을 건강하게 구현하기 위한 사회적 규제의 일환으로서, 포지티브(positive) 규제 방식과 네거티브(negative) 규제 방식 등을 논의하고 있다. 특히 우리나라의 환경 규제 방식은 환경 문제의 복잡성 및 상호 연관성에 대한 인식이 증가하면서 각종 배출부과금과 쓰레기 종량제 등 시장 유인적 규제 수단 이외에도 자율적 규제 수단 등 비규제적 수단에 의한 종합적인 접근방법이 활용되고 있다. 환경 규제 개혁의 기본 방향 및 향후 과제로서 시장 유인적 규제 수단 활성화, 통합적 환경관리, 환경 규제 유연화, 환경 규제정책 패러다임의 전환 등을 제시했다.

제12장 '환경 문제와 환경법'에서 환경 문제는 더 이상 '성장의 부수비용(Nebenkosten des Wachstums)'이 아니라 '생존의 문제'라는 관점에서 접근해야 한다는 점에 착안하고 있다. 특히 1960년대에 추진된 성장 드라이브정책, 1970년대 중반 이후 중화학공업 집중 투자정책 등으로 환경 파괴 요인의 구조화 배경이 되어 왔다는 점에서, 한국의 환경 문제는 산업화·도시화로 인한 선진국형 비중이 상대적으로 높다는 측면에서 검토할 수 있다. 환경 문제가 국가의 최우선 과제이자 전 지구적 문제로

대두된 상황에서 이에 대한 법적 대응 과제가 요구되는 것은 극히 당연한 일이다. 환경법은 바로 그러한 법적 대응 부분을 구성하고 있는 바, 우리나라 환경 규제의 법적 과정과 규제 실패에 대한 법적 적정성 여부 등을 논의하고 환경법상 규제 실패를 어떻게 극복할 것인가에 대해 논의하고 있다.

제13장 '한국과 주요국의 환경행정'에서는 한 나라의 환경정책과 제도는 그 나라의 정치·경제·문화의 특수성에 의해 그 기본 틀이 결정된다. 그렇지만 환경 문제는 지구상 모든 국가가 처해 있는 공통의 문제이기 때문에 문화와 체제의 특수성을 초월해 일반성 또한 지니고 있다. 우리가 다른 나라의 환경행정 제도를 고찰하는 이유도 이러한 정책의 특수성과 일반성을 살펴보고 우리에게 유익한 정책을 선별적으로 도입·확산시킨다는 점에서 그 의의가 있다. 환경의 시대를 살아가는 우리에게 환경행정의 중요성은 아무리 강조해도 지나치지 않다는 점에서 우리나라와 주요국의 환경행정을 비교·고찰하고, 그것이 초래할 수 있는 맹목적적 모방이나 확산(환경 문제를 해결하기보다는 고착화와 왜곡을 가져올 수 있으므로)을 방지하기 위한 기본 토대가 될 수 있다는 점에서 이 교재의 마지막 장으로서 의미를 지닌다.

비록 아직은 우리의 지구촌 사회가 괜찮은 듯 멀쩡해 보이지만 오늘날 현대 사회가 겪고 있는 환경 위기는 이 지구상에서 인류의 종말이 초래될 수도 있는 예측 불가의 무서운 사건이기도 하다. 그러나 우리 인간이 가지고 있는 지나친 소비와 자연에 대해 오만함을 버리고 겸손한 삶의 방식으로 지속가능한 사회발전을 추구한다면, 우리의 환경 위기는 오히려 새로운 도약의 기회로 전환할 수도 있을 것이다. 그것은 국가의 주요 정책이 환경행정이나 정책에 초점을 맞추어 재조명되고 재설계되어 집행된다면 극복하지 못할 절체절명의 문제도 아니라는 것이다. 다만 그 시기와 때를 놓친다면 돌이킬 수 없는 불행한 결과를 초래할 수도 있기에 많은 사상가와 학자, 전문가 등이 이구동성으로 위기 극복을 강조하고 변화를 주장하는 이유가 거기에 있다. 바로 그 문제의 실마리를 풀 수 있는 열쇠가 바로 환경행정을 토대로 국가 행정의 기본 틀이 바뀌어야 함을 의미하며, 미래 시대의 사회경제적·환경적 위기를 슬기롭게 풀어나갈 수 있는 열쇠라는 점에서 이 교재의 집필에 커다란 의미를 담고자 한다.

끝으로 한국행정학회 환경행정연구회 회원 여러분과 함께 환경행정연구회의 이름으로 최초의 『환경행정학』을 편찬할 수 있음에 감사하고, 앞으로도 심도 깊은 '환경행정학'의 연구를 통해 이 교재의 질적 향상을 위한 지속적인 연구개발에 게을리하지 않을 것을 다짐하는 바이다.

이 책이 출간되기까지 많은 도움과 협력을 아끼지 않으신 대영문화사의 임춘환 사장님께 감사를 드리며, 행복한 마음으로 집필을 마무리할 수 있음에 환경을 사랑하는 모든 분께 이 책을 바친다.

2014년 8월
한국행정학회 환경행정연구회 집필진 일동
환경행정연구회장 박미옥

차 례

개정판 머리말 / 3
머리말 / 8

Chapter 01 환경행정으로서의 지속가능발전 거버넌스

제1절 지속가능발전과 통합적 시각의 필요성 ······ 24
제2절 지속가능발전 개념의 형성 ······ 28
제3절 지속가능발전 개념의 확립 ······ 33
제4절 UN 지속가능발전목표(SDGs)의 채택과 의의 ······ 39
제5절 SDGs의 활용 ······ 46
제6절 도시 SDGs ······ 50

Chapter 02 환경행정과 환경정책

제1절 환경의 개념과 환경 문제의 원인 ······ 56
1. 개 념 / 56
2. 문제의 원인 / 57
제2절 환경 문제에 대한 국가의 책임 ······ 59
1. 국가 책임의 논거 / 59
2. 책임의 구분 / 61

제3절 환경행정의 의의와 체계 ... 65
1. 정 의 / 65
2. 유사 개념 / 65
3. 환경행정 체계의 특징과 현황 / 67
제4절 환경행정 체계의 문제점 및 발전 방향 ... 73
1. 중앙과 지방정부의 환경행정 기능 분담 / 74
2. 문제점 및 발전 방향 / 75
제5절 환경정책과 환경정책의 네트워크 ... 79
1. 환경정책의 특성 / 79
2. 환경정책의 네트워크 / 82
3. 환경정책의 정책 과정과 변화 / 87

Chapter 03 자연환경 보전정책: 생물자원정책을 중심으로

제1절 서 론 ... 94
제2절 자연환경 보전정책과 생물자원정책 ... 97
1. 우리나라 자연환경 보전정책의 흐름 / 97
2. 자연환경 보전정책과 생물자원정책 / 98
제3절 생물자원의 중요성 ... 100
1. 생물자원의 중요성 / 100
2. 생물자원과 그 활용 분야 / 103
3. 생물다양성 국제협약의 동향 / 105
제4절 생물자원정책과 행정 ... 107
1. 생물자원의 탐사, 발굴, 수집: 종다양성의 확보 / 108
2. 유전자원의 평가와 등록: 생물자원의 보전과 권리 보호 / 109
3. 생물자원의 이용: 생물자원산업 / 111
제5절 외국의 생물자원정책과 행정 ... 113

제6절 생물자원정책 및 행정의 발전 방향 ······ 115
1. 생물자원정책과 행정의 취약점 / 115
2. 개선 방향 / 121

제7절 토론과 앞으로의 과제 ······ 126

Chapter 04 물환경 보전정책

제1절 수자원과 수질오염 ······ 130
1. 수자원의 종류 및 분포 / 130
2. 물 인권과 기본권 / 131
3. 수질오염의 정의 및 기준 / 133
4. 4대강의 수질오염과 수질 변화 / 136
5. 해양오염의 원인과 영향 / 137

제2절 수질환경 정책 수단의 유형 ······ 145
1. 토지이용 규제 / 146
2. 수질환경 기초시설의 확충 / 152
3. 배출 규제 / 156
4. 수질환경 정책 수단의 인과성 경로 / 159

제3절 수자원을 둘러싼 갈등 ······ 160
1. 개발과 보전의 갈등 / 160
2. 포스트 4대강 사업과 남강댐의 딜레마 / 162
3. 남강댐 용수 공급 증대사업을 둘러싼 갈등 / 165
4. 프레임과 남강댐 물 분쟁 / 166
5. 합의형성 방안 모색 / 168

제4절 국가물관리 체계의 변화와 대응 ······ 169
1. 통합 물관리 체계의 탄생과 과제 / 169
2. 물 산업 육성의 과제 / 173

Chapter 05 기후 변화 정책과 행정

제1절 기후 변화의 이해 ………… 175

1. 기후 변화의 의미와 원인의 이해 / 175
2. 기후 변화 문제에 대한 국제 기후변화협상의 전개 / 182
3. 파리협정의 역사적 의미와 특징 / 188
4. 국제 기후변화협상의 쟁점과 국가별 입장 / 192

제2절 온실가스 배출 현황과 추세 ………… 199

1. 세계 온실가스 배출 현황과 추세 / 199
2. 한국의 온실가스 배출 현황과 추세 / 201

제3절 한국의 기후 변화 영향과 대응 ………… 204

1. 한국의 기후 변화 영향 / 204
2. 한국의 기후 변화 대응 / 206

제4절 국내·외 기후 변화 대응의 과제와 전망 ………… 222

Chapter 06 환경보건

제1절 환경보건의 정의와 발전 ………… 229

1. 환경보건의 정의 / 229
2. 환경보건의 원칙 / 230
3. 환경보건의 역사와 발전 / 232

제2절 환경보건의 범위 ………… 234

1. 다양한 물리적·화학적·생물학적 인자 / 234
2. 사회적 인자의 건강 영향 / 235
3. 환경보건의 범위 / 236

제3절 위해성 평가: 환경보건정책의 과학적 근거 제공 ………… 239

1. 위해성 평가의 정의 / 239
2. 위해성 평가의 절차 / 240

3. 전통적인 위해성 평가의 한계와 통합 위해성 평가 / 241

제4절 위해성 관리: 과학에서 정책으로 ······ 243

1. 위해성 관리 절차 / 243
2. 위해성에 따른 접근방식 / 244
3. 위해성 저감 수단 / 245

제5절 위해성 소통 ······ 246

1. 위해성 소통의 정의 및 역할 / 246
2. 위해성 소통의 절차 / 246
3. 위해성 소통의 과제 / 248

제6절 환경보건의 새로운 이슈들 ······ 249

Chapter 07 자원순환 행정 및 관리

제1절 우리나라 자원순환정책의 기본개요 ······ 252

1. 자원순환정책의 개요 / 252
2. 폐기물의 개념 및 분류 / 254
3. 폐기물 관리 체계 / 259

제2절 폐기물 관리제도 ······ 263

1. 생산자 책임 재활용제도 / 264
2. 빈용기 보증금제도의 개념과 주요 내용 / 272
3. 재활용 폐기물 관리정책 / 273
4. 쓰레기 종량제 / 275
5. 음식물류 쓰레기 종량제 / 290
6. 폐기물 부담금제도 / 298

제3절 폐기물 감량화 정책 ······ 301

1. 1회용품 사용 및 과대포장 규제정책 / 301
2. 사업장폐기물 감량화 제도 / 304
3. 폐기물 재활용 / 305

4. 폐자원 에너지화 / 309
5. 폐기물 안전처리를 위한 관리시스템(Allbaro) 구축 · 운영 / 311
6. 자원순환 촉진제도 / 315

제4절 폐기물 관리의 참여자 ···· 318
1. 행정기관과 공무원 / 319
2. 폐기물 처리업체 / 323
3. 주 민 / 330
4. 정책집행 대상집단의 순응과 불응 / 333
5. 자원순환 사회 구축을 위한 환경행정의 과제 / 337

Chapter 08 환경 규제의 이론과 실제

제1절 환경 규제의 이론적 배경 ···· 341
1. 환경 규제의 개념 / 342
2. 환경 규제의 필요성 / 343
3. 환경 규제 수단의 유형 / 344

제2절 우리나라 환경 규제의 현황과 문제점 ···· 357
1. 환경 규제 패러다임의 변화 / 357
2. 우리나라 환경 규제의 특징 / 360
3. 우리나라 환경 규제의 한계점 / 365

제3절 환경 규제 개혁의 기본방향 및 향후 과제 ···· 368
1. 환경 규제 개혁의 기본방향 / 368
2. 환경 규제 개혁의 향후 과제 / 370

Chapter 09 환경 문제와 환경법

제1절 서 론 ···· 378
제2절 환경법의 기초 ···· 379

1. 환경권과 국가의 환경 보호 임무 / 379
2. 환경법의 전개와 환경법 체계 / 390
3. 환경법의 국제적 차원 / 398

제3절 환경행정의 조직과 환경 보호의 법적 수단 ………… 399
1. 환경행정의 조직 / 399
2. 환경 보호의 법적 수단 / 402

제4절 환경법과 규제 실패 ………… 426
1. 환경 규제와 규제 실패 / 426
2. 환경 규제의 법적 과정과 규제 실패 / 431

Chapter 10 해외 주요국의 환경행정

제1절 미 국 ………… 446
1. 기본방향 및 특징 / 446
2. 전개 과정 / 448
3. 환경행정관리 체계 / 452
4. 법 체계 / 458

제2절 일 본 ………… 460
1. 기본방향 및 특징 / 460
2. 전개 과정 / 462
3. 환경행정관리 체계 / 465
4. 법 체계 / 469

제3절 영 국 ………… 471
1. 기본방향 및 특징 / 471
2. 전개 과정 / 472
3. 환경행정관리 체계 / 478
4. 법 체계 / 485

제4절 독 일 ………… 488

1. 기본방향 및 특징 / 488
2. 전개 과정 / 490
3. 환경행정관리 체계 / 495
4. 법 체계 / 499

제5절 한국과 해외 주요국의 환경행정 구조 비교분석 502
1. 환경행정의 발달 / 503
2. 환경행정의 구조 / 505
3. 환경행정의 특징 / 509

참고문헌 / 515
찾아보기 / 535

Chapter

01 환경행정으로서의 지속가능발전 거버넌스*

현대 사회의 난제(wicked problems)를 해결하기 위해서는 통합적인 관점이 필요하다는 인식이 지속가능발전 개념으로 확립되었다. 지속가능발전은 포괄성, 연계성, 형평성, 안전성, 신중성 등의 개념적 특성을 갖고 있다. 1952년 런던 스모그 사건이나 1962년 레이첼 카슨이 쓴 『침묵의 봄』의 출간은 인류에게 큰 충격을 주었고, 1972년 유엔인간환경회의를 통해 환경 문제와 경제발전의 양립 가능성에 대한 모색을 촉발하였다. 1987년 브룬트란트 보고서가 지속가능발전 개념을 정립한 이래 정치, 경제, 사회, 생산, 기술, 국제, 행정체제에서 지속가능발전 추진 원칙을 적용하려는 노력이 1992년 리우회의를 통해 '의제21(Agenda 21)'로 모아지며, 세계지속가능발전사는 새로운 전기를 맞이하였다. 그리고 2015년 유엔 지속가능발전목표(SDGs)가 회원국 만장일치로 합의, 채택됨으로써 지속가능발전 추진 과정의 성과와 한계는 구체적인 목표체계를 갖춘 2030 지속가능발전 의제로 전환되었다.

* 이 장은 2014년 초판에서 동국대 오영석 교수가 맡았던 제2장 환경행정의 패러다임, 제3장 환경문제와 국가의 책임, 제4장 환경행정의 구조와 기능, 제5장 환경정책의 네트워크와 정책 과정 등 네 개의 장을 고려사이버대 오수길 교수가 한 개의 장으로 수정・정리한 것이다.

제 1 절 지속가능발전과 통합적 시각의 필요성

지속가능발전은 경제발전, 사회통합, 환경보전의 조화와 균형을 생각하는 통합적인 관점에서의 발전을 말한다. 지속가능발전의 개념을 정립한 보고서 「우리 공동의 미래(Our Common Future)」(WCED, 1987)에 따르면, “미래 세대의 필요를 충족시키기 위한 잠재력을 훼손하지 않으면서 현 세대의 필요를 충족시키는 발전”을 지속가능발전이라고 했다. 따라서 미래 세대의 필요에는 어떤 것들이 필요할까를 생각해 보면, 단지 자원이나 환경 문제에 국한된 것이 아님을 알 수 있다. 사회통합적이지 못한 경제 성장만을 남겨주는 것이 지속가능발전이라면 불평등의 심화로 사회적 불안을 떠넘기는 것이 될 것이며, 현 세대를 위해 저렴한 에너지만을 추구한다면 아주 오랫동안 분해되지 않을 폐기물을 남기는 결과를 초래하게 될 것이다.

토마스 글래드윈 등(Gladwin et al., 1995)은 「지속가능발전을 위한 패러다임의 전환」이라는 논문을 통해서 지속가능발전에 대한 다양한 정의들을 분석하여 개념적 특성을 제시한 바, 포괄성, 연계성, 형평성, 안전성, 신중성 등이 그것이다([그림 1-1] 참조).

첫째, 시간적 · 공간적 포괄성이란 시간적으로는 현 세대만이 아니라 미래 세대까

그림 1-1 지속가능발전의 개념적 특성

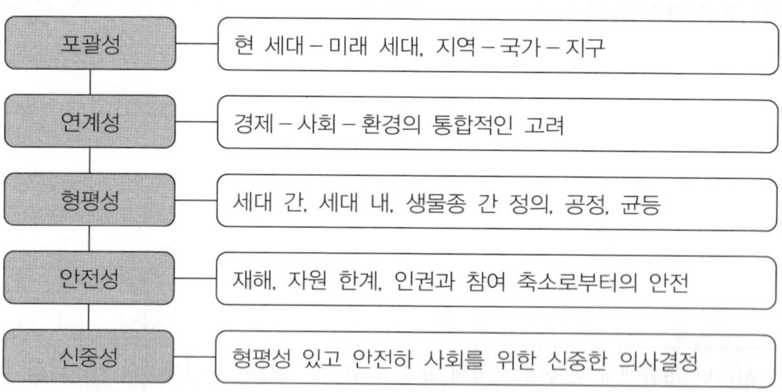

지를, 공간적으로는 자신의 지역이나 국가만이 아니라 지구생태계 전체를 포괄적으로 고려할 수 있어야 한다는 것이다.

둘째, 연계성이란 경제, 사회, 환경을 통합적으로 고려할 수 있어야 한다는 것이다. 이러한 연계성은 문제의 원인을 분석할 때나 문제가 발생하지 않을 새로운 시스템을 구성할 때나 모두 필요하다.

셋째, 형평성이란 정의, 공정, 균등을 포괄하는 개념이다. 여기에는 세대 간 형평성, 세대 내 형평성, 나아가 생물종 간의 형평성 등 세 가지 차원이 포함되는데, 각 차원에서는 최소한 비용의 전가는 하지 말아야 한다는 의미이다.

넷째, 안전성이란 물리적 재해, 생태계나 자원의 한계에서 비롯되는 위험은 물론, 인권과 참여권이 축소되어 생길 수 있는 위험도 포함하여 그 모든 위험으로부터 보호될 수 있어야 한다는 의미로 안전을 요구하는 것이다.

다섯째, 신중성이란 형평성 있고 안전한 사회를 만들려면 정치적, 사회적, 기술적 의사결정을 신중하게 해야 한다는 것이다. 신중한 의사결정은 어떤 정책의 결정에 의해 영향을 받을 시민들이 의사결정 과정에 참여해야 한다는 것을 말한다.

미국 컬럼비아대학교 지구연구소의 제프리 삭스(Jeffrey D. Sachs) 소장은 유엔사무총장의 자문위원으로서 13년 동안 UN새천년개발목표(Millennium Development Goals: MDGs)를 추진하면서 저술한 『지속가능발전의 시대(*The Age of Sustainable Development*)』(2014)라는 저서를 통해 "우리는 새로운 시대에 들어섰다"고 주장하였다. 그리고 그 새로운 시대가 바로 '지속가능발전 시대'라는 것이다.

제프리 삭스에 따르면, "지속가능발전이란 경제, 사회, 환경을 변화시키는 데 초점을 맞춰 세계를 바라보는 방법이며, 경제적, 사회적, 환경적 지속가능성을 기반으로 사람다운 삶을 위한 공동의 염원을 그려 나가는 방법"이라고 한다.

그럼에도 불구하고 오늘날 우리 사회가 추구하는 사회환경적 현상들은 편협성을 넘어서 양극화된 논리를 중심으로 사회발전을 또는 지속가능발전을 주장하고 있는 것은 아닌지 되새겨 볼 문제이다.

그것은 탈원전 정책의 추진 사례에서도 드러난 바와 같이 친환경에너지로의 전환을 반대하는 사람들은 태풍과 같은 강풍에 태양광 패널이 다 날아갈 것이라고 거센 반대를 했지만, 2018년 여름 태풍 솔릭의 영향으로 피해를 입은 태양광 시설의 사례는 제주에 설치된 태양광 시설 중 한 곳에 불과했다. 이러한 과정들은 서구 선진국가의 친환경 에너지 기술 수준이 향상되고 있다는 점을 고려할 때 퇴행적인 행태로 비춰질 수도 있다. 하지만 정작 문제는 다른 곳에서 발생했다. 태양광 단지의 지목을 변경하여 땅 투기에 이용하려는 움직임이 반작용으로 나타났던 것이다.

또 다른 측면에서 요구되는 통합적 시각은 "저출산 고령화 문제"와 관련하여 사회적 시선은 '여성이 아이를 낳지 않기 때문'이라는 식의 진단이 여성을 아이 낳는 기계로 취급한다는 비판을 받고 있다. 이에 대해 야당의 원내대표는 정부의 소득주도 성장을 비판하면서 '출산주도 성장'을 그 대안으로 제시하기도 했다. 그러나 이러한 제안 또한 출산정책을 통해 여성의 몸을 통제하던 방식이 이젠 돈으로 해결하려는 수법으로 전환되고 있다는 비판으로 변질되기도 하였다. 또한 저출산 문제가 때로는 국가경쟁력을 저하시키는 요인이라고 운운하거나 군대를 채울 병력의 부족 문제로 재조합되어 거론되기도 하는 것이 우리의 현실이다.

그러나 우리나라의 저출산 문제는 표면적인 정책의 논리보다는 '아이를 낳는 선택적 여건'을 어떻게 조성할 것인가를 고민한다면, 훨씬 다양한 접근이 가능해질 수 있다는 점에서 '지속가능발전'에 대한 개념적 접근 또한 다양한 시각에서의 통합적 접근이 필요한 것이다.

또 다른 맥락에서 정치인들은 "청년실업 문제를 해결하기 위한 대책으로서 '청년들은 중동으로 가라'"고 주문한 경우도 있었다. 그러나 중동에 우리 청년들을 반겨줄 일자리가 널려 있는 것도 아니고, 우리의 청년들보다도 더욱 값싼 노동력을 구할 수 있는 인적 대안이 많을 수 있는 중동지역에서 1970년대식 일자리에 한국 청년들을 고용할 이유도 없는 것이 사실이다. 차라리 패키지형 종합병원의 해외진출을 지원하며 국제개발원조(ODA) 시장을 연계하는 등 중동으로 진출할 수 있는 환경을 만드는 것이 정부가 할 수 있는 미래지향적 일자리 창출에 해당될 것이다.

가령 농촌 문제는 농업 문제에 국한되지 않고 빈곤층 여성노인의 건강 문제라는 다양한 영역에 복합적으로 걸쳐져 있다. 최저 임금 문제 또한 대기업과 하청업체와의 관계나 자영업의 구조적 문제와 맞물려 복잡하게 얽혀 있는 것으로 밝혀졌다.

이와 같이 현대 사회의 문제는 복잡다양하고 역동적이라는 특성 때문에 종종 '난제(wicked problems)'라고 일컬어진다. 따라서 서두에 언급한 태양광 설치 문제 또한 하나의 정책이 어떻게 역동적으로 전개되는지를 보여주는 의미있는 과정이라고 할 수 있다.

미국의 마이클 무어 감독은 데뷔작 <로저와 나(Roger & Me)>(1989)라는 영화 속에서 미시간 주 플린트 지역에 GM 공장이 철수한 뒤 도시가 어떻게 황폐화되었는지를 적나라하게 보여주었다. 대기업 하나에 의존했던 플린트의 지역경제는 대기업이 떠나자 걷잡을 수 없이 악화되었고, 범죄율이 높아지자 새로이 만들어지는 일자리는 교도관 직업뿐이었다. 즉, 과거에 GM의 노동자였던 교도관들이 이전에 GM의 노동자였던 범죄자들을 감시하는 상황이 되고 말았던 것이다. 따라서 시장(市長)은 호텔이나 자동차 박물관 등을 지어서 지역경제를 되살려 보려고 노력하지만, "어느 누가 인간사의 비극을 보기 위해서 오려고 할 것인가?"라는 자괴감만 높았다.

반면에 후지요시 마사하루(藤吉雅春)는 『이토록 멋진 마을』(2016)이라는 저서에서 비슷한 상황을 '먼저 시작해 보자'라며 극복해 낸 호쿠리쿠(北陸) 지역을 그리고 있다. 일본 안경산업의 생산을 대부분 충당해 왔던 지역경제는 중국산 안경이 들어오면서 추락하기 시작했다. 이어서 '지방은 끝났다'라는 위기감이 크게 다가섰을 때, 지역사회의 활성화를 위한 우선 순위를 재검토하게 되었다. 그 결과, 보육원 수용률, 초등학교와 중학교 학력평가나 체력평가, 대졸 취업률, 정규직 비율, 사장 배출률, 1인당 소득 등에서 전국 1위를 기록한 것은 대기업을 유치하거나 지역 내 총생산(GRDP)을 높이는 데 총력을 기울였기 때문이 아니었던 것이다. 이러한 현상에 대하여 경제학자 조지프 스티글리츠(Joseph Stiglitz)는 국내총생산(GDP)과 같은 성장지표에 정책 목표를 두지 말고 삶의 질을 측정할 수 있는 대안적인 지표가 필요하다고 역설한 바 있다.

그것은 우리나라에 지방자치제도가 실시된 지 20년이 넘은 현 시점에서 수도권 규제로 지역 불균형이 심화되었다고 했던 언론들의 지적은 피상적인 진단일 수 있다는 점을 단적으로 설명하고 있다. 즉, 경남지역의 GRDP가 2배 늘어났을 때 충남지역은 6배 증가했지만, 소득이 다른 지역으로 유출되는 역외유출 규모가 전국 최고라는 점에서 충남지역의 총소득은 전국 5위(2014년)에 그쳤던 것이다. 이처럼 한 가지 관점만을 고집하거나 하나의 영역에 대한 접근과 대안을 내세우는 것으로는 문제를 해결하기 어려운 시대가 되었다. 심지어 집중하고 있는 그 영역의 문제조차 해결할 수 없는 상황이 더 많아졌다. 이를 극복하기 위한 전환적인 사고와 통합적 접근이 바로 지속가능발전(sustainable development)의 개념이다.

제 2 절 지속가능발전 개념의 형성

1952년 12월 4일부터 10일 사이에 발생한 런던 스모그 사건은 '환경 재난'으로까지 기록되고 있지만, 실제 런던에서는 19세기부터 스모그의 영향으로 인한 사망자가 확인되어 왔다. 그럼에도 불구하고 1952년의 스모그 사건이 기록적이었던 것은 일주일 간 계속된 스모그 현상으로 인해 첫 3주 동안 4,000여 명이 사망했고, 이후 만성 폐질환으로 사망한 희생자가 12,000여 명에 달한다는 결과 때문이다. 따라서 영국은 1953년 비버위원회를 설치하여 대기오염 현황과 대책을 조사하였고, 1956년 대기오염청정법이 제정되었던 런던 스모그 사건은 대기오염과 환경재난에 대한 지구적 각성을 일으키는 계기가 되었다.

1962년에는 이 분야 최고의 고전으로 꼽히는 레이첼 카슨(Rachel Carson)의 『침묵의 봄(*Silence of Spring*)』이 출간되었다. 인류가 만들어낸 유용한 화학약품으로 일컬어지며 광범위하게 활용되었던 살충제 DDT가 벌레만 죽이는 것이 아니라, 강에서는 어류가 하늘에서는 새들이 더 이상 노래하지 않게 만든다는 보고였던 것이다. 더욱 심각한 것은 인체에 축적되어 내분비 계통에 이상을 가져오게 된다는 점이다. 우리나라에서도 1973년에 공식적으로 그 사용이 금지되었으나 최근에 이르기까지도 인체에 잔류되어 있다는 기록이 확인되고 있다고 한다. 레이첼 카슨은 『침묵의 봄』을 통해서 자연을 연구하면서 동식물과 마찬가지로 자연에서 어울려 살아가고 있는 인간이 자연에 어떤 영향을 주게 되면 연쇄적인 반응으로 이어진다고 주장했다. '자연에서는 그 어느 것도 혼자 존재하지 않는다'는 것이었다.

이는 지속가능발전의 개념에 시사하는 바가 적지 않다. 세계사에 지속가능발전 개념이 처음 제기된 것은 1972년 스웨덴 스톡홀름에서 개최된 유엔인간환경회의(UN Conference on the Human Environment: UNCHE)였다. '여러분이 해결책의 일부가 아니라면 문제의 일부'라는 이 회의의 상징적인 표어가 말해 주듯이, 스톡홀름선언에서는 인간환경의 보호와 개선이 인류의 행복과 전 세계적인 경제발전을 위해 중요한 문제라고 보았다. 또한 당시 인도의 인디라 간디(Indira Gandhi) 수상이 '가난이 최악의 오염'이라고 주장한 외침을 통해 빈곤 문제의 해결이 병행되어야 함을 제기했던 것처럼, 개발도상국 환경 문제의 대부분은 저개발에 그 원인이 있다는 점이 선언에 명시되었다. 선언문에는 총 26개의 원칙이 채택되어 반영되었다. 유엔은 이 회의를 통해 유엔환경계획(UN Environment Program: UNEP)을 창설하였고, 모리스 스트롱(Maurice Strong)이 의장을 맡았다. 그리고 UNCHE를 기념하여 6월 5일을 세계 환경의 날로 지정하였다.

UNCHE 이후 10주년을 기념하여 1982년 케냐 나이로비에서는 UNEP 관리이사회 특별회의가 열렸다. 전 세계 105개국 대표가 참석하여 지구환경보전을 위한 10년 간의 국제협력을 검토하였고, 스톡홀름선언과 행동계획의 이행, 그리고 UNEP 강화를 위해 노력한다는 나이로비선언(Nairobi Declaration)을 채택하였다. 나이로비선언은 지난 10년 간 환경관리와 평가의 필요성, 환경, 개발, 인구, 자원 간의 복잡한 상호관계, 인구 증가에 의한, 특히 도시 지역의 환경에 대한 부담 등이 새롭게 인식되었다고 평가하였다. 그리고 포괄적이고 지역적으로 통합적인 접근을 통해 이러한 상호관계가 환경적으로 건전하고 지속가능한 사회-경제적 발전(environmentally sound and sustainable socio-economic development)에 이를 수 있음을 강조했다.

또한 저개발 상황이 야기하는 환경의 결핍은 자국 내에서, 그리고 국가 간에 기술과 경제 자원을 좀 더 공평하게 배분함으로써 막을 수 있음을 분명히 하고, 선진국의 개발도상국에 대한 기술 지원을 통해 자연환경보전과 경제적 사회적 진보가 가능하다고 주장했다.

이상에서 살펴본 바와 같이 지속가능발전 개념이 확정된 것은 「우리 공동의 미래(Our Common Future)」(1987) 보고서를 통해서였다. 1983년 12월 19일 제38차 유엔총회는 노르웨이 수상을 지낸 그로 할렘 브룬트란트(Gro Harlem Brundtland)를 의장으로 하고, 총 22명의 대표로 구성된 브룬트란트위원회(Brundtland Commission)를 구성했다. 그리고 1984년 10월 세계환경개발위원회(World Commission on Environment and Development: WCED)가 공식적으로 창설되었다. 유엔 총회는 '2000

년, 그리고 그 이후까지 환경 관점의 준비를 위한 과정'이라는 제목의 결의문(38/161)을 통해 다음과 같이 임무를 부여했다.

첫째, 2000년 이후까지 지속가능발전을 달성하기 위한 장기적인 환경 전략 제안

둘째, 환경을 위한 관심이 개발도상국 사이의 협력, 그리고 상이한 사회경제적 발전 단계에 있는 국가들 사이의 협력으로 전환되고, 사람, 자원, 환경, 개발 간의 상호관계를 고려하는 공동의 상호 지원 목적이 달성될 수 있는 방법의 제안

셋째, 국제 공동체가 환경에 대한 관심을 좀 더 효과적으로 다룰 수 있는 방법과 수단의 고려

넷째, 장기적인 환경 쟁점, 환경을 보호하고 개선하는 문제를 성공적으로 다루는 데 필요한 적절한 노력, 다가오는 수 십년 간의 행동을 위한 장기적인 의제, 세계 공동체를 위한 야심찬 목표에 대한 인식의 공유 등이 그것이다.

이후, 브룬트란트위원회는 「우리 공동의 미래(Our Common Future)」(브룬트란트 보고서, 1987년)를 발표했는데, 이 보고서를 통해서 환경정책과 개발전략의 통합적인 접근 가능성을 열어 놓게 되었다.

보고서의 내용은 첫째, 세계 빈민들의 필수적인 필요(needs) 개념을 제시함으로써 빈곤이 사회적 · 문화적으로 결정되는 것이라는 사실과 함께 빈곤 근절을 위한 소비패턴의 조정을 주장했다. 둘째, 현재와 미래의 필요를 충족시킬 기술과 사회조직의 환경용량에는 한계가 있음을 제시하였다.

「우리 공동의 미래」는 크게 공동의 문제, 공동의 도전, 공동의 노력 등 3부로 구성되어 있다. 공동의 도전에서는 인구와 인간 자원, 식량의 안정적 확보, 생물종과 생태계, 에너지, 산업, 도시의 도전 등을 다루고 있고, 공동의 노력에서는 공유재의 관리, 평화, 안보, 개발, 환경, 그리고 제도와 법의 변화를 논의하고 있다.

1부 공동의 문제, 2장 지속가능발전을 향하여, 3절 전략적 과제에서는 지속가능발전 개념에서 비롯된 환경정책과 개발정책을 위한 주요 목적에는 다음과 같은 내용들을 명시하고 있다.

첫째, 성장의 회복: 경제 성장, 빈곤 경감, 환경 조건 간의 연계가 가장 직접적으로 작동하는 개발도상국에서 경제 성장이 활기를 되찾아야 한다.

둘째, 성장의 질적 전환: 물질을 적게 쓰고 에너지 집약적이며 그 영향이 좀 더 공

평하도록 성장의 내용을 변화시켜야 한다.

셋째, 직업, 식량, 에너지, 물, 위생에 대한 필수적인 필요의 충족: 빈곤이란 재화와 서비스가 가용한데도 사람들이 생존과 웰빙을 위한 자신들의 필요를 충족시키지 못하는 상황이며, 빈곤에 처하지 않은 사람들의 수요가 주된 환경 영향을 초래할 수 있다.

넷째, 지속가능한 수준의 인구 유지: 물질과 에너지를 많이 쓰는 나라와 가난한 나라 사이에 차이는 있지만, 지속가능발전은 생태계의 생산 용량과 일치하는 수준으로 인구 규모가 안정화되어야 좀 더 용이하게 추구될 수 있다.

다섯째, 자원 기반의 보전과 개선: 현재 산업세계의 높은 수준의 소비에 대처하기 위한 정책 변화, 개발도상국의 최소한의 기준을 충족시키는 데 필요한 소비의 증가가 필요한데, 자연의 보전은 개발목표로서만이 아니라 여타의 생명체와 미래 세대에 대한 우리의 도덕적 의무이다.

여섯째, 기술의 방향 재정립과 위험 관리: 기술혁신 역량은 개발도상국에서 크게 향상되어 그들이 지속가능발전의 도전에 좀 더 효과적으로 대응할 수 있어야 하고, 기술발전의 방향은 환경요인에 좀 더 유의하는 것으로 변화되어야 한다.

일곱째, 의사결정에서 환경과 경제의 통합: 지속가능발전 전략을 관통하는 공동의 주제는 의사결정에서 경제적 고려와 생태적 고려를 통합할 필요성이다. 결론적으로 지속가능발전을 추진하기 위해서는 [그림 1-2]와 같은 원칙들이 필요하다.

환경과 개발이 양립할 수 있어야 한다는 것을 '브룬트란트 공식'이라고 한다면, 이 공식은 애매하다거나 일관성이 없다거나 구체적인 목표가 없다거나 지속가능성 수준이 제시되지 못했다는 등의 비판을 받았다. 다시 말해서, 구체적으로 합의될 수도 측정이 가능하지도 않다는 것이다. 사실 이 보고서 자체에서도 "우리는 이 과정이 쉽거나 간단하다고 생각하지는 않는다. 고통스런 선택이어야 한다. 그러므로 지속가능발전을 위해서는 정치적 의지가 절대적이라고 할 수 있다"라고 명시되어 있는 것처럼, 지속가능발전의 사회적·정치적 의의가 보다 더 중요함을 의미하고 있다.

제이콥스(Jacobs, 1992)는 지속가능발전 개념에 분명한 합의가 없다는 것이 오히려 장점이 될 수 있다고 한다. 서로 다르고 상충하는 다양한 이해관계가 풍부한 논의를 통해 환경과 개발을 조화시켜 나갈 수 있기 때문이라는 것이다. 즉, 지속가능발전

그림 1-2 지속가능발전 추진 원칙

정치체제	의사결정에서 효과적인 시민참여 보장
경제체제	자립적이고 유지 가능한 잉여물과 기술지식 생산
사회체제	조화롭지 못한 개발에서 비롯된 긴장의 해결책 제공
생산체제	개발을 위한 생태적 기반의 보존 의무를 존중
기술체제	새로운 해결책을 끊임없이 탐색
국제체제	지속가능한 양식의 무역과 금융을 촉진
행정체제	유연하고 자기교정 능력을 확보

개념 그 자체를 목표로 보는 것이 아니라 창의적인 사고와 실천의 촉매로 지속가능발전 개념을 활용하는 것이 유익하다고 보는 시각이다. 또한 지속가능발전을 위해 정해져 있는 특정한 경로가 있다고 보기보다는 미래 세대에 대한 고려와 광범위한 시민참여와 같이 권한부여(empowerment) 관점에서 실천적 토대를 구축할 필요가 있다. 그래서 지속가능발전은 경제발전, 사회통합, 환경보존이라는 세 축에 더해 시민참여와 소통이 그 기본적인 축으로서 설정되어야 하는 것이다.

<표 1-1>에서 볼 수 있는 것처럼, 사회적 · 정치적 의지의 수준과 창의적인 사고나 실천을 통해 지속가능발전은 단순모형에서 점차 강한 수준의 지속가능발전으로 단계가 높아질 수 있으며, 궁극적으로는 '이상적인 모형'에 이를 수도 있다. 즉, 인간중심주의의 철학이 생태, 생물중심주의의 철학으로 전환되어 가면서 경제의 역할과 성장의 성격, 지리적 초점, 자연에 대한 관점, 정책과 부문의 통합, 기술 및 제도의 개선, 정책 수단과 도구의 개발, 재분배 정책의 확장 및 강화, 그리고 시민사회의 역할과 역량 강화 등의 접근이 향상되어서 '지속가능발전의 사다리'를 한 단계씩 올라가게 될 것이라는 것이 이상적인 수준의 모형이다.

표 1-1 지속가능발전의 사다리

지속가능발전의 접근방법	경제의 역할과 성장의 성격	지리적 초점	자연	정책과 부문의 통합	기술	제도	정책 수단과 도구	재분배	시민사회	철학
지속가능발전의 '이상적인 모형'	올바른 살림; 욕심 없는 만남; 생산과 소비의 패턴과 수준의 변화	생물지역주의; 광범위한 지방의 자급자족	생물종 다양성의 장려와 보호	전체적인 부문 간 통합	노동집약적 적정기술	정치, 법, 사회, 경제 제도의 분권화	풍부한 정책도구; 사회적 차원으로 확대되는 복잡한 지표의 활용	세대 간, 세대 내 형평성	상향식 공동체 구조와 통제, 노동가치 평가에 대한 새로운 접근방법	생태 중심; 생물 중심
강한 지속가능발전	환경 규제를 받는 시장; 생산과 소비 패턴에서의 변화	세계 시장의 맥락에서 촉진되는 지방 경제의 자급자족 강화	환경관리와 보호	부문 간 환경정책의 통합	청정기술; 생애주기 생산품 관리; 노동-자본 혼합 집약 기술	일부 제도의 재구조화	지속가능성 지표 사용의 개선; 광범위한 정책도구	재분배 정책의 강화	개방형 대화와 계획	↑
약한 지속가능발전	시장의존적 환경정책; 소비 패턴의 변화	초보적인 지방 경제의 자급자족; 세계 시장력을 완화하려는 부차적인 이니셔티브	유한 자원을 자본으로 대체; 재생가능 자원의 개발	부문별 접근방법	사후처리 기술적 해결책; 노동-자본 혼합 집약 기술	최소한의 제도 개선	환경지표의 상징적 활용; 제한된 범위의 시장주도 정책도구	부차적 이슈에서의 형평성	하향식 이니셔티브; 국가-환경운동 간 제한된 대화	
단순모형	지속적인 성장	세계시장과 세계경제	자원개발	무변화	자본집약적 생산기술; 점진적 자동화	무변화	전통적인 회계	비형평성	국가-환경운동 간 극히 제한된 대화	인간 중심

자료: Baker et al.(1997: 9).

제 3 절 지속가능발전 개념의 확립

1992년 유엔은 '환경적으로 건전하고 지속가능한 발전(Environmentally Sound and Sustainable Development: ESSD)'을 주제로 브라질 리우데자네이루에서 유엔환경개발회의(UN Conference for Environment and Development: UNCED, 리우회의)를

개최했다. 전 세계 178개국이 참여했고, 미국, 영국, 독일 등의 정상이 참석하지 않았으나 102개국의 정상이 참석하여 지구정상회담(Earth Summit)이라고 불렸다. 이 때 전 세계 시민사회가 같은 장소에 모여 '글로벌 포럼 92(Global Forum 92)'을 개최하기도 했는데, 정부조직(Governmental Organizations: GOs)의 회의와 대비시켜 비정부조직(Non Governmental Organizations: NGOs)이라는 개념을 확산시키기도 했다.

국제 사회는 리우회의에서 선언된 지속가능발전을 위한 행동계획 '의제21(Agenda 21)'에 합의하였으며, 유엔기후변화협약(UN Framework Convention on Climate Change: UNFCCC), 생물다양성협약, 산림원칙 등을 채택하였다. '의제21'을 실천하기 위해 유엔은 지속가능발전위원회(UN Commission on Sustainable Development: UNCSD)를 설치하기로 하였고, 각국에 지속가능발전위원회(CSD) 설치를 권고하였다. 우리나라는 1996년 8월 '의제21 국가실천계획'을 발표하였고, 2000년 9월에는 '대통령자문 지속가능발전위원회(Presidential Commission on Sustainable Development: PCSD)'를 설치하는 한편, 2006년 8월 '국가지속가능발전 이행계획'을 수립하였다.

'의제21'은 전문과 함께 40개의 장으로 구성된 350페이지에 이르는 문서이다. 40개의 장은 사회 · 경제 차원, 개발을 위한 자원의 보전과 관리, 주요 그룹의 역할 강화, 이행 수단 등 네 부분으로 나뉘어 있다. 주요 그룹의 역할 강화 부분에서는 지방정부를 비롯하여 '9개 주요 그룹(9 Major Groups)'을 명시했는데, 각 지방에서는 9개 주요 그룹이 '지방의제21(Local Agenda 21)'을 수립하여 이행하도록 했다.

이에 따라 1997년에는 이클레이(Local Governments for Sustainability: ICLEI, 지속가능성을 위한 세계지방정부)가 전 세계 지방정부의 지방의제21 수립 현황을 점검하기도 했다.[1)]

---

1) ICLEI는 1990년 '지속가능한 미래를 위한 제1차 지방정부 세계회의'에 참석했던 43개국 200여 개 지방정부가 유엔의 지원을 받아 창립한 유엔기관이다. 그간 지속가능발전 국제회의를 주도해 왔으며, 1990년 창립 당시의 '자치단체국제환경협의회(International Council for Local Environmental Initiatives: ICLEI)'라는 명칭을 2003년에 현재의 이름으로 바꿨다. 2018년 현재 1,500개 이상의 지방정부가 회원으로 있고, 이는 지구 도시 인구 기준으로 25%에 영향을 끼치는 규모라 할 수 있다. 124개국 22개 사무소를 통해 다양한 전문가들과 함께 일하고 있으며, 한국의 경우 2018년 현재 58개 지방자치단체가 가입되어 있다. 회장 도시는 3년 간의 임기를 수행하는데, 박원순 서울시장은 2015~2018년 회장을 맡았다. 이클레이 한국사무소는 1995년 '한국지방자치단체국제화재단(2009년 해산)'이 이클레이에 가입한 이후 2002년부터 이 재단 내에 있었다가 2006

9개 주요 그룹은 여성, 아동과 청년, 원주민, NGO, 지방정부, 노동자와 노동조합, 기업과 산업체, 과학기술공동체, 농민 등 지속가능발전을 위한 핵심 주체를 설정한 것이라 할 수 있는데, 의제21의 24장부터 32장이 이들 그룹의 적극적인 활동을 요청하는 것이다.

- 여성을 위한 지속가능하고 공평한 발전 글로벌 행동
- 지속가능발전에서 아동과 청년
- 원주민과 그들의 공동체의 역할에 대한 인식과 강화
- NGO의 역할 강화: 지속가능발전을 위한 파트너
- 의제21을 지원하는 지방정부의 계획
- 노동자와 노동조합의 역할 강화
- 기업과 산업체의 역할 강화
- 과학기술 공동체
- 농민의 역할 강화

2002년 리우선언 10주년을 기념하여 남아프리카공화국 요하네스버그에서 개최된 세계지속가능발전정상회의(World Summit on Sustainable Development: WSSD, 리우+10회의)에는 전 세계 174개국에서 대표단이 참석하여 의제21의 이행상황을 점검했다. 리우+10회의에서의 주요 성과는 요하네스버그선언(Johannesburg Declaration)과 지속가능발전을 위한 요하네스버그 이행계획(Plan of Implementation)이 채택된 것이다. 이행계획의 실천에는 '공통의, 그리고 차별화된 책임 원칙'을 고려되어야 함이 이행계획의 서론에 명시되었다. 또한 빈곤퇴치, 소비생산패턴의 변화, 자연자원 기반의 보호와 관리, 세계화, 보건, 군소도서국가의 지속가능발전, 아프리카의 지속가능발전, 기타 지역의 계획, 이행수단, 지속가능발전을 위한 제도적 장치 등이 포함되었다. 그리고 지속가능발전을 위해서는 좋은 거버넌스(good governance)가 필수적이라고 지적하고, 2005년까지 지속가능발전 국가전략을 수립하고 이행할 것을 촉구되었다. 그럼에도 불구하고 구체적인 실천방안과 이행시간이 명시되지 못했다는 측면에서 적지 않은 비판을 받기도 했다.

년부터 제주특별자치도에 두었고 2012년 10월부터 수원시에 두고 있다.

한편 리우+10회의에 모인 각국의 지방정부는 지방의제21의 이행과 실천을 촉구하는 '지방행동21(Local Action 21)'을 채택했다. WSSD 지방정부회의에서 '지방행동21: 요하네스버그 이후 10년의 지방의제21 이행계획'이라는 문건이 배포되었고, 3M으로 지방행동21을 요약하였다. WSSD 이후 10년의 지속가능발전 이행을 촉진하는 표어(Motto), 지방의제21과 행동계획의 이행이라는 지방정부의 과업(Mandate), 지속가능발전을 위한 운동(Movement)이 그것이다. 리우+10회의에서 한국은 지방의제21실천협의회(현재의 지속가능발전협의회)들의 전국적인 네트워킹 활동이 우수사례로 소개하였다.

2012년 6월에는 리우회의 20주년을 기념하는 리우+20회의가 다시 리우데자네이루에서 개최되었다. 리우+20회의 개최는 2009년 12월 유엔 총회 결의에 의해 결정되었던 유엔지속가능발전회의(UN Conference on Sustainable Development: UNCSD)에 대한 실효성 여부를 놓고 회의적인 시각도 있었으나 192개국 대표가 참석하였다.

리우+20회의는 세 가지 목적을 설정했는데, 그 첫 번째 목적은 지속가능발전을 위한 정치적 관여를 새로이 하고, 두 번째 목적은 현재까지의 진척과 주요 회의 결과 이행 간의 격차를 평가하며, 세 번째 목적은 새롭게 등장하는 도전을 다룬다는 것 등이다. 그리고 첫째, 지속가능발전과 빈곤 근절이라는 맥락에서의 녹색경제(Green Economy), 둘째, 지속가능발전을 위한 새로운 제도적 틀을 구축한다는 주제를 설정했다.

리우+20회의가 개최되기 일주일 전에 브라질 벨루오리존치에서 열린 ICLEI 세계총회는 세계 지속가능발전사를 정리하며([그림 1-3] 참조), 'ICLEI(지속가능성을 위한 세계지방정부) 세계 총회가 리우+20회의에 보내는 메시지'를 전달하였다. 즉, 지방정부가 지속가능발전을 효과적으로 추진할 혁신과 이행의 인큐베이터이자 변화의 동인이며, 시민과 가장 가까운 정부 영역이라는 점을 명확히 했다. ICLEI는 "향후 40년은 도시의 세기로서 도시 용량의 확장이 지난 4,000년에 맞먹게 될 것이고, 우리의 미래 도시 생활을 재설계하고 전환할 예기치 않은 도전과 기회를 낳게 됨을 인식하라"라고 주장했다.

더 나아가서 ICLEI는 지방정부가 유엔체계 내의 '정부 이해당사자(governmental stakeholders)'라고 규정하였다. 회의가 끝난 뒤 ICLEI는 '리우+20회의에 관한 평가'

그림 1-3 세계 지속가능발전사

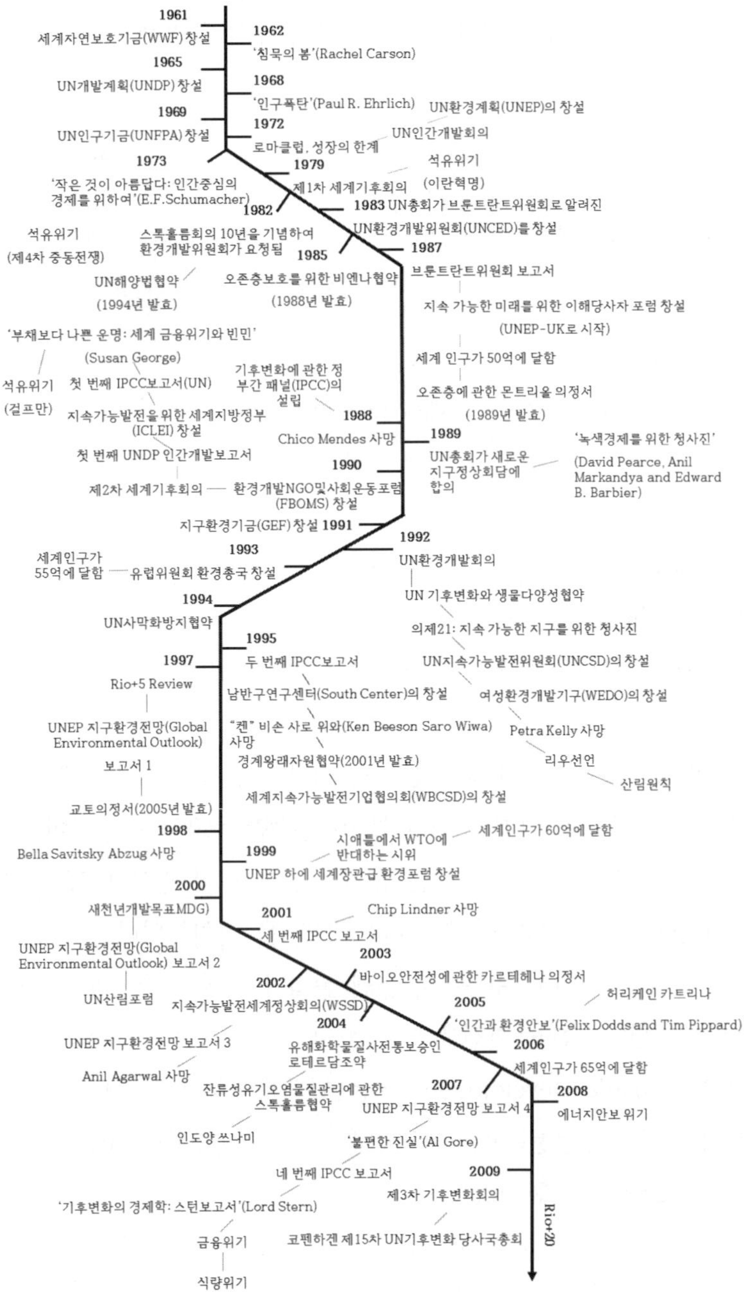

자료: http://www.stakeholderforum.org/fileadmin/files/sdtimelineswf.swf

를 통해 위기에 처한 지구 인류 문명 앞에서 '어떤 약속도 거의 하고 있지 않은' 국가 정부에만 의존하지 않고 향후 지방정부가 지속가능발전을 직접 추진해 나갈 것임을 결의했다. 다음과 같은 내용은 지방정부의 역할에 대한 특별한 강조라고 할 수 있다.

> 국가 의제21을 집행해온 국가 성공스토리를 보여줄 수 있는 국가는 많지 않다. 마찬가지로 유엔기후변화협약에서 교토의정서라는 이행규칙으로 진입하는 데도 13년이 걸렸다. 반면 ICLEI가 첫 번째 도시 지도자 정상회담을 소집하고, 지방기후행동에 1,000여 개 지방정부를 참여시킨 기후보호도시캠페인에 착수하기까지는 불과 8개월밖에 걸리지 않았다.

UNCSD에서는 '우리가 원하는 미래(The Future We Want)'라는 선언문이 발표되었다. 이 선언문은 1972년 스톡홀름에서 발표된 유엔인간환경회의(UNCHE)선언에서부터 리우선언, 요하네스버그선언 등 지금까지의 선언과 이행계획의 이행을 재확인하였다. 또한 2001년부터 2015년까지를 목표연도로 정해 2000년 9월 유엔이 채택한 새천년개발목표(Millennium Development Goals: MDGs)를 비롯하여 국제적으로 합의된 개발 목표의 달성을 통해 지속가능발전 의제를 진척시킬 새로운 정치적 의지를 불어 넣고 국제사회의 약속 수준을 높이기로 했다. '우리가 원하는 미래'는 정치적 약속의 재확인, 지속가능발전과 빈곤 근절이라는 맥락의 녹색경제, 지속가능발전을 위한 제도적 틀, 행동과 이행을 위한 틀, 이행수단 등으로 구성되어 있다. 새로운 목표를 수립하고 이행하기 위한 틀로는 유엔 산하에 각국 정부 대표로 구성된 고위급 정치포럼(High-Level Political Forum: HLPF)을 설치하였다.

2015년 9월 25일에는 미국 뉴욕에서 유엔 총회가 열렸고, 193개 회원국 만장일치로 '우리 세계의 전환: 지속가능발전을 위한 2030 의제(Transforming Our World: 2030 Agenda for Sustainable Development)'라는 합의문(A/RES/70/1)이 채택되었다. 이 합의문에 17개 지속가능발전목표(Sustainable Development Goals: SDGs)와 169개의 세부 목표(targets)가 포함되었다.

이상의 세계 지속가능발전사의 주요 내용을 정리한 것이 [그림 1-4]이다.

그림 1-4 세계 지속가능발전사의 주요 내용

1952 – 런던 스모그 사건	대기오염과 환경재난에 대한 지구적 각성
1962 – 『침묵의 봄』 발간	"자연에서는 그 어느 것도 혼자 존재하지 않는다"
1972 – 스톡홀름 유엔인간환경회의	환경목표 달성을 위한 26개 원칙, UNEP 창설
1982 – 나이로비선언	스톡홀름선언과 행동계획의 이행, UNEP 강화 선언
1987 – 「우리 공동의 미래」 발간	지속가능발전 개념의 확립
1992 – 리우 유엔환경개발회의	의제21, 기후변화협약, 생물다양성협약 등 채택
2002 – 리우 + 10회의	지속가능발전을 위한 이행계획 채택
2012 – 리우 + 20회의	녹색경제와 지속가능발전을 위한 새로운 틀 합의
2015 – 유엔 총회	지속가능발전목표(SDGs) 채택

제 4 절 UN 지속가능발전목표(SDGs)의 채택과 의의

2015년 9월 유엔 총회의 합의문 '우리 세계의 전환: 지속가능발전을 위한 2030 의제'는 다음과 같은 서문으로 시작한다(UN, 2015: 3).

> 이 의제는 **사람, 지구, 그리고 번영을 위한 행동계획**이다. 이 의제는 또한 더 큰 자유가 있는 보편적인 평화를 강화하고자 한다. 우리는 극단적인 빈곤을 비롯하여 모든 형태와 차원의 빈곤을 근절하는 것이 가장 큰 지구적 도전이자 지속가능발전을 위한 필수불가결한 필요조건임을 인식한다.
>
> 협력적 파트너십에 나선 모든 국가와 이해당사자들이 이 계획을 이행할 것이다. 우리는 인류를 빈곤과 가난의 압제로부터 해방시키며, 우리 지구를 치유하고 안전하게 만들기로 결의한다. 우리는 지속가능하고 회복적인 경로를 향해 세계를 변화시키는 데 긴급히 요구되는 대담하고 전환적인 조치를 취하기로 결의한다. 이런 공동의 여정에 나서면서 우리는 **어느 누구도 뒤처지지 않게** 할 것을 선언한다.

우리가 오늘 선언하는 17개 지속가능발전목표와 169개 세부 목표는 이 새로운 보편적 의제의 규모와 야망을 보여준다. 이 목표는 새천년개발목표(MDGs)를 기반으로 한 것이며, MDGs가 달성하지 못한 것을 완결지으려는 것이다. 이 목표는 모두의 인권을 실현하고, 성 평등과 모든 여성과 여아에게 힘을 부여하고자 하는 것이다. **이 목표는 통합적이고 따로 떨어뜨릴 수 없으며, 경제, 사회, 환경이라는 지속가능발전목표의 세 가지 차원의 균형을 맞추는 것이다.**

그리고 이 목표와 세부 목표는 다음 다섯 가지 영역에서 다음 15년 간의 행동을 촉진할 것으로 제시된다(UN, 2015: 3-4). 그래서 인간축(People), 지구축(Planet), 번영축(Prosperity), 평화축(Peace), 파트너십축(Partnership) 등 5P축을 중심으로 지속가능발전을 위한 목표를 설정한 것으로 볼 수 있다([그림 1-5] 참조). SDGs는 리우+20회의 결과에 따라 2013년 3월 70개국 대표들과 더불어 공개작업반(open working group: OWG)이 첫 모임을 가진 이래 2014년 7월 17개의 제안 내용이 담긴 최종안으로 이어졌다. 그리고 유엔 회원국 간 협상과 최종적인 용어 수정작업, 그리고 서문과 선언문에 대한 합의가 2015년 8월까지 이뤄졌고, 9월 유엔 총회에 상정된 것이다([그림 1-6] 참조).

인간(People): 우리는 모든 형태와 차원의 빈곤과 기아를 종식시키고, 모든 사람이 존엄과 평등 속에서, 그리고 건강한 환경에서 자신의 잠재력을 실현할 수 있도록 보장할 것을 결의한다.

지구(Planet): 우리는 현재와 미래 세대의 필요를 지원할 수 있도록 지속가능한 소비와 생산, 자연자원의 지속가능한 관리, 기후 변화에 대한 긴급한 조치를 통해 지구가 황폐해지지 않게 보호할 것을 결의한다.

번영(Prosperity): 우리는 모든 사람이 풍요롭고 성취감 있는 삶을 향유할 수 있도록, 그리고 자연과의 조화 속에서 경제, 사회, 기술의 진보가 이루어지도록 보장할 것을 결의한다.

평화(Peace): 우리는 공포와 폭력이 없는, 평화롭고 공정하며 포용적인 사회를 조성할 것을 결의한다. 평화 없이 지속가능발전은 있을 수 없으며, 지속가능발전 없이 평화는 있을 수없다.

파트너십(Partnership): 우리는 굳건한 글로벌 연대의 정신에 바탕을 두고, 특히 최빈곤층과 가장 취약한 계층의 요구에 초점을 맞추며, 모든 국가, 모든 이해당사자, 모든 사람들이 참여하는, 지속가능발전을 위한 글로벌 파트너십을 활성화함으로써 본 의제의 이행에 필요한 수단을 동원할 것을 결의한다.

그림 1-5 SDGs의 5P축

자료: http://unsdn.org/2016/01/06/be-part-of-reviewing-new-sustainable-development-agenda/

그림 1-6 SDGs 수립 과정

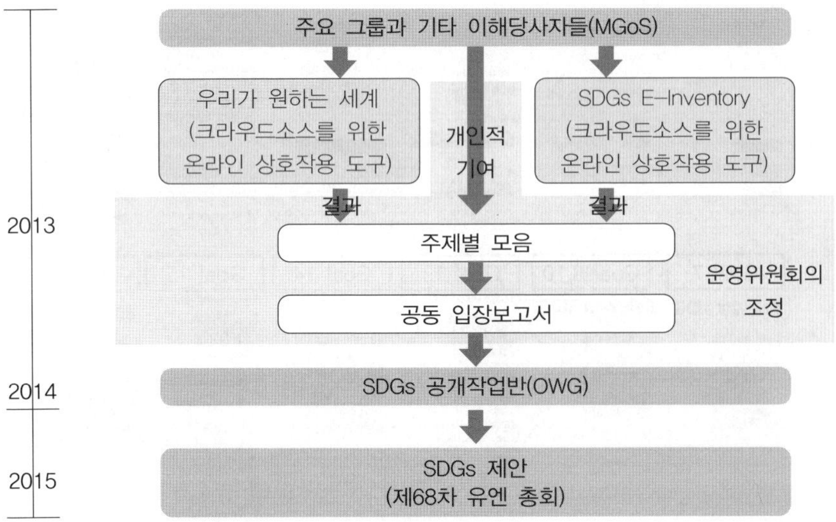

자료: https://sustainabledevelopment.un.org

유엔은 이처럼 SDGs 도출을 위해 11개 주제에 걸친 83개국의 국가적 논의와 협의, 방문 서베이, 온라인 서베이(My World survey) 등 '글로벌 대화(global conversations)'를 수행했다. 이 과정에 참여한 주요 그룹과 기타 이해당사자들(Major Groups & other Stakeholders: MGoS)이란 의미는 1992년 리우회의 당시 의제21에서 명시한 9개 주요 그룹 외에 2012년 '리우+20회의'에서 명시한 노인, 지역공동체, 이주민 그룹, 그리고 2013년 유엔 총회에서 명시한 민간자선단체와 재단, 교육단체와 학술단체, 장애인, 자원봉사단체 그룹 등의 이해당사자들을 포함한 것이다.

이처럼 SDGs는 MDGs의 채택 때와는 달리 SDGs에 들어갈 내용에 대한 많은 협의 과정을 거쳐서 도출되었다는 점에서 큰 의의가 있다. 특히 2001~2015년을 목표연도로 삼았던 MDGs의 Post-2015로서 SDGs 도출과정이 리우+20회의의 직・간접적인 결과물이었다는 점에서 처음부터 충분하고 풍부한 논의를 바탕에 두고 있다

그림 1-7 MDGs와 SDGs의 연계

자료: https://sustainabledevelopment.un.org/

는 것을 보여준다. MDGs는 극단적 빈곤과 기아 근절, 보편적 초등교육 달성, 성평등과 여권신장, 유아 사망률 감소, 모성보건 개선, 에이즈와 말라리아 등 질병 퇴치, 환경적 지속가능성 확보, 개발을 위한 글로벌 파트너십 등 8개 목표로 구성되어 있다.

MDGs를 종료하면서 얻은 교훈은 개발도상국을 대상화하는 것이 아니라 전 세계 모든 국가가 지속가능발전에 나서야 목표를 달성할 수 있다는 것이었다. 이에 따라 MDGs 8개의 목표가 SDGs 17개의 목표로 전환된 것이라 할 수 있다. [그림 1-7]은

그림 1-8 유엔 SDGs

목표 1. 모든 곳에서 모든 형태의 빈곤 종식
목표 2. 기아 종식, 식량 안보 달성, 개선된 영양상태의 달성, 지속가능한 농업 강화
목표 3. 모두를 위한 전 연령층의 건강한 삶 보장과 웰빙 증진
목표 4. 모두를 위한 포용적이고 공평한 양질의 교육 보장 및 평생학습 기회 증진
목표 5. 성평등 달성과 모든 여성 및 여아의 자력화
목표 6. 모두를 위한 물과 위생설비에 대해 가용성과 지속가능한 유지관리 보장
목표 7. 모두를 위한 적정가격의 신뢰할 수 있고 지속가능하며 현대적인 에너지에의 접근 보장
목표 8. 모두를 위한 지속적·포용적·지속가능한 경제 성장, 생산적인 완전고용과 양질의 일자리 증진
목표 9. 복원력 높은 사회기반시설을 구축하고, 포용적이고 지속가능한 산업화 증진 및 혁신 장려
목표 10. 국내 및 국가 간 불평등 감소
목표 11. 도시와 주거지를 포용적이며 안전하고 복원력 있고 지속가능하게 보장
목표 12. 지속가능한 소비와 생산양식 보장
목표 13. 기후 변화와 그로 인한 영향에 맞서기 위한 긴급 대응
목표 14. 지속가능발전을 위한 대양, 바다, 해양자원의 보존과 지속가능한 사용
목표 15. 지속가능한 육상생태계 이용을 보호·복원 증진, 삼림을 지속가능하게 관리, 사막화 방지, 토지 황폐화 중지 및 복구, 생물다양성 손실 중단
목표 16. 지속가능발전을 위한 평화롭고 포용적인 사회 증진, 모두를 위한 정의에의 접근 제공, 모든 수준에서 효과적이고 책임성 있고 포용적인 제도 구축
목표 17. 이행수단 강화, 지속가능발전을 위한 글로벌 파트너십 활성화

MDGs가 SDGs로 전환된 흐름을 잘 드러내 주고 있다.

유엔 SDGs는 [그림 1-8]과 같이 요약된다. 일반적으로 인간축(사회적 지속가능성)에 해당하는 목표로는 빈곤 퇴치(1), 기아 종식(2), 건강과 웰빙(3), 양질의 교육(4), 성평등(5), 지속가능한 도시와 공동체(11) 목표를, 번영축(경제적 지속가능성)에 해당하는 목표로는 모두를 위한 깨끗한 에너지(7), 양질의 일자리와 경제 성장(8), 산업, 혁신, 사회기반시설(9), 불평등 감소(10), 지속가능한 생산과 소비(12) 목표를, 지구축(환경적 지속가능성)에 해당하는 목표로는 기후 변화와 대응(13), 해양생태계 보존(14), 육상생태계 보호(15) 목표를 포함시킨다. 물론 깨끗한 물과 위생(6)이나 모두를 위한 깨끗한 에너지(7)를 지구축으로 포함시킬 수도 있고, 깨끗한 물과 위생(6)을 사회축으로 포함시킬 수도 있다. 그리고 정의, 평화, 효과적인 제도(16), 목표(평화축)와 지구촌 협력(17), 목표(파트너십축)는 그 자체로 달성해야 할 목표이면서도 다른 목표의 토대 또는 수단이 될 수도 있어 범분야 목표(cross-cutting)라고 한다. 양질의 교육(4)이나 성평등(5) 목표 역시 다른 목표들의 기반이라 할 수 있어 범분야 목표에 포함하기도 한다.

유엔통계위원회(UN Statistical Commission: UNSC)는 SDGs의 이행 정도를 측정하고 평가하기 위해 SDGs 지표에 관한 기관 간 전문가 그룹(Inter-Agency and Expert Group on Sustainable Development Goal Indicators: IAEG-SDGs)과 함께 230개 지표를 개발했고, 이들 지표는 2016년 3월 유엔경제사회이사회(Economic and Social Council: UN ECOSOC)와 유엔 총회(UN General Assembly: UNGA)에서 채택되었다.

2016년 7월 유엔경제사회이사회 의장국이었던 한국을 포함한 22개국이 유엔 고위급정치포럼(HLPF)에서 시범적으로 국가이행평가(Voluntary National Review)를 수행하였고, 향후 매년 국가 단위의 이행평가를, 4년마다 유엔 차원의 이행평가를 수행하기로 했다.

2017년부터 2019년까지의 HLPF 주제와 중점 검토 목표는 [그림 1-9]와 같다.

그림 1-9 **2017~2019년 HLPF 주제와 중간 검토 목표**

2017년: 변화하는 세계의 빈곤 근절과 번영 촉진

2018년: 지속가능하고 복원력 있는 사회를 향한 전환

2019년 사람들에게 힘을 부여하고, 포용과 평등을 확보하기

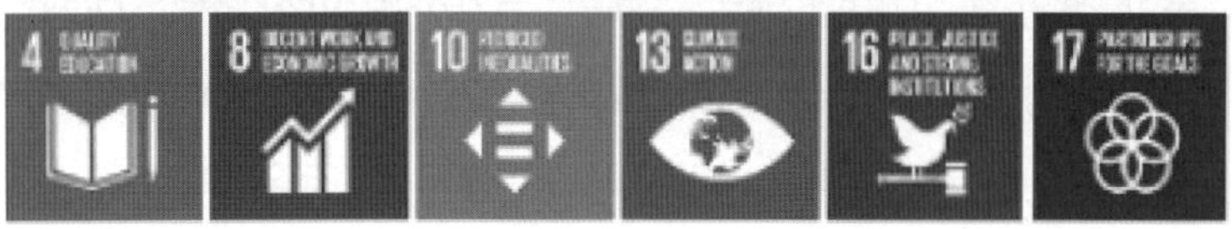

SDGs 지표에 관한 기관 간 전문가 그룹(IAEG－SDGs)은 2018년 3월 제7차 회의 현재 232개 지표(중복 포함 244개)를 관리하고 있는데, 2017년 3월 제5차 회의 때 다음과 같이 세 가지 단계(tiers)로 지표를 분류하고 있다. 각 단계의 지표 개수는 2018년 3월 현재 수준이다(＜표 1－2＞ 참조).

표 1-2 **SDGs 지표 층위의 의미와 개수**

단계(tier)	의 미	지표 개수
1단계	지표가 개념적으로 명확하고, 국제적으로 확립된 방법론과 기준이 가용하며, 이 지표가 적절한 모든 지역의 국가와 인구 최소 50%에 해당하는 국가에서 규칙적으로 데이터가 생산되는 지표	93
2단계	지표가 개념적으로 명확하고, 국제적으로 확립된 방법론과 기준이 가용하지만, 각국에 의해 규칙적으로 데이터가 생산되지 않는 지표	72
3단계	국제적으로 확립된 어떠한 방법론이나 기준도 지표에 가용하지 않지만, 방법론과 기준이 개발되고 있거나 검증되고 있는 지표	62
다단계	지표의 상이한 구성요소가 상이한 단계로 분류되는 지표	5

자료: https://unstats.un.org

제 5 절 SDGs의 활용

<표 1−3>은 유엔 SDGs 세부 목표 예시로 2번 목표의 세부 목표를 정리한 것이다. 2번 목표는 총 8개의 세부 목표로 구성되어 있는데, 세부 목표에 a, b, c 알파벳 번호가 붙어 있는 것은 수단적 목표를 의미한다. 즉, 해당 목표를 달성하기 위한 수단적 세부 목표라는 것이다. 유엔 차원에서는 193개국의 지속가능발전을 관리한다는 점에서 169개 세부 목표와 232개 지표를 모두 관리하게 된 것이다. 그런데 각국이 국가 SDGs를 수립한다면, 이 가운데 몇 가지 세부 목표를 국가 SDGs에 포함시키는 한편, 자국의 독특한 상황을 고려한 세부 목표를 추가하는 방식으로 SDGs를 수립할 것이다. 가령 한국의 경우 2.4나 2.5 세부 목표를 포함시키며, 도시농업 활성화와 같은 세부 목표를 추가할 수 있다. 지방자치단체에서는 같은 맥락에서 유엔 SDGs 세부 목표를 검토하고 국가 SDGs를 검토하는 한편, 도시의 특성을 고려한 세부 목표를 추가하는 방식으로 도시 SDGs를 수립할 수 있다.

그런데 '우리 세계의 전환: 지속가능발전을 위한 2030 의제' 서문에서 확인한 바와

표 1-3 유엔 SDGs 세부 목표 예시(2번 목표)

<table>
<tr><th colspan="2">Targets</th><th>내 용</th></tr>
<tr><td colspan="2">2.1</td><td>기아를 근절하고, 영유아를 포함한 모든 사람, 특히 빈곤층과 취약층에게 안전하고 영양가 있고 충분한 식량에 대한 접근을 보장</td></tr>
<tr><td colspan="2">2.2</td><td>5세 미만 아동의 발육 부진 및 체력 저하 대응, 청소년기 소녀, 임산부, 모유수유 여성 및 노년층의 영양상 필요에 대응</td></tr>
<tr><td colspan="2">2.3</td><td>토지, 생산, 금융, 고용을 보장함으로써 소규모 식량생산자, 특히 여성, 원주민, 가족농, 목축민, 어민의 생산력과 소득을 두 배로 늘림</td></tr>
<tr><td colspan="2">2.4</td><td>식량 생산성 향상, 생태계 유지, 기후 변화 적응력 강화, 지속가능한 식량생산시스템과 복원력 있는 농산물 관리</td></tr>
<tr><td colspan="2">2.5</td><td>식물 및 종자은행을 통한 씨앗, 농작물, 가축 및 관련 야생종의 유전적 다양성 유지, 유전자 자원과 전통 지식 활용에 대한 접근을 촉진</td></tr>
<tr><td rowspan="3">수단</td><td>2.A</td><td>농촌 사회기반시설, 농업연구 및 지원서비스, 기술개발, 식물 및 가축 유전자 은행 설립에 대한 투자 확대</td></tr>
<tr><td>2.B</td><td>농업수출요건 철폐를 비롯, 무역규제와 왜곡현상 바로잡고 방지</td></tr>
<tr><td>2.C</td><td>식료품 시장과 파생상품 시장의 기능 보장, 시장 정보 적시 접근</td></tr>
</table>

그림 1-10 SDGs의 목표 구조

자료: https://www.stockholmresilience.org/research/research-news/2017-02-28-contributions-to-agenda-2030.html

같이 17개의 목표는 통합적인 것이어야 하고 따로 떨어뜨려 생각할 수 없는 것이다. 이런 의미에서 요한 록스트롬(Johan Rockström)과 파반 수크데프(Pavan Sukhdev)는 2016년 스톡홀름 EAT 식량 포럼에서 [그림 1-10]과 같은 '웨딩 케이크(wedding cake)' 구조로 SDGs를 설명하였다. 즉, 생명권이 유지되는 선에서 사회가 발전되어야 하고, 그 토대 위에서 경제가 발전되어야 한다는 설명으로 각 목표를 구조화한 것이다.

[그림 1-11]도 같은 맥락에서 이해할 수 있다. 1987년 「우리 공동의 미래」에서 지속가능발전이란 경제발전, 사회통합, 환경보존의 세 축에 대한 통합적인 관점에서 균형과 조화를 고려하는 것이었다고 할 수 있다. 그 뒤 지속가능발전은 이 세 축에 대한 통합적인 관점에서 그 나라나 지역의 특성을 반영하여 균형점을 잡는 것이었다고 할 수 있다. 현재의 지속가능발전 개념은 환경이 지탱할 수 있는 선에서 사회를 발전시키고, 경제는 사회통합을 저해하지 않는 선에서 발전되어야 한다는 것이다. 이러한 관점을 유엔에서는 연계 접근방법(Nexus Approach)라고 하여 목표 간의 연

그림 1-11 지속가능발전 개념의 지향 변화

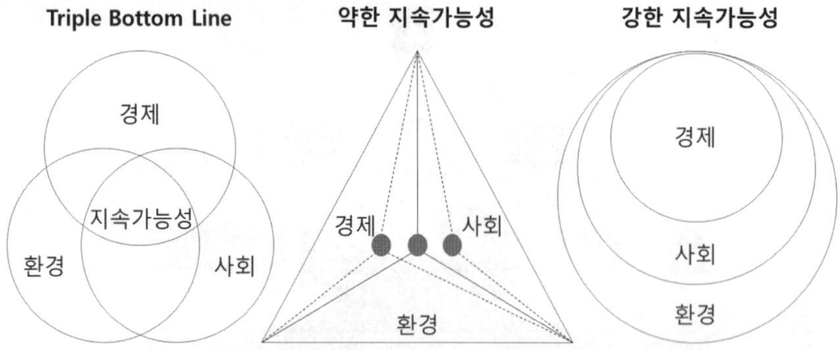

자료: Wu(2013: 1002).

계나 상호작용 측면에서 고려하고 있다. 가령 식량(Food), 에너지(Energy), 물(Water) 문제를 연계하여 'FEW Nexus'를 고려한다. 식량이 부족한 나라에서는 옥수수를 기르고자 하지만, 에너지가 부족한 나라에서는 옥수수를 바이오에너지로 쓰려고 하고 물이 부족한 나라에서는 물이 많이 들어가는 옥수수 재배를 주저하는 상황에서 어떻게 조정이 가능할까 하는 것이다.

[그림 1-12]와 같은 물 목표를 예로 들어 보면, 물 목표를 달성하고자 할 때 빈곤층의 물 문제는 어떻게 해결할 것인지(1번 빈곤 목표), 농촌의 물 문제는 어떻게 해결할 것인지(2번 기아와 식량 목표), 건강과 물의 관계는 무엇인지(3번 목표), 물 목표 관련 교육은 어떻게 수행할 것인지(4번 목표) 등을 연계하여 생각할 수 있어야 한다는 것이다.

유엔 물기구(UN Water)의 경우 [그림1-13]과 같이 물 목표를 물 순환과 관련하여 세부 목표를 연계하고 있다. 즉, 물 목표를 마실 물(6.1), 위생(6.2), 수질과 폐수(6.3), 물 부족(6.4), 수자원관리(6.5), 생태계(6.6), 그리고 협력과 파트너십(6a, 6b) 등의 세부 목표 외에도 물 관련 재해라는 11.5 세부 목표까지도 고려하고 있다.

목표의 연계는 사회 구성원 또는 주요 그룹과 기타 이해당사자들(MGoS)과 같은 이해당사자들의 관점에서 이뤄질 수 있다. [그림 1-14]는 MGoS와 주요 의제 또는 16개 목표를 연계하는 매트릭스를 보여주고 있다. 여성 관점에서 17개 목표를 고려

그림 1-12 물 문제의 연계 접근방법 1

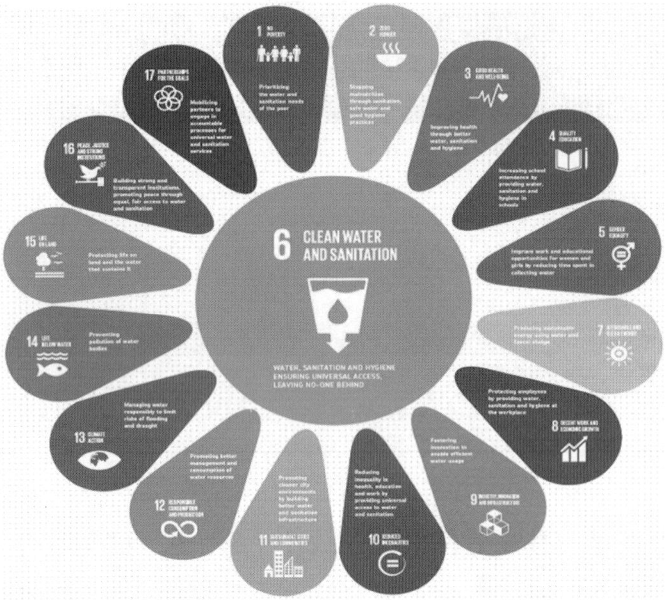

자료: http://sanitationandwaterforall.org/news/new-infographic-how-wash-influences-other-sdgs/

그림1-13 물 문제의 연계 접근방법 2

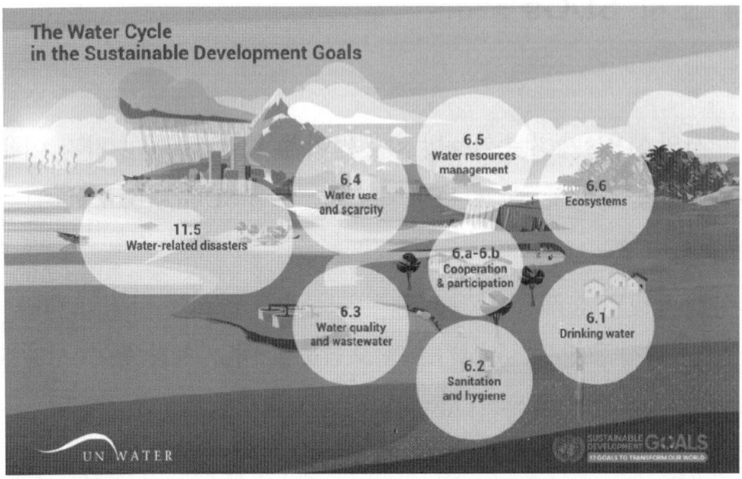

자료: http://www.unwater.org

그림 1-14 MGoS와 주요 의제 연계 매트릭스 예시

	여성	청소년	원주민	노동조합	기업	농민	이주민	학술단체	……
빈곤									
기아									
건강									
……									
인권									
주거권									
노동권									
보행권									
……									

해 볼 수도 있고, 여성 그룹의 인권, 청소년 그룹의 노동권, 원주민의 주거권, 농민의 보행권 등의 매트릭스가 가능할 수 있다. 매트릭스를 채워가는 논의의 장이나 목표 수립 과정을 통해 SDGs를 완성해 갈 수도 있다.

제 6 절 도시 SDGs

ICLEI는 도시의 SDGs가 지속가능발전에 기여할 수 있는 여섯 가지 이유를 들면서 '지속가능한 도시 및 공동체' 목표(11번 목표)를 도시 SDG(Urban SDG)로 제시하였었다(ICLEI, 2016a: 3-4).

첫째, 도시는 지방의 문제와 함께 국제적인 문제를 동시에 다뤄야 하는 곳이다. 그것은 삶의 질, 사회적 포용력, 온실가스와 오염물질 배출 저감 등 도시가 SDGs를 달성하는 데 앞장서야 하기 때문이다.

둘째, 도시는 활동가를 동원할 수 있다. SDGs를 달성하기 위해 정부, 민간부문, 대학, 시민사회 등의 협력적이고 포괄적인 노력이 필요한데, 도시가 다양한 주체들

이 참여하는 다층적 거버넌스를 구축해야 하기 때문이다.

셋째, 지방정부가 지속가능발전의 선구자가 될 수 있다. 도시의 기본 서비스 공급과 관련하여 지방정부가 전략적이고 창의적인 프로젝트들을 수행할 수 있기 때문이다.

넷째, 도시는 혁신과 야심찬 아이디어의 허브이다. 도시는 지난 20여 년 동안 도시의 복원력과 지속가능성을 향상시키는 인큐베이터 역할을 해왔기 때문이다.

다섯째, 도시와 광역권역이 경제활동과 자원흐름의 중심이다. 인구 증가의 중심이자 역동적인 경제활동의 중심인 도시에 정치, 경제, 사회, 생태계 체계의 가장 복잡한 연계성이 대두되기 때문이다.

여섯째, 도시가 변하면 세계가 변한다. 전 세계 온실가스 배출의 70% 이상을 도시가 차지하고 있지만 그 결과에는 더욱 취약할 수 있는데, 도시가 SDGs 달성에 앞장서야 하는 이유이기 때문이다.

<표 1-4>는 SDGs 11번 목표의 세부 목표별로 선진국과 개발도상국가들 중에서 선도적인 도시 사례를 제시한 것이다.

표 1-4 앞서가는 도시 SDGs 사례

선진국 사례	SDGs 11번 세부 목표	개발도상국 사례
태양열을 이용한 지역사회 에너지 자급자족 지원 (스페인 바르셀로나)	11.1 주택	도시 연계 계획의 선도자 '생태수도' (브라질 쿠리치바)
생태교통 페스티벌: 자동차 없는 한 달 (대한민국 수원)	11.2 교통	저탄소 미래를 위한 교통계획 (인도네시아 보고르)
시민참여를 통한 화석연료로부터의 독립 (스웨덴 벡쇠)	11.3 도시계획	도시 성장의 덫 피하기 (중국 동관)
과거에 대한 존중을 통한 전진 (일본 나고야)	11.4 문화유산	세계 보물의 보존 (남아공 케이프타운)
집중호우와 홍수에 대한 적응 (덴마크 코펜하겐)	11.5 취약성	가스폭발 사고 이후 1년 (대만 가오슝)
서울의 약속 실현 (대한민국 서울)	11.6 환경	쓰레기에서 식량으로 (멕시코 멕시코시티)
유럽의 녹색수도로의 성장 (영국 브리스톨)	11.7 공공공간	통합 도시개발 프로젝트 (콜롬비아 메데인)

지역 식량시스템 전략과 도시의 연합 (캐나다 벤쿠버)	11.a 도시–농촌연계	식량안보를 위한 합동전략 (브라질 벨루호리존치)
회복력 있는 도시 만들기 캠페인의 롤모델 (일본 센다이)	11.b 통합 정책	최초의 세계에너지도시 이니셔티브 시범도시 (인도 라지코트)
2020년까지의 50개 도시 기후 파트너십 프로젝트 (독일 본)	11.c 정부 역량	옥상녹화를 위한 법률을 통한 교훈 (브라질 헤시피)

자료: ICLEI(2016b: 3).

결국 SDGs는 국제–국가–도시(지역)가 수직적으로 통합되는 효과적인 다층적 거버넌스 속에서 달성될 수 있다. 특히 도시에서부터 상향식 의사결정과 리더십 강화를 통해 협력적인 해결책을 발견하고 이행할 수 있다는 것이다. 또한 같은 수준의 정부 내에서 서로 다른 기관 간의 협업이 필요하다. 각 부서가 배타적인 기능을 수행하는 것이 아니라 통합적인 관점을 갖고 부서들 간의 협력과 교류의 공간을 만드는 수평적 통합이 필요하다는 것이다(ICLEI, 2016c).

[그림 1–15]는 SDGs를 위한 수평적 통합 모델을 보여주는 것이다. 각 부서는 자신의 단위과제를 수행하면서(예: 경제부서는 청년층 취업교육을 수행할 수 있다) 이에 대한 성과지표로 성과평가를 받는다(예: 청년층 취업교육 참가자 수). 그런데 이러한 단위과제와 성과지표가 부서 간 칸막이 속에서 부서별로 고립적인 수행과정에 의한 추진이라면 SDGs(예: 8번 일자리 목표)를 달성하는 데 별로 기여하지 못할 것이다.

모든 부서가 참여하여 공동의 비전을 수립하고 공동으로 전략(예: 청년이 행복한 사회 조성)과 이행과제(예: 청년 취업 제고)를 세운다면, SDGs의 달성 정도를 측정 또는 평가할 수 있는 SDGs 지표(예: 취업자 수 증감률)를 보면서 경제부서(예: 취업교육), 사회부서(예: 사회적경제 활성화), 환경부서(예: 환경감시단 운영)가 공동의 목표를 지향하며 지표를 개선해 나가는 데 함께 기여할 수 있다. 그러다가 SDGs 지표가 개선되지 않고 전략이나 이행과제가 달성되고 있지 않은 것으로 파악된다면, 각 부서는 현재의 단위과제나 성과지표를 개선하거나 대체해 볼 수 있을 것이다(예: 경제부서는 취업교육 대신 맞춤형 인턴 사원 연계와 같은 단위사업을 추진해 볼 수 있다).

그림 1-15 SDGs를 위한 수평적 통합

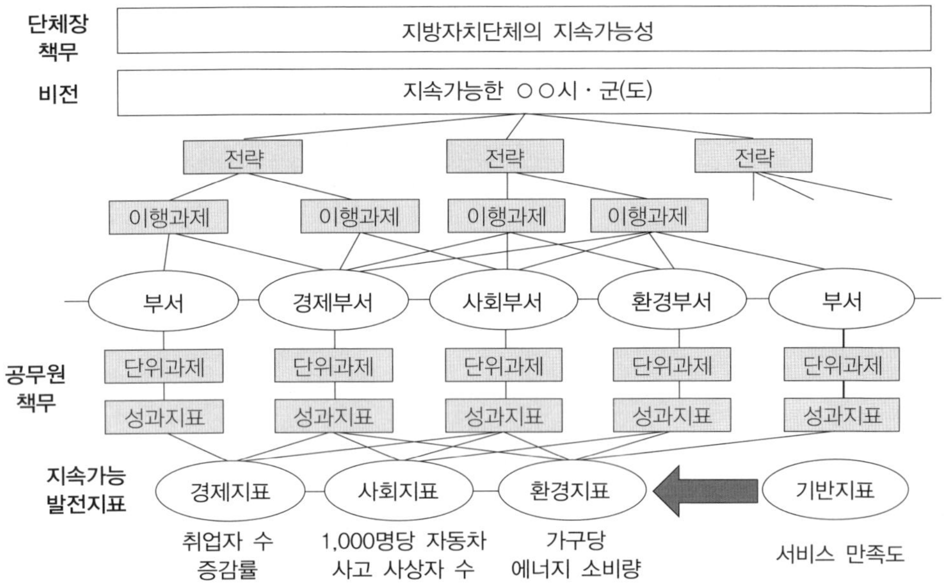

생각발전소

1. 환경행정이 지속가능발전을 핵심적인 가치로 받아들여야 할 필요성이 무엇인지를 논의해 보자.
2. 우리 주위의 환경 문제를 골라 그 문제를 해결하기 위해 17개 SDGs 목표 중 어떤 목표가 연계될 수 있을지를 논의해 보자. 그 인과관계도 찾아보자.
3. 우리 지역에서는 지속가능발전이나 SDGs와 관련하여 어떤 정책을 펼치고 있는지를 조사해 보자.

Chapter 02

환경행정과 환경정책

현대 국가가 해결해야 할 사회 병폐 중의 하나로 등장, 심화되고 있는 환경 문제의 원인을 물리학적, 종교학적, 경제학적 요인으로 나누어 살펴보았고, 이에 따라 환경 문제의 해결 또한 다양한 차원에서 모색되어야 함을 제시하였다. 이 가운데 환경 문제에 대한 국가 책임의 논거는 규범적 책임과 도구적 책임으로 설명될 수 있으며, 규범적 책임은 인간과 자연에 대한 책임을, 도구적 책임은 법적, 제도적, 기술적 책임을 포함한다. 이에 따라 의사결정 과정으로서 환경행정 체계를 확립하게 되며, 중앙정부 차원과 지방정부 차원으로 기능과 역할이 분담된다. 환경행정 체계는 새로운 환경수요에 대처하여 관련 업무를 통합적으로 수행하고 지방환경행정 기능을 강화하는 방향으로 발전하고 있다. 그리고 환경정책은 심각성, 경쟁성, 불확실성, 정치성 등의 성격을 갖고 있으며, 환경정책의 형성과 집행 과정에서 각 정책집단들의 네트워크를 통해 변화, 발전된다.

제 1 절 환경의 개념과 환경 문제의 원인

1. 개 념

환경이란 인간을 제외한 모든 유·무형의 사물을 의미한다. 환경은 크게 물리적 환경과 사회적 환경으로 대별할 수 있고, 물리적 환경은 다시 자연환경과 인공환경으로 나눌 수 있다. 물론 이 장에서의 환경에 대한 논의는 물리적 환경의 한 부분인 자연환경에 한정한다. 현대 사회의 자연생태계 파괴현상에 대한 국가의 책임을 논하면서 사회환경과 인공환경까지 포함시키게 되면 문제의 본질을 훼손시킬 수 있기 때문이다. 자연환경이란 우주의 생성을 통하여 자연적으로 만들어진 동·식물, 공기, 물, 매장 광물, 자연경관 등을 의미한다(유동운, 1992: 9).

자연환경과 유사한 개념으로는 자연자원이 있다. 자연자원이란 인간에게 유용성을 제공하는 재화를 생산하기 위한 요소나 미적 가치를 제공하는 자연 생성물을 뜻한다.[1)] 자연자원은 그것을 제공하는 원천에 따라 토지자원, 수자원 및 수산자원, 자연환경이 제공하는 서비스 등으로 분류할 수 있다. 이렇게 두 개념은 서로 깊이 연관되어 있다(신의순, 2005).

그러나 역사적으로 보았을 때 국가의 자연환경에 대한 환경정책과 자연자원에 대한 자원정책은 서로 다른 문제 영역과 해결 방식을 가지고 발전해 왔다. 이는 인류문명의 발달이란 것이 인간의 자연에 대한 인식이 시대 상황에 맞추어 변화되어 왔기 때문이다. 환경·자원의 문제와 관련해 인류 문명의 발달은 크게 3시기로 구분할 수 있다(유동운·강세훈, 1992: 17). 제1기는 인류의 등장시기부터 16~17세기 산업혁명 직전까지의 '자연 우위의 시기'이며, 제2기는 산업혁명으로부터 20세기 중반까지의 '인간 우위의 시기'이고, 제3기는 20세기 중반 이후부터 현재까지의 시기로서 '자연과 인간의 조화기'이다. 환경과 자원에 대한 인간의 인식이 필요에 따라 변해 왔으며 이에 대한 환경과 자연에 대한 국가의 책임과 규제도 시대에 따라 자연히 변천해 온 것이다.

---

1) 자원의 일반적 정의는 "자산 혹은 어떤 일에 이용되는 인적·물적 근원의 총칭"이다.

2. 문제의 원인

환경 문제의 발생 원인에 대한 학자들의 의견은 다양하다. 여기에서는 물리학적, 종교학적, 그리고 경제학적 요인으로 나누어 간략히 살펴보기로 한다.

1) 물리학적 요인

환경 문제의 근원적 원인을 열역학 제1·2법칙에서 찾을 수 있다. 열역학 제1법칙이란 인간이 에너지나 물질을 새로이 창출하거나 소멸시킬 수 없다는 '질량 불변의 법칙'을 말하며, 열역학 제2법칙이란 물질과 에너지는 사용이 가능한 것에서 사용이 불가능한 것으로 변한다고 하는 '엔트로피 증대의 법칙'을 말한다. 이 두 물리학의 기본 명제에 의하면, 인간의 생존에 필연적인 경제 활동은 지구상에 한정되어 있는 에너지와 자원을 고갈시키고 이에 따른 폐기물의 양산으로 환경 문제가 발생할 수밖에 없다는 것이다. 즉, 경제 활동 과정에 사용된 자연자원은 엔트로피를 증가시켜 재활용되지 않고 그대로 환경에 배출된다.

환경 문제와 관련하여 엔트로피는 사용 불가능한 물질의 실체로서 자연의 오염 상태를 나타낼 뿐만 아니라, 엔트로피 증대는 재생될 수 있는 자연자원의 양이 계속 줄어들고 있다는 사실을 보여 주는 것이다. 이러한 연유에서 경제학자 불딩(Kenneth E. Boulding)은 지구를 하나의 폐쇄체계(closed system)로 가정하고 경제계와 환경계 사이에는 일방적인 관계가 아니고 순환적인 관계가 있다고 주장한다.

2) 종교학적 요인

현대의 환경 문제 발생은 근원적으로 인간의 정신 혹은 자연관에서 연원한다고 주장하는 학자들도 있다.[2] 좀 더 구체적으로, 유일신 사상을 주장하는 기독교가 서구 사회에 확산되어 감으로써 인간은 점차 자연의 신성을 부정하고 자연을 착취와 개발의 대상으로 여기게 되었다는 것이다. 인간은 자연에 신성이 깃들어 있다고 생각할 때에는 이를 마음대로 개발할 수 없겠지만 자연이 단순히 창조주의 피조물로

2) 예를 들면, White(1967), Schumacher(1973), Rifkin(1980)의 글이 이에 속한다.

여겨지는 경우에는 아무런 죄책감 없이도 자연을 변형하고 훼손할 수 있다는 것이다. 범신론이나 토템사상 등을 떠올리면 쉽게 이해가 될 것이다. 마을 입구에 오랫동안 자리잡고 마을을 지켜온 것으로 여기는 성황당의 나무를 쉽게 벨 수 있겠는가?

더군다나 성경의 창세기에는 여호와께서 인간의 생존을 위하여 자연을 만들었다고 적혀 있다. 이럴 경우 인간은 정신적으로 자신의 행복을 위하여 얼마든지 자연을 개발할 수 있는 사상적 논거를 갖게 되는 것이라 하겠다. 이러한 인간의 자연에 대한 합리주의적이며 공리주의적인 사고는 서구에서 중세와 근세에 걸쳐 과학과 기술의 발달을 가져왔다. 그러나 이러한 과학과 기술의 발전에 기초한 산업사회의 진전이 급기야 환경오염 문제를 초래하고 말았다는 것이다.

물론 환경 문제의 기독교적 연원에 대하여 반대하는 학자들도 많다. 예를 들면, 창세기에서는 인간으로 하여금 자연을 착취하라고 가르치는 것이 아니라 잘 관리하고 보호하라고 가르친다는 주장이나 현재 기독교 단체들이 실천하고 있는 환경보호 운동 등은 기독교의 환경 보호적 측면을 잘 대변해 주고 있다는 것이다. 그러나 서구의 산업발전이 기계론적 자연관에 기초하여 있고 기계론적 자연관이 기독교 정신에 바탕을 두고 태동한 이상 기독교의 환경 문제에 대한 정신적 책임을 완전히 벗을 수는 없다고 하겠다.

3) 경제학적 요인

경제학적 입장에서는 환경 문제의 발생을 공기나 물과 같은 환경재가 자유재이기 때문이라고 본다. 자유재 혹은 공공재(public goods)는 빵과 같은 사유재(私有財, private goods)와 다음의 두 가지 성질에서 차이가 난다. 첫째, 자유재는 일단 제공되기만 하면 다른 사람의 이용으로 비용이 추가되지 않는다. 둘째, 자유재는 다른 사람의 이용을 막는다는 것은 비용이 너무 들어 거의 불가능하다. 이러한 특성으로 인하여 자유재는 시장 기구를 통한 수요·공급의 상호 작용을 통해서는 적절히 공급될 수 없다. 자유재의 성격을 지닌 공기와 물은 소비자에 의하여 최후의 한 단위까지 이용당하게 되는데, 이와 같이 무분별한 사용으로 인하여 오염된 환경재는 외부 효과를 초래하게 된다. 이러한 부정적 외부 효과가 다름 아닌 환경오염인 것이다.

한마디로, 공기와 물과 같은 환경재는 공공재적 성격 때문에 시장 기구의 매개 작용을 통하여 공급과 수요를 조절할 수 없게 됨으로써 최악의 경우까지 착취당하게 되고, 이로 인한 환경오염 문제가 부(負)의 외부 효과 때문에 사회 문제로 변질되는 것이다. 이러한 이유로 하딘(Garrett Hardin)과 같은 학자는 환경 문제를 '공공재의 비극(tragedy of the commons)'이란 말로 표현하였다.

환경 문제의 발생은 위에서 설명한 여러 요인들이 복합적으로 상호 연계하여 시간의 흐름과 함께 점진적으로 표출된 사회병리 현상이라 하겠다. 환경 문제의 발생이 여러 원인에 의하여 발생된 문제인 만큼 환경 문제의 해결 또한 다양한 차원에서 모색되어야 하는 것이 당연하다. 환경 문제를 단순히 과학 기술의 문제나 혹은 경제의 문제로 국한시키면 최적의 해결 방안은 강구되지 않을 것이다. 환경 문제에 대한 국가의 책임이 강조되고 다양한 형태의 노력이 강구되어야 한다는 주장이 끊이지 않고 제기되는 이유도 여기에 있다.

제 2 절 환경 문제에 대한 국가의 책임

환경 용량을 초과한 자원의 이용과 경제 성장은 환경 문제를 초래하였고, 급기야 환경보전은 국가의 중요한 책임으로 대두하게 되었다. 환경 문제를 해결하기 위하여 국가가 개입해야 하는 이유에 관해서는 여러 방향에서 논의될 수 있다.

1. 국가 책임의 논거

환경재는 공공재(public goods)이기 때문에 국가가 책임을 지고 보전하여야 한다는 점에서 당위성을 찾을 수 있다. 현재 세대뿐만 아니라 미래 세대에게 삶의 질이 보장된 환경을 물려 줄 책임이 국가에게 있다는 것이다. 환경은 한 번 오염되면 회복이 거의 불가능하거나 많은 비용이 든다는 점도 국가가 선제적 대처를 취하야 하는 이유 중의 하나이다. 특히 지구온난화처럼 지구적 차원에서 진행되고 있는 환경오염은 한 번 발생하게 되면 엄청난 비용과 노력을 기우려야 겨우 회복할 수 있을 것이다.

환경경제학에서는 국가 개입의 필요성을 환경재의 특성에서 찾는다. 물과 공기와 같은 환경재는 자유재이기 때문에 시장의 가격 메커니즘에 의하여 효율적으로 거래될 수 없고 경제 주체들도 환경오염을 생산에 필요한 비용으로 취급하지 않기 때문에 정부가 규제하지 않는 이상 생산 주체들은 공해물질을 자연에 그대로 방출한다는 것이다. 이러한 공공재의 비극을 막기 위하여 정부는 여러 가지 규제적 정책 수단을 강구해 환경을 보호하여야 한다는 것이다.

신자유주의에서는 규제를 불필요한 것으로 간주하기 때문에 환경 규제에도 반대한다. 규제가 시장 질서를 어지럽히고 개인의 경제 활동을 제한하기 때문이라는 것이다(Croley, 2008). 그러나 환경법 학자들은 환경 문제의 근본적 발생은 환경재에 대한 재산권이 명확하게 설정되어 있지 아니하고 환경비용이 내부화되지 않았다는 점을 꼽고 있다. 환경 파괴로 인하여 누구의 손실이 누구의 이득으로 귀결되는가를 산정하지 아니하고 환경오염과 환경 복원으로 인한 비용을 누가 부담하여야 정의의 원칙에 적합한가를 따지지 않았다는 것이다. 이러한 비경제적 구태를 극복하기 위하여서는 생명과 생태계 및 자연자원을 둘러싼 재산권을 명확하게 정립하고 각자에게 그의 비용과 책임을 정확하게 귀속시켜야 한다는 것이다(전재경, 2010). 이러한 책임 규명의 역할을 담당할 수 있는 주체는 국가이기 때문에 환경 문제에 대한 국가의 책임 문제가 대두되는 것이고, 이에 대한 정부의 대책 또한 오랜 역사를 갖고 있다.

영국의 에드워드(Edward) 1세는 14세기에 석탄의 사용으로 인한 런던의 스모그 현상을 규제하기 위하여 석탄을 사용하여 대기를 오염시키는 사람을 단속하고 고문하는 포고령을 내렸다(오홍석, 1993: 247). 미국도 광산의 개발과 목축업으로부터 자연을 보호하기 위하여 1872년 캘리포니아의 옐로우 스톤(Yellow Stone) 공원을 시발로 국립공원 제도를 도입하였다.

한국도 성장 우선의 경제정책으로 인하여 환경 문제가 심각하게 대두되자 환경보전을 국가의 중요한 책임으로 인식하게 되었다. 환경보전에 대한 국가의 책임을 가장 선명하게 표현한 것은 1980년 추가된 헌법 제35조 제1항이다. 이 조항은 "모든 국민은 건강하고 쾌적한 환경에서 생활할 권리를 가지며, 국가와 국민은 환경보전을 위하여 노력하여야 한다"라고 규정하고 있다. 이 환경권(environmental right)은 좁은 의미로는 국민은 오염되거나 불결한 환경으로 말미암아 건강을 훼손당하지 아니할 권리가 있음을 의미하며, 넓은 의미로는 국민은 깨끗한 환경에서 건강하고 쾌적한 생활을 누릴 권리가 있음을 의미한다. 이러한 넓은 의미의 환경권은 비단 오염되거나 불결한 환경의 배제라고 하는 소극적 성격뿐만 아니라 적극적으로 깨끗한 환경을 보전하고 조성하여 줄 것을 국가에 대하여 요구할 수 있는 권리를 말한다. 우리나라의 환경권은 넓은 의미의 환경권으로 이해하여야 한다(권영성, 1992: 560).

2. 책임의 구분

환경에 대한 국가의 책임은 아래와 같이 크게 규범적 책임과 도구적 책임으로 대별해 볼 수 있다. 규범적 책임은 국가가 환경보전과 관련하여 설정 혹은 선언하는 목적 및 목표와 관련된 책임이라면, 도구적 책임은 국가가 환경보전을 위하여 동원하여야 할 수단과 관련된 책임이라고 할 수 있다([그림 2-1] 참조).

그림 2-1 환경에 대한 국가의 책임

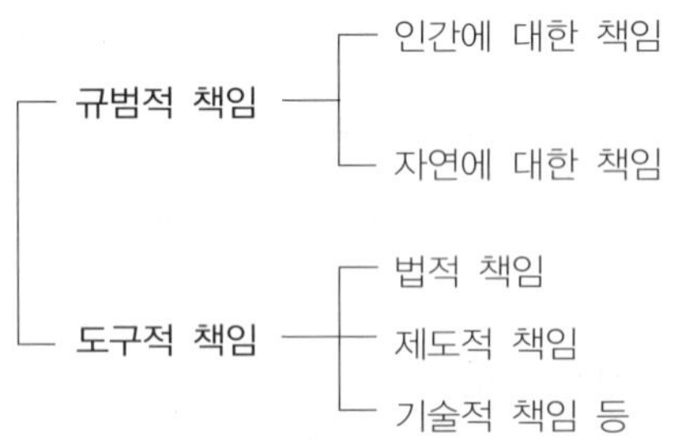

1) 규범적 책임

규범적 책임이란 국가는 환경보전에 대한 일차적 책무를 지며 이를 위하여 필요한 제반 수단과 방법을 강구해야 한다는 선언적 가치의 규정이다. 위에서 언급한 헌법 제35조의 환경권은 규범적 책임의 좋은 예이다. 1972년 스톡홀름에서 채택된 '유엔인간환경선언'의 전문과 26개의 원칙들 그리고 1992년 브라질의 리우데자네이루 회동에서 채택된 '환경과 개발에 관한 리우선언'의 전문과 14개의 환경보전 기본 원칙에도 환경에 대한 국가의 책임이 잘 나타나 있다.

규범적 책임은 크게 인간에 대한 책임과 인간을 제외한 생태계의 다른 구성원에 대한 책임으로 나눌 수 있다. '쾌적한 삶', '국민의 건강', '문화적 생활' 등의 개념은 국가의 인간에 대한 환경보전의 책임을 표현하는 것이다. 이에 반해, 생태계의 다른 구성원에 대한 국가의 책임은 자연의 보존이 인간의 복지와 밀접하게 연결되어 있다는 인간 중심의 인식에서 출발하고 있지만 생태계의 가치를 인정하고 규범화시킨다는 데 의의가 있다.

스톡홀름의 '유엔인간환경선언'의 첫 번째 조항은 "인간은 그들의 물질적인 욕구를 충족시키고 지적 · 도덕적 · 사회적 · 정신적 성장을 위한 기회를 제공하는 환경의 피조물인 동시에 환경의 형성자이다"라고 선언하고 있어 인간이 환경의 일부분이며 환경의 보호 없이 인간 존재와 물질적 풍요는 의미가 없거나 지속될 수 없음을 분명히 하고 있다.

미국의 생태학자 코모너(Barry Commoner)도 인간과 자연과의 상호 연계성을 생태학의 제1법칙이라 칭하고, "모든 것은 다른 모든 것과 연결되어 있다"라고 선언하였다. 1972년 미국의 캘리포니아 주 대법원 판사 더글러스(William Douglas)는 소위 미네랄킹(Mineral King) 판례에서 돌과 강과 같은 생태계의 무생물들도 생태계의 한 구성원이며 환경 파괴와 오염으로부터 보호받기 위하여 법원에 고소할 권리가 있음을 인정하고 있다.[3] 이는 자연에 대한 국가의 책임이 단순히 인간을 넘어서 자연에까지 걸쳐 있다는 사실을 말하는 것이다.

2) 도구적 책임

도구적 책임이란 규범적 책임을 실현시키기 위하여 정부가 행해야 할 수단과 방법의 구체화를 의미한다. 도구적 책임의 범주에는 환경법의 제정, 행정기구 및 제도

3) 물론 무생물들은 말을 할 수 없으므로 환경보호단체들에게 그들을 대신하여 '고소권'을 부여하고 있다.

의 정비, 기술의 개발 등 여러 가지 법적·제도적 장치들이 포함된다.

도구적 책임의 기능적 성격과 이용 가능한 모든 수단과 방법을 동원하여야 한다는 당위성 때문에 도구적 책임은 쉽게 몇 가지로 구분하기가 어렵다. 그러나 수단과 방법을 선택할 때 적용해야 할 몇 가지의 기준은 생각해 볼 수 있다. 그 예로 민주성, 종합성, 그리고 효율성을 들 수 있다.

첫째, 민주성이란 정부가 규제정책을 수립·집행할 때 정책의 영향을 받는 사회의 다양한 집단과 개인의 의사를 정책에 반영하여야 할 뿐만 아니라 정책 과정에 참여할 수 있는 기회를 부여하여야 한다는 것을 의미한다. 환경 규제 정책은 그 성격상 인간의 건강과 재산 문제에 밀접하게 연관되어 있기 때문이다. 이 기준은 환경정의의 문제와 직접적 연관성을 가진다. 환경의 피해가 후진국이나 저소득 계층에 집중되는 경향이 강하기 때문에 정부는 민주성의 기준을 잘 준수하여만 한다. 소외계층이 조직화되어 자신들의 환경권을 요구할 개연성은 매우 낮기 때문에 정부가 규제정책을 수립할 때 이들의 입장을 대변할 책임이 있는 것이다.

둘째, 환경 규제 정책은 종합적인 시각을 가지고 접근하여야 한다. 환경 문제를 단순히 과학과 기술의 차원에서 야기되었거나 해결할 수 있는 문제로 생각해서는 안 된다. 환경 문제는 기술적 문제인 동시에 정치적, 경제적, 그리고 문화적 문제인 것이다. 환경 규제 수단은 이러한 사회적 제반 측면을 고려해 수립될 때 가장 효과적이다.

셋째, 모든 정책이 다 그렇지만, 환경 규제 수단도 최소의 비용으로 최대의 효과를 얻을 수 있게 추진되어야 한다. 어느 사회에서나 자원은 귀중한 것이며 자원의 효율적 이용이 환경보전의 측면에서도 당연한 요구이기 때문이다. 효율성의 개념은 정책 수단으로서의 효과성과 실현 가능성을 포함하는 것으로 이해하여야 한다.

3) 국가 책임의 행정화

환경 문제에 대한 국가의 책임은 행정이라는 국가사무의 구체화를 통하여 실현된다. 한 국가가 헌법에 아무리 환경권을 보장하고 있어도 그 이상이 행정화되지 않는다면 환경보전은 공염불에 지나지 않는 것이다. 이 장의 후반부에서 환경행정의 기본 제도와 운영 체계에 대하여 살펴보는 이유도 이러한 연유에서 출발하는 것이다.

환경 문제에 대한 국가 책임의 행정화를 실현시키기 전에 국가는 먼저 환경행정의 기본적 구조와 관련하여 몇 가지 사안에 대한 결정을 내려야 한다. 이는 국가 책임의 효율적 달성과 깊게 연계된 문제이다. 하스켈(Elizabeth Haskell)과 프라이스(Vistoria Price)는 한 국가가 환경행정의 체제를 구축하고자 할 때 다음과 같은 이슈를 먼저 고려하여야 한다고 정리하고 있다(Haskell & Price, 1971). 이러한 문제제기는 국가의 책임이 증대하면서 기존의 정부조직과 기능에 많은 변화가 있을 것임을 암시한다.

① 오염 방지와 자원관리 기능을 통합시킨 통합 부처를 만들 필요가 있는가? 자원관리 부처는 생산자 중심의 조직이고 오염 규제 부처는 소비자 중심 조직인데, 서로 상이한 이익과 고객을 가진 이 두 부처를 통합하여 하나로 만들 필요가 있는가 하는 것이다.

② 환경행정 조직을 편성하는 데 물이나 공기와 같은 오염 매체를 중심으로 할 것인가 혹은 기획이나 기준 설정과 같은 기능 위주로 할 것인가 하는 것이다.

③ 환경행정 기능들 상호간 갈등이 존재하는가? 예를 들면, 규제 기준의 설정은 집행 기능과 갈등의 관계에 놓여 있는가 하는 것이다. 규제 기준이 높으면 그만큼 환경질은 개선되겠지만 집행에 많은 어려움이 따를 것이라는 사실은 쉽게 짐작할 수 있는 것이다.

④ 서로 유사한 기능을 수행하는 기관들이 존재할수록 경쟁을 유발하여 환경보전이라는 목표 달성에 좀 더 유리할 것인가? 혹은 정반대로 자원의 낭비와 정책의 혼선이 일어날 것인가?

⑤ 환경행정의 능률과 효과를 극대화시키기 위해서는 중앙집권적인 의사결정 구조가 바람직한가 아니면 분권화된 의사결정 구조가 바람직한가?

⑥ 일반 시민들은 실질적 정책결정 과정에서 어느 정도의 권한을 행사하여야 할 것인가?

⑦ 중앙정부와 지방정부 간의 책임과 권한의 분배를 어느 선에서 결정할 것인가?

제3절 환경행정의 의의와 체계

1. 정 의

우리나라 환경정책의 기본 이념과 방향을 제시하고 있는 '환경정책기본법'은 환경을 크게 자연환경과 생활환경으로 구분하고, 국가로 하여금 환경오염으로 인한 위해(危害)를 예방하고 환경을 적정하게 관리 · 보전할 것을 촉구하고 있다. 이에 더하여 행정이란 행정부 내에서 공무원들이 공공 문제의 해결을 위하여 행하는 의사결정을 말한다(조석준 · 임도빈, 2010).

이러한 환경과 행정의 정의를 통하여 환경행정의 정의를 유도해 보면, 환경행정이란 "자연환경 및 생활환경의 오염으로 인한 위해를 방지하고 이들을 보전 · 관리하기 위한 공무원들의 의사결정 과정"이라고 정의할 수 있겠다. 따라서 환경행정 체계란 환경행정이 수행되는 광의의 제도적 틀을 의미한다. 이시경(2001)은 환경행정 체계를 생활 · 자연환경에 관한 행정권한을 수행하는 기구의 형태와 그 기능이 전달되는 통로로 정의하고 있다.

2. 유사 개념

환경행정 체계와 유사한 용어로는 환경관리 체계를 들 수 있다. 환경관리 체계는 환경행정 체계보다는 다소 일반적이며 포괄적 의미로 쓰이고 있다. 예를 들면, 한 기업이 기업 활동과 관련하여 행하는 오염 방지나 환경보전 활동은 환경행정이라기보다는 환경관리라 하는 것이 타당하다. 이는 행정학에서 행정(administration)과 경영(management)을 구별하는 것과 유사하다.

그러나 여기에서의 논점은 '행정'과 '관리'라는 용어를 구별하는 데 목적이 있지 않다. 현재 우리가 처한 환경 문제는 문제의 수준을 벗어나 위기의 상황으로 치닫고 있기 때문에 단순히 행정적 차원이 아닌 사회 전체의 역량이 동원될 수 있는 총체적 차원에서 다루어져야 할 필요가 있는데, 이럴 경우 환경행정 체계보다는 광범위한 뜻으로 사용할 수 있는 환경관리 체계라는 말을 이용하여 한 국가 혹은 사회의 환경관리 체계에 대한 논의를 전개할 필요가 있다는 것이다.

한 국가의 환경관리 체계는 [그림 2-2]에서 볼 수 있는 것처럼 정부부문과 비정부부문으로 크게 나눌 수 있다. 각각의 부문을 대표할 수 있는 활동 주체들은 나름대로의 조직 · 기능 · 법규 · 규범 · 의식을 갖고 환경관리를 수행한다. [그림 2-2]가 시사하는 바는 첫째, 한 국가의 환경관리 체계는 전 사회적 차원에서 총체적으로 구축되어야 하며, 이러할 때 가장 효과적으로 제 기능을 발휘할 수 있다는 것이다. 둘째, 환경관리 체계는 관리기구의 구축뿐만 아니라 그 사회의 실정에 맞는 법과 제도의 정비까지 포함하여야 한다는 것이다. 셋째, 한 국가의 환경관리는 정부부문이면 정부부문 혹은 비정부부문이면 비정부부문 한쪽에서 일방적으로 결정하고 수행할 수 있는 문제가 아니라는 것이다. 환경관리는 두 부문이 서로 구속하고 견제하면서 전개된다는 것이다. 넷째, 환경행정, 나아가 환경 목표의 달성은 양 영역의 상호 협력과 협조 없이 기대할 수 없다는 것이다. 예를 들면, 기업은 환경행정의 대상이자 관리의 최일선에선 주체이기 때문에 기업의 협조 없이 환경질의 보전은 이루어질 수 없는 것이다.

환경사회학에서는 환경보전을 위한 노력을 크게 환경운동, 정부 규제, 생태계관리, 그리고 국제협력으로 구분하면서 환경운동을 가장 중요한 방법으로 제시하고 있

그림 2-2 환경관리 체계

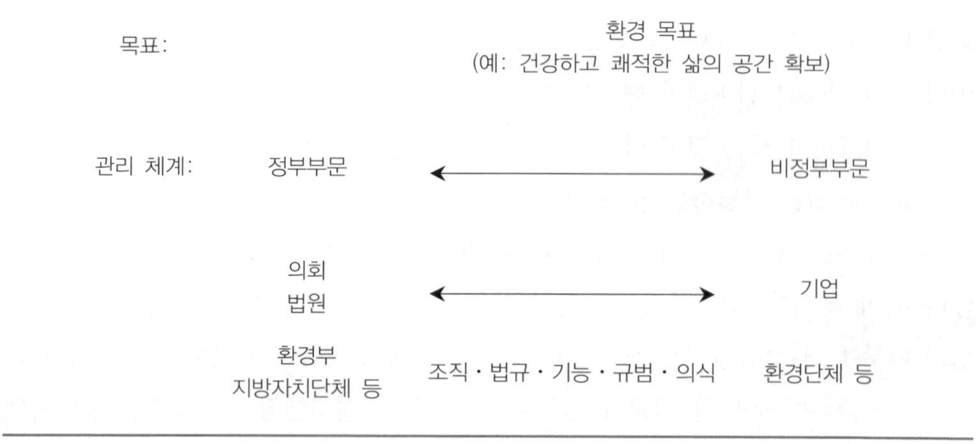

다(Buttel, 2003). 정부의 노력만으로 환경보전이라는 목표를 효과적으로 달성하긴 어렵고 사회 전체의 차원에서 환경운동이 확산되고 인식이 바뀌어야 한다는 것을 의미한다. 이와 같은 맥락에서 로젠바움(Rosenbaum, 2014)은 미국은 환경관리 체계에 속한 주요 조직들을 ① 환경질위원회(CEQ), ② 환경처(EPA), ③ 지방정부 차원의 환경 부처, ④ 이익집단, ⑤ 산업체 환경관리기구, ⑥ 시민단체와 시민 참여로 규정하고 있다. 환경관리를 공공기관만이 수행하는 국가사무로 한정하지 않고 사회 전체의 모든 구성원들이 참여하여 행하는 과업으로 파악하는 것이라 할 수 있다.

이렇게 환경관리 체계와 환경행정 체계를 구분해 볼 때 환경행정 체계는 그 범위가 좀 더 한정적으로 환경부를 비롯한 행정부 내의 환경 관련 활동과 연계된 것이라 하겠다.

3. 환경행정 체계의 특징과 현황

1) 법 규

환경행정의 체계는 위로는 헌법에서부터 아래로는 지방자치단체의 조례에 근거하여 하나의 일관된 형태로 자리잡게 된다. 중앙부처인 환경부를 중심으로 보면, 환경국가행정기관의 설치 조직과 직무 범위의 대강을 정한 '정부조직법' 제26조는 자연환경과 생활환경의 보전과 환경오염 방지에 관한 사무를 관장하기 위하여 국무총리 소속하에 환경부를 설치한다고 규정하고 있다. 환경부 장관은 환경보전 정책의 기획 및 운영에 관하여 국무총리의 명을 받아 각부를 통괄 조정하고 소관사무에 관하여 지방행정의 장을 지휘·감독할 수 있다.

또한 대통령령인 '환경부와 그 소속기관 직제'에서는 환경부와 그 소속기관의 조직 및 직무 범위, 그리고 기타 필요한 사항을 규정하고 있다. 지방자치법과 대통령령인 '행정권한 위임위탁에 관한 규정'에 의하여 각종 법률에 규정된 권한 중 일부를 그 보조기관 또는 하급행정기관의 장, 다른 행정기관의 장, 지방자치단체의 장에게 위탁할 수 있다. 따라서 우리나라 환경행정의 체계를 파악하기 위해서는 첫째, 환경부를 중심으로 한 중앙부처의 환경 관련 업무, 둘째, 지방자치단체의 환경 업무를 살펴보아야 한다.

2) 현황 및 특징

현행 환경행정은 중앙정부 및 지방정부에 분산되어 집행되고 있다. 중앙정부의 환경행정은 주무 부처인 환경부와 여타 부처에 산재해 있다. 환경정책은 국회에서 제정된 환경관계법에 근거하여 대통령령이 정책을 최종적으로 결정하여 관련 행정부서를 통하여 집행한다. 대통령의 환경 직무와 관련해서는 청와대 정책실 사회수석이 기후환경 분야를 보좌한다.

정부는 환경정책의 질적 제고와 민주적 의견수렴 절차를 확보하기 위하여 각종 위원회를 구성하여 운영하고 있다. 환경부의 중앙환경정책위원회, 환경보건위원회, 국가습지심의위원회, 국립공원위원회, 중앙환경분쟁조정위원회, 지속가능발전위원회, 환경교육진흥위원회 등이 이에 속한다. 중앙환경정책심의원회는 주요 환경정책을 심의하는 기능이 있으며, 지속가능발전위원회는 개발과 보전의 사전 조율을 통한 환경친화적 정책의 제안 및 조정 기능을 수행하고 있다.

환경정책의 결정 및 집행 체제는 중앙정부의 부 · 처 · 청과 지방자치단체에 분산되어 수행되고 있어 복잡하게 분화되어 있는 상태이다. 즉, 환경부를 비롯한 다수의 중앙 부 · 처 · 청, 환경관리청, 환경출장소, 시 · 도 및 시 · 군 · 자치구, 그리고 그들의 소속기관, 투자기관 등에 의하여 수행되고 있다.

지방정부 차원에서의 환경행정은 계선 행정조직인 국(局) 또는 과(課)에서 수행하고 있다. 주지하다시피 지방자치단체는 시 · 도를 의미하는 광역자치단체와 시 · 군 · 구를 지칭하는 기초자치단체로 양분되는데, 일반적으로 시 · 도에서는 국에서 시 · 군 · 구에서는 과에서 환경행정 사무를 관장하고 있다. 이를 도식화해 보면 [그림 2-3]과 같다.

[그림 2-3]의 상단에서 볼 수 있는 것처럼 우리나라의 환경행정 체계는 크게 환경부를 중심으로 이원화되어 있다. 환경부와 환경부의 지방행정기관이 한 축을 이루고, 행정안전부를 비롯한 관련 중앙부처와 지방자치단체가 다른 한 축을 이루고 있다. 현행 환경행정 체계의 특징은 기능이 여러 부처에 중복 분산되어 있으며 권한은

그림 2-3 환경행정 체계

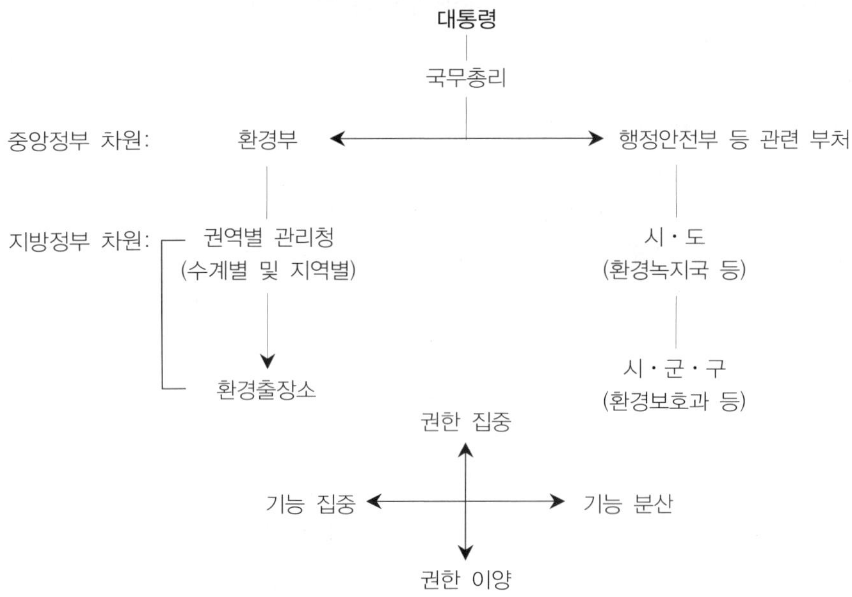

중앙에 집중되어 있다는 것이다. 지방자치 시대의 도래와 함께 환경행정 기능 및 권한을 자치단체에 이양하여 지역 실정에 맞는 정책을 수립하고 실행할 수 있는 행정체제를 구축하자는 주장이 일고 있는 이유도 여기에 있다 하겠다.

[그림 2-3]의 하단은 권한의 집중 여부 및 기능의 집중 여부에 따라 한 나라의 환경행정 체계가 다양한 모습을 지닐 수 있다는 것을 보여 주는데, 집중이냐 이양이냐는 그 나라가 놓여 있는 정치·경제·문화적 상황에 따라 달라진다.

3) 중앙환경행정 기구 및 기능

여기에서는 환경부를 비롯한 중앙정부 차원에서의 환경행정 기구의 법적 위치와 기능에 대하여 논하기로 한다.

우리나라 중앙환경관리기관의 변천사

현재 우리가 알고 있는 환경부는 다음의 과정을 거쳐 변천해 온 것이다.

1. 1967년: 보건사회부 공해계로 첫 출발
2. 1973년: 공해과로 확대, 환경행정 전담과로 확대 개편
3. 1980년: 보건사회부의 외청인 환경청으로 확대, 경제 성장에 따른 산업 폐기물과 공해 물질의 효율적 관리가 필요
4. 1990년: 환경처로 승격, 여러 부처에 얽힌 환경 문제를 효율적으로 종합·조정하기 위하여 보건사회부 외청에서 국무총리 소속 하의 장관급 부서인 환경처로 승격
5. 1994년: 환경부로 승격, 독자적인 국가 환경정책 수립의 필요성이 대두되었음

(1) 환경부

1960년대 이후 급격한 경제개발 정책으로 환경 파괴가 심화됨에 따라 환경행정 업무의 일원화와 강력한 조정 통제가 가능한 독립된 환경보전 중앙행정기관의 필요성이 요구되었다. 이에 1980년 1월 보건사회부의 외청으로 환경청이 출범하였다. 그 이전까지의 공해 업무는 1967년 보건사회부 환경위생과 내의 공해계가 담당하였다. 환경청이 출범한 지 10년 만에 환경청은 환경처로 승격되었고, 1992년 기구 개편에 따라 환경청은 다시 환경부로 승격되어 오늘에 이르고 있다. 환경부는 2018년 현재 3실 2국 10관 44과 5팀 2기획단으로 구성되어 있다.

우리나라를 포함한 대부분 국가의 환경행정 담당 부서들이 기본적으로 수행하고 있는 기능은 첫째, 환경 관련 법령의 제정 등 환경관리를 위한 행정 기본 체계 확립, 둘째, 환경보전 종합계획의 수립, 규제 기준의 설정 및 행·재정적 지원, 셋째, 국가간 환경보전 협력 기능의 수행이다. 보다 구체적으로 우리나라의 정부기능총람과 환경부의 사무분장규칙 등을 분석하여 보면 환경부는 <표 2-1>과 같은 기능을 수행하고 있다.

표 2-1 환경부의 기능

대분류[국(局)의 기능]	중분류[과(課)의 기능]
① 환경정책:	정책 수립 및 종합 조정, 환경영향평가, 환경개선 비용 부담, 환경오염 피해 분쟁 조정, 환경기술개발 및 환경산업 육성・지원, 환경교육 및 환경관련 민간단체 협력
② 자연환경 보전:	환경보전 중・장기 종합계획 수립, 환경보건 및 유해화학물질 관리, 자연환경 개선 대책
③ 대기보전:	대기환경 보전 기본계획 수립, 대기오염물질 배출사업장 관리 종합계획 수립, 자동차 공해 방지, 저공해 연료 사용대책, 소음진동 규제
④ 수질보전:	물환경관리 기본계획 수립, 수계별 영향권역별 수질관리대책 수립, 수질오염총량관리, 수생태계 복원, 공장폐수・가축분뇨 및 비점오염원 관리
⑤ 폐기물 관리:	폐기물처리 기본계획 및 종합대책 수립, 폐기물 재활용 및 재활용 산업의 지원・육성, 유해화학물질 관리, 폐기물 에너지화 기본계획 수립
⑥ 해양오염 방지 및 보전:	선박 및 해양시설에 대한 해양오염 방지, 폐기물의 해양처리 관리, 해양오염 방제, 오염 우심 해역의 정화관리, 기타 해양오염 방지 업무
⑦ 국제협력:	국제환경 협력, 지구환경 보전

(2) 관련 부처

환경 업무는 환경부에서뿐만 아니라 다른 중앙부처에서도 수행되고 있다. 산업통상자원부, 행정안전부, 국토교통부, 해양수산부 등이 이에 속한다. 행정안전부는 예를 들면, '도로교통법'에 근거하여 대기오염의 원인을 제공하는 정비 불량 차량의 운전 금지를 명할 수 있다. 국토교통부 또한 '수도법'에 근거해 상수원 보호구역의 지정・관리 및 비용 분담을 명할 수 있다. 물관리 체계는 국토교통부가 수량관리를, 환경부가 수질관리를 담당하는 것으로 이원화되어 있다가 2018년 정부조직법 개정으로 환경부가 관리하는 것으로 일원화되었다.

모든 환경 관련 업무를 한 부서에서 모두 관장하는 것이 효율적인가에 대해서는 논의가 분분하다. 그 나름대로의 장・단점이 있기 때문이다. 그러나 모든 환경 업무가 환경부에 집중된다면 그만큼 종합적 시각에서 환경정책을 수립하고 집행할 수 있을 것이다. 또한 업무 간 조정의 문제도 아무런 갈등 없이 신속하게 이루어질 수 있을 것이다. 그러나 모든 환경 업무가 환경부에 집중된다면 환경부는 대규모 기구로서 안아야 할 행정적 문제 때문에 정책 개발과 오염 규제라는 본연의 기능을 저해할 수 있다. 또한 다른 부처가 안고 있는 환경 관련 업무는 그 부처의 고유 업무와 긴밀히 관련된 것들이 대부분이다. 따라서 이들을 환경부로 이양하게 된다면 효율성이나 효과성이란 측면에서 오히려 악화될 소지도 있는 것이다.

(3) 환경부 소속기관

환경부는 국립환경과학원, 국립환경인력개발원, 온실가스종합정보센터, 화학물질안전원, 중앙환경분쟁조정위원회, 국립생물자원관, 그리고 지방환경관서를 소속기관으로 두고 있다. 또한 2018년 현재 총 8개의 지방환경관서를 두고 있다. 4대강 수계 및 유역관리 등을 수행하기 위한 특별지방행정기관으로 한강, 낙동강, 금강, 영산강 유역환경청을 두고 있으며, 원주, 대구, 새만금에 지방환경청을 두고 있다. 또한 수도권 대기환경개선을 위한 전담기구로 수도권대기환경청을 두고 있다.

지방환경관서는 ① 영향권별 환경관리계획의 수립 및 시행, ② 전략환경영향평가 협의 및 환경영향평가 협의, ③ 자연생태계 보전 등 자연환경 보전, ④ 환경오염원 조사 및 환경 오염도 측정 · 분석, ⑤ 환경 관련 산업체 육성 · 지원, ⑥ 지정폐기물 배출업소 및 처리업체 관리, ⑦ 환경기초시설 운영에 대한 지도 · 감독 등의 업무를 처리하고 있다.

지방환경관서 중 한강 등 4개 유역환경청은 위의 업무 외에도 수계관리위원회 운영, 수계관리기금의 운용, 자치단체 수질개선사업의 승인, 수질오염 총량관리 시행계획의 승인 및 평가, 전용수도 사업자에 대한 물이용부담금의 부과 · 징수 등 수계 특별법에 의한 업무를 추가로 수행하고 있으며, 수도권대기환경청은 '수도권 대기환경개선에 관한 특별법'에 근거한 사전 예방적 광역적인 수도권 대기관리 업무를 전담 수행하고 있다.

유역환경청과 지방환경청은 이름도 유사할 뿐만 아니라 관할권이 중복되어 있고 다루는 업무도 유사한 점이 많다. 유역환경청은 수계별로 구성된 조직이나 수질 관련 업무뿐만 아니라 대부분의 환경 업무를 관장하고 있는 형편이다.

(4) 산하공공기관

환경부의 산하공공기관으로는 한국환경공단, 국립공원관리공단, 수도권매립지관리공사, 한국환경산업기술원이 있다.

(5) 각종 위원회

환경부 산하에는 환경정책의 심의와 자문을 위하여 다양한 위원회를 운영하고 있는데, 2018년 현재 환경부 소관 법령에 근거하여 19개의 위원회가 활동 중이다. 중요한 위원회로는 중앙환경정책위원회, 중앙환경분쟁조정위원회, 지속가능발전위원회, 국립공원위원회, 환경보건위원회, 환경교육진흥위원회 등을 들 수 있다.

이들 위원회들의 활동은 지금까지 매우 미약했다는 평을 듣고 있다. 그 이유로는 대부분의 위원회들이 정기적으로 모임을 개최하지 않을 뿐만 아니라 위원들 자체도 위원회 활동이 본업이 아닌 임시직이기 때문에 업무 파악을 제대로 못하는 경우가 많다. 또한 회의 안건도 회의 개최일이 임박하여 통보될 뿐만 아니라 관련 자료나 정보가 사전에 제공되지 않아 회의가 형식적으로 흐르는 경우가 많다. 각종 위원회 활동이 형식적이며 이미 내린 정책을 추인하는 소위 '모양 갖추기 회의'라는 혹평을 듣는 이유도 여기에 있다 하겠다.

정권이 바뀔 때마다 환경 관련 위원회의 지위와 위상이 하락하는 것도 위원회의 역할을 위축시키는 요인으로 작용하고 있다. 예를 들면, 지속가능발전위원회는 대통령 소속의 자문기관으로 설립되었으나 2008년 이명박 정권이 들어서면서 환경부 산하기관으로 격하되었다.

제 4 절 환경행정 체계의 문제점 및 발전 방향

환경행정 체계의 우수성을 평가하는 데는 여러 가지 기준이 있을 수 있지만, 가장 보편적인 기준으로는 목표의 달성 정도를 가늠하는 효과성과 자원의 투입과 산출을 비교하는 효율성을 들 수 있다. 우리나라 환경행정 체계의 적절성을 효과성이나 효율성이란 측면에서 평가해 보면 아직도 개선의 여지가 많은 것으로 보인다. 4대강사업이나 환경영향평가제도의 실패 사례에서 볼 수 있듯이 아직도 많은 문제점과 과제를 노출시키고 있기 때문이다.

여기에서는 위에서 논의한 환경행정의 기구와 기능의 측면에서 현 환경행정 체계의 문제점과 발전 방향에 대하여 논하기로 한다. 이에 앞서 중앙과 지방 환경행정 기구들이 수행하는 것이 바람직하다고 여겨지는 일반적 기능에 대하여 개괄하기로 한다.

1. 중앙과 지방정부의 환경행정 기능 분담

1) 중앙정부 차원

헌법은 국민들로 하여금 건강하고 쾌적한 환경 공간에서 양질의 삶을 누릴 권리가 있다고 천명하고 정부로 하여금 이러한 목적 달성을 위하여 노력하도록 규정하고 있다. 현실적으로 국민들도 환경보전에 대한 관심이 높아지고 쾌적한 삶을 넘어 웰빙(wellbeing)에 대한 욕구가 매우 높아졌다. 이러한 시대적 상황에서 중앙정부는 기본적으로 다음과 같은 기능을 수행하여야 할 것이다.

① 헌법에 언급된 환경권을 보장하기 위한 국가환경기본계획의 수립 및 집행
② 국가 환경 기준의 설정
③ 지구적 혹은 국가 간 환경 업무의 관리
④ 환경 기술의 개발 및 연구 지원
⑤ 지방자치단체의 환경 업무 감독 및 분쟁 조정
⑥ 지방정부가 다루기 어려운 유독성 오염물질 및 배출업소의 관리
⑦ 쾌적한 삶을 영위할 수 있는 자연환경의 조성 등

2) 지방정부 차원

지방자치단체들은 국가가 수립한 환경기본계획과 환경 기준에 입각하여 자신의 지역적 특수성을 반영한 환경행정을 펼쳐야 한다. 환경보전과 개발의 최일선 기관으로서 지방자치단체의 협조에 따라 환경행정의 성패 여부가 판가름 난다고 해도 과언이 아닐 것이다. 환경보전 업무의 지속적 증가와 주민의 쾌적한 환경에 대한 욕구에 힘입어 자치단체의 환경행정조직이 계속 확대되고, 자치단체 내에서 환경부서의 위상도 크게 강화되고 있다. 그러나 자치단체 스스로 환경정책을 결정 및 집행할 수 있

는 전문적인 능력을 갖추지 못하는 등 환경행정 집행력이 아직은 부족하다는 평가를 받고 있다. 지방자치단체의 기본 기능은 다음과 같다.

① 지역환경 기준과 지역환경 관리계획의 수립
② 환경오염원의 감시와 오염도의 측정
③ 주민의 환경 의식 함양
④ 지역환경 정보망 및 GIS(Geographical Information System)의 구축 및 운영 등

2. 문제점 및 발전 방향

우리나라 환경행정 구조는 지나치게 파편화되어 있다는 지적이 많았다(문순홍, 1995; 문태훈, 2010). 환경행정의 통합화 정도를 환경 및 건강상 위해의 방지 → 환경질의 제고 → 자원사용의 관리 → 경제규모의 결정 → 인구관리로 구분하였을 때 우리나라는 아직까지도 두 단계에 머물고 있다는 것이다. 현재의 정부조직 하에서 이상의 업무들을 종합적으로 담당할 수 있는 부서는 없다. 환경부의 권한은 협소하며, 지속가능발전위원회가 약화되기도 했다. 거시적인 차원에서 다양한 부서 기능을 융합하여 국가정책을 담아낼 부서가 필요하다는 것이다. 우리나라 환경행정 체계가 안고 있는 문제점과 발전 방향을 지속가능발전의 추구, 새로운 환경 수요에 대한 적극적 대처의 필요성, 기능의 통합화, 그리고 지방환경행정의 기능 강화라는 측면에서 고찰하기로 한다.

1) 지속가능발전의 추구

1992년 이후 지속가능발전(sustainable development: SD)이라는 개념이 환경보전을 우선시하는 새로운 국가발전 패러다임으로 등장하면서 우리나라에서도 한동안 국가발전의 새로운 전략으로 대채하는 것처럼 보였다. 하지만 경제개발에 대한 욕구가 환경보전에 대한 욕구보다도 언제나 더 강하여 지속가능발전은 하나의 구호에 그치고 있는 것으로 평가할 수 있다. 이에 따라 우리나라 환경행정의 체제는 아직까지도 과거의 개발행정에 따른 문제점을 사후 관리하는 형태에서 크게 벗어나지 못하고

있다. 오염물질 규제 기준에 근거한 환경행정의 집행이 이를 잘 대변해 주고 있다.

환경 문제의 특성이 단순히 오염물에 국한된 사안이 아니라 정치 · 경제 심지어는 문화 문제에까지 연계된 사회 전체의 구조 및 이념에 관련된 문제이기 때문에, 환경행정 체계의 근본적 변혁은 단순히 기구와 기능을 변화시키기에 앞서 이들이 지향하는 이념의 변화를 모색하여야 할 것이다. '환경적으로 건전하며 지속가능한 발전(Environmentally Sound and Sustainable Development)'은 경제개발 지상주의에 대체할 새로운 이념이다. 지속가능발전이란 근본적으로 미래 세대의 발전과 필요 충족을 저해하지 않는 범위 내에서 현재 세대의 욕구를 충족시키는 발전이라 할 수 있다. 이는 지금까지의 비가역적 발전을 지양하고 개발과 환경보전을 조화시켜 인류의 지속적 발전을 도모하자는 것이다. 이 이념에 입각한 새로운 시민의식, 행정 체제, 지역개발 전략, 생산 · 소비구조 등의 구축이 구체적으로 현장에서 이뤄질 수 있어야 할 것이다(Smith, 2012).

2) 새로운 환경 수요에 대한 적극적 대처

환경 문제가 전 지구적 문제로 부각되면서 환경행정 수요가 폭증하고 있으나 현재의 환경행정 체계가 이를 충분히 수용하지 못하고 있다. 국민들의 환경 문제에 대한 높은 관심과 보전에 대한 욕구도 이러한 수요 폭증에 일조하고 있다. 예를 들면, 지구 온난화, 사막화 현상, 오존층의 파괴 등 지구환경 문제에 국제 환경협력 기능을 더욱 강화하여야 할 것이다. 물론 기후변화협약 등 각종 국제 환경 관련 협약에 가입하여 대처하고 있지만, 선진국에서는 환경 문제를 무역 규제의 수단으로 활용하고 있어 우리도 이에 대한 선제적 대응이 필요하다는 것이다.

지금까지 환경부에서 소홀하게 다루어 왔던 유해화학물질의 관리 기능, 실내 공기질 관리, 유전자 변형 동식물의 관리, 국토의 난개발 문제, 생물다양성 등 환경행정 수요는 계속 증가하고 있다. 이에 맞춰 환경부의 인력과 조직을 강화할 필요가 있다.

3) 환경 업무의 통합화

현재 환경부는 환경 관련 업무 전반에 대한 조정권이나 감독권이 없어 중앙환경행정 기구로서는 역할에 한계를 안고 있다. 주요 국가의 중앙환경행정 기구들은 기능과 권한이라는 측면에서 점차 대형화되어 가는 추세이다. 환경부의 정부조직 체계상의 지위를 과거의 경제기획원 수준이나 대통령의 직속으로 격상시켜야 한다는 주장이 끊이지 않는 것도 이와 같은 연유에서 비롯된 것이라 하겠다(정회성, 2006, 1995: 135; 정회성 · 변병설, 2006).

(1) 관련 업무의 통 · 폐합

환경행정의 효율성을 제고시키기 위해서는 우선 중앙부처 내에 분산되어 있는 환경 관련 업무를 환경부 산하로 통합하여야 할 것이다. 물관리의 경우 다행스럽게도 2018년 수량관리와 수질관리가 환경부로 일원화되었다.

(2) 자원관리와 환경관리의 통합

환경 문제의 발생은 무분별하고 비효율적인 자원관리에서 연유하는 것이다. 순환적 사고에 입각하여 사용 이후의 처리 문제까지를 고려하여 자원을 개발하고 이용하였다면 환경오염은 최소화되었을 것이다. 따라서 환경정책은 자연자원의 이용 및 관리정책과 유기적으로 종합 · 조정될 수 있어야 하고, 환경행정의 기능과 조직도 이러한 방향으로 개편되어야 한다는 것이다. 예를 들어, 기후변화협약과 관련하여 에너지 수급정책을 담당하는 산업통상자원부와 대기오염 문제를 담당하는 환경부와의 업무상 마찰을 최소화할 수 있는 방안이 모색되어야 한다.

(3) 환경 매체 간 통합관리

지금까지의 환경정책이 실패한 한 원인은 분야별 환경정책 간의 연계성을 고려치 않았다는 것이다. 코모너(B. Commoner)의 "모든 것은 다른 모든 것에 연결되어 있다"라는 생태학의 법칙에 입각한 매체 간 환경정책의 수립과 집행이 요구되고 있다. 예를 들면, 쓰레기 감량을 위한 소각은 대기오염을, 음식물 찌꺼기의 분쇄는 수질오염을 초래할 수 있다. 따라서 환경행정이 지양하여야 정책 방향은 종래의 대기, 수질, 토양 등 환경 매체별로 분리하여 왔던 환경관리를 통합하여 관리하는 통합적 환경관리 체계를 구축하는 것이다. 환경 매체별로 독립된 환경관리는 한 환경 문제를 다른 환경 문제로 치환하는 경우가 많았다.

(4) 지역 간 통합관리

현대 환경 문제의 가장 큰 특징 중의 하나는 오염의 발생과 영향이 행정구역이나 국경을 초월한다는 점이다. 중국의 하천오염이 우리나라 서해를 오염시키거나 소련의 대기오염 물질이 한반도와 심지어는 일본에까지 영향을 미치고 있다는 사실이 이를 반영해 주고 있다. 따라서 환경행정도 지역 간 통합관리를 지향하는 방향으로 제도적 장치를 강구하여야 할 것이다. 국제협약이나 지역 간 행정협의회 등이 통합관리의 한 유형으로 등장하고 있다는 것은 우리 모두 잘 알고 있는 사실이다.

4) 지방환경행정 기능의 강화

1995년 지방자치의 본격적 실시와 함께 환경행정의 성공을 위해서는 지방환경행정 기능의 강화가 필수적이라 하겠다. 이는 지방자치단체야말로 행정의 최일선에 서서 구체적인 환경 업무를 관리하는 집행기관이기 때문이다. 무엇보다도 먼저 지방자치단체들이 자신들의 지역 실정에 맞는 환경관리 능력을 개발할 수 있도록 법적·제도적 장치를 마련하는 것이라 하겠다. 지금까지는 중앙과 지방 간의 업무 분담을 하는 데도 뚜렷한 기준이나 원칙이 없었다. 예를 들면, 환경부에서 시·도로 위임된 배출업소 관리 업무 등 대부분의 환경 업무가 시·군·구에 재위임됨에 따라 지휘·감독 체계의 중복과 다원화로 행정력의 낭비는 물론 책임 한계의 불명확을 초래하였다. 중앙환경행정 기구의 역할은 정책 수립과 외부 효과가 크고 고도의 전문성이 요구되는 환경정책의 집행에 국한되는 것이 바람직하다고 본다.

또한 중앙정부는 지방자치의 실시와 함께 자치단체들이 독자적으로 지역환경계획을 수립하고 시행할 수 있도록 재정적·기술적 지원을 늘려야 할 것이다. 최근 들어 부산·인천을 비롯한 많은 자치단체들이 중앙정부의 기준보다 더 엄격한 환경 기준과 환경영향평가 제도를 도입하기 위하여 환경조례를 제정하고 있는 것은 이러한 의미에서 매우 바람직한 현상이라 하겠다.

환경행정과 관련하여 지방자치제도의 부작용은 선거직 자치단체장들이 재선과 인기 영합적 행정으로 공해 배출업소를 단속하는 데 적극적이지 못한 경향이 있다는 것이다. 또한 아직도 환경행정 기능이 여러 부서에 분산되어 있고, 행정조직이 개발 위주로 구성되어 환경정책의 우선 순위가 개발정책보다 뒤처지고 있는 실정이다.

제 5 절 환경정책과 환경정책의 네트워크

1. 환경정책의 특성

환경정책을 이해하는 데 한 가지 잘못된 믿음이 있다면 이는 환경정책을 단순히 기술정책으로 이해한다는 것이다. 아마도 오염물질을 표기하는 ppm과 같은 단위나 오염물질을 저감하는 최첨단기술 등의 이미지가 환경정책을 단순히 기술정책으로만 이해하게끔 하는 것으로 보인다. 과학적 데이터와 정보에 입각하여 합리적으로 정책을 마련하고 이를 정해진 절차에 따라 가장 경제적인 방법으로 실행에 옮기기만 하면 된다고 생각하는 것이다. 그러나 환경정책을 비롯한 모든 정책은 하나의 개방 체계 안에서 정책의 내・외적 요인들에 의하여 영향을 주고받으면서 점진적으로 이루어진다. 특히 환경정책과 같은 규제정책은 정책의 대상인 피규제자가 분명하게 드러나는 만큼 외교정책이나 국방정책에 비해 훨씬 더 경쟁적이며 복합적이라 하겠다.

학자에 따라 환경정책의 특징을 다소 다르게 관찰하고 있다. 예를 들면, 레스터(James P. Lester)와 보먼(A. Bowman)은 심각성, 복잡성, 그리고 불확실성을 환경정책의 세 가지 특징으로 제시하고 있으며(Lester & Bowman, 1984), 헤닝(Leopold D. Henning)은 가치 지향성(value oriented)을 환경정책의 가장 큰 특징으로 보고 있다. 환경정책을 환경과학의 측면에서 고찰하게 되면 환경정책의 가장 큰 특징을 과학과 기술에서 찾을 수 있을 것이다. 이렇듯 환경정책의 어떤 측면을 강조하느냐에 따라 환경정책의 특징은 달리 표현될 수 있다. 환경정책은 우리가 지금까지 처해 왔던 정책들과는 달리 과학적・경제적・정치적・이념적 요소들이 복합적 종합적으로 연계된 문제 영역이다. 여기에서는 심각성(severity), 경쟁성(rivalry), 그리고 불확실성(uncertainty)을 환경정책의 주요 특징으로 보고 이들에 대하여 논하기로 한다(오영석, 1996).

1) 심각성

심각성이란 환경 문제가 공공정책의 중요 이슈로 자리잡을 만큼 위기상황에 놓여 있다는 것을 뜻한다. 무분별한 경제 성장과 이에 따른 자연자원의 남용은 산업가스와 폐수, 독성의 폐기물, 그리고 생활쓰레기 등을 양산하게 되었으며, 환경 문제는 문제의 수준을 넘어 위기에 처해 있다는 것이다. 환경 문제의 심각성은 대기·수질 오염과 같은 제1세대 문제에서 유독성의 산업폐기물과 같은 제2세대 문제를 거쳐 지구 온난화 현상과 같은 제3세대 문제로 옮겨오면서 급기야 인류 생존 자체의 문제로 전환된 것이다.

2) 경쟁성

경쟁성이란 환경정책의 형성과 집행 과정이 다양한 이해집단들 간의 경쟁 속에서 이루어진다는 것이다. 환경정책은 상반된 논리와 이해로 무장한 집단들 간의 경쟁이 첨예하게 대립되어 있다. 다른 정책 이슈들과는 달리 환경 문제는 국민의 재산과 건강, 심지어는 생명과도 밀접하게 관련되어 있는 경우가 많아 정책의 노출도가 높을 뿐만 아니라 이해 당사자 간에 대립을 보인다는 것이다. 환경보전을 주장하는 환경보호론자와 경제 성장을 우선시하는 경제우선론자 간의 대립은 국가정책의 우선 순위를 결정할 때 두 개의 서로 다른 이념 간의 대립이자 환경정책 과정을 복잡한 정치 과정으로 만들고 있다.

3) 불확실성

환경정책의 불확실성은 환경 문제가 지니고 있는 과학·기술적 성격에서 기인한다. 자원의 개발과 이용에 따른 환경오염의 실태와 심각성에 대하여 일반 시민들뿐만 아니라 과학자들 간에도 일치된 의견이 없다. 국가가 설정하는 각종 환경 기준도 누구나가 다 수긍하는 객관적 기준에 의하여 이루어지는 것도 아니다. 예를 들면, 수질오염 0.005ppm이 과연 사람의 건강에 어떠한 영향을 어느 정도 미치는지 과학자들 간에도 의견이 분분하다. 즉, '감당할 위험 수준(acceptable risk)'에 대한 의견의 일치가 없다는 것이다.

4) 환경정책의 정치성

위에서도 설명하였지만 환경정책을 단순히 기술정책으로만 이해하여서는 안 된다. 환경정책은 최소한 아래의 세 개 영역에서 정치적 성격을 띤다.

① 적절한 환경질이란 무엇을 의미하는가?

② 환경질과 기술적 대안은 어떤 과정을 통하여 결정되는가?

③ 환경 개선의 비용은 누가 부담할 것인가?

첫째, 환경질의 문제는 생물학적 건강과 생태계의 균형에 관계된 것이다. 이 문제는 정부에 의하여 수질 및 대기오염의 규제 수준을 책정하는 방식으로 해결되고 있다. 그러나 이러한 규제 수준의 결정은 경제발전론자들은 좀 더 느슨한 기준을 원하고 환경보호론자들이 좀 더 강화된 기준을 원하는 한 정치적일 수밖에 없다.

둘째, 환경질의 개선이나 혹은 일단 법제화된 환경 기준을 달성하기 위하여 기업들은 기술적으로나 경제적으로 변화를 강요받게 된다. 이때 기업들은 자신들에게 유리한 정책의 결정과 집행을 유도해 내기 위하여 의사결정자들에게 정치적 압력을 가하게 되는 것이다. 예를 들면, 대기오염을 줄이기 위하여 좀 더 성능이 우수한 연소장치를 설치하게 된다면 자동차 회사들은 이 기술 대체로 인한 경제적 부담 혹은 이에 따른 자동차 시장에서의 점유율 감소를 감당하지 않으려고 할 것이다.

셋째, 환경 개선을 위한 비용을 누가 부담할 것인가 하는 문제도 다분히 정치적 고려가 더해지는 이슈이다. 일반적으로 환경질 개선을 위한 비용은 세 가지 방향으로 전가될 수 있다. 제품 가격의 인상, 세금의 인상, 그리고 무조치(無措置)로 인한 환경오염이 바로 그것이다. 이들 방법 중 어느 것을 택할 것인가 하는 문제는 당연히 정치적 고려 사항이라 하겠다.

2. 환경정책의 네트워크

1) 개 관

환경정책을 비롯해 모든 정책은 진공 상태에서 이루어지는 것이 아니다. 정책은 귀중한 사회자원을 어떤 목적을 위하여 어떤 방식으로 동원하고 배분하여야 할 것인가를 결정하는 것이므로 정책을 둘러싼 갈등은 항상 존재한다. 더군다나 환경정책의 규제적 성격상 규제자와 피규제자 간의 갈등은 첨예하기조차 하다. 이렇게 어느 특정 정책 분야에 이해관계가 있는 정부 및 비정부 부문의 정책집단들(policy actors)이 정책의 형성과 집행 과정에 영향을 미치고자 서로 경쟁하고 협조하며 타협하는 정치의 장(場)을 정책 네트워크(policy network)라 한다.

우리나라의 경우 환경정책 네트워크는 1980년대 중반을 기점으로 폐쇄적 단계에서 사회 변동과 함께 좀 더 개방적 단계로 전이되었다. 1980년대 중반 이전까지만 해도 중앙집권적 관료주의 성향이 강한 우리나라의 정책구조는 대통령을 비롯한 중앙정부의 관료집단이 모든 정책을 결정하고 집행을 감독하는 형태를 취하였다. 국가의 경제제일주의 정책 기조와 보조를 같이하는 경제이익단체들은 정부와 밀월 관계를 유지하면서 정책 형성과 집행 과정에 영향력을 미쳤다. 경제 성장과 교육 수준의 향상에 따라 민도(民度)가 높아지고 자생적 시민운동이 본격적으로 태동되면서 시민의 정책에 대한 관심이 높아가고 정치 참여 또한 활발하게 이루어진 것이다. 특히 환경정책 분야는 시민의 일상생활과 직결되는 문제인 만큼 시민들의 관심이 매우 높았고 언론에서도 공해 문제를 대대적으로 공론화시켰다.

1980년대 후반과 1990년대 초반부터 본격적으로 등장하기 시작한 환경보호단체들 또한 환경정책 네트워크의 개방화에 큰 역할을 하였다. 미국의 정치학자 헬코(Hugh Helco)는 이러한 정책 과정의 개방화를 이슈 네트워크(issue network)라는 용어로 표현하였다. 이는 정책 과정의 폐쇄성을 의미하는 하위정부(sub-government)[4]라는 개념에 반대하여 현대의 정책과정을 서로 경쟁적인 두 개 혹은 그 이상의 집단들이 참여하여 경쟁과 협상을 벌이는 개방적 그물구조로 인식한 것이다.[5]

4) 이에 관한 논의는 Schattschneider(1975), McConnell(1966), Lowi(1969) 등을 참조할 것.

5) 헬코의 이슈 네트워크는 Dahl(1958)의 issue area나 Kingdon(1984)의 policy community 개념들

2) 주요 정책집단

환경정책 네트워크에 참여하는 중요한 정책집단으로는 대통령, 국회, 관료, 경제 이익단체, 환경보호단체, 그리고 언론을 통하여 표출되는 여론을 들 수 있다. 각 정책집단들이 환경정책의 형성과 집행 과정에서 보이는 역할과 특성에 대하여 검토하면 다음과 같다.

(1) 대통령

대통령은 다른 정책 분야에서뿐만 아니라 환경정책에서도 강력한 영향력을 발휘할 수 있다. 그러나 직무의 성격상 대통령은 환경 문제가 위기 수준에 도달하여 사회의 주목을 받기 전까지는 정책 과정에 참여하기 힘들어 지속적인 영향력은 기대할 수 없다. 우리나라와 같이 대통령 중심제의 정치 체제에서는 대통령의 정치적 · 행정적 지지는 정책 과정에서 매우 중요한 요소임에 틀림없다.

(2) 국 회

1980년대 이전까지 국회는 정부 환경정책의 수립과 집행에 큰 영향력을 행사하지 못한 것으로 평가된다(서정갑, 1980). 이는 한국의 정치 체제에서 국회의 권한이 구조적으로 제약되어 있을 뿐만 아니라 국회의원 자신들도 환경 문제의 중요성과 심각성을 인식하지 못하였기 때문이다. 국회의 환경법안 심의 과정에서 국회의원들의 역할이 매우 미미하다는 분석이나 환경정책을 종합적 · 지속적으로 심의할 상임위원회조차 구성되어 있지 않다는 사실이 이를 잘 증명해 준다(정준금, 1992).

그러나 1990년대 이후 환경 문제의 심각성이 국민의 공감대를 형성해 가면서 국회가 환경정책에 대하여 많은 관심을 보이고 있다. 1993년 초 국회 보건사회위원회의 '낙동강수질실태조사반'의 구성이나 국회 회기 기간 중 국회의원들의 환경 문제와 관련된 발언과 대정부 질문들은 국회가 환경정책에 대하여 관심을 갖고 역할 증대를 꾀하는 증거로 평가된다. 1995년 기존의 노동환경위원회 명칭이 환경노동위원회로 개편된 것도 사회적 관심을 반영한 것이다. 국회는 입법과 예산에 관한 심의 · 의결

과 유사하다.

권한을 통하여 환경정책 과정에 영향력을 행사할 수 있다. 또한 국회는 국정감사를 통하여 행정부의 환경정책에 영향력을 행사한다.

(3) 관료집단

환경정책 과정에서 가장 핵심적 역할을 담당하는 정책집단은 두말할 것도 없이 관료집단이다. 이는 관료집단이 갖는 조직력과 정보와 기술에 근거한 전문성에서 연유한다. 우리나라의 경우 1980년 설립된 환경부(그때 당시는 환경청)가 환경정책의 중추기관이라 할 수 있다. 환경법안의 입법에서 정책의 집행에 이르기까지 환경부는 환경행정의 중추적 역할을 담당하고 있다.

우리나라 환경부의 행정능력에 대한 평가는 아직도 부정적이라 하겠다. 강력한 환경 규제를 집행하려는 집행 의지가 부족하며, 집행 의지가 강하더라도 최고 정책결정자의 지원 부족과 정부 내 다른 부처 및 규제 대상 집단의 반대로 집행이 좌절되는 경우가 많은 것으로 평가되고 있다.[6] 환경・자원정책의 집행과 관련된 다른 부처, 특히 경제 부처들은 환경부에 비해 상대적으로 정부 내에서 높은 위상과 막강한 힘을 보유하고 있어 강력한 환경 규제정책의 견제 세력으로 역할한다. 그러나 공무원 정원과 예산, 그리고 신임 공무원들의 선호도에서 환경부의 위상이 많이 높아졌다는 것을 인지할 수 있다.

(4) 경제이익단체

환경정책의 집행 과정에서 경제이익단체들의 영향력은 높은 것으로 평가된다. 이러한 영향력은 지금까지의 정부의 경제 우선 시책과 사회 분위기에서 비롯된 것이다. 경제이익단체들 그 중에서도 대기업체들은 전경련이나 대한상공회의소 등의 조직화된 이익집단을 통하거나 관련 경제 부처와의 호혜적 관계를 활용하여 효과적으로 기업체들의 이익을 극대화시키고 엄격한 환경 기준의 철회와 집행의 무력화를 초래해 왔다(문태훈, 1992). 경제단체들은 강력한 경제력, 소수 인원으로 인한 강한 단결력, 그리고 실질적이고도 가시적인 이윤의 추구라는 동기 때문에 환경단체에 비하여 강력한 로비 능력을 과시하고 있다.

---

6) 이에 관해서는 정준금(1991), 문태훈(1992)을 참조할 것.

(5) 환경보호단체

우리나라의 환경운동은 1960년대 중반 이후 환경단체들이 특정한 공해 피해를 둘러싸고 보상을 요구하는 경제 투쟁의 형태로 시작된 것이 그 효시이다. 이러한 공해 추방과 보상운동은 1980년대 중반까지 지속되었으며 많은 경우 민주화 운동의 일환이란 성격이 강하였다(환경과 공해연구회, 1991).

그러나 1980년대 후반과 1990년대에 접어들면서 환경단체들은 점진적으로 정책 집단화하였다. 예를 들면, 1988년 창립된 대표적 환경단체인 '공해추방운동연합'이 1993년 초 '환경운동연합'으로 재창립되면서 단체의 성격도 공해 추방에서 정책을 제시하고 생태계의 중요성을 홍보하는 범시민운동으로 변신하였다. 이후 다양한 분야에서 크고 작은 규모의 환경단체들이 등장함으로써 환경정책 과정에서의 영향력도 점차 증대하고 있다.[7)]

(6) 여 론

정책 네트워크 내 정책집단들의 정치적 입지와 영향력은 사회여론의 영향을 많이 받는다. 개발과 보전이라는 이념적 대립이 상존하고 있는 환경정책 분야에서 사회여론은 정책결정에 중요한 변수로 작용한다. 1980년대 후반을 기점으로 우리 사회도 경제 성장과 안보라는 전통적 정책 기조에서 탈피하여 사회복지와 환경보전 등의 새로운 이념이 경쟁적으로 정책에 영향을 미치는 상황이 되었다. 이에 따라 경제발전과 대립되는 것으로 인식되던 환경보전이 그 타당성을 인정받게 되었으며, 이와 관련된 정치 세력들이 제한된 범위에서나마 정책 과정에서 영향력을 발휘하게 되었다. 이러한 사회 여건의 변화는 언론의 활성화와 그동안 억눌렸던 환경 문제의 보도를 가능하게 하였으며,[8)] 일반 국민들의 환경의식을 고취시켰다. 이렇게 한 사회의 지배적 이념(dominant ideology)의 변화는 정치 체제 내부 및 정책결정자들의 환경 문제에 대한 인식을 변화시킨다.[9)] 지배적 이념의 변화는 환경 규제를 반대하는 집단의 영향력을 약화시키고 대통령을 비롯한 정책결정자의 지원을 얻어 낼 수 있는 사회적

---

7) 환경단체에 관한 자료는 유병진(1993)을 참조할 것.
8) 신문의 환경 기사 보도 빈도에 관한 사항은 오원선(1975) 등을 참조할 것.
9) 정준금(1993), 오영석(1992) 참조할 것.

여건을 조성하는 것이다.

(7) 기 타

2000년 이후 환경정책 네트워크에도 여러 변화가 감지되고 있는데, 가장 두드러진 변화는 환경 문제가 지구적 차원으로 확대되면서 국제기구 및 국제환경단체들의 영향력이 증대되고 있다는 것이다. 세계자연기금(World Wide Fund for Nature: WWF)이나 UNEP 한국위원회 등이 우리나라에서 국제적 시각에서 환경운동을 전개하고 있다. 이러한 추세는 정부가 환경 관련 국제협약에 대거 가입하면서 더 강화되는 것으로 보인다. 또한 그린피스(Green Peace)와 여타 환경단체들이 우리나라 환경단체와 연계하여 다양한 활동을 전개하고 있는데, 원자력발전소 사고가 세계적 이슈로 부각되면서 환경운동의 한 분야로 반핵 활동이 등장하면서 이러한 현상이 더욱 강화되고 있는 것이다.

또한 수동적이긴 하지만, 사법부의 결정이 환경정책의 집행에 큰 영향력을 행사하고 있다는 사실도 간과하여서는 안 된다. 2000년 이전과 달리 사회운동들이 투쟁 중심에서 제도권 운동으로 전환되면서 환경단체들도 소송을 환경운동의 한 수단으

표 2-2 환경정책 네트워크의 특징들

시점	주요 정책집단	정책 주체들 간의 관계	의사결정 과정의 투명도	정책 주체들의 영향력					
				대통령	관료	국회	비정부부문		
							환경단체	경제단체	국제기구
1980년대 중반 이전	대통령, 관료, 국회, 경제단체	상호 이익관계	낮음	강함 그러나 가끔	강함	약함	–	중간	–
1980년대 중반 이후	대통령, 관료, 국회 환경단체, 경제단체	갈등 및 협상	다소 높아짐	강함 그러나 가끔	강함	약함	약함/중간	중간	–
2000년대 이후	대통령, 관료, 국회 환경단체, 경제단체, 국제기구	갈등 및 협상	많이 높아짐	강함 그러나 가끔	강함	중간	중간	중간	약함/중간

자료: 한국정책학회(1996: 79)를 원용하여 2000년 이후의 평가를 첨가하였음.

로 활용하고 있다는 것이다.

지금까지 논의된 환경정책 네트워크의 특징들을 제6공화국이 등장한 1980년대 중반과 2000년대를 기준으로 세분하여 보면 <표 2-2>와 같다.

3. 환경정책의 정책 과정과 변화

1) 환경정책의 정책 과정

정책 과정이란 정부가 공공의 문제에 대처해 가는 일련의 행위 혹은 합목적적 절차를 의미한다. 정책 과정은 학자에 따라 다양하게 구분되지만,[10] 크게 4단계, 즉 의

그림 2-4 정책 과정

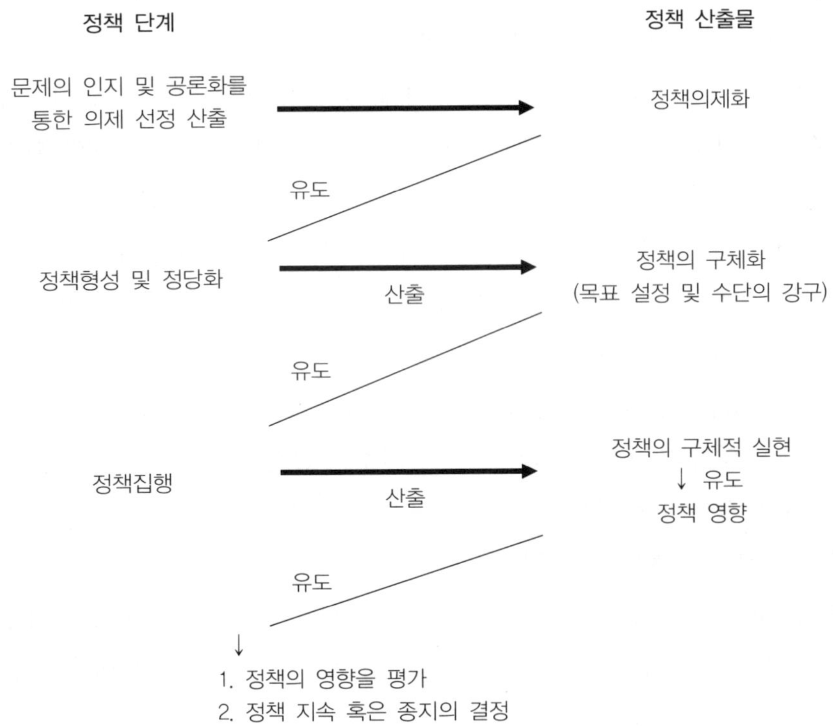

자료: Ripley & Franklin(1982: 2)을 재구성.

제 선정, 정책 형성 및 정당화, 정책집행, 그리고 정책평가로 나눌 수 있다. [그림 2-4]는 정책의 4단계와 각 단계에서의 정책 산출물을 도표화한 것이다. 물론, 현실 세계에서의 정책 과정은 [그림 2-4]가 암시하는 것처럼 항상 질서 정연하게 순차적으로 이루어지는 것은 아니다. 그러나 [그림 2-4]는 복잡한 실제 정책 과정을 단순화하여 공공정책의 형성 및 집행 과정을 체계적으로 보여 준다는 장점이 있다.

2) 정책 과정의 영향 변수

정책에 영향을 주는 요인 혹은 변수는 기준의 다양성만큼이나 여러 가지로 분류해 볼 수 있다. 예를 들면, 영향 변수를 정책 변수(정책목표의 명확성 등), 집행 변수(집행기관의 내부구조 등), 환경적 맥락 변수(시민의 관심 등), 문제 관련 대상집단 변수(집단의 응집력 등)로 나누는 것이 바로 그것이다(김병완, 1994: 138-139). 여기에서는 환경정책의 형성과 집행에 영향을 미치는 변수를 크게 경제·기술적 변수, 정치·행정적 변수, 사회적 변수로 나누어 설명한다.

첫째, 경제·기술적 변수란 한 국가가 처해 있는 경제발전의 정도에 따라 환경정책의 성격이 크게 좌우된다는 것이다. 우리나라가 1960년대와 1970년대에 환경과 공해 문제를 경시한 원인은 정부가 문제의 심각성을 인식하지 못하였기 때문이기도 하지만 경제력의 미약함에서도 연유한다. 미국의 경우에도 캘리포니아처럼 부유한 주에서는 다른 주에 비해 상대적으로 강력한 환경 규제 정책을 시행하고 있다. 경제력이 강하면 환경예산을 충분히 계상할 수도 있고 환경보전을 위하여 어느 정도 경제를 희생할 수 있는 것이다. 또한 한 국가의 과학·기술의 발전 정도도 환경정책의 형성과 집행에 영향을 미친다. 엄격한 환경 기준만 설정해 놓고 이를 시행할 기술이 뒷받침해 주지 못하면 정책집행은 실패할 가능성이 높아진다.

둘째, 환경정책의 형성 및 집행은 해당 국가의 정치·행정적 요인에 의하여 영향을 받는다. 위에서도 설명하였지만 대통령을 비롯한 정책결정자의 환경 문제에 대한 인식 및 해결 의지가 매우 중요하다. 단순한 GNP의 증가가 맑은 물의 공급보다 더

---

10) 예를 들면, Johns(1984)는 정책 과정을 '문제의 인지 및 정의'로부터 '정책의 조정 및 종지'까지 11단계로 구분하고 있다.

중요하다고 생각하는 정책결정자에게서 엄격한 환경 규제의 제정과 집행은 기대할 수 없는 것이다. 또한 환경정책을 담당하는 행정기관의 능력에 따라서도 정책 과정은 많은 차이를 보인다. 정책집행자의 능력은 크게 지적 · 관리적 · 정치적 능력으로 구성된다(Lindblom, 1980: 65).

셋째, 환경정책의 과정은 사회적 요인에 의해서도 많은 영향을 받는다. 서로 갈등과 견제 관계에 있는 환경단체와 경제이익단체의 유무 및 강약은 정책 과정에 큰 영향을 준다. 환경단체가 전무하였던 1960년대와 1970년대의 우리나라 환경 · 자원 정책은 주로 경제단체의 입장에서 수립되고 집행된 것이었다면, 2000년대의 김대중 정부와 노무현 정부에서는 환경단체 출신들이 정부의 각종 위원회와 기관에 진출하여 환경가치의 이식에 많은 역할을 하였다. 사회적 분위기도 최소한 개발과 환경을 동등하게 중시하는 경향이 강하였다. 이외에도 사회적 요인으로는 환경재난의 가시적 노출, 방송 매체의 지속적 보도, 시민의 관심, 그리고 국제사회로부터의 압력[11] 등이 정책 과정에 영향을 미친다.

3) 환경정책의 변화

환경부는 『환경30년사』(2010)에서 한국 환경정책의 역사를 공해방지법 시대(1960~1979), 공해의 극복, 환경보전법 시대(1980~1989), 환경정책의 내실화 및 선진화(1990~2000), 지속가능발전 이념의 실천 시대(2001~현재)로 구분하여 설명했다. 이종열 · 이재호(2000)는 환경 거버넌스의 관점에서 환경정책 발아기(1960~1970년대 중반), 환경정책 준비기(1970년대 후반~1980년대 초반), 환경정책 도약기(1980년대 중반~1980년대 후반), 환경정책 발전기(1990년대~현재)로 구분했다. 문태훈(2008)은 명령강제방식, 경제적 유인책, 사전예방책, 협력적 환경창조 등 환경정책의 도구를 중심으로 1960년대부터 10년 단위로 환경정책의 변화를 설명하는가 하면, 정부별로 태동기(박정희 정부), 정비기(전두환, 노태우 정부), 확산기(김영삼 정부), 지속가능발전 관심기(김대중 정부), 지속가능발전 진입기(노무현 정부), 저탄소녹색성장기

11) 그린 라운드(Green Round) 협상이 좋은 예라 하겠다. 우리 나라 최초의 환경법이라 할 수 있는 1963년의 '공해방지법'도 외자 도입 절차상의 필요에 의하여 제정되었다고 한다.

(이명박 정부) 등으로 구분하기도 했다(문태훈, 2013).

시대적 구분은 여러 가지로 할 수 있겠지만, 환경정책의 변화와 발전은 "환경 문제의 변화, 정치 · 경제적 환경의 변화, 참여자의 역할, 국민여론, 그리고 환경행정조직의 변화와 더불어 종합적으로 이해되어야 한다"(문태훈, 2008: 133). 한국 환경정책의 변화와 발전 역시 이러한 요인들에 의해 추동되어 왔다.[12] 각 시점에는 중요한 환경사건이 존재했고, 이에 따라 환경조직과 법률이 강화되었으며, 중심적인 환경도구들이 변화되었다. 이를 바탕으로 여기에서는 1960년대부터 1970년대까지의 발아기에서 1980~1990년대까지의 제도정비기를 넘어 2000년대 이후 전환기를 맞고 있는 것으로 환경정책의 변화를 간단히 구분해보고자 한다(<표 2-3> 참조).

표 2-2 한국 환경정책의 변화

구 분	발아기 (1960~1970년대)	제도정비기 (1980~1990년대)	전환기 (2000년대 이후)
주요 환경사건	- 전국 2,184개 사업장 노동자 중 2.3%가 직업병 환자로 밝혀짐 (1976)	- 온산병(1985) - 수도권수돗물파동(1990) - 안면도핵폐기장반대시위 (1990) - 낙동강페놀오염사건(1991)	- 영월댐건설백지화(2000) - 시화호담수호계획백지화 (2001) - 4대강 녹조현상(2012~)
환경법	- 공해방지법(1963) - 환경보전법(1977)	- 헌법에 환경권 규정(1980) - 환경보전법이 6개법으로 분법(1990) - 환경영향평가법(1993)	- 국토기본법(2002) - 수도권대기환경개선에 관한 특별법(2003) - 친환경상품 구매촉진에 관한 법률(2004) - 지속가능발전기본법 (2007)
환경행정	- 보건사회부 환경위생과 공해계(1967.2) - 보건사회부 환경관리관(1977.3)	- 환경청(1980.1) - 환경처(1990.1) - 환경부(1994.12)	- 지속가능발전위원회 (2000.9)
주요 도구와 제도	- 규제도구 중심 - 배출허용기준(1971) - 배출시설설치허가제도 (1971)	- 경제도구 도입 - 환경기준설정(1983) - 배출부과금제도(1983) - 폐기물처리예치금(1992)	- 유역관리체계(2002) - 전략환경영향평가(2006)

12) 시민사회의 환경 문제에 대한 대응과 정치 · 사회적 역할이 환경정책의 발전에 가장 큰 원동력이 되었음은 물론이다.

	- 환경영향평가제도 (1977) - 아황산가스 대기환경 기준 설정(1979)	- 환경개선부담금, 폐기물처리부담금(1993) - 쓰레기종량제(1995) - 수질개선부담금(1995)	- 대기오염물질총량제도 (2007) - 한반도생태축구축방안 (2010)
특징	- 대기와 수질오염 - 보건위생상의 피해 방지 - 정책의제화 - 자연환경 포함(1977)	- 환경관리 역량 구축 - 피해지역주민 중심에서 시민일반으로 확산 - 지방의제21 도입(1994)	- 환경행정수요 폭증 - 삶의 질 차원의 접근 - 환경 거버넌스에서 지속가능발전 거버넌스로 - 전국지속가능발전협의회 (2000)

생각발전소

1. 국가는 인간뿐만 아니라 동물이나 식물과 같은 생태계의 모든 구성원들을 보호할 책임이 있다는 주장에 대하여 생각해 보자. 지나친 주장이라면 그 이유가 무엇이고, 지나치지 않다면 그 근거가 무엇인지 논의해 보자.
2. 환경보전에 대한 국가의 책임을 행정 수준에서 구체화하기 위하여 어떤 기준들이 고려되어야 하는지 논의해 보자. 그 기준은 왜 중요한지도 제시해 보자.
3. 물관리 이원화의 문제점은 무엇이었고, 물관리 일원화의 일원화의 의미는 무엇인지 조사해 보자. 그리고 물관리와 관련하여 향후 과제는 무엇인지도 알아보자.
4. 환경정책의 도구로는 어떤 것들이 있을지 조사해 보자.

Chapter

03 자연환경 보전정책 : 생물자원정책을 중심으로[1)]

자연환경은 인간의 삶을 가능하게 해주는 모든 생명과 무생명체의 터전이며 자원을 공급해주는 보급창이다. 최근 생물다양성과학기구(IPBES)의 생물종멸종 위기에 대한 강력한 경고는 역설적으로 생물다양성과 생물자원의 중요성에 더 크게 주목하는 계기가 되고 있다. 생물자원은 인류가 직면하고 있는 기후 변화, 보건, 식량, 에너지 문제 등의 난제를 해결할 수 있는 중요한 해결원이 될 뿐 아니라 국가발전을 위한 핵심자원으로 부각되고 있기 때문이다. 그러나 생물자원에 대한 인식과 관리부족으로 우리나라의 생물자원 보전과 관리, 그리고 이를 이용한 생물자원산업은 매우 취약한 상태이다. 이 장에서는 자연환경 보전정책의 맥락 하에서 생물자원의 중요성과 보전 · 관리 · 이용 현황을 검토하고 생물자원 보전을 위한 정책과 행정에 대한 함의를 찾는 것이 목적이다. 이를 위하여 기존의 관련 문헌들을 분석하고 기존 통계자료 검토, 면담을 수행하였다. 연구 결과, 우리나라 생물자원정책과 행정의 발전을 위해서는 자원관리의 관점에서 환경 문제를 접근하는 환경정책 패러다임 변화, 관련 법규의 정비, 행정 기능의 조정과 통합, 생물자원과 관련된 정부의 여러 부처 중에서 부문별 선도 부처와 조정 부처를 명확히 선정하고 종합적인 거버넌스 체계를 구축하는 것이 필요한 것으로 나타났다.

1) 이 장은 한국행정학회 춘계학술대회(2011.4.29)에서 발표된 논문을 2019년 4월에 2차로 수정 · 보완한 것이다.

제1절 서 론

세계 생물다양성과학기구(IPBES)가 2019년에 발간한 생물다양성과 생태계 서비스에 관한 지구평가보고서는 지난 50년 간의 경제 성장이 자연에 미친 영향을 평가하면서, 생물종 100만 종이 멸종위기에 처하고 있다고 보고하고 있다. 1900년 이후 주로 육상생물들이 20% 감소했으며, 양서류 40%, 산호 33%, 해양포유류 1/3 이상이 멸종 위기에 처있으며. 곤충의 경우는 덜 분명하지만 잠정적인 추산으로는 10%가 멸종 위기에 처해 있다고 한다. 생태계에 이러한 영향을 가져오는 주된 요인은 지금까지는 영향의 크기 순서대로 토지와 바다의 무분별한 이용, 생물체의 과도한 이용, 기후 변화, 오염, 외래종이다. 그러나 1980년 이후부터는 기후 변화 요인이 토지와 바다의 이용으로 인한 생물종에 대한 위협보다 더 큰 위협을 미치고 있다. 그리고 당장 근본적인 변화를 하지 않고 이러한 추세가 계속된다면 UN이 2015년에 선언한 2030년을 향한 17개 지속가능발전목표들(Sustainable Development Goals: UN SDGs) 중 모든 형태의 빈곤의 종식(SDG1), 기아 종식과 지속가능 농업 강화(SDG2), 건강과 웰빙 증진(SDG3), 물자원의 지속가능한 유지와 관리(SDG6), 포용적 안전과 지속가능한 도시와 주거지(SDG11), 기후 변화(SDG13), 해양과 육상생태(SDG14, 15) 목표들의 80% 이상을 달성하지 못할 것으로 예측하고 있다. 재앙적인 기후 변화와 생물종 멸종의 대위기를 막기 위해서는 점진적인 변화로는 불충분하며 획기적인 전환이 지금 당장 이루어져야 한다고 경고하고 있는 것이다.

그러나 IPBES의 이러한 강력한 경고가 나오기 이미 오래전부터 이미 생물자원은 인류가 직면한 기후 변화, 건강, 식량, 에너지 문제 등 난제들을 해결하고 국가생존과 경쟁력 강화를 위한 핵심자원으로 부각되고 있었다. 경제적 측면에서도 생물자원을 이용한 생물자원산업의 규모도 급격하게 증가하고 있는데, 생물자원 산업의 시장규모는 약 7,600억 달러(약 800조 원)으로 추산되고 있다.[2] 우리나라에서 생물자원

2) 이 중 의약 5,460억 달러, 천연물약 1,000억 달러, 종자 300억 달러, 원예품목 1,400만 달러, 산업바이오 723억 달러, 화장품 120억 달러(강진영, 2012). 생물자원의 활용은 의약품뿐만 아니라 농업, 화학, 정보기술(IT) 등 기술융합 분야까지 매우 다양하다. 이처럼 바이오기술로 다양한 고부가가치 상품을 생산하는 바이오산업은 전 세계적으로 2013년의 330조 원에서 2020년 635조 원

산업은 연 15% 내외로 급성장하고 있는데, 국내에서 이용하는 생물자원의 70% 이상을 해외에서 들여오고 있고, 생물자원 사용 대가로 국외로 지급하는 로열티가 1조 5천억 원에 달하고 있다(강진영, 2012). 생물자원과 관련된 경제적 이해관계에 대한 국제적 관심도 급속히 증대하고 있다. 생물다양성협약(1992.6)과 생물다양성협약총회(2002.4)에서 생물자원의 국가 소유 권리가 인정되고, 2010년 생물다양성협약 당사국총회에서는 나고야(名古屋) 의정서가 채택되었으며, 2014년 10월부터 발효되었다. 이에 따라 생물자원이나 유전자원 접근 시 자원보유국의 사전승인을 받고, 그 이용으로 발생한 이익은 상호 합의조건에 따라 공유하게 되었다.

우리나라는 사계절이 뚜렷하여 생물자원의 질이 우수할 뿐 아니라 풍부한 생물종을 보유하고 있다. 그러나 생물자원에 대한 인식과 관리부족으로 국내 생물종의 보전과 관리는 미진한 부분이 많다. 우리의 고유종이 해외로 유출되어 새로운 종으로 개량되고, 이를 로열티를 지불하고 수입하는 등 생물자원에 대한 관리와 이를 이용한 생물자원산업은 매우 취약한 상태이다.

환경 문제에 대한 접근방식은 오염물질의 배출로부터 환경을 보호하기 위한 규제행정을 중심으로 하는 접근방식과 자연환경을 유한한 자원으로 보고 이를 효율적으로 관리하기 위한 자원관리적인 접근방식으로 대별할 수 있다. 환경 문제에 대한 관심이 점차 지속가능한 발전에 대한 관심으로 확대되면서 자원관리 관점의 접근방식에 대한 관심이 지속적으로 증가하고 있다. 우리나라의 환경정책도 대기, 수질, 폐기물 등 규제우선의 환경정책에서 2000년대를 전후해서는 점차 자연환경 보전정책, 그중에서도 특히 자연자원의 보전과 활용을 위한 정책에 대한 비중이 점차 증가하고 있다. 그러나 환경오염방지 기술을 기반으로 하는 기기와 시설의 설치에 집중되어 있어 생물자원에 대한 정책은 여전히 취약한 형편이다. 기후변화협약과 더불어 생물다양성협약은 환경과 사회 및 경제부문에서 우리나라의 미래에 가장 큰 영향을 미칠 수 있는 국제협약이지만 기후변화협약에 따른 기후 변화 완화와 적응 노력에 비교하여 저조한 관심과 대응에 머물고 있다. 이러한 맥락 속에서 이 장은 우리나라 생물자원의 보전·관리·이용을 위한 생물자원정책과 행정을 고찰하고 그 발전 방향을 모

규모로 성장할 것으로 전망된다. 우리나라 유전자원의 해외의존도 54%에 달한다(동아일보 2019년 3월 13일).

색해 보는 것이 목적이다.

생물자원의 중요성에 비교하여 이의 보전·이용·관리에 관한 행정학계와 정책학계의 기존 연구는 대체로 미답상태에 머물고 있다. 관련 연구로 조선 시대의 기록과 문헌 검토를 통하여 조선 시대 자연자원 관리 체계를 살펴본 연구(오영석, 2000), 바이오산업, 바이오 경제에 연구가 있는 정도이다(권오상, 2001; 한성구, 2013). 이명박 정부에서 바이오산업이 신성장동력 산업으로 지정되면서 녹색성장과 관련된 정책연구들은 간헐적으로 이루어져 왔다. 녹색성장과 녹색성장산업 활성화를 위한 정책과제에 대한 연구(천대윤, 2009; 이해평, 2009), 녹색성장을 위한 에너지산업의 정책과제 모니터링에 관한 연구(명성준, 2009), 숲 생태적자본에 기반한 독일의 지역발전모델을 다룬 연구(진상현, 2007) 등이 있다.

다른 학계와 국책연구원 등에서는 생물자원의 활용과 관리 체계, 생물다양성 전략에 대한 연구들이 다수 수행되고 있는데, 생물다양성 전략의 수립과 추진 체계에 대한 연구(배민기, 2014; 이현우 외, 2012; 이현우, 2012), 국외 반출 승인대상 생물자원 선정을 위한 연구(이현우, 2006; 2007; 2008), 식물유전자원 활용과 관리 체계에 관한 연구(이두순, 1999; 오윤석, 2005; 김수석, 2005; 송병준, 2002) 등이 있다. 바이오산업 또는 생물자원산업과 관련한 연구들도 축적되고 있다. 환경시장의 구조변화와 정책과제에 대한 연구(김종호 외, 2009), 환경산업 육성방안에 대한 연구(서재호, 2011; 추장민, 2004), 바이오산업 혁신과 전략을 위한 연구(김주한 외, 2009; 최윤희·정은미, 2002; 최윤희, 2007), 바이오산업의 현황과 과제에 대한 연구(김동수·김용덕, 2007; 문선웅, 2006) 등이 있다. 최근에는 나고야의정서가 체결·발효되면서 생물유전자원 접근과 이익공유 관련 연구들이 발표되고 있다(이현우, 2012; 이현우 외, 2013, 2014; 전용일·배정생, 2015; 이주하·진태은, 2016).

이 장에서는 기존의 연구들이 생물자원의 활용과 생물자원산업에 치중한 것과 달리 지속가능발전과 환경보전정책의 큰 맥락 하에 '생물자원의 확보→생물자원의 권리 보호→생물자원의 이용' 등 단계별로 전개되는 생물자원 관련 정책과 행정을 과정에 따라 검토하면서 생물자원정책의 문제점과 발전방향을 탐색하는 데 중점을 두었다.

제 2 절 자연환경 보전정책과 생물자원정책

1. 우리나라 자연환경 보전정책의 흐름

우리나라 자연환경 보전정책을 환경부 소관의 자연환경보전 관련 법률들을 중심으로 살펴보면 다음과 같다. 1980년대에 자연공원법(1980)이 제정되어 국립, 도립, 군립공원의 지정과 공원계획과 공원사업의 시행이 법제화되었고, 1990년대에는 자연환경보전법(1991), 독도 등 도서지역의 생태계보전에 관한 특별법(1997), 습지보전법(1999) 등이 법제화되었다. 자연환경보전법이 자연환경 보전의 원칙, 방침, 계획의 수립을 정하고 생태계 보전지역의 지정과 관리, 그리고 자연환경의 조사에 대하여 규정하고 있었으니 우리나라의 자연환경 보전정책은 1990년대에 들어서서 비로소 체계화되기 시작한 것이다. 동법에서는 매 10년마다 실시하는 전국자연환경조사, 자연환경 보전 기본계획수립, 자연생태계 보전지역의 지정 관리, 특정 야생동식물 지정, 자연생태계 보전지역 지정 등의 내용을 포함하고 있었다. 2000년대 초에는 백두대간 보호에 관한 법률(2003), 야생생물 보호 및 관리에 관한 법률(2004), 문화유산과 자연환경 자산에 관한 국민신탁법(2006)이 제정되었고, 2010년대에는 환경영향평가법(2011), 생물다양성 보전 및 이용에 관한 법률(2012), 국립생태원의 설립 및 운영에 관한 법률(2012) 등이 제정되었다.

우리나라 자연환경 보전정책은 2000년대 들어서 자연생태계, 생물자원에 대한 정책이 점차 강화되는 경향이다. 이러한 변화는 김대중(1998~2003) 정부에서 시작되고 노무현(2003~2008) 정부에서 확산되는 모습을 보이는데, 이 당시 자연환경 보전정책의 주요 흐름을 보면 자연생태계 조사연구, 야생동식물 보호, 생태계 보전 관련 정책들이 대종을 이룬다. 그리고 이명박 정부(2008~2013)에 이르러 자연환경 보전정책은 생태관광 활성화와 생물다양성 전략, 생물자원 보전과 이용에 관련되는 정책들이 주를 이루게 된다. 이러한 경향은 생태계 서비스에 대한 정책적 관심이 높아지면서 박근혜 정부, 문재인 정부에서도 유지되고 있는 것으로 보인다. 특히 생물자원에 대한 접근과 이익공유를 규정한 나고야의정서에 따라 생물자원의 보전과 이용에 관련된 정책들이 강화되고 있는 흐름이다. 정부는 생물다양성협약의 국내 이행을 위한 “생물다양성 보전 및 이용에 관한 법률”을 2013년 2월부터 시행하고 있으며, “유전자원의 접근이용 및 이익공유 관한 법률”을 제정하여(2017.1.17) 국내 이행 체계를 구축하고 있다. 더구나 UN 지속가능발전목표(SDGs)가 17개 분야에서 수립되고 한국의 지속가능발전목표[3]도 2018년에 구축되어 제3차 지속가능발전기본계획의 수정계획으로 수립되면서 육상 및 해양 생태계에 대한 정책적 관심도 앞으로 더 높아질 것으로 기대된다.

2. 자연환경 보전정책과 생물자원정책

자연환경 보전정책의 범위는 넓고 여러 정부부처에서 관여하고 있다. 환경부는 자연환경 생태계에 대한 조사연구를 담당하고 있는데, 조사 결과를 바탕으로 자연환경 우수지역을 보호지역으로 지정하여 관리하고, 야생동식물 보전대책을 마련한다. 환경부가 수행하고 있는 자연환경 보전정책은 크게 3개의 축 — 자연환경 우수지역 보전을 위한 자연환경보호지역 지정과 관리, 자연생태계 유지 및 생물다양성 보전, 자연환경조사 및 정보망 구축 등 자연환경 보전 기반 구축 — 으로 구분된다. 원래 야생조수의 보호는 산림청, 천연기념물은 문화재관리국, 국립공원은 내무부 소관 행정이었으나 국립공원관리업무가 1997년, 야생조수 보호가 1999년 환경부로 이관되면서 환경부가 자연환경 보전정책의 주된 담당부처로 기능하게 되었다(환경부, 2010: 130).

자연생태계 유지 및 생물다양성 보전에 대한 업무는 정부 여러 부처에 산재되어 있다. 자연환경 보호지역은 환경부, 해양수산부, 산림청, 문화재청에 산재되어 있고, 자연생태계 유지 및 생물다양성 보전의 경우 멸종위기 야생생물은 환경부, 농업식물은 농림축산식품부, 산림보호 육성 업무는 산림청, 천연기념물 지정관리 업무는 문화재청, 해양생물은 해양수산부에서 관장하고 있다(환경부, 2018: 371). 또 생물자원의 서식처는 토지이용의 문제와 직결되어 국토의 이용과 관리를 담당하는 국토교통부 또한 밀접한 관계가 있다. [그림 3-1]은 자연환경 보전 업무의 체계도이다.

---

3) http://www.ncsd.go.kr/app/sub01/11.do; http://www.ncsd.go.kr/app/index.do 지속가능발전 포털(2019.4.23).

그림 3-1 자연환경 보전관리 체계

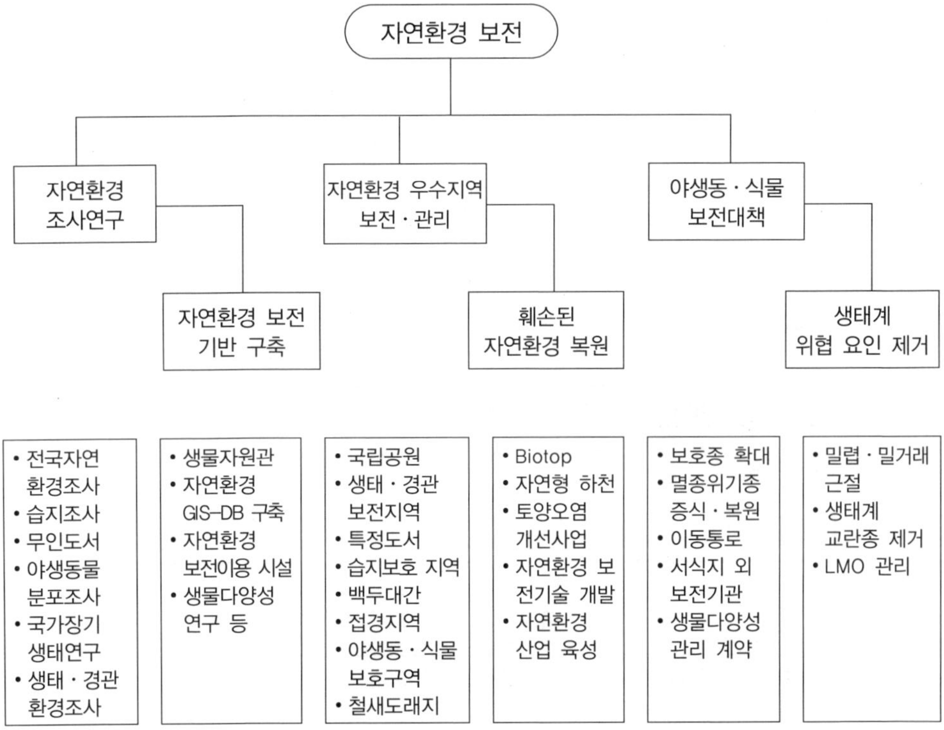

자료: 환경부(2010: 131).

환경부는 자연환경 관련 산업 육성정책도 수행하고 있는데, 환경산업과 생물자원산업을 그 대상으로 하고 있다. 환경산업은 오염의 측정과 방지를 위한 기기와 설비의 제작과 설치를, 생물자원산업은 생물다양성 및 경관 보호, 산림자원, 야생생물을 이용한 사업 등을 대상으로 하고 있다. 그러나 산업정책은 산업 관련 부처에서 담당하고 있어 환경부의 정책 영역은 협소하다. [그림 3-2]는 제4차 국가생물다양성전략(2019~2023)에서 제시하고 있는 우리나라 국가 생물다양성 비전 및 추진 전략이다. 기존의 제3차 생물다양성전략의 실행 결과 평가에서 생물다양성 주류화 미흡, 생물다양성 증진 성과 저조, 생물다양성 보전을 위한 유기적인 협력과 대응 체계가 부족했던 점, 생물다양성 정책의 정량적 평가 체계가 미흡했다는 점(관계부처합동, 2018) 등이 반영된 수정 전략이다.

그림 3-2 우리나라 생물다양성 비전 및 추진 전략

비전	생물다양성을 풍부하게 보전하여 지속가능하게 이용할 수 있는 대한민국 구현
목표	생물다영성 보전 및 증진을 통해 모든 국민이 공평한 자연혜택 공유

전략 1	생물다양성 주류화	
실천목표	① 대국민 인식제고 ③ 유익한 유인조치 확대	② 전략계획에 생물다양성 가치 반영 ④ 생물다양성 친화적 생산·소비
전략 2	생물다양성 위험요인 관리	
실천목표	① 서식지 손실 저감 ③ 교란종 침입예방 및 통제	② 취약 생태계 압력 감소 ④ 오염물질 저감
전략 3	생물다양성 보전 및 증진	
실천목표	① 보호지역 확대·관리 강화 ③ 멸종위기종·고유종 보호	② 생태계 복원 ④ 유전적 다양성 증진
전략 4	생물다양성 이익공유 및 지속가능한 이용	
실천목표	① 생태계 서비스 기반 구축 ③ 나고야의정서 이행	② 지속가능한 생태자원 활용 활성화 ④ 지속가능한 농·임·수산업
전략 5	이행력 증진기반 마련	
실천목표	① 국제협력 강화 ③ 과학적 지식·정책협력 강화	② 전통지식의 보전·활용

제 3 절 생물자원의 중요성

1. 생물자원의 중요성

아래의 두 개의 사례는 우리가 그간 생물자원에 대해 얼마나 무관심했는지, 그리고 생물자원이 얼마나 중요한지를 잘 보여주고 있다.

미국의 국립수목원에는 "코리언 힐(Korean Hill)"이라는 한국 식물 구역이 있다. 이곳에는 미선나무를 비롯하여 한국에서 이미 멸종된 자생식물들이 자라고 있고, 표본실에는 한국의 고유 자생종 식물 유전자 6,000여 점이 보존되어 있다. 국립수목원에 보존되어 있는 한국의 자생종 식물들은 미국 국립수목원 아시안 담당이었던 배리 잉거(Barry Yinger)가 한국에 대한 식물탐사를 세 차례 거치며 수집해 간 자생종들이다. 1984년에는 강화도－소청도－대청도－백령도－태안반도를, 1985년에는 내장산－변산반도－목포－대흑산도－소흑산도 등의 서해안 지역을, 1986년에는 내륙 지역을 중심으로 용문산－설악산－오대산－치악산－태백산－울릉도를 돌면서 한반도 전역의 고유 식물종을 철저하게 조사하였다. 그리고 950종에 이르는 6,000여 자생종 식물을 수집하여 미국으로 반출하였다. 한반도는 혹한기와 혹서기의 구분이 뚜렷한 사계절과 반도의 특성으로 자연환경의 변화에 내성과 저항력이 탁월한 우수한 자생종 식물이 많다. 이렇게 수집된 우리의 자생종 식물은 개량을 거쳐 상업적인 목적으로 이용되고 있다. 미국에서 정원수로 인기가 높은 미스킴라일락이나 코리안선라이즈, 모닝캄, 구상나무 등은 모두 이렇게 유출된 한국 고유의 자생종이 개량된 품종들이다. 그리고 이러한 품종들은 세계 각국으로, 그리고 우리나라로 다시 역수출되고 있다. 한국 고유 자생종의 반출은 식물뿐 아니라 곤충들에 대해서도 마찬가지이다. 미국은 홍릉 임업연구원의 아시아천적연구소를 통하여 미국 북서부의 삼림에 막대한 피해를 입히던 집시나방의 천적으로 기생꼬치벌 50여 종을 한국으로부터 반출하였다. 그리고 집시나방의 천적으로 활용하고 있다. 자생식물이 활발하게 반출되던 1984~1989년에는 산림법으로 자생종의 해외 반출이 이미 금지되고 있던 시기였다. 자생식물의 미국 반출 과정에서 태안반도의 천리포 수목원은 핵심적인 역할을 하였다. 그리고 이 기간에 미국의 한국 식물 채집에는 임업연구원, 국립공원관리공단, 광릉수목원, 서울대학교가 협조기관으로 미국의 한국 자생종 식물 채집에 많은 도움을 주었다(KBS 스페셜, "생물자원 시대, 종이 유출되고 있다", 1997.8.24).

미국의 몬산토회사는 고엽제로 널리 알려진 농약회사였는데 근래에는 세계적인 종자회사로 유전자변형농식물(GMO)을 활발히 개발하여 막대한 상업적 이익을 내고 있는 회사이다. 이 회사에서 생산하는 콩의 종자로 '라운드업 레디'라는 제품이 있는데 유전자개량으로 개발된 이 종자는 '라운드업'이라는 제초제에 견딜 수 있도록 만들어져 있다. 따라서 '라운드업' 제초제와 '라운드업 레디' 종자는 패키지로 기능하여 어느 한 가지를 사용하면 다른 한 제품을 반드시 같이 사용하여야 한다. 그러나 농부는 자기가 수확한 '라운드업 레디' 콩으로 그 다음해에 재 파종을 할 수 없다. 몬산토가 출원한 종자 특허권을 침해하기 때문이다. 캐나다의 퍼시 슈마이저라는 50년 경력의 한 농부는 도로변에서 수송 중에 떨어진 '라운드업 레디' 카놀라(유채)가 자기의 농장에서 자라고 있었는데, 몬산토는 이를 특허권 침해로 제소하여 농부는 유죄 판결을 받았다. 또 몬산토에서 개발한 'BT 면화' 종자는 수확량을 획기적으로 증대시킬 수 있다는 선전으로 인도의 면화재배 농가에 대량으로 팔려나갔다. 'BT 면화'의 재배 면적이 확대되면서 인도 고유의 면화종들은 거의 멸종되다시피 하였다. 농부들이 'BT 면화' 종자에 면화농사를 전적으로 의존하게 된 것은 물론이다. 그러자 'BT 면화' 종자 1kg에 5루피[4]하던 종자가격이 3,200루피로 급등하였고 종자 구입에 빚을 진 많은 농부들이 자살하는 일들이 속출하게 되었다. 이러한 사태를 계기로 인도에서는 '나브다냐 운동'이라는 토종 종자 살리기 운동이 전개되고 있다(KBS 스페셜, "종자, 세계를 지배하다", 2011.2.27).

먹거리 종자를 비롯한 고유의 생물자원이 없어지는 것은 생존 기반이 사라지는 것과 같다. 자생 동식물은 생물공학 기술의 발전으로 식량 문제, 질병 문제, 환경오염 문제, 생태계 파괴 문제를 해결할 수 있는 핵심적인 기초자원으로 대두되고 있다. 위의 사례에서 보듯이 엄청난 사회적·경제적 가치를 지닌 우리나라 자생 동식물은 무관심과 무지로 그간 방기되다시피 해왔다. 이에 대한 정부의 정책과 행정은 20여년이 지난 지금도 여전히 미흡하다. 이명박 정부에서 녹색성장정책과 더불어 생물자원산업(바이오산업)에 대한 대규모 육성책이 시행되었으나 생물자원산업의 기초가 되는 생물자원과 유전자원에 대한 정책과 투자는 미흡하고 생명공학 기술 등 유전자원의 이용 부분에 집중되어 있었다. 그러나 생물자원과 유전자원이 제대로 확보되지 못하면 생물자원산업은 기초자원 없는 사상누각의 산업에 불과하게 된다.

환경 문제를 오염 문제에 국한하여 사후 처리와 사전 예방책 위주로 대응하는 사이에 우리는 생물자원의 보전과 이용이라는 자원관리 측면에서의 환경관리에 대해서는 소홀하였다. 그러나 "에너지기후변화시대"(프리드만, 2009)에 환경 문제는 오염억제뿐 아니라 적극적 자원관리의 관점에서도 접근해 나가야 할 필요성이 커지고 있다. 생물자원과 종다양성의 보전은 급속한 환경 변화로부터 충격을 완화시킬 수 있는 수단이며(최재천, 2008), 지구 차원에서의 공유의 비극을 피하고(Hardin, 1969),

4) 1루피=25원(2011.3.2).

성장의 한계요인으로 지목되는 환경오염, 자원 부족, 식량 부족 세 가지 문제(메도우즈 외, 1972)를 같이 해결하면서 녹색경제를 실현시킬 수 있는 핵심자원이기 때문이다.

2. 생물자원과 그 활용 분야

생물자원(biological resource)은 미생물, 식물, 동물, 인체에서 유래한 생물 실물자원과 이에 대한 생물 정보자원을 총칭하는 개념이다(한국환경산업기술연구원, 2010: 174). 생물자원의 활용 분야는 광범위하다. [그림 3-3]은 생물자원의 활용 분야를 나타내고 있다.

[그림 3-4]는 생물자원을 이용한 생물자원산업(바이오산업)의 범위와 영역을 나타내고 있다. 생물자원산업은 생물자원을 이용하여 부가가치를 창출하는 산업을 지칭한다.

그림 3-3 생물자원의 활용 분야

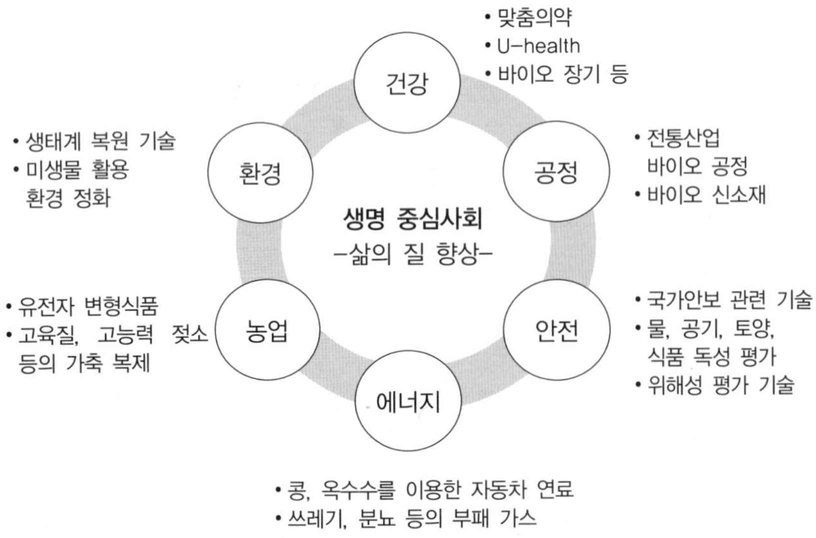

자료: 이현우(2006: 3).

그림 3-4 생물자원산업의 범위

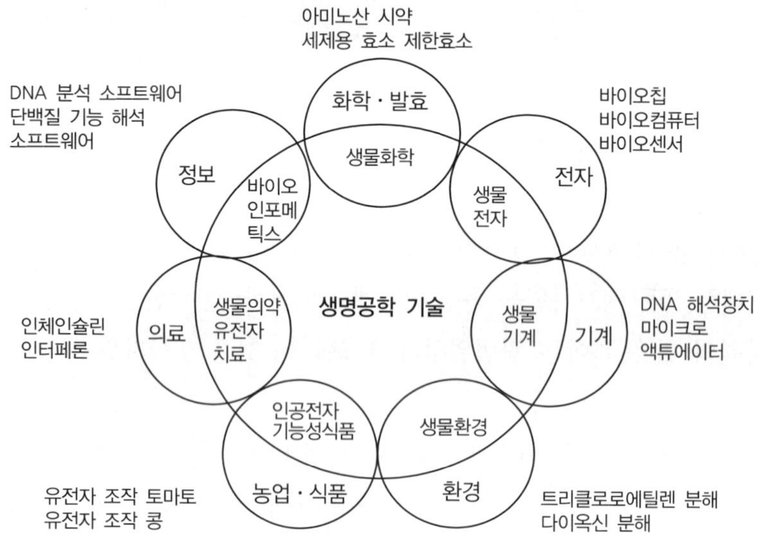

자료: 김주한 외(2000: 21).

그림 3-5 생물자원의 가치와 기술의 개념

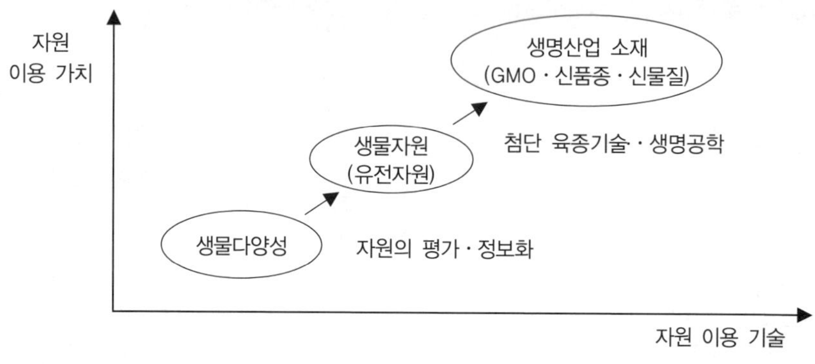

자료: 이길복·조은기(2004); 이현우(2006: 4)에서 재인용.

생물자원의 가치는 자원이용 기술에 따라 높아지는데, 이 관계가 [그림 3-5]에 나타나 있다. 생물다양성과 생물자원에 생명공학 기술이 접목되면서 생명산업으로 자원이용 가치가 증가되는 모습을 나타내고 있다. 생물자원의 부가가치는 생명공학

기술의 발달로 신품종, 신물질, 바이오신약 등 생명산업 소재와 응용부문으로 갈수록 커지게 된다. 또 [그림 3-5]는 생물다양성과 생물자원이 미래산업으로 촉망받는 생물자원산업의 성패를 좌우하는 핵심자원임을 나타내고 있다.

3. 생물다양성 국제협약의 동향

생물다양성협약(Convention on Biological Diversity: CBD)5)은 유엔환경계획(UNEP)의 후원 하에 1992년 5월 22일 유엔환경개발회의(UNCED, 케냐의 나이로비회의, 생물다양성협약의 전권대표회의)에서 채택되고 1993년 12월 29일부터 발효하였다. 우리나라는 1994년 10월 3일에 가입하였다. 생물다양성협약은 지구상에 존재하는 생물의 다양성을 보전하기 위한 전 지구적인 다자간협약이다. 이 협약은 지구상의 생물다양성의 보전, 생물자원의 지속 가능한 이용과 이로부터 도출되는 이익의 공평하고 합리적인 배분을 목적으로 하고 있다. 이 협약은 생물다양성의 이용에 의해 발생하고 있는 이익의 수혜자가 생물자원의 보유국보다 생물자원의 이용 기술을 개발한 선진국에 편중되어 있어 생물다양성을 더욱 훼손시키고 있다고 본다. 따라서 생물다양성을 보전하기 위해서는 생물자원에서 도출되는 이익이 생물자원의 이용기술을 보유하고 있는 선진국과 생물자원을 현재 보유하고 있는 생물자원의 원산지 국가들에게도 공정하고 균등하게 분배되는 것이 필요하다는 것이다.

생물자원으로부터 발생하는 이익의 공정하고 균등한 배분에 관한 국제적인 논의는 1980년대 이후에 본격화되었다. 이러한 논의가 1992년 나이로비회의에서 채택된 CBD에서 결실을 맺게 된 것이다. 생물다양성협약이 가지는 큰 의의는 유전자원 및 전통지식에 대하여 국가가 주권이 있음을 선언하여 자원 보유국의 유전자원에 대한 고유 재산화를 가능하게 하고 있다는 점이다. 생물다양성협약 제15조 제7항에서는

5) CBD는 야생동식물의 국제거래에 관한 협약(Convention on International Trade in Endangered Species of Wild Fauna and Flora: CITES), 람사르협약(일명 습지보호협약: 국제적으로 중요한 물새의 서식지로서 중요한 습지에 관한 협약: Convention on Wetlands of International Importance Especially as Waterfowl Habitat), 이주성 야생동물 종 보전에 관한 협약(Convention on the Conservation of Migratory Species of Wild Animals) 등 생태계 생물자원 분야의 기타 협약을 포괄하는 국제법으로 효력 있는 협약이다(박용하, 2006).

유전자원[6]의 개발과 상업적 이용에서 발생하는 이익에 대해서 유전자원 제공국가와 생명공학 개발국가가 공평하게 분배(Access and Benefit Sharing: ABS)하도록 하고 있다(이영준 · 최재용, 2010).

생물자원의 이용에 유전자원의 접근과 이익의 공유에 관한 사항은 2002년 네덜란드 헤이그에서 개최된 제6차 당사국총회에서 기틀이 마련된다. 이때 채택된 본(Bonn)지침[7]은 외국의 유전자원을 수집하거나 이용하고자 하는 경우, 사전에 유전자원 보유국의 동의를 얻어야 하며 유전자원을 제공하는 국가에게 이용 기술, 금전적 또는 비금전적 보상을 해야 한다는 것이었다. 이 지침은 생물다양성협약의 주요 목적의 하나인 이익의 공유에 대한 국제적 지침으로 비구속적이긴 하지만 유전자원에 대한 최초의 국제적 합의로 유전자원 보유국의 국내 관련 입법을 가속화시키는 계기가 된다(박용하, 2006: 15).

본(Bonn)지침의 구체적인 실현을 위한 논의는 선진국과 개발도상국 간의 입장 차이로 지연되어 왔으나 2010년 10월 30일 나고야 제10차 생물다양성협약 당사국총회에서 '유전자원에 대한 접근과 이익공유에 대한 의정서(ABS의정서)'가 체결되었다. 이로써 생물자원 보유국과 이를 개발할 수 있는 과학기술 보유국 간 유전자원에 대한 접근과 이익의 공평한 공유를 규정하게 되었다. 유전자원 접근 시 자원 보유국의 사전승인을 받아야 하며 자원 이용으로 발생한 이익은 상호 합의 조건에 따라 공유토록 한 것이다. 이에 따라 생물자원의 선점과 확보를 위한 경쟁이 치열해지고 있으며 이에 대한 적극적이고 체계적인 대응 체계 마련의 중요성이 더욱 커지고 있다.

[그림 3-6]에서 세계생물다양성정보기구(Global Biodiversity Information Facility: GBIF)는 국제적으로 생물다양성에 대한 정보를 공유하여 국가별 정보 불균형 해소와 효과적인 자원 이용 보전을 추구하기 위하여 2001년에 설립된 국제기구이다. 또

---

6) 유전자원은 유전정보를 포함한 각종 생물정보를 추출해 낼 수 있는 모든 대상자원을 의미한다. 유전자원은 생물 실물자원과 생물 정보자원 두 형태로 나누어 볼 수 있다. 생물 실물자원은 형태가 있는 실제 물질의 개념으로 현지 내, 혹은 현지 외에 보관된 각종 동식물 종의 표본이나 유전자원은행 및 세포은행에 기탁 보관된 유전자 및 세포 등이 이에 속한다. 생물 정보자원은 생물체에서 추출된 정보 및 지식 등을 의미하는 것으로 유전정보와 대사정보를 포함하는 각종 생물정보, 이를 바탕으로 구성된 가상세포, 생태계정보 등이다(이영준 · 최재용, 2010).

7) Bonn Guidelines on Access to Genetic Resources and Fair and Equitable Sharing of the Benefit Arising out of their Utilization.

그림 3-6 생물자원 관련 주요 국제기구 및 협약

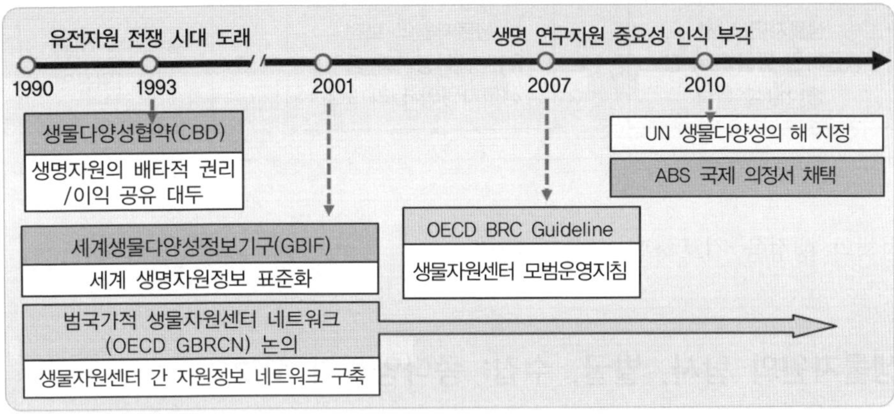

자료: 국가과학기술위원회(2010).

OECD/GBRCN(Global Biological Resources Center Network)은 생물자원 및 정보의 보존과 보급을 위해 생물자원센터의 개념을 도입하고(2001), 이의 운영지침으로 각국의 생물자원센터 운영 가이드라인을 발표한 것이다(2007).

제 4 절 생물자원정책과 행정

생물자원정책과 행정은 [그림 3-7]과 같이 일련의 단계별 과정을 각각 대상으로 하고 있다.

생물자원의 탐사, 발굴, 수집을 통해 종다양성을 확보하고 이에 대한 권리를 주장하기 위해서는 생물자원과 유전자원을 생물자원 국제기구에 등록하여야 한다. 생물자원의 이용과 생물자원산업은 이렇게 확보되고 등록된 국가 고유의 생물자원과 외국의 생물자원에 대한 접근권을 바탕으로 발전한다. 따라서 생물자원의 보전과 활용을 위해서는 이상 일련의 과정을 관통하는 일관적이고 효율적인 정책과 행정, 그리고 통합적인 거버넌스 체제가 필요하다. [그림 3-7]의 생물자원 보전을 위한 단계

그림 3-7 생물자원정책과 행정의 단계

생물자원 탐사, 생물자원 발굴과 수집: 종다양성 확보	➔	생물자원의 보전 유전자원 평가와 등록: 생물자원의 권리 보호	➔	생물자원 이용: 생물자원산업

별 정책과 행정을 검토하면 다음과 같다.

1. 생물자원의 탐사, 발굴, 수집: 종다양성의 확보

생물자원을 확보하지 못하면 생물자원을 이용할 수 없고 따라서 생물자원산업의 발전도 기대할 수 없다. 그러나 우리나라 생물자원에 대한 조사와 발굴은 여전히 미흡하다. 현재까지 우리나라에 발굴된 생물종의 수는 동물 28,639종, 식물 5,443종, 원생동물 1,890종, 조류 5,920종 등 총 49,027종이다(2017년 말 기준, 환경부, 2018: 371). 이는 비슷한 생물지리학적 조건을 지닌 일본(9만 종)과 영국(8만 8천 종) 생물종 발굴의 55% 수준에 불과하다. 환경부는 2020년까지 한반도 자생식물 발굴 확보 노력을 통하여 총 60,042종으로 늘릴 계획이다(환경부, 2016: 113).

현재 생태계 보전 및 생물자원의 보전을 위한 행정은 환경부(생물다양성 보전), 문화체육관광부(천연기념물), 농림축산식품부(농촌진흥청, 산림청, 농업수목 유전자원), 과학기술정보통신부(생명공학 관련 유전자원 확보), 산업통상자원부(유전자 변형생물체) 등 여러 부처에 산재되어 있다. 또 생물유전자원의 보전과 이용 관련 제도는 각 부처에서 소관 법률을 제정하여 생물유전자원 관리를 전문화하는 방향으로 주관기관이 다원화되고 있다(이현우, 2006: 26－27).

생물유전자원 보존기관도 다원화되어 있다. 식물유전자원 중 농업작물 유전자원에 대한 보존은 농촌진흥청에서 담당하고 있는데, 농업작물 종자는 농촌진흥청 종자은행에서 보존관리한다. 산림유전자원은 여러 기관에서 중복적으로 보존하고 있는데, 국립산림과학원의 난대산림연구소와 산림유전자원부, 산림자원 중 초본식물은 국립수목원에서 고유종 중심으로 보존하고 있다(김수식, 2005: 89－90). 부처 간에 산재된 기능과 권한을 조정할 수 있는 장치로는 환경부의 생물다양성협의회, 과학기술정보통신부의 생명공학종합정책심의회, 국무조정실 등이 있으나 부처 간 권한과 기능을 통괄 조정하고, 생물다양성협약 등 국가 이익 확보를 위한 핵심장치로서 위상이 미흡하다(이현우, 2006: 27).

한편, 우리나라가 반도의 다양한 지형적 요소, 뚜렷한 사계절, 아한대-온대-난대가 공존하는 기후 등의 조건으로 인하여 생물종의 다양성이 풍부하지만 생물자원의 전체적인 양이 부족하고 개발된 유전자원도 많지 않아 외국에서 도입해 오는 유전자원이 대부분을 차지하는 것이 현실이다. 지구상 생물자원은 1,000만~3,000만 건으로 추정되는데, 우리나라에는 이의 0.3~1%에 불과한 10만 종의 생물자원이 있는 것으로 추정되고 있다. 농업유전자원의 경우 외국의 유전자원에 대한 의존율은 약 70%로 파악되고 있어서(이길복 · 조은기, 2004; 이현우, 2006에서 재인용) 해외 유전자원의 발굴과 확보가 매우 중요한 과제가 되고 있다.

2. 유전자원의 평가와 등록: 생물자원의 보전과 권리 보호

생물자원의 보존과 권리 보호는 그간 대규모 해외 유출이 무방비로 이루어지는 등 방치되다시피 하여왔다. 우리나라 자생식물의 대규모 해외 반출은 크게 두 차례 이루어졌다. 첫 번째는 1917~1919년 사이 조선총독부의 협조 하에 미국 하버드대학의 아놀드 수목원(Arnold Arboretum) 아시아식물 채집 담당자 윌슨(Ernest H. Wilson)에 의해 태백산, 지리산, 금강산, 울릉도에서 구상나무, 노각나무, 잣나무, 금낭화, 싸리나무 등 300여 종이 반출되었다. 두 번째는 1984~1989년에 이루어진 배리 잉거(Barry Yinger)의 미국 채집원정단에 의해 이루어진 반출이다. 5년 간 유출된 우리의 식물자원은 950여 종 6,000여 가지이며, 유출된 자원식물 중에서 목본류 225종, 초본류 56종이 상품화되었다. 크리스마스 트리로 각광받는 구상나무, 정원수로 미국 라일락시장의 30%를 점하고 있는 미스킴라일락, 노각나무, 비비추, 원추리, 장수만리화, 나리류 등은 모두 해외 유출 식물자원들이 상품화되어 다시 역수입되고 있는 식물자원들이다.

곤충의 경우 일제 시대 일본에 의해서 대규모로 반출되어 규슈(九州)대학에 50만

점, 홋카이도(北海道)대학에 5만 점 등이 유출되었고, 북한의 표본 50만 점이 체코, 헝가리, 불가리아, 체코 동구 유럽으로 유출되었다. 1970~1980년대에는 미국이 홍릉 임업연구원 산하의 아시아천적연구소를 통하여 매미나방의 천적자원을 비롯하여 102종류, 173종이 외교 행낭을 통하여 미국으로 반출되었다. 어류의 국외 반출에 관해서는 제대로 알려진 것이 없다(이현우, 2006: 33-38).

현재 고유 생물자원의 반출에 관련된 승인제도는 환경부, 농림축산식품부, 해양수산부에서 관리되고 있다. 환경부는 야생동식물 수출입 승인제도를, 농림축산식품부는 유전자원으로 활용할 실용적인 농업, 수목유전자원을 관할하고 있고, 해양수산부는 해양생물자원에 대하여 별도로 관리하고 있다. 고유 생물자원의 반출에 대한 승인제도가 여러 부처에 산재해 있어 종합적인 관리가 되지 않고 있으며, 실효성도 크게 떨어지고 있는 것으로 평가되고 있다. 더구나 반입되는 생물자원에 대한 관리방안과 정보 파악에 비교하여 반출되는 생물자원에 관련한 정보수집이 미미하다. 이로 인하여 기존에 이미 유출된 생물자원에 대한 주권주장이 생물다양성협약(CBD), FAO의 식량농업 분야 식물유전자원국제조약 등의 국제협약이나 국제법으로 인정받기가 매우 어려운 실정이다(이현우, 2006: 49). 1999년에는 속초시가 설악산을 유럽에 알린다는 목적으로 법정보호종을 포함한 설악산 자생식물 123종을 프랑스에 가지고 가서 전시하고, 이를 통째로 기증하는 사업을 벌인 일도 있었다. 생물자원의 보전과 권리 보호에 대한 인식과 행정이 얼마나 무지한지를 단적으로 보여주는 예라 할 수 있다.

우리나라의 생물자원에 대한 고유 권리를 주장하기 위해서는 세계생물다양성정보기구(GBIF) 등 생물자원국제기구에 고유의 생물자원을 등록하여야 하지만, 현재 우리나라에 분포하고 있다고 추정되는 10만 종 중에서 등록된 종은 30%에 불과하여 고유종의 발굴과 국제기구에의 등록이 중요한 과제로 대두되고 있다. 더구나 우리나라 자생생물임을 입증할 수 있는 확증표본과 기준표본[8]이 매우 부족하다. 2017년 현

8) 기준표본은 새로운 종을 발견하여 이를 신종으로 발표할 때 사용하는 표본이며, 확증표본은 생물자원이 자생식물임을 입증하는 데 사용하는 표본이다. 2005년 현재 정부에서 확보하고 있는 자생생물 확증표본은 6,800여 종으로 전체 종(약 3만 종)의 22%에 불과하다. 한반도의 식물표본은 일본인 학자인 나카이 다케노신(中井猛之進, 1882~1952)이 연구한 한반도 특산 관속식물 1,118개의 분류군(종, 변종, 품종)의 기준표본들과 한반도 관속식물 확증표본들 모두가 현재 일본의 도교(東京)대학 식물표본관과 과학박물관 표본관에 소장되어 있다(환경부, 2005).

재 우리나라에 발굴된 생물종의 수는 총 49,027종이다(환경부, 2018: 371). 환경부는 2020년까지 한반도 자생식물 발굴 확보 노력을 통하여 총 60,042종으로 늘릴 계획이다(환경부, 2016: 113). 또한 자생생물 자료 수집도 표본에 국한되어 있어 기초 및 응용연구에 꼭 필요한 DNA 재료, 종자, 생체 및 기타 유전자원 재료 등에 대한 확보가 미흡한 상태이다.

이와 같이 우리나라의 생물자원, 생물다양성, 생명정보 확보 현황은 미미하다. 세계종자보관소(Global Seed Vault)에 보관된 전체 종자 3,710종 중 한국은 81종으로 전체 226개국 중 72위, 미생물자원 확보 순위는 10개국 중 8위이지만 확보량은 최대 보유국인 미국의 14.3%, 염기서열 정보 순위는 16개국 중 11위이나 확보량은 전체의 0.47%에 불과하다(국가과학기술위원회, 2010).

3. 생물자원의 이용: 생물자원산업

현재 생물자원산업과 생물자원 기술 개발 관련 업무는 산업통상자원부, 과학기술정보통신부, 농림축산식품부, 농촌진흥청, 산림청, 환경부, 보건복지부, 해양수산부, 중소벤처기업부 등 여러 부처에 산재해 있다. 주요 소관 부처와 담당 업무는 <표 3-1>과 같다. <표 3-1>은 각 부처와 그 소속기관 직제에 관한 대통령령을 중심으로 한 부처별 생물자원 관련 업무들을 표시하고 있는데, 부처 업무 기능이 중복되고 구분이 명확하지 않다. 예를 들면, 산업통상자원부의 환경 관련 산업정책의 수립・추진 업무와 환경부의 환경산업 육성정책의 개발 및 종합조정 업무가 중복되고 있고, 산업통상자원부의 바이오건강 관련 산업의 중장기발전방안 수립 및 산업기술 개발 기능과 과학기술정보통신부의 바이오산업 중장기발전방안 수립, 바이오산업의 산업기술 개발 기능이 중복되고 있다. 농림축산식품부의 유용 유전자 탐색 및 개발 기능, 생물정보 시스템 구축 및 분석 서비스 기능과 환경부의 야생동식물 생물자원의 보전 관리 활용 대책이 중복되고 있다.

표 3-1 생물자원 기술 및 산업 관련 주요 부처와 담당 업무

부처	담당 업무
산업통상자원부 산업통상자원부와 그 소속기관 직제(2019.3.31 시행) 제12조(산업정책실)	**산업정책실**: 지속 가능한 산업발전을 위한 환경 관련 산업정책의 수립・시행/바이오・융복합 의료기기・건강 관련 산업의 중장기 발전방안 수립 및 산업기술 개발 등 경쟁력 강화에 관한 사항/유전자변형 생물체의 국가 간 이동 등에 관한 법령 및 제도의 연구・개선/바이오 관련 생활용품산업 육성 정책의 수립・시행/바이오 관련 생활용품산업 관련 정보화, 통계조사 및 국제협력
과학기술정보통신부 과학기술정보통신부와 그 소속기관 직제(2019.3.31 시행) 제9조 기획조정실장	**기획조정실**: 생명공학 육성계획의 수립・추진 및 관련 법령・제도의 운영・발전/생명공학 관련 연구개발사업 지원 및 관련 기관의 육성・지원/과학기술정보통신부 소관 바이오・의료기술 분야 연구개발, 인프라 구축 및 전문인력 양성 지원
농림축산식품부 농림축산식품부와 그 소속기관 직제(2019.3.31 시행) 제15조(식품산업정책실), 제22조(동식물위생연구부) 제7장 국립종자원 제36조(직무)	**식품산업정책실**: 농림 분야 바이오산업의 육성에 관한 사항/종자 관련 산업의 육성에 관한 사항/농식품 생명산업 육성 및 지원에 관한 사항 **동식물위생연구부**: 수의유전자원의 관리 및 이용에 대한 연구/수의 분야 유전자 변형 생물체에 관한 시험・연구 및 안전 관리 **국립종자원**: 신품종 육성자의 권리 보호 및 신품종 등록에 관한 사항, 주요 농작물 종자의 성능관리 및 품종 보호, 신품종 보호 및 품종 등록을 위한 재배시험, 농작물 종자의 유통관리, 우량종자의 생산 판매 및 보급, 종자 생산에 관한 기술의 개발 및 경종의 확립
농촌진흥청 농촌진흥청과 그 소속기관직제(2019.3.31 시행) 제10조(연구정책국), 제3장 국립농업과학원 제14조(직무), 제18조(농업생물부), 제19조(농산물안전성부), 제21조(농업생명자원부), 제23조(농업유전자원센터)	**연구정책국**: 유전자 변형 농산물의 위해성 심사 및 관리에 관한 사항, 농업유전자원의 관리 및 직무상 육성 품종의 보호에 관한 사항 **국립농업과학원**: 농업환경, 농촌자원, 생물자원, 농산물 안전성, 농업용 에너지 및 생산자동화, 농업 관련 유용 유전자 개발, 유전자 변형 생물체의 안정성, 농업유전자원 이용관리, 한식 세계화, 전통식품 산업화 등에 관한 시험・연구와 원원잠종의 생산과 보급에 관한 사무/농업환경자원의 동태・활용 및 오염대책에 관한 연구, 농촌 환경자원의 보전・관리 및 산업화 이용 연구, 미생물 자원 확보 및 기능의 이용 연구, 곤충자원의 탐색관리 및 산업화 이용 연구, 유전자 변형 생물체의 안정성 연구, 농업유전자원의 관리 및 이용에 관한 연구 **농업생물부**: 유용 미생물 탐색 및 기능 활용에 관한 연구/유용 곤충자원의 탐색 및 산업화에 관한 연구 **농산물안전성부**: 유용 미생물 및 천적을 이용한 병해충 방제기술 개발 **농업생명자원부**: 유용 유전자 탐색 및 개발, 특이 기능 유전자원의 유전체 정보 생산 및 활용, 생물정보 시스템 구축 및 분석 서비스, 유용 미생물의 기능성 유전자 개발 이용 및 고부가가치 소재 창출, 유전자 변형 바이오 신작물의 개발 및 안정성 연구 **농업유전자원센터**: 국가 농업유전자원 종합관리 체계 구축을 위한 기본계획 수립, 농업유전자원(미생물을 포함한다)의 수집・분류・보존・증식・분양 및 특성 평가와 이들의 이용에 대한 기술 개발과 농업 유전자원에 관한 국제교류・협력

환경부 환경부와 그 소속기관직제, 제9조(자연환경정책실), 제9장의2 국립생물자원관, 국립낙동강생물자원관의 설립 및 운영에 관한 법률(2017. 7.26 시행), 국립해양생물자원관의 설립 및 운영에 관한 법률(2017. 10.19 시행)	**자연환경정책실**: 생물다양성 확보 등 생태적 건전성 향상 대책 및 이용정책의 수립/야생동·식물 등 생물자원의 보전·관리·활용대책의 수립/생물 유전자원의 체계적인 확보 및 관리에 관한 사항/생태관광의 육성을 위한 정책의 수립·추진에 관한 사항/환경산업 육성정책의 개발 및 종합·조정/환경산업의 투자활성화를 위한 금융 지원 등에 관한 사항/환경산업의 해외 진출 지원에 관한 사항/환경기술개발기본계획의 수립 및 환경기술 전문인력의 양성·지원 **국립생물자원관**: 국가 생물주권의 조기 확보와 생물다양성 보전 및 생물자원의 지속 가능한 이용/해양생물자원 조사·연구/해양생물자원으로부터 유래된 정보의 수집·수탁·등록·보존·관리·이용 및 평가

제 5 절 외국의 생물자원정책과 행정

생물자원의 확보를 위해서 선진국은 이미 오래전부터 유전자원이 풍부한 개발도상국에 진출하여 해외 생물자원에 대한 발굴 조사를 체계적으로 진행해 왔다.

일본은 1960년대부터 인도네시아와 말레이시아 등 동남아시아에서 생물자원에 대한 조사 연구를 국가적으로 추진하고 있다. 미국은 유전자원 고유종이 많은 아프리카 마다가스카르에 연구분소를 설치하여 연구자를 상주시키고 탐험대를 파견하여 이 지역의 식물을 연구하고 있다. 독일과 영국 등에서도 네팔 등 자원보유국의 생물자원을 조사하고 이들의 성분을 분석하는 작업을 진행하고 있다(김수식, 2005: 86). [그림 3-8]은 세계 각국의 생물자원 확보를 위한 노력과 경쟁을 나타내고 있다.

생물자원산업 촉진을 위한 외국의 노력도 체계적이고 대규모로 진행되고 있다. 미국은 세계 바이오산업의 선두 주자로 연방정부는 지원제도의 마련과 국가적 연구과제를 지원하는 데 중점을 두고, 주정부는 바이오벤처기업 등을 지원하는 전문단지를 조성하는 등 개발 기술의 상업화에 역점을 두고 바이오산업 지원정책을 추진하고 있다. 특히 1988년 생명공학경쟁조정법을 제정하여 생명공학 연구개발의 조정과 연구비의 효율적 배분을 시도하고 있으며, 이 법에 근거하여 생명공학정책위원회를 두고 바이오산업 정책을 총괄 조정하고 있다. 그리고 국립건강원(National Institute of

그림 3-8 주요국의 생명연구자원 확보 관리 동향

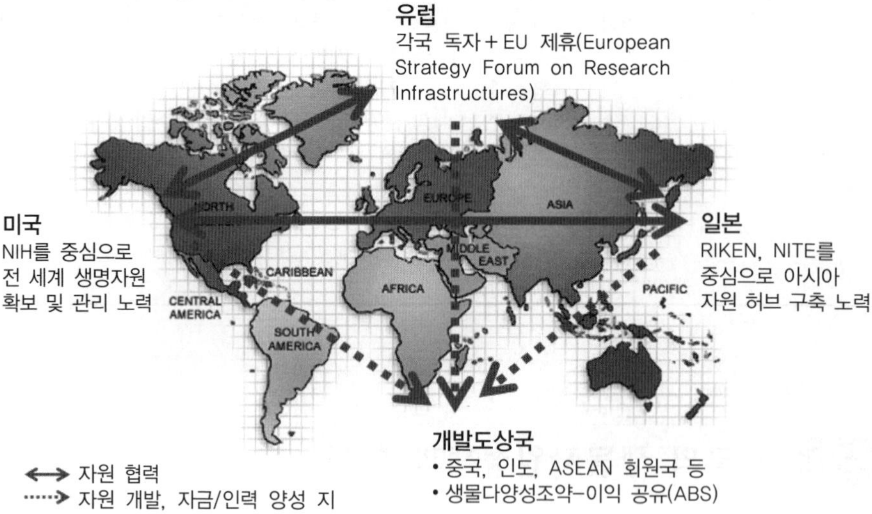

자료: 국가과학기술위원회(2010).

Health: NIH)을 중심으로 인간게놈 프로젝트 결과를 활용한 신약개발 등 상업화에 주안점을 두고 있으며, NIH 산하의 생명공학정보센터(National Center for Biotechnology Information: NCBI)를 중심으로 바이오산업을 육성하고 있다. 미국 연방정부 R&D 예산의 절반이 바이오 분야[9]에 투자되고 있고, NIH에 특히 집중되어 있다. 바이오기업들은 대학교와의 연계에 많이 의존하고 있고, R&D 결과에 대해서는 특허권을 광범위하게 인정하고 있어 바이오산업의 창업환경을 보호하고 있다. 특히 최근에는 융합기술(Convergence Technology)에 대한 관심을 고조시키고 있어 융합기술을 NT, BT, IT CS[10](NBIC)의 융합을 통해 창출되거나, 또는 촉진하는 기술로 규정하고 이의 발전을 촉진시키고 있다(김동수 · 김용덕, 2007: 99 − 101).

유럽은 유럽연합(EU)을 중심으로 공동 기술 개발과 국가별 산업화 연계를 강화하고 있고 유럽공동기술개발기구(EUREKA),[11] 유럽생명공학연맹(EFB)[12] 등을 중심으

9) 2006년의 경우 바이오 R&D예산으로 295억 달러를 배정하여 국방 분야 다음으로 최대 규모를 배정하였다.
10) Cognitive Science(인지과학).
11) http://www.eurekanetwork.org/

로 바이오산업 기술 개발 및 육성정책을 추진하고 있다. 국가별로 영국·독일 등을 중심으로 지역별 집적지 위주의 육성정책을 추진하고 있는데, 유럽의 바이오산업정책은 클러스터 정책이 핵심이라 할 수 있다. 옥스퍼드, 케임브리지, 스톡홀름과 독일의 바이오 레전(Bio-Region) 등이 성공적인 바이오클러스터들이다. 영국의 '바이오사이언스 2015 장기발전 전략', 독일의 '바이오산업 2010(Bioindustry 2010)' 등은 모두 바이오산업 추진전략과 계획들이며, EU의 6차 및 7차 FP(Framework Programme)에서 바이오 분야 기술과 산업 촉진을 위한 계획들을 마련하고 있다. The Biomass Action Plan(2005), EU Strategy for Biofuel(2006), The Knowledge-based Bio-Economy 2005) 등을 통해 바이오 경제를 추진하고 있다(김동수·김용덕, 2007: 101-103).

일본은 경제산업성 주도로 미국, 유럽 등 바이오산업 선진국을 따라잡기 위한 전략을 구사하고 있다. 육성정책은 'BT전략요강'(2002), '바이오행동계획2002' 등으로 실행이 구체화되어 있다. 일본의 주요 바이오기업 CEO들로 구성된 일본바이오산업경영자협회(Japan Association of Bio-industries Executives: JABEX)에서 산업화전략을 개발하고 추진하며, 의회에 바이오전략개발본부를 두고 '바이오 Japan'을 위한 전략을 개발하고 실행해 나가고 있다. 일본도 유럽과 유사하게 바이오클러스터 구축에 노력을 기울이고 있으며, 간토(關東)지역의 게놈 베이(Genome Bay), 간사이(關西), 홋카이도(北海道), 시코쿠(西國) 지역등에 바이오 집적지가 구축되고 있다(김동수·김용덕, 2007: 103-104).

제 6 절 생물자원정책 및 행정의 발전 방향

1. 생물자원정책과 행정의 취약점

선진국의 경우 생물자원 유전자원의 확보 → 생물유전자원의 권리 확보 → 생물자

12) European Federation of Biotechnology. http://www.efb-central.org

원 기술의 개발→생물자원산업의 발전을 관통하는 생물자원 관리정책과 행정 연계가 오랜 역사를 거치며 효과적으로 이루어지고 있는데, 우리나라는 이러한 정책 연계 구조가 취약하다. 유럽은 유럽 기후 변화 프로그램의 틀 안에서 대외 무역정책과 환경정책을 통합적으로 취급하고 있으며, 미국은 환경청 국제협력국에서 국제 환경문제에 대한 정책 및 프로그램에 관한 업무를 담당하고 있다. 일본은 환경성 지구환경국에서 관련 업무를 총괄하고 있다. 우리나라의 경우 정부의 각 부처가 현안 중심의 대응을 하고 있어 생물자원 확보→기술 개발→산업화로 이어지는 정책의 효과적인 연계가 미흡하다(교육과학기술부 외, 2008: 100).

현재 우리나라 생물자원 유전자원의 보존과 관리는 정부부처 7개 부처에 산재해 있고, 생물자원 기술 개발과 산업 촉진은 11개 정부부처에 산재되어 있다. 부처들 간의 업무가 명확히 구분되어 있지 않은 상태에서 추진되고 있고, 유전자원－환경기술－환경산업 간의 수직적・수평적인 통합 및 대응 체제나 조정, 협조 체제가 구성되어야 하는데 그렇지 못하다. 생물자원 유전자종의 확보와 관리는 체계적이지 못하고 유전자종의 해외 반출에 대해서는 이를 금지하는 관련 법률이 있으나 실효적이지 못하였다. 국외 반출 승인대상을 확대하기 위한 생물자원 선정을 위한 준비는 최근에야 진행되고 있다.

생물자원 기술 개발과 산업을 둘러싸고 부처 간의 경쟁이 심하고 차별화도 부족하여 중복 투자가 문제로 지적되고 있다. 뿐만 아니라 원천 기술이 매추 취약할 뿐 아니라 이의 제품화의 기술수준도 낮은 실정이다. 그 외에도 첨단 전문인력의 부족, 기능인력의 부족, 대기업과 바이오벤처기업 간의 협력 부진, 벤처 캐피털 등 바이오벤처기업의 성장 환경이 열악한 점 등이 문제로 지적되고 있다(김동수・김용덕, 2007: 110).

생물자원의 보전 관리 이용을 둘러싼 이상의 여러 문제점들은 정부에서 수립하고 있는 관련 계획에서도 드러난다. 환경기술 및 환경산업 개발계획으로는 '제1, 2차 환경기술개발 종합계획'(2003~2007, 2008~2012), '제3차 환경기술 및 환경산업 육성계획'(2013~2017), '제4차 환경기술환경산업환경기술인력육성계획'(2018~2022)이 있고, 생물자원정책 관련 계획은 '제3차 자연환경보전 기본계획'(2016~2025), '생물자원 보전관리 및 이용 마스터 플랜'(2011~2020, 2010.8), '제4차 국가생물다양성전략'(2019~2023), '생명연구자원관리 기본계획'(2011~2020, 2010.12) 등이 있다. 계획의 수립 시기를 보면 우리나라에서는 오염 방지 설비의 개발과 설치 등을 위주로 하는 환경기술 개발과 환경산업 육성이 먼저 시작되었고, 생물다양성 전략과 생명자원 연구, 그리고 생물자원의 이용과 산업화 전략과 계획은 최근에야 수립되고 있음을 알 수 있다.

제1, 2차 환경기술개발 종합계획은 환경부 외 11개 부처가[13] 참여하는 범부처적 성격을 지닌 종합계획으로 5년 주기의 법정계획인데, 관련법령의 개정[14]으로 환경산업육성 분야가 추가되어 기존의 '환경기술개발종합계획'이 '제3차 환경기술 및 환경산업·육성계획'으로 변경·수립되었다. '생물자원 보전관리 및 이용 마스터 플랜'은 환경부의 자체 계획으로 환경부 소관 기능 범위 내에서 국내 생물자원 및 야생생물에 한해 적용하는 것을 원칙으로 하고 있다. '국가생물다양성전략 및 이행계획'은 관계 부처 합동[15]으로 부처별 계획을[16] 연계하여 국가 차원의 종합적 생물다양성 전략을 집대성하여 수립한 것이다. '생명연구자원관리 기본계획'은 국가과학기술위원회가 생명연구자원의 선점 확보를 위한 국가적 대응 체계의 구축을 위해서 수립한 범정부 차원의 종합계획이다. 이 기본계획은 당시의 교육과학기술부가 주관 부처로 관계 부처와 공동으로 생명연구자원 정책을 종합, 체계화하기 위한 10개년 계획을 수립한 것이며, '과학기술 기본계획'(2008), '생명공학 육성 기본계획'(2007)상의 생명연구자원 육성정책과 일관성을 유지하고 있다. 현재는 교육부와 과학기술정보통신부의 주관으로 각 기본계획을 수립하고 5년 주기로 수정 보완하게 되어 있는데 관계 부처[17]는 이 기본계획에 따라 시행계획을 수립하고 연차별 계획을 수립하여 교육부와 과학기술정보통신부에 제출하도록 되어 있다. 범부처 간의 원활한 소통과 협력을 위하여 컨트롤 타워 역할을 수행할 '총괄운영위원회'와 부처별 책임기관을 두고 이들 책임기

13) 제2차 환경기술 종합추진계획 참여 부처: 환경부, 교육과학기술부, 농림수산식품부, 지식경제부, 보건복지부, 국토해양부, 농촌진흥청, 산림청, 방위사업청, 중소기업청, 기상청 등 11개 부처.
14) '환경기술 개발 및 지원에 관한 법률'이 2011년 4월 '환경기술 및 환경산업지원법'으로 개정되었다.
15) 교육과학기술부, 외교통상부, 문화체육관광부, 농림수산식품부, 지식경제부, 보건복지부, 환경부, 국토해양부, 농촌진흥청, 산림청, 특허청.
16) 생물자원보전종합대책(2005, 환경부), 자연환경보전 기본계획(2006, 환경부) 해양환경보전 종합계획(2006, 국토해양부), 산림생물다양성 기본계획(2007, 산림청), 국가생명자원 확보·관리 및 활용 마스터 플랜(2007, 교육과학기술부 외 5개 부처) 등.
17) 교육과학기술부, 농림수산식품부, 지식경제부, 보건복지부, 환경부, 국토해양부.

표 3-2 부처별 역할 및 정책

부 처	역할 및 정책
교육부/ 과학기술정보통신부	생명연구자원의 확보 관리 및 활용에 관한 법률(2009) 제정과 범부처 생명연구자원 관련 정보를 통합하기 위한 국가생명연구정보센터 운영, 생명연구자원 확보, 관리, 활용 및 관련 기술 개발
농림축산식품부	농어업유전자원 보존관리 및 이용 활성화 기본계획 수립 농어업유전자원의 확보 및 이용 활성화 농촌진흥청 등 농림축산식품부 관련 기관별로 유전자원의 수집, 평가, 보존 및 활용
보건복지부	인체 유래 생물자원 종합관리방안 수립 인체 유래물 확보 및 활용 강화 인체 유래물: 인간의 몸에서 확보할 수 있는 조직, 세포, 혈액 등
환경부	생물자원 보전·관리 및 이용 마스터 플랜 수립 환경부 소관 생물자원 보전·관리 체계 선진화 및 활용 극대화 추진 환경부 소관 생물자원의 보전관리 및 이용에 대한 세부 과제
해양수산부	해양생명공학 육성 기본계획 수립 해양생명자원의 체계적 확보 및 활용을 위한 중점기반 기술 선정

관협의회를 운영하도록 하고 있다. 이 계획의 부처별 역할은 <표 3-2>와 같다.

이상 정부에서 수립한 생물자원 관련 계획들을 보면 계획이 부처별로 다양하게 생산되고 있어 복잡하고, 중복되고 있는 계획 요소들이 많으며, 부처 간의 업무가 중복되고, 업무 분장이 분명하지 않다. 부처 간에 상호 조정과 통합이 힘들 때 이를 어떻게 조정할 것인지 그 담당기관이 분명하지 않다. 부처 간 계획의 중복성은 관련 계획에 대한 자체평가에서도 지적되고 있는데, 예를 들면 '제3차 환경기술 및 환경산업 육성계획'(2013~2017)은 제2차 환경기술개발 종합계획에 대한 평가에서 부처 간의 중복성 문제를 지적하면서 이를 해소하기 위한 방안으로 연초 과제 선정 시 환경 R&D 부처 협의체를 운영하여 분야별로 유기적 협력을 강화해야 한다는 점을 지적하고 있다. 그러나 이러한 부처 간의 유기적 협력관계는 거의 이루어지지 않는 것으로 보인다. 농림수산식품부(현 농림축산식품부)의 한 연구원은 생물자원 관련 R&D 사업과 생물자원 관련 계획의 수립 시 관련성이 많은 부처, 예를 들면 환경부 등과 협의를 하는지에 대한 질문에 그런 생각을 한 경우가 거의 없고 사실상 그렇게 할 필요도 없다[18]는 응답을 하였다.

이상의 여러 문제점들은 생물자원 관련 전문가와 행정가에 의해서도 공통적으로

인식되고 있다. 생물자원의 발굴과 보전, 권리의 보호, 이용과 관련된 지적들은 다음과 같다.[19]

첫째, 생물자원의 보전과 이용에 대한 정책과 행정은 규제 위주에서 규제 완화와 적극적인 지원으로 패러다임이 변화되어야 한다. 생물유전자원을 자원을 이용한다는 관점에서 더 적극적으로 조사하고 발굴하고 이용할 수 있는 정책으로의 전환이 필요하다.

둘째, 우리나라 생물자원의 발굴을 위한 적극적인 조사와 연구가 필요하다. 우리나라에 10만여 종의 생물자원이 있는 것으로 이야기하고 있으나 이는 40~50년 전의 이야기로 현재 시점에서 보면 다소 과대 추정된 것이고, 동식물균류를 모두 합하여 약 7~8만 종 정도가 있을것으로 본다. 그런데 이 중 2017년 현재 33,000건 정도가 파악되고 있는데, 나머지 종에 대해서도 조사 연구가 진행되어야 한다.

셋째, 특정 생물자원에 대한 편중된 관심을 가지기보다 종 전반에 대하여 폭넓은 관심을 가질 필요가 있다. 특히 농업용 생물자원뿐 아니라 야생동식물들은 자연생태계를 구성하는 매우 중요한 구성요소이므로 이들에 대한 폭넓은 관심과 연구가 필요하다. 대부분의 야생동식물들이 중요한 생물유전자원으로서의 잠재적 가치를 지니고 있기 때문이다.

넷째, 생물자원에 대한 보호구역을 확대하여야 한다. 현재 우리나라는 육상 보호구역 면적이 12% 정도 되는데, UN 권고에 따라 2020년까지 육상의 17%를 목표로 확대할 필요가 있다(환경부, 2016: 3). 이런 측면에서, 우리나라 국립공원 지정도 더 광범위하게 지정할 필요가 있다. 특성화된 국립공원을 지정해 나가면서 보호지구를 더 확대해 나가야 할 필요가 있다. 예를 들면, 울릉도나 독도는 매우 생태적으로 양호한 지역이어서 국립공원의 지정대상이 될 수 있으며, 현재 국립공원으로 지정 가능한 곳이 적어도 5곳은 더 된다.

다섯째, 생물자원의 발굴, 복원 등이 워낙 광범위하게 정부부처에 산재해 있어서 효율적인 진행이 잘 안 되고 있다. 일관된 거버넌스 체계의 수립이 매우 중요하다. “생명연구는 교육부, 과학기술정보통신부, 바이오 기술은 산업통상자원부, 해양생물

18) 국립농업과학원 연구원과의 면담(2011.5.19).
19) 한국행정학회 춘계학술대회(2011.4.29) 안영희 교수 외 토론자들의 코멘트.

은 해양수산부, 야생동식물은 환경부, 농업 관련 생물은 농림축산식품부로 연구 분담과 행정이 산재되어 있다. 그런데 이러한 분담이 불분명하고 애매한 경우가 많다. 예를 들어, 생명연구와 야생생물 연구는 동일한 것이 될 수 있고, 해양생물이 농림축산식품부의 연구대상이 될 수 있기 때문이다. 산림자원은 농림수산식품부가 관장하지만 환경부의 야생동식물에 대한 연구가 산림자원에 대한 연구와 어떻게 다른지도 모호하다."[20]

여섯째, 우리나라 생물자원에 한계가 있고 생물유전자원의 해외의존도가 70%를 넘는 상황에서 해외 유전자원의 발굴에 더 적극적인 관심과 예산이 투입되어야 한다. 생물다양성협약이나 나고야의정서 등에 따라 ABS 제도가 더욱 강화되어 나갈 것이기 때문이다.

일곱째, 귀화동식물에 대한 연구와 조사도 강화할 필요가 있다. 농업, 축산 농가들에 의하여 도입된 많은 귀화 동식물들이 있는데, 이들에 대한 운영과 관리는 거의 되지 않고 있다.

여덟째, 생물자원에 대한 제도가 정비되어야 한다. 환경부가 생물자원에 대하여 적극적인 입장을 취하고 있으나 내용을 보면 농림수산식품부, 교육부, 과학기술정보통신부가 더 많은 내용을 가지고 있다. 부처 간의 조정도 매우 약하다. 유전자 변형 식물에 대한 관리를 농림축산식품부는 GMO, 환경부는 LMO로 각각 다른 이름으로 관리하고 있다.[21] 연구 · 관리 내용에 대한 업무 분장도 잘 되어 있지 않을 뿐 아니

---

20) 환경부 공무원 면담(2011.5.18).

21) 유전자변형생물체의 관리에 있어서 농림수산식품부는 GMO(Genetically Modified Organism), 환경부는 LMO(Living Modified Organism)에 중점을 두어 관리하고 있으나 연구 · 관리 내용에 대한 업무 분장도 체계적으로 구축되어 있지 않을 뿐만 아니라 정보공유도 되지 않고 있다. 특히 GMO와 LMO는 혼용되어 통상 같은 의미로 사용되고 있지만 사용하는 기관이나 주체에 따라서 서로 다른 이름으로 사용하고 있다. 예를 들어, LMO는 국제협약과 국내법에서, GMO는 EU에서, GEO(Genetically Engineered Organism)는 미국 및 개발 기업이, 유전자변형생물체(LMO)는 LMO법 및 관계 부처에서, 유전자 재조합(Recombinant DNA)은 식품의약품안전처에서, 유전자 조작은 일본어에서 유래된 용어로서 NGO들이 자주 사용하는 용어이며, 형질 전환은 동물 분야에서 유전자 변형보다 더 포괄적인 의미로 사용되고 있다(예: 장기이식용 형질 전환 복제돼지). LMO와 GMO를 명확히 구별하자면 LMO는 살아 있음을 강조하는 용어로 그 자체 생물이 생식, 번식이 가능한 것이며(예: 옥수수), GMO는 생식이나 번식이 가능하지 않은 것도 포함하는 포괄적인 용어로 정의된다(예: 옥수수 통조림). LMO는 국제협약인 바이오안전성의정서에서 사용하는 용어로, 우리나라에서는 유전자변형생물체(LMO법), 유전자변형농산물(농산물품질관리법), 유전자재조합식품(식품위생법)등의 용어가 혼용되고 있다(한국바이오안전성정보센터, 2011. http://

라 정보공유도 되지 않고 있다.

아홉째, CBD, ABS 등 생물자원 관련 국제적 대응을 위한 법제도의 정비가 필요하다. 특히 생물체와 유전공학은 빠른 변화와 발전을 거듭하고 있으므로 법의 제정과 운영에서 매우 탄력적인 운영이 가능하도록 법과 제도가 마련되어야 한다.

열째, 생물종의 해외 반출과 관련해서는 현재의 법을 현실화하여야 한다. 멸종위기 동식물의 해외 반출에 대한 법이 있으나 이의 적용은 형식적이어서 제대로 집행이 되지 않고 있다. 처벌도 받지 않는다. 현재 환경정책평가연구원(KEI)에서 진행하고 있는 해외 반출 생물종 승인대상을 현재의 1,137종에서 5,000여 종으로 늘려가는 연구들은 생물종의 해외 반출에 대한 관리를 위해 매우 중요한 작업이다.

이상 반복적으로 지적되고 있는 여러 문제들은 우리나라에서 생물자원의 중요성과 이에 기반한 기술과 산업의 중요성에 대한 인식이 그간 미약했다는 데 일차적인 원인이 있다. 그러나 보다 근본적으로는 환경관리가 자원관리의 차원이 아니라 오염의 억제와 예방수준에서 좁게 기능해 온 데도 원인이 있다. 이상의 문제점들은 하나씩 개선되어 나가야 한다. 이상 지적사항을 포함하여 생물자원 정책과 행정의 개선방향을 검토하면 다음과 같다.

2. 개선 방향

1) 자원관리로서의 환경관리

환경오염, 자원 부족, 식량 문제 등으로 성장의 한계에 직면하는 것을 피하기 위해서는 지속 가능한 발전이 추구되어야 하며, 특히 경제 성장을 관리할 새로운 제도들이 필요하다. 이들 제도들은 ① 자원 고갈의 최소화 및 재활용을 촉진하는 자원관리의 기능, ② 인구관리, ③ 생태계의 균형 유지 기능, ④ 필요와 지나친 욕구 간의 구분 및 사회 형평을 위한 소득재분배의 기능을 가지고 있어야 한다. 따라서 지속가능성과 생태 지향적 제도들이 가져야 할 기능은 환경 부처들이 갖고 있는 보조적 역할이 아니라 장기적으로 경제발전의 구조적 틀을 형성하는 기능이어야 한다(해리스,

---

www.biosafety.or.kr/lmo/lmo_sub03_b04.asp).

1995: 289). 이런 점에서 볼 때 현재 환경 부처의 정책 범위는 환경 및 건강상 위해의 방지→환경질의 제고→자원사용의 관리→경제규모의 결정→인구관리라는 환경과 밀접한 연관성을 지닌 큰 네 가지 정책 위계에서 위해의 방지와 환경질의 제고라는 가장 하위 두 단계에 머물고 있다(문순홍, 1995: 8).

현재의 정부조직 하에서 이상의 업무들을 종합적으로 담당할 수 있는 부처는 없다. 지속가능발전위원회는 환경부 소속 자문기구로 여전히 격하되어 있는 상태이고, 이명박 정부에서 만든 녹색성장위원회는 대통령 직속에서 국무총리 소속위원회로 격하되었으나 여전히 지속가능발전기본계획에 대한 심의를 하도록 되어 있다. 기획재정부가 국가의 전략과 정책을 총괄하고 있으나 지속가능발전의 비전과 전략을 제대로 담아내지 못하고 있다. 지속가능발전과 녹색성장에 대한 비전과 전략에 대한 담론을 확산시키고, 정책을 개발하고, 지속가능발전의 거시적인 차원에서 다양한 부처기능을 조정하고 융합하면서 환경관리를 자원관리의 측면에서 같이 접근해 나가는 패러다임의 변화가 필요하다. 생물자원정책도 이러한 큰 틀 속에서 같이 이루어져야 할 것이다.

2) 관련 법규의 정비와 선도 부처의 지정

행정 기능의 조정은 무엇보다도 국가자원관리라는 거시적 차원에서 생물자원에 대한 탐사와 발굴, 수집에서부터 평가와 등록, 보존과 권리 보호, 이용에 이르기까지 일련의 과정을 체계화하고 구체화하는 것이어야 한다(김수석, 2005: 93). 그러나 이것은 현재 생물자원을 규율하는 다양한 법규들 간의 상호 연계가 미약한데서 발생하는 문제이므로, 관련 법규의 정비를 통하여 생물자원의 확보, 보존, 관리, 이용을 일관성 있게 정리하고, 이를 실천하기 위한 종합적인 생물자원정책과 계획을 수립하여야 할 것으로 보인다.

생물자원의 보호는 국토정책과도 밀접한 관련이 있다. 도시화와 공업화에 따른 국토개발로 해안, 수계, 저지대, 산지를 중심으로 하는 생물종 서식지가 훼손, 감소되지 않도록 하여야 할 것이다(이현우, 2006: 12). 그리고 도시에서 비오톱(biotop)과 같은 소생물 서식지를 조성하여 도시화로 인한 생물 서식지의 감소를 적극적으로 확대해 나갈 필요가 있다. 환경부와 국토교통부가 이 부문에서 선도적인 역할을 담당할 수 있을 것이다.

다음으로, 단계적인 과정별로 선도 부처를 확립할 필요가 있다. 예를 들면, 생물종의 발굴과 보존, 야생동식물은 환경부에서, 농업 관련 생물종은 농림축산식품부가, 생물자원에 기반한 기초기술에 대한 연구개발과 생물종의 중요성에 대한 인식의 제고는 교육부, 과학기술정보통신부와 농림축산식품부가, 산업기술개발과 생물자원산업에 대한 재정적 금융적 유인은 보건복지부와 산업통상자원부에서 선도할 수 있다. 그리고 종다양성협약, 식량농업 분야 식물유전자원국제조약 등을 비롯한 국제적 환경 변화에 대응하여 생물 주권 확보를 위한 대외적 노력은 담당부처와 외교부의 협력 체제로 전개되어야 할 것이다.

'생물다양성 보전 및 이용에 관한 법률'이 제정되어 시행되고 있는 것은 이상 지적된 여러 문제들에 대한 진일보한 입법조치로 보인다. 동법은 생물다양성 보전 및 생물자원의 지속 가능한 이용을 위한 기본원칙[22]과 국가의 책무를 정하고 국가생물다양성전략을 중앙의 소관 부처별로 수립하고 시행계획을 수립하여 시행토록 하고 있다. 그러나 여전히 남는 난제는 다양하게 산재되어 있는 생물자원 관련 행정과 정책이 어떻게 종합적으로 조정되고 통합되어야 일관성 있게 추진될 수 있을 것인가 하는 문제이다.

3) 행정 기능 조정과 종합의 문제

부처 간의 정책조정을 위해서 일본의 경우 내각부라는 상위 부처를 두어 각 부처 간의 정책조정을 꾀하고 있고, 프랑스는 경제재정산업부 장관의 위임 하에 업무를 수행하는 산업부가 있는데, 경제재정산업부 내에 다른 하위 부처(예산, 해외통상, 중소기업 등)들이 있어 부처 간 정책조정이 자체 내에서 이루어진다고 할 수 있다. 우리나라의 경우도 일본과 유사하게 총리실에서 최종적인 조정 기능을 가지고 있는데,

---

22) 동법 제3조는 생물다양성 보전 및 생물자원의 지속 가능한 이용을 위한 기본원칙으로 국민 자산으로서 현재 세대와 미래 세대를 위한 생물다양성의 보전, 생물자원의 체계적 보호, 생물다양성의 보전 및 생물자원의 지속 가능한 이용과 조화를 이루는 국토의 개발과 이용, 체계적인 생태계의 연계성과 균형의 보전, 국제협력의 증진 등을 규정하고 있다.

총리실의 종합조정 기능은 각종 융합적인 문제가 늘어남에 따라 앞으로 더욱 정교하게 발전되고 활성화되어야 할 것으로 보인다.

생물자원정책을 둘러싼 여러 부처들 간의 이견을 조정하기 위해서 과거 IT 산업을 둘러싼 정부 부처 간의 업무 분장과 조정 사례도 좋은 시사점을 제공해 줄 수 있을 것으로 보인다. IT 업무와 관련된 부처 간 업무 조정의 기본원칙은 정부조직법, 각 부처 직제 관련 법률을 중심으로 조정하며, 민간이 가급적 복수 부처로부터 규제받지 않도록 하고, 특정 사업을 어느 부처가 먼저 추진하였는지는 우선적인 고려사항이 되지 않도록 하고, 별도의 담당기관을 신설하는 것보다 기존 기관을 조정하고 활용하는 것을 원칙으로 하였다. 이러한 원칙 하에 정보통신부는 정보통신산업과 정보화의 종합 조정 부처로의 역할을 담당하고, 각 부처는 소관 분야의 정보화를 담당하는 것으로 기능을 분화하였다. 산업정보화, 문화정보화 등 특정 분야의 특수성을 고려한 응용기술 개발, 인력 개발, 지원사업 등은 동 분야의 소관 부처가 주관하기로 하였다. 정보통신부는 관계부처의 수요를 적극 반영하여 기반기술 개발을 추진하고, 관계부처는 정보통신부가 담당하는 기반기술 개발과 중복되지 않는 범위 내에서 소관 분야의 응용기술 개발을 추진하며, 정보통신부는 적극 지원하기로 하였다(이성복, 2003).

생물자원정책과 관련된 다양한 부처 간의 업무에 대한 종합과 조정도 역시 과학기술의 개발은 교육부와 과학기술정보통신부가, 산업 관련 업무는 산업통상자원부가, 농축산 관련 업무는 농림축산식품부가, 야생동식물 관련 업무는 환경부가 선도부처로 기능하되 각 부처별 업무는 상호 중복되지 않도록 조정하여 수행하도록 하고, 교육부, 과학기술정보통신부, 산업통상자원부, 농림축산식품부, 환경부 업무는 관련 부처의 의견을 충분히 반영하여 수행하는 선에서 추진되어야 할 것이다. 다만 부처 간의 정책이 조정되지 않는 경우에는 최종적으로 기획재정부, 그리고 총리실에서 이를 조정하는 역할을 해야 할 것으로 보인다.

4) 종합적 거버넌스 체계의 구축

생물자원 기술과 산업이 점차 융합 기술을 바탕으로 발전해 나가고 있어 생물자원정책이 대응해야 할 외부 환경은 융합환경으로 변해가고 있다. 그러나 이에 대응하고 있는 정부조직은 전담 기능을 중심으로 한 단편화된 기능적 조직이어서 한계가 있다. 현재 이러한 복합적인 문제에 대응하는 정부의 방식은 관련된 여러 부처의 인력으로 구성된 TF팀이나 민간, 산업계의 전문가들이 관련 부처의 관료들과 같이 참여하는 위원회 등을 활용하는 방식이다. 그러나 TF팀이나 위원회가 생물자원의 보전관리 이용의 촉진을 위한 전략적인 정책 방향의 설정, 부처 간의 이해관계를 종합하여 조정할 수 있는 능력에는 한계가 있다. 사실 생물자원정책은 정부의 여러 부처에 산재하여 이루어지고 있고, 각 부처의 고유 업무와 관련된 생물자원의 보전 · 관리 · 이용 업무들이 있어 어느 한 부처에서 전담하기기는 힘들다. 여러 곳에 산재해 있는 중앙부처들의 생물자원정책과 행정을 조정할 수 있는 제도적 장치가 필요하며, 중앙과 지방정부 간의 업무 분담 등을 위한 정부부처 간의 효율적인 거버넌스 체제의 구축이 필요하다. 뿐만 아니라 생물자원의 이용인 생물자원산업의 촉진은 생물자원의 보전과 관리, 원천 기술의 개발, 첨단 전문인력의 양성, 대기업과 벤처기업 간의 협력, 바이오벤처기업의 육성, 바이오벤처 캐피털의 육성 등 대학교와 연구소, 대기업과 중소기업, 벤처기업, 금융기관들과의 총체적인 거버넌스 체제의 구축이 필요하다.

이런 점에서 앞에서 살펴본 외국 사례는 우리나라 생물자원정책의 발전을 위한 유용한 시사점을 제공한다. 미국 연방정부는 지원제도의 마련과 국가적 연구과제의 지원에 중점을 두고, 주정부는 바이오벤처기업 등을 지원하는 전문단지를 조성하는 등 중앙과 지방의 분업화된 체제, 융합기술의 촉진, 바이오기업과 대학 간의 연계, R&D 결과와 특허권 등에 대한 철저한 지적 재산권의 인정, 유럽의 지역별 바이오클러스터(bio cluster)의 집적, 일본의 바이오기업 CEO들로 구성되어 산업화전략을 개발하는 일본바이오산업CEO협회(JABEX), 의회의 바이오전략개발본부 등은 유용한 시사점을 제공한다. 지금까지 논의된 거버넌스체계의 관점을 종합적으로 도식화하면 [그림 3-9]와 같다.

중앙정부 내에서, 그리고 지방정부와의 협력적 거버넌스 체제의 구축은 물론 의회, 시민, 대학 연구소, 대기업 · 중소기업 창업벤처, 창업벤처 금융, 지적 재산권의 보호 등 모든 측면에서 긴밀한 협력적 네트워크에 입각한 거버넌스 체제의 구축이 필요하며, 국제기구, 외국 정부, 도시, 국제 NGO, 대학, 기업 등과의 네트워킹과 이

그림 3-9 생물자원정책의 거버넌스 구조

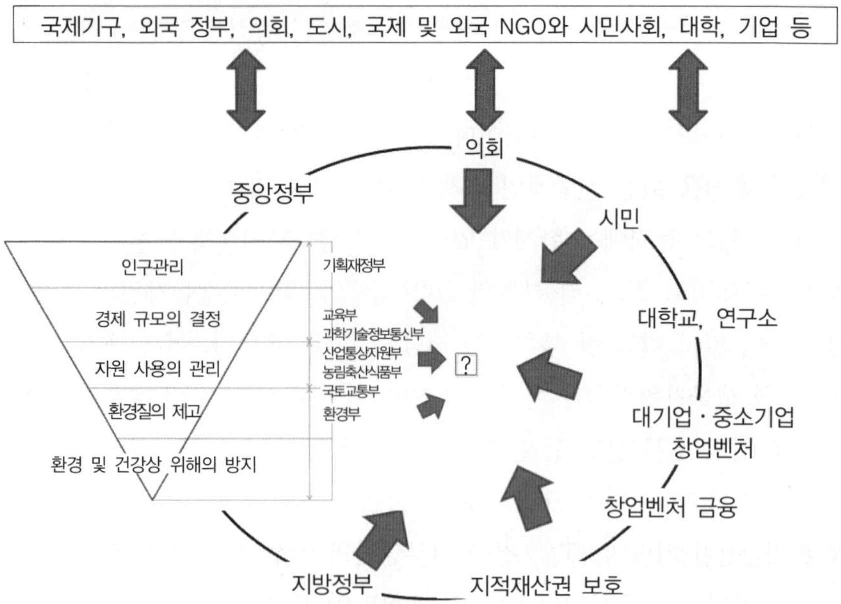

모두를 담당하는 조직이 필요하다. 분야별 선도 부처가 각 부문별 조정과 국내·외 네트워킹을 담당하고 부처 간의 조정이 어려운 경우에는 국무총리실에서 최종 조정을 담당하는 것이 가장 적합할 것으로 보인다.

제 7 절 토론과 앞으로의 과제

이 장은 지속가능발전과 자연환경 보전정책의 맥락 하에 생물자원의 보전 관리 이용을 위한 생물자원정책과 행정을 살펴보고 이의 발전 방향을 모색하는 것이 목적이었다. 생물자원은 앞으로 지속가능발전과 국가의 생존에 있어서 핵심적인 자원이 되고 있으며, 이를 이용한 생물자원산업의 경제적 가치는 석유산업과 반도체산업의 규모를 능가할 전망이다. 미국, 일본, EU, 중국 등이 생물자원산업에 큰 비중을 두고 있는 것도 이러한 이유에서이다.

그러나 우리나라의 생물자원정책은 기초가 되는 생물자원의 발굴, 생물자원의 보전과 권리 확보에 대한 정책은 등한시되어 왔으며, 생명공학 기술을 이용한 생물자원의 산업화에 대부분의 투자와 정책이 집중되어 있다는 문제점을 가지고 있다. 뿐만 아니라 생물자원의 확보→생물자원의 권리 보호→생물자원 기술 개발과 산업화 등 각 단계별 행정과 정책이 여러 정부부처에 산재되어 있어 부처 간의 종합과 조정, 단계별 행정과 정책의 연계성이 미흡한 한계를 가지고 있다.

이런 문제점들을 개선하기 위해서는 환경관리를 지속가능발전이라는 큰 시각 하에 자원관리 관점으로 접근하는 패러다임으로의 변화가 필요하며, 정부 각 부처에 산재해 있는 생물자원 관련 과학기술과 산업육성 업무를 종합, 조정할 수 있는 장치가 필요하다. 생물자원산업 촉진정책은 정부의 여러 부처에 산재하여 이루어지고 있고, 각 부처의 고유 업무와 관련된 생물자원 기술 및 산업 촉진 업무들이 있어 어느 한 부처에서 전담할 수는 없다. 여러 곳에 산재해 있는 생물자원 과학기술 및 산업정책을 종합하고 조정할 수 있는 관련 법규의 정비와 제도적 개선이 필요하며, 중앙과 지방정부 간의 업무 분담과 협조를 위한 정부부처 내의 효율적인 거버넌스 체제의 구축이 필요하다. 뿐만 아니라 대기업과 벤처기업 간의 협력, 바이오벤처기업의 육성, 바이오벤처 캐피털의 육성, 대학교와 연구소, 대기업과 중소기업, 금융기관들과의 거버넌스 체제의 구축 또한 필요하다. 다양한 부처와 기관들 간의 연계, 조정, 협력을 전담하는 인력을 배치하거나 부처 간의 의사소통을 원활히 하기 위한 연계 부처(liason office)를 설치하는 것도 좋은 시작이 될 수 있을 것이다.

마지막으로, 환경 부처는 지속가능발전에 대한 비전과 담론을 확산시키고 정책을 개발하고 지속가능발전을 위한 국가정책의 방향을 선도하는 노력을 지속하는 것이 필요하다. 특히 새로운 경제발전 모델과 이를 관리할 새로운 제도들이 필요하다. 지속가능성과 생태 지향적 부처와 제도들이 가져야 할 기능은 현재의 환경 부처가 수행하고 있는 오염 억제와 같은 보조적 역할이 아니라 장기적으로 새로운 형태의 경제발전을 틀짓는 기능이어야 한다. 또 환경 부처가 대응해야 할 외부 환경은 점차 경제, 사회, 환경 문제가 복합된 융합환경으로 변해가고 있다. 그러나 이에 대응하고 있는 환경행정 기능은 너무나 단편화된 기능적 조직이어서 한계가 있다. 물론 이것은 환경 부처의 문제만은 아니겠으나, 특히 환경 부처는 외부 환경의 변화에 걸맞은 새로운 형태의 조직과 기능 조정, 종합적인 거버넌스 체제를 구축해 나가야 할 것이다.

생각발전소

1. 생물자원은 왜 소중한지 생각해 보자.
2. 외국의 생물자원 확보를 둘러싼 최근 동향을 살펴보고 우리와 비교할 때 무엇이 다른지 생각해 보자.
3. 우리나라 생물자원에 대한 관리가 그동안 미진했던 것은 무엇 때문인지 생각해 보자.
4. 생물자원의 보전, 관리, 이용을 둘러싼 다양한 정부부처 간의 의견을 종합하고 조정하기 위해서는 어떻게 해야 할지 논의해 보자.
5. 본문에서 제시된 사례, KBS 스페셜, "생물자원시대, 종이 유출되고 있다"(1997.8.24), KBS 스페셜, "종자, 세계를 지배하다"(2011.2.27)를 보고 자신의 생각을 서로 토론해 보자.

Chapter

04 물환경 보전정책

이 장은 심각한 환경 문제로서 수질오염의 문제를 먼저 다루었다. 우리가 물환경 보전정책을 논의하는 가장 중요한 이유는 국가가 국민의 기본적 인권 차원에서 물을 관리해야 할 책임이 있기 때문이다. 국가가 물관리를 소홀하게 하여 수량관리와 수질관리를 잘못할 경우 국민의 기본권을 심대하게 침해할 수 있다. 한편 인간의 활동에 의하여 발생하는 미세플라스틱 등 오염물질의 대부분은 여러 가지 경로를 통하여 바다로 유입되므로 바다는 각종 오염물질의 종착지가 되기 때문에 세심한 정책적 배려가 요구된다.

그러므로 수질오염에 대한 대책으로서 수질개선정책 수단을 논의하고자 한다. 우리나라는 양질의 수자원을 주로 4대강 수계에서 확보하기 때문에 4대강 수계의 수질관리 문제는 핵심 이슈가 아닐 수 없다. 실제 적용되는 토지이용 규제, 수질환경 기초시설의 확충과 배출 규제의 내용은 이론적인 차원과 약간 차이가 있으며, 수계별 규제 내용에 있어서도 조금씩 차이가 있기 때문에 현장에 적합한 정책 수단이 요구된다.

그리고 우리가 물을 이용하면서 발생할 수 있는 이해관계자들 간의 갈등 이슈와 통합물관리 체계의 형성에 따른 정책 과제를 다루었다. 물 분쟁의 원인은 물의 고유한 특성과 지역공동체의 역사와 경험이 축적되어 있다는 내부적 상황 조건을 이해하면서 합의형성을 위한 논의를 출발해야 한다. 물 관련 법령 및 소관 부처가 다원화됨에 따라, 부처별 업무 간의 연계 부족으로 종합적인 물관리정책의 수립 · 시행에 어려움이 발생했기 때문에 환경부를 중심으로 수량관리와 수질관리를 통합하였다. 나아가 우리나라도 21세기 푸른 황금(blue gold)라고 불리는 물 산업을 육성하기 위하여 정부가 공공기관을 통해 플랫폼을 제공하고 있다.

제 1 절 수자원과 수질오염

1. 수자원의 종류 및 분포

물은 지구상에 존재하는 모든 생명체의 근원이라 말할 수 있다. 고대 문명의 발상지가 한결같이 큰 하천과 더불어 나타나고 있는 사실에서도 이를 잘 알 수 있다. 최근에 와서는 인구의 급격한 증가와 각종 산업의 발달에 따라 물의 수요가 급증하고 있고, 오염에 따른 양질의 수원이 고갈되고 있어 물에 대한 중요성이 그 어느 때보다도 높다고 하겠다.

물은 지표상에서 가장 풍부한 물질로 크게 육수와 해수로 나눌 수 있다. 육수는 다시 지표수(하천, 호소수)와 지하수로 구분된다. 지구상의 수자원의 분포는 지표수가 전체의 0.0141%, 지하수가 0.625%, 대양 97.2%, 기타 빙하와 해면대기가 2.15%를 차지하고 있다. 결국 대양이 가장 거대한 수자원의 저장소라는 것을 알 수 있다.[1)]

우리나라의 물 이용 실태 및 전망에 따르면, 우리나라의 연평균 강수량은 1,277.4 mm(1978~2007)로 세계평균 강수량 807mm의 약 1.6배이나 높은 인구밀도로 인해 1인당 연 강수총량은 2,629m^3으로 세계 평균 16,427m^3의 1/6에 불과하다(국토해양부, 2011: 7).

우리나라는 높은 산지 비율(국토의 65%), 동고서저의 지형 및 강수량의 계절적 편중(약 70%가 우기에 집중) 등으로 인해 유량관리가 용이하지 않다. 수자원 부존량은 739억m^3/년으로 강수총량의 약 56%이다. 지역별 및 유역별로 강수량의 편차가 심하고 [그림 4-1]에 나타난 바와 같이 홍수기에 강수량이 편중되어 물 이용 및 치수 측면 모두 취약할 뿐만 아니라 수량을 통한 수질관리의 어려움을 가중시키고 있다(국토해양부, 2011: 11). 그리고 지역별 편차도 큰데, 남해안 및 강원도 영동지역은

1) 지구상에 존재하는 물의 총량 약 14억km^3는 지구 전체를 2.7km 깊이로 덮을 수 있는 양이며, 전체 물의 2.53%에 불과한 담수는 지구 전체를 약 70m 깊이로 덮을 수 있는 양에 해당한다. 담수 중에 빙설 및 지하수를 제외한 사람이 손쉽게 사용할 수 있는 담수호의 물 또는 하천수는 전체 물의 0.01% 이하인 약 10만km^3에 불과하며, 이는 지구 전체를 약 23cm 깊이로 덮을 수 있는 양에 불과하다(국토교통부 · K-water, 2014: 10).

그림 4-1 우리나라 월별 계절별 강수량 분포

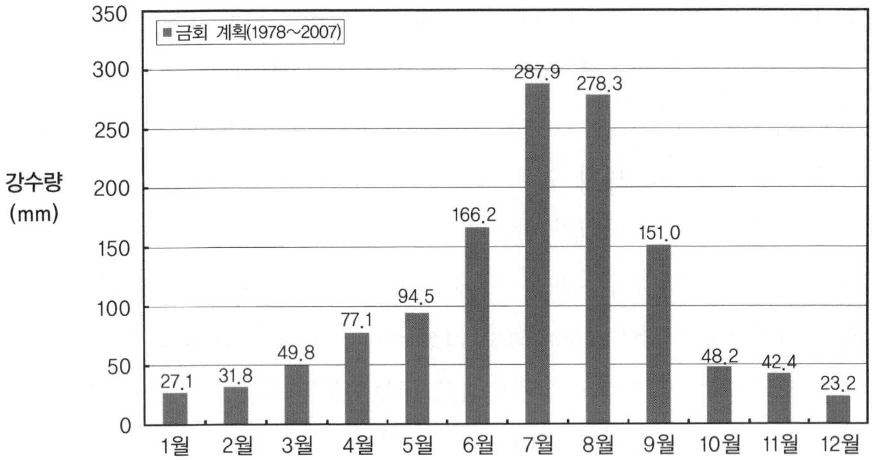

1,400mm 이상인 반면, 경상북도, 충청도 및 경기도 내륙은 강수량이 적으며, 특히 낙동강 중부지역은 1,100mm 이하이다(낙동강유역환경청, 2006: 70-79).

2. 물 인권과 기본권

우리가 물환경 보전정책을 논의하는 가장 중요한 이유는 국가가 국민의 기본적 인권 차원에서 물을 관리해야 할 책임이 있기 때문이다. 2010년 7월 28일 UN총회의 물 인권 결의 이후 각국 정부는 자국 또는 개발도상국 국민의 물 인권을 보장하기 위한 차원에서 물관리 거버넌스 개편에 대한 논의를 진행하고 있다(고문현, 2012). 각 국가에서 헌법적으로 물 인권을 구현할 경우 물 기본권이란 모든 국민이 자신의 생존에 필수적인 최소한도의 위생적인 물(1인당 하루 깨끗한 물 20ℓ)을 사용할 수 있도록 국가에 요구하거나 국가 또는 제3자로부터 이에 대한 자유로운 이용을 방해받지 않을 권리를 의미한다(김성수, 2012). 이는 기후 변화로 인해 빈국과 저소득층이 안정적으로 위생적인 물을 충분하게 공급받기 어렵게 된 현실을 배경으로 한다.

물에 관한 권리는 다른 인권의 실현을 위한 선행 요건이며, 모든 국민은 충분한 양의 안전한 음용수에 차별받지 않고 평등하게 접근할 수 있어야 한다. 이때 국가는 개인적이고 가정적인 용도를 다른 용도보다 우선하여야 하며, 충분한 양의 물이 양질의 상태에 있게 하고 모든 이들에게 공급될 수 있도록 하며, 한 개인의 집으로부터 합리적 거리 내에서 획득할 수 있도록 조치를 취해야 한다(Office of the UN Commissioner for Human Rights, 2007). 물 인권(human right to water)에 대한 논의는 비록 충분하지는 않지만, 세계 도시들의 물 위기를 해결할 수 있는 필수적인 전략으로 이해한다. 왜냐하면 강압적인 방법에 비해 비록 유연하기는 하지만 물 인권 보장을 위해 정부든 민간기업이든 모든 물 공급 행위자들은 물공급에 대한 책임감과 의무를 지게 되기 때문이다(Bakker, 2010: 135-161; 김성수, 2012). 가령 영국에서 물 산업이 민영화되어 있을지라도 물기업들은 정부로부터 각종 규제를 받게 되는데, 이처럼 민간기업 역시 물 공급 책임에서 자유로울 수 없는 이유는 물의 인권적인 요소 때문이라고 할 수 있다.

글릭(Gleick, 1999)는 개발도상국의 10억 명의 인구가 안전한 식수를 공급받지 못하고 있고, 30억 명은 위생적인 물 공급 시스템이 없어 수인성 질병에 시달리고 있는데, 이는 국제원조기구와 각국 정부, 그리고 지방정부가 제대로 기능을 하지 못하고 있기 때문이라고 한다. 따라서 정부, 국제원조기구, 비정부기구(NGO), 지역공동체가 국제법이 지지하는 기본권인 물 인권을 보장할 책임을 져야 한다고 주장한다. 랭퍼드(Langford, 2005)는 극빈자의 물 접근권을 염두에 두면서 물을 상품으로 보기보다는 공공 접근이나 사회적 접근을 통해 누구나 접근이 가능해야 한다고 한다. 그는 UN의 '물 인권에 관한 일반 논평(General Comment on the Right to Water)'을 논의하면서, 각국은 정책결정과 집행을 통해 차별 없이 물 인권을 존중하고 보호하고 완수해야 할 국제법적 책무를 가진다고 주장한다. 김성수(2012)는 현재 인류가 겪고 있는 물 위기는 생태적 자원 보호, 지속 가능하며 통합적인 물관리, 물에 대한 접근권과 배분적 정의, 그리고 특히 이른바 물기본권의 법적 내용에 대해서 환경법적·인권적 측면의 논의를 촉발시키고 있다고 한다. 그러므로 그는 인간 존엄과 최저 생존권 보장을 위한 기본권 보호 의무를 근거로 국가는 (지방)상하수도의 민영화 또는 시장자유화가 이루어지는 경우에 물을 대상으로 하는 국민과 민간사업자 간의 사법상 법률관계를 형성함에 있어서도 인간 존엄, 인간다운 생활을 할 수 있는 최저 생존권이 보장될 수 있도록 입법적인 배려 의무를 부담한다고 한다. 김정인(2012)은 물 및 위생과 관련된 질병으로 매년 약 150만 명에 달하는 5세 미만 어린이가 죽어가는 실정이라고 한다. 한편 UNICEF와 WHO의 2011년 보고서(Drinking Water: Equity, Safety and Sustainability)에 의하면, 1990년에서 2008년 동안 전 세계 인구의 음용수 이용 가능 인구가 77%에서 87%로 증가했다. 개발도상국의 경우 1990년에서 2008년 동안 음용수 이용 불가율이 29%에서 16%로 하락하였다. 현재 속도로 진행 시 6억 7천 2백만 명의 인구만이 2015년까지 음용수 이용 접근이 불가능할 것으로 예측하였다. 우리나라의 경우에도 국가가 물관리를 소홀하게 하여 수량관리와 수질관리를 잘못할 경우 국민의 기본권을 심대하게 침해할 수 있다.

3. 수질오염의 정의 및 기준

1) 정 의

일반적으로 수질오염이란 물의 자정(自淨) 능력을 초과하는 오염물질이 자연 수역에 인위적으로 배출되어 물이 이용 목적에 적합하지 않게 된 상태를 말한다. 다시 말하면, 수질오염이란 자연수의 성격을 상실한 물이라 할 수 있다. 자연수(自然水)란 다음의 조건을 만족시키는 천연의 물을 뜻한다. 첫째, 물리적 조건으로는 물에 부유물질이 거의 없으며 수면에 떠 있는 찌꺼기, 거품, 악취, 그리고 색깔 등이 없고 주위의 기온과 비슷한 수온을 유지하여야 한다. 둘째, 화학적인 조건으로는 생물에 필요한 적당량의 산소와 무기 영양소가 녹아 있고 유기물 또는 독성물질이 없어야 한다. 셋째, 생물학적인 조건으로는 생태적으로 거의 안정된 상태로서 동·식물 및 미생물이 살아갈 수 있는 수준이어야 한다.

2) 수질환경 기준

<표 4-1>에 나타난 바와 같이 '수질 및 수생태계 환경 기준'은 국민의 건강 보호와 쾌적한 물환경 조성을 위한 국가의 수질관리 목표로서 배출 허용 기준 설정 등 수질오염에 대한 각종 규제 수단의 근거가 되고 있다. '수질 및 수생태계 환경 기준'

표 4-1 우리나라 하천의 생활환경 기준

등 급		상태 (캐릭터)	기 준								
			pH	BOD (mg/L)	COD (mg/L)	TOC (mg/L)	TP (mg/L)	SS (mg/L)	DO (mg/L)	대장균군(군수/100mL)	
										총대장균군	분원성 대장균군
매우 좋음 (Very Good)	Ⅰa		6.5~8.5	1 이하	2 이하	2 이하	0.02 이하	25 이하	7.5 이상	50 이하	10 이하
좋음 (Good)	Ⅰb		6.5~8.5	2 이하	4 이하	3 이하	0.04 이하	25 이하	5 이상	500 이하	100 이하
약간 좋음 (Fairly Good)	Ⅱ		6.5~8.5	3 이하	5 이하	4 이하	0.1 이하	25 이하	5 이상	1,000 이하	200 이하
보통 (Fair)	Ⅲ		6.5~8.5	5 이하	7 이하	5 이하	0.2 이하	25 이하	5 이상	5,000 이하	1,000 이하
약간 나쁨 (Fairly Poor)	Ⅳ		6.0~8.5	8 이하	9 이하	6 이하	0.3 이하	100 이하	2 이상	–	–
나쁨 (Poor)	Ⅴ		6.0~8.5	10 이하	11 이하	8 이하	0.5 이하	쓰레기 등이 떠 있지 아니할 것	2 이상	–	–
매우 나쁨 (Very Poor)	Ⅵ	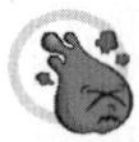	–	10 초과	11 초과	8 초과	0.5 초과	–	2 미만	–	–

* 화학적 산소요구량(COD) 기준은 2015년 12월 31일까지 적용.
자료: 환경부(2018: 168).

은 수자원 상태, 행정적 관리 여건, 경제 수준 및 국민의 의식 수준에 따라 나라와 시대별로 그 항목과 기준치를 달리 정하고 있다(환경부, 2018: 167−168).

현재 우리나라의 수질 및 수생태계 환경 기준은 하천, 호소 및 지하수로 나누어 기준을 정하고 있다. 하천·호소의 경우 공통적으로 적용되는 건강 보호 항목(17개 항목)과 하천(8개 항목)·호소(9개 항목)에 달리 적용되는 생활환경 항목으로 구분하되, 생활환경 항목은 수질상태에 따라 7등급으로 구분하고 있으며, 오염물질의 이화학적인 농도뿐 아니라 수생태계 내에 존재하는 생물이 받는 영향을 고려하였다.

특히 기후 변화 등으로 증가하고 있는 조류와 화학적 산소요구량(COD) 관리 강화를 위해 하천환경 기준에 화학적 산소요구량(COD) 및 총인(TP)을 2009년 7월 7

일 추가하여 2010년 1월 1일부터 시행하고 있다. 또한 난분해성 유기물질의 관리를 강화하기 위해 총유기탄소(Total Organic Carbon: TOC) 항목을 하천·호소 환경 기준에 2012년 11월 27일 추가하였으며, 총유기탄소의 분석 특성을 고려하여 하천과 호소의 등급 기준을 동일하게 설정하여 2013년부터 적용하고 있다. <표 4-1>은 우리나라 하천의 생활환경 기준을 제시하고 있다.

3) 주요 지표

여기서는 수질오염의 정도를 표시하는 가장 일반적인 지표인 pH, BOD, 그리고 COD에 관해서만 약술하고자 한다.

(1) pH

pH는 수소 이온의 농도로서 산성도 지수라 하여 물의 산성 또는 알칼리성의 정도를 나타낸다. pH7은 중성, 그 이하는 산성, 그 이상은 알칼리성을 표시한다. 보통의 자연수는 pH4.5~pH8.5의 범위 내에 있는데, 물의 산성도를 강화시키는 인위적 요인으로는 산성 물질을 함유하고 있는 각종 폐수 등이다.

(2) BOD

BOD(Biological Oxygen Demand: 생물학적 산소요구량)는 수중의 유기물이 호기성 세균에 의하여 분해되어 안정화되는 과정에서 요구되는 산소량을 말한다. 즉, BOD는 물이 유기물질에 의하여 오염된 정도를 나타낸다. <표 4-1>에 나타난 바와 같이 BOD는 수질오염에 대한 지표로서 가장 보편적으로 사용되는데, 보통 상수원수 1급수는 BOD가 1ppm으로서 이러한 수질에서는 열목어, 버들치, 금강모치와 같은 어류들이 서식할 수 있고, 2급수는 BOD가 3ppm 이하로서 은어, 돌고기 등이 서식할 수 있다. 3급수(공업용수 1급 수준)는 BOD가 5ppm 이하로서 피라미, 붕어, 잉어, 뱀장어, 메기 등이 서식할 수 있는 수질이다. 이 밖에도 상수도원이 아닌 일반용수로서 4급수(BOD 8ppm 이하)나 5급수(BOD 10ppm 이하)도 있는데, 4급수(공업용수 2급 수준)까지는 농업용수로, 5급수는 하급 공업용수로 사용이 가능하다. 그리고 BOD가 5ppm이 넘으면 하천은 자정 능력이 상실되고 10ppm이 넘으면 혐기성

분해가 일어나 악취가 나는 하수도 수준이 된다. 따라서 수중 생물의 서식을 위해서는 BOD 5ppm 이하여야 한다.

(3) COD

COD(Chemical Oxygen Demand)는 화학적 산소요구량을 나타내는 용어이다. COD는 수중의 유기물을 화학적 산화제로 산화시킬 때 소모되는 산화제의 양을 산소의 값으로 환산한 것으로 BOD에 비해 측정 시간을 크게 단축시킬 수 있다.[2] COD 수치가 높게 나타나면 수중에 무기성 오염물질이나 비분해성 유기물질이 많이 포함되어 있어서 수질이 불량한 것을 의미한다.

4. 4대강의 수질오염과 수질 변화

우리나라 4대강 유역의 수질오염의 주된 원인은 강을 끼고 발달한 약 5만 1천여 개소의 각종 사업장에서 배출하는 산업폐수이다. 다음으로는 인구 약 4천 8백만 명이 배출하는 생활하수이다. 축산폐수는 위의 두 오염원에 비해 상대적으로 그 비중이 작지만 주요한 수질오염원임에 틀림없다. 이들 4대강 유역은 상류에서 하류 쪽으로 갈수록 오염의 정도가 심하고, 특히 생활하수와 공단 폐수가 유입되는 지역에서는 오염의 정도가 상상을 초월하고 있다.

1997년 이후 환경기초시설 확충 등으로 수질이 회복세로 돌아서고 있다고는 하지만 여전히 3급수를 벗어나지 못한 상태이다. 우리나라의 하천오염은 구미 선진국들에 비해 그 정도가 심한 편이다. 이러한 이유는 지형이나 기후와 같은 자연적인 특성에 그 원인이 있기도 하지만 근본적으로는 환경 문제에 대한 정책 결여와 기업의 비

---

2) 하천오염의 형태는 BOD와 COD로 오염 정도를 표시하는 유기물에 의한 오염, 카드뮴(Cd) 및 유기 인(P) 등 유해물질에 의한 오염, 질소 및 인산 등 영양염류에 의한 오염 등으로 나뉜다(이규성 외, 1999: 185-187). 생물화학적 산소요구량(BOD)이란 오염된 물 속에서 산소가 결핍될 가능성이 높음을 나타내는 지표인데, 물이 오염되어 있으면 유기물이 많게 되고 따라서 유기물을 박테리아가 분해하는 데 필요한 산소의 양도 증가하게 된다. 따라서 BOD 5ppm 이상이 되면 하천은 자정 능력을 잃게 되고 10ppm을 넘으면 시궁창 냄새를 풍기게 된다. 화학적 산소요구량(COD)은 호소를 오염시키는 유기물을 과망간산칼리 등 산화제로 산화시키는 데 소요되는 산소의 양을 의미하는데, COD 수치가 크면 유기물이 많다는 의미이고, 수질오염이 심하다는 의미이다. BOD의 측정 기간은 약 5일인 반면, COD의 측정 기간은 약 2시간 정도이다.

그림 4-2 **4대강 주요 지점의 수질 변화**

(단위: mg/L)

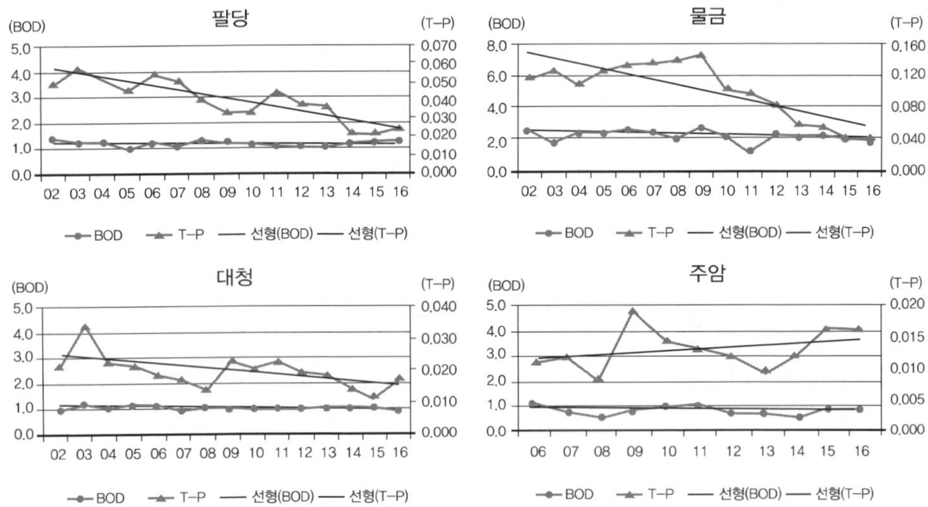

자료: 환경부(2018: 171).

윤리성, 그리고 국민의 환경에 대한 무관심이 한데 어우러져서 나타난 결과라 하겠다.

[그림 4-2]에 나타난 바와 같이 4대강 물관리종합대책(1998~2005)과 물환경관리기본계획(2006~2015) 등의 추진 효과로 공공수역의 BOD 농도와 총인 오염도는 전반적으로 감소하고 있는 추세이다. 한편 주요 상수원 및 호소에서 사람의 건강 보호 기준 항목(17개)을 초과하지 않고 있으나, 화학물질 사용 증가, 비점오염원 등 난분해성 오염물질 유입에 따라 사람의 건강 보호 기준 항목 확대 등 지속적인 노력이 필요하다(환경부, 2018: 171).

5. 해양오염의 원인과 영향

1) 해양오염의 의의

최근의 해양 기름 유출 사고와 함께 해양오염에 대한 관심이 높아지고 있다. 인간의 활동에 의하여 발생하는 오염물질의 대부분은 여러 가지 경로를 통하여 바다로 유입되므로 바다는 각종 오염물질의 종착지가 된다. 우리는 엄청난 양의 물 때문에 흔히 바다가 무한한 자정(自淨) 능력을 가졌다고 생각하기 쉽다. 그러나 바다의 자정 능력은 우리가 생각하는 만큼 크지도 않을 뿐만 아니라 대부분의 오염물질이 해수의 순환이 미약한 연안 해역에 버려지기 때문에 뚜렷한 대책이 없는 한 해양오염은 필연적이라 하겠다.

해양오염의 원인은 육상으로부터의 오염과 해상 활동에 의한 오염으로 나눌 수 있다. 첫째, 육상으로부터의 오염에는 임해 공업지대와 연안도시의 폐수 유입, 하천을 통한 도시 하수, 산업폐수, 농·축산업 폐수, 그리고 간척·매립 사업에 의한 연안오염 등이 있다. 둘째, 해상 활동에 의한 오염에는 유조선 좌초에 의한 기름의 해양 유출, 천해 양식에 의하여 오염, 선박 폐기물과 선박 폐유 등에 의한 오염, 그리고 기름·가스·광물 등 해저자원 개발에 따른 오염 등이 있다.

3면이 바다로 둘러싸여 있는 우리나라는 하천과 호소 등의 육수오염 못지않게 해양오염도 날로 심각해져 가고 있다. 특히 바다 생물의 90%가 서식하고 있는 대륙붕의 오염은 연안 생태계 자체를 위협하는 수준에 이르렀다.

해양환경오염의 정도를 하나의 지표로 설명하는 것은 매우 어렵고 또 적절하지도 않다. 해양오염을 일으키는 원인들은 매우 광범위하고 다양하며, 이러한 물질 중에는 빠른 시간 내에 해양생물에 대한 유해성이 나타나는 것도 있지만, 후쿠시마 원전사고 이후 방사능물질과 환경 호르몬과 같이 상당한 시간이 경과한 후에 생태계에 치명적인 영향을 미치는 것도 적지 않다.

공동목장의 비극

환경 문제가 가지고 있는 근본적인 문제점은 '공유의 비극(The Tragedy of the Commons)' 때문이고 이는 공유의 초지에 가축을 방목할 때 방목자들이 자신의 이익을 극대화하려는 행동의 결과이다(Hardin, 1968). 방목자들은 다음 두 가지 사실에 기초하여 자신의 이익을 극대화하려고 한다. 첫째, 공동목장에 방목하는 자신의 가축 수가 많을수록 그 가축은 자신의 소유물이므로 성장한 가축을 팔 때 그 이익은 자신에게 돌아올 것이라는 것을 안다. 둘째, 과다한 방목으로 인하여 초지에 피해가 생긴다면 그 피해는 초지를 공유하고 있는 모든 사람에게 분산될 것이므로 자신에게 피해는 일부분에 불과하다는 사실을 안다는 것이다. 따라서 방목자들은 계속하여 가축의 수를 늘이려는 유인을 가지게 된다. 모든 방목자들이 이런 생각들을 견지하면 제한된 초지에 방목하는 가축의 수를 무제한 늘리게 되고, 초지의 황폐화로 인하여 모두 다 같이 멸망하는 비극을 초래하게 된다. 우리가 공유하는 바다와 공동어장에도 이러한 비극이 발생할 수 있을까? 그리고 공동어장의 비극을 극복할 수 있는 방법은 없겠는가?

2) 해양오염의 유형

해양환경오염의 유형은 매우 다양한데(정승건, 1999: 315－319), 학자에 따라서는 자가오염과 타가오염으로 구분하기도 하지만(신영태, 2001: 7), 해양폐기물의 관점에서 볼 때는 육상 기인, 해상 기인, 그리고 어업 기인 요인들이 작용하여 해양환경오염을 유발한다(최동현 · 최재선, 1999: 22－25).[3] 여기에서는 해양환경오염의 유형을 육상 기인 · 해상 기인 오염과 해양생태계의 파괴로 나누어 논의하고자 한다.

첫째, 육상의 각종 산업시설과 축산시설이나 주거시설, 그리고 농약 살포로 인해 배출되는 오염원이 전체 해양오염원의 약 80%를 차지하는 것으로 추정되고 있다. 특히 하수처리율이 매우 낮은 연안도시의 경우 오 · 폐수가 하천을 통해 바다로 바로 유입되기 때문에 바다의 부영양화의 주범이 된다. 또한 우천 시에 각종 쓰레기와 도시 노면의 비점오염원이 대거 바다로 유입되어 중요한 해양오염원을 구성한다.[4] 미

---

3) 정부가 2000년 9월 말에 시민, 전문가, 공무원 1,713명을 대상으로 해양환경보전 종합계획 수립을 위한 대국민 설문조사를 실시한 결과, 전체 응답자의 70%는 연안지역의 생활하수, 산업 폐수, 분뇨 등이 해양에 유입되는 것을 해양오염의 가장 큰 원인으로 지적하고 있으며, 20%는 갯벌 매립 등 연안지역의 개발을 통한 도시 및 공단 조성이, 10%는 선박, 양식장, 항구 등에서의 오염물질 배출이 오염원인이라고 응답했다. 그리고 응답자의 72%가 육상의 하수처리장, 산업폐수처리장 등의 환경기초시설의 증설을, 7%가 준설사업을, 6%가 특별해역 지정관리를, 6%가 정화사업을 적조 발생으로 인한 수산자원의 피해를 예방하기 위한 대책이라고 생각하였다(국무총리수질개선기획단, 2001: 357－361).

4) 유리병, 비닐, 플라스틱, 스틸렌 수지 부이(buoy), FRP 폐기 선박 등 썩지 않는 고형물질에 의한 해양오염 문제가 심각한데, 이는 연안도시에서 육상과 해상에서 동시에 발생하는 일종의 바다쓰레기에 해당한다. 현재 부산항의 경우 PET병, 스치로폼, 폐어구, 썩은 밧줄, 폐타이어, 납성분을 지닌 배터리 등의 폐기물이 하루에 10톤씩 건져지고 있다. 특히 해양으로 유입된 수은, 카드뮴 등 중금속은 해양생물에 의해 체내에 농축되기도 한다(KBS 환경 스페셜, 2002.3.13). 바다쓰레기 등 해양폐기물들은 광역이동성, 난분해성, 염분흡수성의 특성을 가지고 있기 때문에(최동현, 2001: 11), 다양한 측면에서 해양환경오염의 정도를 진단해 볼 필요가 있다.

국에서 최근 질소유기물로 인한 해수오염과 해양의 부영양화에 대한 연구가 활발히 이루어지고 있는 것도 이러한 맥락에서 이해할 수 있다(National Research Council, 2000).

둘째, 해상 기인 해양환경오염원은 선박 기인의 경우와 어업 기인의 경우를 포괄하는 개념이다. 상선의 운항뿐만 아니라 어업 활동이나 유람선의 운항이 늘어나면서 플라스틱 로프, 어망, 발포 컵, 낚싯줄 등이 고의나 과실로 배출되고 투기된다. 양식어장에서는 생사료의 해저 침식, 패각과 양식 자재의 탈락, 어구의 해상 폐기, 폐어선의 방치 등이 중요한 오염원이다(신영태, 2001: 7). 특히 가두리 양식장의 생사료로 인한 부영양화와 적조 현상의 우려도 크다. 선박 기인 오염원으로 빼놓을 수 없는 것이 난분해성 유기용매 등에 의한 해양환경오염이다. 6개월마다 선박 표면의 따개비를 떼어내고 방호제인 TBT(유기주석화합물)라는 맹독성 물질을 사용하여 페인트를 칠한다. 그 영향으로 부산의 외항인 영도 앞바다 대수리 고둥의 90% 이상이 수컷이었고, 암컷마저 수컷의 성기를 가지고 있는 것으로 나타났다(KBS 환경 스페셜, 2002.3.13).

셋째, 산업화 과정에서 급증하는 공단 등 육지 공간에 대한 수요를 충족시키기 위한 토지이용계획의 차원에서 연안 해역을 매립하는 매립·간척에 의한 오염은 직접적으로 수많은 해양생물들의 서식처를 없애고 해양 동식물의 산란과 성육장의 상실을 가져와 해양생태계에 지대한 영향을 미치게 된다. 특히 마산만과 같은 도시 연안의 경우 매립 후 공장부지 등 도시용지로 활용되기 때문에 오염원을 증폭시키는 결과를 가져온다. 해안사구의 개발로 인해 해양생태계가 파괴되는 경우도 같은 논리가 적용된다.

그리고 해양환경오염원으로서 바다 생태계 파괴 등 가장 폭넓은 문제를 유발하는 것이 유류에 의한 오염이다. 기름 유출사고는 다량의 기름이 제한된 해역에 한꺼번에 배출됨으로써 그 피해가 집중적이고 즉각적이며, 각종 생산 활동이나 여가 활동에 심각한 피해를 주는 경우가 많다. 또한 원자력발전소나 화력발전소 등에서 발전기기의 냉각에 사용되어 해양환경에 열이 배출되어 수온이 상승하는 열 오염과 현재 저농도 핵폐기물의 해양 투기가 인정되고 있는 가운데, 핵폭탄 실험이나 원자력발전소의 핵연료 폐기물 등 인위적 요인에 의한 방사능 오염의 위험도 크다. 더불어 산업화의 진척으로 다량의 플라스틱, 깡통, 유리병 등의 쓰레기 유입으로 해양생물들에게 큰 타격을 주고 있다.

3) 해양쓰레기의 원인

해양에 유입된 고체 제조가공물(Coe & Rogers, 1997)로 정의되는 해양쓰레기의 문제가 우리나라는 물론 세계적으로도 심각하다(UNEP, 2011).[5] 해양쓰레기는 해양동물의 얽힘, 삼킴 피해, 선박 운항 장애, 해변의 미적 가치 훼손 등의 문제를 일으킨다(Gregory, 2009). 더욱 큰 문제인 것은 해양쓰레기의 약 80%를 차지하는 플라스틱(Derraik, 2002)이 부서진 작은 알갱이인 마이크로플라스틱을 해양조류나 어류는 물론 해양생태계의 가장 기초라고 할 수 있는 동물성 플랑크톤도 섭취하고 있다는 것이다(Cole et al., 2013). 플라스틱은 애초에 고온 고압에서 제조되는 고분자 화합물이므로 해양생태계에서 미생물에 의해 분해되기가 매우 어려우며(Andrady, 2011), 그로 인해 여러 가지 동물들이 섭취했을 때 영양 섭취의 문제를 일으키게 되며, 이는 결국 해양생태계 전체의 생산성을 낮출 수도 있다. 또한 마이크로플라스틱이 다른 오염물질을 집중적으로 흡착하고, 이것들이 먹이사슬을 통해 전이되고 축적되므로(Engler, 2012), 결국 인간에게도 위협이 된다는 경고가 나오고 있다(Rochman et al., 2013).

한국에서는 특히 양식업에 사용되는 스티로폼 폐부자가 큰 문제가 되고 있다(장용창, 2013). 환경부의 2011년도 '제품・포장재별 재활용 의무율 고시'(환경부고시 제2011-9호)에서 정한 스티로폼 부자의 목표 재활용률은 27.7%였는데, 재활용 의무를 지니는 생산기업들의 스티로폼 부자 생산량은 1,534톤인 반면, 재활용량은 362톤(23.6%)으로서 목표 재활용률을 달성하지 못하였다(김동섭, 2013). 재활용되지 못한 나머지는 대부분 바다로 유실된 것으로 추정되는데, '어장관리법 시행규칙'(2013) 제5조에 의한 규격 부자의 밀도가 0.02g/cm^{3}이며, 부자 한 개의 무게가 약 1.2kg

5) 해양쓰레기는 해양 투기의 대상인 오니 등과 다르다. 해양쓰레기는 고체 폐기물로서 '해양환경관리법' 제24조에 근거한 「제1차 해양쓰레기관리 기본계획」(국토해양부 외, 2008)에서 관리되고 있으며, 법률상 투기가 금지된다. 여기서 논의되는 해양쓰레기 정책에 대한 논의는 장용창 외(2014)의 논의와 면담에 많이 의존하고 있다.

(0.02g×60리터)임을 감안하면, 재활용되지 못한 1,172톤은 부자 약 1백만 개에 해당한다.

이렇게 많은 폐부자가 바다로 버려지기 때문에 스티로폼 부자로 인한 해양오염이 심각하다. 스티로폼 부자는 2008년부터 전국 20개 해변에서 격월로 실시되는 해양쓰레기 모니터링에서 조사되는 100가지 종류의 쓰레기 중 거의 매년 약 10%로 1위를 차지하였다(국토해양부, 2010). 2011년 거제 흥남해수욕장에서 조사한 바에 따르면 미세 플라스틱 쓰레기의 90.7%가 스티로폼이었다(Heo et al., 2013). 또한 2012년 거제 인근 6개 해변에서 조사한 바에 따르면 1m^{2}의 모래해변에 1~5mm 크기의 플라스틱 조각이 27,606개나 되었는데, 그 대부분이 스티로폼이었다(Lee et al., 2013). 플라스틱은 아무리 작게 쪼개져도 생물체에 의해 분해되지 않는다는 점(Andrady, 2011)과, 스티로폼 조각이 미생물 크기인 10마이크로미터까지도 쪼개질 수 있다는 점을 고려한다면(심원준, 2013), 스티로폼 부자로 인한 해양생태계 영향은 과학적으로 가늠할 수 없을 정도로 클 수 있다.

4) 해양쓰레기 대책

그동안 우리 정부도 「제1차 해양쓰레기관리 기본계획」을 통해 스티로폼 부자 해양쓰레기 문제에 대응해왔다(국토해양부 외, 2008). 스티로폼이 잘 부서지는 문제를 개선하기 위한 고밀도 부자보조금 지원 사업, 스티로폼 부자의 부피를 줄여 재활용을 쉽게 하는 스티로폼 감용기 보급 사업, 해변 청소 지원 사업 등을 펼쳤다. 그러나 이들 사업은 대부분 어민들이 버린 이후에 수거하는 사업이며, 이는 버리기 전에 막는 예방사업들보다 비효율적이라는 한계를 가지고 있다.

제1차 해양쓰레기관리 기본계획과는 별개로 스티로폼 부자에 대한 생산자 책임재활용 제도도 실시되고 있다. 이 제도는 확대 생산자 책임제도(Extended Producers Responsibility)(OECD, 2001)에 근거한 것으로서, 한국에서는 '자원의 절약과 재활용 촉진에 관한 법률'(2013)에 의하여 실시하고 있다. 만일 제대로 시행만 된다면 이 제도는 스티로폼 부자 쓰레기의 발생 자체를 막을 수도 있을 만큼 효과적일 수도 있다. 그러나 플라스틱 포장재나 타이어 등의 목표 재활용률이 60~80%로 높은 반면, 스티로폼 폐부자는 목표 재활용률 자체가 28.5%밖에 안 될 정도로 재활용이 잘 되지 않고 있다(환경부, 2012).

해양쓰레기는 사람이 만들어 못쓰게 된 것들 중 바다로 들어와서 피해를 일으키는 모든 고형물질을 말한다. 해양쓰레기는 경관 훼손, 수산 생물의 서식지 파괴, 선박 운항 장애 등 피해를 일으킨다. 특히 최근 태평양 쓰레기 밀집 지대의 발견이나 미세 플라스틱 오염 등의 문제가 부각되면서 유엔 차원에서 전 지구적 대응을 추진하고 있다. 우리나라에서는 해양환경관리법에 따라 2009년에 관련 부처 합동으로 「제1차 해양쓰레기관리 기본계획」(2009~2013)을 수립하여 범정부적인 해양쓰레기 대응 체계를 갖추었고, 2014년부터는 제2차 기본계획에 따라 해양쓰레기의 예방과 수거·처리, 과학적 관리기반 구축을 추진하고 있다(환경부, 2018: 443).

첫째, 해양쓰레기 발생원 집중 관리를 통한 예방이다. 해양쓰레기는 바다로 들어가기 전에 예방하는 것이 가장 효율적인 관리 방법이다. 육상에서 발생한 쓰레기들이 강을 따라 바다로 들어오고, 바다에서 이루어지는 조업과 양식 과정에서도 쓰레기가 발생하기 때문에 종합적인 예방 대책이 필요하다. 육상 기인 쓰레기를 줄이기 위해 5대강 유역 전체에서 '하천·하구 쓰레기 관리 협약'을 체결하여 지방자치단체와 중앙정부의 협력 사업을 진행하고 있다. 이 협약에 따라 하천 쓰레기 정화, 하구 쓰레기 유입 차단막 설치 등 사업에 들어가는 비용을 유역의 지방자치단체와 중앙정부가 분담하고 있다. 특히 댐과 대형 보 등에 모이는 쓰레기를 효과적으로 제거하기 위해 수면관리자의 쓰레기 관리 책임을 강화하는 제도 개선도 이루어졌다.

해상 기인 쓰레기는 양식용 스티로폼 부표 관리 강화를 대표적 중점사업으로 추진하고 있다. 스티로폼 부표는 우리나라 바닷가에서 가장 많이 발견되는 해양쓰레기 중 하나이다. 특히 쉽게 수많은 작은 조각으로 부서지기 때문에 미세 플라스틱 오염의 중요한 원인이 되고 있다. 2019년까지 스티로폼 부표가 원활하게 재활용될 수 있도록 어업인, 지방자치단체가 참여하는 폐부표 회수 시스템을 구축할 계획이다.

어선의 조업 과정에서 발생한 쓰레기는 어업인들이 조업을 마치고 입항할 때 쉽게 모아둘 수 있도록 선상집하장을 설치·운영하고 있다. 폐어구의 생산부터 폐기까지 생애 전 과정을 관리하는 폐어구 관리 시스템 구축도 추진하고 있다(환경부, 2018: 444-445).

둘째, 생활 밀착형 수거 사업 강화이다. 이미 바다로 들어온 쓰레기는 피해가 최소화되도록 수거하여 처리하고 있다. 항만의 쓰레기는 선박의 안전 운항을 위협하기 때문에 상시적인 수거 처리가 이루어지고 있다. 주요 연안 어장의 쓰레기도 수산자원 피해를 줄이기 위해 지속적으로 제거하고 있다. 국민들이 해안을 쾌적하고 안전하게 이용할 수 있도록 지방자치단체의 해안쓰레기 청소, 시민들이 참여하는 연안 정화 활동 활성화를 지원하고 있다.

해양쓰레기 수거 사업의 효율성을 높이기 위한 조사 연구도 추진되고 있다. 2015년에는 '해양침적쓰레기 관리 체계 개선방안 연구'를 통해 침적쓰레기의 정화 사업 주기 및 우선 순위를 평가할 수 있는 '정화 지수'와 침적쓰레기 정화 사업의 환경 개선 효과에 대한 모니터링 기법을 개발하였다. 2016년에는 해안쓰레기 조사지표와 매뉴얼을 작성하여 시범조사 및 현장 일제조사를 거쳐 전국 연안오염지도를 작성하였다. 2017년에는 해안쓰레기 조사 체계를 강화하여 전국 연안오염지도의 고도화를 추진, 해양쓰레기 통합정보시스템(www.malic.or.kr)에 구현하고 있다(환경부, 2018: 445).

5) 폐기물의 해양 투기와 국제규범

폐기물의 해양투기의 대상은 '해양환경관리법' 제23조(육상에서 발생한 폐기물의 해양 배출 금지 등)에서 정의하고 있으며, 주로 오니 등 액체성 물질이며, 법률에서 일부 제한적으로 허용하고 있다. 폐기물 해양 투기는 육상에서 발생한 폐기물 및 기타 물질을 선박이나 항공기를 이용하여 해양에 버리는 것을 말한다. 1960년대까지만 해도 해양 투기는 해양의 자정 능력이 감당할 수 있는 폐기물 처리방식으로 여겨졌다. 그러나 인구의 증가와 경제 규모의 확대로 인해 폐기물의 발생이 급증함에 따라 해양 투기는 해양오염의 주요한 원인으로 지목되었다. 특히 1960년대 후반 북대서양의 발트 해에서 해수 중의 높은 비소 농도가 1930년대 투기되었던 비소 때문이라는 사실이 밝혀짐에 따라 폐기물 투기가 해양환경에 비가역적인 악영향을 미친다는 인식이 자리잡게 되었다. 이에 국제사회는 해양 투기를 규제하기 위한 '런던협약'과 이를 한층 강화한 '런던의정서(Convention on the Prevention of Marine Pollution by

Dumping of Wastes and Other Materials)'에 1972년과 1996년에 각각 합의하였다. 폐기물 해양 투기 방지에 관한 국제협약인 런던협약 및 런던의정서의 의장인 한국해양과학기술원(KIOST) 홍기훈 박사(2011)는 이러한 내용을 자세하게 소개하였다.

우리나라 역시 1992년에 '런던협약' 가입과 1993년 비준에 이어 2009년에 '런던의정서'에 서명함으로써 해양 투기 근절을 위한 국제사회의 노력에 동참하기 시작했다. 그러나 우리나라에서는 2011년 8월 당시 해양 배출업계가 40여 일 간 파업에 들어가 전국적으로 음식물쓰레기 수거가 이루어지지 않는 음식물쓰레기 대란이 발생했다. 갈등의 잠복기를 잠시 지나 2013년 1월 1일부터 시행된 음식물쓰레기 폐수의 해양 투기 금지조치를 두고 음식물쓰레기 처리업체와 지방자치단체 간의 갈등이 다시 불거졌고, 2013년 새해 벽두부터 많은 국민들이 또다시 음식물쓰레기 대란을 겪었다. 그럼에도 불구하고 정부는 2014년 1월 1일부로 모든 해양 투기를 완전히 금지할 계획이었다. 그러나 2013년 12월 말에 정부의 해양 투기 전면 금지계획은 2016년으로 유예가 확정되었다. 2013년 12월 31일 언론보도에 의하면, 485개 업체가 2014년에 폐수와 오니 52만 8천여 톤을 해양 배출하겠다고 신청했다. 2016년 이후 하수 슬러지, 가축 분뇨, 음식물쓰레기 폐수 등 모든 해양 투기가 금지되고 하수 슬러지는 바이오가스와 비료 생산으로 활용하고 정책적 차원에서 음식물쓰레기종량제를 전면 실시하여 대책을 마련했다.

제 2 절 수질환경 정책 수단의 유형

우리나라의 수질환경 정책 수단은 4대강 유역관리를 중심으로 이루어져왔다. 우리나라의 물환경정책은 1963년 '공해방지법', 1977년 '환경보전법', 1990년 '수질환경보전법' 시기를 거쳐 현재 1999년 이후 4대강수계특별법에 의한 유역관리 기반의 정책을 추진하고 있다. 유역관리 이전의 물관리정책은 행정구역을 중심으로 한 오염물질의 사후 처리 차원에서 배출시설 허가, 배출 허용 기준의 농도 규제, 배출부과금, 상수원보호 구역지정 등이 주된 내용이었다. 1990년 초 한강수계 팔당호 수질 악화,

1991년 낙동강 페놀오염 사고와 1994년 유기용제 유출 사고의 발생에 따라, 사후 처리 위주의 수질정책을 사전예방적 물관리정책, 행정구역을 초월한 유역 단위 차원의 물관리정책으로 개선할 필요성이 제기되었다. 이에 따라 2002년 범정부 차원의 '4대강 물관리 종합대책' 수립과 이를 뒷받침할 '4대강수계특별법'이 마련되었고, 수질오염총량관리제, 수변구역지정, 토지매수와 물이용부담금에 의한 수계관리기금 조성, 수계관리위원회 운영 등이 이루어지고 있다(환경부, 2018: 227).

우리나라의 제한된 수자원을 수량관리 측면에서 잘 관리하는 문제와 더불어 수질관리 측면에서 접근하는 것도 매우 중요하다. 우리나라는 양질의 수자원을 주로 4대강 수계에서 확보하기 때문에 4대강 수계의 수질관리 문제는 핵심 이슈가 아닐 수 없다. 실제 적용되는 토지이용 규제, 수질환경 기초시설의 확충과 배출 규제의 내용은 이론적인 차원과 약간 차이가 있으며, 수계별 규제 내용에 있어서도 조금씩 차이가 있다. 한강 수계의 특성상 팔당호를 경계로 상류지역과 하류지역이 구분되기 때문에 상류지역을 대상으로 하는 토지이용 규제가 비교적 용이하지만, 낙동강 수계의 경우 중류에 낙동강 오염 벨트가 존재하기 때문에 여러 가지 불리한 요인들이 작용하여 토지이용 규제보다는 수질환경 기초시설 확충과 배출 규제에 초점을 맞추어 왔다.

1. 토지이용 규제

1) 개 요

광역상수원 보전을 위한 토지정책은 규제정책을 중심으로 이루어진다. 상수원 보호를 위한 환경 규제로서 토지이용 규제(land-use regulation for water quality)란 식수원인 상수원을 보호하기 위해서 오염원을 사전적으로 차단하고자 하는 예방적 정책 수단이다. '한강수계 상수원 수질개선 및 주민지원에 관한 법률' 제2조에서는 상수원 관리구역을 '수도법' 제5조에 의한 상수원 보호구역,[6] '환경정책기본법' 제22

6) 상수원수를 오염과 유해물질로부터 보호하기 위해 필요하다고 인정되는 일정한 구역을 정하여 일정한 행위를 금지하거나 제한하는 것이 상수원 보호구역제도이다. 상수원 보호구역에서는 상수원의 수질에 일정한 영향을 미치는 행위를 금지 또는 제한하고 있다(수도법 제5조 제3항~제4항).

조에 의한 특별대책지역, 그리고 '환경정책기본법' 제4조에 의한 수변구역이라고 규정하고 있다. 이러한 세 가지 규제제도는 광역상수원 수질개선을 위한 토지이용 규제의 핵심을 이룬다.

토지이용 규제를 통한 광역상수원 보호제도는 최근 들어 각종 신규 유해화학물질이 증가함에 따라 수원(水源)에서 최소한의 필요 지역은 토지이용의 규제를 엄격히 실시하는 방안인데, 일본, 영국, 프랑스, 독일 등 외국의 경우 적극 추진되는 추세이다(최지용, 1998: 95-100; 환경부, 2001: 129-181). 미국에서는 1970년대 후반부터 점오염원과 비점오염원을 구분하여 접근하고, 강우 때에 특히 문제되는 비점오염원을 차단하기 위하여 다양한 대책이 연구되었다(Macal & Broomfield, 1983: 163-182).

우리나라의 경우 환경부가 1998년 10월에 국회에 제출하고, 1999년 2월 10일에 국회를 통과한 '한강수계 상수원 수질개선 및 주민지원에 관한 법률' 제5조 제2항에 따르면, 수변구역 안에서는 개발행위를 유발시키거나 환경오염을 악화시킬 우려가 있는 용도지역·지구를 새로이 지정(변경 포함)하여서는 아니 된다고 규정하고 있다. 그동안 우리나라의 수질환경정책에 있어서는 주 대상이 점오염원(point source)이었다. 따라서 비점오염원(non-point source)에 대한 대책은 상당히 부족했으며, 환경 관련 법에서도 거의 다루지 않고 있었고, 구체적인 연구도 수행되지 않고 있었다(이상한, 1997: 118-119). 그러나 1998년부터 2000년까지 한강, 낙동강, 금강, 영산강 수계 수질개선대책에는 수변구역과 보안림 설정 등 비점오염원에 대한 대책이 명쾌하게 제시되어 있다(정부합동, 1998; 1999; 2000a; 2000b).

한강 수계에서 팔당 상수원 수질오염은 1993년 국토이용관리법이 개정된 후 상수원 지역의 준농림지를 개발할 수 있게 되면서부터 본격화되었다(박완철, 1998: 111-112). 낙동강 수계의 경우 1999년 12월 30일 발표된 낙동강 수질개선대책 정부확정안에 따르면, 댐 상류 호소 주변의 일정 거리에는 신규 오염원의 입지를 금지한다고 했다. 전체적으로 볼 때, 현행 토지이용 규제의 내용은 점차 강화되고 있는 추세이다. 다만, 낙동강 수계의 경우는 낙동강 수계 전체 유달 부하량의 60~70%에 이르는 금호강 유역의 토지이용 규제는 사실상 불가능한 내생적 한계가 있다는 사실을 인식하고 접근하여야 한다. [그림 4-3]에서는 4대강 수계별 수변구역을 나타내고 있는

데, 토지매수 및 수변구역 관리사업은 입지한 오염원을 제거하고, 환경오염을 유발하는 토지이용을 미리 예방하여 상수원 수질개선을 도모하기 위한 사업이다.

그림 4-3 4대강 수계별 수변구역도 현황

수계별	댐 개소 수
한강	1개
낙동강	5개
금강	2개
영산강 · 섬진강	5개

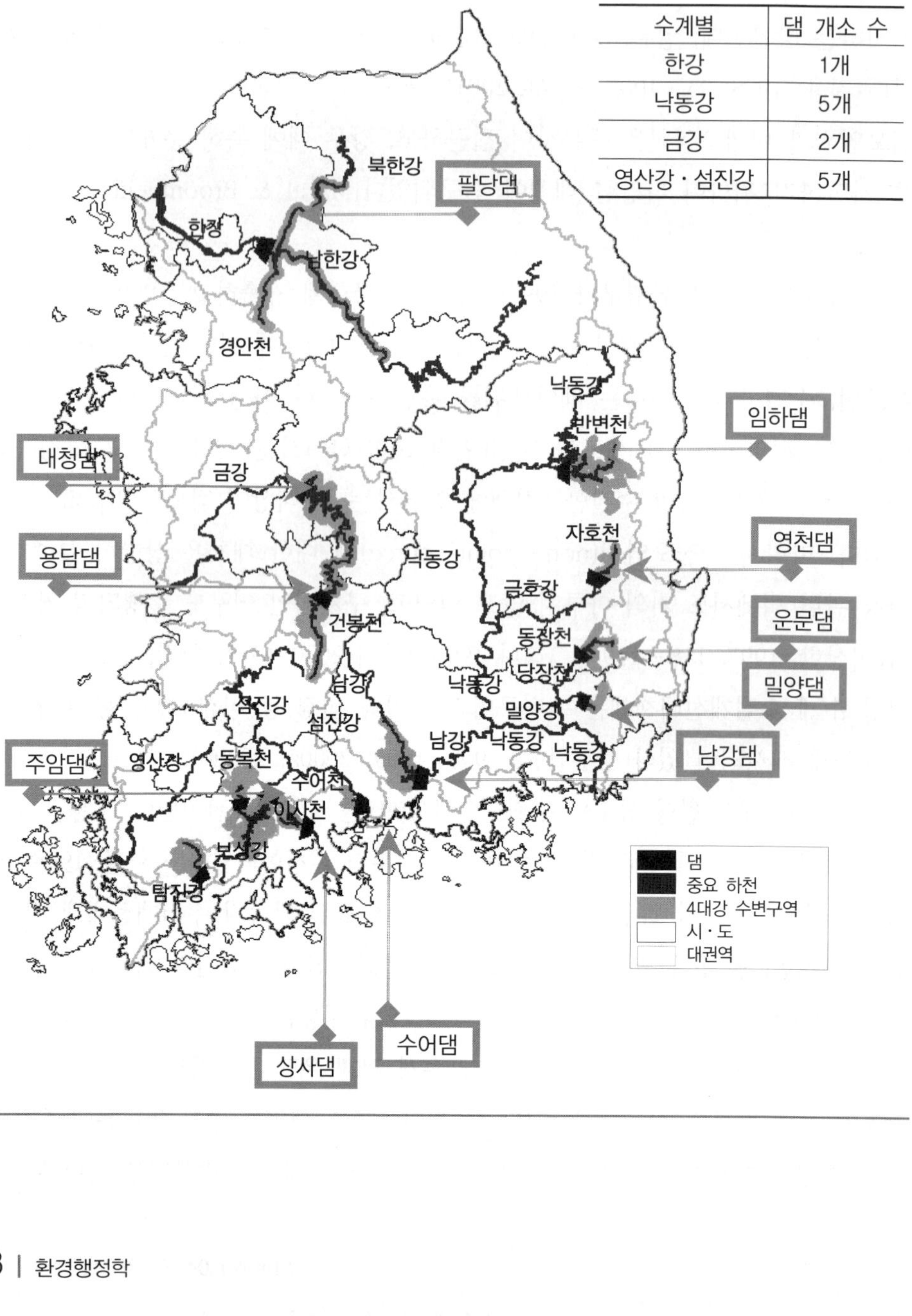

2) 수변구역제도

하천에 인접한 지역에서 발생되는 오염물질은 자정작용을 거치지 않고 바로 유입되기 때문에 수질을 악화시킬 우려가 크다. 따라서 하천으로부터 주변 일정 구간을 수변구역(riparian buffer zone)으로 설정, 음식점, 숙박시설, 목욕탕, 공장, 축사 등의 고농도 수질 오염원의 신규 입지를 제한하여 집중관리하고 있다. 현재 수변구역으로 지정된 4대강 수계의 토지는 총 1,196.7km^{2}로 한강 수계 186.9km^2, 낙동강 수계 338.4km^2, 금강 수계 372.8km^2, 영산강 수계 298.6km^{2}가 수변구역으로 지정되어 있다(환경부, 2018: 231).

3) 토지매수제도와 수변생태벨트 조성

토지매수제도는 수변구역 지정 등 행위 제한으로 불이익을 받는 주민들의 재산권 회복과 수질개선을 위해서 수계관리기금을 이용하여 수변구역 등 상수원 수질 영향이 큰 지역과 수변생태계 복원에 필요한 지역의 토지나 건축물을 매수하는 제도이다. 매수 토지는 기존 건축물 등 오염원을 없애고 생물서식지, 습지, 식생호안, 수림대 조성 등 하천생태계와 육상생태계를 연결하는 완충지대인 수변녹지(riparian buffer forest)로 복원하여 맑은 물과 건강한 하천생태계를 보전하는 데 이용된다.

한강 수계는 2000년부터, 나머지 3대강 수계는 2003년부터 토지매수를 시작하였으며, 2017년 말 기준으로 2조 990억 원을 투자하여 총 62,499천m^{2}의 토지를 매수하

표 4-2 토지매수 및 수변생태벨트 조성 현황(2017년 말 기준)

구 분	토지매수		수변생태벨트		
	면적(천m^2, A)	금액(억 원)	면적(천m^2, A)	금액(억 원)	B/A(%)
합계	62,499	20,990	45,358	1,690	72.6
한강	13,612	12,475	11,327	570	83.2
낙동강	15,176	3,176	10,705	481	70.5
금강	15,218	1,981	11,767	195	77.3
영산강	18,493	3,358	11,559	444	62.5

자료: 환경부(2018: 232).

였고 임야 포함 45,358천m^2 면적의 수변생태벨트를 조성하였다. 토지매수 및 수변생태벨트 조성사업은 오염원의 입지를 근본적으로 차단함과 동시에 주변지역에서 유입되는 비점오염원을 저감할 수 있는 중요한 정책으로 상수원 보호를 위해 장기적인 추진이 필요하고, 그 효과는 영구적인 사업으로 평가된다(환경부, 2018: 231).

4) 물이용부담금 및 수계관리기금

개인 재산권행사 제한 및 각종 행위 규제로 피해를 받는 상수원 관리지역 내 주민과 자치단체에 대한 지원, 상수원 수질에 큰 영향을 주는 토지 등의 매수사업 등에 필요한 재원을 마련하기 위하여 1999년 한강 수계를 시작으로 물이용부담금제도를 도입했다.

물이용부담금은 '사용자부담원칙(The User Pays Principle)'에 따라 공공 수역으로부터 취수된 원수의 최종 사용자에게 물 사용량에 비례하여 부과한다. 물이용부담금의 톤당 부과율은 수계관리위원회에서 2년 주기로 조정 · 결정한다. 2017년 수계별 한강 · 낙동강 · 영산강 · 섬진강 수계는 170원, 금강 수계는 160원이며, 한강 수계에서 4,665억 원, 낙동강 수계에서 2,293억 원, 금강 수계에서 1,118억 원, 영산강 · 섬진강 수계에서 832억 원 등 총 8,908억 원이 징수되었다.

이러한 물이용부담금을 재원으로 하는 수계관리기금은 1999년 8월 한강 수계에서 최초로 설치되었고, 2002년 7월 3대강에도 기금이 설치됨으로써 2003년부터 본격적으로 수계관리기금에 의한 수질개선사업과 주민지원사업이 시행되었다. 기금은 수질개선 및 상수원 보호를 위한 상수원 상류지역 지방자치단체의 수질개선사업비, 규제지역 주민지원사업, 수변구역 토지매수 등에 사용한다.

1999년부터 2017년까지 주민지원사업 2조 1,482억 원, 환경기초시설 설치 · 운영사업 5조 6,664억 원, 토지매수 및 수변구역 관리사업 2조 6,004억 원, 기타 수질개선사업 8,501억 원, 오염총량관리 2,198억 원, 친환경청정사업 2,167억 원, 기금운영비 1,928억 원 등 총 13조 7,344억 원의 수계관리기금이 운용되었다(환경부, 2018: 228–229).

표 4-3 물이용부담금 징수실적

(단위: 백만 원)

구 분	계	2010년 이전	2011	2012	2013	2014	2015	2016	2017
합계	11,689,747	5,737,121	810,775	828,161	833,344	837,688	866,158	885,699	890,801
한강	6,574,072	3,425,372 (80~160원)	430,860 (170원)	443,187 (170원)	444,701 (170원)	443,462 (170원)	457,664 (170원)	462,307 (170원)	466,519 (170원)
낙동강	2,842,304	1,307,483 (100~150원)	212,033 (160원)	210,641 (160원)	210,615 (160원)	214,084 (160원)	223,877 (170원)	234,304 (170원)	229,267 (170원)
금강	1,288,050	563,389 (110~160원)	94,637 (160원)	99,184 (160원)	101,932 (160원)	102,600 (160원)	105,766 (160원)	108,719 (160원)	111,823 (160원)
영산강	985,321	440,877 (110~170원)	73,245 (170원)	75,149 (170원)	76,096 (170원)	77,542 (170원)	78,851 (170원)	80,369 (170원)	83,192 (170원)

* ( )는 톤당 부과 금액임.
자료: 환경부(2018: 228).

5) 상수원 관리지역 지원제도

상수원 관리지역에 대한 지원은 주민지원과 지방자치단체 지원으로 구분된다. 주민지원제도는 상수원 관리지역에서 각종 규제로 불이익을 받는 지역주민들의 생활환경을 개선하고 소득 수준을 향상시킴으로써 규제에 따른 불이익을 최소화하는 한편 상수원 수질 보호에 적극적인 협조와 참여를 유도하기 위해 도입되었다.

주민지원사업은 소득증대사업, 육영사업, 복지증진사업 등 일반지원사업, 장학금, 주택개량사업 등 직접지원사업으로 구분하되, 수계관리위원회가 토지 면적, 행위 제한정도, 주민 수 등에 따라 사업비를 배분한다. 지난 10여 년 간 실시해온 주민지원사업의 문제점을 개선하기 위하여 직접지원비 배분방식 변경, 특별지원비율 확대, 일반지원사업 광역사업 확대 등 지원방식을 지속적으로 개선 추진 중이다.

한편 상수원지역 지방자치단체 지원책으로 환경기초시설 설치·운영비 중 일부를 수계관리기금에서 지원하는데, 이는 환경개선특별회계에서 지원하는 하수처리시설, 고도처리시설, 하수관거 등의 시설설치·운영사업 지방비 부담분을 수계관리기금으로 지원함으로써 자치단체의 재정 부담 완화와 환경기초시설의 설치·운영 촉진을 통해 상수원 수질개선을 도모한다. 수계관리기금의 지원 정도는 시설 설치비의

표 4-4 상수원 관리지역 주민지원사업 현황

(단위: 백만 원)

구 분	합 계	2010년 이전	2011	2012	2013	2014	2015	2016	2017
총계	2,100,778	1,208,794	123,248	123,248	127,733	127,805	129,941	130,301	129,708
특별지원	224,046	76,893	18,155	18,162	22,276	21,932	22,337	23,084	21,207
간접지원	1,545,837	940,022	85,902	85,928	85,747	85,563	87,448	86,899	88,328
직접지원	330,894	191,879	19,191	19,158	19,710	20,310	20,155	20,318	20,173

자료: 환경부(2018: 233).

경우 지방비 분담분의 10~90%, 시설운영비는 전체 운영비의 33~90%를 수계별로 차등 지원한다(환경부, 2018: 233-234).

2. 수질환경 기초시설의 확충

수질환경 기초시설(wastewater treatment plants or facilities)이라 함은 '하수도법'에 의한 하수관거 · 마을하수도 · 하수종말처리시설, '오수 · 분뇨 및 축산폐수의 처리에 관한 법률'에 의한 분뇨처리시설 및 축산폐수 공공처리시설, 그리고 '수질환경보전법'에 의한 폐수종말 처리시설 기타 수질오염의 방지를 위한 시설을 의미한다(한강수계 상수원수질개선 및 주민지원 등에 관한 법률 제2조). 배출 규제가 개별 기업과 배출업소를 대상으로 방지시설의 설치와 규제기준의 준수를 의무화하는 것이라면, 수질환경 기초시설의 확충은 국가와 지방자치단체의 책무가 따르는 정책 수단인 점에서 차이가 난다(하수도법 제2조의2).[7]

수질환경 기초시설의 확충은 하수 · 분뇨 · 폐수 · 축산처리장과 하수관거의 설치를 포함하는 점오염원 관리정책 수단이다(정부합동, 1999: 37). 따라서 토지이용 규제와 배출 규제는 규제적 성격이 강한 정책 수단이라면, 수질환경 기초시설 확충은 지원적 성격이 강한 정책 수단이라고 할 수 있다. [그림 4-4]와 같이, 생활오수 및

7) 하수도법 제2조의2 제1항은 국가의 기본계획 수립 의무와 지방자치단체에 대한 기술적 · 재정적 지원을 규정하고 있고, 제2항은 지방자치단체장의 공공하수도 설치 · 관리 및 적정한 처리의 책무를 규정하고 있다.

그림 4-4 생활오수 · 분뇨의 처리 체계

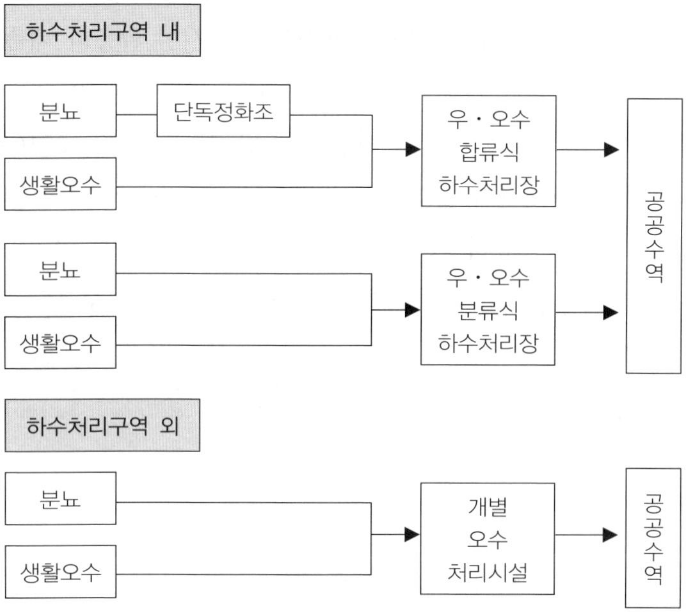

분뇨의 처리는 하수관거를 통하여 하수종말 처리시설로 유입 처리되는 종말처리 체계와, 오수 · 분뇨 발생원에 오수처리시설을 설치하여 하수종말 처리시설과 동일한 BOD 기준 이하로 처리하는 개별 처리 체계로 대별된다(고영훈, 2000: 254-255). 기업이나 배출업소가 하수처리구역 내에 있으면, 수질환경 기초시설을 통하여 오염원의 처리가 매우 효율적으로 이루어질 수 있다. 이는 각 지역의 하수처리율 및 하수관거 보급률과 밀접한 관련이 있다. 그러나 하수처리구역 밖의 배출업소들은 오염물질을 곧바로 공공수역으로 방류하기 때문에 방류수 수질 기준에 따른 배출 규제가 적용된다.

한편 상 · 하류 간의 수질 변화는 수계의 어디에 대도시가 위치하느냐가 결정적으로 중요하다(환경부, 1999: 367-368). 한강의 경우 잠실수중보 하류의 서울시 구간부터, 낙동강의 경우 대구시를 경유하면서 3급수로 악화된다. 금강의 경우 대전시를 경유하면서, 영산강의 경우 광주시를 경유하면서 수질이 크게 악화된다. 특히 사전적인 토지이용 규제가 현실적으로 매우 어려운 입지 여건을 가지고 있는 낙동강 수계의 경우 중류지역인 구미와 대구지역의 수질환경 기초시설 확충과 배출 규제를 어떻게 효율적으로 해내느냐의 여부가 하류지역의 수질을 결정하는 데 매우 중요하다. 이러한 인식에서 대구시의 경우 일찍이 수질환경 기초시설 확충과 배출 규제에 중점을 두어왔고 그 효과가 점진적으로 나타나고 있다. 2019년 4월 면담한 대구환경공단 관계자에 의하면, 좋은 2급수 수준의 방류수를 방류하고 있고, 2016년 이후 총인(T−N) 처리시설까지 완비하여 운영하면서 점오염원(point sources)은 거의 잡아내고 있다. 그러나 우리나라의 하수관거는 하수관과 우수관이 분리되어 있는 분류식(fractionation type of pipe)이 아니고 합류식(combination type of pipe)이기 때문

그림 4-5 하수의 발생 및 처리 경로

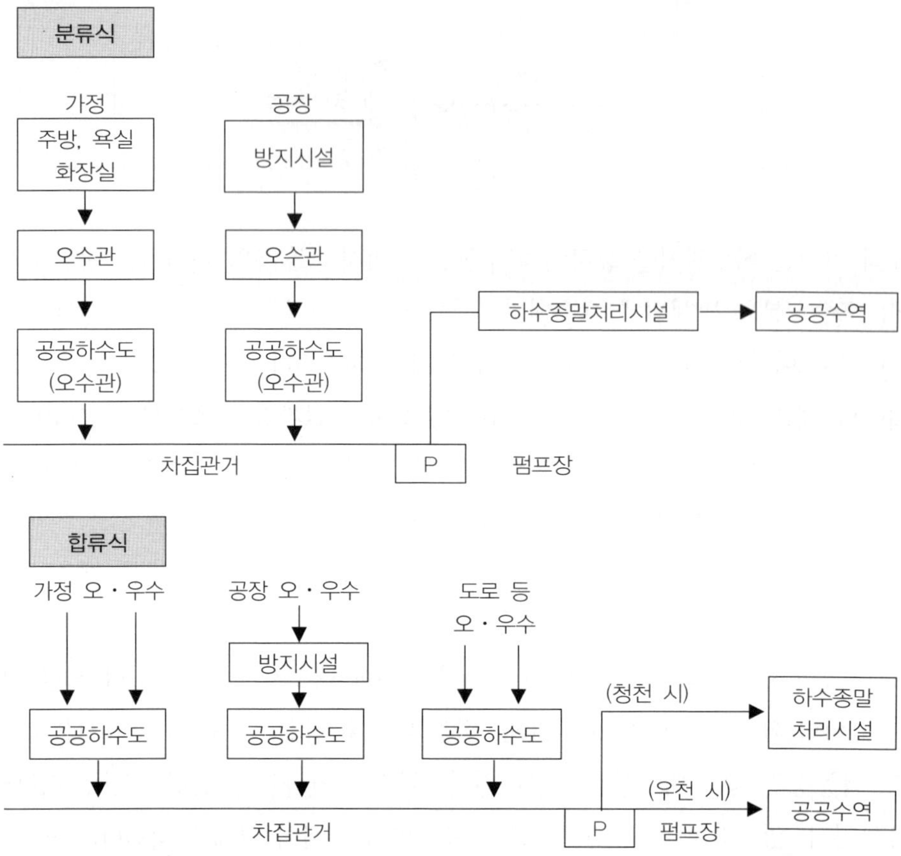

에 농도 기준으로 볼 때 하수가 완전 차집되지 않고 50~60%만 차집된다는 사실을 분명히 인식할 필요가 있다.[8] [그림 4-5]에서는 분류식과 합류식 하수관거의 특징을 자세히 묘사하고 있는데(고영훈, 2000: 268), 분류식 하수관거의 필요성이 절실함을 반증하고 있다.

계획도시가 아닌 대구시의 경우 신규 개발지를 중심으로 이루어져 분류식 하수관거를 완비하고 중심가의 경우 분류식으로 가기 위한 추가적인 하수관거 설치가 매우 어렵고 많은 비용이 요구되기 때문에 한계가 있었지만 꾸준하게 분류식으로 전환하여 왔다. 그럼에도 불구하고 [그림 4-6]에 나타난 것처럼 수질환경 기초시설의 확충에 의해 차집된 오염물질이 100% 처리되더라도 실질적인 유달 부하량은 훨씬 많을 수 있다는 것이다.[9] 즉, 합류식 하수관거의 한계로 40~50%의 오염물질이 차집되지 못하고 하천으로 직접 유입되거나, 초기 강우 때 많은 비점오염원이 발생하여 오염원으로 작용할 수 있기 때문이다.[10] 수질환경 기초시설의 확충은 산업 폐수, 생활하수, 그리고 축산 폐수 등의 점오염원 삭감대책으로 가장 효과적인 정책 수단이다.

---

8) 대부분이 기존에 있던 빗물관을 하수 처리용으로 사용하는데, 순수하게 하수만을 위한 오수용 분류관은 10% 정도이다. 일반적으로 가정에서 발생하는 생활하수의 평균 농도는 BOD 기준 200ppm이다. 그러나 전국 145개의 하수종말처리장 유입수 대부분은 BOD 100ppm 이하에 집중되어 있는 것으로 나타나고 있다. 깨끗한 물이 유입되는 경우 미생물의 먹이 부족으로 정화 능력이 떨어진다. 따라서 하수에다 인분을 섞어 미생물이 처리하는 범위를 넓히는 활성오니법을 사용한다. 그러나 생활하수에 분뇨를 섞어 처리하면, 인과 질소가 정화되지 않은 채 방류된다. 제대로 처리되지 않은 인과 질소가 강으로 유입된다면, 조류가 증식해 비린내가 난다든지, 물에서 녹색을 띤다든지, 상수처리 과정에서 필터가 막히는 부작용이 뒤따른다(KBS 환경 스페셜, 2001.5.9).

9) 오염 부하량은 발생 단계별로 다음 세 가지로 나누어진다. 첫째, 발생 부하량은 어떤 지역 내에서 직접적으로 발생되는 오염물질의 양으로서 인간, 산업, 축산, 양식장, 토지이용 상태 등의 각 오염원에서 발생된 수질오염물질 및 특정 수질유해물질의 양을 무게로 환산한 양을 말한다. 둘째, 배출 부하량은 발생된 부하량을 수질환경 기초시설 등 수질오염 방지시설 등에서 처리하여 오염부하를 감소시킨 후 공공수역으로 배출되는 오염물질 양을 말한다. 셋째, 유달 부하량은 배출된 부하량이 하천을 유하하는 과정에서 침전, 증발, 분해 등의 물리, 화학, 생물학적 작용을 통하여 감소된 오염물질량을 고려한 각 지점에서의 실질적인 오염 부하량을 말한다(낙동강환경관리청, 1999).

10) 비가 올 때 합류식 하수관거들의 용량이 초과되어 하수처리장까지 다 운송하지 못하고, 그 중간에서 넘쳐 다른 하천이나 강으로 합류 오수를 유출시키는 것을 합류 오수의 월류(combined sewer overflow)라고 한다(박정규 외, 2000: 118).

그림 4-6 수질환경 기초시설 확충의 한계

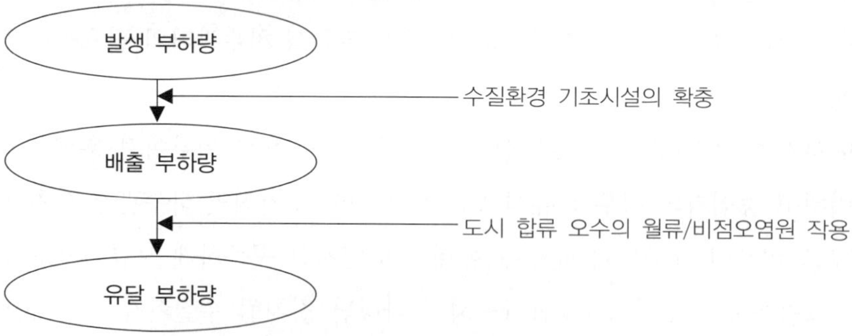

3. 배출 규제

배출 규제는 오염원의 입지를 허용한 후 각종 상수원 오염행위 배출을 단속하는 규제방식이다.[11] 현재 우리나라는 농도 기준에 의한 규제방식의 한계를 인식하고 총량 기준에 의한 규제방식으로 전환하는 단계에 있다.[12] 오염총량 규제는 건축면적 규제에 따른 소규모 개발들의 난립이 상수원 수질관리에 오히려 악영향을 미치고 있다는 판단에 따라, 오염총량을 증가시키지 않는 범위 내에서 면적에 관계없는 계획 개발을 유도하기 위하여 도입되었다(환경부, 2001). 즉, 배출허용 기준을 설정함에 있어 배출구에서의 배출물질의 농도를 그 척도로 하여 정하는 농도 규제방식을 일반

11) 다만, 배출허용 기준의 강화 등은 배출 규제이기는 하지만 사전적이고 예방적인 성격이 강한 직접적인 규제 수단이라고 할 수 있다. 여기서 수질 규제 기준으로서 배출허용 기준과 방류수수질 기준을 구별하여 이해할 필요가 있다. 전자는 환경 기준과 하천의 자정 능력을 감안하여 설정되는데, 개별 폐수배출시설에 적용되는 규제 기준으로서 수질오염물질 배출의 최대 허용치 또는 최대 허용 농도를 의미한다. 후자는 하수・폐수 및 분뇨처리시설과 같은 종말처리시설에 적용되는 기준으로서 BOD, COD, SS 3개 항목을 설정해 오다가 1996년부터 T－N과 T－P 항목이 추가되었다(고영훈, 2000: 239－240).

12) 1998년 팔당호 대책에 따라 2000년 이후 경기도 팔당호 상류지역 시・군에서 총량 규제를 자율적으로 도입하기로 했다. 1999년 낙동강수질개선대책 최종안에 따르면, BOD를 관리하는 오염총량관리를 대구광역시와 부산광역시는 2002년부터, 일반시는 2003년부터, 군은 2004년부터 도입하되 하류지역 부영양화에 직접적인 영향을 미치는 COD, 총인, 총질소는 2003년 이후 채택하기로 하였다. 그러나 총량 규제는 기초조사가 매우 중요한데, 실무자들은 총량 규제의 중요성을 인정하지만 기초조사 등의 한계로 인하여 매우 어려워하고 있었다.

적으로 적용하고 있으며, 예외적으로 환경용량을 감안하여 오염한도량을 산출하여 이를 기초로 그 지역에 있는 사업장에 대하여 오염물질의 배출량을 할당하는 총량 규제방식을 채택할 수 있는 근거 규정(수질환경보전법 제9조 제1항)이 있었으나 최근까지 채택하지 않다가(김인환, 1993: 7), 기업의 배출량에 폐수 농도를 곱해 총량에 따른 오염 유발부담금을 물리는 식으로 발전하고 있다(홍준형, 2001: 596).[13)]

4대강 특별법에 따라 시행되고 있는 오염총량 관리사업은 수계를 단위 유역으로 나누고, 단위 유역별 목표 수질을 설정한 후, 그 목표 수질을 달성・유지할 수 있도록 지역과 배출원에 오염물질 배출총량을 할당하고 관리하는 '환경과 개발'을 고려한 유역관리제도이다. 오염 총량관리제는 농도(C)가 아닌 부하량(L)을 지표로 관리하는 제도인데, 아래 식에서 기준 유량은 10년 평균 저수량 또는 평수량을 의미한다.

L(단위 유역별 할당 부하량) = C(목표 수질)×Q(기준 유량)

목표 수질을 달성한 지방자치단체는 할당 부하량 준수를 위해 자율적인 수질개선 사업을 추진하고, 목표 수질을 초과하는 지방자치단체는 할당 부하량 준수를 위해 개발사업의 축소 및 유보, 환경 기초시설 설치 등 삭감계획을 수립・시행한다. 오염총량관리사업은 오염총량관리와 오염총량관리 조사연구로 세분화되어 시행된다. 오염총량관리는 오염총량관리계획 수립비용 지원을 통해, 장기적인 수질개선을 도모하고 지방자치단체 스스로 관할 구역 그룹별로 오염원을 총괄 관리하여 환경개선을 유도하기 위함이며, 공공수역의 수질보전은 물론 수자원 이용과 관련된 지역 간 분쟁을 해소하고 유역공동체의 환경적・경제적 형평성 확보 및 상생을 도모하기 위해서 시행되고 있다.[14)]

오염총량관리제는 과학적 근거를 바탕으로 하천 구간별 목표 수질을 정하고, 그 목표 수질을 달성하기 위한 오염물질의 배출총량을 산정하여 유역에 속한 지방자치단체별로 할당함으로써 각 구간 내에서 배출되는 오염물질의 총량을 허용 총량 이내

13) 총량 규제란 용어는 흔히 혼용되어 사용되고 있다. 첫째는 오염물질 배출업체에 대한 배출부과금 제도로서 배출되는 오염물질에 비례하여 부과금을 부과하는 의미로 사용되고, 둘째는 일정 지역이나 유역의 환경 용량을 감안하여 오염물질 배출량을 총량으로 제한한다는 의미로 사용되고 있다.
14) 2018년 1월 18일 물환경보전법이 개정되어 시행되고 있다. 오염총량초과부과금제도를 오염총량초과과징금제도로 전환(제4조의7)하고, 수생태계 연속성의 조사(제22조의2 신설), 환경생태유량의 확보(제22조의3 신설), 국가 물환경관리 기본계획의 수립(제23조의2 신설) 등이 시행되고 있다.

로 관리하는 제도이다.

각종 개발사업의 지속적인 증가로 하천에 유입되는 오염물질 총량이 증가함에 따라, 그간 농도 중심의 오염원 관리방식으로는 수질개선에 한계가 있어 오염총량관리제를 도입하게 되었으며, 4대강 특별법 제정 등을 통해 제도적인 기반을 구축하고, 2004년 7월 5일 한강 수계의 경기도 광주시 등 팔당지역 7개 지방자치단체 임의제 시행을 시작으로 2018년 3월 현재까지 전국 123개 지방자치단체에서 오염총량관리제를 실시하고 있다.

오염총량관리제의 이행을 강제하기 위해 매년 단위 유역별로 할당된 오염 부하량의 초과 여부를 평가하고 있으며, 최종 연도에는 할당된 오염 부하량을 초과한 지역에 대해 신규 개발사업 승인 · 허가 등 제한조치를 하고 있다. 또한 오염물질 배출이 높은 시설에 대해서는 오염 부하량을 별도로 할당하여 관리하고, 정기적으로 시설을 점검하여 오염 부하량을 초과하는 경우에는 오염총량초과과징금을 부과하고 있다.

한강 수계의 경우, 당초 경기도 내 7개 지방자치단체를 대상으로 임의제(2004~2012년, BOD)를 추진하여 오염물질배출량을 당초보다 27.5% 저감하는 등 제도 시행 효과를 거두었다. 2013년 6월부터는 서울 · 인천 · 경기지역에 대해 의무제(2013~2020년, BOD · T－P)를 실시하고 있으며, 2021년 1월부터 강원 · 충북 · 경북지역으로 확대 · 시행할 예정이다.

낙동강, 금강, 영산강 · 섬진강 수계에서는 2004년 8월부터 순차적으로 의무제를 시행하여 2010년까지 BOD만 대상으로 1단계 오염총량관리제를 시행하였고, 1단계 평가 결과 오염배출량을 시행 전 대비 약 39.6% 저감하였다. 2011년부터 2015년까지 시행된 2단계 오염총량관리제는 BOD뿐만 아니라 T－P까지 대상물질을 확대하였으며, 2단계 평가 결과 오염배출량은 할당 대비 BOD는 약 25.3%, T－P는 약 30% 저감하였다. 2021년부터 2030년까지 시행될 4단계 오염총량관리제는 2018년 목표 수질 설정 및 2019년 기본계획 수립 · 승인을 목표로 추진 중이다(환경부, 2018: 229－230).

4. 수질환경 정책 수단의 인과성 경로

[그림 4-7]에서는 세 가지 수질환경 정책 수단들의 인과성 경로를 그림으로 간략히 제시하고 있다. 토지이용 규제는 배출업소의 입지를 사전적으로 규제하는 강력한 수질환경 정책 수단이다. 토지이용 규제는 오염원을 사전적으로 차단하기 때문에 상수원 보호를 위해서는 이보다 더 좋은 정책수단도 드물다. 그러나 우리나라는 좁은 국토환경으로 인해 토지이용의 효율화를 내세우면서 팔당상수원 등 상수원지역까지 무분별하게 개발되고 있다. 낙동강 수계의 경우는 댐지역에서 이용하는 물은 10%에 지나지 않고, 하천수를 90% 정도 이용하지만 이미 대도시가 들어선 하천지역에 대한 토지이용 규제는 사실상 불가능한 한계를 지니고 있다.

이로 인해 사후적으로 수질환경 기초시설의 확충과 배출 규제를 통해 오염물질을 처리하고, 그 적정 처리 여부를 단속하지만 100% 처리와 단속이 불가능하기 때문에 수질개선은 한계를 안게 되는 것이다. 따라서 개발이 이루어지더라도 하천의 희석·침전·분해 등 자정 능력(self-purification capacity)을 포함하는 환경 용량을 고려하여 오염원의 입지를 허용하는 정책 수단의 선택이 중요해진다(이강웅, 2003: 24).

여하튼 이러한 4대강 수계기금의 투자 등 유역관리 정책 및 투자를 통해 한강 수계 팔당호 상류에 위치해 있으면서도 대표적인 오염하천으로 분류되었던 경안천은

그림 4-7 수질환경정책 수단의 인과성 경로

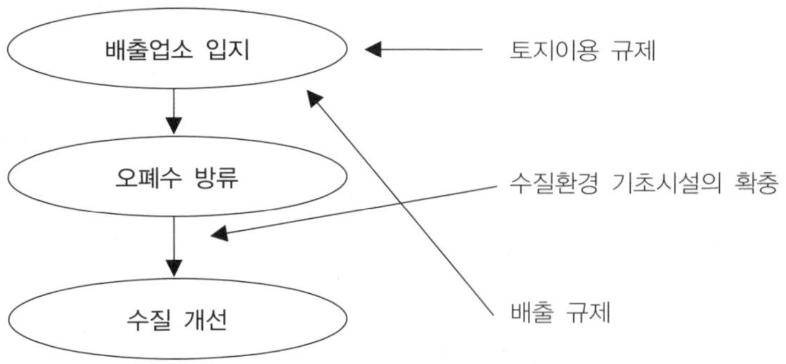

1998년 한강물환경종합대책 이후 오염원의 지속적인 증가에도 불구하고, BOD 농도가 2002년 8.8mg/L에서 2017년 2.0mg/L로 낮아지는 성과를 얻었다. 낙동강 수계인 대구 금호강 유역은 1989년 BOD 농도가 47.5mg/L에 이르렀으나, 계속된 투자 및 유역관리 정책으로 2017년에는 BOD 농도 3.8mg/L로 12배 이상 개선되었다(환경부, 2018: 234).

제 3 절 수자원을 둘러싼 갈등

1. 개발과 보전의 갈등

1995년 이후 대구·부산의 위천공단 갈등은 상대방을 이용의 대상이 아닌 도덕적 타자로 인식하는 타자성(他者性, alterity)의 부족에서 기인했다고 볼 수 있다. 낙동강 중·상류지역의 대구와 구미지방에 있는 대규모 공단에서 배출되는 난분해성 유독물질의 배출과 대구의 비산염색공단에서 배출되는 악성 폐수는 낙동강 오염벨트의 중심에 있다. 1991년 페놀에 의한 낙동강 식수오염 사태에 이어 1994년에는 비산염색공단 폐수무단 유출 사태, 암모니아·벤젠·톨루엔에 의한 식수오염 사태, 디클로로메탄에 의한 식수오염 사태, 성서공단의 폐수무단 방류 사건 등등 낙동강 중·상류지역의 공단과 대구의 비산염색공단 등에서 배출되는 수질오염 사태는 일일이 거명할 수 없을 정도로 빈번히 발생했다. 부산광역시 보건환경연구원의 분석에 따르면, 낙동강 원수에는 307종의 미량유기물질이 함유되어 있으며, 8종류의 맹독성 농약을 비롯한 40종의 농약 성분과 10종의 발암물질이 검출되었다(한겨레신문, 1999.1.19). 염색공장, 페놀과 같은 유독성 유기물질을 취급하는 반도체 공장, 그리고 중금속을 배출하는 도금공장과 같은 유독성 난분해성 물질을 배출하는 공장의 폐수는 일반 오·폐수 처리 과정이나 상수도 처리 과정에서 잘 처리가 되지 않을 뿐만 아니라 극미량만 들어 있어도 인체에 유해하기 때문에 식수원으로 사용할 수가 없다. 그래서 상수원 주변에는 유해성 물질을 취급하는 공장을 설립하지 말아야 하고, 기존 공장을 유역 밖으로 이전하여 집단화하는 것이 원칙이고 상식이다. 대구광역시는 산재해 있는 영세 오염업체들을 위천국가공단 지정 후 밀집시켜 효율적으로 오염원을 관리하자는 입장이었다.

그러나 위천공단이 대구시의 하류에 위치하여 대구 시민에게는 부담이 없지만, 이를 하류에서 상수 원수로 사용해야하는 하류의 부산과 경남지역의 입장에서는 심각한 부담이 아닐 수 없었다. 결국 경제난으로 위천국가공단 지정을 필요로 하는 대구광역시와 식수난으로 이를 거부하는 부산광역시는 피차 타자성이 부족하여 합의점을 찾지 못했다. 그 결과 위천공단 예정지 주변 지역에 공장이 난립하고 달성 2공단이 생성되는, 서로에게 모두 불리한 결과를 초래하고 말았다.

낙동강 수계에서는 가장 심각한 갈등 양상을 보이고 있으며, 더욱 심각한 것은 갈등이 오히려 더욱 증폭되고 있다는 점에서 대책 마련이 절실한 것으로 판단된다. 4대강 사업 때 완공된 내성천 상류의 영주댐 해체 논쟁이 뜨거운 감자일 뿐만 아니라 낙동강 상류의 영풍제련소를 둘러싼 기업과 지역주민의 갈등은 환경부의 개입으로도 쉽게 풀리지 않고 있다. 안동댐을 둘러싼 갈등 양상은 해묵은 측면이 있지만 여전히 피해를 입고 있는 지역주민과 K-water의 갈등을 고려해야 한다. 수자원 이동이나 배분 갈등은 가장 심각한 경우인데, 남강댐의 물을 동부 경남과 부산으로 이동하는 사안이라든지 구미 상류의 물을 대구로 이동하는 사안과 같이 광역상수원을 둘러싼 갈등은 가장 풀기 어려운 갈등으로 판단된다. 4대강수계특별법에 따른 총량 규제가 작동함에도 불구하고 상류지역에 급격하게 산업단지와 오염원이 증가하고 있기 때문에 상류지역과 하류지역 지방자치단체와 지역주민들의 물이용부담금을 둘러싼 갈등도 심각하다. 가치 갈등도 나타나고 있는데 반구대 암각화 문화재와 울산 시민의 식수 확보를 둘러싼 갈등이 있다. 4대강 사업 이후 녹조 문제와 농사 피해 등이 심각해지면서 보 해체 논쟁이 등장하였고, 낙동강 수계에서도 함안보와 관련된 광암들, 합천보 상류의 연리들과 같이 농민들도 찬반 논쟁에 가세하면서 복잡한 갈등 양상을 초래하고 있다.

2. 포스트 4대강 사업과 남강댐의 딜레마

낙동강 수계에서 표류수를 식수로 취수하는 1,300만 명 영남 주민들은 4대강 사업 과정과 사업 이후에 먹는 물 문제가 어떻게 될지에 대해서 초미의 관심을 보이고 있었다. 2011년 5월 8일 구미시 비산취수장 임시 물막이가 붕괴되면서 일주일 동안 식수중단사태가 벌어졌다. 대구시는 구미공단 하류에서의 취수에 따른 불안감 때문에 '맑은 물 공급'을 위해 상류의 구미시로 취수원 이전을 추진하면서 갈등을 빚고 있고, 부산광역시에서는 상류의 댐에서 광역상수원을 확보하지 못하여 하류에서 오염된 물을 먹고 있다는 자괴감이 팽배해있다. 특히 4대강 사업 추진 과정에서 낙동강 오염벨트인 구미와 대구에서 경남 김해에 이르기까지 낙동강 상수원 영향 지역은 우리나라 산업화 과정에서 축적된 유해물질과 불법 폐기물들을 마치 판도라 상자처럼 내놓고 있다.

2010년 여름 매리취수장 1km 상류 4대강 사업 구간에서 1990년부터 2008년까지 구리, 수은, 페놀이 함유된 폐물 주사(廢物硃砂) 1천 톤을 포함한 불법 폐기물이 매립된 사실이 밝혀졌고, 2011년 1월 22일에는 낙동강 사업 15공구(김해 한림면 소재)에서 준설선(벙커A유 48m^3 적재)이 6m 깊이 강바닥에 침몰하면서 기름이 유출되는 사건이 발생했다. 이처럼 부산 시민들이 식수에 대한 불안감에 휩싸여 있는 가운데, 2018년 여름 소위 녹조라테라고 불릴 정도로 취수원 오염이 심각해지면서 낙동강의 수질오염을 예측하기 어렵다면서 3월 20일 '물의 날'에 부산 시민들은 매년 400억 원 가까이 납부하고 있는 물이용부담금 납부 거부운동을 펼쳤다.[15] 4대강 사업을 하면 진주 남강댐 상수원을 확보할 수 있을 것으로 기대했던 부산 시민들은 2009년 기획재정부 예산편성 과정과 국회예산심의 과정에서 실시설계 예산이 반영되지 못하면서 분노하였다. 한편 진주를 중심으로 하는 서부 경남 주민들은 함안보를 통해 살아난 물을 부산 시민이 먹으면 될 것을 왜 굳이 엄청난 비용을 들여 남강댐 물을 먹으려고 하느냐고 꼬집었다(김창수, 2010). 왜 이러한 난제에 휘말리게 된 것일까?

이명박 정부는 3년 동안 22조 원 이상을 투입하여 2012년까지 종료하는 미증유

---

15) 낙동강의 수계의 경우 2008년에 1,860억 원 가량의 물이용부담금을 징수하였는데, 톤당 150원을 징수하기 때문에 4인 가족이 월 20톤을 사용하게 되면 3,000원 정도를 부담하는 셈이었다(환경부, 2009: 379). 물론 현재는 톤당 170원을 징수하고 있다.

(未曾有)의 토건공사를 추진했다. 정부는 4대강 사업이 고용 창출을 포함하여 지역 경제도 살리고 수량과 수질을 확보하고 홍수와 가뭄에 대비하는 녹색성장사업이라고 주장했다. 그동안 정부는 보(洑) 공사를 포함하여 이미 진행되고 있는 사업을 중단할 경우 비용 상승이 불가피하기 때문에 사업의 큰 틀을 변화시키는 것은 불가능하다고 했다. 따라서 4대강 살리기 사업을 그대로 추진하되 환경영향과 정책비용을 최소화하고 정책 효과를 극대화할 수 있도록 지류 정비와 수질개선을 중심으로 다각적인 방안을 강구하고 포스트 4대강 사업을 준비하자는 것이었다. 그런데 포스트 4대강 사업 추진 과정에서 우려되는 부분이 없는 것은 아니었다.

2010년 12월 8일 '친수구역 활용에 관한 특별법'이 국회를 기습적으로 통과하여 수변개발 역시 속도전으로 난개발이 우려되기 때문이다. 2011년 4월 30일부터 친수법이 시행되면서 국가하천의 하천구역 경계로부터 양안 2km 범위 내의 지역인 친수구역을 국가하천과 조화롭게 주거·상업·산업·문화·관광·레저 등의 기능을 갖추도록 조성·운영하는 사업을 추진하였다.[16] 문제는 4대강 사업 이후 수변개발을 하게 되면 수질과 상수원에 어떠한 영향을 미칠지가 명확하게 예측되지 않는다는 데 있었다. 이러한 상황은 부산 시민들로 하여금 남강댐 물을 확보하고자 하거나, 매년 400억 원 가량 부담하고 있는 물이용부담금 납부를 거부하는 방향으로 유도하고 있는 것이다.

프레임으로 보는 세상

1986년 4월 26일 체르노빌 원전사고 이후 유럽의 학자들은 인간의 합리성으로 장악하기 어려운 위험사회(risk society)에 대한 고민에 빠지게 된다. 25년이 지난 2011년 3월 11일 다시 일본 후쿠시마 원전사고에 직면하면서 인류가 위험사회에 체계적으로 대응하는 것이 과연 가능한가라는 의구심이 들고 있다. 정부는 물론 기업이나 전문가들의 견해조차 근원

16) 2011년 3월 면담한 관계자들의 의견을 종합하면, 현재 정부는 4대강 친수구역 활용방안에 대한 기본구상 중이며 구체적인 개발구역은 보안사항이라고 했다. 기본계획이 확정되어 국가와 한국수자원공사 등 5개 공공부문으로 한정된 사업시행자가 당시 국토해양부 장관에게 사업신청을 하면, 관련 위원회의 심의를 거치고 주민 의견을 수렴하여 지정고시할 계획이었고 실시설계 단계에서 관련 지방정부의 의견수렴 과정을 거쳤다. 현재 부산지역에서는 낙동강 하단에 에코델타시티를 건설 중에 있다.

적으로 불신하면서 합리성이 설 자리를 잃게 만들고 있다. 이 글에서는 남강댐 물 분쟁이라는 우리나라 동남권의 한 사례를 통해 우리가 냉정하게 합리성에 다가가야 하는 이유에 대해 고민하고, 어떻게 그럴 수 있을지에 대한 작은 담론을 해보기로 한다.

프레임을 연구하는 학자들은 벌판에 프레임을 설치하면 사람들은 프레임이 틀지어 주는 경관만을 바라보게 되듯이 프레임이 형성되고 강화된 개인이나 집단은 제한적 사고에 빠지게 된다고 한다. 프레임은 세상을 인식하고 해석하는 개인이나 집단의 틀을 의미한다. 개인이나 집단이 인식하는 세상은 합리성뿐만 아니라 비합리적인 감정과 욕심 나아가 가치관과 철학까지 내재되는 복합적인 프레임이 재단해주는 세상이다. 우리가 의사결정을 할 때 과학적 합리성과 경제적 합리성을 바탕으로 누구나 수긍할 수 있는 결론에 도달하는 것은 위험사회에서나 극단적 상대주의가 지배하는 포스트모더니티 사회에서는 하나의 이상이다. 만약 정책에 대한 신념, 인식, 그리고 가치관이 근원적으로 다른 구조를 가진 프레임들이 서로 대립할 때 필연적으로 분쟁이 발생하게 된다고 한다. 이성적인 담론(reasoned discourse)을 통해 대립 당사자들이 합의에 도달할 수 있고 이견이 있으면 새로운 정보를 찾아서 합의에 이를 수 있는 정책이견(policy disagreement)은 우리가 어느 정도 관리할 수 있는 상황으로 볼 수 있다. 그러나 범죄, 복지, 낙태, 빈곤, 마약, 환경 파괴와 같이 다루기 힘든 논쟁으로서 사실과 이성적 토론에 의해서는 해결될 수 없는 정책분쟁(policy controversies)에 직면하게 되면 우리는 어떻게 이러한 상황에 대처해야 하는가?

그림 4-8 4대강의 자연성 회복과 보 해체 방안

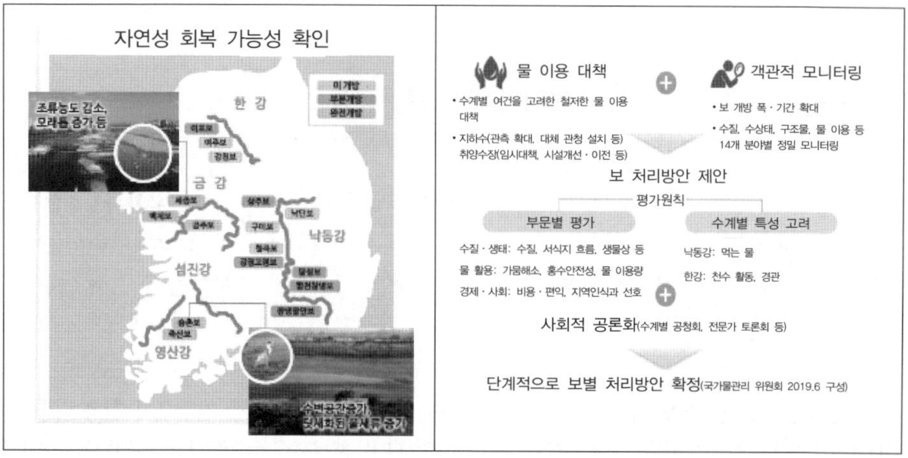

자료: 환경부(2019: 14).

그리고 이러한 가운데 문재인 정부는 [그림 4−8]에 나타난 바와 같이 4대강 보의 해체를 통한 재자연화 프로그램을 추진하고 있다. 그러면서 보(洑)로 인해 이득을 보는 유역 주민들과 손해를 보는 유역 주민들 사이에서 또 다른 심각한 갈등이 예고되고 있는 실정이다.

3. 남강댐 용수 공급 증대사업을 둘러싼 갈등

이명박 정부가 출범하고 2008년 4월에 들어 남강댐 용수공급 증대사업을 통해 이 물이 부산시 광역상수원으로 공급된다는 당시 국토해양부와 수자원공사의 정책계획이 나왔다. 경남의 남강댐 물을 부산에 공급하겠다는 「남강댐 용수 공급 증대방안 및 부산·경남권역 청정수자원 확보방안」 검토 보고를 둘러싼 부산과 경남의 갈등이 2년 넘게 지속되었다. 2008년 10월 말 당시 국토해양부가 밝힌 '물 문제 해소대책' 기본구상을 통해 구체화되면서 물 분쟁이 격화되었다. 이는 남강댐의 운영 수위를 현재의 41m에서 45m로 높여 연간 3억 9천만m^3, 하루 107만 톤의 용수를 추가 확보해 부산에 65만 톤, 중·동부 경남에 42만 톤을 공급하겠다는 방안을 발표한 것이다.

이에 대해 서부경남 정치권과 주민들은 애초에 홍수 방지를 위해 건설된 남강댐이 진주 도심에 접해 있고 저수량이 적어 범람 위험이 큰 데다가 여수로(餘水路, spillway)를 통해 방류할 때는 인근 사천만에 홍수 피해와 어업 피해가 우려된다며 크게 반발하였다. 그리고 남강 상류지역 주민들은 결국 농토가 침수되고 보상이 나올 것이라고 보고 벌써 생계대책을 고민하고 있었다. 인근 금성지구에서 60만m^2 안팎의 땅에 녹차단지를 일궈낸 농민은 출자금 19억 원과 지원금 50억 원 등 100억 원에 가까운 돈이 투입되어 이제 막 두 번 수확을 했다고 한다. 그러나 그는 정부의 댐 운영 수위 상승방안 때문에 망연자실해 있었다고 한다. 그는 2007년에 수위가 43m를 넘어서자 땅 밑으로 물이 스며들어 실제 피해를 봤고, 소송까지 한 경험이 있었다고 한다.

이러한 반발에 직면하여 당시 국토해양부는 2010년 1월 19일에 '운영 수위 상승 없는' 남강댐 물 부산 공급 방안을 제시하였다. 당시 부산발전연구원 관계자는 남강댐의 운영 수위인 41m와 저수위인 32m 범위 내에서 물 이용을 하더라도 1일 65만 톤 정도의 여유량이 있다는 것이다. 이를 감안할 때 운영 수위의 상승 없이, 그리고 상부댐 건설이나 보조 여수로 추가설치 이전에도 1단계 경남·부산권역 광역상수도 사업 계획은 추진이 가능할 것이라고 말했다.

그림 4-9 남강댐 운영 수위 상승 없는 남강댐 물 공급 방안

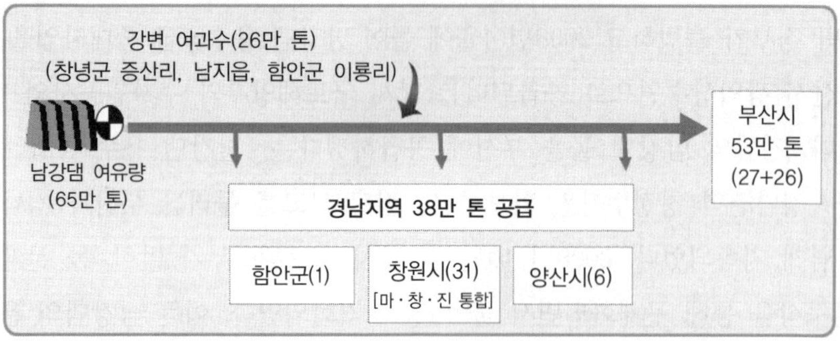

자료: 부산광역시 상수도사업본부 제공(2010).

4. 프레임과 남강댐 물 분쟁

2009년 12월 18일 기획재정부가 지난 1년 간 실시한 남강댐 및 부산·경남 광역상수도의 예비타당성조사 결과, '타당성이 있다'는 내용을 경남지역 출신 국회의원에게 설명했다. 기획재정부는 이 조사에서 편익－비용 비율로 나타난 경제성이 0.954로 1에 가깝고, 종합적 타당성이 0.527로 조사됨에 따라 부산·경남 광역상수도 사업이 타당성이 있는 것으로 나타났다는 것이다. 피해 보상은 1999년 댐을 축조할 때 어업권 소멸 보상이 이루어졌으므로 추가적인 소멸 보상은 법률적으로 불가하다는 당시 국토해양부의 판단에 근거한 것이었다. 따라서 어업권 소멸 보상이 추가적으로 이루어지지 않는 제1안은 사업비가 훨씬 적게 소요되는 것이다. 물론 사천시의 어민들은 아직도 어업을 하고 있는데 어업권이 소멸되었다는 당시 국토해양부의 판단은 잘못된 것이라고 주장했다.

표 4-5 기획재정부의 남강댐 용수 증대사업 경제성 분석 결과자료

구 분	경제성 지표	
	편익-비용 비율(B/C ratio)	순현재가치(NPV)
제1안(피해 보상)	0.954	-78,731백만 원
제2안(소멸 보상)	0.831	-329,617백만 원

* 사업 기간은 2009~2012년(공사 기간은 2010~2012년)이며, 분석 기간은 2013~2062년(50년 간)임. 사회적 할인율은 30년 간은 5.5%, 30년 이후 50년까지는 4.5% 적용.

당시 수자원정책 전문가들은 정부사업의 경우 B/C ratio가 0.6 이상이면 비록 경제성이 없더라도 공공성을 고려하여 타당성이 있는 것으로 평가한다고 했다. 이와 같은 기획재정부의 예비타당성조사 결과 발표 이후 기획재정부와 국토해양부는 이를 기초로 한국수자원공사의 타당성조사와 지방자치단체의 협의를 거쳐 사업을 추진할 가능성이 커졌다.

경상남도는 이 결과에 대해 정부가 도민들의 의견을 제대로 반영하지 않은 채 발표해 매우 유감스럽다면서 반발했다. 경상남도는 '댐 운영수위 상승을 통한 부산에의 물 공급 방안'은 도민의 생존권 확보 차원에서 절대 받을 수 없다고 했다. 이러한 가운데 사천시가 2009년 12월 22일 사업 백지화를 요구하는 건의문을 국토해양부와 기획재정부, 환경부, 그리고 경상남도 등에 전달했다. 한마디로 반대 프레임에서는 남강댐 보강사업을 '서부경남 말살정책'으로 프레임을 명료화했다.

개발 찬성 프레임에서는 강원도의 소양강댐과 더불어 경남 남강댐에는 지리산과 덕유산이라는 거대한 산의 물이 모여 댐을 형성하기 때문에 수량이 풍부하다고 주장했다. 그런데 소양강댐에 비해 유역 면적은 비슷하지만 저수량이 1/4밖에 되지 않기 때문에 댐의 운영 수위를 4m 높여도 추가로 비상 여수로(spillway)를 만들어 안정성을 확보할 수 있다는 주장했다. 이로 인해 사천시의 반대가 거세지자 운영 수위 상승 없는 남강댐 물 확보방안을 제시한다. 최근 이수안전도(물 수요량을 충족시킬 수 있는 물 공급 능력의 안정성을 나타내는 지표)를 검증한 전문가는 이를 97%로 잡았을 때 남강댐 여유 수량이 하루 65만 톤으로 동일하게 산출되었다고 평가했다.

반대 프레임에서는 우선적으로 남강댐 운영 수위 상승 때 사천만 지역의 안전성이 확보되지 않는다고 주장했다. 남강댐 운영 수위 4m 상승 시에 국가하천 가화천으로 30만 톤의 추가 방류가 이루어질 수밖에 없다고 주장한다. 그러면 사천공단 등 조성을 위해 매립지가 증가했고 사천만 인근지역의 홍수량 증가로 4~5m 정도의 수위상승이 예상되는데, 수자원공사는 사천만 쪽으로 1.5m 제방을 쌓는 데 그치고 있다는 것이다.

2009년 7월 28일에는 광역상수도 개발사업의 조속한 시행을 지지하는 '청정상수원 확보 범시민추진협의회'가 발대식을 열고, 부산권역 광역상수도 사업을 서둘러 가시화해야 한다는 내용의 성명서를 발표했다. 협의회에는 '청정수원 확보를 위한 부산 전문가 모임' 소속 학계 전문가들을 비롯해 여성과 환경단체 등 모두 122개 단체가 참가하였다.

5. 합의형성 방안 모색

물 분쟁에 빠져 있을 경우 분쟁 당사자는 물론 연구자 역시 합의형성에 가장 큰 무게를 두고 그 방안을 모색하게 된다. 그런데 합의형성(consensus building)이란 서로 다른 신념, 가치관, 이해관계, 역량과 권력이 서로 다른 집단들이나 개인들 간에 완전한 동의나 완벽한 일치를 이룬 최종 결과물이라기보다는 그러한 합의형성으로 접근하는 학습 과정이자 변화 노력이다. 그러므로 합의형성이란 서로의 양보를 바탕으로 이루어지는 협상(compromise)의 또 다른 이름이지 저 멀리 이상세계에 있는 그 무엇이 아니다. 그러면 우리는 어떠한 논리로 남강댐 물 분쟁을 해소하고 합의형성에 이를 수 있을까?

물 분쟁의 원인은 물의 고유한 특성과 지역공동체의 역사와 경험이 축적되어 있다는 내부적 상황조건을 이해하면서 출발해야 한다. 물이란 수자원은 재산권과 이용권이 명확하게 설정되지 않는 공유자원(common-pool resource)의 특성이 있어 누구든지 물 이용에서 배제할 수 없고 이로 인해 남용에 따른 편익의 감소를 염려해야 하기 때문에 상류지역과 하류지역의 분쟁이 불가피한 측면을 내재하고 있다. 그런데 많은 경우 물을 사이에 둔 경우보다는 물을 상하로 둔 경우 분쟁에 취약한 유역 특성을 지니게 된다. 대구와 부산이 그렇고 진주와 부산이 남강댐 물을 두고 벌이는 분쟁 역시 그러하다.

서부 경남은 동부 경남과 부산으로 발전의 축이 옮겨가면서 소외감이 강한 공동체의 특성을 지니고 있다. 최근에는 가덕도와 밀양을 사이에 두고 국제공항 입지 선정을 다투면서 감정의 골이 깊어져 있다. 이러한 상황에서는 과학적 합리성이 더 이상 효력을 발휘하지 못하고 분쟁을 촉진 시키는 것으로 나타났다. 이제 서로 다가갈수록 거친 가시로 상처를 입히는 호저 딜레마(porcupine dilemma)가 나타나고 있는 상황이다.

이때 갈등의 이해당사자들이 끝까지 합의할 때까지 기다려야 하는가? 아니면 제3자가 개입하여 갈등을 해결해야 하는가? 이러한 대조적인 갈등해결 방식은 어떠한 장점과 단점이 있겠는가? 여하튼 부산과 대구 취수원 이전 문제의 경우도 수계관리기금을 활용한 지원방안 마련 등의 의제가 앞으로 2019년 6월 물관리기본법의 시행으로 '유역물관리위원회'를 통한 일괄 협의 가능할 것으로 기대된다(환경부, 2018: 185).

제 4 절 국가물관리 체계의 변화와 대응

1. 통합 물관리 체계의 탄생과 과제

우리나라 물관리는 환경부(지방상수도 · 하수 처리), 국토교통부(댐 · 광역상수도 · 하천), 농림축산식품부(농업용수), 해양수산부(연안 · 하구), 산업통상자원부(수력발전) 등 기능별 · 시설별로 다수의 부처가 물 관련 업무를 분담하여 수행하고 있었다.

물 관련 법령 및 소관 부처가 다원화됨에 따라, 부처별 업무 간의 연계 부족으로 종합적인 물관리 정책의 수립 · 시행에 어려움이 발생했다. 상수도, 하천 정비 등 물 분야 사업의 중복으로 국가예산의 낭비, 규제 중첩 등의 부작용이 있어, 오랫동안 물관리 업무의 일원화 및 통합 물관리의 필요성이 지속적으로 제기되어 왔다.

예를 들어, 수량과 수질 관리 측면에서 환경부와 국토교통부가 서로 추구하는 목표가 달라 국가적 차원에서 종합적인 물관리 계획 수립과 집행에 난항을 겪거나, 댐 건설처럼 수량 확보 위주의 정책으로 인해 하천 유지용수가 부족해 수질이 악화되거

표 4-6 일원화 이전 용수관리 기능·시설별 분산된 물관리 체계

<table>
<tr><th colspan="3" rowspan="2">기능·시설 구분</th><th colspan="2">관리 주체</th></tr>
<tr><th>수 량</th><th>수 질</th></tr>
<tr><td rowspan="6">공급</td><td rowspan="3">상수도
관리</td><td></td><td>환경부</td><td rowspan="6">환경부</td></tr>
<tr><td>광역상수도</td><td>국토교통부
(수자원공사)</td></tr>
<tr><td>지방상수도</td><td>환경부
(지방자치단체)</td></tr>
<tr><td rowspan="3">수량관리
시설운영</td><td>다목적댐</td><td>국토교통부
(수자원공사)</td></tr>
<tr><td>농업용 저수지</td><td>농림축산식품부
(농어촌공사·지방자치단체)</td></tr>
<tr><td>발전용댐</td><td>산업통상자원부
(한국수력원자력)</td></tr>
<tr><td colspan="3">수요</td><td colspan="2">환경부</td></tr>
</table>

자료: 환경부(2018: 192).

나 하천의 생태계가 파괴되는 일도 발생했다.

물관리 일원화는 세계적인 추세로 OECD 35개 회원국 중 22개 국가가 환경 부서 중심으로 물관리를 통합·운영하며 물의 가치를 증대시켜 나가고 있으며, 기후 변화 대응 측면에서도 통합 물관리 필요성이 더욱 부각되었다.

문재인 대통령의 대선공약인 '물관리 일원화'가 2018년 5월 28일 개최된 국회 본회의에서 '물관리 일원화 3법'인 '물관리기본법'(안), '정부조직법' 일부개정법률안, '물관리기술 발전 및 물산업 진흥에 관한 법률'(안)이 의결됨으로써 법적 근거가 마련되었다. 이로써 20년 넘게 끌어오던 물관리 일원화 문제는 새 정부 집권 이후 4대강 사업에 대한 반성 움직임에 탄력을 얻어 취임 후 1년여 만에 실현되었다.

과거 1990년대 초반까지 수량과 수질 분야의 물관리 업무는 대부분 건설부(현 국토교통부)에서 담당하였다. 그런데 낙동강 페놀유출 사건의 후속 조치와 수질개선 대책 차원에서 수량수질관리 체계의 이원화가 확립되었다.

1991년 12월, 낙동강 페놀유출 사건 후속 조치로 하수처리시설 관리감독, 상수원 보호구역 지정·관리업무가 건설부에서 환경처로 이관되면서 환경처 시설기술국에 하수처리시설과가 신설되었다. 1994년 1월, 낙동강 수돗물 악취 발생에 따른 수질개선대책 차원에서 국무총리 직권 조정에 의거하여 질적 관리는 환경처, 양적 관리는 건설부가 책임관리(국무총리지시 1994-2호)하는 수량·수질 이원화 원칙이 확립되었다.

1994년 5월, 건설부의 지방상하수도 업무(광역상수도 제외)와 보건사회부의 수돗물 수질기준 설정 및 감시업무가 환경처로 이관되면서 현재와 같은 수량-수질 이원화 체계가 형성되었다.

1997년 1월, 국무총리를 위원장으로 하는 물관리정책조정위원회가 신설되었으나, 각 부처 물관리 업무의 통합·조정이라는 실질적 역할을 수행하지 못하고 2005년에 폐지되었다. 2000년대 이후, 정권 출범 시마다 물관리 일원화 논의는 있었으나, 관련 부처 이견 등으로 무산되었으며, 기존의 체계는 고착화되었다가 2018년 5월 물 관련 3개 법안['물관리기본법'(안), '정부조직법' 일부개정법률안, '물관리기술 발전 및 물산업 진흥에 관한 법률'(안)]이 통과되었다.

2017년 9월 말까지 관련 상임위원회로 특별위원회를 구성하여 협의·처리키로 합의하였고, 협의체 형식으로 구성되어 논의되어 왔으나 합의에 실패하였다. 우여곡절 끝에 2018년 5월 28일 국회 본회의에서 '물관리 일원화 3법'인 '물관리기본법'(안), '정부조직법' 일부개정법률안, '물관리기술 발전 및 물산업 진흥에 관한 법률'(안)이 의결되었다.

'물관리기본법'의 제정에 따라 기본법에서 규정하고 있는 물관리의 기본이념과 원칙 등에 근거하여 국가 물관리 정책이 시행될 예정이다. 특히 부처 간 물관리 업무의 유기적인 추진을 위하여, 대통령 소속의 '국가물관리위원회'와 국가물관리위원회 소속의 유역별 '유역물관리'를 신설하고, 물관리에 관한 중요 사항을 심의·의결하도록 규정했다.

2018년 5월, 여야 합의를 통해 국토교통부의 수자원 보전·이용 및 개발 기능의 환경부 이관을 위해 '정부조직법'이 개정되었다. '정부조직법' 개정에 따라 하천에 관한 사무는 국토교통부에 존치되고, '수자원의 보전·이용 및 개발'에 관한 사무가 환경부로 이관되었다. 국토교통부가 기존에 갖고 있던 소관 법률 7개 중 '하천법', '하천편입토지보상법'을 제외한 '수자원법', '댐건설법', '한국수자원공사법', '지하수법', '친수구역법' 등 5개 법률도 환경부로 이관되었다. 이에 따라 국토교통부는 하천과 댐, 물 자원 관리가 모두 유기적으로 연결된 상황에서 하천 관리 파트는 국토교통부

표 4-7 국토교통부와 환경부의 물관리 기능 변화

국토교통부 존치	환경부 이관
• 하천구역 및 홍수관리구역 고시 • 하천기본계획 수립 • 하천공사 및 유지 보수 • 하천 점용 허가 • 4대강 보 수선 유지	• 수문조사 • 댐 운영관리, 홍수 통제 • 광역상수도 • 하천수 허가·관리 및 조정 • 하천유지유량 설정 • 수자원산업 육성

자료: 환경부 보도자료(2018.6).

에 남기고 수자원 운용과 관련된 부분만 환경부로 보내는 것이 정책적으로 옳은 판단인지 우려를 표하기도 하였다.

물관리 일원화에 따라 정부조직도 개편되었다. 국토교통부 수자원정책국의 수자원정책과, 수자원개발과, 수자원산업팀 등의 본부조직과 홍수통제소, 한국수자원공사, 한국수자원조사기술원 등은 환경부로 이관되었다.

그림 4-10 통합 물관리에 따른 법령 변화

'정부조직법' 개정

국토교통부 → (이관) → 환경부

↓

하천관리 법률
국토교통부 존치

수자원의 보전·이용 및 개발에 관한 사무 이관
수자원법·댐건설법·지하수법·친수구역법·한국수자원공사법
: 수자원 관련 5개 법률 이관

'물관리기본법' 제정

물관리위원회: 국가물관리위원회·유역물관리위원회 설치
국가물관리 기본계획 10년마다 수립
(가뭄·홍수 등 수재해 예방, 공급·이용·배분과 수자원 개발·보전 등)

'물기술산업법' 제정

물기술 종합정보 시스템 구축, 우수제품 등의 사업화 지원, 물기술인증원의 설립 근거 등

자료: 에너지타임즈(www.energytimes.kr).

2. 물 산업 육성의 과제

물 산업을 미래전략산업으로 집중 육성하기 위해 2006년 2월 환경부 등 관계 부처 합동으로 '물 산업 육성방안'을 수립하였다. 이후 물 산업 육성계획이 구체화되면서 2009년부터 물 산업 분야의 국내·외 물 관련 프로젝트 수주 및 개발 등을 담당하는 기초인력 양성사업을 매년 추진하고 있으며, 국내 물 기업에 대한 정확한 통계 조사·분석을 통해 물 산업 육성정책에 활용코자 2012년부터 물 산업 통계 조사를 실시하고 있다. 세계 물시장이 2020년 8,341억 달러로 연평균 3% 성장할 것으로 예상(GWI, 2017)되고, 4대 기반시설 산업(교통, 통신, 전기, 물) 중 물 산업이 향후 20년간 최대 투자 시장으로 전망(OECD 세계 기반시설 투자 전망)되고 있으나, 국내 물 기업은 약 70%가 10인 미만 소기업으로 사업구조가 영세해 기술경쟁력과 해외 진출을 위한 역량 확보가 미흡하여 정부의 적극적인 지원이 요구되고 있는 실정이다.

이에 따라, 2015년부터 대구 국가산업단지 내 물 산업 진흥시설, 실증화 단지(test bed), 기업 집적단지를 2019년까지 조성하여 국내 물 기업의 기술개발에서부터 해외 진출까지 전 주기를 지원하는 물 산업 클러스터 조성사업(649천m^2, 2,373억 원)을 본격 추진하고 있다.

국내 물 기업의 해외 진출 플랫폼으로서 국내 물 기업의 해외진출 지원 및 물 산업 집중 육성을 위해 2015년 4월 산·학·연·관이 결집한 '한국물산업협의회(KWP)'를 발족하였고, 환경부, 특·광역시, 한국환경공단, 한국수자원공사 등 13개 물 관련 공공기관이 상호 협력하여 물 산업 기반 강화, 관련 중소기업 육성 지원, 국민 물 복지 향상 도모하기 위한 협의기구로 2016년 12월 '물산업기술발전협의회'를 발족하였다. 박근혜 정부 당시인 2015년 4월 12일~17일 사이에 대구·경주에서 개최된 제7차 세계 물포럼을 계기로 물 산업 네트워크 형성을 위한 특별 세션을 개최하여 대구시, 밀워키시, 미국 물위원회, 한국물산업협의회(KWP) 간 물 산업 협력 MOU를 체결함으로써 물 산업 활성화 및 지원 기반을 마련하였다.

2016년 11월 관계 부처 합동으로 '스마트 물 산업 육성전략'을 수립하여 글로벌 물 산업 강국으로 도약을 위한 물 기업 기술경쟁력 강화, 물 신시장 창출, 물 산업 혁신 기반 조성 전략을 마련하였다. 2018년 6월 12일 '물관리기술 발전 및 물산업 진흥에 관한 법률'이 공포됨에 따라 물관리 기술 개발 및 사업화 촉진과 물 기업 해외 진출 지원 등 물 산업 진흥정책의 실행력이 강화되었다(환경부, 2018: 201－202). 우리나라도 21세기 푸른 황금(blue gold)이라고 불리는 물 산업을 육성하기 위하여 정부가 공공기관을 통해 플랫폼을 제공하면서 제도적 지원을 토대로 굵직한 물 기업들이 탄생하기를 기대한다.

생각발전소

1. 우리나라가 물 부족국가라는 주장에 동의하는가? 그런데 물 부족을 전혀 느끼지 못한다면 어떤 이유에서 연유된 것일지 생각해 보자.
2. 물에 대한 인간의 권리와 국민으로서의 기본권을 보장해야 하는 이유가 무엇인지 생각해 보자.
3. 우리나라 4대강 주요 지점의 수질오염 지표의 추이를 살펴보면 BOD와 COD의 차이가 발견되는데, 왜 그런지 생각해 보자.
4. 육상오염에 비해 상대적으로 해양오염에 대한 관심이 적은 이유가 무엇이라 생각하는가? 한・중・일 해역에서 '공동어장의 비극'이 발생하고 있는데 그 이유가 무엇인지 생각해 보자.
5. 적합한 정책목표를 설정하기 위해서는 정확한 문제파악이 선행되어야 하는데, 우리나라 4대강의 경우 수량 확보와 수질개선 중에서 어떤 정책목표가 우선 순위에 있어야 하는지 생각해 보자.
6. 4대강과 주요 상수원의 수질개선을 위해서는 인과관계가 높은 정책 수단을 선택하는 것이 중요한데, 가장 중요한 정책 수단은 무엇인지 생각해 보자.
7. 4대강 살리기 사업의 긍정적인 측면과 부정적 측면을 놓고 찬반 집단이 서로 갈등하게 된 이유는 무엇인지 생각해 보자.
8. 강의 상류에 있는 지역주민들과 하류에 있는 지역주민들이 분쟁에 휘말리게 되는 이유는 무엇인가? 양 집단이 어떻게 사회적 합의 형성에 성공하여 공영할 수 있을지 생각해 보자.
9. 우리나라 유역 통합 물관리의 성공적 운영을 위해서는 어떠한 과제를 해결해야 하는지 생각해 보자.
10. 우리나라도 21세기 푸른 황금(blue gold)이라고 불리는 물 산업을 육성하기 위하여 정부가 공공기관을 통해 플랫폼을 제공하면서 제도적 지원을 토대로 굵직한 물 기업들이 탄생할 수 있을지 생각해 보자.

Chapter 05

기후 변화 정책과 행정

1970년대 중반부터 서서히 알려지기 시작해서 1990년대 초반부터 유엔회의를 통해 기후 변화 문제가 다루어져 왔다. 그리고 극단적인 기상이변들이 갈수록 빈번해지고 보다 강력하게 전개되어 오면서, 기후 변화는 이제 세계 대부분의 사람들이 인지하는 용어가 되었다. 유엔 기후 변화에 관한 정부간 협의체(United Nations Inter-governmental Panel on Climate Change: IPCC)는 2007년에 발표한 제4차 평가보고서(The Fourth Assessment Report: AR4)에서 지구가 점점 더워지고 있는 것이 "사실상 확실하다(virtually certain)"고 결론지었다. IPCC(2007)에 따르면, 과학자 공동체에서 "virtually certain"은 99% 이상의 가능성을 가진 경우에 쓰는 표현이다. 또한 IPCC는 이러한 기후 변화가 인간에 의해 일어났다는 것도 "극히 가능성이 높다(extremely likely)"고 결론지었는데 이는 95% 이상의 가능성이 있을 때를 의미한다.

기후 변화가 정말 일어나고 있는 것인지에 대한 논의는 더 이상 논쟁의 대상이 아니다(UNDP, 2007). 이제 기후 변화는 저기 멀리서 미래에 일어날 일이 아니라 지금 여기 우리에게 일어나는 문제가 되었다. 오늘날 논의의 핵심은 어떻게 이 문제를 해결해 나갈 것이냐에 있다. 우리가 지금부터 어떤 조처를 취하지 않는다면 인류는 물론 지구상의 다른 생물종의 생존 자체를 위협하는 생태적 재난을 야기할 전망이어서 기후 변화는 가히 21세기 최대 환경 문제로 인식되고 있다. 따라서 기후 변화는 기후 위기로 불릴 만큼 긴급하게 대처해야 할 문제가 되었다. 문제는 기후 변화의 위험이 높아져 가고 있고 그에 발맞춰 기후 변화에 대한 인식 수준도 높아져 가고 있지만 기후 변화 문제를 해결하기 위한 국가별 감축목표는 여전히 필요한 수준에 이르지 못하고 있다는 것이다. 국내 기후 변화 정책 또한 강화되고 있기는 하지만 여전히 기후 변화를 야기하는 온실가스 배출은 지속적으로 증가하고 있다.

이 장에서는 기후 변화란 무엇이며 왜 발생했는지에 대해 살펴보고 이러한 기후 변화에 대해 그간 국제사회가 어떻게 대응해왔는지, 한국 정부는 또한 어떻게 대응해 왔는지를 살핀다. 나아가 기후 변화를 둘러싸고 국내·외적으로 어떤 행위자들이 존재하며 그들 간에 어떠한 갈등이 있는지, 왜 적극적인 기후 변화 대응이 이루어지고 있지 않은지 살펴보도록 한다. 이러한 논의를 토대로 기후 변화 정책이 나아가야 할 바람직한 방향을 제안한다.

제 1 절 기후 변화의 이해

1. 기후 변화의 의미와 원인의 이해

기후 변화란 장기간 일정하게 유지되어 온 기후 패턴에 변화가 발생하는 것을 말한다. 기후 변화에 관한 정부간 위원회(Inter-governmental Panel on Climate Change: IPCC)는 기후 변화를 "기후 특성의 평균이나 변동성의 변화를 통해 확인 가능하고 수십 년 혹은 그 이상 오래 지속되는 기후상태 변화"로 본다. 즉, "자연적인 기후 변동성이든 인간 행위의 결과이든 발생하는 장기적인 기후의 변화"로 정의한다. 반면 유엔 기후변화협약(united Nations Framework Convention on Climate Change: UNFCCC)에서는 현재 문제가 되고 있는 기후 변화란 "지구 대기 조성을 변화시키는 인간의 활동에 의해 직·간접적 원인이 있고, 그에 더해 상당한 기간 동안 자연적 기후 변동이 관측된 것"을 말한다(UNFCCC 제1조). UNFCCC에서는 인위적으로 야기되는, 즉 인간 사회경제 활동의 결과로 발생하는 기후 변화에 초점을 맞추고 있는데, 바로 이 기후 변화가 현재 인류가 관심을 가지고 있는 기후 변화이다. 자연 변동성이 아니라 인간 행위에 의해 야기된 것에 관심을 두는 것은 인간 행위의 변화를 통해 기후 변화의 진행을 완화할 수 있기 때문이다.

그렇다면 이러한 기후 변화는 왜 일어나게 되었으며 왜 인간 행위의 결과로 이해할 수 있는 걸까? 현재 진행되고 있는 기후 변화는 지구온난화로부터 야기된 것인데,

지구온난화는 온실효과(greenhouse effect)가 과도하게 일어나 지표면의 온도가 상승한 현상을 뜻한다. 온실효과란 지구를 둘러싸고 있는 대기 중에 온실가스(greenhouse gases: GHGs)로 인해 야기된다. 온실가스는 태양으로부터 지구로 들어오는 짧은 파장의 태양복사 에너지는 통과시키고 지구로부터 우주로 나가는 긴 파장의 적외복사 에너지의 일부는 흡수한다. 바로 이런 온실효과로 인해 복사 에너지 일부가 대기 안에 갇히게 되면서 지표면의 온도가 일정하게 유지되어 왔다. 이런 온실효과가 없다면 지표면의 온도는 평균 −18℃ 정도로 낮았을 테지만 온실효과로 인해 몇만 년 동안 지표면의 온도가 약 15℃를 유지해 왔다. 문제는 대기 중 온실가스 농도가 증가하면서 몇만 년 동안 유지되어 왔던 지구 평균 온도가 상승하면서 물의 증발량이 많아지고 물의 순환이나 대기와 해류의 흐름이 변화되면서 일정하게 유지되어 왔던 기후 평형 시스템이 깨어지게 된 것이다. 바로 이러한 결과가 극단적인 이상기후 증가로 나타난 것이 기후 변화이다.

온실가스에는 수증기를 포함해서 여러 가지 기체가 포함되나 교토의정서(Kyoto Protocol)을 통해 제1차 의무감축 이행 기간에는 이산화탄소(CO_2), 메탄(CH_4), 아산화질소(N_2O), 수소불화탄소(HFCs), 과불화탄소(PFCs), 6불화황(SF_6)이 우선적으로 줄여야 할 온실가스로 결정되었고, 2012년 카타르 도하에서 열린 제18차 기후변화당사국총회에서 제2차 공약 기간에는 삼불화질소(NF_3)가 새롭게 추가되었다(<표 5−1> 참조). 이 중에서 가장 중요한 기체는 CO_2이다. CO_2의 지구온난화 지수(Global Warming Potential: GWP)는 다른 온실가스에 비해 크지 않지만 온실가스 중 3/4 이상을 차지할 정도로 배출 비중이 높고 소비를 줄이기 쉽지 않은 화석연료 연소로부터 발생하여 줄이기 쉽지 않으며 분해가 어렵고 대기에 체류하는 기간이 길어 복사강제력이 크다.[1] 대기 중에 방출된 CO_2는 약 50~200년 동안 대기 중에 체류하는 것

1) 지구온난화 지수란 온실가스의 복사 특성을 기초로 하여 현재 대기의 온실가스 단위 질량의 복사강제력을 일정 기간에 대해 적분하여 CO_2의 복사강제력과 비교한 지수를 말한다. GWP는 온실가스들이 대기에 잔류하는 시간과 열적외 복사를 흡수하는 상대적 효율을 결합한 것이다(IPCC, 2007). 기후 변화 관련 보고서들에서 사용하고 있는 GWP는 100년 동안의 배출에 대한 것이다. 다르게 표현하자면, 지구온난화 지수란 대기 중 농도 변화를 직접 측정하지 않고 서로 다른 기체들의 상대적인 복사 흡수 능력을 측정하기 위한 지표로서, 이산화탄소 1kg과 비교하였을 때 어떤 온실가스가 대기 중에 방출된 후 특정 기간 동안 그 기체 1kg의 가열 효과가 어느 정도인가를 평가하는 척도를 말하는데, 100년을 기준으로 CO_2를 1로 볼 때의 상대적인 값으로 표현된다. 또한 복사강제력(Radiative Forcing)이란 어떤 한 인자가 지구−대기 시스템에 들어오는 에너지와

으로 알려졌으나 2013년과 2014년에 나온 IPCC의 제5차 평가보고서에 따르면, 15~40%는 1,000년 이상 분해되지 않고 대기 중에 머문다. 이러한 CO_2 배출이 늘어난 가장 중요한 원인은 산업혁명 이후 화석연료를 대규모로 사용해 온 데 있다. 이산화탄소는 산업공정상에서 배출되기도 하지만 대부분은 화석연료의 연소 과정에서 배출되는데, 화석연료 연소와 산업공정으로부터 배출되는 CO_2가 총 온실가스의 65%를 차지한다(IPCC, 2014). 게다가 CH_4와 N_2O의 일부도 화석연료 연소로부터 배출되기 때문에 에너지 사용에 따른 온실가스 배출이 총 배출의 68.0%에 이른다(IPCC, 2014). 결국 에너지원의 변화와 에너지 사용 행태의 변화, 나아가 생활양식의 변화 없이는 온실가스 배출을 줄이기 힘든 것이다.

IPCC의 AR5에 따르면, 대기 중 CO_2 농도는 산업혁명기 이전에 약 280ppm이었

표 5-1 온실가스의 종류와 특성

	대기 체류 기간(년)	배출 비중 (2005년, %)	온난화 지수 (CO_2 = 1)	온난화 유발도* (2005년, %)	주요 배출원
이산화탄소 (CO_2)	50~200**	76.7	1	55	화석연료 연소, 산업공정, 산림 벌채
메탄(CH_4)	20	14.3	21	15	폐기물, 농업, 축산(쓰레기 매립지에서의 혐기성 기체 분해 과정, 동물성 폐기물의 분해, 천연가스와 석유 생산 및 유통 과정, 동물 소화 과정, 석탄 채굴, 화석연료의 불완전 연소)
아산화질소 (N_2O)	120	7.9	310	6	유기화학 비료를 사용한 대규모 경작, 화석연료 연소, 질산 생성 과정, 바이오매스 연소
F가스류 (HFCs, PFCs, SF_6, NF_3)	65~130	1.1	1,300~23,900	24	반도체 생산공정, 가스절연 개폐기, 가스절연 변압기, 에어컨과 자동차 에어컨 냉매

주: * 흔히 '온난화 기여도'로 번역되지만 '기여'가 긍정적인 상태에 이바지하는 것을 뜻하므로, 이 글에서는 지구온난화를 유발하는 정도란 의미에서 '온난화 유발도'로 번역함. 복사강제력이 높을수록 온난화 유발도가 높아짐.

** Solomon et al.(2009)나 IPCC의 AR5(2013)에 따르면, 이산화탄소의 15~40%는 대기 중 체류 기간은 1,000년에 이른다고 함.

자료: IPCC(2007)와 WMO(2013) 재구성.

나가는 에너지의 균형을 변화시키는 영향력을 측정한 것으로 잠재적 기후 변화 메커니즘으로서 그 인자의 중요도 지수이다. IPCC(2007)의 복사강제력 값은 1750년으로 정의한 산업화 이전 상태에 대한 변화량이며 $1m^2$당 와트(W/m^2)로 표현한다.

던 데서 2011년 현재 391ppm으로 증가하였다([그림 5-1] 참조). 미국 항공우주국(National Aeronautics and Space Administration: NASA)에 따르면, 2019년 7월 현재 대기 중 CO_2 농도는 411ppm을 넘어섰다. 과거 몇백만 년 동안 280ppm을 넘어선 적이 없었으며, 현재의 대기 중 CO_2 농도는 1950년대 이후 수직 상승하였다. 기후과학자들은 생태계의 불가역적(irreversible) 변화가 일어나지 않기 위해서는 지표면 온도 상승이 2℃ 이내로 제한되어야 한다고 경고하고 있는데, 이를 위해서는 대기 중 CO_2 농도가 450ppm을 넘어서지 않아야 한다. 하지만 CO_2를 비롯해서 온실가스 배출이 지속적으로 증가하여 대기 중에 누적됨으로써 지표면 온도 또한 지속적으로 상승하였다. 그 결과 지난 133년(1881~2010년) 간 1850~1900년 사이 평균 기온 대비 0.85(0.65~1.06)℃가 상승하였다. 게다가 1850년 이래 최근 30년(1983~2012년) 동안의 10년 평균 지표 온도가 과거 어떤 10년 평균보다 높은 것으로 나타났다. 미국 해양대기청(National Oceanic and Atmospheric Administration: NOAA)에 따르면, 1880년부터 2017년 사이 138년 동안 전 지구 평균 기온이 가장 높았던 10년 중 9년이 2000년 이후에 발생하였다(국립기상과학원, 2018). 이는 갈수록 온난화 경향이 강화되고 있음을 의미한다. 지표면의 온도가 상승하면서 빙하의 질량 손실이 늘어나고 해수 온도 상승으로 해양에서도 열팽창이 일어나 해수면 또한 상승하였다. 1901~2010년에 전지구 평균 해수면은 0.19(0.17~0.21)m 높아졌는데, 해수면 상승 또한 갈수록 더욱 빨라지는 경향을 보인다.

기후 변화의 진행은 이제 더 이상 막을 수 없다. 다만, 진행 속도를 늦추어 오랜 기간에 걸쳐 새로운 평형상태로 이르도록 할 수 있을 뿐이다. 이미 배출된 온실가스가 분해되지 않고 일정 기간 대기 중에 머무르면서 지속적으로 온실효과를 일으키기 때문이다. 그렇기 때문에 원인이 되는 온실가스의 배출을 줄이는 완화(mitigation) 활동과 함께 적응(adaptation) 활동이 중요한 대응방안으로 요청된다. [그림 5-2]에서 볼 수 있는 것처럼 2018년에도 전 세계적으로 이상 기후로 인한 재난이 빈발하였다.[2] 바로 이 때문에 온실가스 배출 감소 노력과 함께 중요하게 다뤄져야 하는 분야

2) [그림 5-2]에서 아프리카의 경우 이상 기후에 따른 피해가 별로 없었던 것처럼 보이나 이는 정보 수집이나 보고가 제대로 이루어지지 않아서 생긴 결과이다. 또한 국가별 피해를 비교할 경우 평면적으로 피해액을 비교하는 것은 적절하지 않다. 각 국가별 경제 능력이 다르므로 동일한 액수가 가진 의미가 다르기 때문이다. 따라서 피해액이 GDP와 견주어 어느 정도인지를 확인할 필

가 '적응'이다. 적응이란 "실제 혹은 예상되는 기후 변화 결과에 대한 자연계와 인간계의 취약성을 감소시킬 대책"(IPCC, 2007) 또는 현재와 미래의 기후 변화 영향과 취약성에 적절하게 대응할 수 있는 능력과 체제를 갖추는 과정과 구조의 변화를 말한다(WRI, 2013). 즉, 기후 체계에 사회를 맞추어가면서 부정적 영향을 최소화하고 취약성을 줄이고 회복 탄력성(resilience)을 높여가는 과정이다. 예를 들면, 강과 해안의 둑 높이기, 온도 충격에 민감한 작물을 좀 더 강한 작물로 품종 개량하기, 침수 예상지역으로부터 주거지역 소개하고 이전하기, 홍수를 막기 위해 저류지나 빗물 이용 늘리기 등이 포함된다. 하지만 지속 가능한 기후 변화 적응을 위해서는 이런 사회기반시설의 정비를 넘어서 기존 토지이용의 변화와 사회경제 활동의 변화 등이 필

그림 5-1 CO_2 농도, 기온, 해수면 변화

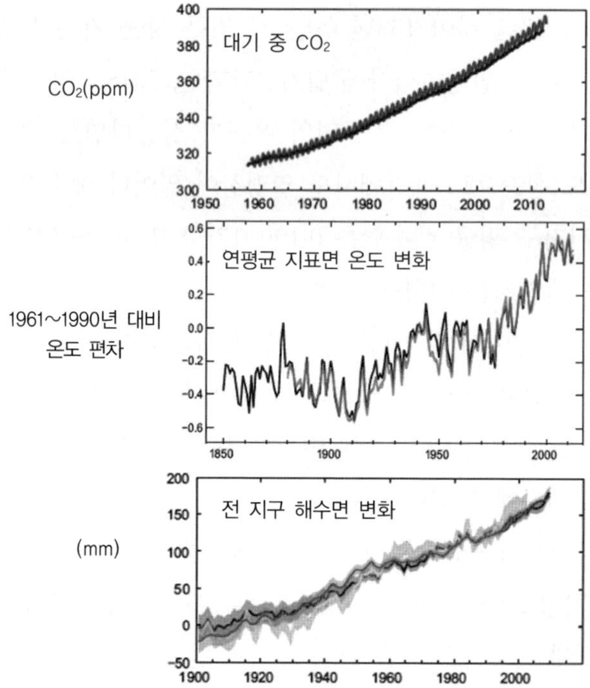

자료: IPCC(2014, AR5).

요가 있다.

요하며, 나아가 사회구성원들의 적응 역량을 원천적으로 제한하는 사회적 불평등 구조를 변화시키지 않으면 안 된다. 이러한 접근에는 경제적 비용이 수반될 뿐 아니라 새로운 사회 구조로의 전환을 둘러싼 사회 갈등 또한 발생하는 양상을 띤다.

기후 변화가 야기하는 이상 기후가 어느 정도의 강도와 빈도로 진행될 것인지 정확히 알 수는 없다. 하지만 그 추세가 어떻게 진행될 것인지의 상당 부분은 인류가 어떻게 대응하느냐에 달려 있다. IPCC는 2100년까지 온도나 해수면이 어느 정도로 상승할 것인지에 대해 AR5에서 네 가지 대표농도경로(Representative Concentration Pathways: RCPs) 시나리오를 개발해서 미래를 전망하였다. RCP 2.6은 온실가스를 당장 적극 감축하는 경우, RCP 4.0은 저감정책이 상당히 실현되는 경우, RCP 6.0은 저감정책이 어느 정도 실현되는 경우, RCP 8.5는 저감 없이 현 추세대로 배출하는 경우를 의미한다. 시나리오 분석 결과, [그림 5-3]에 나타난 것처럼 RCP 2.6의 경

그림 5-2 2018년 전 세계 이상 기후 발생 분포도

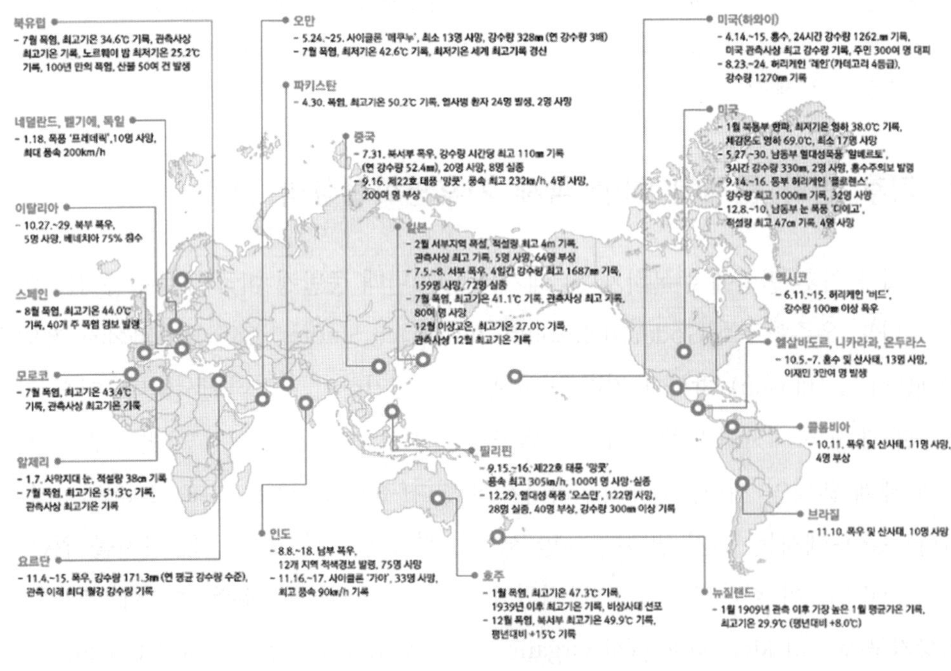

자료: 관계부처합동(2019).

우 1986~2005년 평균에 비해 평균 기온이 1℃ 상승하면서 최대 상승 폭이 1.8℃로 나타났지만, RCP 8.5의 경우 평균 3.7℃, 최대 4.8℃까지 상승하는 것으로 나타났다. 해수면은 RCP 2.6에서는 평균 40cm 상승하고, RCP 8.5에서는 평균 63cm, 최대 82cm까지 상승하는 것으로 전망되었다.

그림 5-3 시나리오별 지표면 온도 상승(좌)과 해수면 상승 전망치(우)

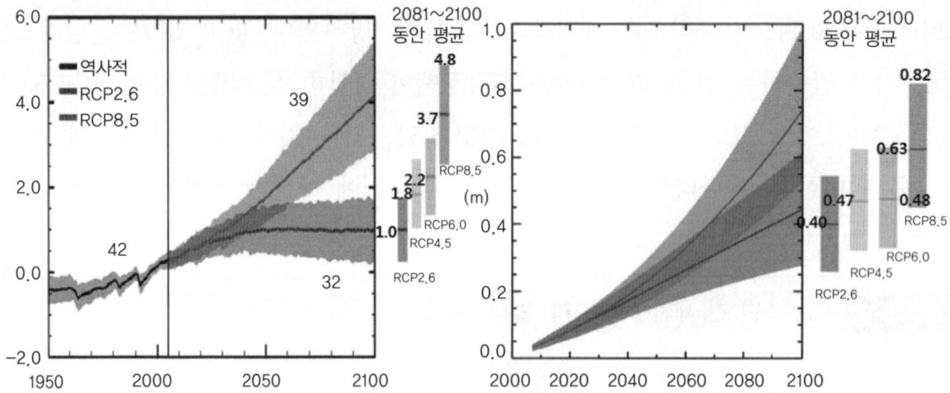

자료: IPCC(2013) 재구성.

2. 기후 변화 문제에 대한 국제 기후변화협상의 전개

세계가 기후 변화에 주목하게 된 계기는 1970년대 중반경 미국 우주항공국(NASA) 내 고다드 우주연구소(Goddard Institute for Space Studies: GISS)의 과학자 제임스 한센(James Hansen) 박사가 기후 변화 문제를 제기하기 시작하면서였다. 이후 기후 변화에 대해 국제사회의 관심이 조금씩 생겨나면서 1979년에는 기후 변화에 관한 최초의 세계 회의인 제1차 세계기후회의가 열렸다(조용성, 2008: 104). 1988년 6월 캐나다 토론토에서는 '대기 변화에 대한 세계회의'가 열려서 기후 변화 방지를 위한 대책이 마련되어야 한다고 촉구하게 되었다. 같은 해 12월에는 유엔 결정에 따라 세계기상기구(World Meteorological Organization: WMO)와 유엔환경계획(UN Environmental Programme: UNEP)이 공동으로 지원하는 IPCC가 설립되었고, 1990년 8월에는 IPCC가 1차 보고서(the First Assessment Report: FAR)를 펴냈다. 1990년 11월에는 스위스의 제네바에서 제2차 세계기후회의가 열려 IPCC의 1차 보고서를 기초로 기후변화방지협약을 제정하기로 합의하였다.

기후 변화 문제가 국제적으로 큰 획을 그은 사건은 1992년 브라질 리우데자네이로에서 열린 유엔환경개발회의에서 166개국이 서명하여 기후변화협약(UN Framework Convention on Climate Change: UNFCCC)이 채택한 것이었다. 기후변화협약에서는 "공통적이지만 차별화된 책임원칙(Common but differentiated Responsibility Principle)"을 기초로 온실가스 배출 감축에 모든 국가가 노력할 것을 촉구하면서 가입 당사국들에 대해 일반의무와 특별의무를 부과하였다. 일반의무란 기후변화협약의 모든 당사국들은 온실가스 배출 통계를 보고하고 온실가스 저감을 위한 정책과 조치를 시행하며 온실가스 흡수원 보호 및 확대하는 등의 활동을 하면서 국가 보고서를 제출해야 한다는 것이다. 특별의무란 산업화를 더 일찍부터 이루어오면서 더 많은 배출 책임이 있는 24개의 OECD 국가들과 11개 경제이행국(Economies in Transition: EIT)들을 부속서 I 국가들(Annex I Countries)로 분류하고, 이들 국가들은 2000년까지 1990년 수준으로 온실가스를 안정화하도록 한 것을 말한다. 기후변화협약은 비준국이 50개 국가를 넘어서야 한다는 조건을 충족한 1994년에 발효되었다.

기후변화협약 발효 이후 다음 해인 1995년부터는 당사국 총회(Conference of Parties: COP)가 매해 한 번씩 개최되고 있다. 독일의 베를린에서 열린 제1차 당사국 총회에서는 기후변화협약이 구속력 없는 국제협약(non-binding agreement)으로서 기후 변화를 억제하기에는 한계가 있다는 공감을 바탕으로 제3차 당사국총회(COP-3) 때까지 구속력 있는 의정서를 채택하기로 합의한 베를린 위임사항(Berlin Mandate)을 채택하였다. 1997년 12월 일본 교토에서 열린 COP-3에서는 구속력을 가지면서 기후변화협약의 보다 구체적인 이행계획을 담은 교토의정서(Kyoto Protocol)를 채택하였다. 교토의정서에서는 부속서 I 국가들은 2008년에서 2012년에 이르는 기간 동안 온실가스 배출을 1990년에 비해 평균 5.2% 감축하기로 하였다. 공통적이지만 차별적인 책임 원칙과 능력에 입각한 부담 원칙에 따라 협상 과정을 통해 1990년 배출량 대비 -8%에서 +10%까지 다양하게 결정되었다. 감축해야 할 온실가스로 이산화탄소(CO_2)와 메탄(CH_4), 아산화질소(N_2O), 수소불화탄소(HFCs), 과불화탄소(PFCs), 육불화황(SF_6) 등 6개 기체를 선정하였다. 아울러 의무 감축을 약속한 부속서 I 국가들이 감축에 따른 경제적 부담을 덜 수 있도록 시장 기제인 교토 체제(Kyoto mechanism)를 활용하고 산림이나 토지를 온실가스의 흡수원(sinks)으로 인정하는 데 합의했다. 교토 체제는 국제 배출권 거래제(international emissions trading: IET)와 공동 이행(joint implementation: JI), 청정개발 체제(clean development mechanism: CDM)의 세 가지 기제를 말한다. 교토의정서는 우여곡절 끝에 채택된 지 8년 만인 2005년 2월 16일 발효되었다.

교토의정서가 발효된 2005년부터는 교토 이후(post-Kyoto)에 대한 논의가 진행되었다. 2007년에 인도네시아 발리에서 열린 제13차 당사국총회(COP-13)에서는 교토 이후에 대한 포괄적 협상 프로세스로 발리 로드맵(Bali Road Map)을 채택하였다. 발리 로드맵으로 미국을 포함한 모든 선진국은 물론 개발도상국까지도 교토 이후 감축 목표를 수립하여 이행하는 방향으로 국제 기후변화협상을 진행하기로 약속하였다. 발리 로드맵의 특징은 교토 이후 협상을 교토의정서와 기후변화협약의 두 갈래(two-track)로 진행시킨다는 점이었다. 2012년 종료되는 교토의정서 체제가 바로 이듬해인 2008년부터 시작되는 상황에서 2012년 이후에 대한 대책 마련이 절실해졌을 뿐 아니라 미국의 교토의정서 탈퇴로 선진국 배출 온실가스 총량이 지구 전체 배출량의 30%밖에 되지 않는 데다 2010년 이후 개발도상국의 온실가스 배출 총량이 선진국을 능가하게 되면서 미국과 함께 온실가스 다배출 개발도상국의 참여가 절실해졌기 때문이다. 한편으로는 교토의정서 트랙으로 교토의정서 추가 감축 작업반(The Ad Hoc Working Group on Further Commitments for Annex I Parties under the Kyoto Protocol: AWG-KP)을 통해 선진국들의 2012년 이후 후속 공약기간에 대해 감축 수단, 목표와 범위, 추가 감축 공약과 기간에 대한 합의를 도모하면서 교토의정서의 이행사항에 중점을 두어 검토하도록 하였다. 다른 한편으로는 기후변화협약 트랙으로 장기협력행동 특별협력반(Ad Hoc Working Group on Long-term Cooperative Action, AWG-LCA)을 두어 온실가스 감축 문제만이 아니라 장기 비전, 기후 변화 적응, 기술개발 및 이전, 재정 지원 문제 등을 포괄적으로 다루도록 하였다.

2009년 덴마크의 코펜하겐에서 열린 제15차 당사국총회(COP-15)에는 최초로 대부분의 주요국 정상이 참여하여 기후 변화에 대한 전 세계의 이목과 관심이 집중되는 정치적 성과가 있었으나 2012년 이후 교토의정서를 대체하는 새로운 법적 구속력을 가진 협약을 채택하는 데 실패하고 코펜하겐 합의(Copenhagen Accord)를 도출하는 선에서 마무리되었다. 코펜하겐 합의문에서는 지구 평균 온도 상승을 산업화 이전 대비 2℃ 이내에서 억제하고 개발도상국의 기후 변화 대응을 위한 선진국의 단기 및 장기 재원 조성과 이를 위한 녹색기후기금(Green Climate Fund: GCF) 설립에 합의하였다. 하지만 온실가스 감축에 대한 국제법적 구속성 문제에 대한 언급 없이 참여국들이 자발적인 감축목표를 제시하고, 이에 기초해서 향후 협상을 전개한다는 정도의 내용만 포함함으로써 2012년 이후 선진국의 온실가스 감축목표 설정이나 개발도상국의 구속력 있는 감축이행이라는 애초 목표를 달성하지 못했다.

이후 2010년에는 멕시코 칸쿤에서 COP－16이, 2011년에는 남아공 더반에서 COP－17이, 2012년에는 카타르 도하에서 COP－18이, 2013년에는 폴란드 바르샤바에서 COP－19가, 2014년에는 페루 리마에서 COP－20이 열렸다. 2011년 COP－17에서는 교토의정서 제2차 공약 기간을 2013년부터 2020년까지로 정하고, 2015년 COP－21을 신기후 체제 수립을 위한 2020년 이후(post－2020) 신기후 체제 설립을 위한 협상 시한으로 합의하였다. 2012년 COP－18에서는 GCF을 조성하여 개발도상국에 대해 기술 이전과 적응 노력 지원을 위한 녹색기후기금을 설치하고 교토의정서를 개정하여 교토 체제를 2020년까지 연장하며 2020년 이후 새로운 단일기후 체제를 설립하는 데 합의하였다. 아울러 한국의 송도를 GCF 유치도시로 승인하고 NF3도 규제 대상 온실가스에 포함하였다. 하지만 미국과 일본, 러시아, 캐나다, 뉴질랜드가 제2차 공약 기간에 참여하지 않을 것을 선언하였기 때문에, 제2차 공약 기간에 참여하는 의무 감축 국가들의 온실가스 배출이 세계 총 배출량의 15% 정도에 지나지 않아 크게 실효성을 기대하기 어렵게 되었다. 2013년 COP－19에서는 2020년 이후 목표인, '의도된 국가결정기여(Intended Nationally Determined Contribution: INDCs)'를 COP－21 개최 이전까지 제출하기로 합의하였고, 장기재원 조성을 위해 격년으로 장관급회의를 열고 개발도상국의 기후 변화 손실과 피해를 지원하기 위한 집행위원회를 구성하기로 하였다. 2014년 COP－20에서는 '기후행동을 위한 리마 요청서(The Lima Call for Climate Action)'를 통해 INDCs의 범위와 제출 시기 등 작성지침을 구체화하였다. 당사국들은 INDC 제출 정보와 기여 원칙, 감축목표, 제출 절차에 합의하였는데, 준비가 되어 있는 국가는 2015년 3월까지, 그렇지 못한 국가들은 COP-21 이전 충분한 시기를 두고 INDC를 제출하고, UNFCCC 사무국이 2015년 10월 1일까지 제출된 INDCs를 분석하여 '2도 이내' 목표 달성 여부에 대한 종합보고서를 한 달 뒤인 11월 1일까지 작성하기로 하였다. 각국은 2020년 이후 감축목표가 현재의 감축행동(current undertaking)보다는 강화되어야 한다는 '후퇴금지(No Backsliding) 원칙'을 지켜야 하며, 국가별 상황과 협약목표 달성이라는 기준에 근거하여 의욕적이고 공정한 수준으로 감축목표를 결정해야 한다는 데 합의하였다.

2015년 12월 프랑스 파리에서 열린 COP-21은 한 국제 기후변화협상에서 한 획을 그은 행사였다. 당사국들은 파리협정(Paris Agreement)을 채택하여 2020년 이후에는 선진국들만이 아니라 개발도상국들까지 기후 변화 대응에 적극 참여하기로 합의하였다. 파리협정을 통해 당사국들은 지구 평균 온도 상승 폭을 산업화 이전 대비 2℃보다 훨씬 낮게 유지하기로 했을 뿐 아니라 이를 넘어 1.5℃까지 억제하기 위해 노력하기로 함으로써 세계가 가진 탄소예산(carbon budget)이 한정되어 있음을 분명히 하였다. 파리협정은 이러한 세계적 목표 달성을 위해 하향식 감축목표를 부과했던 교토의정서와 달리 상향식(bottom-up)의 자발적 방식을 채택했으며, 개발도상국들까지도 NDCs를 제출하고 이를 지키도록 규정하였다. 파리협정은 COP-21 참가국 모두의 합의를 통해 채택되었으며, 이듬해 지구의 날인 2016년 4월 22일 유엔 본부가 있는 뉴욕에서 175개국 대표가 참가해서 서명식을 가졌다. 그리고 216년 10월 5일 55개국 이상 비준, 비준국의 온실가스 배출량이 세계 온실가스 배출량의 55% 이상이라는 발효조건을 충족하여 이로부터 30일 후인 11월 4일 공식 발효하였다. 2015년 파리협정을 채택하기까지 당사국총회의 진행 경과와 각 회의의 주요 합의 내용을 간추리면 <표 5-2>와 같다.

표 5-2 기후변화협약 당사국총회의 흐름과 주요 내용

당사국총회(COP)	주요 내용	대상 국가
기후변화협약 (1992.6 리우)	• 2000년까지 1990년 수준으로 온실가스 감축 • 개발도상국은 의무 부담 없음	157개국 (의무 부담 35개국)

COP-1 (1995.3 베를린)	• 베를린 위임 사항(Berlin Mandate) 채택 • 2000년 이후 감축 목표에 관한 의정서 COP-3에서 채택	
COP-2 (1996.7 제네바)	• 제네바 각료선언(Geneva Ministerial Declaration) 채택 • IPCC 제2차 평가보고서 공식 인증	
COP-3 (1997.12 교토)	• 교토의정서(Kyoto Protocol) 채택 • 2008~2012년 동안 1990년 수준의 평균 5.2% 감축	의무 부담 40개국
COP-4 (1998.11 부에노스아이레스)	• 부에노스아이레스 행동계획(Buenos Aires Action Plan) 채택 • 2000년 COP-6까지 교토의정서 세부 이행 방안 확정 결의	
COP-5 (1999.10 본)	• 주요 의제에 대한 각국 입장 확인 • 한국: 2018년부터 자발적 감축 참여 선언	
COP-6 (2000.11 헤이그)	• 협상 결렬(2001년 7월 본에서 재논의하기로 함) • 한국이 2002년 교토의정서 비준 예정 발표	
COP-6 속개회의 (2001.7 본)	• 재정 및 기술 지원, 의무 준수 체계, 조림 부문의 4개 의제에 대한 정치적 합의 도달(Bonn Agreement)	
COP-7 (2001.10 마라케시)	• 교토 체제, 의무 준수 체계, 흡수원(산림원) 등 합의 • 마라케시 합의(The Marrakech Accords)	165개국 (43개국 비준)
COP-8 (2002.10 뉴델리)	• 델리 선언(Delhi Declaration) 채택 • 교토의정서 운영규정 등 의제 합의	165개국 (97개국 비준)
COP-9 (2003.12 밀라노)	• 협약 비부속서 국가 보고서 내용 검토 및 제출 시기 결정 • 개발도상국 기술/재정 지원, CDM의 (재)조림 방식/절차 합의	171개국 (120개국 비준)
COP-10 (2004.12 부에노스아이레스)	• 적응과 대응 조치에 관란 부에노스아이레스 행동계획 채택 • 교토의정서 체제 이후의 의무 부담 방식 논의	180개국 (128개국 비준)
COP-11 (2005.11 몬트리올)	• 교토의정서 발효: 2005.2.16 • 2012년 이후 체제 논의를 위한 협의체 구성 합의 • 교토의정서 이행 세부 지침(마라케시 합의문) 공식 채택	189개국 (128개국 비준)
COP-12 (2006.11 나이로비)	• 1차 감축 의무 기간 이후 선진국 감축 의무 논의 • 교토의정서 주기적 검토	190개국 (129개국 비준)
COP-13 (2007.12 발리)	• Post-2012 기후 변화 대응 체제: 모든 선진국/개발도상국 참여 • 발리 로드맵(Bali Roadmap) 채택	192개국 (129개국 비준)
COP-14 (2008.12 포츠난)	• 선진국과 개발도상국 간 장기 협력 방안 논의 • 2012년 이후 제2차 의무 감축국 및 목표 설정 논의	189개국
COP-15 (2009.12 코펜하겐)	• 2012년 이후 선진국 추가 감축, 개발도상국 감축 참여, 재정 지원 등을 포함하는 새로운 기후 변화 체제 논의 • 코펜하겐 합의문 승인(take note)	193개국
COP-16 (2010.12 칸쿤)	• 녹색기후기금(Green Climate Fund) 조성 논의 • 칸쿤 합의문(Cancun Agreements) 채택	194개국 (193개국 찬성)

	• 단기 및 장기 재원 조성 등 재확인 • 추가 감축 목표, 교토 체제 연장 등에 대한 합의 달성 실패	
COP-17 (2011.12 더반)	• 더반 플랫폼(Durban Platform) 채택: 교토의정서 연장, 선진국과 개발도상국 모두 참여하는 새로운 기후 체제 마련, 2020년부터 모든 국가 참여하는 새 기후 체제 출범, 칸쿤 합의 이행, GCF 설립에 합의 • 러시아, 일본, 캐나다 교토의정서 연장에 불참 선언	
COP-18 (2012.12 도하)	• 도하 기후 결정문(Doha Climate Gateway) 채택: 신기후 체제 출범 전(2020년)까지 교토의정서 체제 연장에 합의 • 선진국과 개발도상국이 함께 적용 받는 새 감축안 2015년까지 마련 • 캐나다 교토의정서 탈퇴, 러시아·일본·캐나다는 연장된 교토의정서 불참 선언 • 집행회의에서 GCF 사무국 인천 송도 설치안 정식 인준 • 손실과 피해 관련 국제 메커니즘 COP-19에서 마련키로 함	195개국
COP-19 (2013.12 바르샤바)	• 손실과 피해에 관한 바르샤바 메커니즘(Warsaw International Mechanism for Loss and Damage) 수립 • 2015년 파리 COP-21 이전까지 감축 목표 제출에 합의: 기후변화 취약 개발도상국의 기후 변화로 인한 손실과 피해에 대한 위험관리, 기구와 조직, 기술 지원 등을 위한 별도 집행위원회 설치 • GCF 장관급 개최를 통한 재원 확충 방안 논의 합의	
COP-20 (2014.12 리마)	• 2015년 합의문을 구성할 주요 요소 채택, 결정문 통해 INDC 범위와 제출 시기 구체화	
COP-21 (2015.12 파리)	• 신기후 체제 기반이 되는 파리협정 채택	196개국 (195개국 + EU) 만장일치

자료: 대외경제협력기금 · 수출입은행(2012). "기후변화협상 논의 동향과 시사점." UNFCCC 홈페이지(http://unfccc.int/) 재구성.

3. 파리협정의 역사적 의미와 특징

파리협정은 신기후 체제로의 진입을 여는 창이다. 2020년까지 교토 체제가 유지되고 2021년부터는 신기후 체제로 이행하게 된다. 이 파리협정은 명시적인 인류 생존을 위한 목표 온도 채택, 포괄하는 분야의 다양성, 자발적 감축 목표 설정, 모든 국가의 의무적 참여, 주기적 점검과 지속적인 감축 목표 상향, 참여 행위자의 다양성 등 여섯 가지 점에서 이전 합의들과 차이를 보인다.

첫째, 파리협정에서는 신기후 체제에서 달성해야 할 '인류 생존을 위한 목표 온도'에 합의했다는 점이 주목할 만하다. 1992년에 채택한 기후변화협약에서는 기후 체계에 위험한 영향을 미치지 않을 수준으로 대기 중 농도를 안정화시키는 것을 목표로 하였다. 하지만 위험한 영향을 미치지 않을 수준이 어느 정도인지 명확히 하지 않았다.

그림 5-4 2℃ 목표 논의 경과

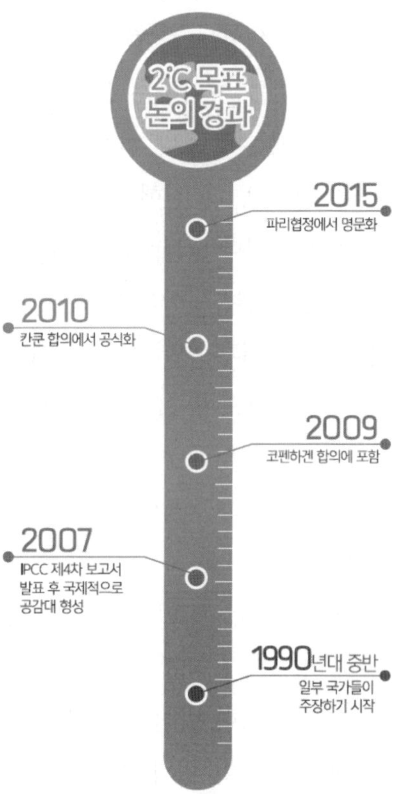

자료: 환경부(2016).

그에 비해 파리협정에서는 지구의 평균 온도 상승을 산업혁명기 이전 대비 2℃보다 훨씬 아래(well below) 수준으로 유지하기로 하고, 나아가 1.5℃ 이하로 제한하기 위해 노력하기로 하였다. 1.5℃는 노력 목표라 할 수 있다. 이러한 온도 목표가 법적 구속력이 있는 협정문에 명시적으로 포함된 것은 파리협정이 처음이다. 2℃ 목표는 1990년대 중반부터 EU가 목표 온도로 주장하기 시작해서 2007년에 IPCC의 제4차 기후 변화 평가보고서에서 제시된 후 2009년 코펜하겐 합의문에 포함되었고, 2010년 칸쿤 합의에서 공식적으로 채택되었다. 파리협정은 이러한 2℃ 목표에서 더 나아가 1.5℃를 목표 온도로 담고 있다. 지구 평균 온도가 상승하면서 해수면이 더불어 상승하면서 군소도서 개발도상국들이 생존 위기에 내몰리자 보다 강화된 목표를 채택해야 한다는 이들의 절박한 주장이 공감을 얻었기 때문이었다.

둘째, 파리협정은 포괄하는 분야가 다양하다. 교토의정서는 온실가스 배출 감축에 초점을 맞춘 데 비해, 파리협정은 완화와 함께 적응, 재원(finance), 기술 이전(technology transfer), 역량 배양(capacity building), 투명성(transparency) 등으로 관심을 확장하였다. 기후 변화가 국제사회에서 중요하게 논의되기 시작한 1990년대에는 국제 협상에서 적응 문제를 제대로 다루지 않았다(유정민 · 윤순진, 2015). 기후 변화 영향의 불확실성이 큰 탓에 정책 의제로 삼기 어려운 면이 있었고 국제협상 초기에는 기후 변화를 야기하는 온실가스 배출을 줄이기 위해 국가별 감축 목표 설정이나 감축의무 배분에 보다 관심을 두었기 때문이었다. 초기부터 적응 필요성에 주목하는 것은 기후 변화 진행을 당연시하면서 억제를 포기하는 패배주의란 인상을 줄 수 있기 때문이었다(Schipper, 2011). 하지만 기후 변화가 점점 현실화되면서 더 이상 적응의 필요성이 높아져가고 있어 완화 못지않게 적응이 파리협정의 주요 영역으로 포함되었다. 기후 변화 유발에 대한 책임이 상대적으로 적지만 기후 변화 대응 역량이 부족한 개발도상국들의 적응과 완화이란 목표 달성을 지원하기 위해서는 재원과 기술 이전, 역량 배양과 같은 수단이 중요하며, 이 모든 과정에서 투명성을 지킬 것이 요청되고 있다. 이 여섯 분야를 신기후 체제를 지탱하는 6개 기둥(pillars)이라 부른다(환경부, 2016).

셋째, 국가 감축 목표는 개별 국가들이 스스로 결정한다. 교토 체제에서는 국제협상을 통해 부속서 I 국가들의 감축 목표를 결정하는 하향식(top－down) 방식을 취했다. 하지만 이러한 방식은 결정에 시간이 오래 걸리며 국가들 간 의견이 대립될 경우 합의에 어려움이 있다. 파리협정에서는 보다 많은 국가들의 참여를 이끌어내고 유연하고 신속한 목표 설정을 위해 개별 국가들이 자국 상황을 고려해서 자발적으로 목표를 정하는 상향식(bottom－up) 방식을 택하였다. 이 목표를 국가결정 기여(Nationally Determined Contribution: NDC)라 한다. 파리협정 채택 이전에 제출된 것은 의도된 NDC이며, 채택 후 제출한 것은 NDC로 부른다(환경부, 2016). 개발도상국들도 감축 목표를 제출하는 만큼 감축 의무란 의미의 공약(commitments)이 아니라 다소 부드럽고 중립적인 표현인 기여(contribution)란 표현을 사용하였다. 다만, 파리협정에 따라 당사국들은 NDC를 주기적으로 제출할 의무는 있지만 NDC 내용에 대해서는 법적 구속력이 부과되어 있지 않다. 즉, NDC의 내용이 아니라 관련 절차에 따를 것을 의무로 함으로써 당사국들이 자발적으로 제시한 NDC 목표를 달성하도록 유도한다. NDC는 기후변화협약 사무국이 공공등록부(public registry)에 등록하도록 되어 있다. 하지만 공공등록부가 아직 채택되지 않아 현재는 임시(interim)

NDC 등록부를 통해 당사국이 직접 등록할 수 있다.

넷째, 파리협정에서는 모든 국가에 감축 의무가 부여되어 있다. 교토의정서 제1차 공약 기간(2008~2012년) 동안 의무 감축 대상국가는, 부속서 I 국가들로 불리는 총 42개국이었다. 하지만 이 국가들의 온실가스 배출량 합계는 세계 총 배출량의 22%에 지나지 않았다. 게다가 2000년 이후에는 개발도상국들로부터의 배출 총량이 지속적으로 빠르게 성장하여 모든 국가의 참여가 필요하게 된 것이다. 기후 변화가 심화될수록 개발도상국에서의 피해가 상대적으로 더 커질 가능성 또한 개발도상국에서의 완화와 적응 노력이 필요함을 보여준다. 2019년 8월 말까지 184개국과 EU가 제1차 NDC를 제출하였고, 마샬군도가 제2차 NDC를 제출한 상태이다.

하지만 파리협정으로 모든 국가들이 감축 의무를 진다고 해서 선진국과 개발도상국에 동일한 수준의 감축 의무가 부과된 것은 아니다. 선진국들은 일정 기준 연도 대비 절대량 감축 목표를 설정하고 경제 전반에 걸쳐 감축해야만 한다. 반면 개발도상국들은 대체로 배출전망치 대비 감축 목표나 탄소집약도 개선 등 상대적인 감축 목표를 설정한다. 무엇보다 선진국들은 개발도상국들에 재원을 지원하고 기술을 이전하는 추가적인 의무를 부담해야 한다. 기후변화협약이나 교토의정서에서는 일정 기준에 따라 국가들을 부속서 I 국가들이나 부속서 II 국가들로 명확히 구분해서 국가 목록으로 제시한 데 비해, 파리협정에서는 그런 용어들 대신 선진국과 개발도상국으로 구분하되 경계의 구분이 경제상황의 변화에 따라 신축적으로 이루어질 수 있도록 하였다.

다섯째, 파리협정에서는 NDC를 주기적으로 점검하면서 감축 목표를 지속적으로 높여가도록 하였다. 자발성에 근거해서 국가 감축 목표를 수립하도록 하였기 때문에 개별 국가들의 감축 목표가 전 세계 목표인 2℃를 달성하지 못할 수 있다. 따라서 파리협정 당사국총회는 글로벌 이행점검(global stocktake)이란 절차를 통해 당사국들의 NDC가 2℃ 목표에 부합하는지 5년마다 검토한 후 2℃ 목표 달성을 위해 얼마나 더 노력해야 하는지 제안한다. 당사국은 이행점검 결과를 토대로 5년마다 새로운 NDC를 제출해야 하는데, 이때 제시하는 새로운 목표는 진전원칙(principle of progress)에 따라 이전 목표에 비해 더 높아야 한다. 글로벌 이행점검은 2020년에 새로운 NDC가 제출된 후 2023년부터 시작하여 5년마다 주기적으로 이루어질 예정이다.

여섯째, 파리협정에서는 다양한 행위자들의 참여를 독려한다. 국가를 주요한 행위자로 했던 교토의정서 체제와 달리 파리협정을 기초로 한 신기후 체제에서는 (다국적) 기업이나 민간부문, 시민사회 등 다양한 비당사국 이해관계자(non-Party stakeholders)들이 기후 변화 대응 행동에 참여할 것을 권고하고 있다. 국가 이외 행위자들은 비국가부문 기후행동 포털(Non-State Actor Zone for Climate Action platform: NAZCA)에 등록할 수 있으며, 당사국 정부는 이들과 긴밀하게 협력하도록 요구받고 있다.

이상에서 논의한 파리협정에 기반한 신기후 체제(new climate regime)가 이전의 교토의정서 기반의 교토 체제와 갖는 차이점을 정리하면 <표 5-3>과 같다.

표 5-3 교토 체제와 신기후 체제 비교

교토 체제: 교토의정서	구 분	신기후 체제: 파리협정
온실가스 배출량 감축 (1차: -5.2%, 2차: -18%)	목표	2℃ 목표 1.5℃ 목표 달성 노력
주로 온실가스 감축에 초점	범위	감축+적응, 재원, 기술 이전, 역량 배양, 투명성 포함
주로 선진국	감축 의무 국가	모든 당사국
하향식	목표 설정 방식	상향식
징벌적 (미달성 시 다음 공약 기간에 1.3배 추가)	목표불이행 시 징벌 여부	비징벌적(non-punitive)
특별한 언급 없음	목표 설정 기준	진전 원칙 (principle of progression)
공약 기간에 종료 시점이 있어 지속 가능한지 의문	지속 가능성	종료 시점을 규정하지 않아 지속 가능한 대응 가능
국가 중심	행위자	NGO, 기업, 지방정부 등 다양한 행위자 참여 독려

자료: 환경부(2016) 파리협정 길라잡이 재구성.

4. 국제 기후변화협상의 쟁점과 국가별 입장

기후 변화 국제협상에서 논쟁의 대상이 되어 온 쟁점들로는 기후 변화의 진행을 억제하거나 완화하기 위해 국가별로 어느 정도의 감축 목표를 가질 것인지, 세계적인 온실가스 감축을 위해 어떠한 감축수단을 채택할 것인지, 개발도상국의 기후 변화 대응을 위해 필요한 재원과 기술을 어떻게 마련하고 지원할 것인지, 특히 최근 들어서는 기후 변화의 진행에 따라 기후 변화에 취약한 개발도상국들에서 심각한 손실과 피해가 발생함에 따라 이를 어떻게 보상할 것인지 등이다.

1) 국가별 감축 목표 설정

기후과학자들의 권고를 기초로 국제사회는 1861~1880년 사이 평균 기온 대비 2℃ 이내로 온도 상승을 억제할 것에 합의하였다. AR5에 따르면, 이를 실현하려면 [그림 5-5]에 제시한 것처럼, CO_2 배출량을 1조 톤(1,000 GtC 또는 3,670 $GtCO_2$) 이하로 유지해야 한다. 하지만 2011년까지 이미 515 GtC(1,890 $GtCO_2$)이 배출된 상태이다. 2℃를 넘지 않으려면 이제 인류가 배출할 수 있는 CO_2 배출량은 485 GtC (1,780 $GtCO_2$)밖에 남아 있지 않다. 바로 이 한도 안에서 세계 각국은 배출 가능한 양을 배분해야 한다.

하지만 모두가 당위적인 차원에서는 기후 변화의 심각성이나 2℃ 이내 온도 상승 제한에 동의하면서도 정작 각 국가별로 이 한도 안에서 적극적으로 감축 목표를 설정하는 데는 상당히 미온적이다. 무엇보다 원칙 수준에서 '공통적이지만 차별적인 책임'이나 '능력에 입각한 부담'이라는 원칙에 동의하지만 각 국가의 책임과 부담 능력에 상응하는(comparable) 감축 목표 수준이 어떻게 되어야 하는지 동의하지 못하고 있다. 특히 선진국과 개발도상국 모두 2020년 이후에는 온실가스 감축에 참여하기로 한 상태지만 선진국과 개발도상국의 감축 목표를 어떻게 차별화할 것인지, 감축 목표에 대해 어떻게 법적인 구속력을 가질 수 있도록 할 것인지 등은 해결해야 할 중요한 과제이다. UNFCCC의 '공통적이지만 차별화된 책임 원칙'과 '부담 능력의 원칙'

그림 5-5 탄소 예산

자료: UNFCCC(2016); 환경부(2016) 재인용.

에 따라 선진국과 개발도상국의 온실가스 감축 의무가 구분되어야 한다는 입장인데, 어느 정도로 어떤 방식으로 부담을 차별화할 것인가는 여전히 남는 문제라 할 수 있다. 대체로 선진국은 기준 연도 대비 절대량 감축 방식을, 개발도상국은 배출 전망치(Business−as−Usual: BAU) 대비 감축이나 탄소 집약도 저감 등의 상대적인 감축 방식을 취한다. 2019년 8월 현재까지 발표된 주요국의 중장기 감축 목표는 <표 5−4>와 같다.

표 5−4 세계 주요 온실가스 배출국의 중장기 감축 목표

국 가	NDC					2050년 장기 감축 목표*
	기준 연도	목표 연도	목 표	목표 유형	국제 탄소시장	
호주	2005년	2030년	−26~28%	절대량		
캐나다	2005년	2030년	−30%		○	**2005년 대비 −80%**
미국	2005년	2025년	−26~28%			**2005년 대비 −80%**
일본	2013년	2030년	−26%		○	**2050년 2005년 대비 −80%**
EU	1990년	2030년	−40%			1990년 대비 −80%
독일	1990년	2030년	−55%			**1990년 대비 −80~95%**
영국	1990년	2025년	−30%			**1990년 대비 −80%**: 2019년 6월, 2050년 넷 제로(Net zero) 선언
프랑스	1990년	2030년	−40%			**1990년 대비 −75%**
러시아	1990년	2030년	−25~30%			2050년 1990년 대비 −50%
중국	2005년	2030년	−60~65%	탄소 집약도		
인도	2005년	2030년	−33~35%		○	
한국	−	2030년	−37%	BAU	○	
멕시코	−	2030년	(무조건) −25%, 조건부 −40%		○	**2000년 대비 −50%**
인도네시아	−	2030년	−29%			

주: * 굵은 글씨체는 UNFCCC에 제출된 LEDS.
자료: UNFCCC 홈페이지.

2) 새로운 감축수단의 도입

감축 목표를 어떤 수단을 통해서 달성하도록 할 것인가도 중요한 쟁점들 중 하나다. 교토의정서를 통해 국제사회는 선진국의 온실가스 배출 감축 부담을 덜어주기 위해 효율성에 기초한 시장 기제인 교토 체제(Kyoto mechanism)를 도입하였다. 교토 체제에는 국제 배출권 거래제(International Emission Trading: IET), 공동 이행(Joint Implementation: JI), 청정개발 체제(Clean Development Mechanism: CDM)가 있다. IET는 온실가스 배출 감축 의무 당사국(부속서 I 당사국)들에게 해당하는 기제로서 다른 당사국들과 온실가스 배출권를 거래할 수 있도록 하는 것이다. 부속서 I 국가들이나 이들 국가의 사업체들은 만약 자신들이 합의한 감축 목표량을 달성하지 못할 경우 감축 목표량을 초과 달성하여 여분의 배출권을 가진 다른 부속서 I 국가들이나 기업들로부터 배출권을 구입할 수 있다. 사회마다 온실가스 배출 감축의 한계비용이나 한계수익이 다르기에 거래제를 실시하게 되면 전 지구적 감축 비용이 감소할 것이라는 주장에 근거하고 있다. 공동 이행 또한 부속서 I 국가들 간 기제로서 부속서 I 국가들이나 부속서 I 국가의 민간 기업이 다른 부속서 I 국가에 프로젝트를 수행하여 온실가스의 배출을 감축하였을 경우 감축된 부분을 투자국의 배출 감축으로 인정해주는 제도를 말한다. CDM이란 선진국인 A국이 개발도상국인 B국에 온실가스 배출을 저감할 수 있도록 재정적 기술적인 투자를 하고, 그 결과 발생한 온실가스 배출량 감축분(Certified Emission Reductions: CERs)을 자국의 감축 실적에 반영할 수 있는 제도이다. 하지만 2005년부터는 개발도상국이 스스로 투자해서 감축이 발생할 경우 이를 감축분으로 인정해 주는 일국 CDM(Unilateral CDM)이 가능해졌다.

제2차 교토 이행 기간이 2020년까지로 교토의정서 체제가 연장되면서 교토 체제도 2020년까지는 지속될 전망이다. 하지만 신기후 체제에서는 이 기제들이 그대로 존속될지 어떤 새로운 기제들이 도입될지 아직 결정되지 않았다. 국제 배출권 거래제는 세계적 규모에서는 아직 진행되지 않았지만 EU의 배출권 거래제(Emission Trading Scheme: ETS)를 통해 IET의 가능성과 문제점을 가늠해 볼 수 있게 되었다. 배출권을 무상할당하기보다는 경매를 통해 판매하고 판매 수익으로 에너지 효율 개선이나 재생 가능 에너지 확대를 지원하는 것이 바람직하지만 무상 할당이 압도적이었으며, 그 결과 횡재이윤(windfall profit)이 발생하는가 하면 배출권의 초과 할당으로 탄소 거래 가격이 폭락하기도 하였다. 배출 총량을 줄여 가면서 배출권을 적절하게 배분하지 않는다면 배출권 거래제가 지구 총 온실가스 감축에 의미 있게 기여하기는 어려울 것이다. CDM의 경우 애초 부속서 I 국가들의 유연한 감축 목표 달성과 함께 CDM 유치국의 지속 가능한 발전에 CDM사업이 기여해야 한다고 되어 있으나, 이를 제대로 실현했는지에 대해서는 상당한 비판이 제기되고 있다. 또한 중국이나 인도 등 특정 지역이나 국가에 편중되고 프로젝트로 사업이 상대적으로 손쉽게 배출을 줄이면서 보다 많은 CERs을 획득할 수 있는 HFC-23이나 N_2O 제거사업에만 편중되는 문제를 야기하였다.

이러한 교토 체제의 문제점을 극복하고 탄소 누출(carbon leakage)을 막으면서 온실가스 배출 감축을 촉진하고 확대하기 위해 교토 체제만이 아니라 새로운 시장 메커니즘을 포함해서 보다 다양한 감축수단을 도입하려는 움직임이 진행되고 있다(이태화, 2012). 논의되고 있는 새로운 수단들로는 개발도상국의 감축 행동에 대해 탄소 크레디트를 제공할 수 있는 탄소 크레디트 부여(Nationally Appropriate Mitigation Action crediting: NAMA Crediting), 산림 전용 및 산림 황폐화 방지로부터의 탄소 배출 감축(Reducing Emissions from Deforestation and Forest Degradation: REDD), 양자 간 탄소 상쇄 메커니즘(Bilateral Offset Credit Mechanism: BOCM), 산업부문별 탄소 거래제도(Sectoral Trading) 등이 있다.[3] 하지만 이런 새로운 감축수단들이 갖춰야 할 다양한 조건과 배출권 인정 범위와 방식 등에 대해 다양한 논란거리들이 존재하여 여전히 논의가 진행 중이다.

---

3) 발리행동계획에 따르면, NAMA란 개발도상국이 기술, 재정, 능력 배양을 선진국으로부터 지원받아 자발적으로 국가별 수준과 역량에 맞게 추진하는 온실가스 저감 활동을 말한다. 이 저감 활동에 지원을 받으려면 온실가스 배출 감축과 관련된 연비 효율성 기준, 신재생 에너지 발전 비율 등의 정책이나 자발적 저감 행동을 등록한 후 국제기구로부터 측정·보고·검증(Measurement, Reporting, and Verification: MRV)을 거쳐야 한다. NAMA 크레디팅은 개발도상국에서 MRV에 부합하는 온실가스 배출 감축이 일어나도록 장려하기 위해 자발적 저감 활동에 대해 배출권을 발급하는 것으로 NAMA 배출권에 대한 수요 창출을 위해 선진국의 저감 목표를 확대하는 방안이 제안되었다(오인하, 2010). 최근에는 REDD를 넘어 REDD+에 대한 논의가 확장되고 있는데, REDD를 통해 개발도상국의 삼림 전용과 삼림 훼손을 방지하여 온실가스 배출을 감축하고 삼림 보전과 지속 가능한 관리, 온실가스 흡수 증진 활동을 포함하는 활동을 말한다. REDD와 REDD+를 통해 사업 주체는 기준선(baseline)에 비해, 삼림관리와 보전 활동을 통해 온실가스 흡수량을 증진시키면 배출권을 발급하는 제도이다. 산업부문별 배출권 거래제란 국가가 산업별로 사전에 배출권을 할당받아 온실가스 배출 감축 목표 달성 여부에 따라 국가가 배출권을 매매하는 것이다.

3) 녹색기후기금 조성과 지출

GCF는 코펜하겐의 COP－15에서 논의가 시작되어 칸쿤의 COP－16에서 승인되었다. GCF는 개발도상국의 기후 변화 대응 지원을 위해 2020년까지 조성하기로 한 것이다. 2020년까지 1,000억 달러를 조성하기로 합의하였는데, 이 기금을 조성하기 위해 누가 얼마나 내놓을 것인지 구체적인 결정이 내려지지 않은 상태이다. 처음 GCF의 기금은 양자와 다자, 공공과 민간, 혁신적 수단 등 다양한 출처로부터 조성될 것으로 기대되었지만 아직까지도 선진국들의 기여 공약이 제시되고 있지 않으며, 공공과 민간의 역할 분담이나 비중 등에 대한 구체적인 논의가 부족하다. 기금 조성에의 참여가 배출 책임에 대한 의무의 차원이 아니라 기부나 투자의 관점에서 접근하는 것도 기금의 운용이 시혜적인 느낌을 지님으로써 한계가 있으며, 기존에 진행해 온 공적개발원조(Official Development Aid: ODA) 규모를 유지하면서 추가적인 재원으로 GDF를 조성할 수 있을지도 의문시된다. GCF의 조성에 있어 민간의 참여를 기대하고 있지만 민간자본에 대해 어떤 인센티브를 줄 수 있는지 명확하지 않다. 결국 GCF 기금 조성에 누가 어느 정도까지 참여해고 어떻게 조성해서 어떻게 배분할 것인지, 나아가 기후재난이 갈수록 빈번한 상황에서 개발도상국에서 일어난 기후 변화 손실과 피해를 어느 정도로 어떻게 지원할 것인지 등 풀기 쉽지 않은 쟁점들이 산적해 있다. 또한 GCF가 UNFCCC의 재정 메커니즘을 담당해 온 지구환경기기금(Global Environmental Fund: GEF) 및 세계은행 기후투자기금(Climate Investment Fund: CIF)과 어떻게 다른 역할을 할 수 있는지도 아직은 불분명하다. 아울러 기금의 조성만이 아니라 지출에 있어서도 어떤 사업이나 어떤 국가에 우선 순위가 있는지, 기금을 어떻게 배분할지도 논의가 필요한 부분이다. 개발도상국들도 처한 상황과 관심이 다르며 대륙 간, 국가 간 편차가 크기 때문이다.

4) 기술적 대응과 기술 이전

기후 변화가 기술적 대응을 통해 해결할 수 있는 문제인지에 대해서는 다양한 의견이 존재한다. 한편에서 기후 변화는 현재의 화석연료 기반 산업구조의 문제에서 야기된 문제이므로 사회구조적 변화 없이는 기후 변화 대응이 가능하지 않다거나 편리하고 안락한 생활과 더 많은 소비를 지향하는 사람들의 인식과 태도 없이는 해결하기 어려운 문제란 입장이 있다. 하지만 다른 한편에서는 기술적 처치를 통해 기후 변화를 완화해 갈 수 있다고 보고 있으며, 가장 광범위하게 개발되고 있는 기술이 이산화탄소 포집 및 저장(Carbon Capture and Storage: CCS) 기술이다. CCS는 발전소, 정유공장, 천연가스 포집정 등 이산화탄소가 대량으로 배출되는 시설에 포집장치를 설치하여 이산화탄소를 붙잡은 후 이를 특수 용기에 넣거나 공기째 지하 깊은 곳이나 해양 깊은 곳에 저장하는 기술이다. CCS에 대한 논의가 기후 변화 당사국회의를 통해 지속적으로 이루어져 오다가 논란 끝에 CCS를 CDM 사업에 포함시키기로 하였다. CCS를 CDM 사업의 하나로 포함시키는 문제는 그간 선진국과 개발도상국 간 상이한 이해관계에 의해 합의를 이루어오지 못했는데, 선진국과 함께 산유국들이 CCS 기술의 CDM 사업화를 지지하였다. 이들은 현재의 화석연료에 기초한 산업구조와 생활양식을 유지하면서 온실가스를 감축하는 데 CCS가 유용하기 때문에 개발과 함께 CDM 사업으로 포함시키는 게 적절하다는 입장이었다. 하지만 개발도상국, 특히 군서도서연합(Alliance Of Small Island States: AOSIS)은 CCS 기술이 CDM의 중요한 목적인 개발도상국의 지속 가능한 발전을 실현하는 데 기여할 수 없고, CCS 기술의 안정성이 증명되지 않은 상태에서 이를 CDM 사업으로 인정하는 것은 문제가 있다는 입장이다. CCS는 이런 문제 외에도 포집된 탄소의 저장지 선정, 누수 모니터링과 측정 및 계산, 누수된 탄소의 월경 효과와 위해성 및 안정성 평가, 영구 저장의 가능성 등의 문제를 안고 있어 여전히 논란의 대상이 되고 있다.

기술과 관련해서 지속적으로 논의되어 온 또 다른 쟁점은 선진국으로부터 개발도상국으로의 기술 이전 문제이다. 기후 변화 유발에 상대적으로 책임이 덜한 개발도상국들은 선진국들에 의해 기후 변화가 야기된 만큼 선진국들이 기후 변화 완화에 더 큰 역사적 책임이 있고 개발도상국들이 동일한 전철을 밟지 않기 위해서는 에너지 효율 향상이나 재생 가능 에너지 기술, 나아가 적응 기술을 이전하여 전 지구적 기후 변화 위험을 감소시켜야 한다는 입장이다. 하지만 선진국들은 자국 산업이 지적 재산권 보호나 기술 경쟁력 유지를 위해 기술 이전을 여전히 꺼리고 있다. 이외에도 기술 이전에 대해 선진국과 개발도상국은 기술 이전 기구 설치 문제나 이전 방식과 관련해서도 이견을 보이고 있다. 개발도상국들은 UNFCCC 하에 기술 이전을 위한 부속기구를 둘 것을 주상하는 반면, 선진국들은 기존 체계를 유지하면서 추가적인 기구를 두자는 입장이다. 또한 개발도상국은 기술 이전 메커니즘이나 기술 이전 펀드 등을 통해 기술이전을 적극적으로 추진할 것을 요구하지만 선진국은 CDM을 통해 기술 이전이나 능력 배양을 지원하자는 입장이다.

제 2 절 온실가스 배출 현황과 추세

1. 세계 온실가스 배출 현황과 추세

세계적으로 온실가스는 얼마나 배출되었으며 어떤 활동들에서 얼마만큼의 온실가스가 배출되었고 어떤 추세를 보이고 있을까? 전 지구적 차원에서 인간 활동으로 발생하는 온실가스 배출량은 2010년 현재 49GtCO_2−eq이다.[4] 이는 1970년 27GtCO_2−eq에서 지난 35년 동안 약 81.4% 증가한 것이다([그림 5−6] 참조). 특히 온실가스 연평균 배출 증가율이 1970~2000년 동안 1.3%/년에 비해 2000~2004년 동안 2.2%/년으로 나타나 2000년 이후 보다 빠르게 증가했음을 알 수 있다. 1970년 이후 10년 단위로 분리해서 배출량 추세를 살펴보면, 2000~2010년 10년 간 9GtCO_2−eq이 증가하여 가장 높은 증가가 있었음을 알 수 있다.

온실가스 가운데 가장 높은 비중을 차지하는 것은 이산화탄소이다. 화석연료 연소와 산업공정에서 발생하는 이산화탄소가 전체 온실가스의 65%, 산림 벌채를 포함한 토지이용 변화로 인해 발생한 이산화탄소가 온실가스의 11%로 총 온실가스의 76%를 차지한다. 1970~2010년 사이 화석연료 연소와 산업공정에서 발생하는 이산화탄소 배출량은 총 온실가스 배출량 증가의 약 78%를 차지했다(IPCC, 2015). IPCC

---

4) tCO_2−eq란 이산화탄소 환산 톤으로 읽는데, 이는 다양한 온실가스 배출량을 지구온난화 지수(GWP)에 기준하여 비교 가능하도록 이산화탄소 배출량으로 환산하여 나타낸 값이다. 예를 들어, 메탄 백만 톤은 메탄의 온난화지수가 21이므로 이산화탄소 21백만 톤을 의미하기에 21백만 이산화탄소 환산 톤이라 읽는다. 이산화탄소가 아닌 탄소를 기준으로 할 때도 있으며, 이 경우는 특별히 탄소환산 톤으로 불린다.

그림 5-6 1970~2010년 연간 총 인위적인 온실가스 배출량과 추세

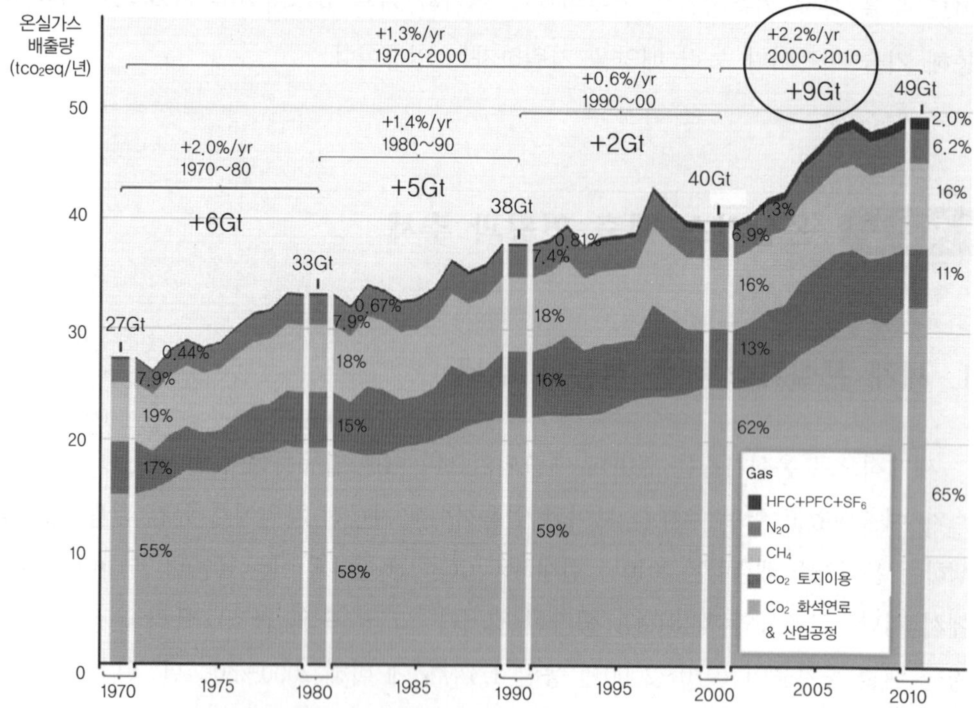

자료: IPCC(2014).

에 따르면, 이러한 이산화탄소 증가의 주된 원인은 전 세계 경제 성장과 인구 증가인데, 특히 2000~2010년 사이 이산화탄소 배출 증가는 경제 성장이 가장 중요한 원인으로 작용하였다.

부문별 온실가스 배출을 살펴보면, 2010년 현재 온실가스를 가장 많이 배출하고 있는 부문은 배출량의 68%를 차지하고 있는 에너지 부문이다. CO_2 배출량 중에서는 화석연료 연소로부터 발생하는 양은 74%에 달할 정도로 화석연료 연소가 주요 배출 원인이다. 2011년 연료 연소로부터 배출된 CO_2는 31,342백만 tCO_2였다(IEA, 2013). 이는 1990년 20,974백만 tCO_2로부터 49.6%, 즉 50% 가량 증가한 양이다. 이는 같은 기간 1차 에너지 소비 증가율(45.5%)과 거의 유사한 증가율로, 세계 총 인구 증가율(32.1%)보다는 높았고 GDP(ppp) 증가율(94.2%)보다는 낮았다(IEA, 2012과 2013으

로 계산). 이렇게 CO_2 배출 비중이 높고 빠르게 증가한 것은 에너지 소비 양상과 직결되어 있다. 2011년 전세계 1차 에너지 소비 규모는 지난 40년(1971~2016년) 동안 1971년 5,528Mtoe에서 2016년 13,761Mtoe로 2.5배 가량 증가하였다([그림 5-7] 왼쪽 참조). 석탄과 석유, 천연가스와 같은 화석연료의 1차 에너지 중 비중이 2016년에 81.1%로 높아 에너지 소비는 곧 CO_2 배출로 귀결된다([그림 5-7] 오른쪽 참조).

그림 5-7 세계 에너지 소비 증가 추세와 현황(2016년)

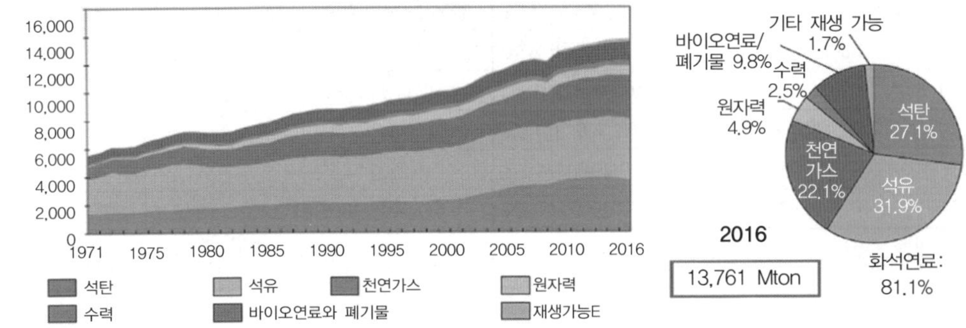

자료: IEA(2018).

2. 한국의 온실가스 배출 현황과 추세

한국은 OECD 국가이면서도 기후변화협약상 비부속서 I 국가로 분류되어 제1차 교토의정서 의무감축 이행 기간(2008~2012년)에는 부속서 I 국가와 달리 감축 의무를 지고 있지 않았다. 하지만 파리협정에 따라 선진국이나 개발도상국 구분 없이 모두가 각자의 형편과 처지에 맞게 감축 목표를 포함한 국가기여 방안을 제시하고 5년마다 한 번씩 상향된 목표를 제시해야 한다. 한국은 <표 5-5>에 제시된 것처럼 2016년 현재 GDP(ppp)로는 세계 14위면서 에너지 소비 8위, 연료 연소에 따른 CO_2 배출 7위를 점하고 1인당 CO_2 배출(11.50tCO_2)로도 세계 18위국이다. 한국의 1인당 CO_2 배출량은 세계 평균(4.35톤)은 물론 OECD 평균(9.02톤)에 비해서도 높다. 국제적인 노력에 동참하지 않으면 안 되는 상황에 놓여 있다.

표 5-5 국가별 인구, GDP, 1차 에너지 공급, CO_2 배출 순위(2016년)

	인구 (백만 명)		GDP(PPP) (10억 2005년 US$)		1차 에너지 공급 (MTOE)		연료 연소에 의한 CO_2 배출($MtCO_2$)		tCO_2/인
1	중국(1,378.7)	18.6%	중국(19,450.4)	17.8%	중국(2,958.0)	21.5%	중국(9,056.8)	28.0%	6.57
2	인도(1,324.2)	17.8%	미국(16,920.3)	15.5%	미국(2,166.6)	15.7%	미국(4,833.1)	15.0%	14.95
3	미국(323.4)	4.4%	인도(7,904.5)	7.2%	인도(862.4)	6.3%	인도(2,076.8)	6.4%	1.57
4	인도네시아(261.1)	3.5%	일본(4,759.8)	4.4%	러시아(732.4)	5.3%	러시아(1,438.6)	4.5%	9.97
5	브라질(207.7)	2.8%	독일(3,553.4)	3.3%	일본(425.6)	3.1%	일본(1,147.1)	3.5%	9.04
6	파키스탄(193.2)	2.7%	러시아(3,219.8)	2.9%	독일(310.1)	2.3%	독일(731.6)	2.3%	8.88
7	나이지리아(186.0)	2.5%	브라질(2,853.2)	2.6%	브라질(284.5)	2.1%	한국(589.2)	1.8%	11.50
8	방글라데시(163.0)	2.2%	영국(2,543.7)	2.3%	한국(282.4)	2.1%	이란(563.4)	1.7%	7.02
9	러시아(144.3)	1.9%	프랑스(2,487.6)	2.3%	캐나다(280.1)	2.0%	캐나다(540.8)	1.7%	14.91
10	일본(127.0)	1.7%	이탈리아(2,033.8)	1.9%	프랑스(244.3)	1.8%	사우디(527.2)	1.6%	16.34
	27-한국(51.2)	0.7%	14-한국(1,796.1)	1.6%					
OECD	1,284	17.3%	49,034	44.9%	5,275	38.3%	11,591	35.9%	9.02
세계	7,429	100%	109,231	100%	13,761	100%	32,316	100%	4.35

자료: IEA(2018).

한국의 온실가스 배출은 <표 5-6>에 나타난 것처럼 1990년 이후 2016년까지 2.4배(136.9%) 증가하였다. 이는 OECD 국가들 중 두 번째로 높은 증가율이다. 같은 기간 GDP당 온실가스 배출량인 온실가스 원 단위가 1990년에 비해 2016년에 34.2% 낮아졌지만 인구 증가와 GDP 증가로 온실가스 총 배출량이 늘어난 것이다. 1인당 온실가스 배출량도 같은 기간 $6.8tCO_2eq$/인에서 $13.5tCO_2eq$/인으로 두 배 가량 증가하였다.

2016년 현재 한국에서 배출되는 온실가스는 6억 9,410만tCO_2이다. 이 중에서 87.1%인 6억 480만tCO_2이 에너지부문에서 배출되고 있다. 에너지부문 중에서 가장 높은 비중을 차지하고 있는 것은 에너지산업, 즉 전환부문(43.2%)이다. 제조업과 건설업이 주가 되는 산업부문(30.2%), 수송부문(16.2%), 가정・상업・공공부문 및 농림어업부문(8.4%) 순으로 그 뒤를 뒤따르고 있다. <표 5-7>에서 보면 1990년에는 산업부문의 배출량이 가장 높았으나 전환부문의 배출량이 빠르게 증가하여 2000년 이후부터 비중이 역전되었다. 또한 그간 수송부문 배출이 전환부문 다음으로 빠르게 증가한 반면, 건물부문인 가정・상업・공공부문은 배출 비중이 감소했음은 물

표 5-6 한국의 온실가스 배출 관련 주요 지표(1990~2016)

	1990	2000	2010	2015	2016	증가율(%)	
						1990 대비	2015 대비
온실가스 총배출량(A) (백만 tCO_2eq)	293.1	501.4	657.4	692.9	694.1	136.9	0.2
인구(B) (천 명)	42,869	47,008	49,554	51,015	51,246	19.5	0.5
GDP(C) (천억 원, 실질GDP)	4,195	8,208	12,653	14,668	15,098	259.9	2.9
1인당 온실가스(A/B) (tCO_2eq/인)	6.8	10.7	13.3	13.6	13.5	98.2	−0.3
온실가스/GDP(A/C) (tCO_2eq/10억 원)	698.3	610.9	519.6	472.4	459.7	−34.2	−2.7
연료연소로 인한 CO_2 배출(백만 tCO_2)(D)*	241.5	433.6	563.1	586.0	589.2	153.9	1.2
온실가스 중 연료연소 CO_2 배출 비중(D/A, %)*	(82.4)	(86.5)	(85.7)	(84.6)	(84.9)	5.4%p	0.6%p
1인당 연료연소 CO_2 배출(D/B)(tCO_2/인)*	5.63	9.17	11.52	11.58	11.50	104.2	−0.7

주: *여기서 사용한 수치는 IEA가 발간한 통계치이다. 〈표 5-7〉의 한국에너지공단에서 발표한 수치나 온실가스종합정보센터의 수치와 다소 다르다.

자료: 에너지관리공단(2019); IEA(각 연도); 온실가스종합정보센터(2018) 재구성.

론 절대적인 배출량에서 유일하게 감소한 에너지부문임을 알 수 있다. 한국에서 배출되는 온실가스 중에서도 가장 높은 비중을 차지하는 것은 세계적 추세와 마찬가지로 CO_2이다. 오히려 한국의 CO_2 비중은 더 높아서 2016년에는 총 온실가스 배출량 중 91.9%에 이른다(<표 5−7> 참조). 지난 20년 간 CO_2 배출은 2.5배 이상 증가하였다. CH_4의 경우에는 폐기물의 양이 줄어들고 매립지에서 나오는 CH_4를 에너지 생산에 활용함으로써 오히려 배출량이 줄어든 것으로 나타났다.

이러한 한국의 온실가스 배출의 급격한 증가는 한국의 상대적으로 빠른 경제 성장과 에너지 집약적인 산업구조, 공급 위주의 에너지 소비 구조와 긴밀히 연결되어 있다. 우리나라의 1차 에너지 공급을 보면 2018년의 경우 석유의 비중이 38.4%로 가장 높고 석탄(28.7%), LNG(17.4%), 원자력(9.3%), 수력과 신·재생 에너지(6.2%) 순이다. 화석연료의 비중이 84.5%로 세계 평균보다 높으면서 CO_2 배출이 상대적으로

표 5-7 한국의 부문별 및 에너지부문별 온실가스 배출량

(단위: 백만 tCO_2eq, %)

가스	1990	2016	1990~2016 증가율	에너지 분야		1990	2016	1990~2016 증가율
CO_2	252.3 (86.1)	637.6 (91.9)	152.7 (5.8)	연료연소	에너지 산업**	47.6 (19.7)	261.3 (43.2)	448.9 (23.4)
CH_4	30.3 (10.3)	26.0 (3.7)	−14.2 (−6.6)		제조업 및 건설업***	76.1 (31.5)	182.4 (30.2)	139.7 (−2.1)
N_2O	9.2 (3.1)	14.8 (2.1)	62.0 (−1.0)		수송	35.3 (14.6)	98.0 (16.2)	177.6 (1.2)
HFCs	1.0 (0.3)	7.4 (1.1)	649.5 (0.8)		가정·상업·공공/농림어업	73.5 (30.4)	51.1 (8.4)	−30.5 (−23.0)
PFCs	− (0.0)	1.5 (0.2)	539,489 (0.2)***		미분류	0.2 (0.0)	3.1 (0.5)	1,450.0 (0.5)
SF_6	0.2 (0.1)	6.8 (1.0)	3,810.5 (0.9)	탈루		5.1 (2.1)	3.9 (0.6)	−23.0 (−1.5)
총배출*	292.9 (100)	694.1 (100)	136.9 (0)	합계		241.5 (100)	604.8 (100)	156.0 (0)

주: 연도별 ( )는 구성비, 1990~2016 증가율의 ( )는 비중 변화임(단위는 %p).
*총배출은 LULUCF 제외; **에너지 산업은 발전, 지역난방 등 전환부문임; ***제조업·건설업은 산업부문을 말함; ***PFCs는 1992년부터 연평균 증가율로 산정함.
자료: 한국에너지공단(2019); 온실가스종합정보센터(2018) 재구성.

많은 석탄과 석유 비중은 높고 CO_2 배출이 상대적으로 적은 천연가스와 신재생 에너지 비중은 상대적으로 높다.

제 3 절 한국의 기후 변화 영향과 대응

1. 한국의 기후 변화 영향

한국에서는 1904년부터 근대 관측이 이루어져왔다(권원태, 2008). 한국에서도 연평균 기온이 불규칙적이긴 하지만 그간 기온 상승이 관측되고 있는데, 1912년부터 2017년까지 106년 동안 한국의 연평균 기온은 13.2℃로 1.8℃ 이상 상승한 것으로 나타났다(국립기상과학원, 2018).[5] 이는 세계 평균 기온 상승보다 두 배 이상 높은 것이다. 한반도는 대륙성 기후권에 속하는데, 지난 106년(1912~2017년) 동안 연평균 기온이 13.2℃이고 연강수량은 1,237.4mm였다. 최근 30년(1988~2017년)의 연평균 기온은 14.0℃로, 연평균 기온이 12.6℃였던 과거 30년(1912~1941년)에 비해 1.4℃ 상승한 것으로 나타났다(국립기상과학원, 2018). 지난 106년 동안 계절별 기온 상승폭은 겨울, 봄, 가을, 여름 순으로 높게 나타났다. 이에 따라 자연 계절 또한 변화하고 있다. 겨울은 과거 30년에 비해 최근 30년에 18일 줄어들고 여름은 같은 기간 19일 길어졌다.

기상연구소에 따르면, 1980년대 후반부터 한반도의 기온이 현저하게 상승함과 함께 호우 강도도 증가했다고 한다. 최근 50년 간(1954~2003년) 강수 일수(강수량 0.1mm 이상)는 감소한 반면, 호우 일수(강수량 80mm 이상)는 증가하였다. 2001년에 90년 만의 극심한 가뭄이 발생한다거나 2002년에는 20년 만의 폭설이 내리는 등 기상이변에 의한 재해가 날로 증가하고 있는 실정이다. 연근해 해수면 온도 또한 동해 0.80℃, 남해 1.04℃, 서해 0.97℃씩 상승하여 평균 약 0.93℃ 상승한 것으로 나타났다(권원태, 2008). 지역에 따라 차이가 있지만 해수면 높이도 최근 30년 간 연평균 2~5mm씩 상승하고 있다. 한국환경정책평가연구원이 시행한 '국가 해수면 상승 영향 평가'의 시나리오 분석 결과 지구 온난화가 현재의 속도로 진행된다면 2100년쯤 해수면 상승으로 국토의 3.3%에 해당하는 3,330km^{2}의 면적이 물에 잠기고 해안가 도로 6,456km가 침수 피해를 볼 것이라는 전망되었는데, 이는 국토 전체 도로의 7.1%에 해당한다. 3,330km^{2}는 서울시(605km^2) 면적의 5.5배이고, 6,456km는 경부고속도로(438km)의 15배에 달한다. 지금 당장 적극적으로 감축하지 않는다면 불가역적인 기후 변화가 야기되면서 전 세계적으로나 우리나라에서나 사회경제적으로 상당히 부정적인 영향이 야기될 것으로 예상된다.

이러한 기후 변화가 생태계에 어떤 변화를 가져올 것인지, 그리하여 우리 삶에 어떤 영향을 미칠 것인지 제대로 살피고 대비할 필요가 있다. 물론 온실가스의 저감을

5) 이러한 온도 상승은 지구온난화 영향만이 아니라 도시화 영향도 있다. 한국의 평균 기온 상승을 가늠하기 위해 사용된 기온 자료는 100년 이상의 기상 관측 자료가 있는 서울, 인천, 대구, 부산, 목포, 강릉의 6개 도시들에서 측정한 것이어서 도시화로 인한 열섬 효과도 반영되어 있기 때문이다. 우리나라 기온 상승 중 도시화 효과의 영향은, 1912~2014년 사이 103년 동안은 약 3~11%, 1973~2014년에 이르는 최근 42년 동안은 약 30~45%로 분석되었다(Park et al., 2017; 국립기상과학원, 2018 재인용).

통해 기후 변화가 더 이상 급격하게 진행되는 것을 막아야 이미 배출된 온실가스로 인해 기후 변화 완화 노력에도 불구하고 기후 체계가 일정 기간 변화될 수밖에 없기 때문에 저감 못지않게 기후 변화에 적응해 나가는 것도 필요하다. 한국에서는 기온 상승으로 냉방일과 열대야 현상이 증가한 반면 난방일은 감소하고 있는데, 이러한 변화가 앞으로도 지속될 것으로 보인다. 결국 이러한 기온 변화는 농산물 재배와 냉난방 수요에 영향을 미치고 관광이나 레저에도 영향을 미치며 학교의 방학기간 또한 조정해야 할 것으로 예상된다.

기후 변화가 미칠 영향의 크기를 정확히 예측하는 건 힘들지만 온난화가 지속적으로 진행될 경우 해수면 상승으로 저지대가 침수되고 임해지역의 재해 취약성이 증가할 수 있으며 집중호우나 가뭄과 홍수 같은 극단적인 강수 패턴에 보다 빈번하게 노출될 수 있다. 기후 패턴의 변화가 수반하는 극단적인 기상이변은 그 자체로 사회에 위협적일 뿐 아니라 기후 변화로 발생하는 동식물 분포의 변화는 농업, 수산업 등 1차 산업에 영향을 끼치며 이제껏 경험하지 못했던 각종 병충해나 전염병을 유발할 수 있다. 결국 기후 변화 문제에 대해 '협상' 중심적인 사고에서 탈피하여 기후 변화 자체의 영향을 고민하며 온실가스 배출 저감방안을 마련함과 아울러 불가피하게 일어나는 기후 변화에 대한 적응방안을 모색하지 않으면 안 된다.

2. 한국의 기후 변화 대응

1) 온실가스 국가 감축 목표 설정

한국은 1993년 12월에 기후변화협약을 비준하였고, 2002년 11월에는 국회에서 교토의정서를 비준하였다. 1998년 4월에 국무총리를 위원장으로 하는 기후변화협약 대책위원회를 설치하여 1999년에 '기후변화협약 대응 종합대책'(1999~2001), 2002년에 '기후변화협약 제2차 종합대책'(2002~2004), 2005년에 '기후변화협약 제3차 종합대책'(2005~2007), 2008년에 '기후 변화 대응 종합기본계획'을 수립하고 추진해왔다. 당시까지 정부는 온실가스 감축이 유발하는 부담을 되도록 지지 않기 위해 의무 감축 시기와 부담을 늦추는 협상전략을 구사해왔다.

하지만 이명박 정부 들어 기후변화협상전략이 다소 적극적으로 변화되었다. 2008년 7월 일본 도야코(洞爺湖)에서 열린 G8 확대정상회의에서 이명박 대통령은 한국이 선도자(early-mover)가 될 것을 약속하면서, 2009년 안에 2020년까지의 중기 감축 목표를 발표하겠다고 선언한 그해 8월 광복절 기념사를 통해 '저탄소 녹색성장'을 새로운 국가발전 패러다임으로 선언하였다. 이어 9월에는 '기후 변화 대응 종합기본계획'을 발표하고 12월에 후속계획을 발표하였다. 2009년에는 코펜하겐 당사국회의가 열리기 전인 7월 자발적인 수준이긴 하지만 온실가스 배출을 2020년까지 BAU 대비 30% 감축한다는 국가 감축 목표를 발표하였다. 2009년 당시 발표에 따르면, 2005년 배출량 5억 94백만 tCO_2은 2020년 8억 13백만 tCO_2로 증가할 전망이었으나 이를 30% 줄여 2020년에 5억 6,954만 tCO_2으로 유지하겠다는 내용이었다. 이는 2005년 배출량 대비 4% 감소한 양이었다. 우리나라에서는 '저탄소녹색성장 기본법' 제38조에 저탄소 사회 구현을 위해서 국가 온실가스 중장기 감축 목표를 설정하도록 규정하고 있다. 2020년 배출 전망치 대비 30% 감축이라는 목표는 저탄소녹색성장기본법 시행령에 명시되었다. 2011년에는 국가온실가스종합정보센터에서 이 감축 목표를 달성하기 위한 부문별 감축 잠재량을 평가한 후 부문별 감축 목표를 발표하였다. 이후 감축 목표 달성을 위한 정책 수단으로 2012년에 '온실가스·에너지 목표관리제'를 시행하기 시작하였고, 배출권거래제를 도입을 목표로 '온실가스 배출권의 할당 및 거래에 관한 법률'을 제정하여 2015년부터 시행에 들어갔다.

박근혜 정부는 2014년 1월 환경부를 통해 '국가 온실가스 감축을 위한 2020년 로드맵'을 발표하였다. 2014년 발표 로드맵에 따르면, 2020년 온실가스 배출 전망치는 7억 7,600만 tCO_2eq으로 배출 전망치 30% 감축은 2억 3,300톤을 감축한 5억 4,300만 tCO_2eq로 줄이는 것을 의미한다. 이는 절대량으로는 2005년 대비 4.6% 감축한 수준이다. 부문별 목표 감축률은 수송(34.3%), 건물(26.9%), 전환·발전(26.7%), 공공(25.0%), 산업(18.5%), 폐기물(12.3%), 농림어업(5.2%)순이었으며, 감축량은 산업(81.3 $MtCO_2eq$), 전환(64.9$MtCO_2eq$), 건물(45.0$MtCO_2eq$), 수송(34.2$MtCO_2eq$), 공공 기타(4.5$MtCO_2eq$), 폐기물(1.7$MtCO_2eq$), 농림어업(1.5$MtCO_2eq$)순이었다. 하지만 구체적으로 어떤 정책 수단이나 방안을 통해 어느 정도의 감축이 가능하거나 감축해야 하는지 명확하지 않다는 문제점이 있었다.

2015년 박근혜 정부에서는 2030년 감축 목표를 수립하였다. 2014년 페루 리마에서 열린 COP－20에서는 COP－21에 앞서 국가별 INDC를 제출하기로 합의하였는데, 박근혜 정부에서는 2014년 5월부터 국무조정실을 중심으로 하는 관계부처 합동 기후 변화 대응 T/F 팀에서 작업을 총괄하면서, 의견 수렴을 위해 산업계와 시민단체에서 추천하는 전문가 각 10인 총 20인과 공동작업반으로 민관합동검토반을 구성하여 감축 목표 설정 과정을 진행하였다. 공동작업반은 경제성장률, 유가, 산업구조 등 주요 경제변수를 토대로 온실가스 배출전망(BAU)을 산정한 결과, 2020년에는 7억 8,250만 tCO_2eq, 2030년에는 8억 5,060만 tCO_2eq를 배출할 것으로 전망하였다. 그리고 감축 잠재량과 감축 수단에 대한 공동작업반의 분석을 토대로 2030년까지 BAU 대비 14.7%, 19.2%, 25.7%, 31.3% 감축이라는 네 가지 시나리오를 제시하였다.

하지만 녹색성장위원회가 에너지 신산업 창출과 제조업 혁신의 계기 마련, 녹색기후기금(Green Climate Fund: GCF)사무국 인천 송도 유치 등 국제적 위상 고려, '후퇴금지원칙'을 중시한 국제사회의 우려 등을 감안하여 기존 목표보다 강화된 37% 감축안을 건의하였고, 6월 30일 열린 국무회의에서 이를 수용하여 확정한 후 UNFCCC에 제출하였다. 2030년 BAU 대비 37% 감축 목표는 국내 감축 노력을 통해 25.7%, 나머지 11.3%는 해외 배출권 시장을 통해 해결하는 것을 내용으로 한다. 우리나라는 파리협약이 발효되기 직전인 2016년 11월 3일 국회에서 파리협정 비준동의안이 가결되어 UN에 비준서를 기탁함으로써 97번째 비준국으로서 2016년 12월 3일부터 파리협정 당사국 지위를 획득하였다.

2016년 12월 박근혜 정부는 국무조정실의 총괄·조정 기능을 바탕으로 부문별 소관부처 책임 하에 관계부처 합동으로 '제1차 기후 변화 대응 기본계획'과 '2030 기본 로드맵'을 마련한 후 녹색성장위원회가 심의하고 국무회의에서 확정·발표하였다. '기후 변화 대응 기본계획'은 저탄소녹색성장기본법 제40조에 근거를 둔 법정 계획으로, 관계 부처가 합동으로 '기후 변화 대응의 기본원칙'에 따라 20년을 계획 기간으로 해서 5년마다 수립·시행하도록 되어 있다.

저탄소녹색성장기본법 제38조에 규정되어 있는 기후 변화 대응의 기본원칙이란 "① 지구온난화에 따른 기후 변화 문제의 심각성을 인식하고 국가적·국민적 역량을 모아 총체적으로 대응하고 범지구적 노력에 적극 참여한다; ② 온실가스 감축의 비용과 편익을 경제적으로 분석하고 국내 여건 등을 감안하여 국가온실가스 중장기 감축 목표를 설정하고, 가격 기능과 시장 원리에 기반을 둔 비용효과적 방식의 합리적 규제 체제를 도입함으로써 온실가스 감축을 효율적 · 체계적으로 추진한다; ③ 온실가스를 획기적으로 감축하기 위하여 정보통신 · 나노 · 생명 공학 등 첨단 기술 및 융합 기술을 적극 개발하고 활용한다; ④ 온실가스 배출에 따른 권리 · 의무를 명확히 하고 이에 대한 시장 거래를 허용함으로써 다양한 감축수단을 자율적으로 선택할 수 있도록 하고, 국내 탄소시장을 활성화하여 국제 탄소시장에 적극 대비한다; ⑤ 대규모 자연재해, 환경생태와 작물 상황의 변화에 대비하는 등 기후 변화로 인한 영향을 최소화하고 그 위험 및 재난으로부터 국민의 안전과 재산을 보호한다"는 것이다.

'기후 변화 대응 기본계획'에는 다음 각 호의 사항이 포함되어야 한다(저탄소녹색성장기본법 제40조).

① 국내 · 외 기후 변화 경향 및 미래 전망과 대기 중의 온실가스 농도 변화
② 온실가스 배출 · 흡수 현황 및 전망
③ 온실가스 배출 중장기 감축 목표 설정 및 부문별 · 단계별 대책
④ 기후 변화 대응을 위한 국제협력에 관한 사항
⑤ 기후 변화 대응을 위한 국가와 지방자치단체의 협력에 관한 사항
⑥ 기후 변화 대응 연구개발에 관한 사항
⑦ 기후 변화 대응 인력 양성에 관한 사항
⑧ 기후 변화의 감시 · 예측 · 영향 · 취약성 평가 및 재난 방지 등 적응대책에 관한 사항
⑨ 기후 변화 대응을 위한 교육 · 홍보에 관한 사항
⑩ 그 밖에 기후 변화 대응 추진을 위하여 필요한 사항

'기후 변화 대응 기본계획'의 관련 상위계획으로는 '녹색성장 국가전략'과 '녹색성장 5개년 계획'이 있으며, 관련 하위계획으로는 '배출권거래제 기본계획', '배출권 할당계획', '기후변화적응대책'이 있다. 관계 부처 합동으로 수립된 '기후 변화 대응 기본계획안'은 녹색성장위원회 심의와 국무회의 심의 · 의결을 거쳐 확정된다. '제1차 기후변화 대응 기본계획'은 2017~2036년의 20년을 대상으로 하여 2016년에 수립되

었다. 기존의 기후 변화 관련 계획들로는 앞서 기술한 세 차례의 '기후변화협약 대응 종합대책'(제1차: 1999~2007, 제2차: 2002~2004, 제3차: 2005~2007)과 '기후 변화 대응 종합기본계획'(2008~2012), '녹색성장 5개년 계획'(2009~2018)이 있었다. '제1차 기후 변화 대응 기본계획'은 신기후 체제에 대응하기 위한 우리나라의 중장기 기후 변화 전략과 구체적인 행동계획(action plan)을 담은 첫 번째 종합대책이다. 제1차 기후 변화 대응 기본계획 이전의 관련 계획들은 주로 감축정책에 초점을 맞춘 반면, 2016년부터 수립하기 시작한 '제1차 기후 변화 대응 기본계획'은 감축은 물론 기후 변화 적응과 국제협력 등을 총망라한 종합계획이란 점에서 차별화된다. 이는 파리협정에 따라 감축만이 아니라 적응과 재정 지원, 이행 점검 등을 포괄할 필요가 있기 때문이다. 또한 이전의 관련 계획들이 정부 주도의 하향식 접근을 취했다면 제1차 종합계획은 파리협정으로 열리게 된 신기후 체제에서 우리나라가 2030 감축 목표를 달성하기 위해 처음으로 업계와 협회 등 정책수요자가 참여한 감축 이행계획을 반영했다는 점에서 차이를 보인다.

정부는 '제1차 기후 변화 대응 기본계획'을 통해 '효율적 기후 변화 대응을 통한 저탄소 사회구현'을 비전으로 하는 7대 과제를 제시하였다: ① 저탄소 에너지정책으로의 전환, ② 탄소시장 활용을 통한 비용 효과적 감축, ③ 기후 변화 대응 신산업 육성 및 신기술 연구투자 확대, ④ 이상기후에 안전한 사회 구현, ⑤ 탄소 흡수·순환 기능 증진, ⑥ 신기후 체제 대응을 위한 국제협력 강화, ⑦ 범국민 실천 및 참여 기반 마련 등이다. 7대 과제 실현을 위한 기후 변화 대응 추진 방향으로는 ① 경제적 온실가스 감축수단 활용, ② 신산업 육성으로 경제 성장 지원, ③ 기후 변화에 안전한 사회 건설, ④ 범사회적 실천 기반 구축 등을 제시하였다.

2030년 국가온실가스 감축목표(BAU 대비 37% 감축)를 효율적으로 달성하기 위해 부문별·연도별 구체적인 이행목표를 포함한 '로드맵'은 부문별로 소관 부처가 책임을 가지고 수립한 후 국무조정실이 총괄·조정하여 수립하였다. 수립 이후에도 부문별 소관 부처가 로드맵을 자체적으로 이행하고 평가하면 국무조정실은 로드맵 이행 전반에 대한 종합 점검 및 평가를 실시하는 방식으로 운영하는 방식을 취했다.

문재인 정부는 2018년 7월에는 국가 온실가스 감축 로드맵 수정안을 발표하였다. 기후 변화 대응과 함께 미세먼지 관리 강화와 에너지전환 등 문재인 정부의 국정과제를 반영하고 국제사회에 약속한 국가 온실가스 감축 목표의 이행력을 높인다는 취지에서였다. 2017년 9월부터 민·관·연의 공동작업단을 구성해서 기초 작업을 한 후 2018년 6월 정부의 수정 초안을 마련하였다. 이후 세 차례의 공개토론회와 이해관계자 의견 수렴, 전용 누리집(www.2030ghg.or.kr)을 통한 의견 수렴 등 온·오프라인을 활용하여 수렴된 국민 의견을 반영하였다.

[그림 5-8]에 제시된 것처럼, 수정된 기본 로드맵에서는 2030년 BAU 대비 37% 감축(2030년 목표 배출량 5억 3,600만 톤)이라는 목표는 그대로 유지하되 국내 감축 목표를 기존의 BAU 대비 25.7%에서 32.5%(약 2억 7,650만 톤) 감축으로 상향 조정하고 국내 감축수단으로 줄이기 어려운 4.5%(약 3,830만 톤)는 산림 흡수원과 국외 감축 등을 활용해서 해소하기로 하였다. 부문별 감축 목표도 조정되었는데 자세한 사항은 <표 5-8>과 같다. 2030년 감축 목표를 달성하기 위한 감축 경로는 [그림 5-9]와 같이 나타낼 수 있다.

2019년 문재인 정부는 '제2차 기후 변화 대응 기본계획'을 수립·발표하였다. 제2차 계획에서는 파리협정상 NDC 갱신 일정에 맞추어 국가 온실가스 감축 목표와 부

그림 5-8 한국의 2030 INDC

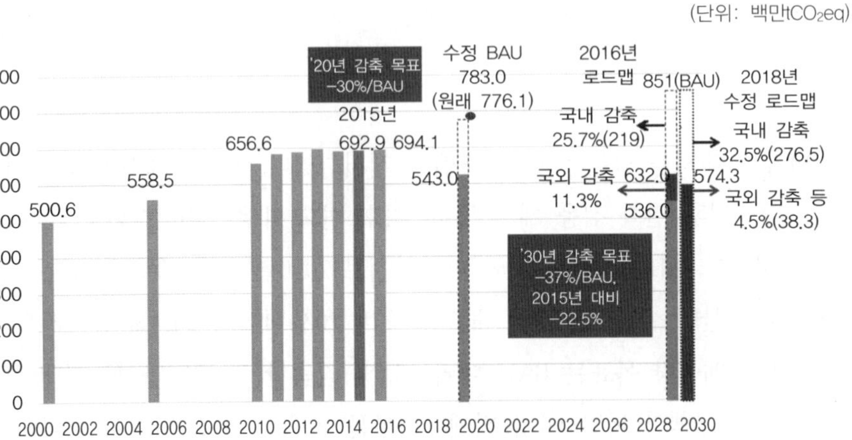

주: 2020년 배출전망치는 2009년 2020년 국가감축목표 발표 시에는 776.1백만 tCO_2였으나 2030년 감축목표 수립 시 783.0백만 tCO_2로 늘어나는 것으로 수정되었음.

자료: 안병옥(2016). 발표자료 재구성.

표 5-8 2030 로드맵상의 배출 전망치와 감축 후 배출량 · 감축률 비교

(단위: 백만 톤, %)

부 문		배출 전망 (BAU)	2016년 로드맵		2018년 수정 로드맵	
			감축 후 배출량 (감축량)	BAU 대비 감축률	감축 후 배출량 (감축량)	BAU 대비 감축률
배출원 감축	산업	481.0	424.6	11.7%	382.4	20.5%
	건물	197.2	161.4	18.1%	132.7	32.7%
	수송	105.2	79.3	24.6%	74.4	29.3%
	폐기물	15.5	11.9	23.0%	11.0	28.9%
	공공(기타)	21.0	17.4	17.3%	15.7	25.3%
	농축산	20.7	19.7	4.8%	19.0	7.9%
	탈루 등	10.3	10.3	0.0%	7.2	30.5%
감축 수단 활용	전환	(333.2)[1]	−64.5		(확정 감축량) −23.7 (추가 감축 잠재량) −34.1[2]	
	E신산업/CCUS	–	−28.2	–	−10.3	–
	산림흡수원		–		−38.3	4.5%
	국외 감축 등	–	−95.9	11.3%		
기존 국내 감축			631.9	25.7%	574.3	32.5%
합계		850.8	536.0	37.0%	536.0	37.0%

주: 1) 전환부문 배출량(333.2백만 톤)은 부문별 전기/열 사용에 할당, 전체 합계에서 제외.
2) 전환부문 감축량 23.7백만 톤 확정, 추가감축 잠재량은 2020년 NDC 제출 전까지 확정.
자료: 환경부 보도자료(2018.7.24).

문별 · 단계별 대책을 담은 이행 로드맵을 제시하였다. 제2차 계획에서는 저탄소 사회로의 전환, 기후 변화 적응 체계 구축, 기후 변화 대응 기반 강화를 주요 추진 과제로 제시하였다. 제1차 계획에서와 마찬가지로 2030년 국가 감축을 BAU 대비 37% 감축으로 유지한다. 이는 2017년 배출량 대비 2030년까지 24.4% 감축하는 것이다. 국내부문의 총배출량 목표는 BAU 대비 32.5% 감축한 574.3백만 톤 이내인데, 이는 에너지부문 505.3백만 톤(88%)과 비에너지부문 69백만 톤(12%)으로 이루어진다. 이에 산림 흡수와 국외 감축 등으로 BAU 대비 4.5%, 즉 38.3백만 톤을 추가 감축해야 한다. 부문별 감축 목표를 보면, 전환 · 산업 · 건물 · 수송부문의 핵심 4대 배출원에

그림 5-9 한국의 2030 수정 로드맵 감축 경로

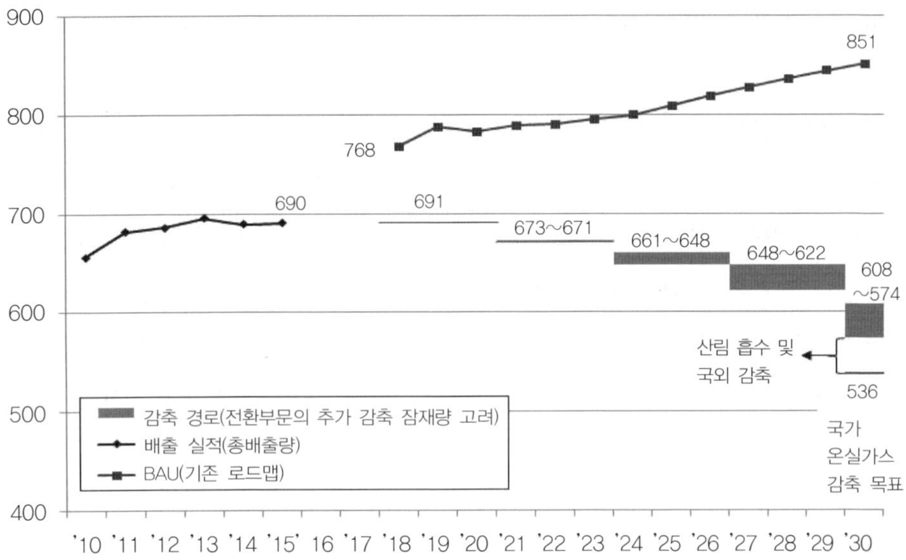

자료: 환경부 보도자료(2018.7.24).

서 91%를 집중 감축해야 한다. 정부는 2030년 이후 장기 온실가스 감축 목표는 차기 NDC 제출 연도인 2025년과 연계하여 설정할 예정이다. 현재 전문가로 구성된 기술 작업반과 다양한 이해관계자가 참여하는 포럼의 논의를 진행하고 있는데, 추후 국민 공론화를 거쳐 2050년의 감축 목표와 사회 비전 수립에 나설 전망이다.

2) 기후 변화 적응

기후 변화 대응을 위해서는 완화만이 아니라 적응도 중요하다. 2008년 12월에 13개 부처가 함께 '국가 기후 변화 적응 종합계획'을 발표하였고, 2009년 7월에는 환경부 주도로 한국환경정책평가연구원에 '국가기후변화적응센터'를 설립하였다. 2010년에는 '저탄소녹색성장기본법' 제48조와 동법 시행령 제38조에 근거해서 관계 부처 합동으로 최초의 국가 대책인 '제1차 국가 기후 변화 적응대책'(2011~2015)을 수립, 녹색성장위원회의 심의를 거쳐 확정 후 추진에 들어갔다. 제1차 대책에서는 14개 부처가 합동으로 10개 분야, 87개 과제를 담았는데, 이후 2012년에 IPCC AR5의 신시나리오를 반영하여 9개 분야 60개 과제로 수정하였다. 9개 분야란 건강, 농수산, 물관리, 재난 · 재해, 산림 · 생태계, 국토 · 연안, 산업, 인프라 · 국제협력, 감시 · 예측을 말한다.

'국가 기후 변화 적응대책'은 기후 변화 영향을 감안한 5년 단위의 연동계획(rolling plan)으로서 정부와 지방자치단체가 세부 시행계획을 수립하기 위한 기본계획으로서의 성격을 지닌다. 이 대책에는 ① 기후 변화 적응을 위한 국제협약 등에 관한 사항, ② 기후 변화에 대한 감시 · 예측 · 제공 · 활용 능력 향상에 관한 사항, ③ 부문별 · 지역별 기후 변화의 영향과 취약성 평가에 관한 사항, ④ 부문별 · 지역별 기후 변화 적응대책에 관한 사항, ⑤ 기후 변화에 따른 취약계층 · 지역 등의 재해 예방에 관한 사항, ⑥ 녹색생활운동과 기후 변화 적응대책의 연계 추진에 관한 사항, ⑦ 그 밖에 기후 변화 적응을 위하여 환경부 장관이 필요하다고 인정하는 사항 등이 담긴다. 관계 중앙행정기관의 장, 시 · 도지사 및 시장 · 군수 · 구청장은 이러한 기후 변화 적응대책에 따라 소관 사항에 대하여 기후 변화 적응대책 세부 시행계획을 수립 · 시행한다.

2012년에는 광역지방자치단체의 적응대책 세부 시행계획 수립이 완료되었다. 2013년에는 적응대책 세부 과제를 9개 부문, 67개 과제로 재정비하고 이에 대한 세부 시행계획(2013~2015년)을 수립하였다(환경부, 2018). 2015년부터는 기초지방자치단체 적응계획 수립이 의무화되었다. 또한 2015년에는 '제2차 국가 기후 변화 적응대책'(2016~2020)이 수립되었다. 제2차 대책에서는 '기후 변화 적응으로 국민이 행복하고 안전한 사회 구축'을 비전으로 하여 5대 적응원칙과 4개 부문, 1개 기반, 20개 주요 과제를 제시하였다. 기후 변화 5대 적응원칙이란 ① 지속가능발전 원칙에 부합하고 기후 변화 적응을 활용한 발전 추구, ② 기후 변화 취약부문 · 계층의 우선 관리, ③ 과학적 근거에 기반한 기후 변화 위험 관리, ④ 기존 정책과 연계성 확보 등 통합적 접근, ⑤ 이해당사자 참여와 소통 확대 및 정책이행 체계 강화 등이다. 제2차 대책에서는 제1차 대책의 성과를 보완하여 과학적인 기후 변화 리스크 분석을 바탕으로 분야별 연계와 통합을 강화하였다. 과학적 위험 관리, 안전한 사회 건설, 산업계 경쟁력 확보, 지속 가능한 자연자원 관리를 4대 정책 부문으로 하면서 16개 과세를 제시하였다.

3) 기후 변화 행정 체계

우리나라 기후 변화 정책의 총괄 부처는 환경부이다. 환경부는 저탄소 녹색성장 기본법 시행령에 따라 국가 온실가스 감축정책과 적응정책의 총괄기관으로서의 지위를 가진다. 동 시행령 제25조 ③항에서는 "환경부 장관은 온실가스 감축 목표의 설정 · 관리 및 이행을 위한 범정부적 시책 마련 등 정책조정에 관한 업무를 지원한다"고 규정하고 있다. 또한 동 시행령 제26조 ①항에 따라 "환경부 장관은 목표 관리에 관하여 총괄 · 조정 기능을 수행"한다. 적응과 관련해서도 제38조 ①항에서는 "환경부 장관은 법 제48조 제4항에 따라 다음 각 호의 사항이 포함된 기후 변화 적응대책을 관계 중앙행정기관의 장과의 협의 및 위원회의 심의를 거쳐 5년 단위로 수립 · 시행하여야 한다"고 되어 있다.

적응대책 또한 환경부가 총괄 부처이면서 부문별 영역별로 관련 부처들이 관장기관 지위를 가진다. 적응계획은 국가 단위의 적응계획으로 기후 변화 적응 관계 부처가 모두 참여하여 수립한다. 광역지방자치단체와 기초지방자치단체는 지방자치단체 단위의 기후 변화 적응 대책을 수립한다. 17개 광역시 · 도와 226개 전국 기초 시 · 군 · 구는 기후 변화 적응대책 세부 시행계획을 수립하고 이행한다.

국가 온실가스 통계의 국제적 신뢰성을 확보하면서 기후 변화에 효과적으로 대응하기 위해서는 인벤토리 구축이 기본적으로 선행되어야 하는데, 환경부는 국가 온실가스 통계를 총괄적으로 관리하고 국가 온실가스 인벤토리를 UNFCCC에 보고하는 역할을 한다. 국가 온실가스 종합정보관리 체계를 구축 · 관리하기 위하여 환경부 장관은 저탄소 녹색성장 기본법 제45조 제1항과 동법 시행령 제36조에 따라 환경부 장관 소속으로 온실가스종합정보센터를 두고 있다. [그림 5-10]에 제시된 것처럼 분야별로 에너지는 산업통상자원부(산업 · 전환)와 국토교통부(건물 · 교통), 산업공정은 산업통상자원부, LULUCF와 농업은 농림축산식품부, 폐기물은 환경부가 관장한다. 관장기관이란 저탄소 녹색성장 기본법 시행령 제36조 제4항에 따라 각 관장 분야의 온실가스 정보와 통계를 온실가스종합정보센터에 제출해야 하는 기관을 말한

그림 5-10 한국의 온실가스 배출 감축과 온실가스 인벤토리 관리 체계

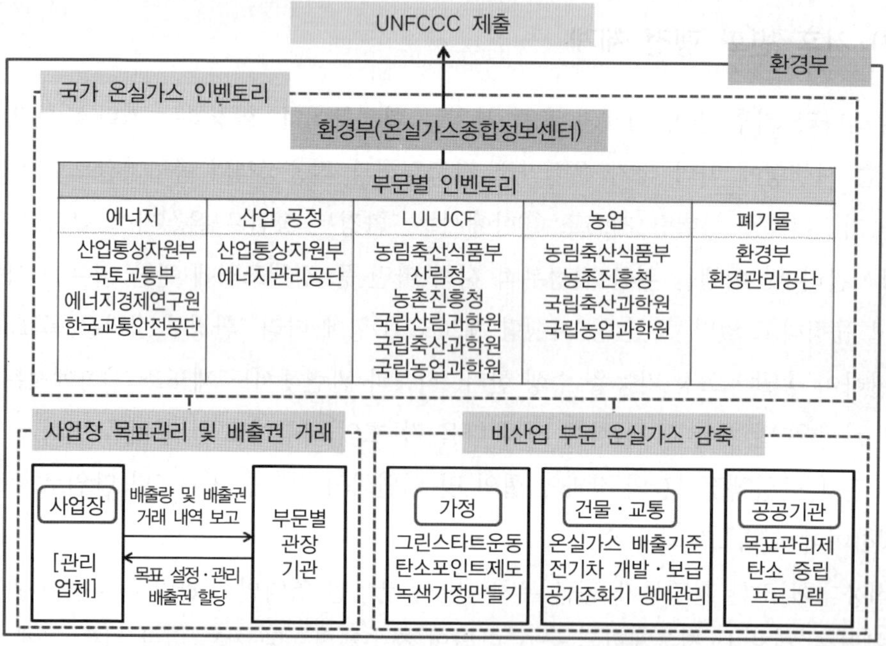

다. 관장기관들에서는 관장기관별 온실가스 정보와 통계를 작성하는 산정기관을 통해 관리대상의 온실가스 인벤토리를 작성하여 온실가스종합정보센터로 제출하면 센터에서 이를 검증한다. 관장기관별 산정기관에는 에너지경제연구원(에너지), 한국교통안전공단(수송), 에너지관리공단(산업공정), 국립농업과학원(농업), 국립축산과학원(축산), 국립산림과학원(LULUCF), 한국환경공단(폐기물) 등이 있다.

기후 변화 대응 관련 주무 부처가 잠시 변경된 적이 있다. 2016년 5월 박근혜 정부는 기후 변화 대응 체계를 개편하였다. 기후 변화 대응정책의 주무 부처를 환경부에서 국무조정실로 이관하였다. 국무총리와 경제부총리의 기후 변화 대응 총괄 · 조정 기능을 강화하고, 소관 부처가 감축정책을 이행하는 부처책임제로 전환하였다. 국무조정실이 사령탑(control tower)으로서 기후 변화 대응에서 중심이 되어 부처간 기후 변화 대응정책을 총괄 · 조정하고, 이전에 환경부가 담당했던 배출권 거래제를 기획재정부에서 주관하도록 하였으며, 부문별로 소관 부처가 부처 관련 기후 변

화 정책을 관장하도록 조정하였다.

하지만 문재인 정부가 들어선 후 2018년에는 저탄소 녹색성장기본법 시행령 및 온실가스 배출권거래법 시행령을 다시 개정하여 국무조정실이 총괄·조정하던 국가 온실가스 감축 목표 설정 업무는 국무조정실이 계속 담당하여 총괄 기능 자체는 이어가되, 환경부가 과거처럼 실질적인 운영업무를 담당하도록 기후 변화 대응 체계를 개편했다. 온실가스 통계관리를 담당하던 온실가스종합정보센터는 설립 초기부터 환경부에 소속되었던 것을 박근혜 정부 때 국무조정실로 이관했다가 다시 환경부 소속으로 되돌렸다. 배출권거래제 업무의 경우 기획재정부가 맡던 총괄 기능(기본계획+할당계획) 중 기본계획은 기획재정부와 환경부가 함께 담당하고, 할당계획은 다시 환경부가 주관하기로 하였다. 배출권 할당 및 배출량 평가·인증, 시장운영과 유상경매 등 구체적인 집행 기능 역시 주관기관을 환경부로 되돌렸다. 다만, 외부사업 평가·인증과 온실가스 감축 지원사업은 산업통상자원부, 해양수산부, 농림축산식품부 등 부문별 관장기관이 주로 수행하도록 하였다.

4) 주요 기후 변화 정책

(1) 온실가스·에너지 목표관리제

우리나라의 대표적인 기후 변화 완화 정책에는 2012년에 시행되기 시작한 온실가스·에너지 목표관리제(이하 목표관리제)와 2015년부터 시행에 들어간 배출권 거래제가 있다. 목표관리제는 산업계와 공공부문을 대상으로 한다. 산업계를 대상으로 하는 목표관리제는 에너지 소비량이나 온실가스 배출량이 일정량 이상인 사업체나 사업장에 대해 관장기관과의 협의를 통해 매년 온실가스 감축·에너지 절약 목표를 설정하고 이행을 관리하는 제도로 대표적인 명령 강제적 규제방식의 제도이다. 시기별 관리대상 업체의 기준은 <표 5-9>와 같다.

목표관리제는 총괄·관장기관 체계로 운영된다. 환경부가 제도 운영을 위한 종합적인 기준과 절차, 지침을 마련하고 부문별 관장기관 사무를 대상으로 점검·평가를 담당한다. 관장기관은 농업·임업·축산·식품 분야는 농림축산심품부, 산업·발전 분야는 산업통상자원부, 폐기물 분야는 환경부, 건물·교통 분야는 국토교통부, 해

표 5-9 온실가스 · 에너지 목표관리제 관리업체 지정 기준

구 분	업체 기준		사업장 기준	
	온실가스 배출량 (천 톤CO_2eq)	에너지 소비량 (TJ)	온실가스 배출량 (천 톤CO_2eq)	에너지 소비량 (TJ)
2011년 12월 31일부터	125 이상	500 이상	25 이상	100 이상
2012년 1월 1일부터	87.5 이상	350 이상	20 이상	90 이상
2014년 1월 1일부터	50 이상	200 이상	15 이상	80 이상

주: 관리업체 지정 기준은 최근 3년 간 연평균 총량 기준.
자료: 환경부(2018).

양 · 수산 · 해운 · 항만 분야는 해양수산부가 관장기관으로서 소관 부문별로 관리업체를 지정하고 업체별 감축 목표를 설정하며 이행을 직접 관리한다. 2010년에 목표관리제가 최초로 시행되었을 당시에 관리업체는 470여 개였다가 2014년에는 840여 개로 증가하였다. 이후 2015년에 배출권 거래제가 시행되면서 목표관리제 관리대상에서 배출권거래제 대상업체가 제외되면서 350여 개로 감소하였다. 정부는 목표관리제를 통해 주요 배출원의 배출량 통계를 MRV 방식에 부합하게 관리하고, 산업부문 온실가스 감축을 직접 규제하며 배출권 거래제 시행 전에 선행학습 효과를 얻기 위해 목표관리제를 실시하였다.

목표관리제에는 공공부문 목표관리제도 있는데, 이는 공공부문의 기관에 대해 환경부가 매년 온실가스 감축 목표를 설정하고 이행실적을 관리해 나가는 것이다. 중앙행정기관, 지방자치단체, 공공기관, 지방공사 · 공단, 국 · 공립대학, 국립대학병원 · 치과병원 등이 대상기관이다. 2017년 현재 826개가 이에 해당한다. 다만, 공공부문이라도 국방, 치안 및 학습권 보호 등을 위해 일부 시설은 적용에서 제외할 수 있도록 했다. 군부대, 경찰 · 소방차량, 초 · 중등학교, 노인 · 아동 · 장애인 등 복지시설, 연면적 $100m^2$ 미만 소규모 건물 등이 포함된다.

(2) 온실가스 배출권 거래제

온실가스 배출권 거래제는 대표적인 경제 유인적 정책 수단으로, 정부가 온실가스 대량 배출 사업장을 대상으로 배출권을 할당한 후 할당 범위 내에서 배출할 수 있도록 하고 감축 후 여분이나 부족 배출권에 대해서는 다른 사업장과의 거래를 허

용하는 제도이다. 기업마다 한계감축 비용이 다르기에 한계감축 비용이 높은 기업(감축 여력이 높은 기업)은 자체적으로 감축하기보다 시장에서 배출권을 구입하고 한계감축 비용이 낮은 기업(감축 여력이 낮은 기업)은 남는 배출권을 시장에서 판매함으로써 상호 이익이 된다는 것이 기본적인 논리이다.

기본적으로 배출권 거래제 계획 기간은 장차 5년 단위로 운영할 계획이다. 다만, 운영 초기인 1차 계획 기간과 2차 계획 기간은 각각 2015~2017년, 2018~2020년으로 3년 단위로 운영하고, 3차 계획 기간(2021~2025년)부터 5년 단위로 운영한다는 실시 계획을 가지고 있다. 배출권 거래제 참여대상 업체는 기본적으로 목표관리제 관리업체들 중 연평균 배출량이 125,000 tCO_2eq 이상인 업체이거나 25,000 tCO_2eq 이상인 사업장을 보유한 사업체이다. 2015년 시행에 들어가기 앞서 2014년 9월에 지정・고시한 '배출권 거래제 할당대상 업체'는 525개소였다.

할당대상 업체의 사업장은 배출권을 할당받고 배출 또는 감축 활동을 한 후 온실가스 배출량을 산정한다. 이후 외부 전문기관의 검증을 거치고 나서 정부에 보고해야 한다. 정부는 보고된 배출량 산정의 적합 여부를 평가한 후 배출량을 인정해준다. 배출권을 제출하는 방법은 다양하다. 할당받은 배출권을 제출하거나 부족분을 다른 사업장으로부터 구입하여 제출할 수도 있고, 차기 연도 배출권을 차입하여 제출할

그림 5-11 배출권 거래제의 기본 개념

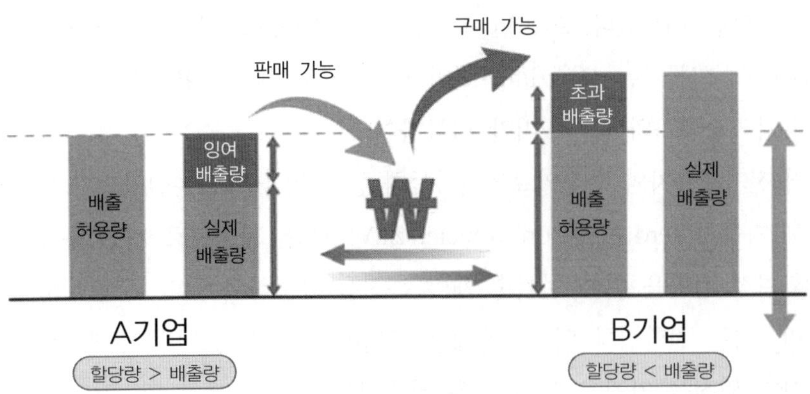

자료: 환경부(2018).

수도 있다. 또는 해당 사업장 외부에서 감축사업을 통해 인증 받은 감축 실적을 상쇄 배출권으로 전환해서 제출할 수도 있다.

배출권의 거래는 등록부(registry)에 계정을 등록한 후 이루어진다. 2차 계획 기간까지는 할당업체 이외 제3자가 거래 계정을 하지 못하도록 제한하고 있다. 배출권 거래는 거래 당사자들 간에 이루어지기도 하고 금융상품과 마찬가지로 배출권거래소를 통해 거래되기도 한다. 정부는 배출권 거래시장의 안정화를 위해 안전장치를 여럿 마련해둔 상태다. 배출권 가격이 폭등하는 경우를 포함해서 긴급한 사유가 발생하면 예비분의 추가 공급을 통해 가격 안정화를 도모할 수 있으며 배출권의 최소 가격이나 최고 가격을 설정할 수 있다. 배출권의 최소 보유한도나 최대 보유한도를 설정하거나 차입 또는 상쇄 배출권의 제출 한도를 제한할 수도 있다. 배출권 거래 실적을 보면 도입 첫 해인 2015년에는 시장 불확실성과 기업의 시장 관망으로 거래실적이 570만 tCO_2eq로 낮았지만 2016년 1,190만 톤, 2017년 2,630톤으로 점차 거래량이 증가하는 추세를 보이고 있다.

(3) 수송부문 기후 변화 정책: 자동차 온실가스 감축

국가 온실가스 감축 목표 달성을 위해 2020년까지 수송부문이 감축해야 할 배출량은 총 감축 필요량의 34.3%인 3,420만 톤에 달한다. 환경부는 이 목표량 달성을 위해 2012년부터 시행한 자동차 평균 온실가스 · 연비 기준을 2016년에 강화하였다. 환경부는 온실가스 기준을, 산업통상자원부는 연비 기준을 정하고, 환경부가 제도 총괄관리를 당당하고 있다. 2020년 목표는 승용차 · 승합차는 온실가스 97g/km, 연비 24.3km/ℓ, 화물차는 166g/km, 연비 15.6km/ℓ이다. 적용대상은 총 중량 3.5톤 미만 승용차 · 승합차와 3.5톤 미만 화물차이다.

아울러 전기자동차와 수소연료전지자동차 등 오염물질과 온실가스가 배출되지 않는 무공해 자동차(zero emission vehicle: ZEV) 보급, 화석연료 기반 운송수단 패러다임의 획기적 전환을 위한 신기술 개발 촉진을 유도하고 있다. 그럼에도 불구하고 아직 우리나라는 친환경차 의무판매제를 도입하지 않고 있으며, 내연기관차 퇴출에 대한 명확한 일정을 가지고 있지 않은 상태이다.

(4) 가정 · 사업 중 비산업부문 기후 변화 정책

비산업부문의 온실가스 감축은 산업부문에 비해 소용 비용이 적지만 효과가 빨리 발생하는 특성이 있다. 산업부문 이외에도 다양한 기후 변화 정책이 시행 중에 있다. 가정부문의 경우 대표적인 제도들로 그린스타트운동과 탄소포인트제, 그린카드와 탄소성적표지제 등이 있는데, 대개 배출 저감 행동에 인센티브를 부여해서 녹색 생활을 정착시키는 것을 목적으로 한다. 가정과 상업부문 건물에 대해서는 그린홈 200만 호 보급정책과 녹색건축물 등급제를 시행하고 있다. 또한 공공부문에 대해서는 앞서 기술한 목표관리제와 탄소 중립 프로그램을 시행 중이다.

이제까지 정부가 국제사회의 기후 변화 대응에 대해 대처한 활동들, 기후 변화 관련 법안 수립을 위한 정부와 국회의 시도, 기후 변화 완화 관련 활동, 기후 변화 적응 관련 활동들을 연도별 정부별로 요약하면 <표 5-10>과 같다.

표 5-10 한국 국회와 정부의 기후 변화 대응

		국제 대응/관련법	기후 변화 완화	기후 변화 적응
	1993	UNFCCC 가입		
김대중 정부	1998	제1차 국가보고서 UN 제출	UNFCCC 대책위원회 설치	
	1999		제1차 기후변화협약 대응 종합대책(1999~2001)	
	2001	국회 기후변화협약대책특별위원회 구성		
	2002	교토의정서 국회 비준	제2차 기후변화협약 대응 종합대책(2002~2007)	
노무현 정부	2003	제2차 국가보고서 UN 제출		
	2004		제3차 기후변화협약 대응 종합대책(2005~2007) (적응 포함)	
	2007		기후 변화 제4차 종합대책, 기후 변화 대응 종합기본계획 세부이행계획	
이명박 정부	2008	기후 변화 대응 종합기본계획 수립	지방자치단체 기후 변화 대응 가이드라인 발표	국가 기후 변화 적응 종합계획(2009~2030)
	2009	2020년 국가 온실가스 감축 목표 발표		기후변화적응센터 설립

	2010	저탄소 녹색성장 기본법 시행령 제정·시행	온실가스종합정보센터 설립, 지방자치단체 온실가스 배출량 산정 지침	제1차 국가 기후 변화 적응대책(2011~2015) 수립
	2011	제3차 국가보고서 UN 제출	국가부문별·업종별·연도별 온실가스 감축 목표 설정	
	2012	배출권거래제법과 동법 시행령 제정, GCF 유치	목표관리제 실시, 지방자치단체 GHG 인벤토리 구축 완료, 자동차 평균 온실가스·연비 기준 시행	16개 광역지방자치단체 기후 변화 적응계획 수립
박근혜 정부	2013		목표관리제 대상 확대	기초지방자치단체 기후변화적응계획 시범 수립, 기후변화 적응대책 세부 시행계획(2013~2015) 수립
	2014		목표관리제 대상 확대 2020 국가 GHG 감축 로드맵 발표	
	2015	2030년 국가 온실가스 감축 목표 UNFCCC 제출, 기초지방자치단체 기후 변화 적응계획 수립 의무화	배출권거래제 실시	제2차 국가 기후 변화 적응대책(2016~2020) 수립
	2016	제1차 기후 변화 대응 기본계획 수립, 파리협정 국회 비준	2030년 국가 온실가스 감축 로드맵 발표, 자동차 평균 온실가스·연비 기준 강화, 노후 석탄발전소 10기 폐지 추진	
문재인 정부	2017	재생에너지 2030 발표	신규 석탄발전소 건설 금지	
	2018		2030년 국가 온실가스 감축 로드맵 수정 발표	
	2019	제2차 기후 변화 대응 기본계획 수립		유엔기후변화협약 적응주간 최초 개최

주: 연도별 음영은 정부별 시기 구분임.

제4절 국내·외 기후 변화 대응의 과제와 전망

기후 변화는 그야말로 21세기 최대 환경 문제이자 경제 문제이며 결국 생존 자체의 문제이다. 문제의 심각성에 대한 세계적 인식은 높아졌지만 단기적인 국익에 얽매여, 또 현재의 생활방식과 산업구조를 변화시켜 나가는 것에 대한 두려움에 사로 잡혀, 국제사회는 물론 우리나라도 보다 적극적인 감축 목표 설정과 감축 활동에 여전히 소극적이다. 산업혁명 이래 화석연료의 투입을 통해 더 많은 물질적 풍요와 편리를 추구해온 경제 성장 전략은 이제 기후 변화라는 엄청난 난제에 부딪쳤다. 기후 변화가 기술개발을 통해 풀어갈 수 있는 문제인지, 또 시장의 작동을 통해 해결될 수 있는 문제인지에 대해 여전히 상반된 의견들이 제출되고 있다. 아울러 갈수록 기후 변화에 의한 재난의 발생 빈도가 늘고 강도가 늘어나면서 기후 변화에 취약한 개발도상국이나 사회경제적 약자들은 보다 심각한 기후 위험에 노출되어 있다. 기후 변화 적응에 대한 관심이 갈수록 높아지고 있지만 이 또한 가야 할 길이 먼 상태이며, 기후 변화로 인해 발생하는 개발도상국의 손실과 피해를 어떻게 보상할지에 대한 논의도 충분하게 이루어져 있지 않다. 이제 국제사회는 파리협정의 발효로 2020년 이후에는 신기후 체제로 진입할 예정이며 일부 국가들에서는 2050년 장기 저탄소발전 전략을 수립하여 감축 노력을 경주해 나가고 있지만, 파리협정에서 합의한 2℃ 이내 온도 상승 제한, 1.5℃ 이내로 억제 노력이라는 목표를 달성하기 위해서는 해결해야 할 많은 쟁점이 남아 있는 상태이다.

기후 변화에 대한 우리 국민의 인식수준은 상당히 높은 편이다. 2018년 환경부가 실시한 환경보전에 관한 국민인식 조사 결과에 따르면 여러 환경 문제 가운데 일반 국민이 가장 심각하다고 생각하는 환경 문제는 85.1%의 지지를 받은 지구온난화 · 기후 변화로 나타났다. 지구온난화 · 기후 변화 문제가 개선되었다고 생각하는 응답자는 7.0%에 지나지 않았다. 그럼에도 불구하고 정부가 우선적으로 개선해야 할 분야로 지구온난화 · 기후 변화는 18.3%만이 동의해서 자연환경 및 생태계(22.6%)와 대기(18.6%)보다 우선 순위가 낮았다. 다만, 개선이 필요한 분야에 대한 중복 응답을 허용했을 경우엔 지구온난화 · 기후 변화가 56.7%로 가장 높은 지지를 받았다. 일반 국민의 거의 절반인 49.5%는 지구온난화 · 기후 변화가 향후 악화될 것으로 전망하였다. 지구 차원에서 기후 변화가 심각한 문제라고 인식하는 응답자는 거의 열에 아홉(89.7%)에 달할 정도였다. 기후 변화에 대응하기 위해 온실가스 배출 사업장과 자동차에 대한 제재(35.5%), 저탄소 대체 에너지 개발과 보급(23.2%), 범국민적인 온실가스 줄이기 운동 전개(22.1%) 등을 가장 시급한 과제로 꼽았다. 기후 변화 억제를 위해 가장 중요한 역할을 하는 주체로 중앙정부를 택한 응답자가 절반이 넘었으며(50.5%), 그 다음으로 높은 선택을 받은 주체는 국민 개개인(27.0%)이었다. 기업은 그보다 낮은 10.0%로 나타났다. 그만큼 정부의 역할에 대한 기대가 높으며 국민 개개인은 정부와 함께 노력해나갈 자세가 되어 있음을 시사한다.

그럼에도 불구하고 기후 변화 대응에는 비용과 편익이 수반되는만큼 다양한 이해당사자들의 입장과 견해가 다를 수 있다. 국제사회 수준만이 아니라 한 국가 내에서도 기후 변화 대응을 둘러싸고 사회적 갈등이 야기될 가능성이 상당히 높다. 기후 변화는 직접적으로는 이상기후 형태로 재난을 수반하며 직접적인 생명의 손실과 재산상의 피해, 인간 보건에 영향을 미치지만 기후 체계의 변화에 따른 생태계 변화가 생물다양성이나 서식처 변화, 나아가 자연에 직접 영향받는 농업을 비롯한 1차 산업에 영향을 미치게 되고, 연쇄적으로 사회의 산업구조와 고용에까지 영향을 미치게 된다. 기후 변화 자체가 아니라 기후 변화에 대응하기 위해서 취하는 다양한 정책의 선택과 이행 또한 사회경제적 변화를 수반하고, 이와 관련해서 사회 갈등을 야기할 수 있다. 국가 감축 목표를 어느 정도 수준으로 설정할지, 어떤 부문에서 얼마나 줄여야 할지, 이를 위해 어떤 정책 수단을 활용할지, 해당 기후 변화 정책 수단을 어떻게 설계해야 할지 등 완화와 관련해서 많은 쟁점들이 관련 이해당사들의 이해와 부딪칠 수 있다. 사회 갈등은 기후 변화 적응과 관련해서도 야기될 수 있는데, 어디까지를 사회가 감당해야 할 기후 위험으로 볼 것인지, 즉 어느 정도 수준까지 적응방안 구축이 필요한지, 동원할 수 있는 재원과 자원의 한계를 염두에 둘 때 어느 지역과 집단, 부문에 적응 우선 순위를 둘지 등의 문제를 둘러싸고도 사회갈등이 야기될 수 있다.

따라서 기후 변화는 환경 문제이면서 환경 문제로만 한정되지 않는다. 기후 변화의 진행에 대한 사회적 인식이 높고 대응 필요성에 대해 일정 정도 사회적 합의가 형성되어 있는 상태지만, 이러한 과정에서 발생 가능한 사회적 갈등에 대해서는 충분한 조명이 이루어지고 있지 않다. 기후 변화만이 아니라 기후변화대응정책이 야기할 환경 영향과 사회경제 영향에 대한 사전 영향평가와 취약성 평가를 통해 발생 가능한 부정적 효과는 최소화하고 긍정적 효과는 극대화하려는 접근이 필요하다. 이것은 단지 과학의 문제가 아니다. 오히려 사회적 논의와 합의가 필요한 문제다. 바로 이 점이 분명히 인식될 필요가 있다.

기후 변화 문제는 과학적 연구 성과들이 축적가고 있음에도 불구하고 여전히 상당 정도의 불확실성이 내재해 있다. 또한 기후 변화 정책이 목표로 한 정책효과를 달성할 수 있을지도 확신하기 어렵다. 따라서 기후 변화 대응 수준과 방식에 대해 사회 내 다양한 집단과 개인들의 참여와 합의가 필요하다. 이를 위해서는 일반 시민들이 기후 변화에 대해 보다 폭넓고 깊이 있게 이해하며 기후 변화 완화와 적응이 무엇이고 왜 필요한지 어떻게 실현할 수 있는지에 대한 이해가 필요하므로 이를 위한 교육이 확대되어야 한다. 하지만 이 과정이 계몽적 차원에서 일방향적으로 지식을 전달하고 정부가 수립해 놓은 계획을 일반 시민들이 따르도록 요구하는 방식이어서는 곤란하다. 기후 변화 관련 내용들을 인식할 수 있도록 정보를 제공하는 데서 그칠 것이 아니라 쌍방향 소통의 과정을 통해 일반 시민의 이해와 관심, 평범한 지식(lay knowledge), 요구 또한 정책결정 과정에 수용될 수 있어야 한다. 기업과 노동조합, 시민단체, 농민조합, 소비자단체 등 핵심적인 사회경제부문의 주요 이해당사자들이 정책결정 과정에 참여할 수 있는 기회를 확대해야 한다. 이러한 과정을 통해 정책의 정당성이 확보되고 정책이행의 효과성 또한 높아질 수 있다. 기후 변화 대응 또한 상호 소통하고 상호 교육하는 과정을 기초로 한 시민 참여적 거버넌스를 필요로 한다. 기후 변화의 위험성이 갈수록 높아지는 지금이야말로 민주적이고 시민 참여적인 거버넌스를 구축해야 할 시점이다.

생각발전소

1. 기후 변화에 대한 IPCC의 평가보고서가 연속적으로 발표되어 세계적 인식 수준이 높아지고 있음에도 불구하고 국가별 감축 목표 설정이 쉽지 않은 이유는 무엇인지 생각해 보자.
2. 신기후 체제 하에서 우리나라의 장기 저탄소 발전전략은 어느 정도의 목표를 담아야 할지 생각해 보자.
3. 기후 변화 문제 해결을 위해 현재 시행 중인 목표관리제의 장·단점은 무엇이며, 온실가스 배출권 거래제의 장·단점은 무엇인가? 또 다른 대안으로 제시되고 있는 탄소세란 무엇이며, 탄소세의 장·단점은 무엇인지 생각해 보자.
4. 기후 거버넌스는 어떤 방식으로 이루어져야 하며 바람직한 기후 거버넌스 실현을 위해서는 무엇이 어떻게 변화되어야 할지 생각해 보자.

Chapter

06 환경보건

환경보건정책 및 행정은 대기, 물, 토양 등 환경매체별 정책 및 행정과 의료정책 및 행정의 중간 영역에 위치하며, 원인 오염물질 및 매체에 대한 평가를 통해 기존 매체 환경정책과 의료정책의 개선에 이바지한다. 이 장은 이처럼 매우 광범위한 분야인 환경보건 분야에 대해 행정 및 정책 학도들이 환경보건 분야의 기본적인 지식을 제공하고 이를 바탕으로 과학자, 그리고 시민과 소통할 수 있는 역량을 함양하기 위해 전면 개정되었다. 이론적 · 개념적 내용을 미세먼지, 가습기 살균제 피해, 구미 불화수소 누출 등 다양한 사례를 들어 설명하였다. 제6장 환경보건(Environmental Health)은 6개 절로 구성되어 있다. 제1절부터 제2절까지는 환경보건의 정의, 원칙, 특징과 환경보건 분야를 개괄한다. 제3절부터 제5절까지는 환경보건정책 및 행정의 과학적 근거를 제공하는 위해성 평가, 과학적인 정보를 바탕으로 한 위해성 관리와 위해성 소통을 설명하고 있다. 마지막으로 제6절은 기후 변화, 환경 유해인자의 확산 가능성 증가 등 환경보건의 새로운 이슈들을 제기하고 있다.

최근 우리는 매일 날씨를 확인하고 우산이나 겉옷을 준비했던 것처럼, 미세먼지 농도를 확인하고 마스크를 챙기는 것이 일상이 되었다. 또한 날씨와 더불어 미세먼지 농도에 관한 대화는 우리의 일상생활에 자리잡고 있다. 실제로 연평균 미세먼지 농도는 지속적으로 감소하고 있다. 그러나 2019년 3월에 고농도 미세먼지가 일주일 간 지속된 것처럼 고농도 미세먼지 발생은 점차 빈번해지고, 그 지속 일수가 길어지고 있어, 미세먼지로 인한 국민 불안은 해소되기보다 높아지고 있다.

2018년 환경부가 국민 천여 명을 대상으로 실시한 미세먼지에 대한 인식 조사 결과, 응답자 대다수가 우리나라의 미세먼지가 심각하며(91.0%), 미세먼지를 건강에 위협이 되는 것(78.7%)으로 인식하는 것으로 나타났다. 같은 해 통계청이 시행한 사회조사 결과, 미세먼지에 대한 불안(87.2%)은 방사능(54.9%)과 유해화학물질(53.3%)을 제치고 가장 높은 수준으로 나타났다. 미세먼지로 인한 불안으로 국내에서는 공기청정기 판매가 빠르게 증가하고 있으며(하선영, 2019), 일부 시민들은 직접 헤파필터와 데스크톱 컴퓨터용 냉각 팬 등을 활용해 DIY(Do It Yourself) 공기청정기를 제작해 대응하고 있다(김나현, 2018).

미세먼지에 대한 국민의 우려와 불안은 쓸데없는 걱정에 불과한 것일까? World Health Organization(WHO) 사무총장인 게브레예수스(Tedros Adhanom Gebreyesus)는 대기오염을 단순히 숨 쉬는 것만으로 연간 7백만 명의 생명을 앗아가고 10억 명 이상에게 피해를 주는 'new tobacco'라고 묘사하기도 했다(Carrington & Taylor, 2018). 실제로 최근 연구 결과는 대기오염으로 인한 심장이나 폐 손상 등 잘 알려진 피해는 빙산의 일각에 불과하며, 거의 모든 신체 기관이 영향을 받을 가능성을 시사하였다(Schraufnagel et al., 2019; Zivin & Neidell, 2018).

그렇다면 이러한 건강 영향을 최소화하기 위해 우리나라는 어떠한 노력을 기울이고 있을까?

국민적 관심과 우려에 부응해 미세먼지 문제에 대한 범국가적 대책 및 주변국과의 협력 증진을 위해 반기문 전 UN 사무총장을 필두로 하는 '국가기후환경회의'가 2019년 4월 29일 발족되었으며, 사회재난이 된 미세먼지 문제 해결을 위해 약 1.5조원의 추경 예산안이 편성되었으며, 2021년까지 3년 간 한시적으로 유지될 예정이다(환경부, 2019). 또한 '미세먼지 해결 다부처 기술개발사업(가칭)'이 기획되어 논의 중이다(환경부 외, 2019). 이와 더불어 미세먼지를 포함한 대기질에 대한 실시간 정보를 제공하는 'AirKorea' 웹사이트 및 '우리동네 대기정보' 모바일 앱이 운영 중이며, '미세먼지 바로 알기 방문교실' 등 정보 제공 및 인식 개선 노력도 진행 중이다.

이처럼 우리는 매일의 생활에서 환경 유해인자와 건강 영향과 발생원을 관리를 위한 국내적 · 국제적 노력뿐 아니라 건강상 문제를 일으키는 인자에 대한 국민의 노출을 줄이기 위한 소통 노력 등을 목격하고 있다. 우리가 일상에서 관찰하고 경험하는 것들이 바로 환경보건행정 및 정책에 대한 내용이다.

여기에서는 체계적으로 환경보건의 개념과 원칙에 대한 이해를 바탕으로 환경보건의 범위와 위해성 평가 및 관리와 소통 및 환경보건 분야의 새로운 이슈들에 대해서 살펴본다. 다른 장과 마찬가지로 환경보건 다학제적인 학문 분야이며 과학적 이해를 필요로 한다. 그러나 상당 부분은 환경행정학 교과서의 내용을 넘어서기 때문에, 환경행정 및 정책에 필수적인 이해가 필요한 내용만을 담았다.

제 1 절 환경보건의 정의와 발전

1. 환경보건의 정의

환경보건에 대한 정의는 기관에 따라 다소 다르게 설명되고 있으나, 공통되게 인간 건강과 환경 간의 연관성에 대한 인식을 바탕으로 더 나은 방향으로 환경을 개선하고 건강 부담을 낮추는 광범위한 활동을 포함하고 있다. 건강한 환경은 삶의 질을 높이고 동시에 (건강하게) 수명을 연장하는 데 매우 중요하다. 환경보건은 이러한 건강한 환경을 조성하는 데 이바지한다.

환경보건에 대한 기관별 정의

WHO(2004; cited in Frumkin, 2005)는 환경보건이란 여러 환경요소(물리적, 화학적, 생물학적, 사회심리적 요소)로 결정되는 삶의 질을 포함하는 인간 건강의 여러 측면을 포괄하는 것이며, 이는 또한 현 세대뿐 아니라 미래 세대의 건강에 부정적인 영향을 미칠 수 있는 여러 환경요소를 평가, 수정, 통제 및 예방하는 이론과 실천이라고 정의하고 있다.

미국공공보건협회(American Public Health Association)는 환경보건 및 보호에 대해 자연환경뿐 아니라 인공환경에서 인간 건강 또는 장기적으로 인간 건강과 환경질에 필수적인 생태적 균형에 부정적인 영향을 미치는 환경요소에 대한 보호라는 정의를 채택하고 있다.

우리나라의 환경보건법에서 환경보건을 환경오염과 유해화학물질 등이 사람의 건강과 생태계에 미치는 영향을 조사·평가하고 이를 예방·관리하는 것으로 정의하고 있다. 이때 환경오염은 환경정책기본법에 정의된 사업활동 및 그 밖의 사람의 활동으로 발생하는 대기오염, 수질오염, 토양오염, 해양오염, 방사능오염, 소음·진동, 악취, 일조 방해, 인공조명으로 인한 빛공해 등으로 사람의 건강이나 환경에 피해를 주는 상태를 의미한다. 또한 유해화학물질은 화학물질관리법상 유독물질, 허가물질, 제한물질 또는 금지물질, 사고대비물질 등 유해성(hazard) 또는 위해성(risk)[1]이 있거나 그 우려가 있는 화학물질을 의미한다.

2. 환경보건의 원칙

환경보건은 다음의 네 가지를 기본원칙으로 한다. 이러한 환경보건의 기본원칙은 '환경보건기본법' 제4조의 각호에 환경보건의 기본이념으로 포함되어 있으며, '환경보건종합계획'(2011~2020)의 환경보건정책의 기본원칙으로 제시되어 있다.

사전주의 원칙은 어떠한 활동으로 인간 건강이나 생태계에 심각하거나 비가역적인 위협이 제기된다면 일부 인과관계가 과학적으로 완전히 확립되지 않더라도, 위해성을 줄이는 조치가 취해져야 한다는 것으로 환경보건정책의 수립 및 집행에 있어 가장 근본적인 원칙이다. 현대에는 잠재적인 위해 요인들의 복잡성 증가 및 그 영향 범위가 확대되면서, 사전주의 원칙은 점점 더 강조되고 있다(Martuzzi & Tickner, 2004).

호흡 독성에 대한 유해성 검사 없이 살생물질(biocide)이 가습기에 활용되면서 섬유화를 동반한 사망, 폐 질환, 천식 질환, 태아 피해, 독성간염 등으로 2019년 7월 19일 기준 총 6,472명(사망자 1,421명 포함)이 가습기 살균제 피해를 신고하였다. 해당 사건은 여전히 검찰 수사와 피해 구제를 위한 건강 피해 신청이 진행 중이다. 이 가습기 살균제 사건은 가습기를 주로 사용하던 인구집단이 임산부, 어린이 등 민감·

1) 환경보건 분야에서 유해성과 위해성의 용어 사용은 엄밀하게 구분되어야 한다. 유해성은 피해를 초래할 수 있는 고유의 성질 또는 가능성으로 정의되는 반면, 위해성은 어떤 행위를 통해서 혹은 (물질 등이) 이용되는 방식으로 인해 유해성이 발현됨으로써 피해(harm)가 실제로 일어날 가능성을 의미한다. 즉, 위해성은 유해성×노출량(exposure)으로 표현될 수 있다(한국환경보건학회, 2011).

취약 계층이었고, 이들이 고통받는 모습은 사회에 큰 반향을 일으켰다. 이 결과, '화학물질 등록 및 평가 등에 관한 법률'(이하 화평법)의 개정을 통해 연간 1톤 이상 유통되는 기존 화학물질을 2030년까지 모두 단계적으로 등록하도록 하고, '생활화학제품 및 살생물제의 안전관리에 관한 법률'(이하 살생물제관리법)의 제정을 통해 살생물제의 경우 안전성이 입증된 경우에만 시장 유통을 허용하는 사전승인제가 도입되는 등 생활화학제품 및 살생물제와 관련된 제도의 큰 변화가 있었다.

기존의 발생원/오염 매체 관리정책과는 다르게 환경보건은 환경정책의 최종 수요자인 사람의 건강 및 생태계 안전성 확보를 우선시한다는 점에서 차이를 보이며, 이를 수용체 중심 접근 원칙이라 한다. 환경보건은 질환과 건강 영향의 원인이 되는 오염물질과 매체에 접근한다는 점에서 근본적으로 수용체를 중심으로 하고 있다. 이는 최근 통합 위해성 관리의 적용 확대에서도 확인할 수 있다.

환경보건은 유아, 산모, 어린이, 노인 등 환경오염에 가장 취약하고 민감한 인구집단에 대한 우선 관리를 목표로 하고, 이들을 대상으로 정책 기준을 설정함으로써 전 국민의 건강을 담보하는 것을 그 목표로 한다. 이를 취약·민감 계층 보호 우선 원칙이라 한다.

실제로 우리나라의 '실내공기질 관리법' 제6조는 다중이용시설에서의 실내공기질 권고 기준을 규정하고 있다. 지방자치단체의 장은 어린이, 노인, 임산부 등 취약 계층이 주로 이용하는 다중이용시설의 경우 권고 기준을 초과 시, 시설 소유자가 공기정화설비 또는 환기설비 등의 개선·대체·설치 등의 필요한 조치를 요청할 수 있도록 하고 있다. 또한 동법 제12조의2는 환경부 장관 또는 시·도지사가 취약 계층이 주로 이용하는 다중이용시설의 실내공기질 유지 및 관리를 위한 지원을 할 수 있도록 근거를 마련하고 있다. 이에 따라 최근 각 지방자치단체에서 어린이집 등 취약 계층 이용 다중이용시설에 공기청정기를 활발하게 보급하고 있다.

마지막으로 참여와 알권리 보장의 원칙은 유해 화학물질 및 환경보건 관련 제반 자료와 정보가 국민에게 쉽게 전달될 수 있는 체계 구축의 필요성을 의미한다. 이는 앞서 '환경보건기본법' 제4조 제4호 외에도 제25조에서도 찾아볼 수 있는데, 해당 조항은 취약 집단 중 하나인 어린이 건강에 영향을 미치는 환경 유해인자에 대한 독성 및 위해성 정보를 체계적으로 구축하고 관련 정보를 국민에게 알릴 의무를 별도로

표 6-1 환경보건의 네 가지 기본원칙

구 분	내 용
사전주의 원칙 (precautionary principle)	무해성 입증 시까지 해로운 것으로 간주하여 예방정책 추진
취약 · 민감 계층 보호 우선의 원칙	어린이 등 취약 · 민감계층 눈높이 정책(엄격한 기준)
수용체 중심 접근의 원칙 (receptor-oriented approach)	최종 수요자인 사람의 건강 및 생태계 안전성 확보 중심
참여와 알권리 보장의 원칙	유해물질 및 환경보건 정보가 쉽게 전달될 수 있는 체계인 위해성 소통(risk communication)의 구축으로 민간의 정책참여 촉진

자료: 환경보건학회(2016).

명시하고 있다. 덧붙여 '환경보건종합계획'(2011~2020)의 주요 추진과제 가운데 '대국민 위해소통 강화'를 과제로 설정하고, 계획 기간 동안 전자파 위해성 시스템 구축 및 석면 관련 정보 제공 및 위해도 소통 강화 등을 목표로 추진하고 있다.

3. 환경보건의 역사와 발전

1) 고대 및 중세 시대

과거 환경보건의 주된 관심사는 주로 인간의 안녕(well-being)에 영향을 미칠 수 있는 환경의 상태를 유지 및 개선하기 위해, 안전한 식품, 깨끗한 식수, 적절한 쓰레기 처리, 깨끗한 공기 등이 주된 관심사였다.

고대에는 식품을 잘 보존하는 것과 같은 식품 안전성과 깨끗한 물 공급이 주된 관심사였다. 깨끗한 물 공급을 위해 급수관, 하수관 등을 이용했음을 로마 시대 유적지 등에서 찾아볼 수 있다. 14세기 쥐로 인한 감염이 유럽의 역사를 바꾸었다고 해도 과언이 아니다. 이에 따라 중세 시대에는 식품 안전성, 깨끗한 물 외에도 쥐와 다른 해충으로 인한 감염이 중요한 문제로 떠올랐다. 전염병 확산의 방지를 위해 1383년 프랑스 마르세유 지역은 페스트가 창궐했던 지역에서 온 방문객들을 40일 간 격리했다는 기록이 있다.

2) 산업화 시대

17, 18세기의 빠른 도시 성장과 인구가 밀집되면서 오염된 물로 인한 질병 등 그 영향이 커지면서 깨끗한 물 공급과 하수 처리가 중요 의제가 되었다. 대량 생산으로 인한 산업 단지 인근 공기, 물, 토양의 심각한 오염이 발생하였다. 매우 열악한 작업 환경으로 인해 각종 직업병이 나타나고 이에 대한 관심이 집중되면서 작업환경 보건 분야에 상당한 발전이 이루어졌다. 또한 1843년 윌리엄 파(William Farr)는 출산 및 사망 패턴을 관찰하고, 질병 및 사망 관련된 환경 여건에 대한 시사점을 제시하였으며, 이를 역학(epidemiology)의 시작으로 볼 수 있다. 이처럼 산업화 시대에 현대 환경보건의 형태가 갖추어지기 시작했다고 할 수 있다.

3) 현 대

20세기 중반부터를 본격적인 현대 환경보건 시대라고 할 수 있다. 1962년 레이철 카슨(Rachel Carson)의 『침묵의 봄(*Silent Spring*)』은 유기염소계 농약인 DDT라는 화학물질 사용으로 인한 광범위한 생태계 영향에 대한 경종을 울렸다. 그 결과 화학물질이 환경보건 분야의 고려대상이 되었으며, 다양한 물질이 건강 및 생태계에 미치는 해로운 영향을 정량적으로 분석하고 관련 인자들을 연구하는 독성학(toxicology)과 역학 등 학문 분야가 빠르게 발전하였다. 이와 더불어 정책적인 기반이 구축되고 정책 수단 또한 빠른 발전을 경험하였다. 미국의 경우, 1960년대 초반부터 환경 관련 법률이 제정되고, 연방과 주 정부 차원의 기관이 설립되었으며, 배출원의 배출량을 저감하고 유해 폐기물을 통제하여 깨끗한 대기질과 수질을 위한 규제 수단을 도입하였다. 또한 규제의 과학적 근거를 제시하기 위해, 위해성 평가 기법이 활용되기 시작하였다.

환경보건이 다루는 유해인자가 확대되고, 그와 더불어 유해인자가 인체 및 생태계에 대해 갖는 유해성을 측정하는 기법이 발달함과 동시에, 원칙과 관점 또한 확대 및 발전하였다. 취약 및 민감 계층(vulnerable/susceptible group)은 상대적으로 유해성에 대한 노출이 높지만, 법적 보호 및 건강관리 시스템에 대한 접근성이 낮다. 이런 계층에 더 관심을 두는 환경정의적 관점이 환경보건에서 강화되고 있다. 덧붙여 1992년 환경개발회의에서 채택된 리우선언의 첫 번째 원칙은 "인간은 지속 가능한 발전에 대한 관심의 중심에 있다. 인간은 자연과 조화를 이루며 건강하고 생산적인 삶을 누릴 권리가 있다"라고 언급하며, 환경보건을 지속 가능한 발전의 중심에 두기로 하여 지속 가능성(sustainability) 또한 환경보건의 고려대상이 되었다.

이처럼 환경보건은 다루는 유해인자의 범위, 관련 학문 및 기술, 대응 정책 및 제도, 원칙이 지속적으로 발전하는 분야이다. 위해성 평가, 위해성 관리, 위해성 소통 등 각 분야에서의 최근 이슈와 발전 동향에 대해 다음 절에서 살펴보기로 한다.

제 2 절 환경보건의 범위

1. 다양한 물리적 · 화학적 · 생물학적 인자

앞서 정의에서 살펴본 것처럼 환경 유해인자는 물리적, 화학적, 생물학적 인자로 나누어볼 수 있다. 물리적 요인으로는 방사능, 화학적 요인으로는 농약, 생물학적 요인으로는 병원성 미생물 등을 예로 들 수 있다. 인간(생태계 포함)은 공기, 물, 식품, 토양, 제품, 생물을 매개로 호흡이나, 섭취, 피부 접촉을 통해 이러한 환경 유해인자에 노출될 수 있다. 이처럼 다양한 환경 유해인자는 인간 건강에 영향을 미친다(한국보건환경학회, 2016).[2)]

표 6-2 환경 유해인자의 건강 영향(예시)

	유해인자	건강 영향 예시
물리적 유해인자	소음	난청, 비청각적 영향(수면 장애 등)
	진동	국소진동증후군, 두통 등
	온도	고온: 열피로, 열경련, 열사병 등; 저온: 전신 체온 강하, 동상 등
	압력	고압: 치통, 폐 압박, 이산화탄소 중독 등; 저압: 저산소증, 폐수종 등
	빛(가시광선)	부족: 근시 유발, 두통 등; 과다: 망막 변성, 두통, 청색광 손상 등

2) 각 유해인자 및 건강 영향에 대한 상세한 설명은 환경행정학에 관한 이 책의 환경보건 절의 내용을 넘어서므로, 관심이 있는 학생들은 『환경보건학』 제9장부터 제11장을 참조하기 바란다.

	빛(자외선)	피부암, 결막염 등
	빛(적외선)	홍반 형성, 혈액량 증가, 백내장 등
	비전리방사선	백내장, 생식유전 이상, 백혈병, 뇌종양, 전립선암, 임파선암 등
	전리방사선	피부 및 손톱 표면 만성 변화, 백내장, 백혈병, 갑상선암, 유전자 변이 등
화학적 유해인자	가스상 대기오염물질	SO_2: 기관지 수축 현상; NOx: 호흡기성 질환; CO: 산소 결핍
	라돈	폐암
	휘발성 유기화합물	포름알데히드: 호흡기 독성, 발암성; TCE, PCE: 신경계 영향, 발암성
	농약	유기염소계: 환경 농축 결과 피부염, 기형아 등; 유기인계: 중독; 카바메이트계: 중독
	중금속	납: 임신 중 사산, 유산, 태아 및 소아 신경학적 발달 장애, 수은: 미나마타병 등
	석면	폐암, 후두암, 난소암, 급성노출 시 피부자극 등
	잔류성 유기오염물질	잔류성, 생체축적성, 장거리 이동성의 특징(예: DDT)
	생활환경 유해화학물질	가습기살균제: 호흡 독성; 프탈레이트: 내분비 장애; 흡연: 폐암 등
	작업환경 유해화학물질	카드뮴(입자상 물질): 이타이이타이 병 등; 벤젠(가스상 물질): 빈혈, 백혈명 원인 물질 등
생물학적 유해인자	위해동물	쥐:세균성 질환, 바이러스성 질환 등; 기생충 중 선충류: 체중 감소, 식욕감퇴 등
	위생해충(파리, 모기 등)	기계적 외상과 2차 세균감염, 장티푸스, 이질, 탄저 등 병원균의 전파 등
	미생물	박테리아 감염성 질환: 탄저병, 결핵, 콜레라 등

주: 유해인자가 반드시 건강상 위해를 미치고 환경성 질환을 일으키는 것은 아니다. 이는 환경오염물질/유해인자에 대한 노출량(exposure)에 의존적임을 명심해야 한다.
자료: 환경보건학회(2016)를 발췌·요약함.

2. 사회적 인자의 건강 영향

WHO는 건강의 사회적인 결정요소를 사람이 태어나고, 자라고, 일하며, 거주하는 환경과 나이를 비롯해 일상 생활환경을 구성하는 여러 영향력과 시스템이라고 정의한다. 물리적·화학적·생물학적 유해인자와 달리, 사회적 결정요소/사회적 인자들은 물리적·화학적·생물학적 유해인자에 대한 노출량을 높이고, 인체의 취약성을 높여 위해성을 증폭시킨다.

환경보건에 영향을 미치는 몇 가지 사회적 인자들을 살펴보면, 빈곤과 부, 인종(race)이나 민족(ethnicity)별 공간적 편중은 건강에 해로운 영향을 미칠 수 있는(반대로, 유익한 영향을 미칠 수 있는) 환경 유해인자에 대한 노출을 높일 정책결정에 영향을 미칠 수 있는 요인이라고 할 수 있다(Schulz & Northridge, 2004). 이에 관한 가장 대표적인 사례로 미국 노스캐롤라이나(North Carolina) 주 워렌 카운티(Warren

County)에서 일어난 환경정의 운동을 찾아볼 수 있다. 1982년 빈곤하고(1980년 1인당 연평균 소득 5,000달러), 흑인 비율(약 65%)이 매우 높은 지역에 유해화학폐기물 매립이 주민 동의 없이 결정된 것이다. 결과적으로 이처럼 사회적·경제적·정치적 자원이 없는 공동체는 유해인자에 대해 노출이 더 커질 수 있으며, 반대로 도시 숲과 같이 신체적·정신적 건강에 유익한 공공재 입지 선정 시 제외될 수 있다.

또한 사회적·문화적으로 구조화된 성 역할 또한 환경 유해인자에 대한 건강 영향에 영향을 미친다. 2015년 기준 전 세계 인구의 1/3에 달하는 25억 명의 인구가 여전히 조리 및 난방을 위해 나무, 동물의 똥, 작물 폐기물과 같은 고형 바이오매스 연료에 의존하고 있으며, 매우 단순한 형태의 스토브를 적절한 환기 시설 없이 사용하고 있다(IEA, 2017). 이러한 고형연료는 액체 및 기체연료와 달리 불순물이 많고 연소 효율이 높지 않아 오염물질이 많이 발생하게 되는데, 적절한 전처리 또는 환기 시설 없이 사용될 경우 다량의 VOCs, CO, NOx 등 가스상 오염물질, 블랙 카본, 미세먼지 등이 배출된다. 특히 조리를 담당하는 여성과 어머니 곁에서 머무르는 시간이 긴 아이들이 이러한 오염물질에 심각하게 노출되고 있다. 그러므로 환경보건정책과 행정은 물리적·화학적·생물학적 인자뿐 아니라 사회·심리학적 인자에 대한 고려도 필요하다.

3. 환경보건의 범위

환경보건정책은 수용체인 사람과 생태계를 중심으로 원인이 되는 환경 매체부터 질환 발생까지 매체에 대한 환경정책과 의료정책 중간 영역에 위치한다. 환경보건정책은 의료정책과는 달리 각종 건강영향 및 질환의 원인과 발생 기전을 중심으로 접근한다. 기존의 매체 환경정책과 비교하면, 사람과 질환을 바탕으로 원인이 되는 매체와 오염물질에 접근해, 기존 매체 환경정책의 조정 및 우선 순위 제시, 환경 기준 제시 등의 기능을 수행한다(환경부, 2006). 환경보건의 관리 영역은 [그림 6-1]의 음영이 칠해진 영역이지만, 올바른 환경보건관리 및 행정을 위해서는 전반에 대한 이해가 필요하다.

그림 6-1 환경보건의 범위: 환경보건정책의 영역 및 흐름

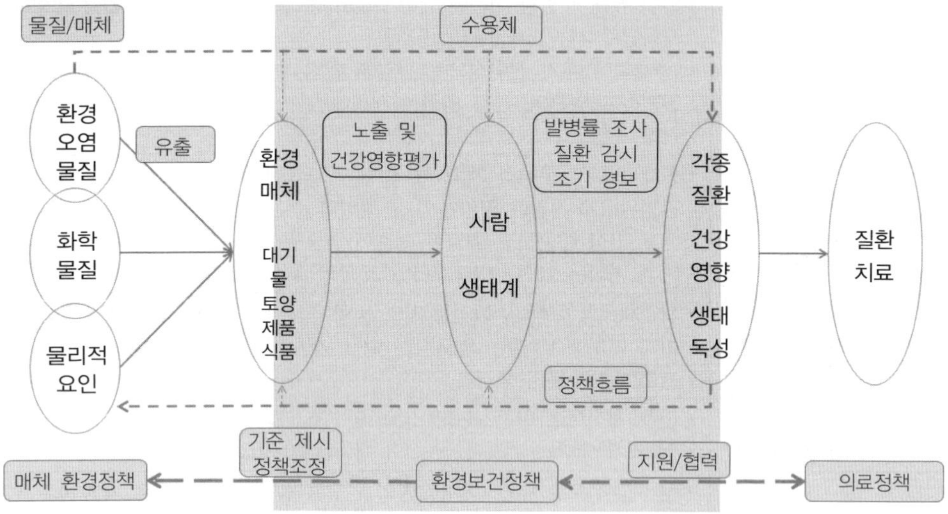

자료: 환경부(2006)를 수정.

다음 세계보건기구(WHO)의 환경보건 관련 부서인 PHE(Department of Public Health, Environmental and Social Determinants)의 건강 관련 주제(health topics)를 살펴보면 환경보건의 내용을 대략 살펴볼 수 있다. PHE는 건강과 지속 가능한 발전, 건강의 사회적 결정요소, 기후 변화와 건강, 긴급상황의 환경보건, 대기오염, 실내공기오염, 수질, 위생 및 건강, 어린이 환경보건, 자외선, 전자기장, 전리방사선, 직업 보건, 화학물질 안전성, 환경보건영향의 정량화, 환경보건영향평가를 비중 있게 다루고 있다.

표 6-3 PHE의 건강 관련 주제

주 제	내 용
건강과 지속 가능한 발전 (Health and sustainable development)	• 교통, 주거, 도심 건강, 건강관리 시설 등 범분야적으로 잘 설계된 지속 가능한 발전 전략은 건강, 기후 및 환경에 이익이 됨 • WHO는 2018년 주거 및 건강에 관한 첫 번째 지침을 발표. 이 지침은 주거 여건이 건강에 미치는 영향을 조명하고, 적정 수준의 공간, 온도 등에 대한 제안을 포함

건강의 사회적 결정요소 (Social determinants of health)	• 탄생, 성장, 작업, 거주 환경과 나이뿐 아니라 일상생활의 여건을 구성하는 경제정책, 발전 의제 등 다양한 요인과 시스템이 건강을 결정함 • 특히 유해한 환경 여건에 대한 노출이나 그로 인한 부정적 건강 영향에는 사회인구학적인 불평등이 존재함 • WHO의 업무가 전략적으로 건강의 환경 및 사회적 결정요소를 다루도록 일치하고 있으며, 건강 형평성 개선에 있어 최고의 공편익이 있는 정책수단을 규명
기후 변화와 건강 (Climate change and human health)	• 현재 속도로 온난화 계속 시, 세기 말 지표면 온도는 4℃ 상승할 것이며, 광범위하게 건강에 영향을 미칠 것이며, 이는 국가 간뿐 아니라 국가 내에서도 가장 빈곤하고 취약한 계층에 집중될 것 • 기후 변화는 2030년까지 250,000명의 추가 사망자
긴급상황의 환경보건	• 자연재해나 화학 및 방사능 사고 등의 긴급상황, 충돌 및 재해는 종종 발생 • 이에 대응해 WHO는 인도적인 보건 행동, 전지구 경보 및 대응(GAR) 등 프로그램을 운영 중임
대기오염 (Ambient air pollution)	• 전 세계적으로 연간 420만 명의 인구가 대기오염으로 사망 • 전 세계 인구의 91%가 WHO의 대기질 기준을 초과하는 지역에 거주
실내공기오염 (Household air pollution)	• 전 세계적으로 연간 380만 명의 인구가 실내공기오염으로 사망 • 전 세계적으로 30억 명 이상의 인구가 조리를 위해 오염된 에너지원에 의존 • 5세 미만 어린이 폐렴 사망자 중 50%가 실내공기오염으로 사망
수질, 위생 및 건강 (Water, sanitation and health)	• 5세 미만 아동 361,000명을 포함해 연간 842,000명이 안전하지 못한 물 공급 및 위생으로 사망 • WHO는 위생적 상수 및 폐수 처리 확대 위한 WASH(WAter, Sanitation, and Hygine) 프로그램 이행 중임
어린이 환경보건 (Children's environmental health)	• 2012년 기준 5세 미만 연간 어린이 사망자 140만 명이 환경으로 인한 것임 • 특히 어린이가 취약한 환경 위해성은 대기오염, 부적절한 물, 위생 및 유해화학물질과 폐기물, 방사능 등 다양한 문제가 포함됨 • WHO는 NGO, 학계, WHO 협력센터, UN 파트너와 협력해, 환경성 어린이 질병 예방을 위한 보건 부문의 역량 구축, 전문가들이 환경 관련 어린이 질병을 인식 및 예방할 수 있도록 어린이 질병 기술 및 훈련 자료 개발 등의 활동을 수행 중임
자외선 (Ultraviolet radiation)	• 태닝기계(sunbed) 사용으로 미국, 유럽 호주 지역에서 연간 10,000건 이상의 흑색종이 발병. 특히 사용자의 대부분이 여성이며 특히 청소년 및 젊은 성인이 대부분임 • 의제 21에 따라 WHO는 자외선 노출의 환경 영향 및 건강 영향을 알리고, 자외선 건강 위해성을 저감 행동을 촉구하고, 인식개선 프로그램의 확산을 위해 INTERSUN 프로그램을 이행 중임
전자기장 (Electromagnetic field)	• 전자기장은 가장 일반적이며, 빠르게 증가하는 환경영향 중 하나임. 모든 사람이 다양한 수준의 전자기장에 노출되어 있으며, 그 노출 정도는 기술 진보에 따라 증가할 것임

	• WHO는 0~300GHz 주파수 범위의 고정 및 변동 전자기장에 대한 노출의 건강 및 환경영향평가를 위한 국제 전자기장 사업을 수립함
전리방사선 (Lonizing radiation)	• 환경 방사능오염은 과거 핵무기 실험, 핵폐기물 처리, 원자력발전소 사고, 방사성 물질의 운송, 저장, 손실 및 오용으로 발생 • 후쿠시마 사고의 건강 위해성 평가 결과, 추정된 노출 수준을 고려했을 때(가장 큰 영향을 받은 지역의 첫해 방사능 유효 선량은 12~24mSv), 백혈병, 유방암, 갑상선암, 모든 종류의 육종들에 대해 수년 동안 더 높은 위해성이 추정됨 • WHO는 방사능 기술의 이익이 위해성을 초과하는 것을 목표로 방사능 프로그램을 이행 중
직업 보건 (Occupational health)	• 작업 중 사망, 부상 및 질병은 여전히 매우 높은 수준으로 막대하고 불필요한 건강 부담, 고통과 경제적 손실을 수반함 • WHO 헌장 제2조는 WHO의 주된 기능에 작업환경 및 기타 환경 위생의 개선 추진에 대한 사항이 포함. WHO는 작업자 건강에 관한 전 지구 행동계획(2008~2017)을 이행 중임
화학물질 안전성 (Chemical safety)	• 2016년 한 해 일부 화학물질에 대한 노출로 인한 부담은 160만 명의 사망자 및 4,500만 명 장애보정생존년수(DALY)로 2012년 대비 증가하였음 • 화학물질 안전성에 대한 국제 프로그램을 통해, WHO는 화학물질의 적절한 관리를 위한 과학적 기반 구축 및 화학물질 안정성에 대한 국가 역량을 강화 중
환경보건영향의 정량화 (Quantifying environmental health impacts)	• 환경에 기인하는 질병은 사망과 장애보정생존년수(DALY)로 표현 가능함 DALY는 사망 및 장애로 인한 부담을 단일 지표로 통합 • 이러한 지표의 사용으로 다양한 환경 위해성 인자로 인한 부담을 다른 위해성 인자 또는 질병 부담과 비교 가능함 • 얼마나 많은 질병이 (수정할 수 있는) 환경 위해성에 기인한 것인지 파악함으로써 예방 기회를 확인하고, 예방적 조치 장려를 자극할 수 있음
환경보건영향평가 (Environmental health impact assessment)	• 취약 계층을 포함한 인구에 대한 정책 및 사업의 잠재적 건강 영향을 판단하는 데 이용되는 실용적 접근방법으로 정량 및 정성적 기법이 이용됨 • WHO 본부는 전세계적으로 환경보건영향평가의 개발을 장려하기 위해 업무 프로그램을 확대 중임

자료: https://www.who.int/phe/health_topics/en/의 내용을 바탕으로 정리.

제 3 절 위해성 평가: 환경보건정책의 과학적 근거 제공

1. 위해성 평가의 정의

'환경보건법' 제2조는 위해성 평가(risk management)를 유해성이 있는 화학물질이 사람과 환경에 노출되는 경우 사람의 건강이나 환경에 미치는 결과를 예측하기 위해 노출과 환경 유해인자의 독성 정보를 체계적으로 검토·평가하는 것으로 정의하고 있다. 정의에서 살펴볼 수 있는 것처럼 위해성 평가에서 평가의 대상은 인체뿐 아니라 생태계를 포함하고 있으며, 그 평가 대상에 따라 건강 위해성 평가(human health risk assessment)와 생태 위해성 평가(ecological risk assessment)로 구분된다.

2. 위해성 평가의 절차

건강 위해성 평가는 유해성 확인, 용량-반응 평가, 노출 평가, 위해도 결정의 네 단계로 수행된다. 유해성 확인 단계에서는 기존의 동물 대상 독성 실험 자료, 인구집단 대상 역학 연구 자료, 물리화학적 성질에 대한 자료를 포함해 모든 적절한 자료를 수집, 분류 및 검토 등 정성적 평가를 수행하고, "환경오염물질이 얼마나 유해한지(hazard)" 확인한다. 용량-반응 평가 단계에서는 정량적인 독성 평가 단계로 "오염물질이 노출된 개체에 암 또는 기타 악영향을 미치는 양"을 평가한다.[3] 노출 평가에서는 "인구집단이 어느 정도 위해(risk)에 처해 있는지" 노출량을 평가한다. 노출량은 노출된 인구집단의 크기(size), 노출 빈도(frequency) 및 기간(duration), 노출 강도(intensity), 흡입, 섭취, 접촉 등 노출 경로(route)를 고려해 추정한다. 마지막 위해도 결정 단계에서는 노출 평가 단계에서 산출한 노출량과 용량-반응 평가에서 산출한 독성을 함께 고려하여 "누가 영향을 받으며 어떠한 영향이 얼마나 있을 것인지" 평가한다. 생태 위해성 평가 또한 구체적인 평가 방식은 다르지만, 유사한 절차로 수행된다.

우리나라에서는 '화학물질의 등록 및 평가 등에 관한 법률'(이하 화평법)에 따라 화학물질을 제조·수입·사용·판매하는 사업자는 일정량 이상 제조·수입하거나 위해성 평가의 필요성이 인정되는 화학물질의 위해성 평가를 수행해야 한다.

---

3) 본문에서 언급한 것처럼 용량-반응 평가는 역치(threshold)의 유무에 따라 발암물질과 비발암물질로 나누어 평가된다. 비발암물질의 경우는 역치 용량 이상에 노출되어야 악영향이 발생한다는 가정에 근거해, 허용 가능한 독성 참고값을 평가한다. 발암물질의 경우는 건강한 성인이 해당 물질에 기대수명 동안 단위 노출량으로 지속해서 노출되었을 때, 발생 가능한 초과발암확률을 평가한다.

그림 6-2 위해성 평가의 주요 단계 및 위해성 관리

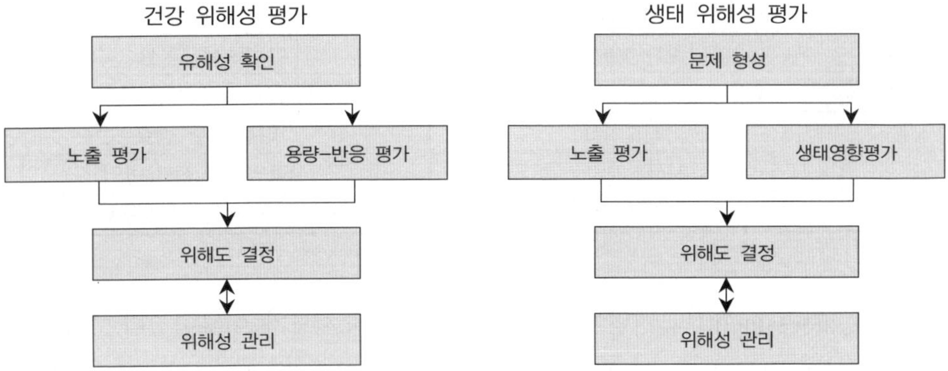

자료: 환경보건학회(2016).

3. 전통적인 위해성 평가의 한계와 통합 위해성 평가

전통적인 위해성 평가는 오염물질/화학물질별로 인체 위해성을 평가하고, 이를 바탕으로 토양, 대기, 물 등 각 환경 매체로의 배출량을 저감하기 위해 매체별로 오염물질 환경 기준의 설정 등 오염원을 관리하는 방식을 취했다. 그러나 오염물질은 단일 환경 매체로 배출되더라도, 매체 간의 이동 및 분배를 통해 다른 매체에도 분포하게 된다. 예를 들어, 매립지 침출수는 하천으로 유출되어, 어패류에 축적될 수 있다. 인간은 하천에서 여가 활동을 통해 피부 접촉을 통해 오염물질에 노출되거나, 어패류 섭취를 통해 오염물질에 노출되거나, 하천수를 취수원으로 하는 수도 공급 시스템을 통해 음용수로 오염물질(오염물질에 수도 공급 시스템에서 온전히 처리되지 않는 경우)에 노출될 수 있다.

이처럼 오염물질은 다양한 매체와 경로를 통해 인체에 영향을 미칠 수 있으나, 오염물질 중심의 전통적인 위해성 평가 체계는 실제 수용체에 대한 다양한 노출 경로를 반영하지 못하는 한계를 지닌다. 1980년대부터 수용체 중심으로 다양한 오염물질에 대해 여러 매체와 여러 노출 경로를 통한 총 노출 평가하는 위해성 평가 및 관리의 필요성이 제시되었다. 1990년대 후반부터 통합 위해성 평가(Integrated/Com-

표 6-4 전통적인 위해성 평가와 통합 위해성 평가 비교

	전통적인 위해성 평가	통합 위해성 평가
시기	1980~1990년대	1990년대 후반 개념 정립~
대상	단일 유해물질	여러 유해물질
매체	단일 매체 환경 거동 고려	다매체 환경 거동 고려
노출	단일 노출 경로	여러 노출 경로
수용체	평균적 개인	취약·민감 집단 반영
요약	단일 물질 노출 독성 영향 특성 분석	다물질 노출 독성 영향 및 수용체 특성 분석

bined risk assessment)의 개념이 제안되고 학문적인 시도가 이루어졌다. 이러한 수용체 중심의 다매체 통합 위해성 평가는 여러 오염원에서 배출된 오염물질에 여러 경로를 통해 노출된 다양한 수용체 집단의 특성을 고려해 위해성을 평가하는 것을 목적으로 한다(신용승, 2009).

국내에서는 '환경보건법' 시행령 제11조 제1항 및 제17조에 따른 '환경 유해인자의 위해성 평가를 위한 절차와 방법 등에 관한 지침' 제2조의 제15호에 따라, 매체통합 위해성 평가에 대한 지침을 다음과 같이 제공하고 있다. 매체통합 위해성 평가는 초기 위해성 평가 결과 우선관리가 필요한 대상물질을 선별하고, 이를 대상으로 대매체/다경로 노출평가와 수용체 특성을 반영한 위해성 평가를 수행해 위험인구를 산정하고, 민감 및 취약집단을 규명하고, 매체별 노출 기여도를 평가하도록 한다.

또한 2019년 4월 '식품안전기본법' 외 여러 법률에 따라 식품, 의약품, 화장품 등의 위해요소의 인체 노출 시 위해성을 종합적으로 평가하기 위한 사항을 규정하기 위해 '인체적용제품의 위해성평가 등에 관한 규정'이 고시되었다. 이처럼 통합 위해성 평가는 점차 확대되고 있는 추세지만, 법적으로 강제되고 있지는 않다.

제 4 절 위해성 관리: 과학에서 정책으로

1. 위해성 관리 절차

앞서 살펴본 위해성 평가는 위해성 관리에 필요한 과학적 근거를 제공한다. 이를 바탕으로 위해성 관리는 인체 및 생태계의 위해성을 최소화하기 위해, 위해성 분류, 위해성-이익 분석(risk-benefit analysis), 위해성 저감(risk mitigation), 위해성 소통(risk communication)의 단계로 수행된다. 즉, 위해성 평가 결과를 바탕으로 우선하여 관리가 필요한 물질을 결정하고(위해성 분류), 물질별로 대체물질의 존재 여부, 물질 이용의 이익 등을 고려해(위해성-이익 분석),[4] 과학적·사회적·경제적으로 허용 가능한 위해성 관리 목표를 설정하고 위해성을 저감하고(위해성 저감), 대체 물질이 없거나 물질의 이용 편익이 상당할 경우/비용을 초과할 경우, 해당 물질의 이용을 지속할 때 위해성에 대한 정보와 노출을 낮출 방법을 국민에게 전달해야 한다(위해성 소통). 위해성 소통과 관련해서는 관련된 논의가 풍부하므로 별도의 절에서 다룬다.

이처럼 위해성 관리는 사회적·경제적·정치적·과학적 고려가 정책으로 구성된 것이다. 과학에 기반한 위해성 저감을 위한 규제 도입에 앞서, 사회·경제·정치적 이슈들에 대해 과학자 및 여러 이해관계자들과의 논의가 선행되어야 한다. 예를 들어, 위해성 관리자(risk manager)는 실내공기질 권고 기준을 강화 및 변경한다면, 이 강화된 기준을 달성하는 것이 이행가능할지, 그 비용은 어느 정도나 들지, 누가 이 기준 강화에 반대할지에 대한 검토와 논의가 필요하다. 이 과정을 거쳐 정책 및 제도를 수립하게 된다.

---

4) 이 De Minimus Risk 개념은 일부 위해성은 너무 작아서 사회적으로 허용 가능하거나 중요하지 않다는 개념으로 위해성 관리의 원칙 중 하나이다. 예를 들어, 현실에서 발암물질에 대해서 발암위해도(cancer risk)가 백만 분의 1을 초과하지 않는 작업/활동에 대해 허용 가능한 것으로 취급한다.

그림 6-3 위해성 관리와 평가 다이어그램

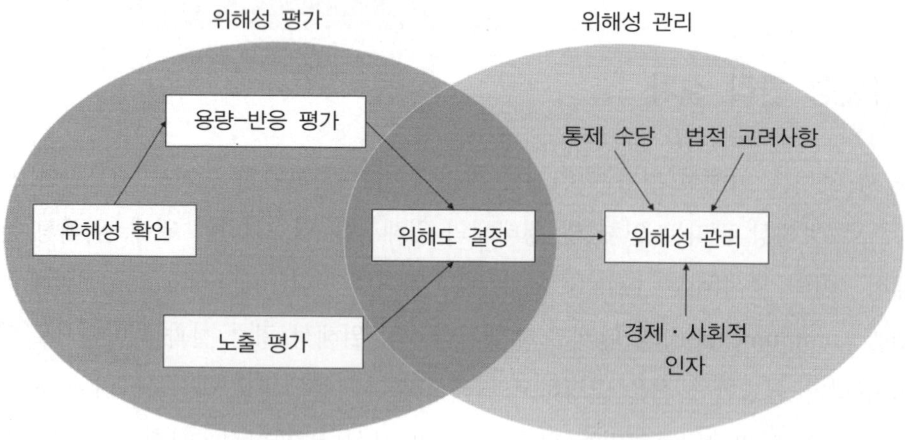

자료: EPA(n.d.)를 번역함.

2. 위해성에 따른 접근방식

위해성이 확인된 환경 유해요인에 대해서는 예산을 책정하고 조직을 수립하여 위해성을 저감하기 위한 정책적 수단의 수립 및 이행해야 한다. 내분비계 장애물질과 같이 위해성 평가 결과가 부족하나 향후 환경보건 문제를 일으킬 가능성이 있는 가능한 환경 유해인자에 대해서는 위해성 확인을 위한 연구와 조사 강화를 위한 예산 확보 및 투자 노력이 필요하다. 위해성이 정량적으로 규명되지 않았지만 상당한 영

표 6-5 위해성에 따른 정책적 접근방식

분 류	설 명	예 시	정책적 접근
이미 확인된 환경 유해인자	위해성 확인	유해화학물질 오염물질	정책적 수단과 관리 필요
가능한 환경 유해인자	위해성 평가 결과가 부족하나 환경보건 문제를 일으킬 수 있음	내분비계 장애물질	위해성 확인 연구와 조사 강화 필요
미래 환경 유해인자	위해성이 정량적으로 규명되지 않았으나 상당한 영향이 있을 것으로 고려됨	Chemical X, 대체물질, 신규물질	지속적인 모니터링 필요

자료: 환경보건학회(2011)의 표를 수정.

향이 있을 것으로 고려되는 미래 환경 유해인자에 대해서는 사전주의 원칙에 따라 면밀한 평가를 거쳐 사용을 결정해야 하고, 지속적인 모니터링이 동반되어야 하며 이를 위한 예산의 확보와 제도의 수립이 필요하다.

3. 위해성 저감 수단

위해성 저감은 사전적 접근과 사후 접근방식으로 구분된다. 사전적인 접근방식은 화학물질의 이용을 관리하는 정책 수단과 화학물질 배출시설 관리하는 정책 수단으로 구분할 수 있다. 화학물질 관리정책은 화학물질의 위해성 평가 등을 통해 유해성이 높은 물질의 취급을 제한하거나 금지하는 등의 조치를 통해 위해성을 저감하는 방법을 의미한다. 배출시설 관리정책은 배출시설의 배출 기준을 도입하거나 강화 및 지속적인 모니터링을 통해 위해성을 줄이고 수용 가능한 수준으로 유지하는 방법이다. 이러한 사전적인 위해성 저감 수단에는 오염물질 배출원에 대한 규제적인 접근방식 외에도 오염물질에 노출되는 사람들의 행태 변화를 도모하는 방식도 포함된다. 행태 변화를 도모하기 위한 수단 중 하나가 위해성 소통이다.

사후적인 접근방식은 화학물질로 인해 환경오염이 발생한 지역에서 취하는 접근방식으로 지역주민과 환경 피해 정도 평가 결과를 기반으로 오염지역 복원 사업, 주민 이주 등의 조치를 포함한다. 2012년 경상북도 구미에서 작업자 부주의로 발생한 불화수소(HF) 대량 누출 사고 이후 정부는 사고 인근 지역의 수질, 토양, 지하수 등 여러 환경 매체에 대해 불산에 대한 모니터링을 시행하고 주민을 대상으로 건강영향 조사를 실시하고, 주민들 가옥의 제독을 지원하는 등 주민들의 일상생활 복귀를 지원하였다. 이는 대표적인 사후적인 접근방식이라 할 수 있다. 동시에 구미 불산사고는 그 사고의 중대성으로 인해 화학물질관리 전반(사전적인 접근방식)에 대한 변화를 가져왔다(한국환경정책평가연구원, 2008).

제 5 절 위해성 소통

1. 위해성 소통의 정의 및 역할

위해성 소통(risk communication)은 학자마다 다양하게 정의되고 있다(한국환경정책평가연구원, 2012). WHO는 위해성 소통을 건강, 경제 또는 사회적 안녕에 대한 위협에 직면한 사람들과 전문가들 사이의 실시간 정보, 조언 및 의견의 교환으로 정의하고 있다(WHO, n.d.). 위해성 소통은 생명을 구하고, 건강을 보호하고, 자신과 다른 사람들에 대한 위험을 최소화하는 데 필수적인 정보를 공유하고, 신념과 행동을 변화시키는 것을 목표로 한다(Gamhewage, 2014). 이처럼 효과적인 위해성 관리에서 위해성 소통의 역할은 매우 중요하다. 위해성 소통은 사람들의 위해 요인에 대한 적절한 대응을 위해 정보를 제공하는 것 외에도, 위해성 관리제도 및 정책의 구성에 있어서 중요한 역할을 수행한다.

효과적인 위해성 소통은 대중에게 위해성에 대한 시의적절하고, 정확하고, 분명하고, 객관적이며, 일관되고, 완전한 정보를 제공한다. 성공적인 위해성 소통은 정보를 받은 사람들의 참여, 관심, 협력을 도모하며, 보다 합리적이며 해결책에 기반해 행동할 수 있도록 돕는다. 또한 효과적인 위해성 소통은 사람들이 적절한 조치를 취하고, 행동에 참여하도록 한다(Covello, 2006).

2. 위해성 소통의 절차

위해성 소통은 우선 다양한 경로를 통해 위해 요인이 인지되면, 상황을 분석하고, 위해 특성에 적합한 구체적 위해성 소통 목적과 위해성 소통 대상자를 선정한다. 위해는 그 복잡성과 불확실성의 정도에 따라 구분하거나, 위해에 대한 인지 정도와 과학적 규명 정도, 위해에 대한 두려움의 요인을 고려해 구분할 수 있다.[5] 예를 들어,

5) 위해 특성별 구분 방식에 대한 상세한 사항은 한국환경정책평가연구원(2012: 24-33)을 참조하기 바란다.

위해에 대한 충분한 정보와 지식을 확보하고 있으며, 명확한 규제 및 저감방안이 존재하는 경우(단순한 위해)에는 논쟁 및 갈등의 소지가 없는 경우에는 규제 대상이 되는 기관에 대해서만 위해성 소통이 수행되어도 무방하다. 반대로, 이해관계자에 따라 동일한 현상 및 정보의 해석 및 평가가 상이해서 사회적 논란 및 갈등의 가능성이 매우 높은 경우, 위해성 소통 대상은 규제 대상이 되는 기관뿐 아니라 전문가와 위해에 노출된 집단과 일반 대중을 모두 대상으로 해야 한다(한국환경정책평가연구원, 2012). 그 예로, 우리는 2016년 고고도미사일방어(THAAD) 시스템 배치를 둘러싸고 해당 레이더의 전자파를 둘러싼 논란을 떠올릴 수 있다. 2017년 환경부와 국방부, 경상북도, 성주군, 김천시, 한국환경정책평가연구원, 기자단 등 관계자가 참여해 현장에서 전자파와 소음 측정결과 전자파 인체 보호 기준에 훨씬 못 미치는 수준으로 나왔으나, 일부 주민들은 측정방식의 투명성 등을 이유로 평가 결과를 수용하지 않는다는 뜻을 유지하기도 했다.

다음으로는 위해성 소통에 활용 가능한 인체 영향 정보(위해도 및 건강영향), 사회적 정보(위해 인식), 경제적 정보(위해 관련 손실 비용, 위해 저감 편익)에 대한 적절한 정보를 수집 및 생산하고, 대상자에 따라 적합한 소통 매체를 결정한다.[6] 예를 들어, 인터넷의 경우 불특정 다수를 대상으로 하는 일방향/쌍방향 위해성 소통에 적합한 매체로, 소통에 시간과 장소의 제약이 없고, 신속한 정보 교환이 가능하다는 장점이 있으나, 사용자가 열람하지 않으면 정보가 전달되지 않는다는 단점을 가지고 있다. 위해성 평가를 수행한 후에는 진행 과정과 결과를 평가하고 개선점을 도출하고 보완해 위해성 소통을 지속한다.

위해성 소통은 알고 있는 자(전문가), 책임이 있는 자(정부 당국)와 영향을 받는 자 사이에 신뢰를 바탕으로 소통이 이루어질 때만 작동한다. 신뢰가 부재할 경우, 정확한 정보가 제공되더라도 사람들이 이 정보를 수용하지 않을 수 있다. 이는 앞서 THAAD의 사례에서도 확인할 수 있다. 신뢰 구축을 위해, 위해성 소통에 있어 정확한 정보의 제공뿐 아니라 사람들의 우려와 인식에 귀기울이는 것 또한 매우 중요하다.

6) 소통 매체별 특성과 장·단점에 대한 상세한 사항은 한국환경정책평가연구원(2012: 49)의 표를 참조하기 바란다.

그림 6-4 위해성 소통(RC) 절차 및 내용

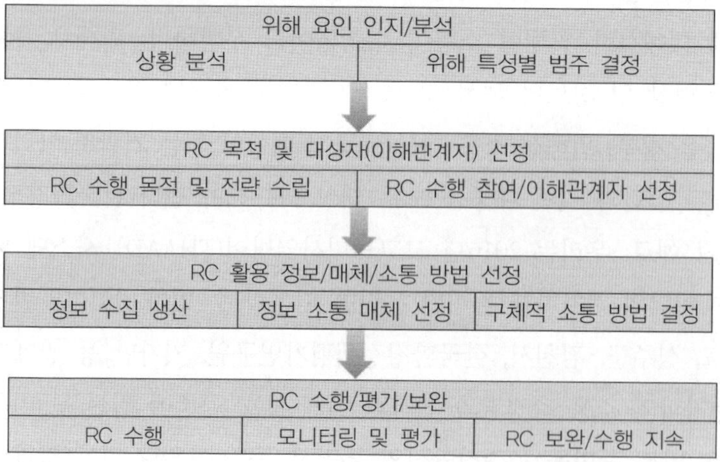

자료: 한국환경정책평가연구원(2012).

3. 위해성 소통의 과제

2017년 전 세계 모바일 광대역 인터넷 서비스 가입 비율은 48.0%이며, 선진국에서 이 비율은 81.0% 달한다(ITU, 2017). 21세기 새로운 통신 및 미디어 기술의 확산으로 인해 위해성 소통은 크게 영향을 받고 있다. 다양한 소스를 통한 24시간 저널리즘, 시민 스스로가 소셜 미디어 등을 통해 정보를 생산 및 확산 등 미디어의 작동방식이 변화하고 있다. 대중은 이제 다양한 정보를 SNS나 온라인 소스에서 구함에 따라 전문가 또는 정부 당국에 대한 신뢰가 낮아지고 있다. 이와 더불어 잘못된 정보나 헛소문의 확산 가능성 또한 높아지고 있어, 위해성 소통이 더욱 복잡하고 어려워지고 있다[WHO, n.d.(b)].

미세먼지에 대한 위해성 소통도 이와 마찬가지이다. 온라인상에 많은 정보가 범람하고 있지만, 정보가 분절적으로 제공되고 있으며, 국민 눈높이에 맞춘 적절한 정보 제공은 국민의 불안을 경감시키기에는 여전히 부족한 상황이다. 이 결과 여전히 전문가와 국민의 미세먼지에 대한 인식 수준에는 큰 격차가 존재한다. 이러한 상황을 타개하기 위해 정부는 '미세먼지 해결 다부처 기술개발사업(가칭)'을 기획하고 이

사업의 일환으로 미세먼지에 대한 플랫폼의 구축 및 운영을 통해 국민 소통 증진을 계획하고 있다(환경부 외, 2019).

제 6 절 환경보건의 새로운 이슈들

환경보건의 새로운 과제들을 살펴보자. 환경요소의 피해가 이제 특정 지역이나 국가에 국한되는 것이 아니라 여러 국가, 그리고 전 지구적으로 확대됨에 따라 환경보건의 공간적 범위가 확대되고 있다. 인간 활동으로 인한 전 지구적 기후 변화는 감염성 질병 위해성(risk)부터 열사병 등 인간 건강뿐 아니라 산호초 소멸 등 생태계에 악영향을 미치고 있다. 일례로, 최근(2019년 6월 말), 프랑스를 비롯한 유럽 8개국의 6월 최고 온도가 경신되었고(Livingston, 2019), 이 4일 간의 혹서로 인해 유럽 전역에서 최소 13명이 사망한 것으로 추정되고 있다.

덧붙여 자유무역과 국가 간 여행 증가 등 세계화로 이러한 환경 유해인자는 국경을 넘어 전 지구적으로 확산될 가능성이 높아지고 있다. 우리나라는 유해한 방사능으로부터 자국민 보호를 위해 2013년 일본 후쿠시마 수산물에 대해 수입 규제 조치를 내렸고, 최근 세계무역기구(World Trade Organization: WTO)의 최종 승소한 바 있다. 이는 한 지역에서의 방사능의 유해성이 다른 국가로 확대될 위험을 사전에 통제한 조치라고 할 수 있다. 여행으로 인한 환경 유해인자의 확산 사례는 2015년 MERS(중동호흡기증후군)에서 찾아볼 수 있다. MERS는 출장차 중동지역을 방문했던 사람으로부터 빠르게 확산되어 당시 대한민국을 유례없는 공포로 몰아넣었다. 이후 우리나라의 방역체계 및 병원 시설(환기 시설 마련 및 음압 병상 확충)이 개선되었다.

새로운 기술 발전 및 신물질의 발견 및 이용 확대는 환경보건에 기회와 동시에 새로운 위협이 되고 있다. 나노기술(nanoscale technology)[7]은 예를 들어 폐수 처리나 오염지역 복원 등 환경보건에 상당한 발전을 가져올 것으로 기대된다. 나노물질

7) 나노기술은 1~100나노미터 수준에서 물질을 합성하고, 조립, 제어, 그 성질을 측정 및 규명하는 기술을 말한다.

은 매우 작은 크기와 넓은 비표면적으로 인해 기존 물질 대비 반응성이 높아 인체와 생태계에 유해성을 가질 수 있다. 기존 연구에서 호흡계 염증, 유전독성, 발암성 등을 가지는 것으로 나타났으며, 또한 같은 화학적 조성을 가지고 있더라도 제조방법에 따라 입자의 물리화학적 성질이 달라지면 인체 각 기관에 대한 유해성이 달라지는 것으로 나타났다. 이에 따라 나노물질에 대한 위해성 평가 기법의 발전이 요구되고 있다(김은주, 2010).

환경보건 분야에 새로운 이슈들이 산적해 있지만 프럼킨(Frumkin, 2005)이 지적한 것처럼, 어떠한 문제도 단일 대응만으로는 해결할 수 없고, 여러 분야에 대한 다층적인 대응이 필요하다. 미세먼지 문제를 해결하기 위해서는, 노후 디젤 차량의 교체 및 운행 저감, 대중교통 이용 확대, 사업장 배출 저감 시설의 적절한 운영, 미세먼지 고농도 시 실외 활동 자제 등 여러 분야에서 여러 이해당사자의 참여가 필요하다. 더불어 장기적으로 가장 효과적인 대응 방안은 유해인자로 인한 문제가 광범위한 규모로 심각성이 대두되기 이전에 예방하는 것이다.

생각발전소

1. 유해성과 위해성의 차이에 대해서 복습하고, 사례를 들어 논의해 보자.
2. 본문에서 언급된 사회적 인자들 외에 추가적인 사회적 인자와 환경보건에 대한 영향에 관해 토론해 보자.
3. 최근 ICT 기술 발전 및 확산으로 인한 위해성 소통에 새롭게 발생하고 있는 문제점들을 살펴보았다. 효과적인 위해성 소통 방식을 고민해 보자.
4. 우리 주변에서 발생하는 위해성 소통에 대한 사례로서 어떤 것들이 있는지 찾아보고 논의해 보자.

Chapter 07

자원순환 행정 및 관리

이 장은 우리나라 자원순환정책의 기본개요와 함께 폐기물의 개념과 분류 및 유형, 그리고 폐기물 관리체계에 대한 설명을 정리하였다. 제2절은 갈수록 늘어나는 폐기물의 처리 및 관리를 위해 마련된 각종 제도(EPR 제도의 국내·외 사례, 빈용기 보증금제도, 재활용 폐기물 관리제도, 쓰레기 종량제의 국내·외 사례, 음식물 쓰레기 종량제 및 폐기물 부담금제도 등)에 대하여 소개하면서 해외 주요 국가들의 폐기물 관리정책에 대한 비교·분석을 정리하였다. 아울러 급증하는 폐기물 문제에 대한 대응정책으로서 '폐기물 감량화 정책'을 검토하였다. 우리나라에서 추진되고 있는 대표적인 폐기물 감량화 정책은 1회용품 사용 및 과대포장 규제정책, 폐기물 재활용 정책, 폐자원의 에너지화 및 안전처리를 위한 관리시스템에 대한 운영관리(cf: 올바로 시스템의 운영관리, 방치폐기물과 의료폐기물 관리제도, 수출입폐기물 관리제도, 영농폐기물 수거처리), 그리고 자원순환 촉진제도 등에 대한 내용을 소개하였다. 그러나 폐기물 문제는 결국 수많은 물자들을 사용하여 폐기물을 배출하고, 그것을 처리하는 과정에 연결되어 있는 참여자(주민, 공무원, 처리업체 종사자 등)들의 역할과 과제가 가장 중요하게 작용한다는 측면에서 각 단계별 참여자의 역할과 수행 과제 및 자원순환 사회 구축을 위한 환경행정의 과제에 대하여 다루었다.

제 1 절 우리나라 자원순환정책의 기본개요

1. 자원순환정책의 개요

우리나라는 전체 에너지 사용의 97%, 광물자원의 90% 등이 수입에 의존하는 자원 및 에너지 빈국이다. 그럼에도 불구하고 한국인의 불굴의 의지는 고도의 도시화·산업화를 추진하여 에너지와 자원소비를 적지 않게 파생시키는 국가 또는 국민으로서 자리매김하고 있다(2018년 탄소배출량 국민 1인당 세계 4위, 국가 세계 9위임).[1)]

에너지 수입 지출비용이 약 1,459억 달러(약 172조 원, 2018년 기준)에 달할 만큼 많은 지출을 하는 동시에, 단위 면적당 폐기물 발생량이 OECD 회원국 가운데 4위이고, 생활쓰레기 매립률(10%)이 선진국(3%) 대비 매우 높은 수준에 있다고 할 수 있다.

비약적인 산업발전과 함께 늘어난 폐기물 발생량은 1990년대 초반 폐기물 대란을 초래하였고, 그 대응책으로서 추진된 것이 쓰레기 종량제이다. 그 결과 쓰레기 종량제 봉투 사용, 분리·배출 및 재활용 가능 폐기물의 재활용품화 정책 등의 추진으로 매립이나 소각 비율은 크게 감소하고, 재활용 비율(1996년 54.9%에서 2014년 83.9%로)은 증가 한 것으로 나타나고 있다(국민일보, 2016.11.7). 그러나 시간이 경과할수록 폐기물 발생량의 절대 비율은 크게 늘어난 것으로 조사됨으로써 폐기물의 소각량과 매립량이 지속적으로 증가하고 있다(환경부, 2018: 463). 특히 재활용되는 분량의 대부분이 고형연료를 추출하는 에너지 회수방식이라는 점에서 실질적으로 재생산에 사용될 수 있는 물질자원은 오히려 적어지게 되어 새로운 자원 소요가 반복된다는 점에서 재활용 폐기물의 재활용품화에 대한 실효성은 적다고 판단된다. 그것은 폐기

1) 지난해 한국의 인구 1인당 이산화탄소 배출량이 사우디아라비아, 미국, 캐나다에 이어 세계에서 네 번째로 많은 것으로 조사되어 탄소 배출 절감책이 시급한 것으로 드러났다. 지구 온실가스 배출량과 원인을 추적하는 비영리단체 '글로벌 카본 프로젝트(GCP)'에 따르면 2018년 한 해 동안 전 세계에서 배출된 이산화탄소는 모두 368억 3,100만t으로 전년 대비 2.1% 늘었다. 이는 1900년(19억 5,700만t)과 비교하면 18.8배 급증한 수치다. 특히 지난해 한국의 1인당 탄소 배출량은 12.4t으로 세계 평균(4.8t)의 2.5배를 넘어 사우디아라비아, 미국, 캐나다에 이어 네 번째로 많았다(매일경제, 2019.9.23).

물 제로화를 주장하며 추진해 왔던 자원순환정책이 사실상 그 성과를 거두지 못하고 있으므로, 폐기물 관리정책의 효율성 저하는 자원낭비는 물론 환경보호를 어렵게 만드는 요인이 된다는 점에서 정부의 환경정책, 특히 폐기물 관리정책의 재편성은 시급히 요구되고 있다. 실제 지난 2014년 EU가 기존의 소비 지향적 시장 경제 시스템을 순환형 경제 시스템으로 변화하기 위한 순환경제전략 지침을 발표함에 따라, 환경부 또한 국제사회의 흐름에 보조를 맞추고자 폐기물 제로화 자원순환정책을 지향하였다. 그러나 현실적으로는 그 실행이 쉽지 않았으며, 그 성과 또한 실패한 것으로 표명된 사례가 2018년 4월 대두된 재활용 폐기물 처리의 대란이라고 볼 수 있다.

따라서 정부는 향후 10년 간 순환경제 실현을 위한 '자원순환기본계획'을 수립하고, 순환 경제를 위한 10년 청사진을 발표하였다. 그것은 자원의 효율적 이용, 폐기물 발생 억제 및 순환 이용 촉진에 대한 10년 단위(2018~2027)의 국가전략계획으로서'자원순환기본법(2018.1)'을 그 토대로 하고 있다. 이 계획은 폐기물 발생 이후 사후적인 처리 위주의 폐기물 발생 정책을 근본적으로 개선하기 위한 여러 대책으로서, '자원의 선순환으로 지속 가능한 순환경제 실현'을 비전으로, 2027년까지 국내총생산량(GDP) 대비 폐기물 발생량을 20% 감축하고, 현재 70% 수준인 순환이용률(실질재활용률)을 82%까지 향상시키는 것을 그 주요 목표로 하고 있다. 첫째, '생산-소비-관리-재생' 등 전 과정에서 폐기물 발생 저감을 최우선으로, 발생한 폐기물은 최대한 생산에 재투입 되도록 유도한다. 둘째, 폐기물은 국민의 쾌적한 생활과 밀접히 관련된 만큼 국민 참여 협치(거버넌스)를 구축하여 지역별 여건에 맞는 최적의 처리 체계를 구축할 계획 등을 구체적으로 설명하고 있다(환경부 보도자료, 2018.9.4). 이 계획의 수립 과정에는 관계 부처 및 기관, 지역전문가, 시민단체, 지방자치단체 등이 참여하는 포럼을 구성하여 다양한 의견을 수렴하고 계획의 이행가능성을 제고해 나간다는 것이 환경부의 입장이다.

2. 폐기물의 개념 및 분류

1) 폐기물의 개념

폐기물(solid waste)은 일반적으로 도시 고형폐기물(municipal solid waste)에 대한 총칭이다(Clarke, 2012).[2] '자원의 선순환으로 지속가능한 순환경제 실현'을 기본이념으로 수립하고 있는 우리나라의 폐기물에 대한 개념적 정의는 소비자 내지 사용자의 주관적 가치평가에 따라 상품이 되기도 하고 폐기물이 되기도 하기 때문에 많은 논란이 제기되어 왔다(환경부, 2018: 453). 그러나 쓸모없게 된 물건이라도 버리지 않고 잘 보관하고 있다면 그것은 잠재적 폐기물에 속하지만, 통계상으로는 폐기물로 집계되지 않는다는 점에서 일상생활이나 산업 활동 과정에서 더 이상 필요없게 되어 버려지는 모든 물건을 말한다.

현행 '폐기물관리법' 제2조에 따르면, "사람의 생활이나 사업활동에 필요하지 아니하게 된 물질"로서 "쓰레기, 연소재, 오니, 폐산 · 폐유 · 폐알칼리, 동물의 시체(死體) 등"과 같이 인간의 생활이나 사업 활동에 필요하지 않게 된 물질을 폐기물로 규정하고 있다(동법 제2조 제2항). 현행법에서는 버리는 사람의 용도 폐기 의사에 따라 폐기물로 분류되며, 버려진 폐기물이 활용할 가치가 있어서 제3자에게 매각되어도 배출자가 필요하지 않게 되면 폐기물에 해당한다.

폐기물에 대한 소비자의 개인적 가치 평가는 상대적인 성격을 띠고 있다. 즉, 개개인 각자의 교육관이나 인생관 또는 가치관에 따라 다를 수 있고 개인별 소득이나 주거환경에 따라서도 다양하게 표출되어 나타난다. 그러나 상품의 가치는 시간이 경과함에 따라 자연적으로 하락한다는 점에서, 상품과 폐기물은 시간과 가치를 변수로 하는 함수관계에 있다(박미옥, 1997). 다시 말해서, 인간의 생산과 소비 활동에 더 이상 필요가 없게 된 물질을 폐기물이라고 지칭하는 바, 미관상의 문제를 비롯하여 수질오염, 대기오염 및 토양오염의 2차적인 물질이 된다는 점에서 폐기물은 환경적 행정관리 중요성이 부각되고 있다.

정부가 추진하고 있는 폐기물 관리정책은 폐기물 관리법(1986년), 폐기물의 국가

2) 우리가 발생시키는 액체나 기체가 아닌 것으로 원치않거나 폐기되는 물질이라고 한다.

간 이동 및 그 처리에 관한 법률(1992년), 자원의 절약과 재활용 촉진에 관한 법률(1992년), 폐기물 처리시설 설치 촉진 및 주변 지역의 지원 등에 관한 법률(1995년) 등을 토대로 추진하고 있다. 폐기물 관리의 목표는 폐기물이 대기, 생태, 수질 및 토양 등에 대하여 유발시킬 수 있는 2차적 오염을 최소한 '적정 처리'하는 것을 그 목표로 하고 있다.[3]

특히 1995년 이후 추진되고 있는 폐기물 종량제는 그동안 매립하거나 소각시켜 왔던 폐기물을 가능한 한 많은 양을 재활용하는 것으로서, 폐기물 발생을 최대한 억제하는 것이 오늘날 우리나라 자원순환정책의 근간을 이루고 있다.[4] 다시 말해서, 환경부의 자원정책은 자원의 최대 절약을 그 기본 틀(framework)로 삼고, 자원순환(재사용·재활용·에너지 회수)의 극대화와 폐기물 매립을 제로(zero)화하는 사회 구축이 정부의 친환경적 환경관리(또는 환경행정)라고 할 수 있다. 현행법에서는 버리는 사람의 용도 폐기 의사에 따라 폐기물로 분류되며, 버려진 폐기물의 활용할 가치가 있어서 제3자에게 매각되어도 필요하지 않게 되면 폐기물에 해당되는 것으로 규정하고 있다.

2) 폐기물의 분류 및 유형

폐기물은 일반폐기물과 산업폐기물로 분류하였으나 1995년 폐기물 종량제가 실시되면서 그 명칭도 생활폐기물과 사업장폐기물로 바뀌었으며, 사업장폐기물 중에서도 유해성이 있는 폐기물을 지정폐기물로 분류하고 있다(폐기물관리법 제2조).

폐기물의 분류는 1차적으로 발생원과 폐기물 발생량에 따라 생활폐기물(또는 도시고형폐기물/municipal solid waste: MSW)과 사업장폐기물(건설폐기물 포함/industrial solid waste: ISW)로 단순 구분된다. 2차적으로 폐기물은 그 배출원과 유해성에 따라서 사업장 일반폐기물과 지정폐기물로 구분하고, 3차적으로는 발생 특성에

3) 현행 폐기물관리법에 의하면, '폐기물'이라 함은 사람의 소비 활동이나 생산 과정에서 필요하지 않게 된 물질로서 쓰레기, 연소재, 오니(찌꺼기), 폐유, 폐산, 폐염기성, 동물의 사체 등을 포함하는 것으로 정의하고 있다(폐기물관리법 제2조).

4) 폐기물관리법 시행규칙에 따르면, 폐기물은 고형물의 함량에 따라 액상 폐기물(고형물 함량이 5% 미만인 것), 반고상 폐기물(고형물 함량이 5% 이상 15% 미만인 것), 고상 폐기물(고형물 함량이 15% 이상인 것) 등으로 대별된다.

따라 사업장 생활계폐기물, 사업장 배출시설계폐기물, 건설폐기물, 의료폐기물 등으로 분류된다(환경부, 2018: 453).

생활폐기물이란 종종 진개류(garbage) 또는 쓰레기(trash)로 불리는 사업장 이외의 모든 고형폐기물을 지칭한다. 예를 들면, 주로 가정, 상가 등에서 발생되는 폐기물로서 음식물, 채소류, 종이류, 나무류, 플라스틱류, 캔과 같은 금속류, 병이나 유리류 및 전자폐기물 등을 포함한다. 특히 우리나라의 생활폐기물은 다른 나라와는 달리 음식물류 폐기물 비율이 적지 않으며, 그 특성상 수분과 염분이 많아서 처리 과정상 많은 문제점이 있다.

사업장폐기물은 사람들에게 제품과 서비스를 공급하는 광산, 농업, 산업체에서 발생된 폐기물로서, 공업 배치 및 공장 설립에 관한 법률에 의하여 공장으로서 ① 대기환경보전법, 수질환경보전법 또는 소음 · 진동규제법의 규정에 의해서 배출시설을 설치 · 운영하는 사업장 및 그 이외에, ② 지정폐기물을 배출하는 사업장, ③ 폐기물을 1일 평균 300kg 이상 배출하는 사업장, ④ 폐기물을 1회 1톤 이상 배출하거나 일련의 공사작업 등으로 인하여 1주일에 1톤 이상 배출하는 사업장에서 발생하는 폐기물을 말한다. 대체로 배출량 예측이 가능하며, 폐기물의 종류와 성상에 큰 변화가 없고, 어떤 사업장에서는 불필요한 폐기물이라도 다른 사업장에서는 원료로 사용할 경우가 많기 때문에 생활폐기물에 비해 재활용률이 매우 높다.

건설폐기물은 구조물의 설치 또는 해체에 따라 발생하는 폐콘크리트, 폐아스팔트콘크리트, 폐블록이나 벽돌, 기타 혼합 토사 등을 말한다. 지정폐기물이란 사업장폐기물 중 유해한 폐기물들로 구분하여 별도로 관리하고 있다. 폐유, 폐산 · 폐알칼리, 폐유기용제 및 폐합성 고분자물질, 또는 의료적출물 등의 전염성이 있는 의료폐기물 등과 같이 주변 환경을 오염시킬 수 있는 유해성 물질로서 대통령령이 정하는 물질이다.

사업장폐기물 중에는 중금속, 강산, 강알칼리, PCB, 의료폐기물과 같이 인체에 치명적인 영향을 주는 물질이 포함될 수 있어 보다 엄격하게 관리하도록 규정하고 있는 바, 그 종류는 종전의 특정 폐기물 종류와 동일하다(환경부, 2018: 300).

이상과 같은 폐기물 분류를 하면 <표 7-1>과 같다. 환경부는 지난 2000년 말부터 자원 및 에너지의 가격 급등, 지구 온난화 등으로 인한 온실가스 감축이 요구되

표 7-1 폐기물의 분류

<table>
<tr><td rowspan="8">폐기물
쓰레기, 연소재, 오니, 폐유, 폐산·폐알칼리, 동물의 사체 등으로서 사람의 생활이나 사업활동에 필요하지 아니하게 된 물질</td><td colspan="4">생활폐기물
'생활폐기물'이란 사업장폐기물 이외의 폐기물</td></tr>
<tr><td rowspan="7">사업장폐기물
'대기환경보전법', '수질 및 수생태계 보전에 관한 법률' 또는 '소음·진동 관리법'에 따라 배출시설을 설치·운영하는 사업장이나 그 밖에 대통령령으로 정하는 사업장에서 발생하는 폐기물</td><td rowspan="2">사업장 일반폐기물
사업장폐기물로서 지정폐기물과 건설폐기물을 제외한 폐기물</td><td colspan="2">사업장 생활계폐기물
폐기물을 1일평균 300kg 이상 배출하는 사업장, 일련의 공사(건설공사는 제외) 또는 작업으로 폐기물을 5톤(공사를 착공하거나 작업을 시작할 때부터 마칠 때까지 발생하는 폐기물의 양을 말한다) 이상 배출하는 사업장에서 발생하는 폐기물</td></tr>
<tr><td colspan="2">사업장 배출시설계폐기물
'대기환경보전법', '수질 및 수생태계 보전에 관한 법률' 또는 '소음·진동관리법'에 따른 배출시설 또는 '수질 및 수생태계 보전에 관한 법률' 제48조 제1항에 따른 폐수종말처리시설, '하수도법' 제2조 제9호에 따른 공공하수처리시설, '하수도법' 제2조 제11호에 따른 분뇨처리시설, '가축분뇨의 관리 및 이용에 관한 법률' 제24조에 따른 공공처리시설, '폐기물관리법' 제29조 제2항에 따른 폐기물 처리시설에서 발생되는 폐기물</td></tr>
<tr><td rowspan="2">지정폐기물
사업장폐기물 중 폐유·폐산 등 주변 환경을 오염시킬 수 있거나 의료폐기물 등 인체에 위해를 줄 수 있는 유해한 물질로서 대통령령으로 정하는 폐기물</td><td colspan="2">특정 시설에서 발생되는 폐기물, 부식성폐기물, 유해물질 함유 폐기물, 폐유기용제, 폐페인트 및 폐레커, 폐유, 폐석면, 폴리클로리네이티드비페닐 함유 폐기물, 폐유독물, 의료폐기물</td></tr>
<tr><td></td><td>의료폐기물
보건의료기관, 동물병원, 시험검사기관 등에서 배출되는 폐기물 중 인체에 감염 등 위해를 줄 우려가 있는 폐기물과 인체조직 등 적출물, 실험동물의 사체 등 보건·환경보호상 특별한 관리가 필요하다고 인정되는 폐기물로서 대통령령으로 정하는 폐기물</td></tr>
<tr><td colspan="3">건설폐기물
'건설산업기본법' 제2조 제4호에 해당하는 건설공사로 인하여 건설현장에서 발생하는 5톤 이상의 폐기물(공사를 시작할 때부터 완료할 때까지 발생하는 것만 해당한다)로서 대통령령으로 정하는 것</td></tr>
</table>

자료: 환경부(2019: 636).

면서, 폐기물로부터 자원 및 에너지 회수의 필요성이 제기되었다. 이에 따라 2008년 폐자원 및 바이오매스 에너지 대책을 수립하여 지역별 폐자원 에너지타운 조성사업을 추진, 2009년에는 폐금속 자원 재활용 대책을 수립하여 폐금속 자원에 대한 재활용 정책을 강화하였다. 2012년에는 하수슬러지와 가축분뇨를, 2013년에는 음폐수 등에 대한 해양무단투기 배출을 금지하면서 육상 처리와 함께 자원화 정책을 추진하기 시작하였다. 하수슬러지는 건조하여 화력발전소의 에너지원으로 활용하고, 음식물쓰레기 폐수 등은 바이오가스로 전환하여 에너지로 사용하는 정책들이 집행되어 오고 있다.

그러나 경제 성장의 급격한 변화에 따라 자원소비와 폐기물의 발생량이 지속적으로 증가고 있어 기존의 폐기물 처리방식에 따른 정책집행에 많은 한계를 드러내고 있는 것이 현실이다.

이에 정부는 체계적이고 합리적인 자원순환정책을 추진하고자 2016년 '자원순환기본법'을 제정하여 '생산–소비–관리–재생'이라는 폐기물 정책의 패러다임 전환을 도모하였다.

그림 7-1 폐기물 관련 정책 및 제도의 변화

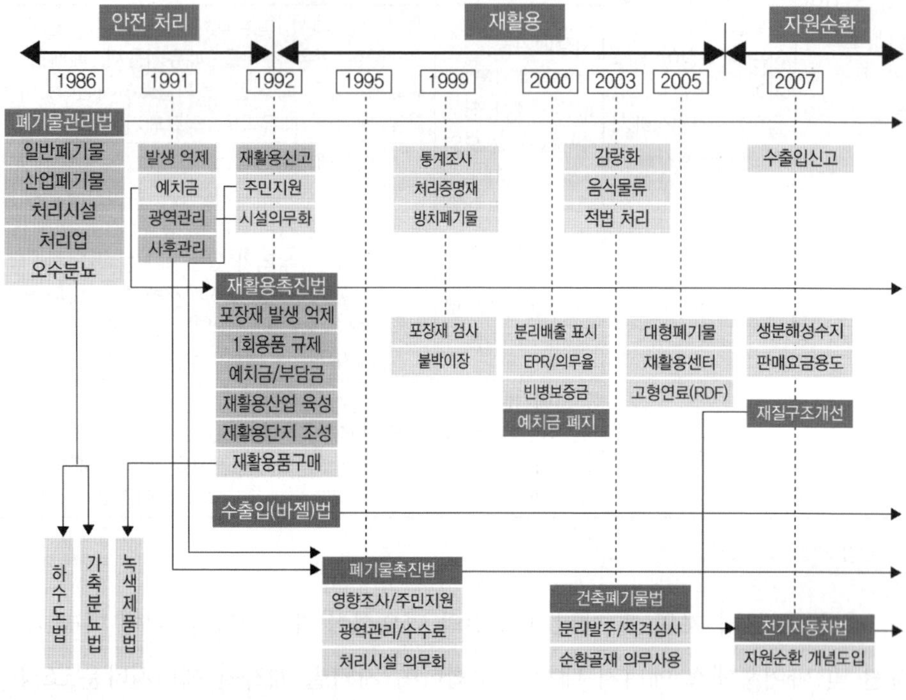

자료: 환경부(2019: 641) [그림 2-3-3-1] 인용함.

'자원순환기본법'은 2018년부터 그 효력이 발생되기 시작함에 따라 폐기물처분부담금, 자원순환 성과관리, 순환자원 인정, 제품 등의 유해성 및 순환이용성 평가 제도 등이 도입되었으며, 자원의 효율적 이용에 따른 폐기물의 발생 억제와 발생된 폐기물의 순환이용으로 자원순환 사회로의 전환을 촉진하고 있다(환경부, 2019: 635-636).

3. 폐기물 관리 체계

1) 폐기물 관리의 내용

우리나라의 폐기물 관리는 그 기본법인 '폐기물관리법'을 중심으로 '자원의 절약과 재활용 촉진에 관한 법률' 및 '폐기물의 국가간 이동 및 그 처리에 관한 법률'에 의해 관리되고 있다. 그 밖에 기타 법률로서 '폐기물 처리설치 촉진 및 주변지역 지원 등에 관한 법률', '한국환경자원공사법', '수도권매립지관리공사 운영에의 설립 및 운영에 관한 법률' 및 '건설폐기물의 재활용 촉진에 관한 법률' 등을 근거로 추진되고 있다.

환경부는 국가폐기물관리 전반에 관한 기본계획을 수립하고, 각 지방자치단체에 행정적·재정적·기술적 지원을 뒷받침하며, 시·도(광역자치단체)는 해당 관할 기초자치단체의 폐기물 처리 및 그 사업에 관한 조정 등을 수행하고 있다. 생활폐기물의 수집·운반·처리에 관한 책무는 해당 자치단체의 장(長)인 시장·군수·구청장에게 있으며, 사업장폐기물은 폐기물을 배출하는 사업자에게 그 처리에 대한 책임이 있다.

폐기물 관리에 대한 환경부의 기본방침은 그 발생량 자체를 우선적으로 줄이는 종량제를 토대로 하여 발생된 폐기물은 최대한 자원화·재활용하며, 그 처리가 불가피한 폐기물은 환경적으로 안전하고 위생적으로 처리하는 '자원순환형 폐기물관리체계'를 정착시켜 나가고자 '제2차 국가폐기물관리 종합계획'(2002~2011)을 마련했다.[5]

5) 폐기물관리법 제8조 제2항의 규정에 의거해 수립된 장기계획. 환경부(2002.3).

2000년대부터는 폐기물 관리의 문제를 사회 · 경제적 시스템과 연계한 국가의 총체적인 자원관리 측면에서 접근하려는 노력이 강조되었다. 특히 폐기물 관리의 문제를 '자원순환형 사회의 형성'이라는 거시적 목표를 달성하기 위한 핵심 수단의 하나로서 인식하고, 그 정책의 내용이 국제사회의 변화에 부응하는 방향으로 자원순환정책의 방향을 대폭 전환하여 추진하고 있다. 그것은 2014년 유럽연합(EU)이 기존의 소비 지향적 경제 체계를 순환형 경제 체계로 전환하면서 순환경제전략 지침을 발표하였고, 2015년 UN은 지속가능발전 목표의 하나로서 '지속 가능한 소비 및 생산'을 채택하고 전 과정에 걸친 자원이용의 효율성 제고 및 재활용 강화를 촉진하는 방향으로의 순환경제 체계를 구축하고 있다.

환경부는 우리나라의 폐기물 관리정책을 '순환경제 사회로의 전환'이라는 측면에서 '자원순환기본법'(2018년 1월)의 시행하면서, 향후 10년 간 순환경제 실현을 위한 '제1차 자원순환기본계획'(2018~2027)을 수립, 자원순환 기본계획의 이행가능성을 높이고자 수립 과정에 관계 부처와 기관, 지역전문가, 시민단체 등이 참여하는 포럼의 구성으로 다양한 의견수렴을 거쳐 작성하였다. 즉, 순환경제의 4단계(제품의 생산 → 소비 → 폐기물의 관리 → 재생 단계)를 단계별 세부 과제에 대한 추진 계획과 재원의 투자 방향 등을 설정하여 국민들이 실제로 체감할 수 있는 지표도 개발하였다는데 그 의의가 적지 않음을 알 수 있다.

표 7-2 폐기물 정책 패러다임 전환

구 분	기존의 폐기물 관리정책		새로운 폐기물 정책 방향
정책 여건	폐기물로 인한 환경오염 심화		기후 변화, 원자재 · 에너지 고갈
정책 목표	쾌적한 생활환경 조성		자원순환 사회 구축
추진 전략	감량 → 재활용 → 처리	⇒	효율적 생산 · 소비 → 물질 재활용 → 에너지 회수 → 처리 선진화
주요 과제	쓰레기 종량제, 생산자 책임 재활용 제도 및 처리시설 설치	⇒	자원순환성 평가, 재활용 품질인증, 폐자원 등 에너지화, 처리광역화
핵심 개념	'폐기물'	⇒	'자원(순환/천연)'

자료: 환경부(2019: 635).

2) 폐기물 관리의 특성

폐기물 관리는 한 개인이 배출한 폐기물을 처리하지 않을 경우 그 개인뿐만 아니라 주위의 다른 사람에게 비용을 창출한다는 점에서 외부 효과를 가지고 있다. 또한 현대 사회에서 폐기물 관리의 소비는 국민생활과 산업경제 활동에 필수적인 것으로 대두되고 있다는 점에서 중요한 부분을 차지하고 있다. 따라서 폐기물 관리는 공익재화(public utility)와 유사한 성격을 지니고 있는 것으로 볼 수 있으며, 소비에 있어서 배제성 및 경합성의 원칙[6]이 어느 정도 적용됨에도 불구하고 시장 경제의 결함을 보완하기 위해 정부의 개입이 요구되는 '준공공재'의 특성을 가진 서비스라고 할 수 있다.[7] 이러한 성격으로 인하여 최적 수준의 폐기물 처리 서비스 수급(需給)이 이루어지도록 하기 위해서는 폐기물 처리의 사회적 비용과 편익이 일치될 수 있도록 하는 조정기구가 필요하며, 그것의 수요와 공급에 있어서는 공공재와 마찬가지로 폐기물 관리의 공공성이 고려되어야 한다. 따라서 폐기물 처리 서비스의 공급은 그 서비스의 효율성과 함께 공공성을 조화시킬 필요가 있다.

환경부가 추진하고 있는 '폐기물 관리 및 체계'는 '분리 · 수거 → 재활용 · 재이용→매립 · 소각→소각 잔재의 최종 매립' 등의 다양한 방법으로 이루어지고 있다.[8] 소각 · 매립 등의 방법을 이용한 폐기물 처리 서비스는 퇴비화와 재활용에 소요

---

6) 재화는 크게 공공재(公共材)와 사적재(私的材)로 구분한다. 공공재는 공공성을 띠기 때문에 경합성과 배제성이 없다. 물론 이것도 많은 사람들이 이용을 하면 경합성은 있지만 배제성이 없다. 예를 들어, 내가 공원에 간다고 해서 누가 나를 가지못하게 막을 수 없다. 즉, 배제를 못한다는 것이다. 또한 내가 공원을 밤 12시에 가든 오후 5시에 가든 누구와 경합을 하지 않는다. 그런데 사적재인 서태지 음반이 나왔다고 하면 음반서점에 가서 줄을 서서 기다려야 구매를 할 수 있다고 할때, 즉 내가 늦게 가면 다른 사람들이 먼저 구매를 하게 되니 다른 이와 경합을 하는 것이다. 또한 내가 음반을 구매하기 위해서는 일정한 비용을 지불해야 하는데, 만약 비용을 지불하지 않으면 나를 배제시키게 된다. 사적재는 이런 식으로 경합성과 배제성이 있지만 공공재는 아니다.

7) 여기서 준공공재란 개인이 소유하는 사적 재산과 불특정 인간에 의해 공유되는 공공재의 중간적 성질을 가진 재산, 서비스를 말한다. 예를 들면, 공공교통, 폐기물 처리 서비스, 교육, 도서관 등이다. 여러 회원이 같은 재산 또는 서비스를, 타인의 소비를 줄이는 일 없이 이용할 수 있는 재산이나 서비스를 말한다.

8) 음식물, 유기성 오니 등과 같은 분해성 폐기물은 퇴비화 과정을 거쳐 퇴비를 생산하게 되고, 종이 · 유리 · 금속 · 플라스틱 등의 재활용성 폐기물은 재활용 산업에서 재생되어 새로운 재활용 제품으로 생산되며 유해 폐기물은 무해 처리 과정(無害處理過程)을 거쳐서 최종 처리하게 된다. 그리고 나머지 폐기물은 소각 · 처리하여 소각재를 최종 매립하거나 직접 매립하는 방법으로 최종 처리하게 된다.

되는 비용, 퇴비제품과 재활용품의 가치, 처리방법 간의 기술 및 비용 변화에 의해서 많은 영향을 받게 되는데, 폐기물 관리와 함께 폐기물 처리시설은 몇 가지 특성을 지니고 있으며 다음과 같다.

첫째, 폐기물 처리시설은 그 처리 서비스의 공공성으로 인하여 처리시설이 사회간접자본과 유사한 중요성을 갖는다.

둘째, 폐기물 처리시설은 초기 투자가 과다하고 자본 회수 기간이 길어 장래 사업에 대한 불확실성이 높은 편이다. 일반적으로 계획에서 공사까지 수년이 소요되며 폐기물 처리시설의 운영에 따른 수익성이 보장되어도 투자자본의 회수에 10년 이상 소요된다.

셋째, 폐기물 처리시설은 혐오시설로서 님비(NIMBY) 현상에 의한 민원 등으로 설비 건설의 추진 자체에 어려움이 있다.

넷째, 폐기물 처리시설이 민간경영과 관련하여 고려될 수 있는 특성은 폐기물 처리시설의 운영에 민간이 참여한 전례가 거의 없고, 참여하려는 기업 측에서 환경·폐기물 분야에 대한 지식이나 사업화 검토가 별로 없었다는 것이다. 지금까지 중앙정부와 지방정부 주도로 사업을 추진하여도 문제가 많았으므로 민간이 참여할 수도 없었고 추진 자체가 안 되었다.

이상을 종합해 볼 때 폐기물 처리 서비스 시설은 사회적인 중요성을 지니므로 시설 확충의 필요에 대해 신속하고 효율적인 시설 공급이 필요하지만 민간 사업자가 시설 확충에 참여하기에는 자본상의 위험과 추진의 어려움이 상당히 존재하는 것으로 볼 수 있다. 따라서 폐기물 처리시설의 확충 및 효율적인 운영에 민간의 자본 및 능력을 활용하기 위해서는 적정한 유인의 제공 및 위험 부담 등 정책적인 고려가 필요하며, 환경부가 추진하고 있는 '자원순환형 사회'를 지향하는 폐기물 관리 시스템은 올바로 체계(Allbaro System)를 토대로 안전하게 처리되고 있으며 [그림 7-2]와 같다.

그림 7-2 Allbaro 시스템 전자인계서 흐름도

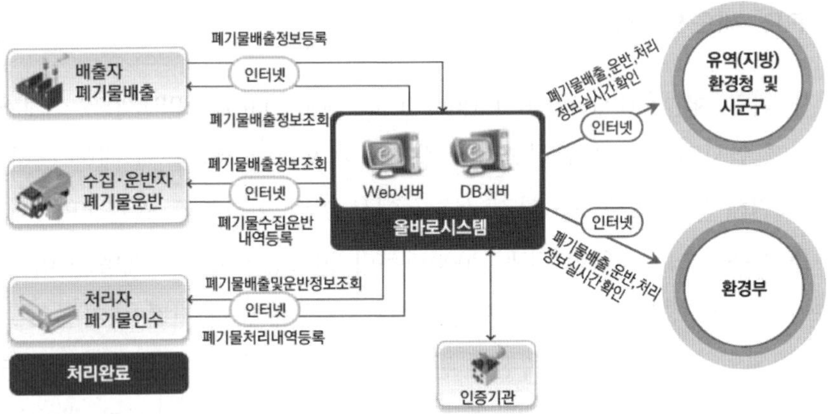

01 **배출업체**
배출자가 신고한 사업장폐기물 배출신고 DB를 활용하여 인터넷으로 폐기물 발생 및 배출내역 등록

02 **운반업체**
운반자가 폐기물 인수, 인계시 인터넷을 통해 폐기물 인수, 인계 내역을 실시간 등록

03 **처리업체**
처리자가 폐기물 인수, 처리시 인터넷을 통해 폐기물 인수, 처리내역을 실시간 등록

자료: 환경부(2019: 685) [그림 2-3-3-4] 인용함.

제 2 절 폐기물 관리제도

환경부가 '자원순환형 사회' 구축을 위하여 추진하고 있는 폐기물 관리제도는 첫째, 생산자 책임 재활용제도, 둘째, 빈용기 보증금제도, 셋째, 쓰레기 종량제, 넷째, 음식물류 쓰레기 종량제, 다섯째, 폐기물 부담금제도 등 다섯 가지의 제도로 정리할 수 있다. 폐기물 관리제도는 기존의 제도에서 빈용기 보증금제도가 추가되었고, 독립적인 제도로서 명시되었던 재활용목표관리제는 생산자 책임 재활용제도에 흡수하여 정리되고 있으며 다음과 같다.

1. 생산자 책임 재활용제도

1) EPR 제도의 개념

생산자 책임 재활용(Extended Producer Responsibility: EPR)제도는 폐기물예치금제도와 그 역사적 맥락을 같이한다.[9] 정부는 폐제품의 재활용에 대한 생산자 책임의 강화를 위해 독일, 일본 등 환경 선진국에서 이미 실시하고 있는 EPR 제도의 도입 여부를 지속적으로 논의한 결과, 2000년부터 2002년까지 전자제품을 비롯한 총 7개 품목에 대하여 '정부와 기업 간 자발적 협약'을 통해 준비 기간을 거친 후, 2002년 2월 4일 '자원의 절약과 재활용촉진에 관한 법률'(제16조)을 개정하였다. 2003년 1월부터 생산되는 제품에 대하여 사용 후 회수·재활용 단계까지 생산자 책임을 강화하는 '생산자 책임 재활용제도'를 시행하게 되었다. EPR은 말 그대로 생산자들이 제품을 생산하는 시점부터 재활용이 용이하도록 설계, 제조, 유통·소비의 전 과정에 걸쳐 '환경친화적 경제 활동'을 유도함으로써 폐기물 감량화(reduce), 재이용(reuse), 재활용(recycling)을 촉진하고 '자원순환형 경제사회'를 도모하는 제도이다. 독일, 영국, 프랑스, 헝가리 등 유럽 15개국과 일본, 대만, 호주 등 대부분의 선진 국가들이 이미 시행하고 있는 제도이다.

2) EPR 제도의 주요 내용

EPR 제도의 엄격한 추진을 위하여 첫째, 그 대상품목, 둘째, 재활용 의무생산자 및 의무면제 기준, 셋째, 재활용 의무량 및 재활용 부과금 등에 대한 내용을 다음과 같이 규정하고 있다.

첫째, 생산자 책임 재활용제도의 대상품목이다. EPR은 2003년 제도의 도입 당시 적용대상품목은 예치금제도의 품목을 중심으로 하되, 그 대상품목을 새롭게 추가하

9) 예치금제도는 제품을 생산하는 기업들이 출고량만큼 비용을 예치하고, 재활용 실적에 따라 예치금을 찾아가는 제도이다. 그러나 이 제도는 기업들이 비용 납부만 이행하고 실질적 재활용 노력이 없는데다 반환되지 않는 예치금은 국고로 환원되는 등 실효성이 없다는 비판이 지속되어 왔다. 제품의 재활용 과정에서 생산자 책임을 보다 확대하기 위한 대안으로 예치금제도를 보완하여 '생산자 책임 재활용제도(EPR)'가 마련되었으며, 예치금제도는 폐지되었다.

여 결정하였다.[10] 2013년 당시 대상품목은 우리가 생활폐기물로 배출하는 금속캔, 유리병, 페트병, 플라스틱 등 포장용기와 컴퓨터, 냉장고, 세탁기 등 전자제품까지 총 25개 품목이 지정・운영되었다.[11] '전기・전자제품 및 자동차의 자원순환에 관한 법률'이 시행된 2008년부터는 EPR 품목 중 전기・전자제품이 동 법률의 관리대상으로 전환되면서 유해물질 사용규제 등 사전 관리가 한층 더 강화되었다.

> 또한 사업장에서 발생되는 중간원료용 포장재 등은 사업장에서 별도로 처리하는 점을 감안하여 2016년 12월 '자원의 절약과 재활용촉진에 관한 법률 시행령'을 개정하여 2018년 1월부터 재활용 의무대상 포장재를 최종 소비자에게 판매하는 제품에 사용되는 포장재로 한정하여 산업계의 이중 규제를 개선하였다(환경부, 2019: 646).

둘째, 재활용 의무생산자 및 의무면제 기준이다. EPR에서 생산자는 원료업자, 제품제조업자, 포장재제조업자, 유통판매업자 등 매우 폭넓은 개념으로 규정되어 있다. 그러나 시장에서 이들 생산자의 책임을 획일적으로 분류하는 것은 현실적으로 불가능하기 때문에 '생산자 가운데 시장에서 제품, 포장재의 디자인 및 설계의 실질적인 권한을 갖는 자가 주책임자로서 재활용 의무를 부담하게 하는 '주 책임자 방식'을 채택하고 있다.

---

10) 2004년에는 필름류 포장재, 형광등을, 2005년에는 오디오, 이동전화 단말기, 2006년에는 프린터, 복사기, 팩시밀리, 2007년에는화장품을 추가하였고, 2008년부터는 망간전지, 알칼리망간전지, 니켈수소전지를, 2009년에는 1회용 봉투 등 필름류 포장재를 추가, 2010년 양식용 부자, 윤활유용기 등을 추가하였다. 또한 '전기・전자제품 및 자동차의 자원순환에 관한 법률'이 시행된 2008년부터는 EPR 품목 중 전기・전자제품이 동 법률의 관리대상으로 전환되면서 유해물질 사용 규제 등 사전관리가 한층 더 강화되었다.

11) 1990년대 이후 김포매립장의 포화상태로 발생한 쓰레기 처리 문제는 당시 폐기물 종량제의 등장이 불가피하였고, 이어서 2000년대 이후 국내・외적으로 자원・에너지 고갈, 기후 변화에 따른 환경 위기 심화는 폐기물 회수 및 재활용 기술의 획기적 발전을 가속화시켜 왔다. 그것은 폐기물을 재사용(reuse), 재활용(recycle) 및 에너지화(recovery)로 이어져 폐기물로부터 발생한 자원순환을 극대화하는 '자원순환 사회'로의 사회경제적・환경적 여건을 성숙시키기에 이르렀다. 이러한 사회적 분위기에 부응하여 폐기물 재활용제도들이 도입되기 시작, 그 최초가 1991년 분리수거제, 1995년 폐기물예치금제, 그리고 2000년 폐기물예치금제를 확대・발전시킨 생산자 책임재활용제도(EPR)가 시행되었다.

표 7-3	생산자 책임 재활용 제도 대상품목
제 품	(2013년 대상품목) – 타이어, 윤활유, 전지(수은전지, 산화은전지, 니켈카드뮴전지, 리튬1차전지, 망간・알칼리망간전지, 니켈수소전지), 형광등, 전자제품(TV, 컴퓨터, 냉장고, 에어컨, 세탁기, 휴대폰, 오디오, 프린터, 복사기, 팩시밀리), 양식용 부자
	(2018년 추가 대상품목) – 자동판매기, 전기정수기, 전기오븐, 전자레인지, 음식물처리기, 식기건조기, 전기비데, 공기청정기, 전기히터, 전기밥솥, 연수기, 가습기, 전기다리미, 선풍기, 믹서, 청소기, 비디오플레이어, 김발장, 곤포사일리지용 필름
포장재	– 음식료품, 농수축산물, 세제류, 의약품, 화장품류 등의 포장에 사용되는 금속캔, 유리병, 종이팩, 합성수지포장재(2018년부터 시장에 유통되는 최종단계의 제품에 사용되는 포장재로 한정)

자료: 환경부(2013: 306); 환경부(2019: 646-647).

○ EPR 제도에서 재활용 의무를 갖는 의무생산자

① 일반제품(윤활유, 타이어, 전지 등)의 경우 제품을 제조하는 제조업자와 수입업자가, ② 전자제품은 제조업자・수입업자 및 판매업자가, ③ 포장재(종이팩, 금속캔, 유리병, 합성수지재질의 포장재 등)의 경우 포장재를 사용한 제품의 제조자(filler)와 수입업자 등이 재활용 의무생산자이다.

○ EPR 예외 원칙

① 내용물의 생산자가 소규모 불특정 다수인 농축수산물 받침접시 등은 불가피하게 용기・포장재를 제조하는 자가 재활용 의무생산자이다.

② 포장재의 경우 영세 사업자가 많아 실질적 부담 능력과 행정비용 등을 고려하여 "전년도 연간 매출액 10억 원 미만, 수입액 3억 원 미만 또는 전년도 연간 출고량 4톤 미만, 수입량 1톤 미만 등의 면제 기준"을 정하고 있다.

셋째, 재활용 의무량 및 재활용 부과금에 관한 내용이다. 환경부 장관은 매년 EPR 대상품목별로 생산자가 연간 재활용 의무비율을 산정・고시하도록 되어 있다. 의무비율은 의무생산자의 출고량, 분리수거량, 재활용 실적 등 재활용 여건을 종합적으로 고려하여 합리적으로 산정, 재활용 의무비율이 산정되면 개별 생산자의 재활용 의무량은 생산자별 시장점유율(market share)에 비례하여 산정된다.[12]

그러나 재활용 의무생산자가 의무량을 달성하지 못했을 경우, 재활용부과금이 부과되는데, 이는 품목별 실 재활용 비용의 130% 이하로 재활용 미이행률에 따라 차등 적용, 재활용 비용은 매년 물가상승률과 연동해 조정된다. 또한 생산자가 재활용량을 목표량 이상 초과 달성한 경우 초과 실적량을 2년 간 의무이행 실적으로 사용(banking)할 수 있도록 하여, 경제여건 변동에 따라 발생 가능한 생산자의 부담을 최대한 완화할 수 있도록 추진하고 있다.

3) EPR의 국내 · 외 사례

EU 27개국에서는 포장재 재활용 활성화를 위해 1990년대부터 생산자 책임 재활용제도(EPR)를 도입했으며, 국가별 포장재 재활용공제조합을 결성해 재활용 마크(Green Dot) 사용 요금을 관리하고 있다.

재활용 마크 사용 요금은 지방자치단체(프랑스) 및 민간기구(독일 등) 등에 지원되어 포장재의 수거 및 선별 · 회수 · 재활용하는 데 사용되고 있다.

일본은 용기포장 리싸이클링법을 제정(1995년)하여 지방자치단체가 포장용기의 분리수거와 필요에 따라 선별 · 세정 · 압축 일정량을 보관하도록 하는 의무를, 용기 생산자와 이용자(특정 사업자)는 지방자치단체가 수집 · 보관한 포장용기를 인수하고 재상품화하는 의무를 부과하고 있다.[13] 그동안의 성과를 수치로 환산하면 지난 10년 간 총 재활용량은 약 46% 증가하였다. 약 4조 3천억 원의 경제적 편익을 창출하였고, 약 2조 6천억 원의 에너지 절감 효과와 약 15백만 톤의 온실가스 감축 효과도 달성하였다.

또한 재활용시설 인프라를 확충하고, 재활용 활성화 체계도 마련하는 등 재활용 시장 활성화에도 기여하였으나 최근 급증하고 있는 전기차 생산과 함께 전기차에서

12) 전기 · 전자제품의 경우 2014년도부터 재활용목표관리제가 도입 됨에 따라, 제품군별 재활용 의무량은 연도별 재활용 목표량, 인구 수, 의무이행 전년도 출고량 등을 기준으로 산정하게 된다.

13) 2000년부터 시작된 자발적 협약부터 10여 년 이상의 시간이 경과하는 동안 우리나라의 재활용시장은 EPR 제도가 형성 · 발전시켰다고 해도 과언이 아니다. 재활용업체의 수가 급격히 증가하였고, 이들의 사업 규모도 중소기업 수준으로 커졌다. 국민들의 분리 · 배출, 재활용에 대한 인식도 변화하여 이제는 폐기물을 단지 버리는 것이 아니라 다시 활용 가능한 자원으로 여기게 되었고, 재활용 제품에 대한 부정적 인식도 많이 사라졌다.

나오는 폐배터리 활용방안 구축이 요구되고 있다. 국제에너지기구(IEA)는 전기차 시장이 2030년까지 1억 6천만 대에서 최대 2억 대까지, 글로벌 OEM사는 2025년까지 4천만~7천만 대 수준으로 예상하고 있다. 독일 재생 에너지 연맹(BEE)은 2차 사용 배터리 누적 용량이 2025년까지 230GWh, 2030년에 4배 이상 증가한 1TWh를 예상했다. 40kWh 배터리는 7년 사용에 잔존율을 80%로 보고 있다.

이에 영국과 독일 등에서는 자동차 제작사(수입차의 경우 수입사)에게 배터리 회수 의무를 부과하고 있으며, 중국은 전기차 배터리 수집 및 재활용 지침, 배터리 재활용 해체 기준 등을 제시하고 있다. 대부분의 국가에서 회수에 관한 의무는 있으나, 생산자 책임 재활용제도와 같은 수준의 규정은 없다. 우리나라의 경우 전기차 누적 보급 대수는 2017년 말 기준 25,593대이며, 2022년까지 친환경차 200만 대 보급 목표량 가운데 35만 대가 전기차라는 점에서 전기차 공급이 증가하면서 그 사용 배터리 규모도 늘어나고 있어 이에 대한 처리 및 재활용 방안에 대한 대책 마련이 시급히 요구되는 상황이다.

표 7-4 각국의 EPR 제도 비교

구 분		한 국	독 일	프랑스	일 본
재활용 의무 부과		판매량 기준 재활용 의무율 연도별 부과	조합가입 의무화 품목별 최저 재활용 의무율 부과	계약 기간/목표 연도 지정, 회수 목표율 협의 결정 * 2012년 기준 75%	1. 조합가입 2. 자가 3. 위탁재활용 * 자가 사실상 없음
이행방법		1. 조합 가입 2. 자가 3. 위탁재활용	1. 조합 가입 2. 자가 * 자가 사실상 없음	1. 조합 가입 2. 자가 * 자가 사실상 없음	1. 조합 가입 2. 위탁재활용 * 자가(* 사실상없음)
PRO (생산자기구)		비영리 민간단체 품목별 조합독점: 제품 · 포장재별(11개)	영리회사 통합조합 경쟁: DSD + 8사	비영리조직통합조합 Eco-Emballage 1사	비영리 공적 조직 독점
자금	자금원	의무생산자 분담금	의무생산자 분담금	의무생산자 분담금	의무생산자 분담금
	주요 사용처	재활용사업자 지원 공적 기능 수행 (홍보, 인프라 구축)	수집, 선별 비용 공적 기능 수행 (홍보, R&D)	지방자치단체 지원 공적 기능 수행 (홍보, R&D)	재활용업체 지원

자료: 환경부(2013: 308).

4) EPR의 개선사항 및 향후 과제

2003년 EPR을 추진하기 시작하여 십수 년이 경과하는 지금, 그동안 제기되어 온 많은 문제점 등을 해소하기 위해 많은 노력을 투입한 결과 어느 정도의 성과를 거두고 있으나 여전히 풀어야 할 몇 가지 문제점으로 지적되어 왔다. 그것은 첫째, EPR의 궁극적 목적인 재활용산업의 고부가가치화 미흡과 재활용업체에 대한 관리 체계 부재, 둘째, 재활용 비율을 정확히 측정하기 위한 선진화된 전산 시스템이 없고, EPR 제도 운영의 투명성·건전성 확보를 위한 개선방안 시급, 셋째, 최근 전기자동차 생산이 증가하면서 향후 폐전지(폐배터리)에 대한 재활용 또는 재사용에 대한 지침 마련 등이 요구되어 왔다.

이와 같은 문제점 개선을 위해서 정부는 2016년 12월 '자원의 절약과 재활용 촉진에 관한 법률 시행령'을 개정, 2018년 1월부터 재활용 의무대상 포장재를 최종 소비자에게 판매하는 제품에 사용되는 포장재로 한정하여 산업계의 이중 규제를 개선하는 등 어느 정도의 개선 방향을 바로 잡아가고 있다. 그 대표적인 사례로서 EPR 대상품목의 재활용 비율이 2016년 1,801,000톤, 2017년 1,837,000톤으로 2002년 938,000톤 대비 2016년 92% 증가, 2017년 96% 증가로서 재활용산업의 양적 성장을 이루고 있음을 알 수 있다. 이것은 그동안 저조한 회수율과 재활용 실적에 대한 허위 제출 보고라는 문제점이 지속적으로 제기되어 왔던 문제들이 크게 개선되었음을 입증하는 것으로 분석된다. 또한 재활용품 배출 및 회수 경로가 동일한 생활계 포장재의 경우 재질별로 설립되어 있던 공제조합을 하나의 공제조합으로 통합하여 공익법인을 설립하여 공제조합의 효율성 및 공적 기능을 강화시킨 결과라고도 할 수 있다.

이상의 개선사항과 함께 우리나라의 EPR 제도는 재활용 활성화에 대한 기본 토대를 구축하였다는 점에서 그 의의가 있다. 특히 2016년 제도의 개정과 함께 많은 문제점들이 개선되고 있음에도 불구하고 ① 고부가가치화 창출방안 마련, ② 선진화된 전산 시스템의 관리 체계 구축, ③ 운영 시스템의 투명성과 효율성 향상으로 재활용 실적 인정과 관련된 불신과 불명확성 제거, ④ 전기차 폐배터리에 대해 EPR 편입 및 지정폐기물로서 지정·관리 등은 시급한 대책 마련이 요구되는 과제이다.

그림 7-3 EPR 제도의 시행에 따른 경제적 편익 창출

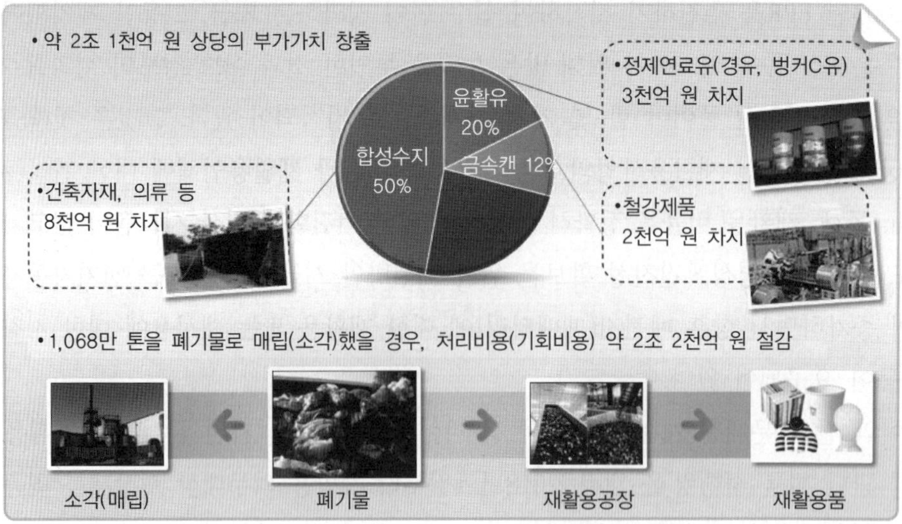

자료: 환경부(2013: 310).

5) 품목별 재활용사업 공제조합 설립 · 인가

재활용품 의무생산자들은 재활용사업 공제조합을 설립하여 공제조합에 분담금을 납부하는 방법으로 재활용 의무를 이행하게 된다. 현재까지 '7개 재활용사업 공제조합'이 결성되어 환경부 인가 하에 운영되고 있다.

표 7-5 생산자 책임 재활용제도(EPR) 대상품목 7개 공제조합 현황

공제조합	품 목
(사) 한국 포장재재활용사업 공제조합	포장재[금속캔, 합성수지재질(발포합성수지재질 포함), 유리병, 종이팩, 패트병]
(사) 한국 윤활유 공업협회	윤활유, 윤활유 용기
(사) 한국 전자재활용 협회	전지류
(사) 한국 조명 재활용사업 공제조합	형광등
(사) 대한 타이어산업 협회	폐타이어
(사) 한국 농수산재활용사업 공제조합	곤포사일리지용 필름, 김발장, 양식용 부자, 비료 · 사료포장재
(사) 한국 전자제품자원순환 공제조합	전자제품

자료: 환경부(2019: 648).

6) 장기 재활용 목표율 설정 및 2019년 재활용 의무비율

정부는 2008년부터 재활용품 생산자들이 기업에서 장기적인 관점에서 체계적인 재활용 계획을 수립할 수 있도록 장기 재활용 목표를 설정하여 고시하는 제도를 도입, 생산자 책임 재활용품(EPR) 대상품목에 대하여 향후 5년 간 달성해야 할 장기 재활용 목표비율 설정하고 있다. 2018년과 2019년도에 재활용 의무생산자들이 이행해야 할 의무비율은 품목별로 제시하고 있다. 개별 생산자의 재활용 의무생산량은 2019년에 고시된 재활용 의무비율에 2019년도 개별 생산자별 출고량을 곱하여 결정하게 된다(환경부, 2018: 468; 환경부, 2019: 647－649).

7) 전기 · 전자제품 재활용 목표 관리

정부는 전기 · 전자제품의 재활용률 제고를 위해 2014년도부터 ‘재활용목표관리제도’를 도입하여 인구 1인당 연도별 재활용 목표량을 설정하고 있다(환경부, 2019: 650). 이에 따라 전기 · 전자제품에 대한 재활용 목표량(인구 1인당)을 2016년(4.8kg/인), 2018년(6.0kg/인), 2019년(6.52kg/인)으로 설정하여 고시하고 있다.
그 밖에 TV, 냉장고, 세탁기, 컴퓨터, 이동전화기 등과 같은 전자제품은 판매점을 통한 역회수를 의무화하고 있다. 전자제품 판매업자는 구매자가 신제품을 구입하면서 폐기물이 된 같은 종류의 전자제품(다른 제조업자 · 수입업자의 제품 포함) 및 신

표 7-6 분리배출 표시 방법

<table>
<tr><th>도안 예시</th><th>도안 내부
표시 문자</th><th>도안
외부 색채</th><th>표시 재질</th></tr>
<tr><td rowspan="7">
</td><td>페트</td><td>노랑색</td><td>–</td></tr>
<tr><td>플라스틱</td><td>파랑색</td><td rowspan="2">HDPE, LDPE, PP, PS, PVC, OTHER</td></tr>
<tr><td>비닐류</td><td>보라색</td></tr>
<tr><td>캔류</td><td>회색</td><td>철, 알루미늄(또는 알미늄)</td></tr>
<tr><td>종이</td><td>검정색</td><td>–</td></tr>
<tr><td>종이팩</td><td>녹색</td><td>–</td></tr>
<tr><td>유리</td><td>주황색</td><td>–</td></tr>
</table>

자료: 환경부(2018: 469); 환경부(2019: 650).

그림 7-4 플라스틱 용기의 사용 예시

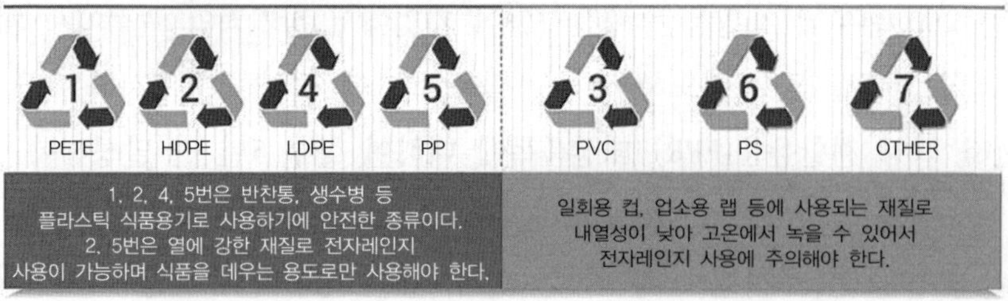

제품의 포장재 회수를 요구하는 경우 무상으로 회수하도록 의무화하고 있다. 또한 2011년 1월부터는 2003년 1월부터 도입하여 시행되고 있는 생산자 재활용 의무대상 품목에 대한 분리배출 표시제도를 한글로 표기하여 국민들이 분리배출 표시 도안을 쉽게 알 수 있도록 변경하여 운영하고 있다.

2. 빈용기 보증금제도의 개념과 주요 내용

빈용기 보증금제도에 대한 개념은 병입 주류 및 음료 등의 제품가격에 별도의 보증금을 붙여 판매한 후 소비자가 빈용기를 반환할 때 이를 환불해 주도록 하여 빈용기의 재사용 및 원가절감을 추진하기 위해 만든 제도이다. 1985년 국세청 고시로 시작되었으며, 2002년 이후부터 '자원의 절약과 재활용 촉진에 관한 법률(이하 자원재활용법)'이 개정되어 환경부가 운영하기 시작하였다. 그러나 최근 물가상승 등에 따른 시장 경제의 흐름에 부합되는 보증금액의 가격현실화와 같이 제도의 효율성 제고를 위해 국회, 시민단체, 관련 업계 등이 3년여에 걸친 논의를 통해 2016년 1월 21일 '자원재활용법' 관련 법규를 대폭 개정하였다. '자원재활용법' 개정안은 빈용기 보증

표 7-7 빈용기 출고 제품 가격

종 류	2016년 12월 31일까지 출고 제품	2017년 1월 1일부터 출고 제품
소주, 청량음료, 맥주(소형)	40원/개	100원/개
맥주(중대형)	50원/개	130원/개

자료: 환경부(2019: 651).

그림 7-5 빈용기 보증금 취급 수수료 지급 내용

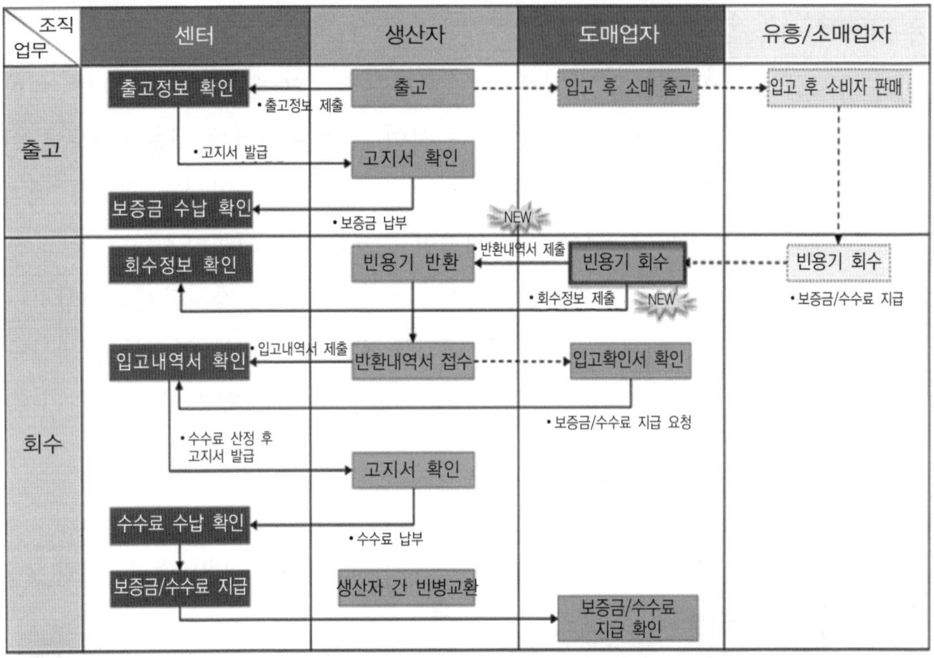

자료: 환경부 보도자료(2016.1.22); 환경부(2019: 651).

금과 취급수수료의 지급관리 업무는 '한국자원순환유통지원센터'가 담당하여 불투명한 자금거래로 인해 발생할 수도 있는 관리소홀 문제의 사전방지 및 보완을 위한 조치라고 할 수 있다.

2016년 1월 '자원재활용법' 관련 '빈용기 보증금제도'의 주요 개정 내용을 보면 첫째, 금액의 가격 현실화, 둘째, 소비자의 빈용기 반환 여건 용이화, 셋째, 빈용기 관리 체계의 지속성과 투명성 제고 등 크게 세 가지이다.

3. 재활용 폐기물 관리정책

1990년대 중・후반, 쓰레기 종량제의 실시와 함께 폐기물 감량화의 주요 요인이 재활용품의 분리・배출 및 수거로 인한 것으로 알려지면서 쓰레기 종량제에 대한 실효성 논란이 제기되어 왔다. 그런 가운데 2018년 4월 우리나라 수도권 일부 아파트 단지에서 폐비닐 수거 중단사태가 발생하면서 '재활용 폐기물 관리 체계'에 대한 문제가 사회적 이슈로 등장하였다.

이와 유사한 문제의 재발을 방지하기 위해 환경부는 관계 부처 합동으로 '재활용 폐기물 관리 종합대책'을 수립 · 발표(2018.5)하였다. 2030년까지 생활폐기물로 인해 발생하는 플라스틱 재활용품의 발생량을 50%까지 감량하고, 발생된 재활용 폐기물의 70%를 재활용하겠다는 목표와 그 구체적인 내용을 발표하였다. 즉, 상품의 생산 단계에서부터 재활용에 이르기까지 각 단계별로 '정부 – 지방자치단체 – 생산자 – 소비자'의 각 주체별 역할 행위를 강화하여 폐기물 발생을 최대한 억제하는 생산 – 소비 구조를 형성하여 재활용 비율을 촉진해 나간다는 것이 '재활용 폐기물 관리 종합

표 7-8 포장재 재질 구조 개선 방향

현행 재활용이 쉽지 않은 포장재 사례	향후 재활용 용이한 포장재 개선 사례
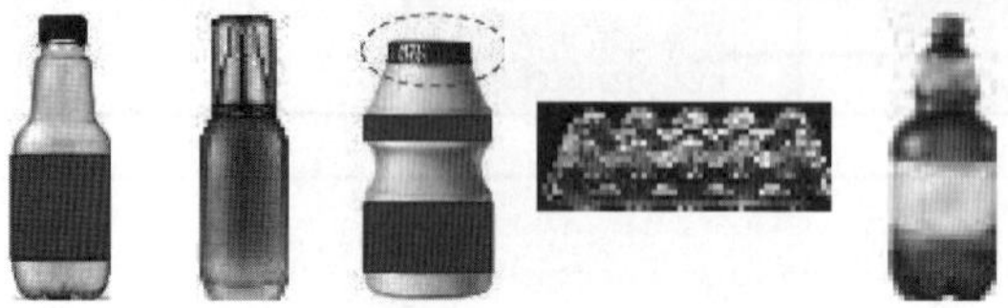	
유색 / 유리 화장품 / 알루미늄 뚜껑 / PVC 재질 / 종이 라벨	무색, 분리가 용이한 합성수지 라벨
유색 페트병, 유리 화장품 용기, 요구르트 알루미늄 뚜껑, PVC 재질계란 용기, 유리병 종이 라벨 등(점차 퇴출 항목)	무색 투명 생수병, 분리가 용이한 합성수지 라벨(점차 확대 권장 항목)

자료: 환경부(2018: 461) 인용 참조.

표 7-9 비닐봉투 사용 관리

구 분	백화점	대형마트	대형슈퍼	편의점	소규모슈퍼	제과점	재래시장
업체 수	97	537	9,649	26,874	49,788	16,082	–
현재 규제	무상 제공 금지					–	–
		⇓		⇓			
추진 방향	사용 금지 *속비닐 50% 감축(대형마트)			무상제공금지 *대형봉투는 종량제 전환	무상 제공 금지	무상제공 금지	장바구니 대여사업

자료: 환경부(2018: 461).

대책'이다(환경부, 2018: 460). 그것은 ① 제조·생산 관리, ② 유통·소비 관리, ③ 분리·배출 관리, ④ 수거·선별 관리, ⑤ 재활용 관리, ⑥ 교육·홍보 관리 등 크게 6단계로 세분하여 그 추진을 활성화하고 있다.

4. 쓰레기 종량제

1) 추진배경과 개념

도시화·산업화가 진행됨에 따라 국민의식 수준이 높아지고, 도시로 인구가 집중되며, 소득 수준이 향상되어 폐기물로 배출되는 쓰레기 발생량이 급격히 증가함에 따라, 쓰레기 발생량을 원칙적으로 줄이기 위한 동기부여 및 재활용품의 분리·배출을 최대한 유도하기 위해 '배출자부담원칙', '사전예방원칙', '경제적 유인수단원칙'에 따라 버린 만큼 비용을 지출하는 쓰레기 종량제를 1995년 1월부터 시행하고 있다. 쓰레기 종량제의 개념은 가정 등에서 발생하는 생활폐기물을 버린 만큼 처리비용을 지불하는 '배출자부담원칙'을 적용하는 제도로서, 생활폐기물과 사업장 생활계 폐기물 중 생활폐기물과 성상이 유사하여 생활폐기물의 기준 및 방법으로 '수집–운반–보관–처리'할 수 있다. 생활폐기물 처리 책무가 있는 지방자치단체에서 생활폐기물의 종류, 양 등에 따라 수수료를 징수할 수 있는 바, '폐기물관리법' 제14조에 근거하여 지방자치단체의 조례로 정하는 바에 따라 폐기물 종량제 봉투 또는 폐기물임을 표시하는 표지 등을 판매하는 방법으로 징수하고 있다. 또한 '폐기물관리법'에 빠져있는 구체적인 기준과 방법을 제시하기 위해 환경부는 '쓰레기 수수료 종량제 시행지침(2017.11 개정)'을 바탕으로 각 지방자치단체는 세부 사항을 조례로 제정하여 운용하고 있다.

2) 쓰레기 종량제의 주요 내용

1995년 1월부터 추진하기 시작하여 2017년 쓰레기 종량제 수수료를 실시하고 있는 지역은 전국에 총 3,500개 읍·면·동 지역 중에서 3,496개 지역이 시행함으로써 약 99.9%가 실시하고 있으며, 전체 21,633천 가구 가운데 21,616천 가구가 종량제를 시행하고 있다.

이러한 종량제 봉투의 제작 수량은 2016년(11억 9,150만 6천 매/819억 8천 9백만 원 소요) 대비 2017년(12억 4,172만 8천 매/827억 3천 6백만 원)이 소요됨에 따라 봉투 제작량은 소폭 증가(4.2%)하였으며, 종량제 봉투 제작 비용은 7억 4천 7백만 원 증가(0.9% 증가)한 것으로 분석된다. 우리나라의 가정용 쓰레기 종량제 봉투의 평균 판매가격(지방자치단체별 가격 차이가 다양함)은 10리터용 봉투 가격은 245원(매)이며, 20리터용 봉투 가격은 490원(매)인 것으로 조사되었다.

따라서 쓰레기 종량제 봉투의 판매량은 2016년(10억 1,145만 5천 매) 대비 2017년(10억 9,925만 6천 매)를 판매하여 87,801천 매 증가(8.7% ↑)하였다. 판매금액 또한 2016년도 576,370백만 원 대비 2017년 621,672백만 원으로서 45,302백만 원(7.9% ↑) 증가한 것으로 조사되었다(환경부, 2019: 653). <표 7−10>에 따르면, 2015년 대비 2016년도에는 종량제 봉투의 제작량과 판매량이 각각 감소하였으나, 2016년 대비 2017년도에는 전체적으로 증가함에 따라 쓰레기 배출량이 증가하고 있

그림 7–6 쓰레기 수수료 종량제 기본원칙

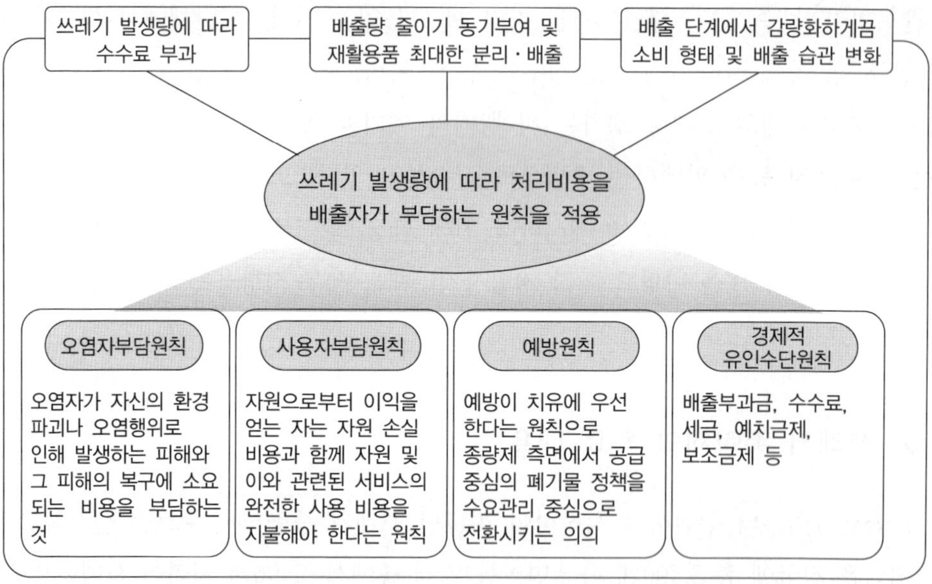

표 7-10 우리나라 쓰레기 종량제 봉투 제작 가격 및 판매량

	2015년도	2016년도(전년 대비 증감)	2017년도(전년 대비 증감)
종량제 봉투 제작량(천 매)	1,206,802	1,191,506(1,529/1.3%↓)	1,241,728(50,222/4.2%↑)
종량제 봉투 제작 비용(백만 원)	78,213	81,989(3,776/4.8%↑)	82,736(747/0.9%↑)
종량제 봉투 판매량(천 매)	1,031,042	1,011,455(19,587/1.9%↓)	1,099,256(87,801/8.7%↑)
종량제 봉투 판매가격(백만 원)	528,851	576,370(47,519/9.0%↑)	621,672(45,302/7.9%↑)
종량제 봉투 평균 가격	10리터(245원/ 매), 20리터(450원/매)		

자료: 환경부(2018: 472); 환경부(2019: 653).

음을 나타내고 있어, 쓰레기 감량화에 대한 대국민 교육 홍보 강화 및 문제점에 대한 진단 및 대응방안 마련이 요구되고 있다.[14)]

3) 주요 국가의 쓰레기 종량제 운영 사례

그동안 세계 각국의 경제 성장과 대량생산 체제 확산은 폐기물의 배출현상이 급증하였으며, 유럽이나 주요 국가들을 중심으로 환경에 대한 관심이 제고되기에 이르렀다. 또한 쓰레기 유형의 다양화, 소각 및 매립에 대한 처리 능력의 한계로 인하여 자원화와 재활용화가 촉진되고 있으며, 동시에 쓰레기 배출 감량화의 요구가 각국에서 확대되고 있다. 특히 소득 수준이 늘어나면서 가정쓰레기 배출량이 크게 증가하고 있어, 주요 각국의 정부는 가정쓰레기 배출량 감소의 필요성을 느끼게 되었다. 쓰레기 종량제를 실시하고 있는 주요 각국 중에서 해외 사례의 검토를 위하여 미국, 독일, 홍콩, 일본 및 이탈리아를 중심으로 쓰레기 처리방식의 사례를 검토하였다. 이들 국가를 해외 사례로 선정한 이유는 첫째, 수많은 국가들 중에서 쓰레기 종량제나 음식물류 쓰레기 종량제를 실시하고 있는 나라는 그렇게 많지 않은 것으로 판단되며, 둘째, 기후 변화 시대에 환경을 중시하거나 우리나라 처럼 협소한 국토 안에서 경제 발전과 함께 그 처리가 어려울 만큼의 넘쳐나는 쓰레기 더미들을 합리적이고 과학적인 방식으로 대응하고자 추진하고 있다, 셋째, 특히 홍콩, 일본 및 이탈리아 국가들

14) 정부는 2017년 11월 "쓰레기 수수료 종량제 시행지침"을 개정하여 저용량 일반종량제봉투를 제작・판매 활성화를 위한 규격을 추가하였고, 대형유통마트 인접 타 시・도 지방자치단체의 재사용 종량제봉투 판매를 허용하였다.

은 폐기물 성상이나 그 관리방식이 비교적 우리나라와 유사하다는 점에서 주요한 비교 지표가 될 수 있다고 판단되어 이들 5개 국가를 선정하였다.

(1) 미국(시애틀 시와 매사추세스 주)

대륙 국가인 미국에서 쓰레기 종량제를 시행하는 곳은 일부 대도시를 비롯한 시애틀 시와 매사추세츠 주가 대표적이다. 나머지 주 정부의 경우 넓은 국토를 보유한 국가인 만큼 용이하게 매립을 하면 그만이기 때문에 분리·배출이나 종량제 같은 제도를 굳이 도입할 필요성을 느끼지 않을 수 있기 때문이다. 미국의 매사추세츠 주에서 실시되는 PAYT(pay as you throw)은 배출한 만큼 지불하는 쓰레기 종량제 방식이다.[15] EPA 보고서[16]에 따르면, 도시 고형폐기물의 구성은 플라스틱, 종이, 금속 등과 음식물(food waste)이 포함되어 있으며, 이 중에는 광범위한 음식물쓰레기 정책(pilot or full-scale food waste programs)도 포함될 수 있다고 명시되어 있다. 2006년부터 미국 전역(약 7,100여 곳)에서는 PAYT 방식으로 약 650만 톤(년)의 쓰레기가 처리되고 있다. 다양한 정부 형태를 가지고 있는 미국은 법적·제도적으로 상이한 곳이 많은데, PAYT 프로그램은 배출한 만큼 돈을 지불해야 하기 때문에 주민들은 쓰레기를 분리·수거하거나 감량화하려고 노력한다는 점에서 재활용 정책에도 최적화되어 있고, 심플한 형태로서 어디에서든 손쉽게 PAYT을 적용하여 진행할 수 있다는 장점이 있어 광범위하게 확산되고 있다(Skumatz, 2007). PAYT 프로그램은 ① 쓰레기통 프로그램(can program), ② 쓰레기 전용봉투(bag program), ③ 스티커 프로그램(sticker program), ④ 무게 기반 프로그램(weight-based system), ⑤ 혼합 프로그램(hybrid program) 등으로 구성되어 있다.

PYAT 방식의 쓰레기 종량제는 ① 드롭오프(drop-off) 프로그램(시민들에게 재활용품 배출센터를 제공하여 재활용품을 직접 버리게 하는 방식)과, ② 커브사이드(curbside) 프로그램[재활용품 수집 프로그램으로서 특정 장소에 재활용품을 쌓아두게 만든 후 수거·처리하는(pick up) 방식]으로 분류된다.

---

15) 이것은 도시 고형폐기물(municipal solid waste: MSW) 처리 정책이며, 보통 생분해성 폐기물(biodegradable waste/putrescibles; 음식과 부엌 쓰레기, 녹색 폐기물, 종이 및 재활용 폐기물 등)도 포함되어 있다.

16) http://www.epa.gov/osw/conserve/tools/payt/pdf/sera06.pdf

2013년 기준으로 커브사이드(curbside) 방식을 채택한 지방정부는 53개 자치단체이며, 드롭오프(drop–off) 방식을 채택한 지방정부는 84개 자치단체이다(EPA 보고서, 2013 홈페이지 참고).

요금제의 경우 기본적으로 단위 기반요금(unit–based rates)에 따라 시행되나, 하이브리드 요금 체계의 경우 환경보호부(Department of Environmental Protection: DEP)의 고려에 따라 가장 효과적인 방법을 채택하게 된다. 이상의 요금 부과 방식 외에도 비례요금제와 하이브리드 요금제 및 PAYT(배출자부담방식) 방식에 따라 다양하게 활용되고 있다.17)

표 7–11 매사추세츠의 PAYT 프로그램의 종류와 요금 부과 형태

종 류	특 징
쓰레기통	• 쓰레기 전용봉투와 비슷하지만 각 가정에서 쓰레기통을 구매하여 버리는 종량제 형태 지역에 따라 다양한 크기(30~60갤런) 쓰레기통을 배치하여 주별 수거하는 횟수를 기반으로 요금을 산정함 • 지역에 따라 보다 더 작은 사이즈(10~20갤런)를 사용하기도 함
쓰레기 봉투	• 전용(비닐)봉투형은 지방정부의 직인이 찍힌 비닐봉지를 구매하여 사용하는 방식
스티커형	• 지방정부에서 발행한 스티커를 구매하여 배출쓰레기에 부착하여 버리는 유형
무게 기반	• 트럭으로 쓰레기 무게를 측정하여 요금을 산정함
혼합	• 일정 배출량까지는 정해진 비용을 지불하고, 그 이상의 쓰레기 배출은 스티커를 구입하여 배출하는 방식
기타	• 특정 시스템이 아니라 각 지역에 정해진 표준에 따라 쓰레기를 배출함

(2) 독 일

독일의 경우, 가정 폐기물량이 일반쓰레기에 비해 높은 비중을 차지하고 있다는

17) 첫째, 비례요금제는 매사추세츠 PAYT 시스템의 가장 기본적 형태이다. 단위 기반 요금 시스템은 쓰레기 수거함에 따라 균일요금으로 책정되어 있어 폐기물 감량화 인센티브 제공이 크다는 점과 관리 비용이 적다는 장점이 있다. 그러나 초기에 요금을 높게 설정해야 한다는 문제점이 있다. 둘째, 하이브리드 가격 시스템은 매사추세츠의 보편적 시스템이다. 단위 기반 요금 체계에 고정요금을 접목시켜, 고정수수료 수익의 안정성과 직접·간접비용을 포함하여 주민들에게 적절한 가격을 부여한다. 기본적으로 제공되는 수거함에 일정 비용을 부담시키며, 추가 수거함 사용 시 쓰레기 봉투나 스티커 단위를 기준으로 개인별 부담금이 청구된다. 환경보호부(DEP)는 하이브리드 가격 시스템의 초기비용이 고정비용이기 때문에 수익의 안정성뿐만 아니라 추가비용의 부담으로 불법 쓰레기 배출이 감소되는 인센티브가 제공된다는 장점 등의 이유에서 하이브리드 시스템의 설치를 권고하고 있다.

것과 쓰레기 분리수거 및 재활용 비율이 낮다는 점에서 문제가 있다. 즉, 쓰레기 요금이 지역별로 부과되고 있어, 자신이 버린 쓰레기 양에 상관없이 거주 지역의 쓰레기양에 한하여(과거 우리나라의 쓰레기 총량제와 같은 개념으로 판단됨) 쓰레기 요금을 부담하고 있기 때문에, 각 개인이 자신의 쓰레기를 줄여야 할 동기부여가 부족하다는 문제점을 가지고 있다.

따라서 독일의 시정부는 쓰레기 양을 줄이고 재활용 비율을 높이기 위해 오염발생자부과원칙(polluter-pays-principle)에 따라 IPW(Identifizieren, Pressen, Wagen =identify, press, weigh)센터를 설립하여 쓰레기 감량화를 추진하였다. 구체적인 방식은 기계식 쓰레기통(Mechanical Lock-gate)에 배출된 쓰레기 양(volume of the waste)에 따라 요금이 산정된다. [그림 7-7]과 같이 기계식 장치에 칩 카드를 센서에 인식한 후 쓰레기를 버리고 나면 쓰레기 양에 따라 요금을 책정하는 시스템이다(Hogg, 2002). 이 방식을 사용하는 대부분의 도시에서 쓰레기 발생량이 감소하고 있는 것으로 나타나 2015년 1월 1일부터 독일연방법 중 재활용법에 따라 모든 지방정부가 생활쓰레기인 일반쓰레기와 음식물쓰레기를 반드시 분리·수거하도록 되어 있다. 연방정부가 제시한 기본원칙을 토대로 하여 각 지방정부의 상황에 맞게 수정·보완하여 시행하고 있다.

그림 7-7 Mechnical Lock-gate

자료: Financing and Incentive Schemes for Municipal waste Management.

(3) 홍 콩

홍콩의 쓰레기 배출량은 경제발전과 함께 지속적으로 증가하여 쓰레기 총배출량이 9,000톤이며, 음식물쓰레기가 2,500톤(전체 폐기물량 대비 약 28%)으로 조사되었다. 이것은 홍콩의 국토 면적 대비 인구밀도가 매우 높다는 점을 고려할 때 쓰레기 감량화가 필요하였으며, 홍콩의 쓰레기 종량제는 폐기물 배출을 최소화하는 방향으로 발전하였다.[18] 홍콩 환경보전기금(ECF)은 쓰레기 배출량 감소에 대한 인센티브 제공을 위하여 2011년 7월부터 음식물류 쓰레기의 퇴비화를 실시하는 주택단지에 자금을 지원하고 있다.[19] 홍콩의 음식물쓰레기 처리방법은 분리-배출-퇴비화라는 세 가지 절차(첫째, 가정에서 음식물 쓰레기를 모아 배출하고, 둘째, 수거된 음식물들을 한곳에 모아 놓은 뒤, 마지막으로 퇴비화를 실시)의 과정을 거쳐 처리하고 있으며, [그림 7-8]과 같다.[20]

그림 7-8 생활쓰레기의 분리 · 배출과 퇴비화의 절차

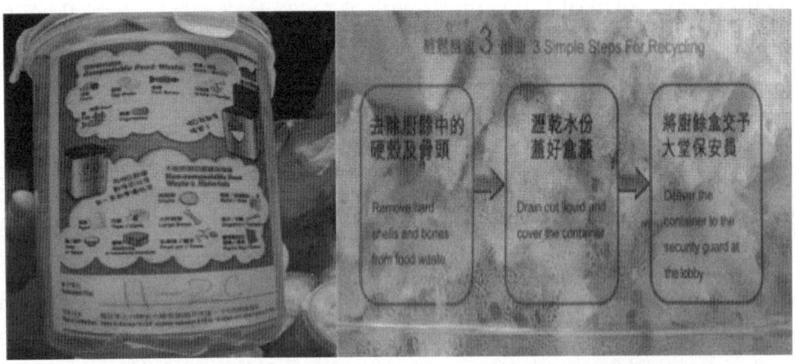

18) http://www.enb.gov.hk/en/files/FoodWastePolicyEng.pdf

19) 홍콩 환경보호부(EPD)에서 규정한 음식물쓰레기 개념은 "고기, 쌀 야채와 같은 유기폐기물과, 조리되지 않은 음식, 먹을 수 없는 음식, 유통기한이 지난 음식 등"을 음식물류 쓰레기로 지정하였다. 닭이나 소의 뼈와 같은 부분은 음식물쓰레기가 아니기 때문에 분쇄기에 넣어 분쇄하거나 일반쓰레기로 배출하도록 하고 있다.

20) 첫 번째 절차는 주민이 음식물쓰레기를 밀봉할 수 있는 재활용 용기에 넣어 지정된 시간에 주택단지 내에 있는 지정된 수거장소에 갖다 놓아야 한다. 두 번째 절차는 각 가정에서 수거된 음식물쓰레기를 120리터 수거함에 수집하는 것이다. 두 번째 수거함을 관리하는 사람은 수거함에서 음식물쓰레기 이외의 쓰레기들을 분리해야 하며, 음식물쓰레기의 특성상 발생하는 액체(음폐수) 배출통을 수거함 밑에 두어 주기적으로 음폐수를 배출하도록 한다. 또한 수거함 자체에 바퀴를

표 7-12 홍콩의 음식물 쓰레기 퇴비화 절차

각 가정에서의 쓰레기 배출	→	중간수집함 배출	→	퇴비화 실시

자료: C. Chi-fai(2013, Sep 26). Families could pay HK$74 a month to dump waste, says consultation paper, South China Morning Post. Retrieved from http://www.scmp.com/news/hong-kong/article/1317862/families-could-pay-hk74-month-dump-waste-says-consultation-paper

(4) 일 본

일본의 쓰레기 처리 비용 징수는 1970년 이래 '폐기물관리법' 제정 이후 사업장 폐기물, 대형폐기물에 대해서 일반화되어 있다. 가정쓰레기 등에 대해서는 유료의 지정 쓰레기봉투를 사용하는 간접적인 방법을 통해 수수료를 징수하는 경향이 증가하고 있다.[21]

일본의 전체 지방자치단체 가운데 35%인 1,134개 시・정・촌(市・町・村)에서 가정 배출 일반쓰레기에 대해 수수료를 징수하고 있다. 이들 중에서 '종량제(56.1%)・정액제(24.7%)・다량의 경우(17%)'에만 유료로 하고 있다. 쓰레기 수수료를 징수하고 있는 시・정・촌 중에서 절반 이상이 종량제를 실시하고 있고, 최근에 새로이 수수료를 징수하는 경우에는 대부분이 종량제를 채택하고 있다.

또한 과거에 정액제를 실시해 온 시・정・촌들도 쓰레기 감량 효과를 기대하면서 종량제로 전환하는 경우도 있다. 시에서는 다량의 경우만 수수료를 징수하는 방법

장착하고 다른 쓰레기통과의 혼동 방지를 위하여 식별 표시를 하고 있으며, 정기적으로 청소한다. 세 번째 절차는 이렇게 모인 음식물쓰레기를 수거하여 퇴비화하는 곳으로 보내져 퇴비로 전환된다. 각 가정에서 사용되는 밀폐용기는 음식물쓰레기 수집시간 전까지 냉장고 등에 보관할 수 있도록 만들어져 있으며, 주민들은 담당 직원이 지정한 장소와 수집시간에 음식물쓰레기를 배출하면 된다. 수거장소에는 "음식물쓰레기 수집용기(food waste container)"라 적혀 있는 수거함에 버리면 되고, 밀폐용기는 음식물쓰레기가 수거된 이후 세척하여 다시 사용할 수 있도록 되어 있다. [Environment Bureau(2014). A Food Waste & Yard Waste Plan For Hong Kong 2014-2022. Retrieved from http://www.enb.gov.hk/en/files/FoodWastePolicyEng.pdf]

21) 일본은 '폐기물의 처리 및 청소에 관한 법률'(1987.9.4. 법률 제87호)에 따라 일반쓰레기와 산업쓰레기로 분류하며(동법 제2조), 일반폐기물의 처리는 시・정・촌(市・井・村)이 계획하고 조례를 정하여 의무를 수행한다(동법 제6조). 주민들에게도 일반쓰레기 처리 의무를 지우고 있는데, 쓰레기를 최대한 감량하여 가연성과 불연성쓰레기를 분리・배출하도록(동법 제6조) 하고 있지만 이를 지키지 않았을 때의 처벌 규정은 두고 있지 않다(일본 환경성 홈페이지, www.env.go.jp/en/flles).

(63.0%)이 가장 많고, 종량제에 의해 처리되는 쓰레기는 전체 폐기물의 약 25% 정도이다. 그리고 정(町), 촌(村)의 경우 종량제가 60% 이상 차지하고 있으며, 정액제가 30%, 다량의 경우만을 유료로 하는 방법은 8% 미만에 불과하다. 일본은 기본적으로 한국과 비슷하게 쓰레기 배출 억제 및 재활용 추진과 공평성 확보, 주민의식 개혁 등을 목적으로 쓰레기 유료화 제도를 도입하고 있다.[22]

요금부과 방식은 배출량에 따라 배출자가 비용을 부담하는 ① 배출량 단순비례형(일정 배출량 넘으며 요금이 증액되는 방식, 누진종량제와 유사함), ② 배출량 다단계비례형(쓰레기 배출량이 일정량을 넘으면 수수료가 부과되는 방식), ③ 일정량 무료형(쓰레기 봉투나 스티커를 배포하고 추가 배출을 원할 때 유료로 구매하거나, 사용하지 않은 쓰레기 스티커나 봉투는 다시 구매해 주는 방식), ④ 부담보조 조합형(일정 배출량까지는 정액으로 배출할 수 있으나 배출량 초과 시 추가요금을 부과하는 방식), ⑤ 정액제 종량제 병용형 등이 있다.

1981년부터 쓰레기 종량제를 시행하고 있는 시가켄(滋賀縣) 모리야마 시(守山市)의 경우, 가연성 쓰레기의 처리는 지정된 봉투를 유료로 구입하여 이름을 적어서 쓰레기를 배출하고, 정해진 양을 초과할 경우 부담금액이 증가하는 방식을 사용하는 것이 특징이다. 연간 110매까지는 봉투 20엔(매), 작은 봉투는 17엔(매)이지만, 111매부터는 큰 봉투는 150엔(매)으로 매우 높게 가격을 책정하고 있다. 불연성쓰레기의 경우, 시에서 제작한 표에 이름을 쓰고 이것을 해당 불연성쓰레기 또는 일반 봉투에 붙여 배출하도록 하고 있으며, 연간 56매까지는 무료이지만, 57매부터는 1매당 150엔에 판매하고 있다. 일반쓰레기를 소각쓰레기, 파쇄쓰레기, 자원쓰레기의 세 종류로 분류하고, 가정쓰레기의 수집·운반은 청소대행업체가 담당하며 그 비용은 시에서 사후 정산한다.[23] 쓰레기의 수집 체계는 가정쓰레기의 경우 30세대를 기준으로

---

22) 각 지방자치단체에 따라 다소 차이는 있으나 쓰레기의 수집분류는 일반적으로 가연성쓰레기, 불연성쓰레기, 생쓰레기의 세 종류가 가장 많고, 주방쓰레기를 별도 항목으로 분리하는 경우도 있다. 위에서 분류된 방식으로 쓰레기를 분리·수집하여도 유리나 플라스틱 등이 혼입되는 경우가 있기 때문에 플랜트 내에 봉지 해체, 파쇄, 선별 등을 위한 전처리시설이 설치되어 있다. 후선별을 거친 정제 퇴비는 판매하고, 후선별 때 발생되는 부산물 형태가 조잡한 퇴비는 무료로 산림이나 화전에 사용하기도 하는데, 대부분 시설에서 음식물쓰레기를 이용한 퇴비 생산량은 0.15~3.9톤/일의 양을 생산하고 있다.

23) 사업장쓰레기는 사업장과 대행업체가 개별적으로 계약하고 있으며, 자원쓰레기는 대행업체에서 수집하여 재생업자에게 판매하고 그 대금은 시청에 납입하며, 소각·매립용 처리시설은 시에서

집적소를 1개씩 설치하여 운영하고 있다.

(5) 이탈리아

이탈리아의 쓰레기 종량제는 주정부에 따라 다양하게 운용되고 있으며, 유럽연합(EU) 차원에서도 쓰레기 감축 프로그램이 추진 중에 있다. 쓰레기 제로화(zero waste)를 목표로 전개되고 있는 이 정책은 쓰레기 발생량 감축, 분리·수거, 생활쓰레기 감소를 주요 목표로 하고 있으며, 동시에 음식물쓰레기를 감축하고자 하는 종량제는 크게 두 가지로 분류된다.[24]

첫째, 'TAGGED BAG SCHEME' 제도(마크네틱 카드를 사용하는 바코드 형식의 스티커를 부착해 배출), 둘째, 'PAY-PER-BAG SCHEME' 제도(흔히 우리가 알고 있는 쓰레기 종량제)이다. 'TAGGED BAG SCHEME'는 가정에서 생활형쓰레기와 유기성쓰레기를 분리·배출하도록 유도하기 위한 제도(source separation scheme)이다. 나비글리 시(市)의 경우 쓰레기봉투를 유기성(음식물)쓰레기와 생활형(일반)쓰레기로 분리해서 배출하도록 제작하여, 쓰레기봉투를 각 가정에 무상으로 제공하였다.[25] 1998년 6월부터 밀라노의 쓰레기 종량제(Pay-As-You-Throw: PAYT)는 나비글리 시의 알바레이트 지역에서 처음 실시되었고, 이후 점차 확대 시행됨에 따라 1999년 1월부터는 많은 지방정부가 쓰레기 종량제를 채택하고 있다.

PAYT 제도에 의한 쓰레기 수거비는 고정비용과 변동비용으로 분류된다. 고정비용(fixed quota)은 집의 넓이, 거주자 수, 거주지 유형이 아파트이거나 단독주택 등 어떤 주거 형태에서 살고 있는가에 따라 다르게 산정된다. 변동비용(variable quota)은 마그네틱 카드를 사용해서 바코드 형식의 스티커를 부착하여 배출되는 생활형쓰레기 봉투의 개수에 따라 산정되며, 수거업체는 배출된 쓰레기 스티커를 모아 지방자치단체에 제출하면, 해당 지방자치단체가 스티커 개수에 기반하여 쓰레기 관련 세금을 징수하고, 수거업체에 경비를 지급하는 방식을 채용하고 있다.

'TAGGED BAG SCHEME' 제도의 도입 효과는, 1998년 대비 1999년도에 무기성

직접 담당·운영하고 있다.

24) Angloinfo the global expat network(2013). Waste Disposal and Recycling in Italy Retrieved from http://italy.angloinfo.com/housing/setting-up-home/waste-recycling/

25) 1997년 당시 밀라노 지역 인근에 위치한 나비글리 시(市)의 인구는 24,200명이었다.

(생활)쓰레기는 17.5% 감소하였으나 유기성(또는 음식물류)쓰레기 양은 5.6% 증가한 것으로 조사되었다.

분리 · 수거 비율은 단지 8% 정도 증가하였지만 나비글리 시는 이미 분리 · 수거 제도가 정착된 상태라는 점을 고려할 때 8%의 증가는 중요한 의미를 지닌다. 다만, 제도 시행 이후 몇 가지 문제점이 대두되었는데, 첫째, 집집마다 상이한 봉투를 사용하였다는 점으로 이러한 경우 공정한 세금을 거두기가 쉽지 않았다. 둘째, 제공된 쓰레기 스티커의 분실 문제가 발생하였으며, 셋째, 유기성(음식물류)쓰레기의 분리 · 수거를 장려하기 위해 유기성쓰레기는 변동비용 산정에 포함시키지 않았다는 점에서 유기성쓰레기 배출량이 증가한 결과로 이어졌다.

'PAY – PER – BAG SCHEME' 제도는 1998년 이탈리아 베르가모 지역의 우르가모

표 7-13 주요 국가별 쓰레기 관리 정책 비교

	미 국	독 일	홍 콩
관리 정책	• PAYT – Drop off and Curbside program	• 생활쓰레기와 음식물쓰레기 분리 · 수거	• A quantity–based waste charging
처리 방식	– Can, Bag, Tag 또는 Sticker, Hybrid, Weight–based 시스템이 쓰레기통형 방식이 혼용됨	– 주로 Can 방식으로 민간수거업체에 의해 수거됨 – 수거–퇴비화 및 바이오가스 변환을 주 목적으로 함	– 분리–재활용–퇴비화 단계 진행 – 지역에 따라 다양한 크기의 특수차량을 이용해 음식물 폐기물 수거 뒤 OWFT로 보내 퇴비화됨
장점	– 사용자 지불의 공정성, 쓰레기 감소, 신속 이행, 다양한 형태 및 지역 실행 가능, 환경적 장점	– 유기성 음식물쓰레기가 사용 가능한 에너지와 자원으로 전환 가능함	– 생활쓰레기 및 다양한 종류의 유기성 음식물쓰레기에 유리함 – 에너지와 자원으로 재사용됨
효과	– 재활용비율 5~6% 증가 – 생활쓰레기 발생률 6% 감소 – 직업(일자리) 창출 효과	– 재활용 증가 및 쓰레기 발생 감소 효과 – 활성효소와 미생물 포함된 수거함으로 악취 · 해충 문제 예방	– 10~15% 쓰레기 및 40% (2022년까지) 감량 효과
문제점	– 불법투기 단속의 어려움 – 빈곤 및 대가족의 공정성 문제 – 세수의 불확실성 – 행정업무의 과중화	– 청소행정관리의 어려움 – 전문인력 부족 – 비싼 비용 문제 발생	– 퇴비화 공간 부족 – 전문가 부족으로 퇴비 질 저하 – 냄새와 위생 문제 – 비싼 처리비용 문제

	이탈리아	일 본	한 국
관리 정책	• PAYT & Tagged bag scheme	• 쓰레기 유료화 제도 (종량제)	• 생활 및 음식물쓰레기 종량제
처리 방식	– Bag을 이용하여 생물폐기물(bio–waste)과 거주자 생활쓰레기로 분류하여 수거됨	– 배출량 비례형, 누진종량제, 다단계 비례형, 일정량무료형 등 다양한 방식으로 수거됨	– 칩(스티커), 봉투, RFID 방식이 혼용되어 있음
장점	– Tag 관리 및 세금부과 용이성 – 생활쓰레기의 가변비용을 부과시켜 발생량 감소	– 배출 억제 및 재활용 추진 – 공평성 확보	– RFID 방식의 이점은 기존의 음식물쓰레기 배출 시 요금이 바로 산정되어 공정성 가짐
효과	– 쓰레기 발생량이 18% 감량 – 분리수거 비율 8% 증가 – 불법투기(fly–tipping)가 줄어듦	– 쓰레기 발생비율 감소 및 재활용률 증가	– 음식물 폐기물에 대한 요금 산정이 바로 이루어져 쓰레기 배출량 감량 효과
문제점	– Tags의 분실 우려 – 여전히 불법투기 문제 발생	– 불법투기 단속의 어려움 – 행정업무의 과중화	– 기계 오류로 인한 민원 증가 – 높은 관리비용과 짧은 기계 수명

자료: Pay as you throw in the US: 2006 update and analysis: Final report retrieved from A Food Waste & Yard Waste Plan for Hong Kong 2014–2022.
– Retrieved from Municipal waste management in Italy
– Retrieved from Waste Disposal and Recycling in Italy
– Retrieved from Financing and Incentive Schemes for Municipal Waste Management–case studies
– Retrieved from http://www.epa.gov/osw/conserve/tools/payt/pdf/sera06.pdf

(인구 8,000명), 카라바지오(인구 12,000명), 리너서비지(7개 도시의 공동체인 인구 15,000명) 지역 등에서 쓰레기 종량제 봉투제도의 시범사업 실시로 시작되었다.

'PAY–PER–BAG SCHEME' 제도는 기본적으로 생활형쓰레기는 봉투에 담아 배출하고 음식물쓰레기는 용기에 담아 배출하도록 하는 것이다. 쓰레기 처리요금과 세금 산정을 위해서 고정비와 변동비로 나누어 쓰레기 처리비를 징수하고 있다. 이 중 변동비용은 쓰레기 봉투를 판매하여 나온 이익금을 통하여 세금을 징수하고, 징수된 세금 가운데 고정비용 부분은 '수집–운반–처리'비용으로 사용되었다. 이 제도의 시행을 위하여 각 가정에 개별 카드(chip card)를 지급하고, 이 개별 카드는 시청, 은행 등 봉투판매처나 자동판매기에서 쓰레기봉투를 구입할 때에 개별 카드에 데이터가 입력되도록 되어 있어 전체 쓰레기에 대한 데이터가 수집된다. 재활용쓰레기와 대형쓰레기를 처리하는 쓰레기 처리센터에서는 처리량을 개별 카드를 활용해 기록하고 쓰레기 처리 및 재활용을 위한 요금을 청구하는 방식으로 운영되고 있다.

○ 쓰레기 종량제의 장점: 선진 주요 국가의 사례를 종합해 볼때 미국의 경우 재활용 비율이 4~5% 증가했으며, 쓰레기 발생량이 6% 감소 및 쓰레기 수거 직종의 일자리 창출 효과 등을 거두고 있다(Skumatz, 2007). 홍콩과 독일의 경우 쓰레기 감소와 함께 유기물(또는 음식물류)쓰레기를 퇴비화하여 활용 가능한 자원으로 전환하고 있다는 장점을 지니고 있다.

○ 쓰레기 종량제의 문제점: 이러한 장점을 바탕으로 상당한 쓰레기 감소 효과를 보고 있지만 문제점 역시 발생한다. 첫째, 개인의 쓰레기 처리비용이 증가함에 따라 불법투기가 급증하여 단속 문제가 늘어났다. 둘째, 쓰레기 처리비용을 부담할 수 없는 빈곤 가정이나 대가족의 경우 처리 부담이 커져서 공정성 문제가 대두되기도 한다. 셋째, 쓰레기 처리방식의 다양화로 인하여 행정업무의 과중화 현상이 나타났다. 이러한 문제는 관리 인력의 부족이나 새로운 처리방식을 위한 장비 도입의 비용 문제가 발생하기도 한다. 음식물쓰레기를 퇴비화하는 홍콩은 처리공간의 부족 문제와 담당 전문가 부족으로 퇴비의 질이 저하되거나 관리상 발생하는 악취와 위생 문제가 계속 발생하고 있어, 다양한 쓰레기 처리방식에는 그 장점과 함께 해결해야 할 문제점도 지속적으로 발생하고 있다고 할 수 있다.

4) 추진 성과 및 향후 과제

(1) 폐기물 발생량에 대한 성과

1995년부터 실시되어 온 쓰레기 종량제는 국민 개개인의 생활 속에 정착되고 폐기물 자원화에 대한 시민의식이 향상됨에 따라 생활폐기물에 대한 분리·배출이 활성화되고 있다. 생활폐기물 발생량이 2007년도 1.02kg(인/일)에서, 2010년 0.96kg(인/일), 2017년 1,01kg(인/일)으로 감소하였으며, 재활용 비율은 2007년 57.8%에서 2010년 60.5%, 2017년 60.6%로 증가되었고, 매립 비율도 2007년 23.6%에서 2010년 17.9%, 2017년 13.5%로 대폭 감소되어 매립장 사용 기간이 연장되었다.

생활폐기물의 원 단위 발생량 추이를 분석하기 위하여 환경부가 매 5년마다 조사해 온 결과를 보면, 2006년 대비 각 항목별 증감률은 종량제 봉투가 47.7%(↑) 증가한 반면, 음식물쓰레기(6.5% ↓)와 재활용품(2.1% ↓)은 각각 감소하였다.[26] 이후로 생활폐기물 발생량은 소폭 증감을 반복하고 있는 바, 최근에는 2015년 발생량(0.97kg/인/일) 대비 2016년에는 0.04kg(인/일) 증가하였으며, 2016년 대비 2017년에는 동일하게 나타났다. 이것은 OECD 국가의 평균 발생량(2015년 기준, 1,425g/일/인)에 비해서는 약 41% 낮은 발생량을 나타내고 있다.

이상과 같은 생활폐기물 발생량의 증가는 폐기물 종량제 봉투에 분리·배출 대상 품목인 종이나 플라스틱류, 음식물류 등을 담아 배출하는 경우가 늘었기 때문이다. 종량제 봉투에 담겨 배출된 종이류는 2006~2007년 73.4g에서 2001~2012년 126.8g으로 73% 증가하였으며, 플라스틱류는 2006년(44.9g)에서 2011년(75.2g)으로 68% 증가하였고, 음식물류 폐기물도 2006년(17.0g)에서 2011년(31.0g)으로 82% 증가되었다. 이와 같은 결과에 대해서 재활용품만 잘 분리·배출되어도 연간 1,800억 원의 매립 비용을 절감할 수 있을 것이라는 것이 환경부의 입장이다.[27]

표 7-14 생활폐기물 원 단위 발생량 추이

(단위: 1일/1인/g)

연도 / 발생량	(1차 조사) 1999~2000년	(2차 조사) 2001~2002년	(3차 조사) 2006~2007년	(4차 조사) 2011~2012년	4차 조사 이후 2015년	2016년	2017년
생활 폐기물	1,130	1,086	868.9	940.4	970.0	1,010	1,010
증감률 (%)	–	3.89 (↓)	20 (↓)	8.2 (↑)	3.09(↑)	6.9(↑)	0

자료: 전국폐기물 발생 및 처리현황(2013년, 2018년).

26) 그동안 추진되었던 폐기물 종량제가 잘못된 분리·수거로 인해, 재활용 가능 쓰레기의 상당수가 종량제 봉투로 배출되어 생활폐기물 발생량이 2006년 3차 조사 때보다 약 48% 증가되었다(환경부, 2013.6.4).

27) 지역 여건에 맞는 쓰레기 수거방식의 전환, 쓰레기·재활용품의 배출 시간 및 배출 방법에 대한 홍보, 재활용품 무상 수거 등 쓰레기 종량제 정책이 크게 개선되었다. 쓰레기 감량화에 대한 국민의식의 향상에 따라 1회용품 사용 안하기, 장바구니 사용 활성화, 리필제품 사용, 아나바다 운동 전개 등을 통해 폐기물 발생량이 감소되었으며, 중고물품에 대한 교환 사용 및 중고 거래가 활성화되었다. 재활용 처리가 활성화되면서 유색 유리병, 유색 PET병 등의 혼합폐기물 폐기물의 분리 기술, 폐기물을 가공하여 재활용 제품의 중간원료로 생산하는 기술 등 폐기물 중간처리업 등 다양한 재활용 산업이 발전하게 되었다.

(2) 쓰레기 종량제의 향후 과제

일상생활 속에서 발생하는 폐페인트, 살충제, 광택제, 세척제, 의약·화장품 등과 같이 인체 위해성과 환경오염 우려가 높은 생활계 유해 폐기물에 대하여는 일반 생활폐기물과 달리 별도의 분리·수거, 처리 시스템을 구축하여 종류별 특성에 맞게 적정 처리할 계획이다. 2012년에도 종량제 봉투 안에는 약 40%의 재활용 가능한 쓰레기가 배출되었음을 고려할 때, 종량제 봉투 안에 재활용품 혼입 방지를 위한 노력과 함께 재활용 가능쓰레기를 최대한 회수하여 '재활용품 체계의 구축'이 필요하다. 쓰레기 종량제 봉투 가격에서 주민부담률이 2017년 전국 평균 32.0%에 불과하다. 배출자부담원칙에 따라 주민부담률을 상향 조정하여 종량제 봉투 가격을 현실화하고, 지방자치단체의 청소예산 재정자립도 향상과 함께 종량제 봉투 속에 배출되고 있는 재활용 폐기물의 분리·배출을 엄격히 통제하는 과제는 종량제 시행 20년 이상이 경과한 현재에도 여전히 개선되어야 할 과제로 남아 있다.

그림 7-9 일반적인 재활용 과정

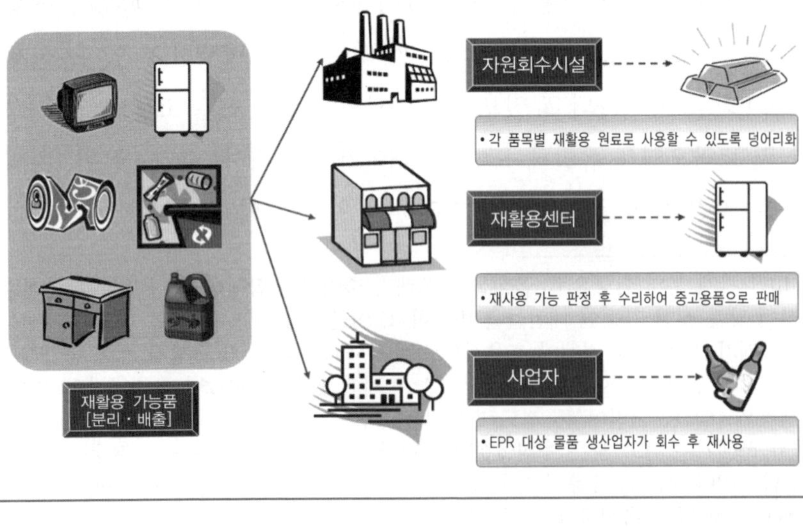

5. 음식물류 쓰레기 종량제

1) 추진배경

2006년 이전에 우리나라의 음식물류 쓰레기 관련 정책은 '발생 억제'를 중심으로 추진된 것이 아니라, 배출 이후에 이를 재활용하거나 처리하는 수준이었다. 그러나 음식물류 쓰레기 배출량의 급증으로 인한 사회경제적 비용이 증가하고, 에너지 소비와 기후 변화에도 부정적 영향을 미치게 되자, 환경부는 '음식문화 개선 및 음식물류 쓰레기 줄이기 종합대책'(2006~2010)을 수립·추진하는 등의 음식문화 개선 및 음식물류 쓰레기 감량화를 위한 움직임이 있었으나 정부 주도의 일회성·단순 계도성 홍보 방식으로 그 실효성을 거두지 못하였다.

2012년 환경부는 음식물류 쓰레기 정책을 '사후 처리'에서 '사전 발생 억제'정책으로 방향을 전환, '음식물쓰레기 종량제'를 범국가적 차원에서 추진하고 있다(<표 7-15> 참조).[28] 그러나 음식물류 쓰레기의 발생량 감소는 정부의 지속적인 감량효과뿐만 아니라 외식산업 발달에 따른 식생활 변화 등의 여러 가지 요인이 작용한 것으로 분석된다.[29] 가정과 소형 음식점(70%)에서 가장 많이 발생되고, 대형 음식점(16%), 집단급식소(10%), 농수산물시장(4%)의 순으로 발생하고 있다. 현재 대부분 사료화·퇴비화로 자원화되고 있으며, 그 과정에서 나오는 고농도 폐수(음폐수)는 수질오염 및 토양오염을 유발해 또 다른 처리가 요구되며, 수거·운반, 처리 과정에서 발생하는 악취 등이 생활환경을 저해하는 원인이 되고 있다.[30]

---

28) 즉, 2010년 관계 부처 합동으로 '음식물류 쓰레기 줄이기 종합대책'을 마련하고, 단계별·유통원별 특성에 맞는 실현 가능한 대안들을 발굴하고, 이를 뒷받침할 수 있는 제도적 개선을 통해 음식물류 쓰레기 발생 억제 정책이 효율적으로 추진하고 있다. 2008년까지 계속 증가해 오던 음식물류 쓰레기의 발생량은 이후부터 점차 감소 추세에 있으며, 2012년 우리나라의 음식물류 쓰레기 발생량은 1일/1만 3천여 톤 정도로 줄어들었다.

29) 음식물류 쓰레기는 먹고 남은 음식물뿐만 아니라 식재료의 생산, 수송 및 유통, 보관, 조리 과정에서도 많이 버려지는데, 유통·조리 과정의 쓰레기(57%), 먹고 남은 음식물(30%), 보관 폐기 식재료(9%), 먹지 않은 음식물(4%) 등으로 배출되고 있다.

30) '음식물류 쓰레기 종량제'는 2012년 6월 1일 개정된 폐기물관리법이 1년 간의 유예 기간을 거쳐 2013년 6월부터 전면적으로 발효됨으로써 시행되고 있다. 환경부와 지방자치단체는 부피나 무게 단위 배출량에 따른 부담금 납부방식 등을 정하는 등 음식물류 쓰레기 종량제를 본격 추진할 수 있는 법적 근거를 마련하였다. 현재 전국 음식물쓰레기 분리·배출 대상 144개 지방자치단체 중에서 2017년 말 당시 136개 시·군·구 지방자치단체가 '음식물류 쓰레기 종량제'의 사업을 추진

표 7-15 생활쓰레기 대비 음식물류 쓰레기 발생량

(단위: 톤/일)

연도별	2003	2004	2005	2006	2007	2008	2009	2010	2011	2012	2013	2014	2015	2016	2017
생활폐기물 발생량(톤/일)	50,737	50,007	48,398	48,844	50,346	52,072	50,906	49,159	48,934	48,990	48,723	49,915	51,247	53,772	53,490
음식물류 폐기물 발생량(톤/일)	11,398	11,464	12,977	13,372	14,452	15,142	14,118	13,671	13,537	13,209	12,663	13,697	15,340	15,680	15,903
음식물류 쓰레기의 점유율(%)	22.5	22.9	26.8	27.4	28.7	29.1	27.7	27.8	27.7	27.0	25.9	27.4	29.9	29.2	29.7

자료: 환경부(2019).

그림 7-10 음식물류 쓰레기 구성

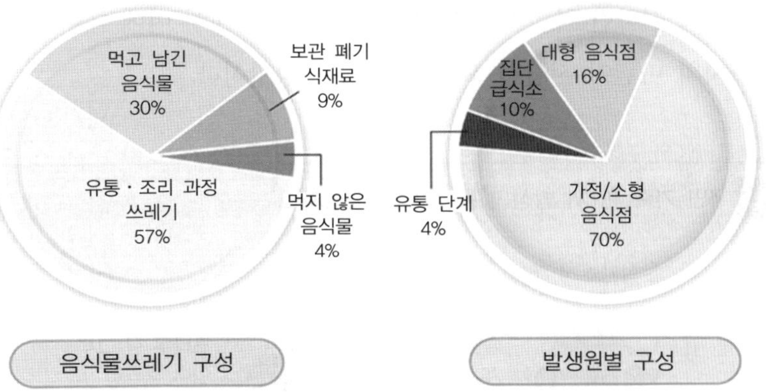

이처럼 음식물류 쓰레기의 처리로 인한 영향은 직접적인 환경 영향뿐만 아니라 생산 · 수송 · 유통 · 조리 등 음식이 만들어지는 과정에서도 많은 에너지가 소비되고 있으며, 온실가스가 배출되는 문제도 고민해 보아야 할 사항이다. 예를 들어, 4인 가족이 먹을 수 있는 한 끼의 밥상을 차리기까지는 승용차 1대가 25km를 운행할 경우

하고 있다. 그러나 종량제 봉투제로 일원화된 일반쓰레기와 달리 음식물류 쓰레기는 지역이나 거주 형태별로 운영 방식이 달라 주민 불편과 혼란이 있을 수 있다는 우려도 제기되고 있다. 현행 폐기물관리법에 따르면, 생활폐기물 처리는 시 · 군 · 구 등 지방자치단체의 소관이므로 종량제도 다양한 방법 중에서 각 지방자치단체의 사정에 따라 적용해 집행되고 있다(문화체육관광부, weekly 정책공감, 2013년 6월 13일; 환경부, 2018: 474).

에 배출하는 양(4.76kgCO_2e)의 온실가스가 배출되고, 냉장고 80시간 사용량(4.7kwh)에 해당하는 에너지가 소모된다(양승룡, 2012). 또한 음식물쓰레기로 버려지는 식량자원으로서의 가치가 연간 18조 원에 달하며, 그 처리에도 연간 6천억 원 이상의 비용이 소요된다(환경부, 2008). 이렇게 2013년부터 전국적으로 추진되어 온 음식물쓰레기 종량제가 전 국민을 대상으로 추진된 지 6년이 경과하고 있는 지금(2019년) 2016년도 음식물류 쓰레기의 발생량은 15,680톤(일)으로서 생활폐기물 발생량(53,772톤/일) 대비 약 29.2(%)인 것으로 조사되었다.

그것은 2008년 생활쓰레기 배출량 대비 음식물쓰레기 배출량(29.1%)이 가장 높은 비율을 나타낸 이후 소폭 감소 추세에 있다가 다시 2015년(29.9%)에 이어 2016년에도 29.2(%)의 높은 증가 기록을 나타내고 있다. 이것은 당초에 '음식물류 쓰레기 종량제'가 추진됨으로써 예상되었던 '감량화와 처리 비용의 절감 및 에너지 절약에 대한 기대 효과'에 커다란 차질이 빚어지고 있음을 나타내어 이에 대한 문제점 발견 및 그 대응 조치의 마련이 시급히 요구되고 있는 상황이다.

그림 7-11 4인 가족 한 끼 밥상의 온실가스 · 에너지

2) 유형 및 장 · 단점

음식물류 쓰레기 종량제의 유형은 전자태그(RFID) 시스템, 납부칩 · 스티커제, 전용봉투제 등 세 가지로 분류된다. 첫째, RFID 시스템은 세대별 배출원 정보가 입력

그림 7-12 음식물류 쓰레기 종량제 유형

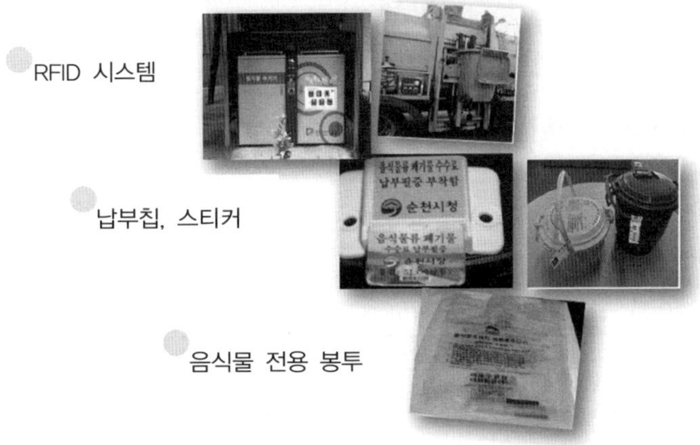

된 전자태그가 달린 수거함에 음식물 쓰레기를 버리면 자동으로 측정된 무게가 환경공단에 통보돼 배출 분량만큼 수수료가 부과되는 방식이다. 둘째, 납부칩 · 스티커제는 주민들이 편의점 등에서 납부칩이나 스티커를 구입한 후 수거 용기에 붙이면 환경미화원이 쓰레기를 비우면서 칩과 스티커만 떼어 가는 방식이다. 셋째, 전용 봉투제는 편의점 등에서 수수료를 미리 내고 구입한 음식물 쓰레기 전용 봉투에 음식물 쓰레기를 담아 버리는 제도이다. 2015년까지 한시적으로 규제하였으나 강제성이 없어 여전히 전용봉투제를 시행하고 있는 지방자치단체가 적지 않다는 점에서 이에 대한 강화방침 마련이 요구되고 있다.[31]

RFID는 본인이 버리는 음식물류 쓰레기 양을 그 자리에서 바로 확인할 수 있어 감량 효과가 크다는 장점이 있지만 수거함의 설치 비용(170~200만 원/대)이 매우 비싸서 지방자치단체들은 예산 부족의 난항을 겪고 있다. 또한 주민들의 불편을 최소화하기 위해 2015년까지 한시적으로 제한하였던 음식물류 쓰레기 전용 봉투의 사용제도는 각 지방자치단체별로 봉투 가격이 다르고 비닐봉투 사용으로 인한 환경오

31) 아파트, 빌라 등 공동주택은 세대별 종량제 방식인 RFID 시스템을 주로 운영(전국 144개 시 · 군 · 구 가운데 136개 지방자치단체가 채용)하고 있고, 단독주택은 납부칩 · 스티커제나 전용 봉투제를 대부분 채택하여 사용하고 있다.

표 7-16 음식물류 쓰레기 종량제 유형별 장 · 단점

유형별		제작 단가	종량제 유형별 장 · 단점		비고
			장 점	단 점	
RFID	개별 계량	1,670,000 (원/대)	• 계량 정확도(무게 측정) • 배출 편리(비용기 방식) • 통계관리 선진화 용이 (누진제 방식 적용 용이)	• 타 방식에 비해 설치 및 유지비용 높음	세대 부과
	차량 계량	15,000,000 (원/대)	• 초기 투자비 비교적 저렴	• 세대별 체감 비용이 미흡하여 감량 효과 저조	공동 부과
칩/스티커		100,000 (원/대)	• RFID 방식에 비해 구축비용 저렴 및 유지관리 용이(전기 불필요)	• 계량 정확도 미흡(부피 측정) • 용기 사용에 따른 불편	공동 부과
전용 봉투		150원/5L 봉투	• 투자비 가장 저렴 • 전용 봉투 사용 금지의 비강제성)	• 재활용(자원화) 불리 • 2015년 6월 이후 사용 금지	세대 부과

자료: 환경부(2019: 655) 참조.

염 우려도 적지 않다. 그러나 전용봉투의 사용 제한에 강제성이 없다는 점에서 일차적인 문제가 있다. 환경부는 이러한 문제점들을 인식하고 종량제 초기 시행에 따른 주민 불편을 최소화할 수 있도록 민 · 관 협의체를 구성하여 운영하고, 감시 활동이나 홍보 · 교육 등을 강화할 필요성이 있다.

3) 추진 성과 및 향후 과제

2017년 12월 기준 '음식물류 쓰레기 종량제'의 시행 대상인 144개 지방자치단체의 현황은 시행(136개소), 미시행(8개소)이다. 지속적인 친환경적 음식문화 정착을 위한 홍보 · 교육, 민간 주도 캠페인 등을 통해 국민의 인식 변화 및 녹색생활 실천으로 2011년 예상 발생량(16,546톤/일) 대비 실제 발생량(2013년)은 13,203(톤/일)으로 20.2%의 높은 감량 성과를 달성하고 있었다.[32] 그러나 2013년 음식물류 쓰레기

32) 전국의 각 지방자치단체별로 음식물류 쓰레기 종량제의 시범사업을 통한 그 시행 성과는 지역음식문화 특성상 음식물류 쓰레기가 전국 평균보다 약 20% 이상 과다 배출되는 전주시의 경우, RFID 종량제 시스템을 2007년 공동주택부터 순차적으로 시행하여 2009년 4월에 전 지역으로 확대하여 배출량(kg)을 무게로 정확하게 측정하여 수거 수수료를 차등 부과하고 있다. 그 결과 전주시의 음식물류 쓰레기 발생량(2009년 4월~12월)은 전년 대비 12% 줄었으며, RFID 시스템 도입을 위한 초기 투자비용이 약 13억 원이었으나, 처리 비용이 연간 11억 원 절감되어 2012년부터는 순수한 경제적 편익을 기대하고 있다. 또한 종량제를 이미 시행하고 있는 부산시, 전주시, 춘

종량제의 전면 실시 이후 3년이 경과된 2016년, 2017년 추진 성과는 매우 저조한 것으로 분석된다. 그것은 2008년 생활폐기물 발생량 대비 음식물류 쓰레기 발생량이 29(%)의 높은 배출량을 보이다가 종량제 실시 이후 감량화 추세가 지속되다가 2014년 이후 다시 증가 추세에 있으며, 2015년(29.9%)과 2016년(29.2%), 2017년(29.7%) 등 매년 최고의 증가율을 보이고 있어 시급한 대응 조치 마련이 요구된다. 이러한 결과는 당초의 음식물쓰레기 종량제의 목표 달성이 성공적이지 못하고 있다는 의미로 다음과 같은 정책 추진 과제가 요구된다.[33)]

첫째, 음식물쓰레기 종량제가 성공적으로 추진되기 위해서는 전국 평균 32% 수준의 배출 비용을 RFID 방식의 '배출자부담원칙'에 입각한 가격 현실화가 요구된다.

둘째, 음식물쓰레기 배출량에 대한 누진제에 의한 차등부과제도(일정의 배출량까지는 50% 수준을 유지하고 그 이상의 초과 배출량에 대해서는 배출 무게에 따라 단계적으로 할증제도를 도입하여 비용부담을 가중시키는 제도)가 필요하다.

셋째, 전용 용기 및 전용 봉투제를 점차 RFID 방식으로 전환하여 쾌적한 폐기물 관리 체계를 구축한다. 환경부 연구과제 조사결과 RFID 방식에 의한 배출방법이 배출자가 눈앞에서 바로 본인의 배출량과 비용부담을 확인할 수 있으므로 감량화가 가장 높은 방식으로 평가되고 있다.

넷째, 폐기물 관리사제도[34)]의 도입이 요구된다. 가격 현실화가 채용되면 처리비용

천시의 사례 결과 종량제 시행 시 수수료가 많이 오를 것이라는 예상과 달리 시행 전과 거의 동일하거나 오히려 감소 경향이 있는 것으로 확인되었다.

33) 이 내용은 2015년 1월 환경부가 착수한 「음식물류 폐기물 관리정책 개선방안 및 해외 우수관리 정책 비교연구」에서 조사된 정책 제언 내용을 인용하여 정리하였음을 밝혀둔다. 그것은 이 연구가 현실적으로 9개 시·군·구 지역의 주민, 공무원, 수거업체 종사자 등을 대상으로 실시한 심층면접조사 결과를 바탕으로 제시된 내용이라는 점에서 그 시사하는 의미가 적지 않음으로 활용되었음을 밝힌다(환경부, 2015).

34) 폐기물 관리사제도는 음식물쓰레기 종량제의 효율성 제고를 위하여 신설되도록 제안하는 정책 제안의 하나이다. 음식물쓰레기 종량제가 도입되면서 발생하는 각종 무단투기 또는 혼합 배출 등과 같은 불법행위의 단속을 위하여 고안된 제도라고 할수 있다. 특히 악취, 미관 저해, 봉투 훼손, 일반쓰레기봉투 속에 음식물쓰레기의 혼합 배출 등의 방지 및 노인 일자리 창출의 측면에서도 '폐기물 관리사제도'의 도입을 건의한다. 제도의 도입을 위해서는 중앙정부인 환경부와 지방자치단체가 함께 구체적인 논의가 이루어져야 하겠지만 음식물쓰레기 종량제의 배출자부담원칙을 대폭 확대하여 가격 현실화를 추진하고 발생량은 줄여 지방자치단체의 수입은 증가되어 폐기물 관리사를 고용할 수 있는 고용 창출의 효과까지 기대할 수 있다. 다만, 고용에 따른 예산수립이 관건인 바, 장기적이고 지속적인 쓰레기 감량 효과로 처리비용 절감 및 100% 배출자부담원칙 확립이라는 과감한 정책적 집행이 '감량화', '예산 수립', '고용 창출'이라는 세 마리 토끼를 모두 잡을

이 인상되어 혼합 배출이나 무단투기가 급증할 우려를 제거할 수 있다.[35]

다섯째, 저소득 계층에 대해 일정량의 음식물쓰레기 무료 배출권을 지급하여 불법투기 및 혼합 배출을 사전예방하고 초과 발생량에 대해서는 유료화한다.

여섯째, 무단투기의 벌금 부과에 앞서 완벽한 쓰레기 배출자에 대해서는 포상금을 지급하는 제도가 국민의식 향상과 종량제에 대한 관심 제고를 도모한다. 미국 오하이오 주처럼 우리도 벌금 부과 대신 역발상으로 포상제도를 도입하는 방안을 이벤트처럼 한 번씩 운영해 본다면 많은 시민들의 관심과 호기심 유발을 도모하여 국민의식 개선에도 많은 기여를 할 것으로 판단된다(Karen Arms, 2005: 273).[36]

일곱째, 음식물쓰레기 사료화 정책의 재정립을 통하여 '음식물사료화공장' 설립 및 지원 체계를 과거 소각장 건립과 유사한 방식으로 구축할 필요가 있다.[37] 정부는 과거 소각장 건설 시 수립하였던 방법처럼 '중앙정부 + 광역자치단체 + 기초자치단체'

수 있어 긍정적 의미를 지니고 있다.

35) 처리수수료 인상의 첫 번째 목적은 음식물쓰레기 종량제의 기본취지인 감량 극대화이고, 두 번째 목적은 처리 비용 인상에 따른 무단투기 및 혼합 배출과 같은 불법 배출 단속의 강화로 거점용기가 놓여있는 배출장소 주변의 악취 및 환경미관 저해, 음폐수 노출 및 야생동물에 의한 쓰레기봉투 훼손 등에 대한 환경적 관리이다. 세 번째 목적은 열악한 청소행정 예산의 안정적 확보라는 점이다.

36) 미국 오하이오 주의 한 도시에서는 매립용쓰레기봉투를 매주 무작위로 조사해서 재활용 가능한 쓰레기가 전혀 들어 있지 않은 경우에 배출자에게 1,000달러를 포상금으로 지급한다. 이 시는 이런 포상금제도 때문에 매년 수천 달러의 매립 비용을 절약하고 있다고 한다. 일반적으로 대부분의 시나 자치단체는 보상대신 벌금을 부과하는 방법으로 쓰레기 분리 · 수거를 시민들에게 장려하고 있으나 그 효율성에 문제가 많다(Karen Arms, 2005: 272). 우리나라의 경우 특히 단독주택 지역이나 오피스 타운 등의 혼합 배출 근절 및 배출자부담원칙에 입각한 가격 현실화, 문제, 그리고 RFID 장비 사용방법에 대한 교육 · 홍보 강화 및 자원순환적 관점에서의 인식제고를 통한 환경관리 체계를 대폭 개선해야 한다. 특히 2015년부터 전면 폐지하기로 되어 있는 전용 봉투제의 사용기한은 배출환경의 편리성을 고려하여 좀 더 연장하되, 비닐봉투의 소각이나 매립 시 발생할 수 있는 다이옥신 문제나 썩지 않는 문제 등을 알려서 친환경적인 폐기물 관리 체계를 정착시킨다.

37) 음식물쓰레기 수거업체 담당자에 의하면, 일부는 동물 먹이고 나머지는 퇴비화하는데, 농가로 공급되는 남은 음식물 사료는 하루 650톤이며, 전국적으로 약 500~600곳이 넘는 농가에 공급된다는 것이다. 음식물을 사료로 만드는 시설은 전국에 110곳이며. 이 중 80%를 민간에서 운영하고 있다. 양계농가들은 사료값 절감을 위해 음식물사료를 제공받고 있으며, 그렇게라도 음식물쓰레기를 처리함으로써 수도권 일대의 음식물 또한 처리되는 거라고 강조한다. 영세업체 같은 경우 이윤창출을 위해서 위생 처리를 하지 않는 등 약간의 탈법도 한다는 것이다. 비용이 많이 드는 공정을 영세한 민간처리업체에 맡기다 보니 멸균 · 건조 처리가 빠진 사료가 농가에 대량 공급되고 있다는 것이다.

공동의 예산지원 체계를 마련하여 100만 명 이상 인구 규모의 지방자치단체에서는 1자치단체에 1개소씩 건립하고, 보다 작은 기초자치단체는 2~3개의 지방자치단체가 연합하여 1개소의 '음식물쓰레기 사료화공장'의 건립을 정책 대안으로 제안한다.[38)]

여덟째, 생활습관 개선으로 음식문화의 변화를 통한 자원낭비 방지와 국민 먹거리 문화에 대한 절약과 절제의식 확립을 위해 환경 친화적 · 철학적 가치 체계 확립의 적극 유도이다.

결국 이상의 정책 제언들은 지속가능발전을 중심으로 시대와 국가가 요구하는 방향으로의 적극적인 변화를 이끌어 갈 때 발전이 가능해진다는 점에서, 환경 문제 특히 음식물쓰레기 종량제의 경우도 시대와 장소(국가), 그리고 국민이 원하는 방향으로 환경 친화적 변화를 구축해 나가야 할 것이다. 음식물쓰레기를 처리하는 우선 순위 또한 발생량을 줄이고, 가능한 많이 재이용과 재활용을 하고, 남은 것은 안전하게 소각하거나 매립하는 것(Miller & Spoolman, 2013: 430)이 최적의 방법일 것이다.

특히 전 세계적으로 독특한 음식문화를 가지고 있는 우리나라 음식물쓰레기 성상이 종량제를 통하여, 그리고 국가의 현명한 환경정책집행과 함께 가장 우수한 정책으로 기여할 수 있을 것이다.

---

38) 수거 처리는 민간수거업체에 위탁관리하되, 사료화시설은 정부가 주도적으로 시설하는 방향으로 전환하여 운영한다면 음식물쓰레기의 처리 방향도 1차적으로는 감량 효과를 극대화하고, 2차적으로는 재활용화(즉, 사료화) 또는 자원화할 수 있게 된다. 이때 사료화시설 건립예산이 문제가 될수 있으나 배출자부담원칙에 입각한 종량제의 추진이라면 '음식물쓰레기 사료화공장'의 건립기금 마련도 그다지 어렵지 않을 것으로 전망된다. 특히 음식물쓰레기의 사료화에 대한 위생관리 체계의 강화이다. 최근에 빈번하게 발생하고 있는 조류독감이 영세한 양계농장에서 사료값 절약을 위해 무상으로 배급받고 있는 비위생적인 음식물사료가 그 원인이라고 보도된 바와 같이, 이에 대한 개선책(멸균건조 시설 설치 및 법제도적 장치 강화) 마련이 보다 시급한 것으로 판단되며, 그 대안은 '사료화공장'만이 해결책이 될 것이다. 국가는 보조금이나 세금혜택 등의 인센티브를 통해서 환경 친화적인 기술을 개발하는 연구소나 기업들을 지원할 필요가 있으며, 미래 세대까지 고려하는 자원정책을 수행하지 않으면 안 되는 것이다(박찬국, 2004: 280-281). 특히 환경문제나 자원 문제와 관련해서는 허만 데일리(Herman Daly)이 주장하는 지속 가능한 개발을 위한 원칙이 실현될수 있도록 조치해야만 한다고 주장한다. 특히 음식물쓰레기나 일반폐기물과 같은 오염물의 경우 그것을 흡수 정화할 수 있는 속도를 초과하여 배출되어서는 안 된다는 것이 가토 히사다케가 주장하는 환경윤리의 범주이기도 하다(가토 히사다케 편, 1997: 232-233). 이것은 우리나라의 음식물쓰레기 종량제와 관련하여 파생되는 다양한 문제(음폐수 해양투기 금지, 탈법으로 만들어 제공된 음식물쓰레기 사료가 양계농가의 조류독감 유발요인 등)들의 접근방식에 막대한 '음식물쓰레기사료공장' 건립에 지속 가능한 개발에 국가개입의 불가피성이 존재하기 때문이다.

그림 7-13 음식물류 폐기물 배출자 부담의 변화

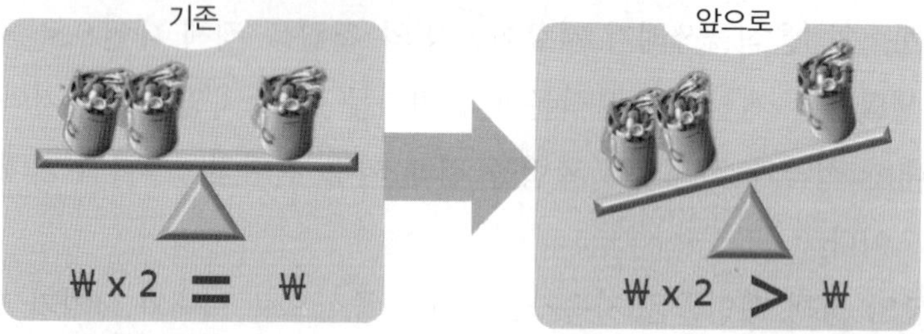

6. 폐기물 부담금제도

1) 추진배경 및 도입 목적

1980년대 이후 급속한 산업화에 따른 폐기물 문제가 불거지면서 폐기물 처리를 위한 원인자 부담금제도가 도입, 다양한 폐기물 처리에 드는 비용이 증가하면서 1992년 '자원의 절약과 재활용촉진에 관한 법률'이 제정되었고, 원인자가 처리 비용을 부담하여야 하는 품목이 법령상으로 규정되었다. 1993년 도입된 이후 부과대상, 산출 기준 등이 지속적으로 변경되어 왔으며, 2017년 12월 현재 살충제 · 유독물제품 용기, 부동액, 껌, 1회용 기저귀, 담배, 플라스틱제품 등 6개 품목에 대하여 부과하고 있다. 이 제도의 추진 목적은 특정 대기 · 수질 유해물질 및 유독물을 함유하고 있거나, 재활용이 어렵고 폐기물 관리상의 문제를 초래할 가능성이 있는 제품 · 재료 · 용기의 제조업자 또는 수입업자로 하여금 환경오염의 원인자부담원칙에 따라 그 폐기물의 처리에 드는 비용을 부담하도록 하여 폐기물의 발생을 억제하고 자원의 낭비를 막는 데 의의가 있다.

징수된 폐기물 부담금은 환경개선 특별회계에 귀속되어, 감량과 재활용을 위한 연구 및 기술개발, 폐기물 처리시설 설치와 재활용을 위한 사업 지원, 지방자치단체에 대한 폐기물 회수 및 재활용 비용 지원, 재활용 가능 자원의 구입 및 비축 등에 사용된다.

2) 국내 및 해외 운영사례

이탈리아는 폴리에틸렌 제품, 폐윤활유, 납건전지 및 납 폐기물에 대해 강제 가입 컨소시엄을 조직하여 부담금을 납부하도록 하고 있다.

슬로바키아는 2001년도 폐기물법으로 재활용기금납부금이 도입된 이후 2005년도에 개정되어 1kg당 재활용기금납부금 요율은 250원 수준이다. 폴리에틸렌, 폴리프로필렌, 폴리스티렌 및 폴리비닐클로라이드로 된 제품의 제조자와 수입자, 그리고 이들 재질에 포장된 제품의 제조자와 수입자는 제56조에서 정해진 양만큼 재활용기금에 납부금을 내야 한다.

대만의 경우, '자원회수 재활용 관리기금'을 법정기관으로 만들어서 정부가 직접 생산자에게 요금을 징수하고, 이를 토대로 회수장려금(소비자 회수협조금), 재활용비용 보전 등의 용도로 정부가 정하는 위원회에서 기금을 집행하도록 하고 있다.

우리나라의 경우, 플라스틱 폐기물의 재활용이 활성화되면서 플라스틱 폐기물 부담금 납부의 당위성에 대한 문제가 제기, 환경부는 2008년 '자발적 협약' 제도를 도입하여 해당 플라스틱 폐기물의 의무 재활용률을 달성하면 폐기물 부담금을 면제하고 있다. 또한 '플라스틱 폐기물 회수·재활용 자발적 협약' 및 중소기업 폐기물 부담금 면제제도를 운영하고 있다.

중소기업의 창업활성화를 통한 새로운 일자리 창출 및 경제 성장을 도모하기 위하여 제조업을 영위하는 중소기업을 창업하는 자에 대하여 사업을 개시하는 날로부터 3년 동안 폐기물 부담금을 면제하고, 중소기업의 경영 안정을 위하여 연간 매출액 200억 원 미만의 중소기업(제조업체)의 폐기물 부담금에 대해 2011~2013년까지 50% 추가 감면제도를 운영하고 있다.

3) 제도의 성과 및 향후 개선 과제

폐기물 부담금제도가 현실화됨에 따라 매년 110만 톤의 플라스틱이 재활용되어 연간 약 1조 원의 플라스틱 원료 수입 대체 효과가 발생하였고, 재활용되는 양만큼 폐기물 발생이 감소하여 연간 4천여억 원의 폐기물 처리비 절감 및 이에 상응하는 소각장 또는 매립장의 신규 설치 효과가 나타났다.

표 7-17 폐기물 부담금 징수 실적

(단위: 백만 원)

연 도	2007	2008	2009	2010	2011	2012	2013	2014	2015	2016	2017	2018
징수액	56,614	46,476	56,189	60,515	86,995	94,485	114,500	141,670	136,240	185,085	191,374	182,734
부과액	–	–	58,138	64,452	89,385	97,886	117,442	136,309	139,540	188,817	195,194	186,693

자료: 환경부(2019: 657).

또한 부담금을 납부하지 않는 재생 원료의 가격경쟁력이 높아져 재활용 산업이 활성화되고, EPR 사업자와 부담금 납부자 간의 부담 형평성이 제고되었다. 2011년 폐플라스틱 회수·재활용 자발적 협약이 맺어짐에 따라 약 18만 톤의 폐플라스틱이 재활용되어 매립·소각·처리 절감 비용 484억 원, 재활용시장에서 재생 가치를 가지고 유통·판매할 수 있는 재활용품의 경제가치 1,350억 원으로 총 1,834억 원의 경제적 효과를 얻었다. 아울러 협약 이행 제조업체의 폐기물 부담금을 약 479억 원 면제함으로써 기업의 경제적 부담 경감 및 제조업 분야 고용유발 계수를 적용해 산출한 결과, 약 1,269명의 고용창출 효과도 발생하였다. 또한 2017년에는 폐기물 부담금 자발적 협약제도의 운영 성과를 평가한 결과, 재활용량은 총 279,856톤(약 2,540억 원의 경제적 편익 창출함)으로 2016년(315,290톤/약 2,042억 원) 대비 재활용량은 적으나 경제적 편익이 증가하였음을 알 수 있다. 매립이나 소각 방식 등으로 처리될 경우 발생할 수 있는 온실가스(CO_2)는 2016년(약 344천 톤 감축) 대비 2017년에는 303천 톤 감축되어 낮은 감축량이 추정되었다(환경부, 2018: 476; 환경부, 2019: 657).

그러나 앞으로 내구성 플라스틱 제품에 대하여 일정비율 이상 회수 및 재활용이 가능한 경우에는 폐기물 부담금을 면제하여 기업부담을 경감하고, 동시에 부담금 면제 재활용률은 도전적으로 설정하여 환경부하를 최소화하여야 한다. 또한 자발적 협약 품목 중 회수·재활용 체계가 구축된 품목은 순차적으로 EPR 대상품목으로 전환하여 자원순환성을 제고하고, 출고량 대비 재활용률은 낮으나 발생량 대비 재활용률이 비교적 높은 내구성 품목의 경우 제조업체와 폐기물 배출자 간에 적정한 처리비용 분담 방안을 재검토하여, 추후 폐기물 발생 가능성을 기초로 부담금을 부과하기보다는 현재 재활용 비율과 폐기물 발생량을 감안하여 부담금 운영 방안을 개선할 필요가 있다.

제 3 절 폐기물 감량화 정책

1. 1회용품 사용 및 과대포장 규제정책

1) 1회용품 사용 규제정책

정부는 1회용 컵(종이컵 제외), 접시, 용기, 봉투, 쇼핑백 등 1회용품을 대량 사용하는 업종을 대상으로 사용되는 1회용품의 특성을 고려하여 원천적으로 사용을 제한하는 '사용억제품목'과 '무상제공 금지품목'으로 분류하여 1회용품 사용의 규제정책을 시행하고 있다.

그러나 그동안 1회용컵 보증금의 법적 근거 및 재원관리의 미흡함 등으로 인해 1회용컵 보증금제도가 2008년 3월 20일자로 폐지되었고, 2008년 6월 30일부터 수거 및 재활용이 용이한 1회용 종이컵과 종이재질 봉투, 대규모 점포 외 1회용 합성수지

표 7-18 주요 업종별 규제 대상 및 준수사항

업 종	준수사항	1회용품 적용 대상
식품접객업, 집단급식소	사용 억제	– 1회용컵(합성수지컵, 금속박컵 등) – 1회용 접시(종이 · 합성수지 · 금속박 접시 등) – 1회용 용기(종이 · 합성수지 · 금속박 용기 등) – 1회용 나무젓가락 · 이쑤시게, 수저 · 포크 · 나이프 · 비닐 식탁보
목욕장업	무상제공 금지	– 1회용 면도기, 칫솔 · 치약, 삼푸 · 린스
대규모점포, 도소매업	무상제공 금지	– 1회용 봉투 · 쇼핑백(종이로 된 것, 생선 · 채소 등 겉면에 수분이 발생하는 제품 등은 제외)
	제작 · 배포 등 사용 억제	– 1회용 광고선전물(종이에 합성수지를 분사하여 막을 형성시키거나 합성수지필름을 붙인 광고 전단지)
식품 제조 및 가공업 즉석판매제조 및 가공업 (대규모 점포 내 영업 사업장 한정)	사용 억제	– 1회용 합성수지용기(밀봉포장용기 및 생분해성 수지용기 제외)
금융업, 보험 및 연금업, 증권 및 선물중개업	제작 · 배포 등 사용 억제	– 1회용 광고선전물(종이에 합성수지를 분사하여 막을 형성시키거나 합성수지필름을 붙인 광고 전단지)

자료: 환경부(2019: 658).

도시락용기 사용을 허용하고, 2009년 7월 1일부터 숙박업소에서 1회용 면도기와 칫솔 및 치약 등 무상 제공되고 있다.

2014년 2월 14일부터 장례식장에서의 무분별한 1회용품 사용과 사용된 1회용품의 종량제 봉투 혼입배출 등의 문제점을 개선하기 위해서 객실 내 고정된 조리시설이나 세척시설이 있는 장소에 한해서 식품접객업자의 1회용품 사용금지 법률을 제정(2014.2.14) · 시행하고 있다.

2) 제품 포장재 사용 규제정책

포장용 폐기물에 대한 규제정책은 재활용이 용이한 친환경적 재질로 대체하기 위한 포장재질의 규제와 포장용 폐기물 감량화를 위한 포장방법(포장공간 비율, 포장횟수) 규제로 구분된다. 그 규제 기준은 다음의 <표 7-19>와 같다.

표 7-19 주요 포장재질 및 포장방법에 대한 규제 기준

구 분	주요 규제 기준
포장재질	– 포장재질에 폴리비닐 클로라이드(PVC)를 사용하여 첩합(라미네이션) · 수축포장 또는 도포(코팅)한 포장재(제품의 용기 등에 붙이는 표지를 포함)는 사용금지 – 합성수지재질(PVC 등)로 된 포장재는 사용금지하거나 연차별 사용 감축 규제 • 사용금지(PVC): 계란 · 메추리알, 튀김식품 · 햄버거류 · 김밥류 · 샌드위치류 등 6개 포장재 • 연차별 줄이기 대상: 계란판 · 받침접시, 면류용기 등 4개 제품
포장방법	– 가공식품 등 단위제품 13개, 1차식품 등 종합제품 10개 등 총 23개제품에 대하여 제조 · 수입 또는 판매하는 자를 대상으로 포장 공간비율(10~35%), 포장횟수(2차 이내 제한)

자료: 환경부(2018: 478).

환경부 예규 제601호 '1회용품 사용규제 관련 업무처리 지침'(2017.3.16)에 따라 전국 지방자치단체는 1회용품 사용규제 대상 사업장에 대해 연간 점검계획을 수립하고, 관련 사업장에 대한 지도 · 점검으로 1회용품 사용 여부에 대한 행정적 관리 체계를 수행하고 있다.

그 결과 1회용품 사용에 대한 위반업소를 2013년 191건, 2014년 290건, 2015년 210건, 2016년 156건, 2017년 130건 등 과대포장상품의 위법성을 적발하여 포장폐기

물의 발생억제 노력에 대한 성과로서 점차 줄어들고 있는 것으로 분석된다(환경부, 2018: 480; 환경부, 2019: 659).

3) 1회용품 줄이기 자발적 협약 운영사례

1회용품 줄이기 자발적 협약은 커피전문점과 패스트푸드점(13개사 17개 브랜드)과 대량으로 사용하는 업체를 중심으로 1회용품 사용 저감, 사용한 1회용컵 회수 및 재활용, 다회용컵 사용자 인센티브 제공 등을 내용으로 '1회용품 사용줄이기' 자발적 협약이 체결(2002년 10월 4일)되었고, 이어서 2009년 5월과 2013년 5월에 추가적으로 갱신되었다.

그러나 최근 커피산업의 급성장으로 인한 1회용컵 사용이 급증함에 따라 2018년 5월 24일 16개 기업 21개 브랜드를 중심으로 1회용컵 재질의 단일화, 전면 유색컵 사용자제, 점검 결과의 언론공개 및 다회용컵 사용자에게 즉시 현금할인 등 인센티브 강화를 제공하는 '1회용품 줄이기 및 재활용 촉진을 위한 자발적 협약'이 체결되

표 7-20 2011~2014년 친환경포장 설계기술 개발 · 보급 및 기업 자원순환형 포장 촉진

구 분	내 용	협약 참여 기업
2011년	농산물 그린포장 실천 협약 체결 (농산물포장 시 띠지, 리본장식 등 사용금지)	백화점, 마트 등 대형유통업체, (사)소비자시민모임
2012년	– 추석명절에 사과, 배 등 과일세트 준비상품 40%의 띠지 제거 – 부속포장재의 사용중단, 재활용 가능 포장재 사용 등 기존 협약을 강화	– 1차식품 친환경포장 자발적 협약 체결 (2013년 9월 6일)
1차년도 연구과제	– 연포장과 지기류 포장에 대한 친환경포장 설계방법 매뉴얼 배포 및 시범사업 실시	– CJ 제일제당, 농심(감량 포장제품 출시)
2차년도 연구과제	– 용기포장 감량기준 배포(음료 · 화장품업계) – 2014년 말까지 각사 기초화장품 3개 제품 이상 용기 부피를 10% 이상 감량 출시	– LG 생활건강, 아모레퍼시픽 – 화장품 용기 감량 시범사업 참여 – 1차 시범사업 협약 체결 → 2013년 5월 15일
	– 1차 시범사업 성과를 토대로 화장품 용기 감량화 정책 적극 전개	– 2차 시범사업 협약 체결 → 2015년 12월 31일
	– 먹는샘물시장 급성장 → 생수병 폐기량 감량화정책 추진 → 생수병 부피 감량화 추진	– 생수병 경량화 실천협약서 체결 (2013년 11월 7일)

어 운용되고 있다.[39]

2. 사업장폐기물 감량화 제도

사업장폐기물의 발생억제를 위해 발생원 감축과 재활용등 자발적인 폐기물 감량 노력을 유도하고, 사업자의 폐기물 감량화 실적 분석 · 평가와 기술 진단 · 지도 등을 통해 지원하는 사업장폐기물 감량화 제도는 1996년 12월 '폐기물관리법' 제17조(사업장폐기물 배출자의 의무) 규정에 근거하여 '사업장폐기물 감량 지침'으로 제도화 되어 운영 · 관리되고 있다.

감량화 대상 사업장 규모는 기존의 '지정폐기물을 연간 200톤 이상 배출하는 사업장'에서 '최근 3년 간의 연평균 배출량을 기준으로 지정폐기물 이외의 폐기물을 1,000톤 이상 배출하는 사업장'으로 확대하였다 2014년 이후 지정폐기물 기준을 연간 100톤으로 확대 · 적용하였으며, 2016년에는 18개 업종, 2,680개소가 자체 감량 활동을 전개하고 있다.

이렇게 운영된 사업장폐기물은 2016년도에 1,049,371천 톤의 제품을 생산하여, 전년 대비 12.7%(117,855천 톤)의 생산량이 증가하였으며, 폐기물 발생량(44,680천 톤)은 전년 대비 6.2% 감소되었고, 88.1%(39,341천 톤)가 재활용되었으며, 11.9%(5,339천 톤)가 소각 또는 매립되는 성과가 있었다.

---

39) 2009년에는 장바구니 사용의 확대 및 장려를 위하여 '1회용 비닐봉투없는 점포'의 시범사업을 운영, 2011년 8월에는 이마트, 홈플러스, 롯데마트, 농협하나로클럽, 메가마트 등 5개 대형유통업체가 '1회용 비닐 · 쇼핑백 없는 점포'를 운영하기 위한 자발적 협약을 체결하였다. 1회용 비닐 · 쇼핑백 판매 중단에 따라 장바구니, 포장박스, 재사용 종량제봉투 등 대체 운반수단 마련을 위한 준비기간을 거쳐 2011년 10월 1일부터 전국 358개 매장에서 실시되고 있다. 대형유통업체의 성공적인 제도 정착이 이루어짐에 따라 2011년 10월에는 롯데슈퍼, 홈플러스 익스프레스, GS슈퍼마켓, 이랜드리테일, 이마트에브리데이 등 5개 기업형슈퍼마켓과 함께 추가적으로 1회용 비닐 · 쇼핑백 없는 점포'를 위한 자발적 협약이 체결되었고, 2012년 2월 1일부터 전국 800개 매장에서 시행되고 있다. 동시에 2012년 12월 31일에는 1회용 비닐이나 쇼핑백을 대량사용하는 제빵업체(파리바게트, 뚜레쥬르)와 자발적 협약을 체결하여 1년에 2회 이상 '1회용 비닐 · 쇼핑백 없는 날'이 운영되고 있다. 2015년 한국야구위원회(KBO)가 안전을 위해 야구장 내 딱딱한 재질의 제품 반입이 금지되면서 1회용컵 등의 폐기물 발생량이 급증하여 2016년 7월 8일 KBO와 '클린야구장 조성을 위한 '자원순환실천협약'을 체결하였다.

3. 폐기물 재활용

1) 폐기물 재활용의 개념과 내용

정부는 폐기물 감량화 정책과 함께 자원의 순환이용을 고려하는 '생산자 책임 재활용제도'를 시행하고, 지역 여건에 적합한 재활용기반시설 확충, 관련 기술개발 및 재활용품 소비촉진 등을 추진하고 있다. 2008년 1월 1일부터 전기·전자제품 및 자동차에 대하여 제품의 설계 단계부터 재활용의 용이성 제고, 유해물질 사용의 제한, 사용 후 폐기 단계까지 제품의 전 과정을 적정관리함으로써 국내 환경보호 및 국제 환경 규제를 능동적으로 대응하기 위하여 '전기·전자제품 및 자동차의 자원순환에 관한 법률'을 제정·시행하였다.

2009년 3월 21일부터는 제품의 제조자·수입자 등이 스스로 제품의 자원순환성을 평가·관리하는 제도를 새롭게 도입, 2011년 자동차제조사와 자발적 협약을 체결하는 폐차재활용률 향상의 시범사업 추진하고 있다. 2016년 7월 21일 '폐기물관리법'의 개정으로 재활용 확대를 위한 관리 체계 개편과 재활용 유형을 재설정하고, 또한 세계적인 자원의 무기화 경향과 국제금속가격 급등에 다른 국내 산업의 원자재 수급 불안 요인이 증대됨에 따라 폐금속자원 재활용 활성화 대책을 추진하고 있다(환경부, 2019: 665-666).

정부가 추진하는 폐기물 재활용 정책의 주요 내용은 크게 ① 생산자 책임 재활용

표 7-21 폐가전 무상방문 수거 대상품목

무상방문 수거 대상품목	
냉장고	가정용, 업소용, 김치·와인, 쇼케이스, 가정용냉동고 등
세탁기	일반, 드럼세탁기
에어컨	실내기, 실외기, 일체형 A/C
TV	CRT, LCD/PDP, 프로젝션 TV
기타 폐가전 제품	전기오븐레인지, 식기세척기, 식기건조기, 냉온정수기, 자동판매기, 공기청정기, 런닝머신, 복사기, 전자레인지, 오디오세트, PC세트
소형 가전제품	수량 기준 5개 이상 동시 배출 예약 시 방문수거 또는 병행수거

자료: 환경부(2019: 668).

제도, ② 재활용품 분리배출 및 수거 체계의 효율화, ③ 재활용품 유통구조의 선진화, ④ 재활용 산업의 경쟁력 강화, ⑤ 재활용 제품 수요 기반 및 재활용 의식 확산, ⑥ 폐금속 자원 재활용 대책, ⑦ 폐가전 무상방문 수거 서비스 등 일곱 가지로 분류된다.

2) 음식물류 폐기물 자원화

정부는 음식물류 폐기물의 발생량을 최소화하기 위해 추진되고 있는 음식물류 폐기물은 유기성 자원으로의 재활용을 추진하고 있다. 1997년 12월 '폐기물 처리시설 설치 촉진 및 주변지역 지원등에 관한 법률 시행령'을 개정하여 택지 및 관광단지 개발자에게 음식물류 폐기물 자원화 시설 설치를 의무화하였다. 1998년 9월 '음식물류 폐기물 자원화 기본계획' 수립으로 2002년까지 총배출량을 10% 이상 감량화 방안, 배출된 총량의 60% 이상 자원화 방안을 추진, 2004년 음식물류 폐기물 종합대책 등 중장기 대책을 추진한 결과, 2016년 음식물류 폐기물 발생량(15,680톤/일)의 90.2%를 사료화 · 퇴비화 등의 재활용 원료로 사용하고 있다.[40] 2017년 말까지 음식물류 쓰레기의 자원화 촉진을 위해 138개소에 1,895억 원의 국고 보조금 지원, 공공자원화시설 설치 및 차량구입 지원, 및 민간자원화 기술개발 및 시설설치에 '재활용 산업 육성자금'을 지원한 결과 2016년까지 3,256개 업소에 1조 3,449억 원을 융자로 지원하여, 처리시설 운영관리의 효율성 제고를 위한 토대를 구축하였으며, 생산품 품질 제고 및 유통 활성화를 위한 처리시설의 설치 기준을 강화하였다.

3) 건설폐기물 재활용화 촉진

우리나라는 2005년 1월 '건설폐기물의 재활용 촉진에 관한 법률' 및 하위 법령을

40) 또한 런던협약 가입규정에 따라 음식물류 폐기물 재활용 과정에서 발생하는 폐수(이하 음폐수라 지칭)를 2013년부터 육상 처리함으로써 해양환경보전에 노력하고 있다. 농림축산식품부 또한 '사료관리법'을 추진하여 유무상 여부와 관계없이 사료의 생산 · 공급에 대한 제조업 등록 및 사료의 안전성 확보를 위한 가열온도 및 시간 등에 관한 기준을 도입, '비료관리법'에 따라 음식물류 폐기물을 원료로 부산물 비료를 무상으로 유통 · 공급하는 경우에도 비료생산업을 등록하도록 규정하여 그 관리를 강화하고 있다.

제정·시행함으로서 건설폐기물을 친환경적으로 처리하고, 폐자원을 고부가가치 용도로 재활용할 수 있는 제도적 기반을 마련하였다.

국가발전의 도시화 촉진 및 주거환경개선 등을 이유로 추진된 재건축·재개발이 활성화되면서 우리나라의 건설폐기물 발생은 2004년 약 5,400만 톤에서 2016년 약 7,500만 톤으로 증가하여 국내 폐기물 발생량의 과반량을 차지하고 있다. 그것은 2016년 폐콘크리트(48,198천 톤), 폐아스팔트 콘크리트(13,012천 톤), 기타 혼합 건설폐기물 등(13,299천 톤)이 배출되고 있다. 이렇게 막대한 건설폐기물의 처리업체는 수집운반업체(1,566개), 중간처리업체(560개) 등 총 2,126개의 허가업체가 수집·운반 및 중간처리업을 운영하고 있다. 정부의 재활용 정책 추진에 따라 건설폐기물의 재활용 비율은 지속적인 증가와 함께 최근 몇 년 동안 97.6%로서 2016년 98.1%이며 매립량은 점차 줄어들고 있다.

4) 순환자원정보센터 구축 및 운영

2009~2014년의 5년 동안 폐기물 연평균 증가율은 1.7%이며, 재활용 연평균 증가율은 0.5%로 둔화됨에 따라, 공급자와 수요자 간 최적의 맞춤식 온라인 거래장터로서 '순환자원정보센터'의 설치가 요구되었다. 폐기물 공급자가 폐기물의 종류, 성상, 물량, 품질 등에 대한 정보를 센터에 등록하면 그 수요자는 순환자원정보센터 내에서 최단거리 업체정보와 가격, 지역, 품질 등 조건 검색을 통하여 최적의 물품을 구매할 수 있도록 하는 연계시스템이다.

2016년까지 일반시민, 사업장폐기물 배출자 등 약 80만여 명이 이용할 수 있는 폐자원종합 거래장터로 발전한 순환자원정보센터는 폐기물, 중간가공폐기물, 중고물품 등 모든 품목을 거래할 수 있는 시스템으로 폐기물의 재사용과 재활용을 확대하고 재활용 산업의 육성과 함께 궁극적으로는 자원순환율 제고를 그 목표로 하여 설치되었다.

2012년 행정자치부 U-서비스 지원사업으로 기본 정보시스템 구축 후 안정적 운영을 위해 폐합성수지 폐기물과 중고 가전·가구 및 유아용품 등을 대상으로 시범사업을 추진하였다.

2013년 민·관·단체와 자원순환사회 정착을 위한 파트너십 구축 등 다양한 대국민 참여프로그램 추진으로 인지도 제고, 배출자-재활용 사업자 간 정보제공, 현장 유통지원 서비스 등 순환자원정보센터의 기능을 확대·구축하였다.

2014년 위치정보 기반 GIS 시스템 활용을 통한최적의 거래지원 체계 확립, 폐기물 현장 유통지원의 본격 운영, 모바일 앱 배포 등 온·오프라인 통합 지원 체계를 동시에 지원하여, 2014년 12월 기준 회원 수 106천 명, 거래 739,000건의 성과를 이루었다.

2015년 서비스 만족도 제고를 위한 민원상담 체계 구축, '찾아가는 유통지원 서비스'를 전국적 확대하였다. 폐자원의 적정처리와 재활용 정보제공 서비스 체계를 마련하여 자원순환실천문화 활성화의 차원에서 교육부, 자치단체와 협업으로 캠페인 전개 등 자원정보센터 시스템 처리속도 개선 등 자원순환활성화를 위한 다각적 시도를 하였다.

특히 최근의 환경정책 변화는 2018년 '폐기물처분 부담금'의 도입과 함께 재활용 시장으로 유입되는 폐기물 증가에 대한 시장기능 활성화를 위해 폐자원 유통·거래·품질정보를 확대·강화시키고 있다.

그림 7-14 순환자원정보센터 운영도

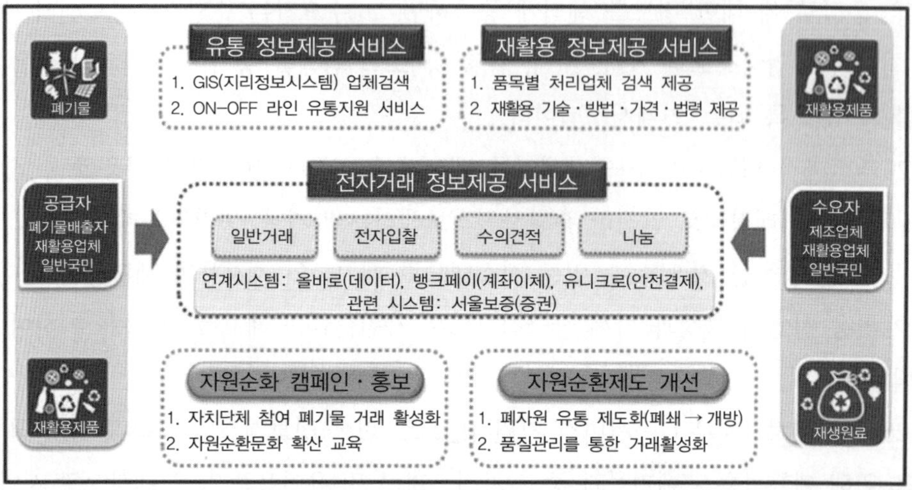

자료: 환경부(2018: 497).

그림 7-15 순환자원정보센터 구축 목표

매립 · 소각되는 폐기물 거래	➔	재활용 기회 확대로 자원순환율 제고
중간처리 과정 폐기물 거래	➔	최적 업체 매칭을 통해 폐기물 처리 비용 감소
중고물품 거래	➔	버려지는 제품의 재사용 기회 확대

자료: 환경부(2018: 498).

4. 폐자원 에너지화

1) 추진 방향 및 현황

폐기물의 에너지화는 화석연료를 대체하고 온실가스 발생을 최소화함으로써 기후변화 대응 수단으로서 추진되고 있다. '2016년 국가 온실가스인벤토리'에 따르면, 2015년 기준 한국의 온실가스 배출량은 690.2백만 톤이며, UNFCC 온실가스 의무감축국(부속서 I)들과 비교할 때 한국의 온실가스 배출량 순위는 미국, 러시아, 일본, 독일, 캐나다, 한국 등의 순으로 세계 6위이다. 정부는 2030년 온실가스 배출전망치(BAU)의 37%에 달하는 감축 목표를 수립하여 추진, 2030년까지 발전량을 기준으로 7%에 불과한 국내 총 1차 에너지 대비 에너지 비율을 20%까지 확대하는 것이 그 목표이다. 현재 재생에너지의 81.2%가 바이오 및 폐기물에서 생산되고 있는데(2016년 신재생에너지 보급통계, 에너지관리공단), 생산단가 또한 태양광의 10%, 풍력의 66%, 수준으로 매우 저렴하다는 이유에서 폐기물을 통한 에너지 생산은 재생에너지 이용을 가장 효과적으로 활성화할 수 있는 육성방안으로 추진되고 있다.

2015년 한국의 재생에너지 총생산량은 1,418만 TOE이다. 이 중에서 폐자원 에너지는 폐가스를 포함하여 약 874만 TOE DLAU, 폐가스를 제외한 폐기물 재생에너지 생산량(바이오가스, 폐목재 포함), 323만 TOE로서 1차 에너지 대비 1.1%, 신재생에너지의 22.8%를 차지하고 있다. 이것은 주로 생활폐기물 소각시설에서 발생되는 여열을 회수하거나 폐기물 매립가스를 회수한 양이라는 점에서 정부의 폐자원 에너지화 정책에 의한 실적이라고 보기는 어렵다.

2017년 12월 폐기물 고형연료 부문에서 SRF 생산시설 13개소(원주시 2개소, 수도권 매립지, 남해군, 부천시, 부안군, 부산광역시, 무주군, 순천시, 나주시, 목포시, 대구광역시, 광주광역시)와 민간 주도의 고형연료제품(SRF) 제조시설 250개소가 운영되고 있다.

2017년 말 기준으로 연간 270만 톤의 SRF가 생산(Bio-SRF 포함)되고 있으며, 약 150여 개의 시설(산업용 보일러, 발전시설 등)에서 사용되고 있는데, 최근 SRF 사용으로 인한 환경위해성이 증가됨에 따라 그 사전방지를 위한 환경관리가 주요 문제로 대두되고 있다.

그 밖에 음식물쓰레기, 음폐수, 가축분뇨 및 하수슬러지 등 유기성 폐자원 에너지화 시설의 경우 부산 생곡, 서울 동대문구 등 90개 시설이 가동되고 있으나 많은 시행착오를 통해 점차 개선되고 있으며, 바이오가스의 효율적 이용 등 질적 개선이 보다 요구되고 있다.[41]

2) 친환경 에너지타운 조성사업과 기술 개발 및 전문인력 양성

2014년부터 환경부는 '친환경 에너지타운 조성사업'을 추진, 기피·혐오시설인 매립장, 소각장, 유기성폐기물(음식물쓰레기, 가축분뇨 등) 에너지화 시설 등의 폐자원과 바이오매스를 이용한 열·전기 등의 에너지를 생산하여 주변 지역에 공급함으로써 생활환경을 개선하여 주민소득도 향상시키고 있다. 녹색성장위원회는 2014년 5월 21일에 다양한 사업모델과 성공사례 발굴을 위해 '강원도 홍천(환경부)', 광주광역시(산업통상자원부), 충청북도 진천(미래창조과학부) 등 3개소를 시범사업지로 선정하

41) 우리나라의 폐자원 에너지화에 대한 성과가 미흡한 요인은 소각 및 매립 시 가격이 사회적 비용을 충분히 반영하지 못해 재활용이나 에너지화를 활성화하는 가격구조가 형성되지 못하고, 미세먼지 발생 등의 환경 문제와 님비현상 등으로 인해 관련 시설의 입지에 많은 시간이 소요된다는 한계를 지니고 있다. 동시에 기술적 측면에서도 가연성폐기물의 고형연료화 기술은 실증 단계에 있고, 유기성 폐기물의 바이오가스화 기술은 Pilot 플랜트 및 소규모 시설 설치·운영 단계에 있어 선진국 대비 초보 단계 수준으로 평가되고 있다. 2008년 10월, 정부는 '폐자원 및 바이오매스 에너지 대책'을 추진, 상용설비가 정상가동하여 선진국 대비 60~70% 수준으로 평가되던 기술이 본격적으로 발전하고 있다. 폐자원 에너지화 기술개발사업의 추진으로 기존의 매립, 소각, 해양배출이라는 폐기물 정책을 전면 대체함으로써 발생 폐자원을 처리하고 에너지자원으로 활용하는 한국형 실증시스템이 개발 과정에 있다.

고, '친환경 에너지타운 종합계획'(2014.12.19)을 수립하여 그 기반을 구축하였다. 2015년 5곳(청주, 아산, 경주, 영천, 양산)을 선정하여 2018년 말에 준공, 2016년 3곳(인제, 음성, 제주 한림읍 등)과 2017년 3곳(군위, 통영, 제주 구좌읍)은 건설 중에 있다. 2018년은 공모를 통하여 예비선정된 5개 지방자치단체에 대한 평가와 타당성 조사를 통해 2018년 말부터, 2019년 사업은 2019년 하반기에 본 사업지를 선정할 예정이다.

차세대 핵심환경기술 개발사업은 1단계(2007~2014)는 Eco-Star 프로젝트와 연계하여 기존에 확보된 기술의 실증연구 추진, 2단계는 2020년까지 선진국 대비 90~95%의 폐자원 에너지화 분야 성장동력 확보를 위해 한국형상용화 기술개발, 3단계는 2013년부터 최첨단 글로벌화 기술 및 추가 과제의 발굴 및 개발사업을 추진하고 있다.

폐자원 에너지화 기술개발 추진을 위해서는 무엇보다도 전문인력 구축이 중요하다. 우리나라의 환경 관련 졸업생은 연간 약 7천여 명이 배출되고 있으나, 석·박사급의 고급인력은 대졸자의 14.3% 수준으로서 환경산업 분야의 수요 대비 전문인력 공급이 매우 부족한 실정이다. 이에 환경부는 기초연구 및 교육기반을 구축하기 위해 2009년부터 가연성 폐자원 에너지화, 유기성 폐자원 에너지화 등 5개소의 특성화 대학원을 지정하여 운영하고 있으며, 산업계 재직자를 대상으로 하는 실무 및 현장 중심의 재직자 과정을 운영하는 등 매년 250명의 전문인력 양성을 목표로 하고 있으며, 2018년까지 총 4,234명의 폐자원 에너지화 분야의 맞춤형 고급인력을 양성하였다.

5. 폐기물 안전처리를 위한 관리시스템(Allbaro) 구축·운영

1) 올바로(Allbaro) 시스템의 운영·관리

폐기물의 배출자, 운반자, 처리자 및 행정기관 사이에서 유통되는 폐기물 인계서를 인터넷에서 전자정보 형태로 처리하여 사용자는 자신의 폐기물 인계정보와 처리상황 및 결과를 수시로 조회할 수 있도록 만든 장치를 '폐기물 전자정보처리시스템(Allbaro System)'이라고 한다.

이것은 기존에 손으로 직접 수기하여 작성하던 '폐기물 처리증명제'를 대신하여 2002년 9월 '올바로 시스템'을 도입하여 운영한 결과, 2017년 말 기준으로 약 39만 개 업체에서 이 시스템을 사용하여 연간 1,255만 건 이상의 전자인계서가 발행되었다. 전국 사업장 폐기물 발생량의 대부분인 약 1억 494만 톤의 폐기물이 전자정보로 관리되고 있다([그림 7-2] 참조).

2) 방치폐기물 대책

우리나라에서 방치폐기물 개념이 대두된 것은 1997년 IMF 외환위기 당시에 폐기물 처리 관련 사업장에서 적정 처리되지 않고 방치된 채 남겨진 폐기물로 인하여 사회환경적 문제가 크게 대두됨에 따라 1998년 4월 환경부는 '방치폐기물 관리대책'을 수립하여 방치폐기물로 인한 2차 환경오염 및 민원발생 방지를 위한 행정대집행사업을 실시한 것이 그 시초이다.

1999년 8월에는 폐기물 처리업체를 대상으로 '방치폐기물 처리 이행보증제도'가 도입되었으나, 이행보증금 예치제도를 선택하는 업소가 매우 적어 정부예치제도가 유명무실해지자 2007년 8월 3일 '폐기물관리법' 개정으로 폐지되었고, 2010년 7월 23일 '폐기물관리법' 개정으로 폐기물 처리업, 폐기물 처리 신고자로 업종을 변경하였다. 2013년 10월 17일 실질적인 방치폐기물 처리 이행보증금 산정 기준이 되는 처리단가를 처리업종별, 폐기물의 종류별 가격 현실화를 이루는 처리단가를 개정하여 시행·고시하여 2015년 전국 24개소 폐기물 처리업체에 방치되어 있는 방치폐기물은 82,497톤이다.

표 7-22 방치폐기물 처리 이행보증 방법

공제조합 가입	이행보증 보험 가입
공제조합이 조합원공제사업으로 처리	감독청이 보험금을 수령하여 처리

3) 의료폐기물 관리제도

2000년 8월 9일 이전에는 폐기물 중에서 병원균에 의한 2차감염의 우려가 있는 의료기관 등에서 배출하는 폐기물을 보건복지부 '의료법'에 의한 적출물로 관리되었으나, 그 이후부터는 '폐기물관리법'에 따라 관리되고 있다. 2004년과, 2007년, 2010년 '폐기물관리법' 개정 및 2013년 '폐기물관리법' 시행규칙이 개정되었고, 2015년 전국에 메르스가 확산됨에 따라 감염우려의 의료폐기물 적정처리를 위한 의료폐기물 관리제도가 대폭 정비・강화되었다.

표 7-23 의료폐기물 관리제도의 변화 과정

연 도	내 용
2000년 8월 9일 이전	– 폐기물 중에서 병원균에 의한 2차감염의 우려가 있는 의료기관 등에서 배출하는 폐기물을 보건복지부의 '의료법'에 의한 적출물로 관리
2000년 8월 9일 이전	'폐기물관리법'에 따라 의료폐기물로 관리
2004년 8월 11일 '폐기물관리법' 시행규칙 개정	– 교도소, 구치소, 소년원 의무시설, 기업체 의무시설, 사단급 이상 군부대 의무대, '노인복지법'에 의한 노인전문요양시설, 유료노인전문요양시설 및 태반재활용 신고사업장 등 16개 기관을 의료폐기물 배출기관으로 확대・지정함 – 손상성 폐기물과 액상 의료폐기물은 관리 과정상의 안전을 위하여 합성수지류 전용용기에 보관하도록 소각시설 허가 기준을 1톤/1시간 이상으로 강화하여 의료폐기물 적정처리를 위한 제도적 기반 구축
2007년 8월 3일 '폐기물관리법' 개정	– 의료폐기물의 배출, 수집, 운반, 처리의 전 과정에 대한 시범사업을 거쳐 2008년 8월 4일부터 의무화
2008년 5월 13일	– 2008년에는 배출자 및 처리가 용이하도록 성상, 발생원 등의 성질에 따라 혼합보관이 가능하도록 규정을 실현
2010년 규정 신설	– 의료폐기물 불법 전용용기(검사에 불합격제품), 사용자 처분 규정 신설
2013년 7월 19일	– 의료폐기물 운반 과정상 누출방지, 냉장설비가동, 소독 등에 대한 안전관리 강화하는 '폐기물관리법' 시행규칙 개정
2014년	– 의료폐기물 전용용기 제조업자에 대한 등록제 도입, 불량 전용용기 유통 차단
2015년	– 전국 메르스 확산에 따라 의료폐기물 처리업체의 격리의료폐기물 보관기간 2일로 단축, 격리의료폐기물의 외부 반출 시 소독 및 안전관리기준 강화 – 감염우려의 의료폐기물 적정처리를 위한 의료폐기물 관리제도 정비 강화

자료: 환경부(2018: 507–508) 내용을 재구성함.

4) 수출입폐기물 관리제도

1992년 12월 우리나라는 바젤협약의 이행을 위한 '폐기물 국가 간 이동 및 그 처리에 관한 법률'을 제정하고, 1994년에 바젤협약에 가입함으로써, 1989년 '유해폐기물의 국가 간 이동 및 그 처리의 통제에 관한 바젤협약'의 체결과 1992년부터 발효되는 계기를 마련하였다.

바젤협약 및 OECD가 정하고 있는 수출입 통제 폐기물 '폐기물의 국가 간 이동 및 그 처리에 관한 법률'의 적용대상 폐기물 품목을 고시하고, 폐배터리, 슬러지, 브라운관 폐유리, 니카드전지 등 86개 품목의 폐기물을 수출입할 경우에는 사전에 유역(지방)환경청장의 허가를 받아야 한다. 2008년 8월부터 폐기물의 수출입관리를 강화하는 '폐기물관리법' 개정을 통하여 허가대상이 아닌 '폐합성고분자화합물', '동물성잔재물' 등 25개 품목의 폐기물은 사전에 유역(지방)환경청장에게 신고해야 하며, '허가'나 '신고'를 하고 수입된 폐기물은 수입, 운반, 처리 시마다 인수인계에 관한 내용을 전자정보처리 프로그램에 입력하고, 수입 당시의 성질과 상태 그대로 제3국으로 수출하지 못하도록 하고 있다.

표 7-24 최근 5년 간 폐기물 수출입 물량

(단위: 톤)

구분	2012년		2013년		2014년		2015년		2016년	
	수출	수입	수출	수입	수출	수입	수출	수입	수출	수입
합계	287,138	2,177,353	299,120	2,528,335	268,491	2,158,120	314,374	2,309,146	196,279	2,391,067
허가	275	255,890	364	406,636	545	415,706	1,530	565,865	211	587,617
신고	286,863	1,921,463	298,756	2,121,699	267,946	1,742,414	312,844	1,743,281	196,068	1,803,450

* 수출입허가제는 1994년 5월 시행, 수출입신고제는 2008년 8월 시행.

5) 영농폐기물 수거 · 처리

우리나라의 영농폐기물 관리는 1970년대 중반 이후 산업발달과 함께 영농사업에 따른 비닐사용 증가와 무단폐기에 따른 환경오염이 급증하면서 체계적인 재자원화 필요성이 제기되었다. 이에 따라 환경부는 1979년 '합성수지폐기물 처리사업법'을 공포, 1980년 합성수지폐기물의 수거처리 및 재자원화 업무 전담기구로서 한국자원재생공사(현 한국환경공단)를 설립, 영농폐비닐의 수거처리를 전담하고 있다.

수거폐기물은 한국환경공단 자체 처리시설을 통해 상품화가 용이한 중간재료로 가공하여 재활용 업체에 공급하고, 처리용량을 초과하여 수거된 폐비닐은 민간처리업체에 위탁하여 재생 원료 등으로 재활용하고 있다.

6. 자원순환 촉진제도

우리나라의 자원순환 촉진은 순환자원 인정제도, 자원순환 성과관리제도, 폐기물 처분 부담금제도, 제품 등 순환이용성 평가 등 크게 네 가지 제도에 의해 운영·관리되고 있다.

1) 자원순환 인정제도

지난 2008년 유럽연합(EU)은 '폐기물 종료제도(end of waste)'를 도입하여, 일정 기준을 충족하는 폐기물은 폐기물 관리 규제에서 제외하고, '자원'으로 관리하고 있다. 그것은 재활용 산업에 법적 안정성을 주고, 폐기물 처리허가 등에 대한 행정적 부담감소, 안정적인 2차 원자재 확보에 유익한 것으로 평가받고 있다.

우리나라의 경우 순환자원을 인정받으려는 개인 또는 법인·단체는 인정신청 사업장의 주소지 관할 유역지방환경청장에게 순환자원 인정을 신청해야 한다. 유역 및 지방환경청장은 인정신청서를 받은 날로부터 60일 이내에 현장조사와 기술적 검토 및 전문가 의견수렴을 고려하여 순환자원의 인정 여부를 결정해야 한다. 순환자원 인정을 받은 자는 최초로 순환자원의 인정을 받은 날부터 3년이 되는 날, 2회 이후의 순환자원 인정을 받는 경우 최종 순환자원 인정을 받은 날부터 5년이 되는 날을 기준으로 인정기간이 종료되는 날의 10일 이전까지 다시 인정받도록 하였다. 순환자원 인정 시 환경영향이 적은 폐지, 폐금속 등 대통령령으로 정하는 물질 또는 물건에 대하여 인정 절차 및 방법 등을 생략하도록 하였다.

2) 자원순환 성과관리제도

폐기물의 발생에서 최종 처분에 이르기까지 물질흐름에 따라 실질적인 순환이용량과 최종 처분량에 대한 자원순환 목표를 설정·관리하여 폐기물의 발생을 억제하고 발생된 폐기물을 적정하게 재활용 또는 처리하는 등 자원의 순환이용을 증대시켜 최종 처분을 억제하는 것을 자원순환 성과관리제도라고 한다.

그림 7-16 폐기물 물질 흐름에 따른 방식

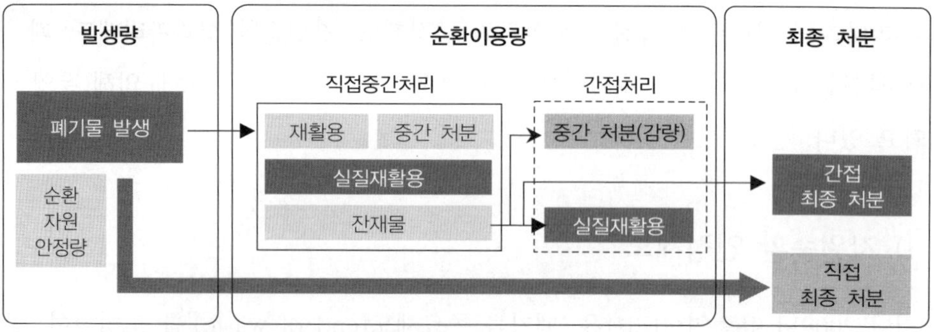

자료: 환경부(2019: 694) [그림 2-3-3-5] 참조.

국가의 자원순환 목표는 국내 자원순환 여건과 각국의 자원순환 동향 등을 고려하여 중장기·단기별 자원순환 목표를 10년 단위로 설정, 이를 달성하기 위해 시·도와 폐기물 다량 배출사업자를 대상으로 자원순환 성과지표 최종 처분율과 순환이용율 목표를 설정·관리한다.

대상자는 크게 시·도(특별시, 광역시, 특별자치시·도·특별자치도)와 폐기물 다량배출 사업자로 분류된다. 적용대상 폐기물은 관할 구역에서 발생하는 생활폐기물과 시·도지사 및 시장·군수·구청장이 설치·운영하거나 위탁운영하는 다음의 사업장 가운데 최근 3년 간 연평균 배출량을 기준으로 1천 톤 이상의 폐기물 배출사업장에서 발생되는 사업장폐기물이다.

- '물환경보전법' 제48조 제1항에 따라 공공폐수처리시설을 설치·운영하는 사업장
- '하수도법' 제2조 제9호에 따른 공공하수처리시설을 설치·운영하는 사업장
- '하수도법' 제2조 제11호에 따른 분뇨처리시설을 설치·운영하는 사업장
- '가축분뇨의 관리 및 이용에 관한 법률' 제24조에 따른 공공처리시설
- '폐기물관리법' 제29조 제2항에 따른 폐기물 처리시설(같은 법 제25조 제3항에 따라 폐기물처리업의 허가를 받은 자가 설치하는 시설을 포함한다)을 설치·운영하는 사업장

3) 폐기물 처분 부담금제도

생활폐기물을 처리할 의무가 있는 자치단체장(특별자치시장 · 특별자치도지사 · 시장 · 군수 · 구청장 등)과 사업장폐기물을 배출하는 '사업장폐기물 배출자'가 소각 또는 매립과 같은 방법으로 처리할 경우에 부과하여 징수하는 것을 '폐기물 처분 부담금'이라고 한다.

'환경정책기본법'에 따라 징수된 '폐기물 처분 부담금'은 환경개선특별회계의 세입이 되며, 폐기물과 순환자원을 장려하기 위한 교육 · 홍보 및 문화조성사업, 폐기물 처리시설이나 자원순환시설 및 그 주변지역의 환경개선사업, 폐기물 발생 억제와 순환이용 및 처분을 위한 시설 설치와 운영 등과 같이 자원순환 사회를 촉진하는 데 필요한 자금으로 활용된다.

폐기물 처분 부담금의 부과요율은 유형에 따라 다르게 정하며, 산정지수는 매년 전년도 산정지수에 전년도 생산자 물가상승률 및 소비자 물가상승률을 감안하여 환경부 장관이 고시한다.

폐기물 처분 부담금 납부의무자는 첫째, 매립지를 직접 조성하여 향후 재활용하기 위해 일정 기간 동안 매립하고자 할 경우와, 둘째, 폐기물 처분 과정에서 일정 기준 이상의 폐자원 에너지를 회수하는 경우 등 감면 기준의 대상이 될 때 감면 혜택을 받을 수 있다.

표 7-25 폐기물 처분 부담금 부과요율 및 산정방법

<table>
<tr><th colspan="2" rowspan="2">폐기물 유형</th><th colspan="2">요 율</th></tr>
<tr><th>매립 요율</th><th>소각 요율</th></tr>
<tr><td colspan="2">생활폐기물</td><td>kg당 15원</td><td>kg당 10원</td></tr>
<tr><td rowspan="2">사업장폐기물
(건설폐기물 제외)</td><td>불연성</td><td>kg당 10원</td><td>–</td></tr>
<tr><td>가연성</td><td>kg당 25원</td><td>kg당 10원</td></tr>
<tr><td colspan="2">건설폐기물</td><td>kg당 30원</td><td>kg당 10원</td></tr>
<tr><td>산정방법</td><td colspan="3">폐기물 처분 분담금(원) = 폐기물 소각(또는 매립) 처분량 × 부과요율(원/kg) × 산정지수</td></tr>
</table>

4) 제품 등 순환이용성 평가

그동안 우리나라의 재활용 처리 과정은 경제적 가치가 유용한 자원들이 서로 다른 재질이나 해체가 어려운 구조라는 이유 등으로 재활용되지 못하고 소각이나 매립 처리된 경우가 빈번하였다. 이러한 문제들을 해소하기 위해 2018년 1월 '자원순환기본법' 시행과 함께 순환이용성 평가제도가 도입되었다. 순환이용성 평가제도란 환경부 장관이 직접 제품의 순환이용 가능성 여부를 평가하여 생산자에게 순환이용이 가능하도록 개선을 권고하는 제도이다.

환경부 장관은 매년 3년마다 시장의 순환이용 현황을 고려하여 평가대상 제품군, 평가일정 및 방법 등이 포함된 순환이용성 평가계획을 수립한다. 한국환경산업기술원이 매년 평가대상 제품을 선정하고 제품별 세부적인 중점평가항목은 제품의 종류 및 특성에 따라 달라질 수 있다. 평가에 따라 순환이용 저해요소가 발견되면 제품 생산자 등에게 1년 범위 내의 개선 기간을 정해서(불가피한 경우 연장 가능) 개선을 권고한다. 개선권고를 받은 생산자는 세부 이행계획서를 제출하고, 개선 기간 종료 이후 그 결과를 검토하여 개선되지 않았을 때에는 평가 결과를 인터넷, 언론 등에 공개하여 제도의 실효성을 강화하고 있다.

제 4 절 폐기물 관리의 참여자

다원주의적 민주정치 체제 하에서 환경정책의 집행은 제도화된 정치 과정을 거치면서 여러 집단과 계층의 요구를 폭넓게 수용하여야 한다. 정책집행 참여집단의 대다수가 지지하는 대안을 선택해야 만이 그 선택은 정책으로서 우선 순위와 정당성을 획득할 수 있고, 그 집행이 현실적으로 가능해진다. 이러한 환경정책의 집행은 시민들의 가치관, 기술과 자본에 대한 신념, 정치가의 능력과 가치관, 정치적 여건 및 실천 의지 등 일선 집행관료에 대한 동기부여, 규제기관과 피규제 산업체와의 관계, 집행환경의 다양성 등과 같은 변수들이 정책 과정을 거치는 동안 정책 전환을 통하여 집행되게 된다. 따라서 폐기물 정책의 집행에 영향을 미치는 주요 참여자는 환경 전담 부서인 환경부 수계별 환경관리청(지방환경관리청 포함), 환경 업무 주관부서(보건복지부, 기획재정부, 국토교통부 등과 같은 중앙부서 및 일선행정기관), 피규제 산업체, 그리고 환경보호단체 및 일반 시민집단 등이 있다.

환경부를 비롯한 환경 업무 유관 부서에서 종사하고 있는 사람들을 행정기관이라는 하나의 조직개체군에 한정해 '행정기관과 공무원'으로 파악했고, 각 시 · 도 지역에서 그 지역의 청소행정 업무를 위탁 처리해 주는 '민간 청소 대행업체(최근에는 처리업체로 명칭이 변경됨)'와 재활용 폐기물 의무생산자로 구별했으며, 각 행정기관 공무원이나 청소 대행업체 및 재활용 의무생산자들과의 밀접한 관계를 유지하고 있는 '지역주민(또는 환경단체 및 이익단체)'들을 폐기물 정책집행에 영향을 미치는 참여자로 구분했으며, 참여자들의 수준은 <표 7-26>과 같다.

표 7-26 폐기물 정책집행의 참여자: 단순화된 3차원

중앙정부	환경부	수계별 환경관리청, 지방환경관리청
	환경 업무 유관 부서	중앙부서 및 일선행정기관 (보건복지부, 기획재정부, 국토교통부 등)
지방정부	폐기물 생산자	– 지방자치단체 기관 – 민간 처리업체(청소 대행업체 포함)
지역사회	주민	환경단체 · 이익단체

자료: Morrell & Magorian(1982: 58)을 재구성함.

1. 행정기관과 공무원

자원순환 정책을 수행하는 데 있어서 행정기관과 공무원에 관련된 요인들은 정책수행에 가장 직접적으로 영향을 미치는 요인들이라고 할 수 있다.

첫째, 매즈매니언(Daniel Mazmanian)과 사바티어(Paul A. Sabatier)에 의하면, 행정기관의 내부구조 가운데 정책집행에 영향을 미치는 주요 특성은 내부구조의 계층적 통합성이 정책집행의 효율성 제고에 중요한 영향을 미치게 된다. 즉, 계층제가 미약하고 엉성하게 통합되어 있거나 거부점 또는 청산점(Veto/Clearance Point)이 많은 경우 정책집행의 효율성은 떨어지게 된다(Mazmanian & Sabatier, 1981: 12; Ripley & Franklin, 1982: 10–12).

둘째, 행정기관의 성격이 정책집행의 효율성에 직접적인 영향을 미치게 된다. 집행기관의 공무원들이 정책목표에 적극적으로 찬동하고 목표 달성을 위하여 능동적으로 나설 때, 그리고 집행기관에 소속된 집행자들의 지적 능력이 높고 업무 분야에 대한 전문 지식이 충분히 갖추어져 있을 때, 정책집행의 성공가능성은 높아지게 된다(Edwards Ⅲ, 1980: 56).

셋째, 정책집행을 담당하는 기관의 책임자가 해당 정책에 대하여 적극적인 관심을 가지고 있고, 리더십이 높을 때 정책집행의 성공 가능성은 높아지게 된다.

넷째, 정책집행과 관련된 중앙정부기관과 일선행정기관, 그리고 중앙 및 지방정부의 각 수준에서 정책집행과 관련된 기관들 간의 협조 관계가 원만할 때 정책의 성공 가능성은 높아진다.

다섯째, 정책집행을 담당하는 일선 행정기관의 정책담당 행정요원들이 정책에 순응할 수 있도록 하는 유인들(incentives)의 존재 여부, 일선 행정요원들의 정책에 대한 신념 정도, 그리고 일선 행정요원들이 불확실성 상황 하에서 행동할 수 있도록 하는 명확한 업무수행 지침에 있어서 일상적(routine)으로 업무를 수행할 수 있는지의 여부도 업무의 성공적인 집행에 영향을 미치며, 위의 요인들이 긍정적일수록 성공적인 정책집행의 가능성은 높아진다(Lipsky, 1980: 12; Hasenfeld & Steinmetz, 1981: 84-85).

그러나 지방자치의 전면적인 실시와 함께 환경행정이 새로운 국면에 직면해 있다는 지적이 많다. 대부분의 지방자치단체장들은 지역사회 개발을 제1의 목표로 삼고 있다. 자신의 지역을 서슴없이 '주식회사'라고 말하고 경제발전에 박차를 가할 것을 공약으로 내세우는 단체장까지 나오고 있다. 이러한 지역개발의 분위기 속에서 염려되는 문제 중의 하나가 다름 아닌 환경보전이며, 환경보전에서 지방자치단체의 역할은 매우 중요하다. 그것은 환경오염과 보전의 제1차적 책임이 일선행정을 담당하는 지방자치단체에 있기 때문이다.

우리나라 쓰레기 관리업무는 현행 폐기물관리법에 의거하여 국가와 지방자치단체의 역할을 분담시키고 있다. 쓰레기의 수집·운반·처리는 기본적으로 시장·군수·구청장의 의무사항에 속하고, 이러한 책무를 수행하기 위하여 지방자치단체들은 독자적인 폐기물 관리의 조례와 규칙을 제정하여 시행하고 있다. 현행 법령 체계상시 · 군 · 구 조례는 광역지방자치단체인 시 · 도의 조례를 거치지 아니하고, 중앙정부의 '폐기물관리법' 등이 규정하는 쓰레기처리세칙을 직접 규정할 수 있다.

과거에 우리나라 폐기물 관리는 청소와 수집 · 운반에 치중하였으나(1995년 말 당시의 처리량을 지방자치단체가 55.3%, 민간 대행업체에서 19.0%로 전체 처리량의 74.4%를 차지했으며, 재활용업소 23.6%, 자가처리업소는 극히 미비한 2.1% 수준), 최근에는 직접 처리를 위한 소각시설과 매립시설을 병행하면서 '쓰레기 제로화'를 위한 자원순환 사회 구축을 위하여 다각적인 관리방법을 추진하고 있다. 그것은 과거 쓰레기 종량제 집행 당시 처리 주체별 처리시설의 현황이 지방자치단체, 청소 대행업체, 자가처리업소 및 재활용업소 등으로 구성되어 청소 대행업체의 처리량이 적지 않았으나, 오늘날에는 지방자치단체와 재활용업소의 처리량이 증가하는 추세를 보이고 있다(<표 7-27> 참조).

표 7-27 종량제 시행 당시(1993~1995) 및 최근(2011~2017) 처리 주체별 생활폐기물 처리 현황

(단위: 톤/일)

구 분 / 연 도	합 계	자치단체	청소 대행업자 (또는 처리업체) 처리[42]	자가 처리	재활용업소 처리	미수집
1993	62,940	35,043	20,045	710	7,233	
1994	58,118	32,555	15,631	1,005	8,927	
1995	47,774	26,408	9,111	999	11,306	
2011	48,934	30,268	18,328	338	28,939	
2012	48,990	29,714	18,976	300	28,951	
2013	48,728	32,220	15,740	768	28,784	
2014	49,915	34,883	14,756	276	29,454	
2015	51,247	33,016	18,131	100	30,352	
2016	53,772	33,643	19,946	335	32,253	
2017	53,490	34,706	18,449	335	32,932	

* 2010년 '폐기물관리법'에 근거하여 청소 대행업자(또는 청소 대행업체)라는 명칭은 사용하지 않으며, '폐기물 처리업소(또는 폐기물 처리업자)'라고 지칭한다.

자료: 환경부(1996); 한국환경공단(2018: 31-46) 재구성함.

42) 폐기물 종량제가 실시되었던 1995년 전후부터 2010년 이전까지는 대부분 수거 및 운반에 치중하였기 때문에 민간처리업자를 청소 대행업자 또는 청소대행업체라고 지칭하였다. 그러나 2010년 개정된 '폐기물관리법'에 근거하여 '폐기물 처리업체(또는 처리업자)'로 지칭되며 그 처리업체의 명칭 또한 중간처리업체, 최종처리업체, 그리고 종합처리업체라고 분류되며, 중간재활용업체, 최종재활용업자, 그리고 종합재활용업자 등으로 분류되어 지칭되고 있다(한국환경공단, 2018).

그것은 "못쓰게 되어 버려지는 것"으로 인식되어 왔던 폐기물 개념이 바뀌고 폐기물 관리에 대한 기본 틀(frame-work)이 자원순환이라는 개념으로 전환되면서 재활용·재사용이라는 차원에서 '쓰레기 제로화' 가능성에 도전하고 있다.[43] 그 일환으로서 쓰레기 발생량의 원천적인 최소화 노력을 전제하여 재활용·재사용에 치중하고 있고, 원천적인 감량화를 위하여 목표 설정 및 총량 규제식 접근방법이 선행되고 있으며, 국민들의 의식 함양에 대한 노력을 강구하고 있는 상태이다. 그것은 2017년도 폐기물 처리 주체별 처리현황은 지방자치단체(9.6%), 처리업체(81.7%), 자가처리(8.7%)로 크게 변화된 양상을 보이고 있다. 특히 생활계 폐기물의 처리 주체별 처리현황은 지방자치단체(64.9%), 처리업체(34.5%), 그리고 자가처리(0.6%)를 나타내고 있다(한국환경공단, 2018: 31).

표 7-28 폐기물 처리시설 보유 및 처리 현황

구 분	매립(개소/천m^3)		소각(개소/톤)		기타 시설(압축, 파쇄, 퇴비, 사료화, 연료화 시설 등/개소·톤)	
	시설 수	총 매립량	시설 수	소각량	시설 수	처리량
지방자치단체	220	483,414	178	4,567,026	273	5,016,956
자가처리업체	27	126,625	151	1,786,509	425	8,873,332
최종(또는 중간)처분업체	34(최종)	48,190	66(중간)	679,137	60(중간)	1,367,712

재활용 시설 및 처리 현황

구 분	업체수(개소)	2017년 처리량(톤)	설치비(백만 원)
중간재활용업체	1,287	5,115,059	352,065
최종재활용업체	287	2,430,765	193,727
종합재활용업체	3,928	44,775,523	5,348,561

자료: 한국환경공단(2018: 47-49).

43) 지방자치단체는 폐기물 관리 업무의 상당부분을 책임지고, 실제 많은 양의 폐기물을 처리하고 있음에도 불구하고 구조적 한계 때문에 법률상 책무를 완수하지 못하고 있다. 현행 법제는 지방자치단체의 '관리' 재량권을 전제로 폐기물 관리 책무를 단계별로 기계적·형식적으로 분담시켰지만 실제 중앙정부와 상급 지방자치단체 기본계획의 승인(제8조 제1항) 및 제출(동조 제2항)을 통하여 하급 지방자체단체들의 폐기물 관리계획을 구체적인 부분까지 통제한다. 폐기물관리권은 아직까지 중앙집권주의를 벗어나지 못하고 있다. 이것은 폐기물 관리를 지방자치단체의 고유사무로 규정한 지방자치법(제9조) 및 폐기물관리법의 정신에 위배된다. 책임은 권한에 비례하는 만큼 헌법이 선언한 민주주의와 소비자의 주권은 각 지방의 특성에 적합한 방식에 따라 폐기물 관리가 이루어질 것을 요구하고 있다. 따라서 중앙정부는 폐기물 관리의 지침을 정하고 한계를 설정하는 데 그쳐야 한다. 지방자치단체 단위의 기본계획에 규범력을 부여하고 기본계획의 향방은 지방자치단체와 지방의회 및 주민들에게 맡기는 것이 보다 바람직한 것이다(박미옥, 1997).

2. 폐기물 처리업체

1) 개념 및 법적 근거

폐기물 처리 대행업체는 정부와의 계약을 통해 청소나 쓰레기를 처리하는 담당자로서 이들 민간 대행업체들이 얼마나 정책에 순응하여 업무를 수행하느냐 하는 것이 정책집행의 성공 여부에 큰 영향을 미치게 된다는 점에서 청소행정의 정책참여자로서 중요한 역할을 수행하게 된다. 노화준 교수는 이들을 정부기관의 위임을 받아서 정책을 집행하는 제3부문(The third sector) 또는 중간－매개집단(intermediary Group)이라고 한다. 예를 들면, 정부와의 계약 하에서 청소나 쓰레기의 수거・운반・처리를 담당하는 청소 대행업체나 경비를 대행하는 경비업체 등의 경우, 이들 민간기관들이 얼마나 충실하게 정책에 순응하여 업무를 수행하느냐 하는 것이 정책집행의 성공 여부에 커다란 영향을 미친다(노화준, 1996: 414).

청소행정과 관련한 우리나라의 폐기물관리법(제14조 제2항)은 생활폐기물 수집・운반 대행에 관한 법적 근거를 토대로 청소 대행업체의 사업 범위를 정하고 있으며, 지방자치단체 조례로 정하는 바에 따라 폐기물 처리업자 등에게 수집・운반 또는 처리를 대행하게 할 수 있도록 규정하고 있다. 생활폐기물 수집・운반업을 하고자 하는 자는 폐기물관리법(제25조 및 동법 시행령 제10조)에 의거하여 시장・군수・구청장에게 “생활폐기물 수집・운반업” 허가를 취득해야 한다. 이때 지방자치단체는 생활폐기물 수집・운반업 허가 시, 제25조 제7항의 단서 규정에 의거하여, 시・군・구 단위로 영업구역을 제한할 수 있게 된다.[44)]

2) 폐기물 수거・운반 청소 대행업체 운영 현황

우리나라는 전국 232개 지방자치단체 중에서 약 76%가 청소대행(혼용 포함)업체를 통하여 생활폐기물의 수거・운반을 대행시키고 있다. 그러나 전체 청소 대행업체 계약의 약 90% 이상이 수의계약에 의한 것으로 조사된 바, 대행업체별 평균 12년 이상 장기간 동안 반복적으로 수의계약을 맺고 있어 문제점으로 지적되어 왔으나 2010

44) 환경부 자원순환국(2009.7).

표 7-29 **폐기물 처리업체 현황**[45)]

구 분	총 계	수집·운반업	중간 처분업	최종 처분업	중간 재활용업	최종 재활용업	종합 재활용업	건설폐기물 중간처리업
총 계	12,675	6,451	126	34	1,287	287	3,928	562
생활폐기물	1,407	1,407						
생활+사업장	391	391						
사업장폐기물	8,726	3,064	126	34	1,287	287	3,928	
건설폐기물	2,151	1,589						562

자료: 한국환경공단(2018: 36).

년 7월 23일 개정된 '폐기물관리법' 제14조 제6항(신설)에 따라 대폭 개선되어 운영되고 있다. 2017년 현재 전국에 폐기물 처리업체는 총 12,675개소이며, 이 가운데 폐기물 수집·운반업체가 6,451개소(약 50.9%)로서 가장 많은 비율을 차지하고 있다. 이 가운데 생활폐기물과 사업장폐기물의 수거운반업이 중복된 허가업체(391개소)를 각각 포함할 경우, 생활폐기물 수거·운반에 관한 대행업체는 1,798개소이며, 사업장폐기물 수집·운반업체는 3,455개소이다.[46)]

생활폐기물 처리에 종사하는 인력은 34,705명이며, 수집·운반차량은 12,749대, 중장비는 559대이다. 수집·운반차량의 차종은 압축·압착차량은 4,132대(32.4%), 암롤차량 1,211대(9.5%), 덤프트럭 848대(6.7%), 카고 1,513대(11.9%), 기타 5,045대(39.5%) 등이다.

2017년도에 232개 지방자치단체가 생활폐기물 관리를 위하여 집행된 총예산은 42,500억 원이며, 수집·운반 등에 소요된 처리비가 4조 593억 원(95.5%), 시설설치비가 1,907억 원(4.5%)를 차지하고 있다. 수집·운반 등 처리비 가운데 폐기물 처리업체에 지불된 위탁처리비가 1조 9,850억 원(48.9%) 소요되었으며, 인건비가 9천 742억 3천만 원(24%) 지출됨에 따라 2018년도 생활폐기물 관리예산은 약 9.1% 증가

45) 2010년 7월 '폐기물관리법'의 개정으로 폐기물 처리업 분류기준이 변경됨. 기존에는 (중간처리업/최종처리업)으로 분류되던 것이 변경 내용에는 (중간처분업/최종처분업/종합처분업/중간재활용업/최종재활용업/종합재활용업)으로 바뀌게 됨(환경공단, 2018: 50).

46) 391개소의 업체가 생활폐기물과 사업장폐기물의 수집·운반업을 중복하여 운영하고 있고, 사업장폐기물 처리업체는 9,117개소(중복 허가업체 포함)로서 가장 많으며, 건설폐기물 중간처리업체는 562개로 주된 처리방법은 파쇄·분쇄이다.

표 7-30 2017년도 생활폐기물 관리예산 집행 및 2018년도 생활폐기물 관리예산 현황

(단위: 백만 원)

2017년도 생활폐기물 관리예산 집행내역									2017년 수수료 징수액	2018년 관리예산	
총계	시설 설치비	수집·운반 등 처리비								총계	전년 대비 증가율
		소계	인건비	차량 운영비	장비 구입액	위탁 처리비	시설관리 운영비	기타			
42,500	1,907	40,593	9,732	867	703	19,867	6,987	2,437	12,004	58,729	9.1%

자료: 한국환경공단(2018, 51).

된 5조 3,833억 원으로 증액되는 등 막대한 예산이 지출되고 있다.

계약방식은 톤당 단가제(18%), 일괄도급제(59%), 독립채산제(23%) 등이며, 계약기간은 1년(67%), 2년(23%), 3년 이상(10%)으로 운영되고 있다. 우리나라 청소 대행업체의 민간 대행제도는 1961년도부터 규정되었으나, 1990년대 이후(특히 1997년 IMF 관리 체제 이후)부터 대행업체의 운영이 본격화됨에 따라 광범위하게 확대되었으며 그 문제점도 적지 않게 나타나고 있다.

청소행정과 관련해 민간 대행업체의 계약 형태에는 ① 계약수거제(단순히 쓰레기 수거·운반만을 집행), ② 허가제(시정부가 민간에게 특정 지역의 쓰레기 수거권을 허가, 기업이 자신의 관할 구역에서 수거료 징수하는 방법으로 독점적 허가제와 제안적 허가제가 있으며, ③ 자급자족형이 있다. 그 중 우리나라는 민간공급 유형의 허가제와 공공공급 형태의 시(市)직영 체제가 함께 존재하는 혼재 형태를 취하고 있다. 민간위탁 서비스가 효율적으로 이루어지기 위해서는 첫째, 계약에 참여하고자 하는 민간업체가 많아야 하며, 둘째, 선정 절차가 공정·합리적으로 진행되어야 한다. 이를 위해서는 법적·제도적 장치가 필요하다. 계약은 공개경쟁입찰로 이루어져야 하나 우리나라의 경우 수의계약에 의해서 결정되는 경우가 많기 때문에 계약방법의 장점인 경쟁성이나 전문성의 확보는 거의 불가능한 상태이며, 민간 대행업체는 단순히 쓰레기 수거·운반 업무를 대행하는 수준에 머물고 있어 많은 문제점이 지적되어 왔다. 따라서 2010년 7월 23일 개정된 '폐기물관리법' 제14조 제6항(신설)에 의거하여 폐기물 수집운반업체 선정에 관한 규정을 엄격하게 강화하였다.

이상과 같은 폐기물 처리업체 선정과 관련된 조항을 엄격히 규정되어 있음에도 불구하고 각 지방자치단체에서 집행되는 처리업체의 선정 과정은 여전히 적지 않은

불협화음을 낳고 있는 것으로 조사되고 있다.[47)]

3) 폐기물 처리업체(또는 청소 대행업체)의 문제점과 개선

우리나라에서 생활폐기물 수거·운반에 대한 민간 대행제도가 1961년 처음 마련되었으나 그것이 본격적으로 확대·운영되기 시작한 것은 1998년 IMF 이후부터였다. 생활폐기물 수거·운반에 관한 민간 대행제도의 운영이 50여 년 이상 추진된 결과, 특정 업체의 독점적 운영이 이루어진 바, 대행업체별 평균 12년에서 최대 약 30년 이상 장기간 수의계약으로 인한 부작용이 심각하게 초래되었다. 그 결과 첫째, 청소 대행업체의 독점적 지위로 인한 청소대행 용역비가 불가피하게 매년 증가하였다. 둘째, 독점계약 등에 의한 기관·업자 간 유착 비리의 상존에 대한 우려가 제기되었다. 셋째, 독점에 따른 청소 서비스의 질적 개선 의지가 미흡하였다. 넷째, 신규 청소대행업체의 시장 진입 차단으로 경쟁력 저하 등의 문제점이 발생하였다.

표 7-31 지방자치단체별 톤당 처리 비용 비교

구 분	단 위	광주 (남구)	대구 (동구)	대전 (중구)	울산 (울주군)	인천 남동 (특정 업체)
대행구역(세대 수)	km^2(천 세대)	61(75)	100(123)	62(97)	755(66)	57(158)
총대행비용	백만 원	3,469	1,983	3,332	2,180	3,184
톤당처리비	천 원/톤	141	50	97	94	80

자료: 행정안전부 감사결과, 2008년 6월.

청소 대행업체의 운영 및 관리에 대한 문제가 제기되자, KBS 2TV(추적60분)는 청소 대행업체의 부정·비리 및 지방자치단체의 관리 감독 소홀 등에 대한 보도를 '2007년 12월 5일'과 '2008년 3월 26일' 2회에 걸쳐서 방영했다. 폐기물 수거·운반 대행업체에 대한 문제점이 심각한 사회 문제로 대두되자 정부의 관계기관으로부터 민간 대행제도에 대한 개선이 제안되었고, 2010년 7월 23일 '폐기물관리법'이 개정되

47) 2016년 서울시 강동구 생활폐기물 수집운반대행 사무 관련 주민감사 결과 계약 관련 법령위반(강동구 옴부즈맨 위원회, 2016년 12월 9일) 적발, 2019년 6월 26일 부산시 연제구 의회는 생활폐기물 처리업체 선정 관련 의혹 제기(부산뉴스, 2019.6.26) 등 다양한 사례가 드러나고 있다.

면서 이러한 문제의 개선의지가 어느 정도는 구축되었다고 볼 수 있다.

전국경제인연합회의 영업구역 제한 폐지 요구(2008.4), 행정안전부의 대행업체 경쟁체제 유도 등 개선 건의(2008.6), 국민권익위원회의 원가 산정 표준안 마련 등 권고(2008.7) 등이 그것이다. 특히 민간 대행업체에 대한 비용 산정의 일관성 결여 및 관리 · 감독의 미흡은 각 지방자치단체 및 전문기관마다 민간 대행비용의 원가 산정 기준이 상이하게 규정되었고, 청소 대행업체의 관리 · 감독을 위한 객관적인 평가방법 또한 매우 미흡한 것으로 조사되었다.[48]

4) 폐기물 처리업체(또는 청소 대행업체) 운영관리의 제도 개선

환경부는 지방자치단체 관계 공무원들의 워크숍 개최(2008.4.15)를 통해 청소행정 민간 대행제도의 문제점 및 개선방안 등에 대한 토론 및 다양한 논의를 통하여 청소 대행업체의 운영관리에 대한 제도적 개선방안을 추진하였다. 지방자치단체 수범 사례의 확산 · 전파를 적극 활성화시키는 가운데 관련 분야의 전문가 포럼 및 자문위원회 운영(2008.4~10) 등을 광범위하게 활성화했다. 특히 학계 · 업계 · 지방자치단체 관계자 등을 중심으로 전문가 포럼(4회) 운영 및 각계의 분야별 관계자 자문을 거쳐 청소행정관리의 대행 제도개선(안)을 마련하고자 다음과 같은 대안을 마련했다.[49]

첫째, 경쟁 입찰로 대행업체가 변경되면 환경미화원들의 고용불안으로 사회적 혼란이 발생할 우려가 있으나, 지방자치단체가 청소 대행업체 환경미화원의 고용 승계를 가능하도록 행정지침을 마련한다(※ 입찰조건에 명시하거나 또는 지방자치단체의 중재 등으로 고용 승계를 유도한 사례 있음). 아울러 청소 대행업체에 대한 객관적

48) 그 결과 수의계약을 일삼은 지방자치단체(광주 남구)의 처리 비용은 경쟁입찰 지방자치단체였던 대구광역시(동구)에 비해 최대 3배 정도 많은 것으로 나타났다. 따라서 광주 남구청은 이러한 문제점을 개선하고자 2009년 5월 경쟁입찰을 실시한 결과, 총대행비용의 30% 절감(3,469 → 2,432백만 원, 감 1,037백만 원)하는 예산 절약 성과를 올렸다.

49) 지방자치단체 및 관련 업계 등의 의견수렴을 위하여 첫째, 제도개선(안)에 대하여 자치단체 의견수렴(2008.11) 실시, 둘째, 국회 토론회 및 대구 · 경북지역 업계 · 지방자치단체 간담회 개최(2008.12), 셋째, 전국 환경미화원 공동대책위원회 면담 · 협의(2009.1~6) 등을 통하여 청소대행업체의 운영관리에 대한 대책안을 마련하였다. 동시에 청소 대행제도의 개선을 위하여 연구용역도 2008.4.28~11.27 7개월 간 병행해 실시했다.

평가를 실시하여 우수업체는 차기계약 시 수의계약이 가능하도록 업무처리 지침에 반영하도록 처리했다.

둘째, 영업구역 확대로 경쟁입찰 도입 시, 기존업체는 모두 파산할 우려가 있어, 청소업체가 파산되면 쓰레기 대란의 발생 가능성이 문제점으로 지적되었다. 그러나 경쟁입찰을 하더라도 기존업체를 대상으로 경쟁입찰이 실시되므로 기존업체가 모두 파산될 우려는 없으며, 인력 및 장비를 갖추고 경험이 많은 기존업체가 선정될 가능성이 높은 것으로 분석되었다.

셋째, 다른 지역의 청소 대행업체가 진입 시 지역 내 기존업체에게 하도급이 불가피하게 되며, 지역 내 기존업체는 하청업체로 전락할 우려가 지적되었다. 그러나 이것은 생활폐기물 수집 운반 대행용역은 하도급을 금지하도록 업무처리 지침에 반영할 것이므로 우려할 사항이 없는 것으로 조사되었다.

넷째, 영업구역을 확대할 경우 타 자치단체의 폐기물이 반입되는 등에 대한 관리감독이 어려울 수 있다는 지적이 있었다. 그러나 영업구역이 확대되어도 생활폐기물 수집・운반 대행계약은 시・군・구 단위로 이루어짐에 따라 문제되지 않을 것이라는 담당자들의 분석이다. 특히 청소 대행계약을 위반하여 생활폐기물을 수집・운반하는 경우에는 위약금 배상 및 계약 해지 등 강력한 조치가 가능해지며, 수도권 외 지방자치단체는 대부분 관내 자체 공공처리장(소각 및 매립)에서 처리하므로, 다른 지방자치단체 폐기물이 반입되기는 어려운 실정이라는 점에서 긍정적이다.

다섯째, 영업구역이 광역화되면 청소 차량이 원거리로 출퇴근하게 되어 시간・연료 낭비, 매연 배출, 교통 체증 유발 등의 문제점이 발생될 수 있다. 청소업체가 대행업무를 효율적으로 수행하고 경쟁력을 갖추기 위해서는 당해 지역에 차고지 등 기본요건을 갖추고 상주하여야 할 것이다. 따라서 원거리를 출퇴근하는 대행업체가 선정되기는 어려울 것이라는 점이다.

5) 폐기물 처리업체(청소 대행업체의 명칭이 바뀜) 운영관리의 개선방안

환경부는 청소행정의 원활한 운영관리를 위하여 다음과 같은 개선방안을 마련하였다.

첫째, 민간 대행제도의 경쟁 체제 확보 및 투명성을 제고한다.[50]

둘째, 청소행정 지침을 제정(생활폐기물 수집 · 운반 대행용역 업무처리 지침)한다.

셋째, ① 대행용역의 기본원칙을 수립한다.[51] ② 대행업체의 선정 · 계약 및 관리감독 시 이행 사항을 강화한다.[52] ③ 생활폐기물 수집 · 운반 비용 원가산정 표준안 작성 시 대행 비용 산정의 객관성 및 투명성을 확보한다. ④ 청소 대행업체 평가방법 및 표준조례안을 수립해 청소행정 서비스의 질적 향상에 기여한다. 실제로 청소 대행업체들의 전문적 기술 능력을 요하는 조항은 없는 점으로 보아 쓰레기 수거 및 운반에서 민간의 전문성을 보장하는 내용은 결여되어 있다고 볼 수 있다. 대부분 청소 대행업체의 경우에 인력의 계층구조는 관리직 · 기능직 · 환경미화원으로 나뉜다. 관리직은 대개 서류 정리, 현장관리, 순찰, 회의 등의 업무를 맡고 있으며, 기능직은 차량 운행 상차 시간 및 장비 점검, 투하 작업 등 주로 차량의 운전에 관련된 업무를 담당한다. 이러한 내용은 2010년 7월 23일 '폐기물관리법'의 개정에 다라 상당 부분 해소되고 있으며, 2019년 4월 8일 '쓰레기 수수료 종량제 시행지침'에서 '생활폐기물 처리대행에 관한 사항'을 통해서 설명되고 있다.[53]

---

50) 폐기물관리법 시행령을 개정하여 대행업체의 영업 제한구역을 (시 · 군 · 구) 단위에서 광역(시 · 도) 단위로 확대한다. 그 결과 첫째, 민간 대행업체의 독점적 운영으로 인한 부작용을 해소하고, 둘째, 청소행정 서비스 및 민간 대행업체의 경쟁력을 제고한다.

51) 첫째, 생활폐기물의 안정적 처리 및 청소행정의 효율성을 도모한다. 둘째, 청소 대행 비용 산정의 객관성 · 투명성 제고 및 예산 절감에 노력한다. 셋째, 청소대행업체의 평가 실시로 수행 능력 극대화 및 청소행정 서비스의 질적 제고를 꾀한다.

52) 첫째, 대행업체 선정 시 적격심사를 강화하여 민간 대행업체들의 무분별한 난립을 방지한다(※ 과거 용역 실적에 대해 일정 가점 부여). 둘째, 생활폐기물 수집 · 운반 대행용역은 하도급을 금지한다. 셋째, 계약 기간은 최소 2년 이상 보장한다. 넷째, 청소 대행업체의 평가 결과 우수업체는 차기 계약 시 수의계약을 가능하도록 한다. 다섯째, 청소 대행업체의 변경 시 고용 인력을 가능한 승계하도록 노력한다. 여섯째, 환경미화원의 적정 임금이 가급적 보장되도록 지도한다. 일곱째, 청소 대행용역의 계약 내용을 공개하고, 환경부에 보고한다.

53) 11. 생활폐기물 처리대행에 관한 사항은 첫째, 폐기물관리법 제14조의 규정에 의하여 시장 · 군수 · 구청장은 조례로 정하는 바에 따라 생활폐기물 처리대행자(청소 대행업자)에게 일정 지역에 대한 청소업무 대행 가능—생활폐기물 처리대행지역은 직영 처리 시 보다 청소 효율이 증진될 수 있는 지역을 우선적으로 선정, 둘째, 생활폐기물의 수집 · 운반 및 처리의 대행에 따른 위탁수수료는 실제 폐기물 수집 · 운반 및 처리량을 기준으로 산정하여 지급(※ 주민에게는 폐기물 배출량에 따라 수수료를 징수하고 대행업체 위탁비용은 인구 수, 가구 수 등으로 산정 지급하는 사례 방지), 셋째, 주민과 처리업자 간의 직접 계약에 의한 폐기물 처리는 불가 등이다.

3. 주 민

정책집행 과정에서 참여자로서 정책대상집단에 해당하는 주민은 독립변수로 작용하기도 하고 종속변수로 간주되기도 한다(김병진, 1992: 167－170). 독립변수로서의 주민은 주민의 성격과 행태를 나타내는 대상집단의 규모, 리더십, 재원(財源), 응집력(凝集力), 전문성, 사회적 평판과 지위 등에 따라 주민은 정책집행에 커다란 영향을 미치게 되며, 정책집행 과정상 집행을 자기 집단에 유리하게 하는데 커다란 영향변수가 된다. 종속변수로서의 정책대상집단은 집단에 요구되는 행태 변화의 크기, 적절한 유인책과 규제 수단, 정책순응에 요구되는 비용, 정책대상집단은 과거의 정책 경험, 지역적 주민 정서와 사회적 분위기 등이 그 주요 영향 요인들이다(김병진, 1992: 173－175). 이들 요소 가운데 정책순응에 필요한 경비, 정책대상집단의 과거 정책경험, 국민적 정서와 사회적 분위기 등에 대해서 구체적으로 살펴보면 다음과 같다.

첫째, 일반적으로 특정한 정책에 대해 순응하기 위해서 과다한 비용이 필요한 경우 정책대상집단의 정책불응 가능성은 높아지고 효율적인 정책집행의 가능성은 그만큼 낮아진다. 폐기물 종량제에 있어서도 종량제의 본래적 취지가 배출자부담원칙에 입각한 감량화인 만큼, 폐기물 규격봉투 가격구조가 비현실적인 쓰레기 처리 비용의 가격 현실화라는 차원에서 대폭 인상된다면 경제적 형평성의 문제가 발생하게 되며, 동시에 정책에 대한 대상집단의 불응 원인이 될 수도 있다는 것이 그 예이다.

둘째, 정책대상집단들은 과거에 경험한 유사한 정부정책에 대해 부정적인 경험을 한 경우 그 정책에 대한 순응도 역시 낮을 것이다. 예를 들면, 과거 폐기물 정액 처리 비용 방식을 채택했을 때 단독주택의 경우 환경미화원에게 개별 수거료를 지불했던 주민이 상당수 있었으나 종량제 실시 이후 '배출자부담원칙'에 입각해 쓰레기 수거료의 점진적 가격 현실화와 함께 문전 수거 방식으로 전환되었다. 그러나 문전 수거가 제대로 실행되지 않았을 경우 환경미화원에게 개별 수거료를 지불하는 사례가 발생되기도 했으며, 이것은 쓰레기 처리비용의 이중적 부담에 따른 불응의 요인이 될 수도 있다는 지적을 받았던 사례가 있다.

셋째, 국민적 정서나 사회적 분위기는 정책대상집단의 정책순응을 높이는 방향으로 작용함으로써 정책집행의 효율성을 높일 수 있게 된다. 어떤 특정 이해관계집단이 자기들에게 불리한 정부의 시책에 반대하는 경우 사회적 분위기가 여기에 비우호적일 때 그들의 반대의 강도는 약화될 수밖에 없게 된다. 예를 들면, 소각장이나 매립장 건설 시 부지 선정 지역 인근의 주민들이 정부 시책에 반해 장기간 시위를 하려는 경우 사회적 분위기가 여기에 비우호적일 때 그들의 시위 기간은 단축되거나 아예 시위 자체를 자제하는 것은 그 좋은 예이다.

폐기물 관리를 포함하여 환경관리에 시민 참여를 배제한 소수의 특정 전문가만에 의한 정책결정은 결국 충분하고도 필요한 전문가 지식 내지 대안을 광범위하게 모색하기 어렵다. 동시에 객관성 없는 전문적 판단을 범할 오류의 가능성을 배제할 수 없다고 헤펠(Edwin T. Haefele)은 지적한 바 있다(Haefele, 1982: 19－20). 우리 사회에서도 가끔씩 주민과 행정기관 간에 주민 참여 배제에 의한 행정 불신으로 인해 분쟁사태로 표출되어 심각한 사회적 갈등 양상으로 드러나기도 한다. 따라서 효율적인 폐기물 관리를 위해서는 폐기물 관리에 주민 참여가 매우 중요하다. 생활폐기물 '배출자로서의 지위'를 갖고 있는 주민들이 폐기물 관리에 자발적으로 참여할 수 있는 제도적 장치가 갖추어지지 않게 되면 주민들은 그들의 폐기물 배출행위에 대해 무관심하게 된다. 이러한 주민 참가는 주민들의 권리에 속하기도 하지만 의무이기도 하므로 폐기물 관리법제는 폐기물에 관한 주민의 의무를 여러 분야에서 구체화시킬 필요가 있다(폐기물관리법 제6조 및 제7조). 주민 참여에 대한 논의는 시장・군수・구청장 등의 행정관료 및 행정기관의 재량에만 의존할 것이 아니라 지방의회를 중심으로 진행되어야 한다. 그리하여 주민들은 행정기관의 계획 수립 단계에서 부터 주민의견을 제출하고, 지방의회에서의 논의를 방청하며, 필요할 경우에는 의회에 청원서를 제출하는 등의 방법으로 주민 참여를 실천해야 한다.[54] 이때 행정기관과 의회의

54) 1990년대 이후 폐기물관리정책의 집행과 함께 가장 자주 등장하는 환경 문제는 쓰레기의 처리 문제이다. 그 중에서도 소각장이나 매립장은 매우 어려운 문제이다. 쓰레기는 시장・군수・구청장의 책임 하에 처리하도록 법제화되어 있기 때문에 원칙적으로 그 지역 내에서 매립하거나 소각시켜 처리해야 한다. 즉, 쓰레기는 좋건 싫건 간에 우리가 사는 시・군・구 내에서 해결해야 하며, 다른 지역에서 처리할 때에는 그 다른 지역에 특별한 보상을 제공해야 한다. 그러므로 소각장 건설에 무조건 반대하는 님비(NIMBY) 현상은 환경자치의 권리에 위배되며, 반면에 보상이나 혜택을 받고자 소각장의 위험성을 무시하면서 더 크게 더 빨리 짓자고 시위하는 핌비(PIMBY) 현상도 본래적 의미의 주민 참여와는 다르다. 소각장을 건설하기 전에 우선 그 지역의 쓰레기 처리에 관한 종합계획(Master Plan)을 수립하여 감량・재활용 목표를 수립하고 매립과 소각 및 퇴

결정이 주민 의사와 무관한 것일 경우, 행정심판, 환경소송 등을 제기하는 것도 주민 참여에 해당한다.

환경행정과 환경운동의 연계 또한 환경 시책의 수립 및 집행에 지역주민이나 환경단체들이 참여함을 의미하는데, 일반적으로 환경 시책에 의한 주민 참여는 구상(構想/政策決定), 기본계획 수립, 사업계획 수립, 집행 등과 같은 여러 단계에서 실행될 수 있다.

우리나라의 경우 대부분 정책집행 단계에서 뒤늦게 주민 참여의 절차를 규정하고 있으며, 환경영향평가 시기 자체가 너무 늦게 규정되어 있기 때문에 실질적 · 사전적 주민 참여가 거의 불가능 상태이다. 과거 경기 산본 · 과천 등의 소각장 건설사업의 갈등사례가 그 대표적인 사례이다.[55] 폐기물 정책집행에 영향을 미치는 시민 참여와 관련된 사항으로는 청소행정 서비스의 초과 수요, 사회경제적 동기부여 등의 요인을 들 수 있다.

첫째, 청소행정 서비스의 초과 수요 측면에서 볼 때, 서비스의 수준이 시민의 욕구를 만족시킨다면 변화에 대한 자극이 없을 것이고 따라서 자발적 참여도 있을 수 없다. 즉, 효율적인 폐기물 관리의 필요성은 그만큼 적어지게 된다. 그러나 현재의 청소행정 서비스 수준이 불충분하다면 시민들은 자발적 참여를 통해서 그 수준을 증가시키려고 할 것이다. 결국 청소행정 서비스의 공급보다 시민들의 서비스에 대한 수요가 더 많아야 정책집행 과정상 협력관계의 중요성이 제고된다.

둘째, 성공적인 폐기물 집행을 위해서는 그 지역사회의 경제적 여건과도 상관 관계를 이루고 있다. 즉, 잘사는 지역의 협동 생산[56]은 못사는 지역보다 높다는 점이

비화의 비율을 정하여 현존 매립지의 가용 연한을 계산한 다음 '환경영향평가'를 통해 언제, 어디서, 어느 정도의 크기로 어떤 기술 방식과 부대시설을 갖추어 건설할 것인지 검토 · 분석해야 한다.

55) 경기도 산본소각장 사례의 경우, 건설부지 매입이 종료된 상태에서 주민들에게 사업계획이 공표되었고 공청회 등이 행해졌기 때문에 행정기관은 이미 구입한 부지 활용을 위해서라도 본래의 사업계획을 강행시켜야만 하는 입장이었다. 자연히 행정기관과 지역주민 간의 마찰은 학생들의 등교거부까지 야기하는 심각한 갈등을 드러내었던 사례였다.

56) 협동생산이란, 공공 서비스의 구상과 전달에서 시민과 행정기관 간의 협력적 노력을 의미한다. 이 때 시민은 단순고객이 아닌 주체로서의 시민이며, 그 역할의 자발적 · 적극적 참여가 되어야 하며, 이것으로부터 시민의식 성장, 행정의 반응성 향상, 시민과 관료 간의 상호 이해 증진 등의 효과가 가능하다. 이러한 맥락에서 정규적 생산자인 정부와 소비자적 생산자인 시민 사이에 생산 행위에 포함된 범위를 의미하며 여기에서 능률성이 좀 더 향상된다는 것이다.

다. 다시 말해서, 주민 참여가 청소행정 서비스의 공급에 있어서 비용 효과적이며, 서비스 수준을 향상시키는 모델이라면 그 이유는 서비스 생산에 드는 비용(시간·노력·기술)이 주민들에게 이전되기 때문이다. 이러한 비용을 지불하는 데 불리한 주민들에게는 그만큼 주민 참여 프로그램에 참여하기가 어려워진다.

셋째, 지역주민들 간의 효율적인 의사소통 체제, 상호작용의 정규적 패턴, 이웃 조직의 실태 등의 사회적 여건은 시민 참여적 노력에 영향을 미친다. 이러한 제반 상황이 좋다면 시민의 참여와 서비스 수준을 증가시키고자 하는 주민의 자발적 참여 가능성은 높게 될 것이다. 쓰레기 분리수거의 경우 공동주택이 단독주택 지역보다 더 많은 효과가 있는 것은 다른 요인도 있겠지만 사회적 여건이 보다 용이하기 때문이다.

넷째, 주민 참여로부터 발생되는 이익이 참여자 자신들에게 돌아간다면 참여는 보다 극대화될 것이다. 즉, 참여하는 지역사회에 직접적으로나 간접적으로 혜택 또는 보상을 줌으로써 주민의 이기적인 동기를 충족시켜줄 때 성공가능성이 높아지게 된다. 또한 개인의 이익과는 별도로 이타적 동기에서 주민들은 참여하기도 하므로 참여하는 일에 대한 보람과 긍지를 고취시키는 것이 필요하다. 특히 이러한 이타적 동기는 자발적 참여가 요구되는 경우 매우 중요하다(山村恒年, 1989: 375-386).

4. 정책집행 대상집단의 순응과 불응

결정된 정책이 자동적으로 집행되지 않고, 여러 가지 제약요인, 특히 정책집행에 의해 달리 집행될 수 있다는 점에서 집행기관의 효율적 집행과 정책대상집단의 순응이 있어야 그 효과성이 크게 된다. 순응(compliance)이란 정책이나 법규에서 요구하는 행동에 따르는 행위를 의미하며 이에 반하는 행위를 불응(non-compliance)이라고 한다(정정길, 1990: 564).

폐기물 종량제는 효율적인 분리·수거를 위하여 시민들이 쓰레기 분리·배출을 하도록 규정하고 있는 바, 시민들이 분리·배출에 적극적으로 참여하게 되면 순응이 일어난 것이 되고, 반면에 종전과 마찬가지로 쓰레기를 혼합 배출하게 되면 불응이 일어난 것이 된다.

순응을 확보하기 위해서는 무엇보다도 정책이 명백해야 하며, 지속된 사회적 관습이 정책결정자나 집행자의 지위에서 크게 이탈하지 말아야 한다. 또한 긍정적 또는 부정적인 제재가 가능해야 할 뿐만 아니라 불응과 환경적 조건에 대한 통제를 할 수 있어야 한다(김병진, 1995: 365). 정책의 순응과 불응에 대하여 논의할 때 유의해야할 점은 정책순응이나 불응의 현상이 정책대상집단인 주민에게서만 나타나는 것이 아니라 정책의 선택이 이루어지고 나서 일선 행정기관이나 제3의 부문, 즉 청소대행업체 부문에서 집행이 이루어지기까지의 각 통과 단계들(passages)에 개입되어 있는 집행자들에게서도 일어나는 현상이며, 정책집행자들의 순응과 불응도 정책대상집단의 순응 및 불응과 같이 정책의 성공적인 집행에 커다란 영향을 미치게 된다.[57]

순응의 발생요인에 대해서 안해균 교수는 ① 권위에 대한 믿음, ② 합리적·의식적 설득, ③ 개인적 이익, ④ 강제, ⑤ 정책집행 기간 등을 제시하였으며(안해균, 1997: 379-381), 김병진 교수는 순응의 요인을 ① 권위, ② 합리성, ③ 정부의 정통성, ④ 개인적 이익, ⑤ 제재의 사용, ⑥ 평판, ⑦ 집행의 기간 등 일곱 가지 요인을 들고 있다(김병진, 1995: 367-369).

정책참여자(또는 정책대상집단)들의 정책불응과 관련된 대표적인 사례로서 과거 우리나라의 쓰레기 처리시설의 건설(매립장 및 소각장 건설)과 지역주민 간의 갈등을 꼽을 수 있다.

1990년대 당시 정부의 쓰레기 소각장이나 매립장 건설은 그 처리 기술 개발의 미흡 등으로 대부분 매립 처리에만 의존했다. 좁은 국토에서 급증하는 폐기물 발생량과 매립지 포화상태 등으로 새로운 처리방식이 요구되었고, 인구 밀집지역인 수도권 폐기물 처리방식이 대부분 소각 처리 방식으로 전환되면서 행정기관과 지역주민 간의 갈등 현상이 빈번하게 발생했다. 특히 지방화 시대의 도래와 함께 쓰레기 처리장이 님비 현상의 표본처럼 인식될 정도로 쓰레기 소각장이나 매립장, 화장장과 같은

57) 순응과 가까운 개념으로 동조(comformity)와 수용(acceptance)이라는 개념들이 있다. 이들 가운데 동조는 명시적 또는 묵시적으로 행동규범에 일치하는 방향으로 행동을 수정하는 것을 말하며, 따라서 이 동조의 개념은 순응에 포함되는 개념이다. 한편 수용은 단순히 외관상의 표면적 행동만 변화시키는 것이 아니라 태도의 변화 및 내면적인 가치 체계의 변화까지도 포함되는 개념이기 때문에 외관상 나타난 행동이 특정 규범이나 규칙에 일치하는 것을 의미하는 순응의 개념보다 장기간에 걸친 행동의 수정에 더 영향력이 있다(노화준, 1996: 417; Barnard, 1956: 165; Dunkan, 1981: 192).

혐오시설의 입지에 대해 인근 지역주민들의 저항이 빈발하는 바, 정책의 집행에 대해 발생하는 대표적 불응 현상이라고 할 수 있다. 이와 같이 아무리 정책이 엄격하고 철저하게 집행되는 경우라도 모든 사람이 정책에 순응하는 것은 아니며 어떤 이유에서든 불응이 발생되고 있다. 콤즈(Fred S. Coombs)는 불응의 발생 원인에 대해 ① 의사전달의 문제, ② 자원, ③ 정책 자체, ④ 권위, ⑤ 행동 등을 들고 있다(Coombs, 1981: 53－91).

앤더슨(James G. Anderson)은 정책대상집단의 불응 요인을 ① 법적 가치의 갈등, ② 법조문의 모호성과 복잡성, ③ 이기적 욕구 등을 들고 있다(Anderson, 1984: 104－105). 김병진 교수는 불응의 발생 원인을 ① 가치·관습, 그리고 신념 체계상의 차이, ② 선택적 불응, ③ 집단에의 귀속성, ④ 금전적 탐욕, ⑤ 정책의 모호성, ⑥ 정책에 대한 순응의 어려움 등을 들고 있다(김병진, 1995: 370－374). 안해균 교수는 불응의 발생 요인을 ① 기존 가치체계와의 대립, ② 금전적 욕심, ③ 정책의 모호성 및 기준의 비밀성 등을 지적하고 있다(안해균, 1977: 381－382).

이와 같이 학자들의 정의하는 불응 요소와 함께 비유할 수 있는 대표적인 정책불응 사례를 폐기물 정책의 집행과 관련된 분쟁사례를 들 수 있다.[58] 환경부의 폐기물 처리 중장기 목표에서 소각률 의존도가 매우 높다는 점을 고려할 때 폐기물 종량제 실시 이후 우리나라의 쓰레기 분쟁은 소각장 건설에 의하여 주도되어 왔다고 해도 과언이 아니다.[59] 그러나 최근에 들어서 소각장과 관련된 분쟁은 더 이상 발생하고 있지는 않지만 쓰레기 소각 시 소각 잔재의 배출량이 20%에 달하므로 각종 유해물질을 다량 포함하고 있는 소각 잔재는 매립 방식으로 최종 처리된다. 쓰레기의 최종 처리는 결국 매립 방식에 의하기 때문에 매립장을 둘러싼 분쟁도 지속될 것이다. 이러한 갈등은 지방정부와 주민에게만 있는 것이 아니라 지방정부 상호간의 분쟁도 야기되고 있으며, 과거 청주시와 청원군, 춘천시와 홍천군, 진주시와 사천군, 전주시

58) 분쟁이란 정부의 정책집행 과정에서 사회가치적·경제적·환경적 이해관계가 대립되어 나타나는 양상을 가리키는 것으로 정부, 지역주민, 지방자치단체 간에 나타나는 현상으로 집행 과정에서 표출되는 불응의 한 형태라고 할 수 있다.

59) 과거 폐기물 종량제가 추진되었던 초기(1990년대 중반 이후 2000년대 중반까지)에는 쓰레기 소각장을 둘러싼 분쟁이 다반사였으며, 김포와 군포 간의 쓰레기 분쟁도 결국은 군포시의 쓰레기 소각장 입지를 둘러싼 분쟁이 그 대표적 사례였으므로 당시 추진되었던 소각장 건설지역의 대부분이 심각한 분쟁을 경험한 바 있다.

와 완주군 간의 매립장 건설을 둘러싼 분쟁의 사례가 그 대표적 사례이다.

미국의 경우에도 예외는 아니어서 매년 2억 1천만 톤의 도시 고형폐기물을 배출한다. 이것은 2kg(1인/일)에 이르는 양이다. 미국은 1960년대 이후 쓰레기 배출량이 2배 이상 증가되었고, 1990년 이후 안정화 추세를 보여왔으나 1인당 폐기물 배출 증가 비율은 약 70% 폭을 나타내고 있으며, 주민－정부 간의 대표적인 갈등 사례가 1987년 뉴욕 근교의 '아이슬립사건'이다.

주민 참여와 님비 현상 - 방황하는 쓰레기

님비(Not In My Back Yard: NIMBY) 현상이란 말이 언제부터 생겼을까?

1987년 3월 3,200톤의 쓰레기를 실은 바지선 한 척이 매립지를 찾아 출항하였다. 그 쓰레기는 뉴욕 근교의 아이슬립(Islip)이라는 곳에서 쓰레기 처리 방법이 마땅치 않게 되자 배출된 쓰레기 3,168t을 바지선 '모브르 4000호'에 싣고 받아줄 곳을 찾아 무작정 항해에 나서게 된 것이었다. 미국 남부 6개 주(노스캐롤라이나, 플로리다, 앨라배마, 미시시피, 루이지애나, 텍사스 등)를 전전했으나 쓰레기를 받아주지 않았다. 다시 중남미로 방향을 틀어 멕시코와 벨리즈. 바하마까지 갔지만 모두 '노생큐'였다. 결국 쓰레기는 6개월 동안 6개주, 3개국 6천 마일을 돌았지만 실패하고 돌아오게 되었다.

님비(NIMBY)는 이 때부터 생겨났다. Not In My Back Yard(우리 뒷마당에는 안 된다 또는 우리 동네에 오지 마세요)의 단어 첫 글자를 이어 만든 신조어로서, 쓰레기 소각장, 분뇨 처리장, 화장장, 비행장, 발전소, 방폐장과 같은 시설이 필요한 줄은 알지만 해당 지역 거주민들이 '우리 동네는 사절'이라며 강력하게 저항하는 지역이기주의 현상이다.

바나나(BANANA) 신드롬이란 말도 있다. 우리 동네사람 근처에는 절대 아무것도 짓지 말라(Build absolutely nothing anywhere near anybody)는 뜻으로 님비와 같은 의미다.

이와 같이 님비 현상은 우리나라뿐만 아니라 세계 각국이 겪고 있는 골칫거리이다. 뉴욕시는 아이슬립의 '쓰레기 오디세이' 교훈을 통해 '공평 부담 기준'이란 걸 만들었다. 특정 지역에 혐오시설을 신설할 때 도시 전체 지역 차원에서 부담과 이익을 공평하게 분담해야 한다는 원칙이다.

이러한 문제를 풀어가는 방식이 보상이다. 혐오시설이 들어서는 지역주민에게 직접 보상을 해주거나, 세금 감면, 일자리 제공, 시설운영권 등 간접 보상으로 보전한다. 혐오시설 입지에 따른 예상 손실을 보험으로 보전해 주는 경우도 있다

이렇게 혐오시설을 싫어하는 우리나라 국민들도 문제지만, 국가에서도 그런 혐오시설이 오면 그만큼 주고받기(give and take)가 되어야 하지 않을까 하고 생각한다. 그런데 막상 교도소, 발전소가 생긴다고 달라지는 것도 없다. 거기에 인력이 고용되어서 해당 지역에 발

전이 될 수도 있고, 지역주민들이 고용되어 복지가 발전될 수도 있다. 지역주민들에게 그런 내용을 아무리 설명해도 소용없다면 소용없을 것이고 어떻게 든 더 반대급부를 받아내려고 하는 것이 지역이기주의다. 하지만 그러한 시설물이 들어서는 것을 반대하는 지역주민들을 무조건 비난할 수만은 없다. 그들이 살아왔고, 앞으로도 계속 살아갈 터전이기 때문에 '우리는 지역주민들의 이해와 동의를 얻기 위해 무엇을 할 것인가'에 대해 고민해야 할 것이다. 다시 말해서, 폐기물 관리와 함께 그 참여자에 해당하는 행정기관과 지역주민 및 청소대행업체 등의 이해관계에서 발생하는 갈등(님비) 현상에 대하여 그 해소 방안을 찾기 위한 협의와 협력을 적극적으로 모색해야 할 것이다.

5. 자원순환 사회 구축을 위한 환경행정의 과제

과거 산업화 시대에는 소비가 미덕이었다. 산업 시대가 인류에게 가져다 준 풍부한 물자는 그저 많이 쓰고 많이 버리는 것을 미덕으로 알았고, 생산자는 무조건 많이 만들어서 많이 파는 것이 미덕이었다. 200여 년 간 지속되어 온 산업 시대의 풍부한 물자 제공은 우리가 먹고, 쓰고, 버려서 만들어진 처치 곤란한 쓰레기 더미를 선물했고, 인류에게 기후 변화와 환경오염이라는 환경재앙을 안겨주었다.

점차 고갈되어 가고 있는 화석연료와 획기적인 대체 에너지의 개발이 부진한 오늘날, 21세기를 살아가고 있는 우리에게 더 이상 소비의 미덕은 없다. 다만, 절제의 미덕만이 존재할 뿐이다. 그것이 자원순환 사회 구축을 위한 환경행정의 주요 과제이며, 지속가능한 환경보존과 쾌적한 삶의 질 유지에 필요한 최소한의 덕목이기 때문이다. 자원순환 사회 구축을 위한 환경 위기의 극복은 지구의 유한성, 세대 간의 윤리, 생물다양성종의 보호를 기본요소로 하고 있는데, 이것들은 근대적인 제도나 윤리에 의해 보장될 수 없다는 점에서 향후 환경행정이 선결해야 할 주요 과제이다(박미옥, 2011).

첫째, '소비'와 '절제' 사이에서 우리는 '지구의 유한성'이란 문제를 심각하게 고려해야 한다. 지구 일부분의 파괴는 지구 전체에 위기를 초래하기 때문에 생태계 보호를 위한 국제적인 규제가 강력히 요청된다. 그것은 민족 국가를 단위로 하는 근대적인 정치경제 체제를 극복해야 만이 환경 문제, 더 나아가서 인류의 한계를 극복할 수 있다는 점에서, 향후 미래사회를 관리해야 할 환경행정이 범국가적, 범세계적 차원에서 풀어나가야 할 주요 과제이다.

둘째, 지구촌 사회를 뒤덮고 있는 범람하는 쓰레기더미와 에너지 고갈과 관련하여 '각 세대 간의 윤리'를 고려할 때, 오늘의 환경 문제는 자칫 지금의 세대가 가해자가 되고 미래의 세대가 피해자가 되는 범죄의 문제가 될 수도 있다. 세계의 자연생태계가 약 35억 년에 걸쳐서 집적해 온 석유·석탄과 같은 태양에너지를 불과 몇백 년 동안에 소진해 버린다든가, 생물다양성 종들이 멸종된 황폐한 자연을 미래 세대에게 물려주게 된다면 그것은 무책임한 이기주의가 되는 것이다. 따라서 오늘의 환경 위기는 이 시대를 살고 있는 사람들의 약속을 근거하는 '법의 정당성'을 토대로 '근대의 법 체계'를 통해서 지속 가능한 발전을 추구해야 할 것이다.

셋째, 진정한 의미의 생물종 보호가 가능하기 위해서는 생물종들이 단순히 인간에게 유용하기 때문에 보존한다는 차원을 넘어서 생물종의 내재적인 가치와 권리를 인정해야 한다(가토 히사다케, 2001: 34－36). 이는 근대적인 법 체계와 윤리 체계가 인간만을 보호해야 할 권리를 소유하는 것으로 보는 단계를 뛰어 넘어서, 단순히 인간이 좀 더 인간다운 인간으로 성숙하기 위해 필요한 근대적인 의식의 극복을 의미하며, 그것의 중심에는 이 시대가 요구하는 방향으로의 환경행정의 역할이 요구된다고 하겠다.

넷째, 기후 변화와 환경 문제의 해결은 자원 보호와 자연 보호를 통한 전통적인 삶의 방식으로 회귀하는 차원을 넘어서 최첨단 과학기술의 도움 없이는 불가능하다. 특히 우리나라의 관점에서 보다 바람직한 자원순환 사회를 구축하기 위해서는 프리드먼(Thomas Friedman)의 인터뷰 내용이 많은 것을 시사하고 있다. 뉴욕타임스 칼럼니스트인 프리드먼이 최근 글로벌 경제위기와 환경 문제에 대한 인터뷰에서 한국의 사회경제적 도약을 위해 환경행정이 나아가야 할 방향을 적절히 표현하고 있다. 프리드먼에 따르면, 산업혁명 이후 다음 세계의 경제구조는 'IT(정보기술)'에 이어 풍부하고 안전하며 값싼 새로운 에너지 기술인 'ET(에너지 기술 혹은 녹색기술)'가 그 승부를 가르게 될 것이라고 한다. 그런 의미에서 "한국은 천연자원이 없다는 점이 오히려 축복이 될 수 있다는 것"이다.[60] 천연자원이 거의 없는 대신에 우수한 인적자원을 통해 모든 재원이 두뇌 속에 있어서 혁신적인 환경기술을 개발할 수 있는 무한

60) Thomas L. Friedman, "2009 그린포럼(Green Forum) 연설문", 2009.2.22.

한 잠재력을 갖고 있다는 것이 프리드먼의 설명이다.

예를 들어, “인천공항이 두바이 공항과 마찬가지로 최첨단 시설을 갖추고 있는데, 두바이가 석유와 같은 천연자원을 개발해서 세워졌다면 한국은 사람의 지식을 통해 얻은 부(富)로 세워졌다는 점이 다르다는 것이다. ‘머릿속의 석유’는 결코 사라지지 않으며, 그것이 도전이자 성취가 될 것”이라는 점에서, 한국은 빈곤한 자원으로 어려움을 겪고 있지만 녹색기술에 투자하면 세계를 선도할 것으로 전망된다는 프리드먼의 주장은 환경행정의 역할과 중요성을 강조하고 있다는 점에서 매우 의미심장한 말이 아닐 수 없다.

이상의 국내 · 외적 환경 여건을 고려할 때, 한국이 미래사회의 지속 가능한 발전을 위하여 수립해야 할 가장 적합한 비전은, “한국은 비록 정보화 기술(IT)은 앞서 왔지만 산업화 과정이 늦었고 그 원천적 기술도 갖지 못했다”는 점을 감안하여 향후 “신재생 에너지와 같은 ET(에너지 기술 혹은 녹색기술) 분야에 대해서 R&D(연구 · 개발) 분야 등에 집중적인 투자를 추진한다면, 우리나라의 경제 성장과 녹색기술은 한국뿐만 아니라 아시아의 녹색 허브를 주도할 것이며, 전 세계의 친환경적 성장과 발전에 기여할 것이라는 점에서 향후 환경행정의 역할과 과제가 적지 않음을 시사하고 있다.

생각발전소

1. 폐기물 종량제 또는 음식물류 종량제에 대한 생활 속 실천사항을 구체적으로 정리해 보자.
   (1) 우리는 폐기물 배출량을 줄이기 위하여 어떤 노력들을 할 수 있을지 고민해 보자.
   (2) 나는 음식물류 쓰레기 종량제를 위하여 어떠한 생활 속 실천을 하고 있는지 생각해 보자.
   (3) 우리집 생활폐기물 배출량과 음식물류 쓰레기 배출량을 매달 관찰하여 기록해 보자(그것은 곧 우리집 음식물류 쓰레기 처리 비용의 감소, 식생활 비용의 절감, 탄소배출량의 저감 활동 등에 직접적인 영향을 미친다).
2. 우리가 배출하는 생활쓰레기의 처리방법에는 매립, 소각, 재활용 등이 있다. 우리가 거주하는 지역에서의 쓰레기 발생량은 얼마이며, 그것의 주된 처리방법은 어떤 것인지 알아보자.
3. 지속 가능한 미래 사회를 구축하기 위하여 폐기물 문제에 대한 우리의 생활 속 대응 자세에 대하여 구체적으로 논의해 보자.
4. 쓰레기 제로화를 추진하는 자원순환형 사회는 무엇이며, 지속 가능한 발전과 자원순환형 사회의 구축을 위하여 우리가 기여할 수 있는 방법으로는 어떤 것들이 있는지 생각해 보자.

Chapter

08

환경 규제의 이론과 실제

이 장은 국민의 안전, 인권, 복지, 환경 등 전 분야에 걸친 국민의 삶의 질을 건강하게 구현하기 위한 사회적 규제의 일환으로서 추진되는 환경 규제에 대하여 학문적 논의를 정리하였다. 환경 규제의 개념과 필요성에 대한 논리적 타당성을 설명하였고, 규제 수단에 대한 유형 및 분류체계에 대하여 논의하면서 우리나라 환경 규제에 대한 현황과 문제점을 논의하였다. 특히 우리나라의 환경 규제는 환경오염에 대한 문제점을 해결하기 위한 수단으로서 다양한 유형의 규제 수단을 활용하여 왔으며, 전 세계적으로도 환경 규제의 패러다임은 규제 강화라는 명목으로 환경보호의 목적이 자발적 환경 협약이나 자발적 협조를 끌어냄으로서 추진되는 새로운 차원의 환경 규제 수단이 전개되고 있다. 이러한 규제 수단의 특징은 시장 유인적 규제, 자율 규제적 또는 비규제적 요소가 증가되면서 사전 예방적 규제를 강화하고 규제 권한을 분권화하고 있다는 특징을 지니고 있다, 그러나 우리나라 환경 규제는 단편적 접근 방식이라든가, 상수원보호 규제의 복잡성, 기준 설정의 비적절성, 제도 자체의 문제 및 정부차원 문제 등이 그 한계로 나타나 있음을 설명하였다.

제1절 환경 규제의 이론적 배경

1. 환경 규제의 개념

환경 규제(environmental regulation)의 개념은 정부 규제의 개념을 통해 알 수 있는데, 정부 규제(government regulation)란 바람직한 경제사회의 질서 구현을 위해 정부가 시장에 개입하여 기업과 개인의 행위를 제약하는 것을 말한다(최병선, 2006). 행정규제기본법 제2조에서 정부 규제는 "국가나 지방자치단체가 특정한 행정목적을 실현하기 위하여 국민의 권리를 제한하거나 의무를 부과하는 것으로서 법령등이나 조례·규칙에 규정되는 사항으로 정의하고 있다. 정부 규제는 그 규제대상에 따라 기업 및 개인의 경제 활동에 제약을 가하는 경제적 규제(economic regulation)와 사회의 각 주체가 사회 일반에 미치는 부정적 영향을 통제하는 사회적 규제(social regulation)로 구분 할 수 있다(사회복지학사전, 2009). 환경 규제는 후자인 사회적 규제에 포함된다.

환경 규제란 국민의 안전, 인권, 복지, 환경 등 전 분야에 걸친 삶의 질을 건강하게 구현하기 위한 사회적 규제의 일환으로, 불특정 다수 국민들의 환경권, 즉 환경보전을 위해 다양한 경제 주체들이 야기하는 대기, 수질오염 등 환경오염을 방지하기 위하여 기업과 개인을 행위를 제약하거나 법령, 행정력, 집행수단, 규제기법 등을 사용하여 피규제자를 통제하고 강제하는 활동이라 정의할 수 있다(김번웅·오영석, 1997: 172). 결론적으로 환경 규제는 정부가 사회적으로 바람직한 환경보전을 실현하기 위해 기업, 시민, 공공조직에게 법령에서 정한 의무부담과 권리 제한 사항을 이행하도록 법령, 행정력, 집행수단 등을 사용하여 기업과 개인의 행위에게 제한을 가하는 활동으로 정의된다. 환경 규제의 목표인 환경정책이 추구하는 바람직한 상태는 헌법 제35조에서 규정되어 있는 국민의 환경권에 근거를 두고 있다.[1] 우리나라는 1963년 공해방지법을 제정하여 제1차 경제개발 5개년계획(1962~1966)에 따른 환경

1) "모든 국민은 건강하고 쾌적한 환경에서 생활할 권리를 가지며, 국가와 국민은 환경보전을 위하여 노력하여야 한다"(헌법 제35조).

오염에 대응하기 시작하였다. 1960년대 후반에 들어서 환경오염 문제가 사회적 관심으로 대두되었고, 이에 따라 1971년 공해방지법을 전부 개정하여 배출시설 개념 도입, 허가제 도입, 대기·수질·소음·악취별 배출허용 기준 등을 설정하였다. 또한 1960~1970년대 중화학공업을 중심으로 경제개발이 본격화되자 1977년 제정된 환경보전법은 특정 유해물질 지정, 환경 기준 제정, 배출부과금 도입, 55개 오염물질 등을 지정하여 환경오염을 규제하고 관리하기 위한 체계를 갖추어 나가기 시작했다. 현재까지 환경 문제가 다양해짐에 따라 오염분야별 대책법도 복수적으로 분법화되고 있다.

2. 환경 규제의 필요성

이론적으로 시장에서 재화 및 서비스의 자유로운 거래가 허용되는 완전경쟁시장을 전제로 하여 시장 메커니즘은 자원을 가장 효율적으로 배분한다. 하지만 시장이 항상 효율적으로 자원배분을 할 수 있는 것은 아니어서 시장실패(market failure)가 발생한다. 시장실패의 발생은 정부의 환경 규제가 정당성을 획득하는 이유가 된다. 즉, 깨끗한 물, 자연자원 등 한정된 자원을 시장이 효율적으로 배분하고 이를 적정하게 이용하는 것이 어려운 것은 현실에서 불완전한 시장이 존재함에 따른 시장실패 이외에 공공재의 존재, 외부 효과, 정보의 비대칭성 등을 들 수 있다. 특히 환경오염에 대한 국제적 관심이 증대됨에 따라 정부가 환경 문제의 심각성을 인식하고 이에 대한 정부의 개입이 적극화되기 시작한 단계로서 환경정책상 직접 규제(command and control)방식이 도입되기 시작하였으며, 우리나라의 경우에도 성장과 개발의 논리에 따라 배제되었던 환경 이슈가 정책 문제로 등장하였으나, 점오염원(point source) 관리와 지역적·국지적 오염관리기관으로 1980년 1월 보건사회부의 외청으로 환경청이 출범하였고, 1992년 환경부로 확대·개편되어 오늘에 이르고 있다.

이와 같이 국내·외적으로 환경 문제에 대한 관심이 증가함에 따라 1980년대 중반부터 많은 선진국에서는 환경 문제 해결을 위한 합리적 환경 규제 수단의 설계가 중요한 이슈로 등장하였으며, 환경오염의 사후관리 수단보다는 사전예방 내지 오염의 원천적 감소(reduction-at-the-source)에 중점을 두었으며, 환경영향평가, 환경계획기법의 도입이 확대하였고, 또한 농업 등 비점오염원(non-point source)에 대한 관리에도 많은 관심을 기울이게 되었다. 1990년초부터는 환경 개선을 위한 경제적 수단의 도입 등 시장 경제적 접근방법(market-based approach)의 도입이 확대되는 등 우리나라는 환경 규제는 단계적으로 발전하였으며, 다양한 정책 수단이 혼합되고 자발적 환경보전 노력이 확산됨에 따라 환경보전과 경제발전을 동시에 추구할 수 있는 가능성이 제기되기 시작하였다. 특히 기존의 전통적 규제 수단과 경제적 수단 및 자발적 합의 등 각종 정책 수단을 혼합 적용함으로써 환경성과 증진, 보다 나은 비용-효과의 달성하고 환경 목표를 달성하는 데 신축성을 부여하는 새로운 경향이 나타나기 시작하였다. 환경 규제가 경제개발의 걸림돌이 아니라 장기적으로 경제 성장에도 기여할 수 있다. 즉, 환경 규제를 통해 환경자원을 아끼고 절약하는 국민들의 소비 생활이 확산되고, 기업들의 생산공정과 방식도 에너지 및 자원 절약형, 환경 친화형으로 전환시켜 나가는 수단으로 환경 규제의 패러다임이 바뀌고 있다.

3. 환경 규제 수단의 유형

1) 강제력의 정도에 따른 분류

환경 규제 수단의 유형은 정부의 강제력의 정도에 따라 명령 지시적 규제, 시장 유인적 규제, 자율 규제 등으로 나눌 수 있다.

(1) 명령 지시적 규제

명령 지시적 규제(regulation by directives)는 환경 규제기관이 달성하고자 하는 일정한 규제 기준을 정하고 이를 위반할 경우 규정된 처벌을 가하는 방식으로 '명령과 통제' 방식(command and control)을 기본적인 구조로 한다. 비교적 간단하고 직접적이며 효과가 즉시 나타나는 장점이 있어 환경정책의 기본적인 규제 수단으로 전 세계적으로 보편화된 규제방식이다. 명령 지시적 규제 수단의 대표적인 예로 환경기준의 설정(ambient standard)과 그 위반 시 강제적 적용, 환경계획 수립, 환경오염물질 배출시설의 설치 인·허가 및 신고 등록 의무 부과, 특정 물질의 사용 금지 및 제한(use restrictions or bans) 등이 있다(신상민, 2013: 16).

명령 지시적 규제의 장점은 내용이 단순하여 규제대상에게 준수사항이 명확히 전달되고, 오염원에 대한 획일적 관리로 단기적인 오염 감소 효과가 발생하기 때문에 정책결정 과정에서 채택 가능성이 높으며, 윤리적 호소력이 강해 정치적 설득력이 비교적 높은 규제 수단이다.

대표적인 환경 규제 수단인 명령 지시적 규제의 한계는 다음과 같다(Baldwin & Cave, 1999: Kay & Vickers, 1990; 이원희 외: 2009: 8－9).

첫째, 환경정책을 통해 달성하려는 환경기준치를 설정하고 이를 달성하기 위한 규제기준치와 구체적 행위 기준을 설정하는 것은 규제자와 피규제자 간 긴밀한 협력이 필요하므로 규제자가 피규제자에 포획될 가능성이 높다(Baldwin & Cave, 1999: 36－37). 규제 수준을 정하는 데 지나치게 데이터 수집, 비용, 기술, 생산 과정 등 판단해야 하며, 이러한 정보의 비대칭성을 극복하기 위해 정보 및 자원을 피규제자에게 의존하는 경향이 많이 나타날수록 포획의 가능성은 높아진다.

둘째, 명령 지시적 규제는 규제가 일단 만들어지면 제기되는 문제점을 해소하기 위해 과잉 규제(over－regulation)로 발전될 수 있다(Baldwin & Cave, 1999: 37). 정보의 비대칭성을 해소하려는 규제자의 개선 노력과 정치적인 이유, 규제 실패에 대한 조급한 대처로 인한 결과물이다. 규제 관료의 재량을 줄이려는 정치적 압력, 조급한 규제 처방의 결과 등을 들 수 있다.

셋째, 피규제대상에 대한 다양한 관련 요소를 고려하지 않고 일방적이고 획일적인 기준을 설정할 경우 기준 설정이 비합리적으로 설정될 가능성이 많다. 신 · 구 오염원의 종류와 양, 피규제자의 경제적 부담 능력 등의 차이를 고려하지 않고 획일적인 규제 기준의 설정은 피규제기관의 입장에서 볼 때 비용 효과적이지 않고 새로운 환경 변화에 대한 신축적 대응을 어렵게 만든다.

넷째, 명령 지시적 규제는 피규제집단의 기술혁신 노력을 저해한다. 일단, 피규제자가 규제 기준만 충족하면 되므로 그 이하 저감 노력이 불필요하게 만든다. 피규제자의 유인 체계를 왜곡시킴으로써 일단 피하고 보자는 규제 회피 문제가 나타나기 쉽고, 규제 회피 행태가 만연하게 되면 기준 준수에 대한 지도단속에 과도한 행정력이 필요하고 규제 목적은 달성하기 어렵게 된다.

(2) 시장 유인적 규제

시장(경제) 유인적 규제(regulation by market incentives)는 오염 유발자의 행태에 영향을 주기 위해 경제적인 인센티브를 사용하는 것으로서 규제대상자가 정부가 정한 규제 기준을 자발적으로 준수하도록 하는 방식이다.

이러한 경제적 유인책으로서는 부담금 및 부과금(charge), 예치금(deposit－refund), 보조금(subside), 이행 인센티브(enforcement incentives), 배출권 거래제, 쓰레기 종량제 등이 있다. 경제적 유인책의 장점은 잘 설계된 시장 유인적 규제 수단은 환경오염자에게 지속적으로 효율적인 환경오염 방지 수단을 강구화도록 환경오염 저감 유인을 내재화한다는 데 있다. 즉, 환경오염과 같은 외부 불경제의 문제를 경제적 유인수단을 통해 결합으로써 직접 규제 방식에 비해 사회 전체적인 오염방지 비용을 감소시키고 환경 문제 해결의 효율성을 높일 수 있다.

시장 유인적 규제는 실제 환경정책 과정에서 중요 수단이 되지 못하는데, 이는 관련 제도가 궁극적으로 오염자로 하여금 비용을 부담하게 하고, 행태 변화를 하도록 하기보다는 행정기관의 수입 증대, 비용 충당의 목적으로 사용되고 있기 때문이다. 또한 환경오염 집중지역과 그렇지 않은 지역 간 형평성 문제가 제기되어 환경 정의 문제가 발생될 우려가 있고 무엇보다도 돈을 주고 오염권을 사는 것은 사회윤리적으로 비난을 받을 수 있어 윤리적 호소력이 낮아 정치적 설득력이 비교적 높지 않은 것이 현실이다.

① 배출부과금

배출부과금(pollution fees, effluent charge)은 오염물 배출 시 오염 단위 또는 투입생산 요소당 일정액을 지불하게 하는 제도이다. 배출 허용 기준과 관계없이 기준 이하에서도 오염배출량과 배출량 증가에 따라 부과 비율을 높여 기업이 오염물질을 보다 적게 배출하도록 유인 체계를 구축하는 것이다. 시간 변화에 따라 배출량 변화가 작고 감시가 용이한 분야에 쉽게 적용(예: 수질오염)된다.

② 공해세

공해세(pollution tax)는 소비되는 유해물질에 과세하는 방식이다. 제품부담금 제도와 예치금 환불제도가 있는데, 제품부담금 제도는 생산, 소비, 폐기 시 환경오염

유발 가능성 있는 제품을 대상으로 일정 금액을 지불하도록 하는 제도(오염물질 배출 감시 어려운 경우, 배출부과금의 보조 수단, 제품 수요탄력성 크고 대체 가능한 경우 효과적)이다. 예를 들어, 황 포함 연료(프랑스), 자동차 연료(핀란드, 스웨덴)에 해당된다. 예치금 환불제도(deposit－refund system)는 오염발생 제품의 생산·소비 발생 전에 정부에 오염물질 처리비용을 예치하게 한 후 처리 후에 찾아가게 하는 제도이다(제품의 실체 명확해야 폐기 감시 가능, 재활용 가능하고 재활용 제품이 시장성 있어야 함). 예를 들어, 우리나라 폐기물 처리비용 예치금제, 환경개선부담금제 등이 있다.

③ 배출권 거래제도

배출권 거래제도(market in pollution right, emission trading)는 오염물질 배출권리를 거래하는 시장을 형성하여 민간에서 자율적으로 오염 문제를 해결하도록 하는 것이다. 오염물질의 총배출 기준(emission standard)을 정하고 배출권을 분배하여 허가받은 기준보다 배출량을 낮출 수 있으면 미사용한 배출권을 다른 기업에 판매가 가능하다. 관련 정책 수단으로는 버블(bubble), 상쇄(offset), 뱅킹(banking), 네팅(netting)이 있으며, 예를 들어 미국 대기오염 규제에 도입(1990), 탄소배출권 시장(carbon market: 2002, 런던 최초 거래소 개설)이 해당된다.

시장 유인적 규제는 규제 목적을 추구함에 있어서 오염물질 배출자가 배출량을 억제할수록 경제적 이익을 부여함으로써 피규제자의 자발적인 환경보전 유인 체계를 내재화함으로써 피규제자의 다양하고 창의적이며 자발적인 규제 준수 노력을 유도해 낸다. 또한 환경오염물질 발생 자체를 억제해 환경 문제를 예방하려는 차원에서 효과적이며 명령 통제방식의 직접 규제보다 비용 효과적이며 효율적으로 정책목표를 달성할 수 있다. 그러나 환경오염 집중지역과 그렇지 않은 지역 간의 형평성 문제가 제기 될 수 있고, 환경오염권의 인정이라는 윤리적 역효과가 발생되며, 환경 규제 기준치의 산정을 위한 많은 정보와 정확한 모니터링의 필요성, 환경오염물질의 국가 간, 지역 간 이동 문제, 무역과 환경 문제의 연계 가능성 등의 문제점을 가지고 있다(문태훈, 2008).

표 8-1 시장(경제) 유인적 규제의 종류

<table>
<tr><th>제 도</th><th>방 식</th><th>예</th></tr>
<tr><td>공해부과금제도
(taxes & subsidies)</td><td>배출부과금
사용자부과금
생산부과금
행정부과금
차등세금제도</td><td>공해세
공공시설사용료
오염물질 유발상품 생산에 대한 부과금
오염물질 등록비 등
환경친화적 상품에 대한 차등세금제도</td></tr>
<tr><td>배출권 거래제도*</td><td colspan="2">네팅(netting), 상쇄(offset) 정책, 버블(bubble) 정책</td></tr>
<tr><td colspan="3">시장 진입 제한 철폐, 환경 파괴적 산업에 대한 정부보조금 철폐</td></tr>
</table>

* 배출권 거래시장 일반원칙

① 새로운 유형의 재산권 개념 창출: 오염물질 배출허가권(a permit to emit pollutants)

② 총 허가권 수는 배출총량의 상한선이 됨

③ 배출허가권은 거래 가능

④ 배출권 거래 체제는 중앙집권화된 행정기구의 총 배출허가권 결정에서 비롯
→ 오염자들이 배출권 거래(누가 얼마만큼 배출할 수 있는가의 문제 숙고해야 함)

⑤ 총 배출허가권은 현재의 오염 수준보다 낮아야 함

⑥ 총 배출허가권 수가 일정한 한 총 배출량은 일정하게 유지됨

표 8-2 세금 · 보조금제와 배출권 거래제도 비교

세금 · 보조금제	배출권 거래제도
– 중앙집권 · 집중화된 접근	– 분권 · 분산적인 접근
– 강제력을 가진 행정기구가 프로그램 작동하면서 오염자들과 지속적으로 접촉	– 기본규칙이 정해지고 프로그램이 작동된 후에는 오염자들 간 혹은 이해당사자 간 접촉
– 배출 단위당 세금 부과(배출세) 혹은 배출 감소 단위당 보조금 부과	– 배출원의 오염 정도를 알아야 적용 가능

(3) 자율 규제

자율 규제(voluntary regulation, self-regulation)는 규제 당국과 기존의 규제대

상이었던 업계가 환경관리 개선을 위한 협력 주체로 인식되면서 피규제자인 기업의 자율성을 가능한 최대 허용할 목적으로 최소한의 환경 개선 의무의 이행을 담보하는 방식이다. 자율 규제의 집행 형태는 피규제자가 스스로가 지켜야 할 기준을 규제자와의 협의를 통한 자발적인 성과 목표를 정하고, 그것의 위반행위를 스스로 점검하는 방법으로 이루어진다. 이들 이행에 대한 법적 구속력이나 향후 관련 규제 입법 및 적용이 수반되지 않으며, 업계 차원에서의 일정한 성과 기준을 설정하여 달성하면 된다.

자율환경 관리 방식은 누가 주도하느냐에 따라 정부 주도형 자율관리 방식과 민간 주도형 자율관리 방식으로 구분할 수 있다. 자율환경 관리 수단으로 정부 주도의 공공자율 프로그램(Public Voluntary Program)과 협상형 자발적 협약(Negotiated Voluntary Agreement)이 특히 환경정책 분야에서 대안적 정책 수단으로 주목받고 있다. 또한 지향 목표에 따라 목표지향형 자율 규제와 성과지향형 자율 규제로 구분될 수 있다. 목표지향적 자발적 협약(Target－based VA)은 정부와의 협상을 통해 설정된 목표가 법적 구속력을 가지거나 향후의 규제 조건으로 작용하여 보다 강력한 규제 집행을 가전에 예비하는 성격을 가진다. 반면에 성과지향적 자발적 협약(Performance－based VA)은 협의를 통한 자발적인 성과 목표를 정하는 형태를 띤다. 이러한 자율 규제 방식은 명령 통제 방식의 직접 규제 방식에서 수반되는 피규제자의 감시 및 환경오염 적발에 필요한 행정비용을 절감할 수 있으며, 피규제자의 창의적 규제 순응 방식을 제공함으로써 비용 효과적으로 규제 목적을 달성할 수 있을 뿐 아니라 정책목표의 효과적인 달성을 가능하게 한다는 점에서 특히 중요시되고 있다(이민창, 2003). 다만, 명령 통제식 규제는 사전협상 비용과 순응 비용이 상대적으로 낮은 반면에, 자발적 협약은 사후재협상 비용과 기회 비용이 더 낮은 것으로 분류된다. 왜냐하면 유연한 제도 운영이 가능한 자발적 협약은 역동적이고 불확실성이 높은 환경에서 변화에 대처할 수 있는 신축성과 피규제자들의 자율성이 허용되는 만큼 상대적으로 낮은 기회 비용과 재협상 비용을 가진다. 반면에 일률적으로 적용되는 명령통제식 규제 방식은 상대적으로 해당 주체들에게 더 높은 구속력을 가지는 만큼 이들의 사전협상 비용과 순응 비용은 더 낮다고 할 수 있다.

자율 규제의 유형으로는 오염방지의 이익을 인지한 기업의 자율적인 규제, 소비자 공급자에게 또는 공급자가 소비자에게 책임 있는 환경관리를 시행하도록 촉구하는 자율적 규제, 제3자 인증(third-party certification), 환경 라벨링(environmental labelling)제도, 사업자 단체를 통한 자율적인 규제, 기업과 정부 사이의 계약(convenants)을 체결하고 그 체결 내용을 준수하는 규제 등이 있다(신상민, 2013: 20).

자율 규제는 전문성, 비용 효과성, 신축성 측면에서 명령 통제 방식의 직접 규제보다 유용할 수 있으나 항상 자율 규제의 도입이 효과적이거나 바람직한 것은 아닐 수 있다. 자율 규제는 명령 통제식 직접 규제를 완전히 대체하는 규제 수단으로 적용할 경우 적용하는 대상 선정과 규제 기준치의 부여 등의 절차적 형평성을 어떻게 확보하느냐가 문제가 될 수 있으며, 만약 환경목표를 준수하지 못할 경우 누가 책임을 질 것인지에 대한 책임성 확보 측면에서 아직까지 논란이 있다. 자율 규제는 명령 통제 방식의 직접 규제를 완전히 대체하는 것이 아니라 보완적 수단으로 활용하는 것이 필요하며, 만약 자율 규제 방식을 주된 환경 규제 수단으로 활용할 경우에는 자율 환경 규제의 설계 및 시행에 있어서 형평성과 책임성을 확보할 수 있는 대안 제시가 선행되는 것이 요구된다.

표 8-3 Type Ⅰ 환경 라벨링 예시

국 가	마 크	운영기관	인증 품목	인증 제품
미국		Green Seal Inc.	330종	3,700여 개
캐나다		TerraChoice Group Inc.	212종	9,500여 개
한국		환경산업기술원	151종	8,500여 개

표 8-4 명령 통제식 규제와 자발적 협약의 거래 비용

명령 통제식 규제 (command & control regulation)	거래 비용 (transaction costs)	자발적 협약 (voluntary agreement)
낮음	규제 당국과의 사전협상 비용 (EX-ante Negotiation Costs of Regulatory Agency)	높음
낮음	순응 비용 (Compliance Costs)	높음
높음	규제 당국과의 사후협상 비용 (EX-Post Negotiation Costs of Regulatory Agency)	낮음
높음	기회 비용 (Opportunity Costs)	낮음

자료: Delmas & Marcus(2004); Delmas & Terlaak(2001).

표 8-5 제도의 체계 유형

Degree of Formality (North, 1990)	예 시	Supportive Pillars (Scott, 1995)
공식적 제도 (Formal Institutions)	법률(laws)	규제적/강제적 (regulative/coercive)
	규제(regulations)	
	규칙(rules)	
비공식적 제도 (Informal Institutions)	규범(norms)	규범적(normative)
	문화(cultures)	인식적(cognitive)
	윤리(ethics)	

자료: Peng(2009).

그림 8-1 규제 집행 피라미드 예시

자격 박탈(license revocation)
자격 유예(license suspension)
형사상 처벌(criminal penalty)
사회적 처벌(civil regulation)
경고 서한(warning letter)
설득(persuasion)

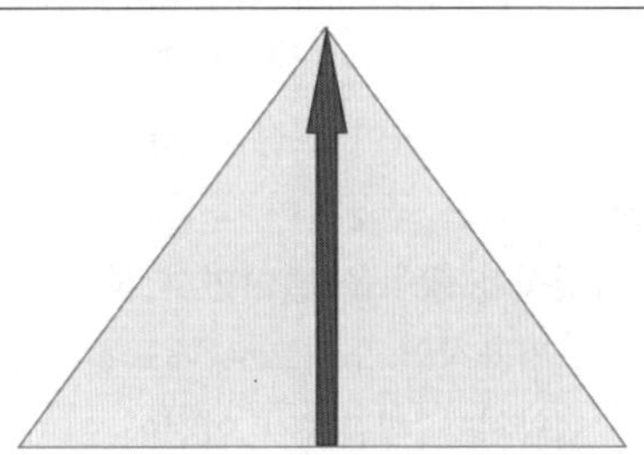

* 각 층의 비율은 실제 이들의 집행 비율/가능성(the proportion of enforcement activity)을 반영함(Ayres & Braithwaite, 1992).

그림 8-2 집행전략 피라미드 예시

비재량적 명령 규제 (command regulation with non-discretionary punishment)
재량적 명령 규제 (command regulation with discretionary punishment)
강제된 자율 규제 (enforced self-regulation)
자율 규제 (self-regulation)

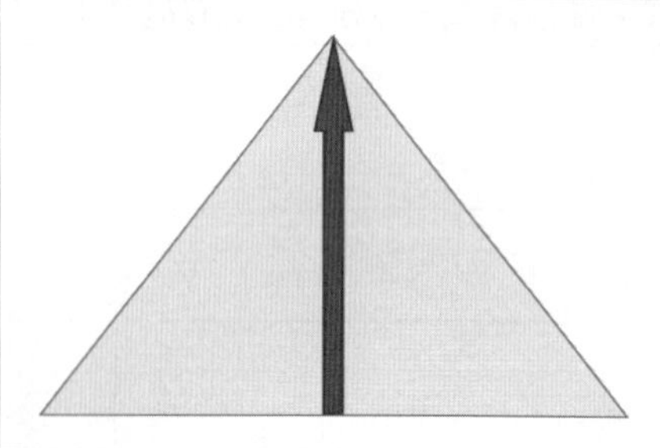

* 각 면적 비율은 실제 이들의 집행 비율/가능성(the proportion of enforcement activity)을 반영함(Ayres & Braithwaite, 1992).

대포천 수질 개선 사례와 자율 규제

2002년 환경부는 경상남도, 김해시와 함께 대포천이 위치한 상동면 주민들과 수질 개선에 관한 자발적 협약을 체결했다. 대포천은 부산시의 상수원인 물금취수장으로부터 불과 300m밖에 떨어져 있지 않아 수질관리 당국이 주밀하게 관리할 수밖에 없는 지역이라고 할 수 있다. 대포천은 상수원 보호구역의 수질보전이라는 정책목표를 달성하기 위해 정부가 상수원 보호구역 지정을 통한 행위 규제를 정책 수단으로 채택하려 했으나 주민들이 자율 규제를 통해 동일한 정책 효과를 발생시킨 사례다. 이러한 자생적인 협력 질서의 발생은 일반적으로 가정하는 자율 규제 집행의 불가능성을 불식시키고 정부에 의한 규제 집행보다 더 효율적으로 의도한 정책목표를 달성할 수 있다는 가능성을 확인해 준다. 대포천은 1997년 당시 수질오염이 심화되면서 낙동강 물금 취수장의 상수원 보호를 위해 대포천 일대가 상수원 보호구역으로 지정될 상황에 이르자, 대포천의 일부 주민들이 반대운동을 전개하였다. 그러나 주민들로부터 우선 대포천을 살리고 행정 당국에 상수원 보호구역 지정을 유예해 주도록 요구하자는 의견이 대두되었다. 이러한 의견에 따라 주민들은 '상동면수질개선대책위원회'를 구성하여 수질정화운동을 나서 자발적으로 오염을 줄여나가기 시작했다. 수계별 하천감시단을 구성하여 축산폐수와 공장폐수의 무단 방류 감시에 들어갔고, 매주 한 차례씩 하천정화 활동을 벌이면서 하수가 흘러드는 어귀마다 미나리를 심었다. 주민들의 주도적이고 자율적인 노력으로 대포천은 1998년 2월 이후 1급수 하천으로 개선되었다. 수질 개선은 협약서를 체결하기 이전에 이미 달성되었다. 그러나 협약 체결 이전일지라도 수질 개선이 이뤄지지 않으면 상수도 보호구역으로 지정되어 스스로 오염 저감 노력을 기울이는 것보다 더 큰 재산상 손실이 있을 것이라는 암묵적인 규제 위협이 있었다는 것을 알 수 있고, 실제로 수질개선을 자발적으로 이루어내는 원동력이 되었다고 할 수 있다. 자율수질개선협약서 말미에는 수질을 조건으로 하여 자발적인 오염 저감 노력에 대해 보조금을 지급할 수 있음과 반대로 약속한 수질을 달성하지 못하면 총량관리제의 엄격한 규제로의 전환이 이뤄질 수 있음을 명시하고 있다. 자율 규제에 의한 수질관리의 성공이 우리에게 주는 교훈은 무엇일까?

2) 규제 방식에 의한 분류

(1) 사전적 규제와 사후적 규제

사전적 규제(ex-ante regulation)는 어떤 문제의 발생을 예견하여 그 문제를 일으킬 수 있는 행동이나 여건의 발생을 사전적으로 차단하거나 배제함으로써 문제의 발생을 예방하거나 최소화하려는 의도에서 가해지는 일체의 규제라고 할 수 있다.

한편 사후적 규제(ex-post regulation)는 이미 발생한 문제를 관리하기 위한 차원에서 문제가 발생한 이후에 사후적으로 처벌을 가함으로써 그것이 사전적으로 문제의 발생을 예방하거나 최소화하는 효과를 거둘 수 있을 것으로 기대하는 규제라고 말할 수 있다(최병선 외, 1999).

환경 파괴와 오염 발생은 사후적인 규제가 아닌 사전 예방이 더 효과적이며 비용효율적인 특징이 있다. 사전적 규제 수단의 예로서는 명령 지시적 및 직접적 규제 수단으로서 환경영향평가제도, 환경계획 설정, 배출시설 인·허가제도, 신고·등록·표시 등의 의무 부과, 재활용 의무 부과가 있고, 시장 유인적 및 간접적 규제 수단으로서 환경개선부담금, 보조금, 폐기물예치금상환제도, 배출권 거래제도, 환경라벨링제도가 있다.

사후적 규제 수단의 예로는 명령 지시적 및 직접적 규제 수단으로서 제재적 처분(개선명령, 조업 정지, 시설 이전, 공장 폐쇄 등), 행정벌(verwaltungsstrafe), 공급 거부가 있고, 시장 유인적 및 간접적 규제 수단으로서 배출부과금, 범칙금이 있다(신상민, 2013: 18-19).

(2) 포지티브 방식과 네거티브 방식

규제 방식을 정하는 기술적인 측면에서 규제 방식은 포지티브(positive) 방식과 네거티브(negative) 방식이 구분된다. 포지티브 방식은 허용되는 사항들을 열거하고 그 외의 것에 대해서는 금지하는 방식이고, 네거티브 방식은 금지되는 사항들을 나열하고 그 외의 것에 대해서는 허용하는 방식을 말한다. 피규제자의 입장에서 볼 때 포지티브 방식보다 네거티브 방식이 피규제자의 창의적 규제 순응 방식을 허용하고 자율성과 신축성을 보장하는 방식이라고 할 수 있다(이원희 외, 2009: 26).

이 밖에도 정부의 통제와 관여 정도에 따라 직접적 규제와 간접적 규제로 나눌 수 있다.

3) 환경정책 수단의 혼합 정도에 의한 분류

(1) 단일 수단적 접근(single instrument approach)

초기 연구들에서는 환경 문제의 심각성을 인식하고 이에 대한 직접 규제(command and control)의 효과성에 대한 연구를 시작하였으며, 다양한 환경정책 수단의 장·단점을 분석하고 환경정책 수단들을 비교 검토하면서 가장 최선의 대안이 어떤 것인지를 찾아내려는 노력을 하였다. 즉, 명령 지시적 규제, 시장 유인적 규제, 자율규제 중에서 어떤한 규제 수단이 어떠한 상황에서 비용 효과적인지를 확인하고자 하였다. 우리나라는 직접적 규제 수단의 누적으로 직접 규제의 비효율화 문제가 대두되기 시작하면서 여러 가지 환경 규제 수단들의 비교분석을 통하여 최선의 방식을 모색하려고 노력하였다. 이는 그간의 우리나라 환경 규제 방식이 국지적 오염관리에 치중함에 따라 장기적이고 예방적인 환경관리보다는 사후적 치유(react and cure)를 강조하는 경향이 컸고, 명령 통제 방식의 규제 법규가 양산됨에 따라 규제 조항 간 조정이 미흡하여 환경관리에 있어서 비효율이 노출되기 시작하였다. 최근의 연구 경향은 규제 방식이 상호 배타적인 성격을 가지고 있어 상호 대체적이라는 전제가 허물어지고 있다. 다양한 규제 방식이 상충되는 측면도 있지만 상호 보완적인 기능을 한다는 측면이 많아 규제 수단의 적절한 혼합설계가 타당하는 것이 일반적으로 받아들여지고 있다(Gunningham & Sinclair, 1999: 50; OECD, 2007). 규제 수단에 있어서 선택의 문제는 완전한 제도와 불완전한 제도 중 선택이 아니라, 불완전한 제도의 적절한 조합에 있다는 인식이 확산되고 있다.

(2) 정책 수단의 혼합(policy instruments mix)

1980년대 중반부터 많은 선진국에서는 규제 수단의 합리화를 위한 '규제 개혁'이 추진되기 시작하였으며, 오염의 사후관리 수단보다는 사전예방 내지 오염의 원천적 감소(reduction-at-the-source)에 중점을 두었으며, 환경정책 수단으로서 경제적 수단의 장점을 최대한 활용하여 환경 규제의 보조적 또는 대체 수단으로 확대해 나가고 있었다. 환경 규제 수단의 유용한 접근방법은 개별 규제 수단의 장점을 극대화하고, 단점을 보완적 수단을 활용함으로써 보완하는 것으로 적절한 규제 수단의 혼합(a mix of regulatory instruments)이 필요하다(Gunningham & Sinclair, 1999: 49). 최근에는 환경질을 규정하는 명령 통제 방식의 직접 규제 수단과 경제적 수단 및 자발적 합의 등 각종 정책 수단을 적절하게 혼합 적용함으로써, 환경 성과 증진과 보다 나은 비용 효과적 환경목표를 달성하기 위해 환경목표 달성에 있어서 신축성을 부여하는 방식의 활용이 확대되고 있다(이원희 외, 2009: 26-27).

그림 8-3 환경 규제의 유형 분류

	사후적 규제	사전적 규제
직접(행정) 규제	처벌, 개선 명령, 사업 중지, 시설 이전, 배출시설 폐쇄, 허가 취소 [사후적 직접 규제]	환경영향평가제도 재활용의무부과제도 용도지역지구제도 [사전적 직접 규제]
간접(경제) 규제	[사후적 간접 규제] 범칙금, 환경책임보험제도	[사전적 간접 규제] 오염유발부담금제도 폐기물예치금제도 배출부과금제도 제품부과금제도 오염배출권 거래제도

런던의 혼잡통행료

2003년 2월부터 중앙 런던의 CCZ(Congestion Charge Zone)에서 운행하는 차량에 월요일부터 금요일까지 07 : 00~18 : 00 사이에 부과되는 요금을 말한다. 혼잡통행료(11.50파운드 · 우리 돈으로 약 1만 7,000원)를 부과하고 대신 대중교통의 편의성을 높이는 데 주력했다. 런던의 혼잡통행료 구역 Central Zone은 쇼핑의 천국 소호(Soho)와 금융 중심 시티(City of London)를 포함하고 있다. 2017년 10월 23일 런던시는 T-charge라는 새로운 배출가스 요금에 부과금을 신설하고 혼잡통행료와 동일한 시간 동안 추가 적용하였다. 즉, 혼잡통행료 부과지역(CCZ) 내에서 유로4 기준의 차량은 혼잡 비용에 추가적으로 £10의 배출부과금을 지불해야 한다. 유로4 기준은 2006년 이전에 등록된 디젤차량에 적용된다. 런던시는 구역 경계 안에 있는 COMET 시스템의 ANPR(Automatic Number Plate Recognition) 카메라들이 실시간으로 차량의 번호판을 인식해 요금을 부과하는 방식이다. 런던은 교통 총량을 관리하는 대신 시민들이 걷거나 자전거를 이용할 수 있도록 관련 환경을 개선하고, 버스 배차 시간 단축, 버스이동 정보제공 시스템 개선, 대중교통 요금 인하 등으로 교통흐름과 오염을 줄이고 런던의 운송시스템 인프라 투자자금을 마련하여 대중교통 편의성을 개선하기 위한 노력을 기울였다.

CCTV 카메라는 혼잡통행 구역 경계에 진입하는 차량을 모니터링하는 데 사용

자료: '서울시가 모르는 진정한 혼잡통행료의 효과를 찾아서' 10229-2011 LG global Challenger

제 2 절 우리나라 환경 규제의 현황과 문제점

1. 환경 규제 패러다임의 변화

환경오염이라는 문제를 해결하기 위해 정부는 여러 가지 유형의 환경 규제 수단을 활용하여 왔는데, 최근 들어 그 활용도에 변화의 흐름이 보이고 있다.

초기에는 오염의 한계를 설정하는 환경 기준을 정립하여 이를 위반하는 오염 원인자들에게 기준을 준수할 것을 명령하고 위반한 자들에게는 제재를 가하는 통제 수단을 사용하였다. 이러한 수단들은 직접적인 효과를 가져왔고 보다 단순하면서도 집행 편의적이었기 때문에 선호되었던 것이다. 이러한 강제적이고 명령적인 수단이 환경 보호에 상당한 기여를 한 자체를 부인할 수는 없다.

그렇지만 사회가 민주화되고 각종 환경 관련 기술이 비약적으로 발생하고 기업의 역량이 향상되는 반면, 국가의 인적·재정적·기술적 능력은 한정되어 있는 상황에서, 정부 주도로 오염원을 통제하는 작업이 예전만큼 수월하지 않게 되었고, 정부가 환경 보호를 위해 시민사회를 일률적으로 통제하는 것이 현실적으로 어려워졌을 뿐만 아니라 여러 가지 문제점도 발견되었다. 이에 따라 정부와 민간 사이의 협력, 즉 공사 협력이 강조되는 시대로 발전해 나아가고 있다. 이러한 사회적 변화의 흐름 속에서, 정부 중심적인 수단에서 벗어나 기업과 시민사회의 현실을 고려하면서 협력을 강조하는 새로운 규제 수단인 경제적 유인제도가 1990년대 중반부터 소개되기 시작하였다(신상민, 2013: 23-24).

경제 성장에 따라 우리나라 환경 규제는 지속적으로 증가하였는데, 이와 관련하여 [그림 8-4]를 통해 지난 20년(1990~2010) 동안 환경 분야 예산이 약 13배 성장한 것을 파악할 수 있다. 또한 1990년대에는 IMF 시기를 제외하고는 정부 예산 증가율보다 환경 분야 예산 증가율이 가파른 상승률을 보였으나 2000년대 들어서 증가율이 둔화되었다. [그림 8-5]는 최근 9년 간 환경부 예산의 증가 추이를 보여준다. 2011년 대비 2019년 환경부 예산은 약 1.5배 성장했으며, 전년 대비 소폭 하락한 2016년을 제외하고 매년 환경부 예산이 꾸준히 증가한 것을 파악할 수 있다. 2011년

그림 8-4 환경 분야 예산 증가 추이(1980~2010년)

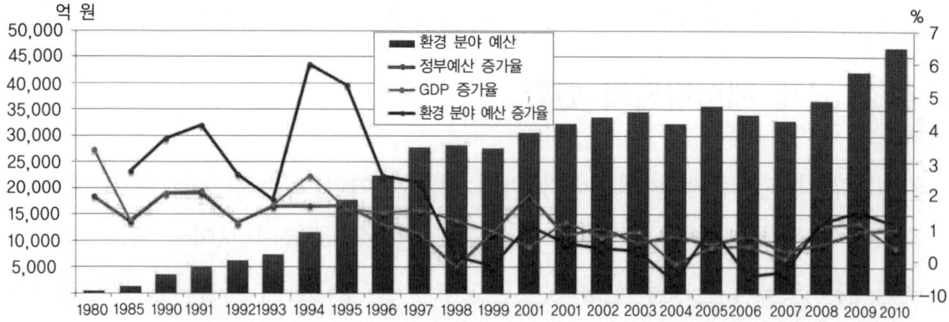

주: 정부예산액은 일반회계 + 특별회계순계 규모.
자료: 경기연구원(2013: 3); 환경부 환경통계포털 홈페이지(http://stat.me.go.kr).

그림 8-5 환경부 예산 추이(2011~2019년)

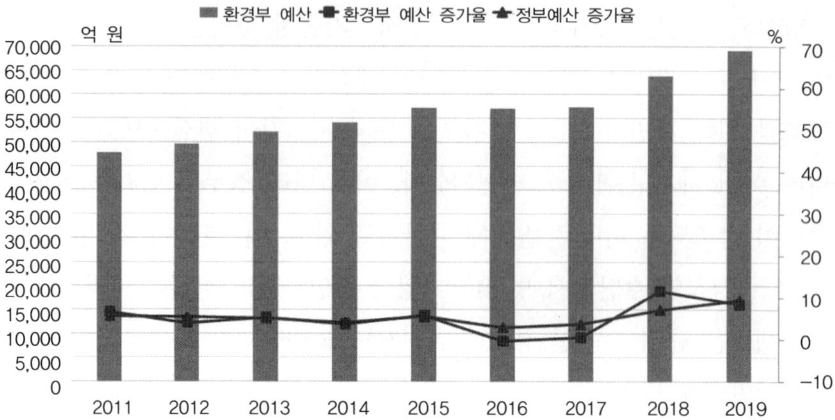

자료: 환경부 예산 및 환경부 예산 증가율: 환경부 예산 개요.
정부 예산 증가율: e나라지표 중앙정부 총지출.

과 2015년까지의 환경부 예산 및 정부 예산 증가율은 약 4~6%에 달했으나 2016년과 2017년에 환경부 예산 증가율은 0%, 정부 예산 증가율은 약 3~3.5%에 가까울 정도로 하락한 것을 알 수 있다. 이후 2018년과 2019년에는 환경부 예산 증가율과 정부 예산 증가율 모두 크게 증가한 것을 파악할 수 있다.

도시화와 산업화에 따른 환경오염의 증가로 환경 규제도 늘어나는 추세인데, 환경부 소관 등록 규제는 1990년 75건에서 2000년 219건, 2013년 817건으로 약 25년 동안 10배 이상 증가하였으며, 2000년대 초반 이후 급증하였다. 환경 관련 규제 법률도 2000년 26개에서 2013년 52개로 2배 증가하였다. 등록된 규제 중 수질이 251건으로 가장 많고, 그 다음으로 폐기물, 대기 순이며, 신설 규제가 전체의 59.5%(438건)를 차지하고 강화된 규제도 112건으로 15.3% 차지하였다. 2008년 이후 폐기물 38건, 대기 23건, 수질 17건 등의 강화된 환경 규제가 급증하였다(고재경 외, 2013: 3-4).

우리나라뿐만 아니라 전 세계적으로도 환경 규제가 강화되고 있는 추세이다. 한국무역협회에 따르면, 2018년 전 세계의 무역기술장벽(Technical Barriers to Trade: TBT) 통보문은 2,083건으로 WTO 설립 이후 최고치를 기록했는데, 그 중 환경 보호를 목적으로 하는 통보문이 352건에 달했다. 이는 전 세계적으로 환경 규제가 무역기술장벽의 증가와 함께 증가하고 있다는 것을 보여준다. [그림 8-7]을 보면, 2008년 이후 세계적으로 환경 규제가 증가하고 있는 것을 확인할 수 있으며, 특히 가장 최근인 2017년과 2018년에 환경 규제가 300건을 초과한 것을 파악할 수 있다.

그림 8-6 환경부 등록 규제 분야별 증가 추이

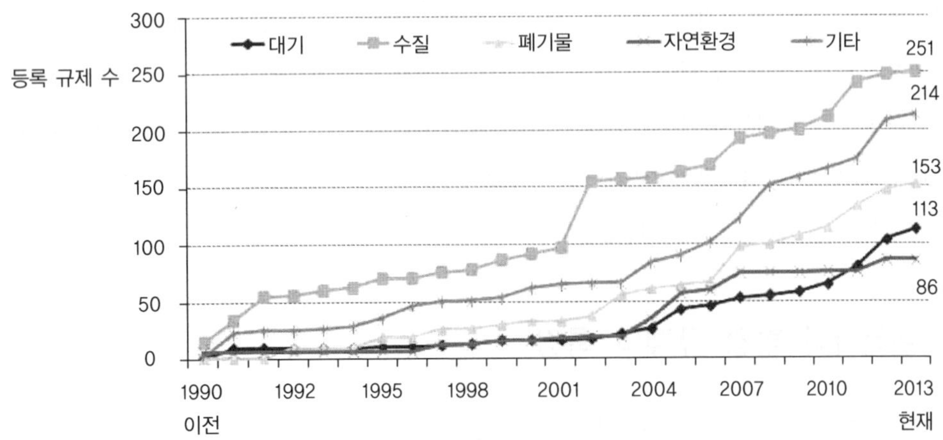

자료: 경기연구원(2013: 4); 규제개혁위원회(http://www.rrc.go.kr).

그림 8-7 국제 환경 규제 추이

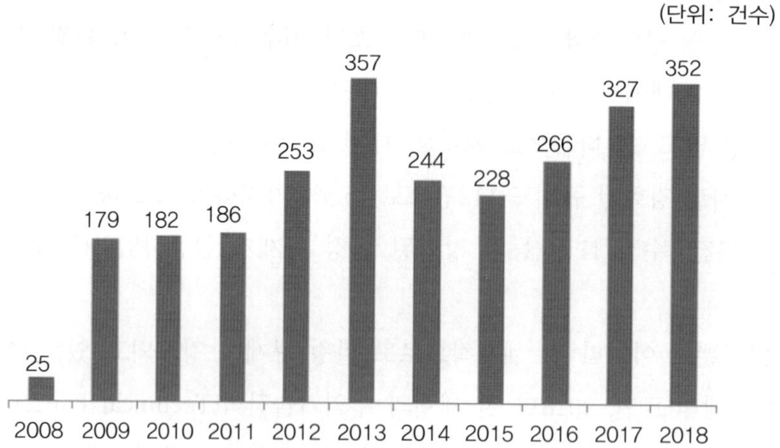

주: 환경 규제 추이는 전체 TBT 통보문 중 환경 보호를 목적으로 하는 문건을 집계한 것.
자료: 한국무역협회(2019: 3); WTO/TBT Information Management System.

이와 같은 환경 규제 패러다임의 변화에 발맞춰 최근의 환경 규제 추세는 환경을 보호하는 시민이나 기업에게 인센티브를 줌으로써 친환경적인 생활을 하면 이익이 된다는 인식 하에 강제에 의해서가 아니라 자발적으로 환경을 보호하게 하거나 친환경적 기술개발 촉진을 통하여 이윤을 내면서 환경도 보호하게 하거나, 친환경적 기술개발 촉진을 통하여 이윤을 내면서 환경도 보호할 수 있는 형식의 규제 수단이 늘어나고 있다. 또한 행정의 과도한 부담을 감소시킴과 동시에 행정의 효율성을 증진하는 일환으로 비공식 행정작용이 빈번하게 활용되고 있다. 환경 분야에서 비공식 행정작용으로서 대표적인 것이 자발적 환경협약인데, 이러한 수단 역시 정부 중심적 규제에서 벗어나 기업과 시민사회의 자발적 협조를 이끌어낼 수 있는 새로운 환경 규제 수단이라 할 수 있겠다(신상민, 2013: 24).

2. 우리나라 환경 규제의 특징

1) 시장 유인적 규제의 발전

기존의 법률, 시행령 등으로 제한하는 방식인 명령 지시적 규제에서 기업의 자율성을 존중하는 시장 유인적 규제로 발전해 나가고 있다. 명령 지시적 규제는 정부가 일정한 기준을 제시하고 행위자에게 이를 따를 것을 강제하는 방식으로서 정부 중심적인 성질을 가진다(신상민, 2013: 16). 이와 다르게 시장 유인적 규제는 일정한 환경 보호의 의무를 부과하되 그 목표를 달성하는 방법으로 기업이나 개인의 경제적 판단에 따라 합리적으로 선택할 수 있는 여지를 부여하는 규제 수단이다(이민창, 2003b: 283).

우리나라의 환경 규제 방식은 배출허용 기준 설정, 상수원 보호구역 지정 등 오염물질 기준 설정과 금지 등 명령 통제 방식의 직접 규제가 주를 이루었으나, 1980년대 후반 이후 각종 배출부과금과 쓰레기 종량제 등 시장 유인적 규제 수단이 도입되었다. 이러한 시장 유인적 규제 수단의 대표적인 예로서 배출부과금, 환경개선부담금 등의 각종 환경부담금, 폐기물예치금상환제도, 환경세, 배출권 거래제도, 생산자책임재활용제도, 쓰레기 종량제, 기타 각종 자금지원 등이 있다(신상민, 2013: 17). 이러한 시장 유인적 규제는 사회 전체적인 오염방지 비용을 감소하고, 환경 문제 해결의 효율성을 제고한다. 또한 오염 유발자의 행태에 영향을 주기 위해 경제적인 인센티브를 사용함으로써 오염자에게 지속적으로 효율적인 오염방지 방법을 강구하도록 하는 유인을 제공한다. 그러나 오염 집중지역과 그렇지 않은 지역 간 형평성의 문제가 발생할 수 있고, 돈을 주고 오염권을 사는 것은 사회윤리적으로 취약한 면이 있어 현실적으로 채택되기 어렵다는 단점이 있다.

쓰레기 정액제와 쓰레기 종량제 - 롯데리아의 쓰레기 요금은?

1995년 1월부터 실시한 제도로 주택의 크기 또는 재산세액에 따라 차등적으로 수수료를 적용하던 정액제 부담제도와 달리, 경제 주체의 쓰레기 배출량에 따라 비용을 부담하도록 함으로써 쓰레기 발생 자체를 줄이고 불가피하게 발생한 폐기물은 재활용이 가능하도록 재활용품을을 분리·배출하는 노력을 내재화시키는 경제적 규제제도라고 할 수 있다. 쓰레기 종량제는 쓰레기 배출량에 따라 그 수거·처리비를 차등적으로 부과하는 경제적 유인제도의 하나로서 오염자부담원칙(polluter pays principle: PPP)에 따라 환경보전을 위한 비용부담원칙을 적용한 사례이다. 쓰레기 정액제 하에서는 공동주택의 경우 건물면적, 단독주택의 경우 건물분 재산세의 크기에 따라 책정되었으므로, 규모가 큰 주택이 작은 주택보다 쓰레기 배출량이 더 많다고 가정할 수도 있고, 건물 재산세를 많이 납입하는 사람은 적게 납입하는 사람보다 부유하기 때문에 쓰레기를 많이 배출한다고 가정한다. 다만, 정액제 방식은 쓰레기 발생량과 요금 간의 직접적인 상관관계가 있다고 보기에는 무리가 있고, 이러한 수수료 산정 체계에서는 쓰레기 감량에 대한 유인을 전혀 제공하지 못한다. 식당의 특성상 일회용품을 많이 배출하는 패스트 푸드 식당의 쓰레기 요금은 쓰레기 정량제로 할 경우와 비교해서 쓰레기 종량제 체계에서는 폐기물 수수료를 훨씬 더 많이 부담하게 된다. 어떤 제도가 환경적으로 바람직하고 합당한 폐기물 수수료 제도인가?

2) 자율 규제적 요소 증가

자율 규제란 일반적으로 조직화된 집단이 그 구성원의 행위를 규제하는 것을 말한다. 기업이 스스로 환경보전과 오염 감소를 위하여 노력을 기울인다는 데 그 특징이 있다(신상민, 2013: 17). 이에 환경친화기업 지정제도, 지역별 자율환경관리제 등이 제도적으로 확산되어 왔다. 특히 환경친화기업 지정제도는 2010년 '저탄소 녹색성장 기본법'에 의해 '녹색기업(Green Company: GC)'으로 명칭이 변경되어 시행되고 있다. 2013년 12월 31일 기준 총 203개의 기업이 우리나라 녹색기업으로 지정되었다.[2] 자율 규제의 유형으로는 오염방지의 이익을 인지한 기업의 자율적인 규제, 소비자가 공급자에게 또는 공급자가 소비자에게 책임 있는 환경관리를 시행하도록 촉구하는 자율적 규제, 제3자 인증, 환경 라벨링 제도, 사업자 단체를 통한 자율적인 규제, 기업과 정부 사이의 계약 체결 후 그 내용을 준수하는 규제 등이 있다.[3]

정부는 자율환경관리협약을 체결한 사업장에 대해 환경개선자금과 재활용 산업 육성자금을 우선 지원하고, 환경오염물질 배출 사업장 지도·점검에 관한 규정에 의한 정기점검을 환경 실태 진단으로 전환하는 등의 혜택을 부여하고 있다. 그러나 자율 규제에 의한 협의가 제대로 이루어지지 않을 때 언제든지 정부가 규제 조치를 취할 수 있다는 위험이 있을 때 자율 규제의 효과가 높은 것으로 보여진다(정윤수, 2004). 따라서 자율 규제의 효과를 높이기 위해서는 정부의 규제적 조치가 정책 수단의 혼합 차원에서 보완될 필요가 있다.

---

2) 환경부, 녹색기업지정현황(2013년 12월 31일자).

3) 제3자 인증은 제3자가 환경 개선 실적 또는 환경관리 체계의 운영 실정을 심사·입증해 주는 상업적 인증제도를 의미한다. 그 예로 녹색기업 지정제도, 환경경영 체계 인증제도가 있다(신상민, 2013: 20).

3) 비규제적 대안 증가

환경 문제의 복잡성 및 상호연관성에 대한 인식이 증가하면서 규제 수단 외에도 비규제적 수단에 의한 종합적 접근이 활용되고 있다. 즉, 환경 보호에 대한 정보제공, 교육, 홍보, 캠페인, 정보공개 등이 비규제적 수단의 예라고 할 수 있다. 환경교육이나 홍보의 활용은 국민들에게 환경에 대한 인식을 심어주어 환경 문제 해결을 위한 실천적 방안을 모색하도록 하는 역할을 할 수 있다. 또한 비규제적 수단으로서 최근 적극적으로 활용되고 있는 대표적인 사례가 환경 라벨링 제도(environmental labelling)이다. 환경 라벨링 제도는 제품의 환경성에 대한 정보를 제품에 나타나게 함으로써, 소비자가 선호 체계에 영향을 미쳐 친환경 상품에 대한 우호적인 구매 행태를 나타나게 하여 그 상품을 직접 선택하게 함으로써 환경보전에 스스로 참여하도록 유도하고, 이를 통하여 기업이 환경친화적 제품의 개발 및 생산을 촉진하도록 유도하는 제도(환경부, 2000a)이다.

4) 사전 예방적 규제 강화

환경 문제를 해결하는 데 있어서 오염을 사전에 예방하는 것이 중요하다는 인식이 높아감에 따라 사전 예방적 차원의 규제가 강화되고 있다. 사전 예방적 규제 수단의 예로는, 명령・지시적 및 직접적 규제 수단으로서 환경영향평가제도, 환경계획 설정, 배출시설 인・허가 제도, 신고・등록・표시 등의 의무 부과, 재활용 의무 부과가 있고, 시장 유인적 및 간접적 규제 수단으로서 환경개선부담금, 보조금, 폐기물예치금상환제도(deposit－refund system), 배출권 거래제도, 환경 라벨링 제도가 있다(신상민, 2013: 18).

특히 대표적인 예로서 환경영향평가제도는 사후 대책만으로는 환경 문제에 대한 근본적인 해결이 어렵다는 인식이 대두되어 시작된 제도이다. '환경영향평가법' 제2조는 "환경영향평가 대상사업의 사업계획을 수립하려고 할 때에 그 사업의 시행이 환경에 미치는 영향을 미리 조사・예측・평가하여 해로운 환경 영향을 피하거나 줄일 수 있는 방안을 강구하는 것"이라고 정의하고 있다. 즉, 각종 개발계획 추진 단계에서 경제성과 더불어 환경에 미치는 영향도 중요한 정책결정 요소의 하나로 고려하도록 제도화한 것이다. 이러한 환경영향평가제도는 1992년 리우선언(Rio earth charter)의 하나로 채택되기도 하였다.

5) 규제 권한의 분권화

1977년 환경보전법이 제정되면서 시·도가 배출시설 관리업무를 전담했다. 1984년 환경청에 중앙 지도점검반이 설치된 이후부터 지방환경청이 공단과 대형 배출업소를 관리하는 중앙집권적 환경 규제 시스템이 구축되었다. 시·도는 지방환경청 관할 업소 이외의 소형 배출업소를 관리하는 것으로 이원화되었다. 1991년 페놀오염사건 이후 중앙집권적 환경 규제 시스템이 현장 완결적 책임행정을 구현하기 어렵고, 신속한 오염사고 초기 대응이 어렵다는 지적에 따라 1992년 모든 배출업소에 대한 규제 권한이 지방자치단체로 이관되었다. 1994년 낙동강 식수 오염사고의 초기 대응에 있어 지방자치단체가 미흡했다는 이유로 다시 공단지역은 지방환경청이, 공단 외는 시·도가 관리하는 이원적 분담 체계로 회귀되었다. 2001년 지방이양추진위원회는 공단 내 배출업소 관리권을 지방자치단체로 위임하였고, 이에 따라 2002년 환경오염물질 배출업소 지도 단속권이 시·도로 위임되어 지금까지 체제를 유지하고 있다.

표 8-6 환경 규제 집행 기능의 분담 체계 변화

시 기	분담 체계	환경부(지방환경청)	시·도	비 고
1977~1984.2	시·도 전담	–	전담	환경청 발족(1980.1)
1984.3~1986.12	환경부와 시·도 분담	환경청 중앙지도점검반: 주요 공단, 공단 외 대형(1~3종) 배출업소, 특정 유해물질 배출업소	공단 외 업소, 소형 배출업소	지방환경청 발족 (1986.10)
1986.12~1992.6	환경부와 시·도 분담	지방환경청: 공단 내, 공단 외 대형 배출업소, 특정 유해물질 배출업소	공단 외 소형 배출업소	환경처 승격(1990.1) 페놀오염사건 (1991.3)
1992.7~1994.5	시·도 전담	–	전담	낙동강 식수 오염사건(1994.1)
1994.5~2002.9	환경부와 시·도 분담	지방환경청: 공단 내 배출업소	공단 외 배출업소	환경부 승격 (1994.12)
2002.10~현재	시·도 전담	–	전담	–

자료: 한국행정학회(2009: 175).

3. 우리나라 환경 규제의 한계점

1) 단편적 접근의 한계

우리나라 대기환경보전법의 경우 규제대상은 사업장 대기오염물질, 생활 대기오염물질, 자동차 배출가스가 규제대상에 해당된다. 이에 대해 배출허용기준의 설정, 배출부과금 부과, 개선명령 등의 행정명령 및 벌칙 부과가 이루어진다. 1971년 공해방지법 개정 시 배출시설 개념을 도입하여 대기, 수질, 소음 악취별 배출허용 기준을 설정하고 하가제를 도입하였으며, 오염 매체별로 분화되면서 발전하였지만 허가제의 근간을 그대로 유지되고 있다. 이와 비교하여 영국 등 선진국의 경우 규제대상집단이 다양하게 설정되어 있으며 피규제자별 규제 순응 수단의 신축성을 보장하기 위해서 규제 수단과 집행 방식을 다양한 방식으로 제시하여 피규제자가 이를 선택할 수 있는 여지를 넓혀주고 있다. 산성비, 기후 변화, 오존층 파괴 등에 대해서도 대응하고 있으며, 수단의 측면에서도 배출권 거래제도, 이산화황 거래제도 등의 유인적 수단의 활용도가 높은 편이다. 또한 신규 오염원과 기존 오염원을 구분하여 환경 규제 방식을 차별화하고 있으며, 다양한 환경소송 등 환경구제제도를 활용하고 있다. 반면 우리나라 환경 규제제도는 허가 요건, 허가 절차, 허가권자 등을 대기, 수질, 폐기물 등 각 매체법에서 별도로 규정하고 있어 동일 시설의 설치 운영에 있어 최대 9개의 인·허가가 필요하며, 한 번 허가를 받으면 허가사항을 불변하기 때문에 하자 있는 허가의 경우 또는 허가사항과 다른 시설을 운영하는 경우 범법자가 되는 비고의적 범법자를 양산하는 단편적 규제 체제를 유지하고 있다. 우리나라 또한 산성비, 기후 변화 등을 포괄하여 환경 변화에 대응하고, 유인적 수단의 적극적인 활용이 필요할 것이다.

2) 상수원 보호 규제의 복잡성

우리나라의 토지이용 규제제도 중에서 상수원 보호를 위한 규제는 각기 다양한 소관 법령에서 다층적이며 다양한 규제 수단으로 구성되어 있다. 그러나 수질 분야 상수원 보호구역 지정은 다소 불합리한 측면도 있으며, 복잡하게 구성되어 있다는 한계를 지닌다.

우리나라와는 다르게 선진국은 상수원 오염 원인에 대한 철저한 조사연구를 통하여 다양한 토지이용 규제 장치를 마련하고 있다. 영국의 경우 질산염 감시구역제도, 프랑스의 농업행위 규제, 독일의 구역제(zoning)에 의한 단계별 보호구역 관리제도 등이 이에 해당된다. 또한 미국과 일본의 경우 지방정부 차원에서 해당 상수원 유역 상황에 맞는 제도를 자율적으로 시행하게 함으로써, 상수원 보호의 효율성을 확보하고 불필요한 규제를 최소화하고 있다.

표 8-7 상수원 보호 관련 토지이용규제 제도

규제대상	국내법	규제 내용
상수원 보호구역	수도법	수질오염물질 및 특정 수질유해물질, 농약, 폐기물 또는 오수, 분뇨 또는 축산폐수를 버리는 행위, 기타 상수원을 오염시킬 명백한 위험이 있는 행위로서 대통령령이 정하는 금지행위
특별대책지역	환경정책기본법	특정 수질유해물질 배출시설, 1일 500m^2 이상의 폐수배출시설, 폐기물 재생 및 매립시설 제한 허가대상 축산폐수시설 제한, 신규 골프장 제한, 내수면어업의 연장 금지 등
배출시설 설치 제한 및 시설 지정	수질 및 수생태계 보전에 관한 법률	배출시설의 설치 제한 구역 지정, 입지 제한 배출시설의 지정
수변구역	4대강 특별법	폐수배출시설의 설치 제한, 축산폐수 배출시설의 설치 제한, 식품접객업, 숙박업, 목욕장업, 관광숙박업, 공동주택 설치 제한
축산폐수 배출시설 허가 제한	가축 분뇨의 관리 및 이용에 관한 법률	축산폐수 배출시설의 허가 제한

자료: 한국행정학회(2009: 169).

3) 기준 설정의 적정성

기준 설정(standard－setting)의 경우 그 적정성에 있어서 선진국에 비해 아직 부족한 부분이 존재한다. 대기환경 기준 설정을 예로 들면, 외국은 일반 대기오염물질의 경우 대부분의 지역에서 우리나라와 마찬가지로 SO_2, CO, NO_2, PM10, Pb에 대하여 대기환경 기준을 설정하고 있다. 그러나 일반 대기오염물질 중에서 PM10은 24시간 기준치의 경우 다른 나라에 비해 완화된 기준치인데, 영국과 EU의 3배,[4] 미국

4) 영국 및 EU는 PM10의 24시간 기준치를 50㎍/m^2로 설정하고 있다.

EPA와 동일, 연간 기준치는 미국, 영국, EU에 비해 높은 기준치 설정하고 있다. 미세먼지에 대한 대기환경 기준 달성도 낮은 편이다.

4) 제도 자체의 문제

크로커(T. Crocker)에 따르면, 규제제도에서 선택의 문제는 완전한 제도와 불완전한 제도 중 선택이 아니라, 불완전한 제도의 적절한 조합에 있다. 즉, 동일한 규제제도라도 정치, 경제, 사회, 문화적 맥락에 따라 정책 결과는 다양하게 나타날 수 있다.

5) 정부 차원의 문제

중앙정부 차원에서는 여러 부처에 분산적으로 집행되기 때문에 각 부처의 목표, 이해, 고객 차이로 인해 부처이기주의가 발생한다. 또한 규제 방법과 수단을 효율적으로 사용 가능한 기구가 확충되어야 하며, 관련 지식·기술을 충분히 갖춘 직원의 확보가 중요할 것이다.

환경을 돈으로 살 수 있다?: 배출권 거래제도

배출권 거래제도는 매년 온실가스를 뿜어내는 경제 주체에게 배출할 수 있는 할당량을 부여하여 특정 오염물질을 일정 기간 동안 일정량 배출할 수 있는 권리를 돈으로 사거나 팔 수 있는 제도로 지구온난화를 유발하는 이산화탄소 등 지구온실가스를 감축하기 위한 환경 규제 수단이다. 배출권 거래제(emission trading scheme)는 온실가스 감축 의무 국가 또는 기업 등이 의무 감축량을 초과하여 달성하였을 경우, 이 초과분을 다른 온실가스 감축 의무 국가 또는 기업과 거래할 수 있도록 한다. 반대로 의무를 달성하지 못한 온실가스 감축 의무 국가 또는 기업은 그 부족분을 다른 온실가스 감축 의무 국가 또는 기업로부터 구입할 수 있다. 배출권 거래제도를 통하여 온실가스 감축량도 시장의 상품처럼 사고팔 수 있도록 하나의 거래시장을 만든 것이다. 국내적인 관점에서 온실가스 배출허용량, 즉 배출권을 할당받은 개별 기업이 온실가스 감축에 따르는 비용과 시장의 배출권 가격을 비교하여 온실가스를 감축하거나 배출권 구매를 선택하게 한다. 배출권 거래제도는 “전 세계적인 기후 변화 대응에 대한 강제력 있는 실천적 노력의 일환으로 온실가스로 인한 기후 시스템의 위험한 변화를 방지할 수 있는 수준으로 온실가스 농도를 안정화”시키는 것을 목표로 하고 있다. 이 제도의 도입은 국제사회 합의의 산물로서 1997년 12월 일본 교토에서 개최된 기후변화협약 제3차 당사국총회에서 채택되었다. 우리나라에서도 2010년 1월부터 탄소 배출권 거래제 시범사업이 개시되어 국내 탄소시장이 본격 출범하였다. 우리나라의 배출권 거래제도는 국가 온실가스목표, 즉 2020년 온실가스 배출 전망치(business-as-usual: BAU) 대비 30%의 비용 효율적인 감축 목표 달성을 위해 도입된 제도로서 2012년 5월에 관련법이 제정되어 2015년부터 시행되었다. 정부는 할당 대상 업체별 배출권의 할당 기준 및 할당량의 산정 방법, 온실가스 배출량 인증 기준 및 세부 절차, 외부사업 인정 기준, 조기 감축실적 세부 인정 기준을 '온실가스 배출권의 할당 및 거래에 관한 법률'과 이 법의 시행령에 따라 배출권 거래제 운영과 관련된 사항들을 환경부 고시로 제정하여 확정한다. 이러한 배출권 거래제도에 대해 산업계에서는 성급한 온실가스 감축 규제는 물가 상승, 기업매출 저하, 기업의 산업경쟁력 저하 및 일자리 감소 등의 국가경제와 산업경쟁력에 악영향을 끼칠 것으로 우려하고 있다. 과연 배출권 거래제도는 온실가스 감축 규제로서 국가경쟁력이 악영향을 끼치는 환경 규제인가 저탄소 경제사회로의 전환을 촉진시키고 비용 효과적인 온실가스 감축의 수단인가?

배출권 거래제의 기본 개념

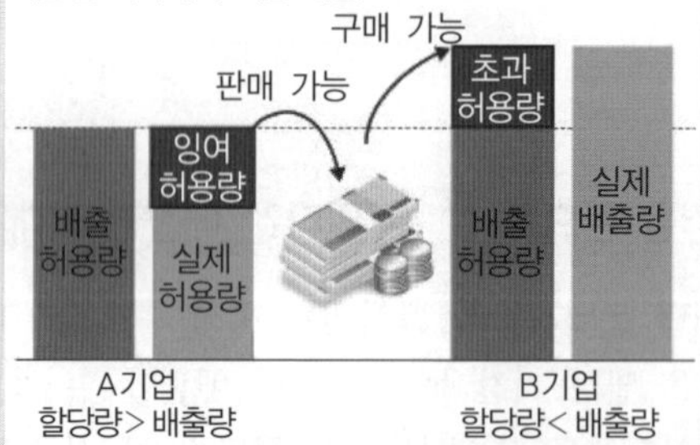

제 3 절 환경 규제 개혁의 기본방향 및 향후 과제

1. 환경 규제 개혁의 기본방향

2018년 우리나라는 세계경제포럼(WEF)에서 각국의 환경 관련 경제 및 사회정책을 종합적으로 2년 주기로 평가하는 환경성과지수(Environmental Performance Index:

EPI)에서 180개국 중 60위를 차지하였다. 2018년 환경성과지수는 환경건강(Environmental Health)과 생태계 활력성(Environmental Vitality)이라는 두 개의 정책목표 아래 10가지 정책 범주와 24개 지표로 구성되어 있으며, 환경성과지수를 통해 정부 정책 등의 노력을 통해 환경이 개선된 정도를 알 수 있다. 우리나라의 환경성과지수 순위는 2010년 163개국 중 94위, 2012년 132개국 중 43위, 2014년 178개국 중 43위, 2016년 180개국 중 80위, 2018년 180개국 중 60위를 차지하였다. 이번 2018년 환경성과지수에서 우리나라는 2016년 대비 순위가 상승하였으나, 지난 10년 간 지속적으로 하위권으로 평가되었으므로 순위 및 점수가 하락한 지표에 대해 국내 정책의 보완과 지표의 타당성 검토 및 지수화 방안 개선안 마련 등의 다양한 대응방법이 필요할 것으로 판단된다.

2000년 세계경제포럼에서 실험적 연구(pilot study)로서 환경지속성지수(ESI)를 발표한 이래 2001년, 2002년, 2005년 등 3개년에 국가별 환경지속성을 비교 및 평가한 환경지속성지수를 발표하였다. 환경지속성지수는 환경・사회・경제 조건을 바탕으로 지속 가능한 성장을 할 수 있는 국가 역량을 계량화하여 비교한 평가지수로 우리나라는 2001년 122개국 중 95위, 2002년 142개국 중 136위, 2005년 146개국 중 122위를 차지하였다. 우리나라의 2005년 환경지속성지수 순위는 146개국 중 122위로서 2002년(142개국 중 136위)에 비해 다소 상승하였으나 이는 OECD 가입국 중

표 8-8 2018년 세계 환경성과지수(EPI) 순위

순 위	국가명	점 수	순 위	국가명	점 수
1	스위스	87.42	15	벨기에	77.38
2	프랑스	83.95	20	일본	74.69
3	덴마크	81.6	30	불가리아	67.85
4	몰타	80.9	40	알바니아	65.46
5	스웨덴	80.51	50	폴란드	64.11
6	영국	79.89	58	튀니지	62.35
7	룩셈부르크	79.12	59	아제르바이잔	62.33
8	오스트리아	78.97	60	대한민국	62.3
9	아일랜드	78.77	61	쿠웨이트	62.28
10	핀란드	78.64	62	요르단	62.2

자료: 환경부(2018.6).

표 8-9 우리나라 환경성과지수(EPI) 순위 추이

2008	2010	2012	2014	2016	2018
51위/149개국 (34.2%)	94위/163개국 (57.7%)	43위/132개국 (32.6%)	43위/178개국 (24.2%)	80위/180개국 (44.4%)	60위/180개국 (33.3%)

주: 2012년에는 평가대상 국가 수의 축소 등으로 순위가 급상승함.
자료: 환경부(2018.6).

최하위에 해당하는 것이었다. 비록 2005년 이후 환경지속성지수를 발표하지 않았지만 우리나라의 환경지속성을 향상할 수 있는 다양한 환경정책 수단의 효과성을 제고할 필요가 있을 것이다.

표 8-10 2005년 환경지속성지수(ESI) 국가별 순위

국가명	순 위	국가명	순 위
핀란드	1	터 키	91
노르웨이	2	벨기에	112
우루과이	3	대한민국	122
일 본	30	필리핀	126
네덜란드	41	중 국	133
미 국	45	쿠웨이트	138
영 국	66	대 만	145
스페인	76	북 한	146

자료: 환경부 보도자료(2005.1).

2. 환경 규제 개혁의 향후 과제

1) 시장 유인적 규제 수단 활성화

우리나라의 경우 부과 대상, 부과 요율, 징수율 개선 등의 경제적 유인 수단을 도입하여 지속적으로 관리할 필요가 있다. OECD 등은 환경 규제에 관한 국제적 논의에서 환경 문제를 해결하기 위한 비용 감소를 위해서는 시장에 기반한 정책 수단을 사용해야 한다고 제안하고 있다. 예를 들어, 환경세, 물 가격정책(water pricing policy), 배출권거래, 오염물질 가격제도, 폐기물 부과금, 사용자 부담금, 예치와 환수제도, 자기 모니터링 제도 등 시장 유인적이고, 환경 친화적인 정책 도입이 지속되어야 한다(한국행정연구원, 2009).

대부분의 시장 유인적 규제 수단은 불확실성을 수반하므로 이를 해결하기 위한 사후 시장 감시, 즉 명령 지시적 통제가 필요하다(Gunningham & Sinclair, 1999). 이런 측면에서 의무적인 보고와 감시 규정(compulsory reporting and monitoring provisions)의 중요성이 더욱 크다고 볼 수 있다. 예를 들어, 배출부과금의 경우 배출량의 측정이 매우 정확하게 이루어져야 하는데, 이를 위해서는 배출 수준을 측정・보고하는 강제 규정이 필요하다. 배출권 거래제의 경우 또한 어떤 기업이 그가 구매한 배출권의 요구사항이 잘 준수되는지를 확인하기 위해서는 배출량에 대한 성과 기준을 설정해야만 한다. 이러한 기업들의 배출권 거래 내역 등이 정부에 정확하게 전달되려면 강제 보고 규정 등의 명령적 요소가 필요하다. 따라서 시장 유인적 규제의 효과적 작동을 위해서는 명령 지시적 규제와의 혼합이 필요하다.

2) 통합적 환경관리

기존의 환경관리가 분리, 비일관성, 분절 등의 특성을 지녔지만, 통제대상에 대한 통합적 관리가 요구된다. 통합적 관리의 좋은 예는 통합적 오염 예방관리(Intergrated Pollution Prevention & Control: IPPC)이다. 이는 환경에 대한 위해도 평가, 의사결정, 집행과 운영에서 통합성을 확보하려는 제도이다(한상운 외, 2007).

또한 규제 수단의 혼합 측면에서도 보다 체계적인 대응이 필요할 것이다. 특히 자율 규제나 자율 협약의 경우 정부 규제가 뒷받침되지 않는다면 그 실효성을 확보하기 어려울 것이다. OECD는 전통적 명령지시 규제, 시장 유인적 규제, 정보성을 강조하는 도구 등의 다양한 정책 수단의 혼합적 활용을 권고하고 있다. 환경 문제가 복합적인 성격을 가지기 때문에 이와 같은 정책 도구의 혼합은 필연적이라 할 수 있다.

3) 환경 규제 유연화

우리나라의 수질 보호 규제의 경우 토지이용 및 입지 측면에서의 합리화가 필요하다. 선진국의 경우, 상수염 오염 원인에 대한 충분한 조사연구를 통해, 상수원 오염 측정에 따른 다양한 토지이용 규제장치를 마련하고 불필요한 규제를 최소화하고 있다. 앞서 논의한 바와 같이 우리나라의 경우, 상수원 보호를 위한 토지이용 규제 관련 법률이 수도법, 환경정책기본법, 수질 및 수생태계 보전에 관한 법률, 환경보전법, 가축 분뇨의 관리 및 이용에 관한 법률 등으로 복잡하게 구성되어 있어 이로 인해 피규제자에게 불필요한 부담을 야기하고 있다고 판단된다. 따라서 이를 해결하기 위한 적극적인 개선이 필요할 것이다.

4) 환경 규제정책 패러다임의 변화

환경 규제에 대한 기존 인식은 경제 성장을 저해하거나 기업에 부담이 된다는 것이었다. 이러한 환경 규제에 대한 인식의 변화가 수반되어야 한다. 장기적으로 환경 구제제도의 도입, 무과실 책임 및 시민소송의 도입이 고려되어야 할 것이다. 독일의 경우, 환경 규제 수준은 소비자들의 선택 기준이 되기 때문에 기업의 기술개발 목표가 된다. 따라서 기술개발을 촉진하는 효과를 가져오고 있다. 이와 같이 환경 규제는 기업의 기술개발을 성장시키는 역할을 할 수 있으며, 이를 통해 경제에 매우 긍정적인 영향을 줄 수 있다는 인식을 할 필요가 있다.

5) 환경 기술 수준 향상을 위한 정부지원 및 국제협력 강화

정부는 원천 기술과 기초 기술개발을 위한 로드맵을 마련하고, 환경 관련 기술개발의 R&D 지원을 확대할 필요가 있다. 특히 환경 친화적 상품의 개발, 생태산업단지의 조성, 자원순환형 생산 체제의 구축, 재활용 산업 활성화 등에 대한 정책적 지원이 필요하다. 아울러 환경 규제 거버넌스의 구축 차원에서 환경 기술 관련 국제협력이 강화될 필요가 있다.

환경 문제는 기업, 소비자, 정부 더 나아가서는 국제협력을 필요로 하는 문제이다. 선진국의 경우, 환경 규제를 통해 기업은 환경 기술개발의 목표를 세우고, 소비자들은 환경 기술이 우수하게 활용된 제품을 선호하는 선순환이 이루어질 수 있다. 따라서 환경 주체 사이의 협력적 거버넌스 구축이 요구된다. 특히 판매와 소비 부문 네트워크 구축을 통해 아직 경쟁력을 갖추지 않은 친환경 제품에 대한 초기 시장을 형성하고, 소비자들에게 제품의 안전과 건강 위해 관련 정보들이 제공되어야 할 것이다.

6) 자진신고자 감면제도의 도입

자진신고자 감면제도(leniency)는 자기의 잘못을 자진신고하거나 정부의 조사에 협조한 경우, 과징금이나 처벌을 면제 또는 감면해 주는 제도이다. 현재 우리나라의 경우 독점 규제 및 공정 거래에 관한 법률에 자진신고자 감면제도가 도입되어 있어 이에 근거하여 동법 시행령에서는 담합 행위에 대한 증거를 처음 제공한 업체에는 과징금을 100% 면제해 주고, 두 번째로 제공한 업체에는 50%를 감면해 준다. 이러한 '담합 자진신고자 감면제'는 기업들의 자수를 유도하여 제재를 감면해 주는 장점이 있지만, 담합으로 가장 많은 이익을 얻은 회사가 이 제도를 악용하여 과징금을 면제받는 경우가 있다는 문제점이 있기도 하다. 이러한 제도를 환경 분야에 도입하는 경우 기업 스스로 불법행위에 대한 치유를 할 수 있는 기회를 가질 수 있고, 결국 규제에 대한 순응(compliance)을 확보하는 장치가 될 수 있다.

7) 환경 허가제도 통합 법률 마련

환경 규제를 체계적으로 시행하기 위한 환경 오염시설의 통합관리에 대한 법률안의 마련이 필요할 것이다. 현재 9개의 수질, 대기 등과 관련한 인·허가를 통합하여 변경 허가를 간소화하고, 기술정보 시스템으로 원스톱 허가를 구현하는 등 편이성이 제고될 것이다.

EU의 경우 1996년 통합오염 예방저감 지침(Intergrated Pollution Prevention and Control Direction: IPPCD)을 제정하였고, 2010년 산업배출지침(Industrial Emission Directive: IED)을 제정하였다. 이는 환경오염물질 배출을 총체적으로 간소화하고, 통합적 접근을 통해 산업계의 부담을 감소시킨다는 목적으로 제정되었다. 2007년 EU위원회에 따르면, EU통합관리 사업장의 통합 허가로 연간 105~255백만 유로의 행정비용이 절감되었다. 우리나라 또한 환경오염시설에 대한 통합 허가, 수단 및 벌칙 등에 관한 체계적인 법률안을 제정하여 보다 효율적인 환경 규제 방안을 모색해야 할 것이다.

배출권 거래제도 일회용 플라스틱용품 사용 규제의 빛과 그림자

정부에서 지구환경 보호의 일환으로 일회용 플라스틱 및 비닐 용품 사용에 대한 규제정책을 시행한 이후 우리의 일상생활에는 많은 변화가 일어나고 있다. 우선 업체들이 이에 적용하기 위해 발 빠르게 대처하고 있는데, 배달 서비스를 제공하는 '배달의 민족'에서는 생분해 소재를 쓴 종이 식품용기를 출시하였으며, 자영업자 식자재 및 배달 비품을 판매하는 '배민상회'에서는 친환경 코팅(PLA) 소재를 쓴 종이 식품용기를 출시한 데 이어 친환경 비닐봉투 제품도 추가로 선보일 예정이라고 한다. 그러나 현장에서는 여전히 혼란과 일탈 행위가 나타나고 있다. 2019년 1월 1일부터 대형마트 및 165m^2 이상 슈퍼마켓에서는 재사용 종량제봉투나 종이봉투 등 대체용품만 사용이 가능하지만, 일부에서는 아직까지 생선 및 고기 등 수분이 있는 제품에 한해 허용되는 속비닐을 변칙적으로 사용하는 사례가 많으며, 심지어 농수산물을 플라스틱 용기에 담아 판매하거나 비닐랩을 사용하는 등 편법이 늘어나고 있다. 한편 환경부는 2018년 5월 커피전문점(16개) 및 패스트푸드점(5개)과 '일회용품 줄이기 자발적 협약'을 체결한 바 있는데, 2019년 6월 "지난 1년 간의 성과를 조사한 결과, 매장당 일회용 컵 사용량이 14.4% 감소한 것으로 나타났다"고 발표하였다. 그러나 매장 내에서는 머그컵을 쓰다가 나갈 때 일회용기에 옮겨 담는 '이중 사용'이 꾸준히 늘고 있으며, 이로 인해 일회용기 비용은 그대로 들어가면서 머그컵 설거지도 해야 하는 이중부담을 호소하고 있다. 사용 제한 범위가 테이블을 정리하는 등 영업주의 영향력이 끼치는 곳으로 판단할 수 있으면 과태료를 부과할 수 있지만 그 기준 역시 애매하다는 불만도 있다. 심지어는 올해 들어 젊은층에서 A형간염 환자가 급증하자 SNS상에서 명확한 관련성 대한 입증도 없이 "커피전문점 매장 내 컵 위생 관리가 제대로 되지 않아 바이러스가 퍼진 것 아니냐"는 의혹마저 확산되고 있다. 앞으로 정책이 제대로 자리를 잡기 위해서는 보다 적극적인 홍보와 계도 활동이 필요할 것으로 보인다. 해외 선진국에서는 오래전부터 일회용품 사용 제한 정책을 실시하고 있다. 독일에서는 이미 지난 1991년부터 개별 포장 폐기물에 회수·처리 비용을 부과하기 위한 '그린도트(Green Dot, Grüner Punkt)' 정책을 시행하고 있다. 이 정책은 포장재와 용기에 그린도트 로고를 부착하고 소비자가 쓰레기 봉투에 담아 모아오면 정해진 날 처리업체가 수거해 감으로써 각 제품 가격에 처리비용이 포함되어 생산자와 소비자가 공동으로 책임을 지는 방식이다. 미국 내 여러 지역에서도 이미 일회용 비닐봉지의 사용이 엄격히 제한되고 있는데, 2014년 캘리포니아 주에서 미국 최초로 대형 소매상점에서 일회용 비닐봉지 사용을 금지하는 법안을 제정하였으며, 2015년에는 하와이 주에서 일회용 비닐봉지 사용을 금지하였다. 그 외에 워싱턴 DC, 시카고, 로스앤젤레스 등에서도 비닐 사용을 금지하거나 요금을 부과하는 움직임이 계속되고 있다. 영국에서는 2015년부터 250명 이상 고용 대형유통업체에서 일회용 비닐봉투 무상제공을 금지해 2017년 현재 2014년 대비 86% 감소 효과를 얻음에 따라, 2018년 8월부터는 전체 소매점으로 확대하고 있다.

EU는 2018년에 일회용 플라스틱 품목 사용을 전면 제한하는 법안을 통과시켰으며, 2021년부터는 일회용 플라스틱 빨대, 면봉, 식기 사용을 금지할 방침이다.

캐나다 벤쿠버 시의회는 2019년 6월부터 면허대상인 모든 요식업소에서 음료용 빨대와 스티로폼 컵 및 포장용기, 비닐백 등 일회용 플라스틱류 제품 사용을 전면 금지하는 법안을 통과시켰다. 환경부는 앞으로도 플라스틱 빨대, 스푼, 포크 등을 규제하는 일회용품 사용 저감 로드맵을 수립할 계획이라고 밝히고 있는데, 이는 단순히 소비자만의 문제가 아니라는 사실을 인식할 필요가 있다. 시민들의 인식 개선은 물론 생산 단계에서도 일회용품을 줄이기 위한 노력이 병행되어야 할 것이다. 그렇게 하기 위해서는 해외 선진국의 사례를 벤치마킹해 우수업체에 대한 다양한 인센티브를 부여하는 등 명령 통제식 규제와 병행한 시장(경제) 유인적인 규제정책이 절실히 요구되고 있다.

생각발전소

1. 환경 규제는 누가 만들고 왜 만드는 것인지 알아보자.
2. 규제는 매우 필요한 것일 수도 있고 철폐와 개혁의 대상일 수도 있다. 환경 규제의 순기능과 역기능은 무엇일까? 국민들의 입장에서 좋은 규제, 나쁜 규제, 그리고 이상한 규제는 무엇인지 생각해 보자.
3. 전통적인 환경 규제 수단의 경직성을 타파하기 위해 등장한 새로운 환경 규제는 어떤 것이 있을까? 그 유용성과 한계는 무엇인지 알아보자.
4. 이명박 정부의 '저탄소 녹색성장' 정책을 환경정책 제도화, 즉 환경 규제의 형성 관점에서 어떻게 설명할 수 있는지 생각해 보자.
5. 우리나라 환경 규제의 문제점은 무엇인가? 언제 환경 규제가 필요한가? 환경 규제는 어떤 이유에서 필요한 것인지 생각해 보자.
6. 환경 규제의 입안 및 집행 과정에서 특정 이익에 포획되거나 관료주의가 발생하여 규제의 효과를 달성하기 어려울 때는 어떻게 규제를 개혁해야 하는지 생각해 보자.
7. 직접 규제보다 시장 유인적 규제가 더 좋은 규제 수단인가? 시장 유인적 규제보다 자율규제가 더 좋은 규제 수단인가? 그렇지 않는 경우도 발견되고 있는데, 왜 그런 것인지 생각해 보자.
8. 언제 규제개혁이 필요한지 생각해 보자.
9. 환경 규제가 제대로 작동하지 않고 지나치게 규제가 과도하여 기업의 경제 활동을 위축시키는 경우에는 어떻게 해야 되는 것인지 알아보자.
10. 경제 활성화, 투자 유치, 기업 불편 해소 등 민원 해결에 초점을 맞춘 규제 개혁 때문에 환경 규제를 완화하는 것은 바람직한 규제 개혁의 방향인지 생각해 보자.

Chapter 09

환경 문제와 환경법

이 장은 이제 '성장의 부수비용'이 아니라 '생존의 문제'가 되어버린 환경 문제가 국가의 최우선 과제 또는 전 지구적 문제로서의 해결을 위한 법적 대응을 위해서 수반되는 '환경법'의 중요성과 주요 내용을 정리하였다.

제2절에서는 국가의 환경보호 임무에는 환경권의 헌법적 확립이 우선되고 있음을 설명하면서 환경권의 내용과 판례 등을 그 사례로서 소개하고, 특히 환경법과 법 체계 및 국제적 차원에서의 환경법 등을 정리하였다.

제3절에서는 환경행정의 조직과 환경 보호의 법적 수단에 대한 논의를 위해 국가와 지방자치단체 및 기타 공공기관에 대한 업무와 역할 등을 소개하고, 환경 보호의 법적 수단으로서 명령적 · 경제 유인적 규제, 녹색성장을 위한 법적 수단과 이들 규제의 비교와 정책수단의 배합 및 현행법상 환경 보호 수단들(환경계획, 환경 관련 기준 설정, 환경영향평가, 인 · 허가제와 같은 직접적 규제 수단들, 배출부과금, 환경오염에 대한 행 · 형사적 제재 등)에 대하여 논의하였다. 그러나 환경 문제의 해결을 위해서 동원되는 각종 규제사항(법 체계 등)은 규제 실패라는 특징적 현상들이 환경법과 환경행정 사이의 복잡한 요인에 의해서 나타되고 있다. 이러한 규제 실패를 설명하기 위해서 환경 규제의 법적 과정과 규제 실패 요인(법적 적정성, 규제의 복잡 · 세분화, 실효성 문제, 환경법의 비공식적 회피, 권리구제의 문제 등)과 규제 실패 극복 방안에 대한 내용을 일목요연하게 정리하였다.

제1절 서 론

환경 문제는 더 이상 '성장의 부수비용(Nebenkosten des Wachstums)'이 아니라 '생존의 문제'가 되었다. 한국의 환경 문제는 저발전으로 인한 빈곤과 이에 따른 환경자원의 남획으로 환경 파괴가 급속히 진행되어 온 제3세계 국가와 비교한다면, 산업화·도시화로 인한 선진국형 환경 문제의 비중이 상대적으로 높다고 할 수 있다. 한국의 경우, 1960년대부터 추진된 성장 드라이브정책을 통해 공해 다발성기업이 수출전략산업으로 대거 도입되었고, 특히 1970년대 중반 이후 추진된 중화학공업 집중투자정책으로 환경 파괴의 요인이 구조화되었다는 것이 환경 문제의 배경을 이루고 있다. 특히 산업발전정책이 수행되는 과정에서 발생한 산업화·도시화 문제에 대응하여 환경 대책을 강구함에 있어 실기(失機)했기 때문에 환경 문제가 계속 악화되어 온 것이다. 환경법은 이렇듯 날로 악화되는 환경 문제에 대처하기 위한 법적 대책으로서 형성·발전되어 왔다.

환경 문제가 국가의 최우선 과제이자 전 지구적 문제로 대두된 상황에서 이에 대한 법적 대응이라는 과제가 대두된 것은 극히 당연한 일이다. 환경법은 바로 그러한 법적 대응의 주된 구성부분을 이룬다.

환경법은 공해방지법, 즉 공해 방지를 위한 경찰법으로부터의 독립 내지 결별을 전제로 한다. 종래 공해행정법은 전통적인 일반경찰법의 법리에 따라 형성되고 운용되었기 때문에 소극적인 공해(公害)의 규제의 틀을 벗어나지 못했다. 경찰법은 사인(私人)의 자유, 특히 기업 활동의 자유를 최대한으로 존중하고 공권력의 행사를 '필요악'으로 보는 자유주의의 토양에서 생성되었다. 이에 따라 경찰작용은 공공의 안녕과 질서를 유지하여 공중 및 개인을 긴급한 위험으로부터 보호하기 위하여 필요 최소한으로 행사되는 권력작용으로 이해되었다. 그 결과 공해의 규제 또한 위험 방지의 한 내용으로 파악됨으로써 경찰법에 특유한 소극성의 잔재가 공해행정법에 그대로 계승되었다(原田詳言, 1977: 56). 그러나 이러한 경찰법적 유제는 환경 문제가 날로 악화되고 구조화된 오늘날에는 더 이상 유지될 수 없다. 그리하여 "공해 문제를 근본적으로 해결하려 한다면 …… 현행법의 체계를 공해대책법으로부터 환경보전법으로 탈피시킬 것이 요망된다(原田尙彦, 1981: 25－26)"는 인식이 확산되었고, 공해법은 소극적 경찰 목적을 넘어 적극적 공공복리의 유지·증진을 위한 환경법으로 전환되었다.

제 2 절 환경법의 기초

1. 환경권과 국가의 환경 보호 임무

1) 환경권의 헌법적 확립

환경권[1)]이 헌법상 기본권으로서 제창된 데에는 제2차 세계대전 이후 급속한 과학기술 혁신에 따른 산업 발전, 특히 1960년대의 고도 성장정책 하에서 생산력 증대를 추구하는 과정에서 초래된 광범위한 환경오염과 생태계 파괴의 역사적 경험이 배경을 이루고 있다. 종래의 공해 중심적 사고 방식만으로는 환경 문제를 해결할 수 없다는 반성을 토대로 전통적인 법이론이나 법제도의 구각을 벗어난 새로운 접근방법이 요구됨에 따라 환경권이 헌법상 확립되기 시작했다. 한국 헌법은 이러한 인식의 전환을 비교적 이른 시기인 1980년에 관철시켰다. 1980년 헌법은 제33조에서 이러한 환경권 사상을 수용하여 환경권을 기본권의 하나로 명시적으로 보장하였다. 현행 헌법 역시 그 연장선상에서 "모든 국민은 건강하고 쾌적한 환경에서 생활할 권리를 가지며, 국가와 국민은 환경 보전을 위하여 노력하여야 한다"고 규정하고(§35 ①), 다만 그 내용과 행사에 관한 사항은 법률에 유보하고 있다(§35 ②). 사실 환경권을 헌법에서 직접 기본권으로 명문화한 입법례는 그리 많지 않다. 그런 뜻에서 환경권의 명시적 보장은 한국 헌법의 특색을 이루는 요소이며, 이는 독일의 경우 기본법에 환경권 조항을 신설하기는커녕 환경 보호를 국가 목표(Staatsziel)의 하나로 규정하려는 시도조차 학계의 완강한 저항으로 지연되어 오다가 통일 이후 1994년의 기본법 개정

1) 환경권에 관한 상세한 문헌으로는 김도창(1992: 517) 각주 2를 참조.

을 통해서야 관철될 수 있었다는 사실과 현저히 대조된다.

환경권은, 그 개념, 법적 성질 및 효력을 둘러싸고 학설이 분분하지만, 일반적으로 "건강하고 쾌적한 환경에서 생활할 권리"라고 이해되고 있다.[2] 즉, 건강하고 안전하며 쾌적한 생활을 유지하는 조건으로서 양호한 환경을 향수할 권리이다.

그 법적 성질에 관하여는 자유권적 성격뿐만 아니라 인간의 존엄과 가치·행복추구권으로부터 도출되는 생존권 또는 사회적 기본권으로서의 성격을 갖는 종합적 기본권으로 보는 것이 지배적인 견해이다.[3] 다만, 환경권의 효력에 관해서는 크게 환경권을 국민 개개인이 직접 법원에 청구할 수 있는 구체적인 법적 권리로 보려는 입장(구체적 권리설)과 환경권은 환경에 대한 침해가 있을 때 그 배제를 직접 청구할 수 있는 구체적 권리로서의 측면(자유권적 침해배제청구권[4])과 건강하고 쾌적한 환경에서 생활환경의 조성·유지에 대한 추상적 권리로서의 측면이라는 양면성을 지닌다고 보는 입장(추상적 권리설·양면적 권리설[5])이 대립한다.[6]

생각건대, 헌법이 종합적 기본권(Gesamtgrundrecht)으로서 환경권을 명시적으로 인정하는 이상(§35 ①), 환경권은 그 자유권적 기본권의 측면에서는 물론 생존권적 측면에서도 소구(訴求) 가능한 권리(구체적 권리)의 성질을 가진다고 보아야 할 것

---

2) 한편 자연환경을 기본권의 객체 또는 법적 규율의 대상으로 하는 데에는 일정한 한계가 있다는 견해(허영, 1995: 423)도 있다.

3) "환경권은 많은 기본권의 실효성 확보를 위해서 그 보장이 불가피한 일종의 '기본권의 전제 조건의 보호'로서의 의미를 가지는 한편, 특히 경제 생활에 관한 기본권의 헌법적 한계로서의 의미도 함께 가지고 있기 때문에, 법적 성격도 이를 '자유권'·'사회권'·'인격권' 등 획일적으로 말할 수는 없을 것"이라고 하면서 '제도적 보장'의 성질도 아울러 내포하고 있는 것이라고 하는 견해도 있다(허영, 1995: 426-427).

4) "환경권은 헌법에 기본권으로 규정되어 있기 때문에 최소한 배제청구권(Abwehrrecht)의 효력은 갖는 것으로 봄이 타당하다"고 한다(이강혁, 1992: 686).

5) 이 견해는 김도창(1989: 519)처럼 오히려 구체적 권리·추상적 권리의 양면적 권리설이라고 지칭하는 것이 적절할 것이다.

6) 한편 "우리나라의 다수학자들이 주장하는 바와 같이 환경권을 '생존권'·'생활권' 혹은 '사회적 기본권'의 일종으로 성격짓는 이상 환경권은 별수 없이 프로그램적 내지 추상적 권리로 해석할 수밖에 없는 것이 아닌가 생각되며 그 실효성은 어디까지나 입법·행정적 조치와 관련하여 논할 수밖에 없는 그야말로 지도이념적 권리로 이해하는 것이 현실적이며 냉정한 태도가 아닌가 생각되는 것"이라고 하면서 "요컨대, 한마디로 말해서 환경권이론의 배경에는 법원의 기능에 대한 약간 지나친 기대가 가로놓여 있는 것 간이 생각되거니와 …… 입법·행정의 대응 부족의 현실에서 남은 것은 사법에 의한 구제라고 하는 발상도 이해되지 않는 것은 아니지만 우리나라와 같은 상황에서는 너무나도 비현실적이며 성급한 주장이 아닌가 생각된다"는 견해(徐元宇, 1984/5: 99)도 표명되고 있다.

이다. 다만, 그 내용과 행사에 관한 사항을 법률에 유보하고 있는 헌법 제35조 제2항은 제1항의 전제 위에서, 그리고 그 범위 내에서 입법적 형성의 여지를 인정하지 않을 수 없다. 환언하면, "건강하고 쾌적한 환경에서 생활할 권리"는 헌법 제35조 제1항으로부터 직접적 효력을 갖는 권리로서 도출되며, 헌법 제35조 제2항에 의해 부여된 입법권자의 입법 형성권은 제1항의 헌법적 결정을 구체화하고 또 그것에 위배되지 않는 범위 내에서만 인정된다고 본다. 이러한 해석은 같은 조항에서 부과된 국가의 환경 보호를 위하여 노력해야 할 의무를 통해서도 지지된다.[7)]

2) 환경권의 내용

환경권이 헌법상 보장되어 있을지라도 그 내용과 행사에 관한 사항이 법률에 유보되어 있는 이상(§35 ②), 입법권자에 따라 그 내용과 효과, 행사방법 등이 구체화되지 않으면 실현되기 어렵다. 물론 환경권의 내용과 행사에 관한 사항이 법률로 정하도록 한 헌법 제35조 제2항의 규정은 이를 단지 입법권자에게 입법 형성의 재량을 부여하는 데 그치는 것이 아니라 헌법 제35조 제1항에 의한 환경권 및 국가의 환경 보호 의무를 구체화해야 할 입법 의무를 부과하는 것으로 해석해야 할 것이다.

환경정책기본법은 헌법 제35조에 의거하여 제6조에서 "모든 국민은 건강하고 쾌적한 환경에서 생활할 권리를 가지며, 국가 및 지방자치단체의 환경 보전 시책에 협력하고 환경 보전을 위하여 노력하여야 한다"고 규정한다. 이와 관련하여 헌법 제35조 제2항에 따른 법률유보 요구가 충족된 것으로 볼 수 있는지 여부가 문제된다. 이에 관한 판례나 학설상의 논의는 거의 찾아볼 수 없다. 이 조항이 헌법 제35조 제2항이 규정하는 바와 같은 "환경권의 내용과 행사에 관한 사항"을 규정한 것이라고 볼 수 있을 만큼 구체적인 규율을 내용으로 하고 있지 않아 이 조항만으로 환경권의 내용과 행사가 입법권자에 의해 구체화되었다고 볼 것인지에 관해서는 의문이 없지 않다. 반면 환경정책기본법 제6조의 규정에도 불구하고 헌법 제35조가 규정하는 환경권의 내용과 행사는 그 밖의 각 개별 법률에 의해 구체화될 수 있으며, 또 구체화되어야 한다고 해석된다.

---

7) 同旨 김춘환(2000: 349-367, 354). 아울러 홍성방(2000: 473-490)을 참조.

헌법 제35조 제1항은 환경권을 건강하고 쾌적한 환경에서 생활할 '모든 국민'의 권리로 규정하고 있으나, 환경권의 주체는 대한민국 국적을 가지고 있는지 여부를 묻지 아니하고 대한민국 헌법의 관할에 속하는 모든 자연인이라고 해석된다. 헌법 제35조 제1항이 건강하고 쾌적한 환경에서 살 수 있는 인간의 권리뿐만 아니라 동식물을 포함한 생태계 자체의 권리를 아울러 보장하는 것인지는 의문이다. 이러한 의미에서 한국 헌법이 보장하고 있는 환경권은 인간 중심적 성격을 지니며, 또 환경 보전을 위해 노력할 국가와 국민의 의무를 수반한다는 특징을 지닌다. 헌법은 "건강하고 쾌적한 환경에서 살 권리"로서 환경권을 보장한 후, 그 내용과 행사를 법률로 정하도록 유보하고 있다. 따라서 환경권의 내용은 이 "건강하고 쾌적한 환경에서 살 권리"에 대한 헌법 해석을 통해 결정되는 것이며, 또 입법권자가 그 내용과 행사를 법률로 구체화하는 것도 어디까지나 그러한 헌법 해석을 전제로 하고, 또 그 취지에 부합되는 경우에만 가능하다.

환경권의 대상이 되는 '환경'의 의미는 환경정책기본법이 구체화하고 있다. 이에 따르면 환경이란 자연환경과 생활환경을 말하는데, 여기서 '자연환경'이란 지하·지표(해양을 포함) 및 지상의 모든 생물과 이들을 둘러싸고 있는 비생물적인 것을 포함한 자연의 상태(생태계를 포함)를 말하며, '생활환경'이란 대기, 물, 폐기물, 소음·진동, 악취, 일조 등 사람의 일상생활과 관계되는 환경을 말한다(환경정책기본법 § 3 i–iii).

이렇게 볼 때 환경권은 이러한 의미의 환경을 건강하고 쾌적하게 조성·유지해 달라고 요구할 수 있는 적극적·이행청구권적 측면과 그러한 환경에 대한 침해가 있을 때 그 배제를 직접 청구할 수 있는 소극적·방어권적 측면을 가지는 권리라고 할 수 있다. 이 중 후자의 측면은 법률에 의한 구체화가 없더라도 이를 직접 소송상 행사할 수 있다. 다시 말해, 건강하고 쾌적한 환경에서 살 수 있는 권리가 침해된 경우에는 헌법 직접적인 권리보호청구권이 성립한다. 환경오염으로 인하여 생명이나 건강이 침해된 경우, 일반적으로는 민법상 불법행위 책임으로 보호될 수 있으나, 그렇지 못한 경우에는 헌법 제35조 제1항의 규정을 근거로 직접 법원에 보호를 요구할 수 있다고 보아야 할 것이다. 왜냐하면 환경오염으로 인해 그러한 생명이나 건강이 침해되었는데도 관계 법률에 그 침해를 배제할 수 있는 권리에 대한 근거 규정이 없다고 해서 보호받을 수 없다고 한다면, 이는 헌법 제35조 제1항에 정면으로 반하는 결과가 되기 때문이다. 또한 불법행위법 등 관계 법률에 의해 이를 소송상 행사하는 경우에도 그 궁극적인 근거는 어디까지나 헌법 제35조 제1항의 규정에서 찾아야 하며, 그렇게 해야만 헌법 정신에 부합하는 결과가 될 것이다. 반면 전자의 경우에는 헌법 제35조 제2항의 규정과 관련하여 직접 국가에 대하여 건강하고 쾌적한 환경을 조성·유지해 달라고 청구할 수 있는 권리 또는 법원에서 그 이행을 소구하는 권리가 헌법 직접적으로 도출된다고 보는 데에는 이론적·현실적 무리가 따른다. 물론 후술하는 국가의 환경 보호 의무에 상응하여 최소한의 "건강하고 쾌적한 환경"을 조성·유지해 달라고 요구할 수 있는 적극적·이행청구권적 권리를 인정할 여지가 없는 것은 아니다. 다만, 무엇이 "최소한의 건강하고 쾌적한 환경의 조성·유지"인지가 불분명하기 때문에 이를 구체화하는 법률이 없는 이상, 법원의 사법 적극주의적 판례 형성을 기대할 수밖에 없다.

3) 환경권에 대한 판례

환경권에 관한 판례는 당초 소극적인 태도에서 출발하였다. 실례로 대법원은 1995년 5월 23일자 결정[8]에서 "헌법 제35조 제1항은 환경권을 기본권의 하나로 승인하고 있으므로, 사법의 해석과 적용에 있어서도 이러한 기본권이 충분히 보장되도록 배려하여야 하나, 헌법상의 기본권으로서의 환경권에 관한 위 규정만으로는 그 보호대상인 환경의 내용과 범위, 권리의 주체가 되는 권리자의 범위 등이 명확하지 못하여 이 규정이 개개의 국민에게 직접으로 구체적인 사법상의 권리를 부여한 것이라고 보기는 어렵고, 사법적 권리인 환경권을 인정하면 그 상대방의 활동의 자유와 권리를 불가피하게 제약할 수밖에 없으므로, 사법상의 권리로서의 환경권이 인정되려면 그에 관한 명문의 법률 규정이 있거나 관계 법령의 규정 취지나 조리에 비추어 권리의 주체, 대상, 내용, 행사방법 등이 구체적으로 정립될 수 있어야 하며", "관할 행정청으로부터 도시공원법상의 근린공원 내의 개인소유 토지상에 골프연습장을 설치할 수 있다는 인가 처분을 받은 데 하자가 있다는 점만으로 바로 그 근린공원 인

8) 대법원 1995.5.23.자 94마2218결정(공작물설치금지가처분 공1995.7.1. (995), 2236).

근 주민들에게 토지 소유자에 대하여 골프연습장 건설의 금지를 구할 사법상의 권리가 생기는 것이라고는 할 수 없다"고 판시함으로써 법률에 의해 내용이 구체화되지 않는 한 헌법 제35조 제1항에 의한 환경권을 직접 소구할 수 없다는 태도를 분명히 한 바 있다.[9] 이후에도 대법원은 기존의 판례를 고수하였다.[10]

그러나 이후 판례에 다소간의 변화가 나타나기 시작했다. 먼저 하급심판례 가운데 환경권이 일정한 범위 안에서 사법상 구체적 권리로서의 성격을 가진다는 점을 시인하는 판례들이 나타나기 시작하였다.[11]

대법원은 1996년 7월 12일자 판결[12]에서 "주민들이 쾌적한 환경에서 살 수 있도록 하여야 할 지방자치단체의 책무"를 확인한 후 그 관할 구역에 공장을 설치하려는 자가 있는 경우 "이와 같이 쾌적한 환경에서 생활할 권리를 가지는 주민들에게 위해를 가할 우려가 있다고 판단되면 당연히 공업 배치 및 공장 설립에 관한 법률 제9조의 규정에 따라 공장 입지의 변경의 권고를 할 수 있고, 이에 불응하는 자에게 공장 입지의 변경 또는 공장 설립 계획의 조정을 명할 수 있으며, 한편 레미콘공장 설립을 하면 환경에 현저한 위해를 가할 우려가 있고 그러한 사정이 있음에도 불구하고 공장 설립을 허가하는 것이 같은 법 제8조와 이 규정에 따른 통상산업부 고시에 위반된다면, 설사 관할 지방자치단체가 토지거래 허가 시에 이러한 사정을 간과하고 토지거래 허가를 하였다고 하더라도 쾌적한 환경에서 생활할 주민들의 권리라는 한 차원 높은 가치를 보호하기 위한 조정명령을 신뢰 보호의 원칙을 들어 위법하다고 할

9) 이 결정에 관해서는 윤진수, 환경권 침해를 이유로 하는 유지청구의 허용 여부, 대법원 판례해설 23(95년 상반기 1995.12), 9−27; 김종률, 環境權의 私權性, 判例研究 13집(서울지방변호사회) 등을 참조.

10) 대법원 1995.9.15. 선고 95다23378판결(공사중지가처분이의: 공1995, 3399); 1997.7.22. 선고 96다56153판결(공사금지가처분: 공97.9.15. [42], 2636); 1999.7.27. 선고 98다47528판결(공사금지청구: 공99.9.1. [89], 1755).

11) 대구지방법원 김천지원 1995.7.14. 선고 94가합2353판결(손해배상(기): 하집1995(2)105); 서울지법 남부지원 1994.2.23. 선고 91가합23326 판결(하집1994−1, 53). 특히 주목을 끈 것은 부산고등법원 1995.5.18.선고 95카합5 판결이었으나, 이에 대 한 상고심에서 대법원은 "헌법 제35조의 규정이 구체적인 사법상의 권리를 부여한 것이 아니고 달리 사법상의 권리로서의 환경권을 인정하는 명문의 법률 규정이 없는데도 원심이 마치 신청인이 환경권에 기하여 방해 배제를 청구할 수 있는 것처럼 설시하고, 또한 원심이 불법행위나 인격권에 기한 방해배제청구권을 이 사건 피보전 권리의 하나로 들고 있는 데에 설령 소론과 같은 잘못이 있다"고 지적함으로써 원심의 판단을 번복하였다(대법원 1995.9.15. 선고 95다23378판결(공사중지가처 분이의 공1995, 3399)).

12) 대법원 95누11665판결, 공96.9.1.[17], 2512.

수도 없다"고 판시함으로써 환경권의 법률에 의한 구체화 여부와는 무관하게 환경권의 법적 효력을 시인하는 듯한 태도를 드러내었다. 환경권의 내용과 효력을 점점 더 정면에서 시인하는 듯한 뉘앙스는 비록 다수 의견은 아니었지만, 헌법재판소와 대법원의 판례 중 보충 의견이나 반대 의견을 통해서도 어느 정도 감지될 수 있었다. 먼저 도시계획법 제21조 위헌소원에 대한 헌법재판소 결정에서 반대 의견을 낸 이영모 재판관은 "모든 국민이 건강하고 쾌적한 환경에서 생활할 수 있는 환경권(헌법 제35조)은 인간의 존엄과 가치·행복추구권의 실현에 기초가 되는 기본권이므로 사유재산권인 토지소유권을 행사하는 경제적 자유보다 우선하는 지위에 있다"고 주장하였고,[13] 대법원 1999년 8월 19일 선고 전원합의체 판결의 다수 의견에 대한 보충 의견은 그와 같은 관점을 한 걸음 더 진전시킨 바 있다.[14] 특히 이 보충의견이 지난 날 대법원이 환경 훼손의 우려가 있다며 농촌지역의 숙박시설에 대한 건축 허가 신청을 반려한 행정청의 반려처분취소 청구사건에서, "주변의 자연환경과 주민의 생활환경을 훼손할 우려가 있다는 사유는 건축 허가를 불허할 만한 사유가 되지 못 한다"는 견해를 피력한 나머지,[15] 국민과 행정기관으로 하여금 환경 보전에 대한 법원의 태도에 관하여 의구심을 갖게 하는 결과를 초래하였고, 그 결과 지방자치단체의 이른바 러브호텔 등의 무분별한 허가로 이어졌으며, 이러한 러브호텔의 난립은 한강변 등 농촌지역의 자연환경과 생활환경이 심각하게 훼손되는 결과를 가져왔다는 사실을 시인한 점은 주목할 만한 점이다. 보충 의견은 이는 법원이 위와 같은 헌법 및 환경 관련 법률의 정신을 외면한 채 법규의 자구(字句)에만 얽매인 법운용을 한 결과라는 점을 부정할 수 없다고 지적하고 있다.

환경권의 구체적 내용에 관한 판례는 한결같지는 않지만, "건강하고 쾌적한 환경에서 살 권리"로서 환경권의 구체적 내용으로는 앞에서 본 바와 같은 환경침해배제청구권과 쾌적한 환경조성청구권과, 일조권(日照權), 조망권(眺望權), 경관권(景觀權), 자연환경 향유권(自然環境享有權) 등을 고려할 수 있을 것이다. 이와 관련하여

13) 헌법재판소 1998.12.24. 선고 89헌마214, 90헌바16, 97헌바7결정(도시계획법 제21조에 대한 위헌소원: 헌공 제31호).

14) 대법원 1999.8.19.선고 98두1857판결(건축허가신청서반려처분취소: 공99.9.15.[90],1889) 중 정귀호, 이용훈대법관의 보충의견.

15) 대법원 1995.12.12. 선고 95누9051 판결; 1996.1.26. 선고 95누5479 판결; 1996.2.13. 선고 95누16981 판결 등.

헌법 제35조 제1항에서 규정한 환경권의 내용에 "자연에 따라 주어지는 일조, 전망, 통풍, 정온 등의 외부적 환경을 차단당하지 않고 쾌적하게 생활할 수 있는 권리도 당연히 포함된다"는 입장을 분명히 한 하급심 판례들이 주목된다.

"환경권의 내용으로서는 자연에 따라 주어지는 일조, 전망, 통풍, 정온 등의 외부적 환경을 차단당하지 않고 쾌적하게 생활할 수 있는 권리도 당연히 포함된다고 볼 것이므로, 이러한 일조권 등에 대한 침해는 피해자에 대한 불법행위를 구성하게 되고, 다만 인접 토지소유자의 권리 행사를 사회 통념상 수인할 수 있는 범위 내에서는 위법성이 조각된다."16)

"헌법 제35조 제1항과 건축법 제53조 등에서 규정한 환경권의 내용으로서는 자연에 따라 주어지는 일조, 전망, 통풍 정온 등의 외부적 환경을 차단당하지 않고 쾌적하게 생활할 수 있는 권리도 당연히 포함된다 할 것이므로 이러한 일조권 등에 대한 침해는 피해자에 대한 불법행위를 구성하게 되어 침해자는 이를 금전적으로 배상할 의무가 있으나, 다만 인접 토지의 소유자와의 관계에서 인접 토지의 소유자의 권리 행사를 사회 통념상 수인(受忍)할 수 있는 범위 내에서는 일조권 등 권리 행사에 제한을 받게 되므로 그 범위 내에서는 일조권 침해의 위법성이 조각된다."17)

그러나 대법원은 이미 앞에서 본 바와 같이 "사법상의 권리로서 환경권을 인정하는 명문의 규정이 없는 한 환경권에 기하여 직접 방해배제청구권을 인정할 수 없다"는 전제 아래 사법상의 권리로서 일조권, 경관권 · 조망권, 종교적 환경권, 교육환경권 등을 이른바 '수인 한도 초과'를 조건으로 삼아 산발적으로 인정하는 태도를 보였다.

"[1] 환경권은 명문의 법률규정이나 관계 법령의 규정 취지 및 조리에 비추어 권리의 주체, 대상, 내용, 행사 방법 등이 구체적으로 정립될 수 있어야만 인정되는 것이므로, 사법상의 권리로서의 환경권을 인정하는 명문의 규정이 없는데도 환경권에 기하여 직접 방해배제청구권을 인정할 수는 없다.

[2] 어느 토지나 건물의 소유자가 종전부터 향유하고 있던 경관이나 조망, 조용하고

16) 서울민사지법 남부지원 1994.2.23. 선고 91가합23326판결(손해배상(기)청구사건: 하집1994(1), 53).

17) 대구지방법원 김천지원 1995.7.14. 선고 94가합2353판결(손해배상(기): 하집1995(2)105).

쾌적한 종교적 환경 등이 그에게 하나의 생활 이익으로서의 가치를 가지고 있다고 객관적으로 인정된다면 법적인 보호의 대상이 될 수 있는 것이므로, 인접 대지 위에 건물의 건축 등으로 그와 같은 생활 이익이 침해되고 그 침해가 사회 통념상 일반적으로 수인할 정도를 넘어선다고 인정되는 경우에는 위 토지 등의 소유자는 그 소유권에 기하여 건물의 건축 금지 등 방해의 제거나 예방을 위하여 필요한 청구를 할 수 있고, 위와 같은 청구를 하기 위한 요건으로서 반드시 위 건물이 문화재보호법이나 건축법 등의 관계 규정에 위반하여 건축되거나 또는 그 건축으로 인하여 그 토지 안에 있는 문화재 등에 대하여 직접적인 침해가 있거나 그 우려가 있을 것을 요하는 것은 아니다.

[3] 인접 대지에 건물이 건축됨으로 인하여 입는 환경 등 생활 이익의 침해를 이유로 건축공사의 금지를 청구하는 경우에 그 침해가 사회 통념상 일반적으로 수인할 정도를 넘어서는지 여부는 피해의 성질 및 정도, 피해 이익의 공공성, 가해행위의 태양, 가해행위의 공공성, 가해자의 방지 조치 또는 손해 회피의 가능성, 인·허가 관계 등 공법상 기준에의 적합 여부, 지역성, 토지이용의 선후관계 등 모든 사정을 종합적으로 고려하여 판단하여야 한다."[18]

"가. 환경권에 관한 헌법 제35조의 규정이 개개의 국민에게 직접으로 구체적인 사법상의 권리를 부여한 것이라고 보기는 어렵고, 사법상의 권리로서의 환경권이 인정되려면 그에 관한 명문의 법률규정이 있거나 관계 법령의 규정 취지 및 조리에 비추어 권리의 주체, 대상, 내용, 행사방법 등이 구체적으로 정립될 수 있어야 한다.

나. 인접 대지 위에 건축 중인 아파트가 24층까지 완공되는 경우, 대학교 구내의 첨단과학관에서의 교육 및 연구 활동에 커다란 지장이 초래되고 첨단과학관 옥상에 설치된 자동기상관측장비 등의 본래의 기능 및 활용성이 극도로 저하되며 대학교로서의 경관·조망이 훼손되고 조용하고 쾌적한 교육환경이 저해되며 소음의 증가 등으로 교육 및 연구 활동이 방해받게 된다면, 그 부지 및 건물을 교육 및 연구시설로서 활용하는 것을 방해받게 되는 대학교 측으로서는 그 방해가 사회 통념상 일반적으로 수인할 정도를 넘어선다고 인정되는 한 그것이 민법 제217조 제1항 소정의 매연, 열기체, 액체, 음향, 진동 기타 이에 유사한 것에 해당하는지 여부를 떠나 그 소유권에 기하여 그 방해의 제거나 예방을 청구할 수 있고, 이 경우 그 침해가 사회 통념상 일반적으로 수인할 정도를 넘어서는지 여부는 피해의 성질 및 정도, 피해 이익의 공공성과 사회적 가치, 가해행위의 태

18) 대법원 1999.7.27. 선고 98다47528판결(공사금지청구: 공99.9.1. [89], 1755 (강조 인용자)). 원심판결: 서울고법 1998.8.28. 선고 98나23104판결. 同旨 대법원 1997.7.22. 선고 96다56153 판결(공사금지가처분: 공1997하, 2636).

양, 가해행위의 공공성과 사회적 가치, 방지 조치 또는 손해 회피의 가능성, 공법적 규제 및 인·허가 관계, 지역성, 토지이용의 선후 관계 등 모든 사정을 종합적으로 고려하여 판단하여야 한다."[19]

결론적으로 "환경권에 관한 헌법 제35조의 규정이 개개의 국민에게 직접으로 구체적인 사법상의 권리를 부여한 것이라고 볼 수 없고, 사법상 권리로서 환경권이 인정되려면 그에 관한 명문의 법률 규정이 있거나 관계 법령의 규정취지 및 조리에 비추어 권리의 주체, 대상, 내용, 행사방법 등이 구체적으로 정립될 수 있어야 한다"는 대법원의 판례는 현재까지도 계속 유지되고 있다고 판단된다. 이 점은 2006년 6월 2일 환경권에 관한 헌법 제35조 제1항이나 자연방위권 등 헌법상의 권리에 의하여 직접 한국철도시설공단에 대하여 고속철도 중 일부 구간의 공사 금지를 청구할 수 없고, 환경정책기본법 등 관계 법령의 규정 역시 그와 같이 구체적인 청구권원을 발생시키는 것으로 해석할 수 없다고 판시한 '천성산 도롱뇽' 사건 결정을 통해 분명히 드러난 바 있다.

[1]. 신청인 도롱뇽의 당사자능력에 관하여

원심 결정 이유를 기록에 비추어 살펴보면, 원심이 도롱뇽은 천성산 일원에 서식하고 있는 도롱뇽목 도롱뇽과에 속하는 양서류로서 자연물인 도롱뇽 또는 그를 포함한 자연 그 자체로서는 이 사건을 수행할 당사자 능력을 인정할 수 없다고 판단한 것은 정당하고, 위 신청인의 당사자 능력에 관한 법리 오해 등의 위법이 없다.

[2]. 나머지 신청인들의 피보전권리로서의 환경권 및 자연방위권에 관하여

신청인 내원사, 미타암, 도롱뇽의 친구들이 환경권에 관한 헌법 제35조 제1항이나 자연방위권 등 헌법상의 권리에 의하여 직접 피신청인에 대하여 고속철도 중 일부 구간의 공사 금지를 청구할 수는 없고 환경정책기본법 등 관계 법령의 규정 역시 그와 같이 구체적인 청구권원을 발생시키는 것으로 해석할 수는 없으므로(대법원 1995.5.23.자 94마2218 결정 등 참조), 원심이 같은 취지에서 신청인 내원사, 미타암의 신청 중 환경권이나 자연방위권을 피보전권리로 하는 부분 및 신청인 도롱뇽의 친구들의 신청(위 신청인은 천성산을 비롯한 자연환경과 생태계의 보존운동 등을 목적으로 설립된 법인 아닌 사단으로서 헌법상 환경권 또는 자연방위권만을 이 사건 신청의 피보전권리로서 주장하고

---

19) 대법원 1995.9.15. 선고 95다23378판결(공사중지가처분이의: 공1995.10.15. (1002), 3399).

있다)에 대하여는 피보전권리를 인정할 수 없다는 취지로 판단한 것은 정당하고, 환경권 및 그에 기초한 자연방위권의 권리성, 신청인 도롱뇽의 친구들의 당사자 적격이나 위 신청인이 보유하는 법률상 보호되어야 할 가치 등에 관한 법리 오해 등의 위법이 없다.[20]

4) 국가의 환경 보호 임무

헌법은 제35조 제1항 후단에서 "…… 국가와 국민은 환경 보전을 위하여 노력하여야 한다"고 규정함으로써 환경 보전을 위하여 노력해야 할 국가와 국민의 헌법적 의무를 부과하고 있다. 여기서 특히 주목되어야 할 것은 국가의 환경 보호 임무이다(§35 ①).[21] 국가의 환경 보호 임무는 무엇보다도 입법권자에 의해 입법을 통하여 달성되지 않으면 안 된다. 만일 입법권자인 국회가 그 의무를 태만히 한다면 그것은 입법부작위로서 위헌으로 평가될 수밖에 없다. 헌법 제35조 제2항의 법률유보는 이러한 의미에서 입법 권자의 입법 의무를 부여한 것이라고 볼 수 있다. 행정권은 당연히 헌법의 구속력(§35 ①)에 따라 환경 보호 의무를 진다. 행정권의 환경 보호 의무는 일단 입법권자에 의해 구체화된 환경입법에 따라 이행되어야 하겠지만, 그러한 입법이 없더라도 헌법 규정에 따라 행정권은 환경 보호 행정에 나서야 할 의무를 진다고 할 수 있다. 사법권은 재판작용을 통하여 환경권에 관해 내려진 헌법적 결정을 준수하여야 하며, 또 입법 형성을 통한 구체화가 없더라도 헌법 규정으로부터 환경권의 구체적 내용을 해석해 내지 않으면 안 된다. 이것을 권한 없는 법관법(法官法, Richterrecht)의 형성 내지 법창조라고는 볼 수 없을 것이다. 적어도 헌법의 규범적 구속력이 여기에 작용하기 때문이다. 이러한 헌법 규정을 받아 환경정책기본법도 제4조에서 다음과 같이 국가 및 지방자치단체의 책무를 규정하고 있다.

---

20) 대법원 2006.6.2. 자 2004마1148,1149 결정(공사착공금지가처분 [공2006.7.15.(254),1240]).

21) 여기서 '환경보전'이란, 환경정책기본법 제3조 제4호 내지 제5호의 정의에 따르면, "환경오염 및 환경 훼손으로부터 환경을 보호하고 오염되거나 훼손된 환경을 개선함과 동시에 쾌적한 환경 상태를 유지·조성하기 위한 행위"를 말하며, '환경오염'이란 "사업 활동 및 그 밖의 사람의 활동에 따라 발생하는 대기오염, 수질오염, 토양오염, 해양오염, 방사능오염, 소음·진동, 악취, 일조 방해 등으로서 사람의 건강이나 환경에 피해를 주는 상태"를, '환경 훼손이란 "야생동식물의 남획(濫獲) 및 그 서식지의 파괴, 생태계질서의 교란, 자연경관의 훼손, 표토(表土)의 유실 등으로 자연환경의 본래적 기능에 중대한 손상을 주는 상태"를 말한다.

① 국가는 환경오염 및 환경 훼손과 그 위해를 예방하고 환경을 적정하게 관리·보전하기 위하여 환경 보전 계획을 수립하여 이를 시행할 책무를 진다.
② 지방자치단체는 관할 구역의 지역적 특성을 고려하여 국가의 환경 보전 계획에 따라 그 지방자치단체의 계획을 수립하여 이를 시행할 책무를 진다.

환경 보전을 위해 노력할 국가의 헌법적 의무는 특히 규제 완화의 압력으로부터 도전을 받고 있다. 환경 규제는 경제의 외부 효과(externalities), 즉 외부불경제(external diseconomy)를 제거하여 자원배분의 왜곡을 시정하기 위한 사회적 규제의 핵심적인 부분이다. 그것은 기업이 그 경제 활동으로 인해 발생한 외부적·사회적 비용을 국민에게 전가함으로써 사회 전체에 후생의 상실(Wohlfahrtsverlust)을 초래하는 것을 막기 위한 것으로 "사회적 비용의 내부화(Internalisierung)"를 달성하고자 한다(Bender/Sparwasser, 1990: 17). 환경 규제는 오히려 환경오염에 의해 발생한 자원배분의 왜곡을 시정하여 시장의 기능을 회복시키려는 것이므로 규제 완화의 대상이 될 수 없다는 것은 당연한 원리이다. 규제 완화가 규제의 포기나 자유방임과 혼동되어서는 안 된다는 것은 환경 규제에 관하여 더욱 타당하다.

2. 환경법의 전개와 환경법 체계

1) 환경법의 전개

한국의 환경법은 전통적인 일반경찰법의 법리에 따라 소극적인 공해 규제의 차원을 벗어나지 못했던 공해방지법을 대체하기 위하여 제정된 '환경보전법' 제정을 계기로 발전하기 시작했다. 한국의 경우, 환경입법은 정부주도 하에 추진된 '위로부터의 개혁'의 전형적인 예로서 이 점은 환경입법이 지방자치단체의 주민운동을 중심으로 추진되었던 일본이나 국민의 환경의식과 환경운동을 배경으로 한 의회의 이니셔티브에 의해 '국가환경정책법(National Environmental Policy Act 1969: NEPA)' 등의 환경입법이 추진되었던 미국의 경우와 의미있는 대조를 보이고 있다. 한국의 환경입법이 태생부터 자생적이지 못했다는 것은 환경법을 집행할 환경행정기관인 환경청이 1980년에 가서야 발족될 수 있었다는 데서도 엿볼 수 있다. 이 같은 배경 아래 1980년 헌법이 환경권을 기본권으로 신설한 것을 계기로 한국의 환경입법은 정비되기 시작하였다. 1986년의 환경보전법을 위시한 일련의 법 개정과 폐기물관리법의 제정이 이루어진 것을 필두로 1990년 환경청이 환경처로 승격되고 같은 해 7월 임시국회에서 이른바 환경6법이라 일컫는 환경정책기본법, 대기환경보전법, 수질환경보전법, 소음진동규제법, 유해화학물질관리법, 환경오염피해분쟁조정법이 제정되기에 이르렀다.

2) 환경법의 체계

현행 환경법의 체계는 헌법 전문, 헌법 제10조, 제35조 및 제37조 등 환경 헌법적 규정들과 이를 바탕으로 하여 제정된 환경정책기본법과 각종 분야별 환경관계법들로 구성되고 있다. 1991년 2월부터 시행된 환경정책기본법[22]은 환경권에 관한 헌법이념에 근거하여 환경 보전에 관한 국민의 권리 · 의무 및 국가의 책무를 명확히 하고, 환경보전시책의 기본이념과 방향을 정하며 환경 분야별 개별법에 공통된 사항을 규정하는 것을 내용으로 하고 있다. 환경정책기본법은 환경정책의 기본이념 외에도 환경 기준 · 배출 허용 기준 · 영향권별 환경관리 · 환경영향평가 등에 관한 규정을 두는 한편, 환경오염에 의한 생명 · 신체의 피해뿐만 아니라 재산상의 피해에 대하여도 무과실 책임을 인정하고 있다. 한편 환경정책기본법이 제정 · 시행된 이후, 2000년대 들어 두 가지 주목할 만한 환경입법의 판도 변화가 이루어졌다. 첫째는 지속가능발전 이념의 법제화였고, 둘째는 기후 변화에 대한 입법적 대응이었다. 전자, 즉 2007년 8월 3일 제정되어 2008년 2월 4일부터 시행된 '지속가능발전기본법'(법률 제8612호)은 그동안 환경정책기본법을 토대로 형성 · 발전되어 왔던 우리나라 환경법의 최고규범으로서 위상을 가진 법이었으나, 후자, 즉 2010년 1월 13일 당초 기후변화대책법으로부터 시작되었으나 이명박 대통령의 저탄소 녹색성장 드라이브에 따라 제정된 녹색성장기본법에 따라 기본법으로서의 위상을 박탈당하고 말았다. 2010년 4월 14일부터 시행된 녹색성장기본법은 부칙 제4조에서 '지속가능발전 기본법'을 "지

22) 환경정책기본법의 제정 배경에 관해서는 전병성(1992: 88) 이하를 참조.

속가능발전법"으로 개명하고, 지속가능발전위원회를 대통령 소속에서 환경부 장관 소속으로 바꿈으로써 지속가능발전법을 조직 체계상 또는 사실상 아우르는 최고법의 위상을 확보하게 되었다. 그러나 이러한 입법 조치가 바람직한 것이었는지, 그리고 법 체계상 문제가 없는지, 나아가 양법의 관계나 녹색성장위원회와 지속가능발전위위회의 관계 등을 둘러싸고 논란이 제기되었고, 아직도 그 불확실성이 완전히 해소되지는 못하고 있는 실정이다.

분야별 환경관계법으로는 '대기환경보전법', '물환경보전법', '소음・진동관리법', '화학물질관리법', '폐기물관리법', '자원의 절약과 재활용 촉진에 관한 법률', '자연환경보전법', '자연공원법', '야생생물 보호 및 관리에 관한 법률', '오존층의 보호를 위한 특정 물질의 제조의 규제에 관한 법률', '가축분뇨의 관리와 이용에 관한 법률', '토양환경보전법', '다중이용시설 등의 실내공기질관리법', '습지보전법', '수도법', '먹는물관리법', '하수도법' 등이 있고, 사전예방원칙에 따른 환경 규제 수단인 환경영향평가를 제도화한 '환경영향평가법', 환경오염으로 인한 피해 구제와 분쟁 처리를 위한 '환경분쟁조정법', 폐기물 처리시설의 입지문제(siting issues)를 해결하기 위해 제정된 '폐기물 처리시설 설치촉진 및 주변지역 지원에 관한 법률', 환경오염의 범죄화 전략에 따른 '환경범죄 등의 단속 및 가중처벌에 관한 법률'[23] 등이 각각 특별환경법으로 제정되어 시행되고 있다. 그 밖에도 '환경개선비용부담법', '환경기술 개발 및 지원에 관한 법률', '환경친화적 산업구조로의 전환 촉진에 관한 법률'과 '한국환경공단법' 등이 제정・시행되고 있다. 1990년대 후반에는 독도를 비롯한 도서지역의 생물다양성과 수려한 경관을 보전하기 위한 '독도 등 도서지역의 생태계 보전에 관한 특별법', 한강 수계의 수질 개선을 위한 '한강 수계 상수원 수질 개선 및 주민 지원 등에 관한 법률'이 각각 제정되었고, 정부조직 개편에 따라 '자연공원법'이 환경부 소관으로 바뀌었다. 2000년 들어서는 수도권 매립지의 효율적인 관리를 위하여 '수도권매립지관리공사의 설립 및 운영 등에 관한 법률'이 제정되었고, 2002년 1월 낙동강, 영산강, 금강 수계의 수질 개선을 위하여 오염물질 총량관리제 등을 도입한 '낙동강 수계 물관리 및 주민 지원 등에 관한 법률'('낙동강특별법'), '금강특별법', '영산강・섬진강특별법'이 제정되었으며, 2003년에는 수도권 대기환경 개선 대책의 추진

23) 이 법률은 낙동강사건의 여파로 1991년 5월 임시국회에서 제정된 것이다.

을 위한 '수도권 대기환경 개선에 관한 특별법', 건설폐기물의 효율적 처리 및 재활용을 위한 '건설폐기물의 재활용 촉진에 관한 법률', 백두대간의 생태계 보전을 위한 '백두대간 보호에 관한 법률' 등 3개 법이 제정되었다. 2004년에는 '야생동·식물보호법'('조수 보호 및 수렵에 관한 법률' 폐지), '악취방지법', '남극활동 및 환경 보호에 관한 법률', '친환경상품 구매촉진에 관한 법률'[24]이 제정되어 환경부 소관 법률이 40개를 넘어서기 시작하였다.

한국 환경법은 2013년부터 일련의 혁신적 입법을 통해 새로운 변화를 맞았다. 화학물질 관리 체계의 전반적인 재편을 가져온 '화학물질의 등록 및 평가 등에 관한 법률'(법률 제11789호, 2013.5.22 제정, 시행 2015.1.1)과 '화학물질관리법'(법률 제11862호, 2013.6.4., 전부개정, 시행 2015.1.1)을 필두로 환경 피해 구제의 새로운 접근을 구현한 '환경오염 피해 배상책임 및 구제에 관한 법률'(법률 제12949호, 2014.12.31 제정; 시행 2016.1.1), 통합허가제라는 환경 규제 시스템의 일대 혁신을 가져온 '환경오염시설의 통합관리에 관한 법률'(법률 제13603호, 2015.12.22 제정, 시행 2017.1.1), 그리고 폐기물 관리와 자원 재활용, 신재생 에너지 등을 자원순환 체계로 통합한 '자원순환기본법'(법률 제14229호, 2016.5.29 제정. 시행 2018.1.1)이 속속 제정·시행됨으로써 한국 환경법의 신시대가 출범을 고하기 시작했다.

최근 년간 잇따라 발생한 불산유출 등 화학사고로 인해 기존 '유해화학물질 관리법'으로는 화학물질 관리 및 화학사고 대응에 한계가 있다는 지적이 제기됨에 따라 화학물질에 대한 통계조사 및 정보 체계 구축, 유해화학물질 취급 기준 구체화, 화학사고 장외영향평가제도 및 영업허가제 신설 등을 통한 유해화학물질 예방관리 체계 강화, 화학사고 발생 시 즉시 신고의무 부과 및 현장조정관 파견 및 특별관리지역 지정 등 화학사고의 신속한 대응 체계를 내용으로 하는 '화학물질관리법'(법률 제11862호, 2013.6.4. 전부개정)이 '유해화학물질 관리법'을 대체하여 만들어졌다. 아울러 EU에서 화학물질과 화학물질이 함유된 제품으로부터 국민의 건강을 보호하고 자국 산업의 경쟁력을 높이기 위하여 화학물질 등록·평가제도(Registration, Evaluation,

---

24) '친환경상품 구매 촉진에 관한 법률'(법률 제7296호)은 2004년 12월 31일 친환경상품의 생산·소비를 촉진하기 위하여 공공기관에 친환경상품의 구매 의무를 부과하고, 친환경상품의 구매를 지원하기 위한 제도·기구 등을 마련하기 위하여 제정되었다.

Authorisation and Restriction of Chemicals: REACH)를 도입하고 일본 등 주요 교역국에서도 화학물질 관리를 강화하는 추세에 대응하기 위하여, 화학물질의 유해성 및 위해성의 체계적인 관리 체계를 마련하고 위해우려제품의 안전관리 체계를 구축함으로써 화학물질과 화학물질을 함유한 제품으로 인한 피해를 사전에 예방하고 국민건강 및 환경을 보호하려는 취지에서 '화학물질의 등록 및 평가 등에 관한 법률'(법률 제11789호, 2013.5.22)이 제정되었다.

아울러 환경부 주도로 환경법의 새로운 혁신을 추구한 결과 몇 가지 분야에서 입법이 성사되었다. 그 결과는 다음과 같다.

환경오염 사고는 피해 규모가 크고 광범위한 경우가 많아 사고 유발 기업은 그 배상책임을 감당하지 못하고, 피해자는 적절한 피해배상을 받지 못하며 결국 정부가 막대한 국고를 투입하게 되는 악순환으로 이어지는 경향이 빈번하다는 점,[25] 더욱이 과학적 인과관계 입증이 용이하지 않은 환경오염 사고의 특성상 피해자들이 고통을 당해도 원인 규명에 대한 입증부담을 안고 장기간 쟁송에 휘말림으로써 제때 권리구제를 받지 못하는 경우가 빈번하다는 점을 이유로 2014년 12월 31일 '환경오염피해 배상책임 및 구제에 관한 법률'(법률 제12949호, 2016.1.1부터 시행)이 제정되었다. 이 법은 환경 책임과 환경 책임보험을 연계하여 환경오염 피해 발생 시 자동차 책임보험처럼 대부분 보험을 통해 피해자가 신속히 피해배상을 받도록 하고 사고기업도 추가 부담 없이 보험을 통해 배상에 따른 재무리스크를 회피할 수 있도록 하는 동시에 기업 스스로 환경오염 사고 리스크를 줄이기 위해 법령을 준수하고 환경 안전에 투자하는 등 환경 안전관리를 유도한다는 선순환구조를 지향하며, 특히 환경오염으로 인한 피해 구제를 용이하게 하고 권리구제의 사각지대를 해소하는 등 실효성 있는 환경오염 피해구제를 가능케 하기 위하여 오염원인자 부담원칙의 실질적 구현을 위한 무과실책임과 인과관계 추정의 법리를 명문화하였다. 또한 기존 환경오염 관리 방식은 대기, 물, 토양 등의 환경 분야에 따라 개별적으로 이루어지고 있어 복잡하고, 중복된 규제와 함께 개별 사업장의 여건을 반영하지 못한다는 점을 감안하여 일정

25) 구미 불산사고가 그 전형적인 사례였다. 2012년 9월 구미의 한 화학공장에서 탱크로리의 불산을 공장 저장탱크로 옮기던 중 작업자 부주의로 밸브를 건드려 누출사고가 발생했다. 이로 인해 대규모 인명·물적 피해가 발생하였다. 정부는 특별재난지역을 선포하고, 사고 수습을 위해 554억 원의 국고를 투입하였다.

규모 이상의 사업장을 대상으로 종전의 '대기환경보전법' 등 개별법에 따라 분산 · 중복된 배출시설 등에 대한 인 · 허가를 이 법에 따른 허가로 통합 · 간소화하고, 오염물질 등 배출을 효과적으로 줄이면서도 기술적 · 경제적으로 적용 가능한 환경관리기법인 최적가용기법에 따라 개별 사업장의 여건에 맞는 맞춤형 허가배출 기준 등을 설정하도록 하여 고비용 · 저효율 규제 체계를 개선하고 산업의 경쟁력을 높인다는 취지에서 2015년 12월 22일 '환경오염시설의 통합관리에 관한 법률'(법률 제13603호, 시행 2017.1.1)이 제정되었다.

나아가 현행 '폐기물관리법' 및 '자원의 절약과 재활용촉진에 관한 법률' 등에서 규정하는 폐기물의 적정한 처리와 폐기물의 재활용을 촉진하기 위한 정책 수단은 대량생산 · 대량소비 및 대량폐기형의 사회경제구조에 맞추어져 발생된 폐기물의 사후관리에 중점을 두고 있기 때문에 이러한 법률과 정책 수단으로는 21세기 자원 · 에너지 위기와 환경 문제를 극복할 수 있는 지속 가능한 사회의 구현이 불가능하므로 제품 등의 생산부터 유통 · 소비 · 폐기에 이르기까지 보다 효율적으로 자원이 이용되도록 관리하고, 폐기물의 발생량을 극소화시켜 환경부하(環境負荷)를 줄이는 한편, 자원의 순환 이용을 촉진함으로써 자원이 순환되는 사회의 기반을 구축하기 위하여 '자원순환기본법'(법률 제14229호, 2016.5.29 제정. 시행 2018.1.1)이 제정되었다.

최근에는 호흡기 및 심혈관 질환 등을 유발하는 미세먼지 문제가 환경정책의 급박한 현안으로 대두되고 이에 대한 대책을 요구하는 여론이 비등하게 됨에 따라 그 입법적 대응 차원에서 일련의 미세먼지 대책 법률들이 제정 또는 개정되었다. 먼저 2018년 국민건강을 위협하는 가장 중요한 문제로 대두된 미세먼지 문제에 대한 근본적 대책이 필요하다는 여론에 따라 미세먼지 원인 규명, 배출 저감 및 효율적 관리를 위한 '미세먼지 저감 및 관리에 관한 특별법'이 제정되었다. 그러나 이러한 입법에도 불구하고 미세먼지 문제가 더욱 악화되자 보다 강력하고 포괄적인 대책이 요구되었고 이에 따라 2019년 들어 미세먼지 대책을 담은 일련의 입법이 단행되었다. 즉, 미세먼지를 '사회재난'에 포함시켜 미세먼지 문제 해결에 예비비 등 국가 예산 투입을 가능케 하는 등 '미세먼지'에 따른 피해를 재난으로 관리하도록 하는 내용으로 '재난 및 안전관리기본법'이 개정되었고, 수도권 지역에 시행 중인 대기관리 권역 지정제도를 대기오염이 심각하다고 인정되는 지역과 인접 지역까지 확대 적용하도록 규정하고, 대기관리 권역 내 대기오염물질을 배출하는 사업장에 대한 오염물질 총량 관리제 시행, 대기관리 권역 내 경유 자동차의 배출가스 저감장치 부착 조항을 둔 '대기관리 권역의 대기환경개선에 관한 특별법'이 제정되었다. 아울러 지하역사의 실내공기질 측정기기 부착을 2021년 3월 31일까지 끝내고, 환경부 장관이 미세먼지 저감방안 등 공기 질 개선대책을 5년마다 수립 · 시행하도록 하고 가정 · 협동어린이집, 실내어린이 놀이시설까지 실내공기질 관리법 적용 대상으로 포함시키는 내용으로 '실내공기질 관리법'이 개정되었고, '대기환경규제지역' 제도를 폐지하고, 대기환경규제지역에서 시행되고 있는 각종 대기오염저감제도의 적용범위 등을 정비하며, 저공해자동차 정의를 자동차 배출가스허용 기준과 함께 '대기환경보전법'에 규정하고, 저공해차 의무보급제도 도입 등 광역적인 대기환경 개선 대책을 추진을 위한 제도적 개선사항을 반영하여 '대기환경보전법'이 개정되었다. 또한 미세먼지의 배출량 정보를 수집 · 분석하는 국가미세먼지정보센터의 설치 · 운영 규정을 현행 임의규정에서 강행규정으로 변경하는 내용으로 '미세먼지 저감 및 관리에 관한 특별법'이 개정되었고, 일반인도 액화석유가스(LPG) 차량을 구매할 수 있도록 '액화석유가스의 안전관리 및 사업법'이 개정되었다. 그 밖에도 항만지역의 미세먼지 등 대기오염물질 배출을 저감하고 효율적으로 관리하기 위하여 '항만대기특별법'이 제정되고, 성장기의 학생들을 미세먼지로부터 보호하기 위하여 '학교보건법'이 개정되었다.

앞에서 본 환경관계법들 외에도 <표 9-1>에서 보는 것처럼 다수의 다른 부처 소관 환경 관련 법률, 하위 법령과 각종 규정들이 있다. 이들 역시 환경법의 중요한 구성부분을 이룬다.

현재 다른 부처 소관의 환경관계법은 <표 9-1>에서 보는 바와 같이 50여 개를 상회하고 있고, 관련 부처만도 15개 이상에 달하고 있다. 이처럼 환경 관련 법규정들이 산재되어 있어 법령의 중복 · 상호 모순이 발생할 우려가 있을 뿐만 아니라 관계법령의 경계 영역에서 법적 규율의 사각지대가 생길 수 있다.

그림 9-1 환경법의 체계

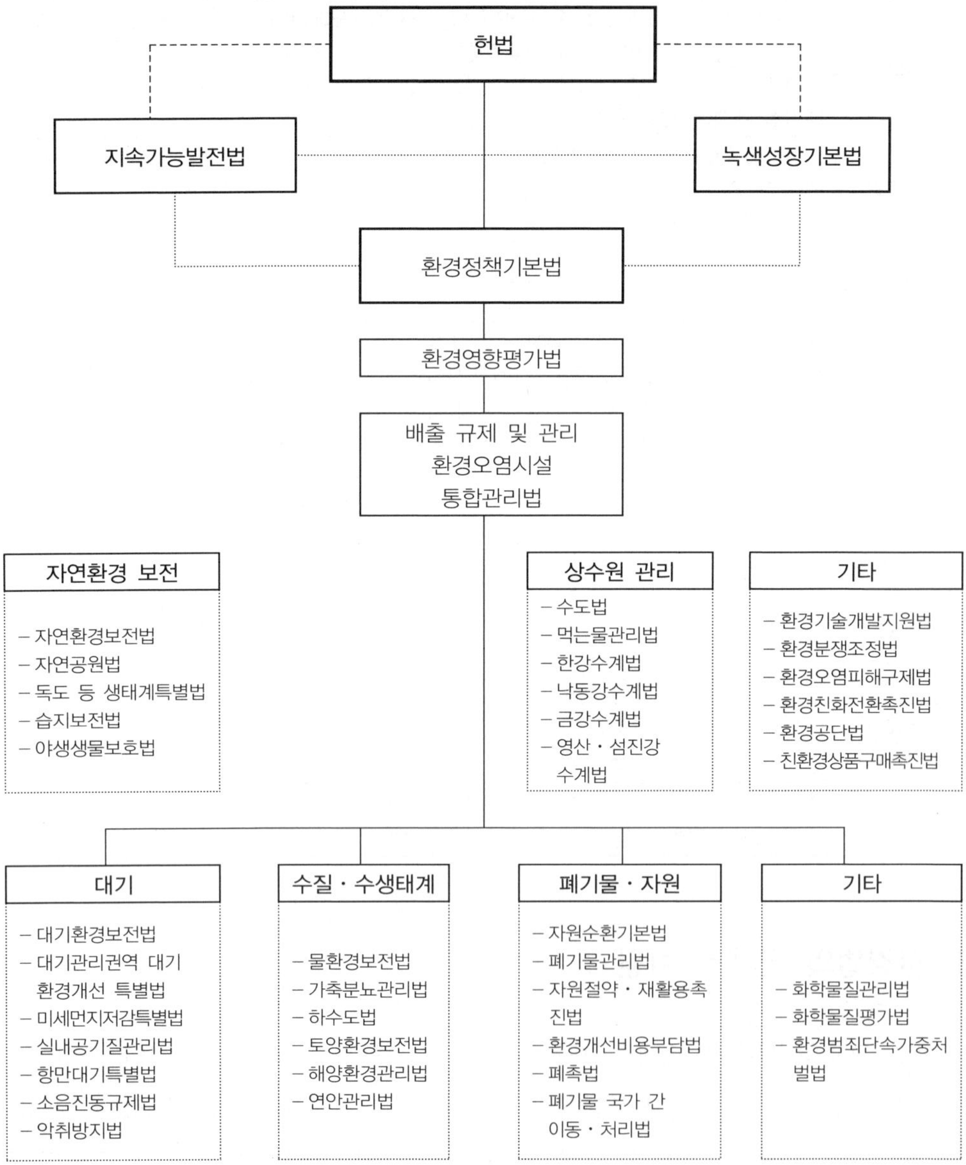
헌법
지속가능발전법
녹색성장기본법
환경정책기본법
환경영향평가법
배출 규제 및 관리
환경오염시설
통합관리법
자연환경 보전
– 자연환경보전법
– 자연공원법
– 독도 등 생태계특별법
– 습지보전법
– 야생생물보호법
상수원 관리
– 수도법
– 먹는물관리법
– 한강수계법
– 낙동강수계법
– 금강수계법
– 영산 · 섬진강
수계법
기타
– 환경기술개발지원법
– 환경분쟁조정법
– 환경오염피해구제법
– 환경친화전환촉진법
– 환경공단법
– 친환경상품구매촉진법
대기
– 대기환경보전법
– 대기관리권역 대기
환경개선 특별법
– 미세먼지저감특별법
– 실내공기질관리법
– 항만대기특별법
– 소음진동규제법
– 악취방지법
수질 · 수생태계
– 물환경보전법
– 가축분뇨관리법
– 하수도법
– 토양환경보전법
– 해양환경관리법
– 연안관리법
폐기물 · 자원
– 자원순환기본법
– 폐기물관리법
– 자원절약 · 재활용촉
진법
– 환경개선비용부담법
– 폐촉법
– 폐기물 국가 간
이동 · 처리법
기타
– 화학물질관리법
– 화학물질평가법
– 환경범죄단속가중처
벌법

표 9-1 다른 부처 소관 환경 관련 법령

부문별	법령명
대기오염	도로교통법, 자동차관리법, 원자력안전법, 원자력손해배상법, 에너지이용합리화법, 집단에너지사업법, 대체에너지 개발 및 이용·보급촉진법, 석유 및 석유대체연료 사업법, 건설기계관리법, 오존층 보호를 위한 특정 물질 제조·규제 등에 관한 법률, 항만지역 등 대기질 개선에 관한 특별법
수질오염	지하수법, 하천법, 공유수면매립법, 골재채취법, 공유수면관리법, 댐건설 및 주변지역지원 등에 관한 법률, 소하천정비법, 온천법, 해양환경관리법, 연안관리법, 해양생태계의 보전 및 관리에 관한 법률
소음	도로교통법, 학교보건법, 집회 및 시위에 관한 법률
국토·토양	
* 일반	국토기본법, 국토계획 및 이용에 관한 법률, 건축법, 도시공원 및 녹지 등에 관한 법률, 도시개발법, 도시 및 주거환경 정비법, 산업집적 활성화 및 공장 설립에 관한 법률, 공익사업을 위한 토지 등의 취득 및 보상에 관한 법률, 사회간접자본시설에 대한 민간투자법, 산업입지 및 개발에 관한 법률, 택지개발촉진법, 고속철도건설촉진법, 수도권신공항건설촉진법, 신항만건설촉진법, 제주특별자치도 설치 및 국제자유도시 조성을 위한 특별법, 국제회의산업 육성에 관한 법률, 수도권정비계획법, 광산 피해의 방지 및 복구에 관한 법률, 동·서·남해안권발전 특별법, 주한미군 공여구역주변지역 등 지원 특별법, 주한미군기지 이전에 따른 평택시 등의 지원 등에 관한 법률
* 농업	농약관리법, 농어촌발전특별조치법, 농어촌정비법, 농어촌도로정비법, 농지법, 농어업재해대책법, 식물방역법
* 축산	축산법, 낙농진흥법, 초지법
* 수산항만	수산업법, 어촌·어항법, 항만법
* 산림	산림기본법, 산림보호법, 산지관리법, 사방사업법
* 기타	기업활동 규제 완화에 관한 특별조치법, 문화재보호법, 광산보안법, 관광진흥법, 과학기술진흥법, 광업법, 내수면어업법, 자연재해대책법, 경범죄처벌법, 대외무역법 등

3. 환경법의 국제적 차원

환경 보호의 문제가 국제적 차원의 관심을 획득하고 있음은 주지의 사실이다. 1972년 스톡홀름에서 개최된 유엔 인간환경회의의 인간환경선언(Declaration on the Human Environment), 1992년 6월 브라질의 리우데자네이루에서 세계 각국의 정상·환경전문가들이 대거 참여한 가운데 개최된 「환경과 개발에 관한 유엔회의」(UNCED)에서 채택된 27개항의 「환경과 개발에 관한 리우선언(The Rio Declaration on Environment and Development)」, 「21세기를 위한 세부실천강령(Agenda 21)」, 「기후변화협약」, 「생물다양성협약」, 「산림원칙협약」 등 오늘날 전 지구적 차원에서 환경문제의 해결을 위한 노력은 계속 확대 · 강화될 것이다. 이와 같은 환경 보호를 위한 국제적 노력은 법적인 측면에서도 국내법에 중대한 변화를 가져오고 있다. 즉, 한국이 이들 환경 관련 조약에 가입함에 따라 국제조약이 국내법적 효력을 미치게 되고 이로써 환경법의 법원이 추가되는 결과가 되기 때문이다. 가령 오존층 보호를 위한 비엔나협약과 오존층파괴물질에 관한 몬트리올의정서의 가입 결과 요구된 국내법적 시행 규범으로 제정된 '오존층 보호를 위한 특정 물질의 제조 규제 등에 관한 법률'이나 유해폐기물의 국가 간 이동 및 그 처리의 통제에 관한 바젤협약의 시행을 위하여 제정된 '폐기물의 국가 간 이동 및 그 처리에 관한 법률'이 그러한 대표적 사례들이다. 특히 교토의정서를 이행하기 위한 경제적 수단 세 가지(배출권 거래제, 청정개발 체제, 공동이행제도) 중 주된 수단으로 '저탄소 녹색성장 기본법' 제46조 및 '온실가스 배출권의 할당 및 거래에 관한 법률'(2013.3.23)에 따라 2015년부터 온실가스 배출권거래제(Emission Trading System: ETS)가 시행되고 있다.

제 3 절 환경행정의 조직과 환경 보호의 법적 수단

1. 환경행정의 조직

1) 국가 · 지방자치단체

(1) 국 가

환경 보호 행정의 주체로서 가장 중요한 것은 말할 나위도 없이 국가이다. 이것은 "환경 보전을 위하여 노력해야 할 국가의 의무"를 규정한 헌법(§ 35 ① 후단)과 이를 구체화하여 "국가는 환경오염 및 환경 훼손과 그 위해를 예방하고 환경을 적정하게 관리 · 보전하기 위하여 환경 보전 계획을 수립하여 시행할 책무를 진다"고 한 '환경정책기본법'의 규정(§ 4 ①)만 보아도 명백하다. '환경정책기본법'에 따른 환경부 장관의 권한은 대통령령이 정하는 바에 따라 그 일부를 시·도지사 또는 지방환경관서의 장에게 위임할 수 있다(§60 ①). 국가의 환경행정 조직은 중앙의 환경부와 환경관리청 및 지방환경관리청으로 구성되어 있다. 국가 환경행정 조직은 몇 차례 괄목할 만한 변화를 겪었다. 당초 1980년 소위 제5공화국의 성립(1980)과 함께 보건사회부(현재 보건복지부)의 외청으로 발족되었던 환경청이 1990년 1월 쾌적한 환경에 대한 국민 요구에 부응하고 환경행정의 종합화·적극화·일원화를 도모한다는 취지에서 그 장을 국무위원으로 보하는 국무총리 소속기관인 환경처로 승격되었다가, 다시금 환경처는 1994년 12월 23일 김영삼 정부의 대대적인 정부조직 개편을 통해 집행부서인 환경부로 승격되어 오늘에 이르고 있다.

정부조직상 환경부는 자연환경 및 생활환경의 보전과 환경오염 방지에 관한 사무를 관장하기 위하여 설치된 중앙행정기관이며, 환경부 장관은 자연환경 및 생활환경의 보전과 환경오염 방지에 관한 사무를 관장할 권한을 부여받고 있다(정부조직법 §39). 지방 환경행정 조직으로는 1990년 당초 각 지역의 특성과 여건에 맞는 환경행정을 수행하도록 하려는 취지에서 1986년 10월 이래 설치된 기존 6개 환경지청(서울, 부산, 대구, 광주, 대전, 원주)을 확대 개편한 지방환경청이 설치되어 있었다. 그러나 1994년 초 낙동강 오염사태를 계기로 대도시 행정구역별 수질관리 체계에서 수계별·영향권별 수질관리 체계로 전환해야 한다는 요청이 비등함에 따라 정부는 한강, 낙동강, 금강 및 영산강 4대강의 수계별로 각각 환경관리청을 설치하고, 그 관리청장 소속 하에 지방환경관리청을 둠으로써 지방 환경행정 조직을 개편하였다. 환경부는 현재 유역환경청, 지방환경청 및 수도권대기환경청으로 구성되어 있다('환경부와 그 소속기관 직제' 제2조 제2항). 그 밖에 환경정책기본법 제58조에 따라 같은 법 제14조에 따른 국가환경종합계획 및 제17조에 따른 중기계획의 수립·변경 등 그 밖에 환경정책에 대한 심의·자문하기 위하여 중앙환경정책위원회를 두고 있다.

(2) 지방자치단체

국가 다음으로 환경보전의 법적 책임을 지는 것은 지방자치단체이다. 환경 보호에 대한 지방자치단체의 역할은 환경 문제의 지역적 특성 때문에 더욱더 강조되고 있다. 이에 환경정책기본법은 제4조 제2항에서 "지방자치단체는 관할구역의 지역적 특성을 고려하여 국가의 환경보전계획에 따라 당해 지방자치단체의 계획을 수립하여 이를 시행할 책무를 진다"고 규정함으로써 지방자치단체에게 환경 보전 행정의 책무를 부과하여 지역적 특수성을 고려한 환경 자치행정의 가능성을 열어 놓고 있다. 법이 특별시·광역시·도·특별자치도는 "해당 지역의 환경적 특수성을 고려하여 필요하다고 인정하는 때에는 해당 지방자치단체의 조례로 국가환경 기준보다 확대·강화된 별도의 환경 기준("지역환경 기준")을 설정 또는 변경할 수 있도록 한 것"(§12 ③)도 바로 그러한 맥락에서이다. 지방자치법은 지방자치단체의 사무 범위에 관한 제9조 제2항에서 지방자치단체의 환경행정에 관한 권한을 열거하고 있는데, 환경행정은 시·도의 경우, 서울특별시처럼 기후환경본부를 설치하거나, 제주특별자치도처럼 환경·경제부지사를 두어 그 산하에 세계환경수도추진본부를 통해 수행하기도 하고, 광역시나 도의 경우 환경녹지국 같은 조직을 통해, 시·군·구 등 기초자치단체의 경우 환경관리과, 환경과 등과 같은 조직을 통해 수행되고 있다.

2) 기타 공공단체

지방자치단체 이외의 특별지방행정기관·영조물법인 등 공공단체도 그 근거 법상 목적 및 권한 범위 내에서 환경행정의 임무를 수행한다. 예컨대, '물환경보전법' 제74조 제1, 2항에 따라 환경부 장관의 권한은 대통령령으로 정하는 바에 따라 그 일부를 시·도지사, 대도시 시장, 환경부 소속 환경연구기관의 장 또는 지방환경관서의 장에게 위임할 수 있고, 환경부 장관 또는 시·도지사는 이 법에 따른 업무의 일부를 대통령령으로 정하는 바에 따라 관계 전문기관에 위탁할 수 있다.

3) 국토계획과의 연계를 위한 관계 기간 간 협조

'환경정책기본법'은 제4조 제3항에서 국가 및 지방자치단체는 지속 가능한 국토환경 유지를 위하여 제1항에 따른 환경보전계획과 제2항에 따른 지방자치단체의 계획을 수립할 때에는 '국토기본법'에 따른 국토계획과의 연계 방안 등을 강구하도록 하는 한편, 같은 조 제4항에서 환경부 장관에게 환경보전계획과 국토계획의 연계를 위하여 필요한 경우에는 적용 범위, 연계방법 및 절차 등을 국토교통부 장관과 공동으로 정할 수 있도록 하여 관계 기간 간 협조 의무를 명시하고 있다.

2. 환경 보호의 법적 수단

1) 환경 보호를 위한 법적 수단 일반

환경 보호는 다양한 법적 수단을 통해 수행된다. 환경정책기본법 등에 규정되어 있는 환경 보호를 위한 법적 수단으로는 환경 기준의 설정과 유지(환경정책기본법 §12, §13), 환경영향평가, 상시조사, 특별대책지구 등의 지정, 사업자에 대한 감독, 배출부과금 및 비용 부담, 환경 친화적 기업 지정 등 자율적 환경관리 수단, 환경 정보의 제공 등을 들 수 있다. 이들을 그 법형식을 기준으로 분류하면, 대체로 계획, 환경 기준의 설정, 질서행정적 규제 수단들, 환경 보전을 위한 지역·지구의 지정, 공과(公課)·세제상의 규제 수단, 그리고 자금 지원 등 조성 수단과 행정지도·비공식적 행정작용을 포함하는 비권력적 행정 수단 등으로 나누어 볼 수 있다.

2) 명령적 규제와 경제 유인적 규제

(1) 환경정책의 주요 수단으로서 명령적 규제와 경제적 유인 수단

환경정책은 주로 환경 규제행정과 환경 보전을 위한 적극적 조성행정에 따라 수행된다. 전자, 즉 환경 규제행정은 소위 사회적 규제(social regulation)의 가장 전형적인 예로서, 다시 법령의 규정이나 행정행위 등에 의거하여 강제력을 통해 행해지는 명령적 규제(regulation by directives: command and control), 그와 마찬가지로 개인이나 기업에 어떤 의무를 부과하기는 하지만 그것을 개인이나 기업이 자신의 경제적 판단에 따라 합리적으로 선택하도록 함으로써 달성하려는 시장 유인적 규제(regulation by market incentives) 또는 경제 유인(economic incentives)에 의한 규제로 나눌 수 있다(최병선, 1992: 457).

환경정책기본법은 명령적 규제와 경제적 유인 수단을 환경정책의 주요 수단으로 제시하고 있다. 즉, 제30조에서 "정부는 환경 보전을 위하여 대기오염·수질오염·토양오염 또는 해양오염의 원인이 되는 물질의 배출, 소음·진동·악취의 발생, 폐

표 9-2 환경정책 수단의 유형 I

구 분	직접적 정책 수단	간접적 정책 수단
명령적 규제	- 오염방지 시설명령 - 허가 기준의 설정 - 배출허용 기준 설정 및 위반행위에 대한 제재 - 경영상 매출 규제	- 환경행정지도 - 기술 공급 여건 조성 - 장비 및 공정 규제 - 생산요소·생산물 규제 - 기타 홍보·교육 - 환경정보의 수집·관리·공개
시장을 통한 간접적 유인	- 배출부과금제도 - 환경개선부담금제 - 예치금환불제 - 오염권판매·오염면허제 - 폐기물예치금·부담금제 - 쓰레기종량제 - 기타 각종 자금지원	- 생산물·생산 요소에 대한 과세/보조 - 대체물질 개발 지원 - 저공해장비의 보조 - 환경경영인증제 - 환경감사제 - 환경마크제
국가·지방자치단체에 의한 직접투자	- 정화시설 설치 운영 - 폐기물 처리 - 환경유관기구 예산 지원	- 독자적 환경기술 개발

기물의 처리, 일조의 침해 및 자연환경의 훼손에 대하여 필요한 규제를 하여야 한다"고 규정하는 한편, 제32조에서 "정부는 자원의 효율적인 이용을 도모하고 환경오염의 원인을 일으킨 자가 스스로 오염물질의 배출을 줄이도록 유도하기 위하여 필요한 경제적 유인 수단을 마련하여야 한다"고 규정하여 정부에게 환경 보전을 위하여 명령적 규제와 경제적 유인 수단을 강구할 책무를 부과하고 있다.

아울러 '저탄소 녹색성장 기본법'도 제36조에서 '규제의 선진화'란 관점에서 정부는 자원 효율적 이용과 온실가스·오염물질 발생 저감을 위한 규제를 도입할 경우 온실가스 또는 오염물질의 발생 원인자가 스스로 온실가스와 오염물질의 발생을 줄이도록 유도함으로써 사회·경제적 비용을 줄이도록 노력하여야 하며, 민간의 자율과 창의를 저해하지 않도록 하고, 기업의 규제에 대한 국내·외 실태조사 등을 하여 산업경쟁력을 높일 수 있도록 규제 중복을 피하는 등 규제 체계를 선진화하여야 한다고 규정하고 있다.

(2) 명령적 규제(命令的 規制)

명령적 규제(regulatory approach)의 예로는 가령 환경오염의 규제에 있어 국가나 지방자치단체(규제기관)가 일정한 기준(예: '물환경보전법'상 배출허용 기준)을 설정하고 이를 초과할 경우 일정한 방지시설의 개선 · 대체를 명하거나(개선명령) 또는 법령으로 직접 일정한 방지시설의 설치를 명하여 이에 따르지 않을 때 처벌 또는 조업 정지 등 제재를 가하는 경우를 들 수 있다. 이와 같은 명령적 규제 방식에서 인 · 허가제(licence system)와 더불어 사용되는 주된 수단의 하나가 기준 설정(standard setting)의 방법이다. 배출허용 기준은 그러한 명령규제적 기준(regulatory standard)의 일종인 성과 기준(performance standard)에 해당한다.

(3) 경제 유인적 규제(經濟誘因的 規制)

경제 유인적 규제의 전형적인 예는 배출부과금제(emission charge system)이다. 가령 환경오염물질을 배출하는 업체에 대하여 배출부과금을 부과하는 배출부과금제가 이에 해당한다. 경제 유인적 규제의 종류로는 ① 배출과징금, 이용자과징금, 제품과징금 등과 같은 각종 부과금제도(charges), ② 매매 가능 배출권 또는 배출권 거래(marketable permits), ③ 적립금제도(deposit refund system), ④ 자금 원조 등을

그림 9-2 환경정책 수단의 유형 Ⅱ

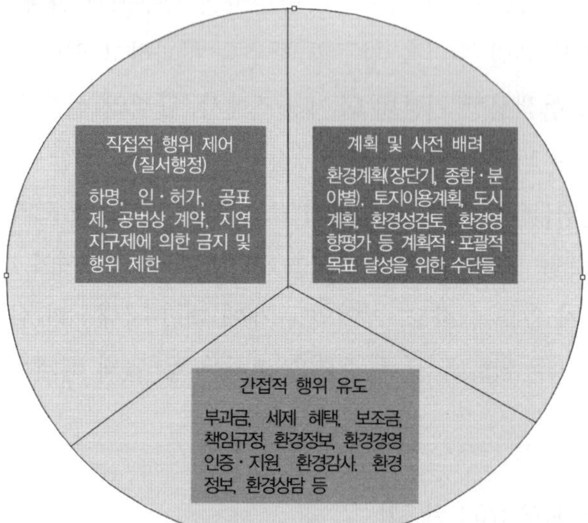

들 수 있다.[26)]

(4) 녹색 성장을 위한 법적 수단

① 저탄소 녹색성장 기본법

'저탄소 녹색성장 기본법'은 2010년 1월 13일 그동안 다수 부처에서 개별 법률에 따라 각개로 추진된 기후 변화, 신·재생 에너지 및 지속가능발전 대책 등을 유기적으로 연계·통합하여 추진함으로써 경제와 환경의 조화 속에서 녹색기술과 녹색산업의 창출, 녹색건축물 및 녹색생활의 정착 등 저탄소 녹색 성장을 효율적·체계적으로 추진한다는 취지로 제정되었다. 총 7장 64개 조항으로 구성된 이 법률은 녹색성장 국가전략을 수립·심의하는 녹색성장위원회의 설립 등 추진 체계를 구축하고 저탄소 녹색 성장을 위한 각종 제도적 장치를 마련하고 있는데, 녹색성장 국가전략 수립에서부터 세부 수행을 위한 온실가스 감축 및 에너지 절약에 관한 규정들을 포함하고 있다.

기본법은 다음과 같은 4개 부문으로 이루어져 있다.[27)]

제1부문: 정부의 추진 체계 구축, 즉 규제 및 감독, 조정 기구의 단일화를 위한 중앙 및 지방 녹색성장위원회와 정부 추진계획의 수립 등

제2부문: 산업계와 기업 등이 자발적으로 기후 변화 대응에 능동적으로 대처할 수 있도록 녹색산업의 육성 및 금융 지원 등 기업에 관한 제도적 기반 구축

제3부문: 녹색성장 기본법의 핵심적 내용으로서 모니터링·등록·검증 체제(Monitoring, Reporting, and Verification: MRV System), 배출권 거래제(Emissions Trading System: ETS) 관련 근거 조항 마련

제4부문: 교통과 건축, 국토 개발 등 분야별 감축을 위한 정책 수단 법제화

---

26) OECD, Economic Instruments for Environmental Protection, 1989, Paris, 15. 시장 유인적 정책 수단의 경험에 대한 포괄적 분석으로는 http://ksgnotes1.harvard.edu/Research/wpaper.nsf/rwp/RWP00-004/$File/rwp00_004_stavins.pdf를 참조.

27) 한국행정연구원·한국환경정책평가연구원·한국법제연구원, 녹색성장 지원을 위한 규제개혁 방안, 2009.

이 법률은 기존의 에너지 관련 법제, 환경 관련 법제, 지속가능발전 법제를 포괄하는 종합법적 성격의 기본법으로서 위상을 갖지만, 아직은 기존의 환경법, 지속가능발전법, 환경경제 관련법 등과의 관계에서 불확실성을 안고 있는 것도 사실이다.

② 녹색 성장을 위한 환경법적 수단들

교토 체제에서 제시된 공동이행제도(JI), 청정개발체제(CDM) 등의 신축적 환경관리수단(flexible mechanism), 자율환경관리방식(voluntary agreement) 등은 국내·외를 막론하고 녹색 성장을 위한 환경정책 수단으로 각광을 받아 왔다.[28] 녹색성장기본법은 이러한 배경에서 환경법·환경부 소관을 넘어 환경과 경제, 교육, 정보통신, 교통 등 극히 다양한 분야에 걸쳐 녹색 성장을 위한 정책 수단들을 열거하고 있다. 여기서 그 방대한 정책 수단의 목록을 일일이 다 검토해 볼 겨를은 없으므로 그 주제 목록만을 소개하는 데 그치기로 한다(<표 9-3> 참조).

③ 녹색 성장을 위한 정책 수단으로서 배출권거래제

경제 유인적 수단들 가운데 가장 전형적인 시장 유인적 규제 수단의 예로 배출권거래제(transferable permits)(Dale, 1986: 93-97) 또는 배출면허 거래제(Zertifikatsoder Lizenzmodell), 총량 규제 방식에 의한 배출상쇄제(Kompensationsmodell)가 주목된다.[29] 오염권 판매제란 배출부과금제와 비슷하나 사후에 납부하는 것이 아니라 사전

28) 환경백서 2000, 제2부 제2장. 여기서 말하는 신축적 환경정책 수단은 국내 환경 문제보다는 지구 기후 변화 관련 온실가스 문제를 접근하는 방법으로 최근 활발히 논의되고 있는 환경정책 수단들을 말한다. 여기에는 배출권 거래제도, 공동이행제도, 청정개발 체제가 포함되고 있는데 주로 기후 변화 문제를 접근하는 데 가장 비용 효율적인 수단에 해당한다. 이들 수단들에 대해서는 국제적 사용에 대해서 완전한 합의가 이루어진 것은 없지만, 교토의정서(Kyoto Protocol)에서 구체적인 범위를 규율하고 있다. 배출거래제(Emission Trading System: ETS 의정서 제17조)는 온실가스 배출 한도가 부여된 국가 간 실제 배출량과 할당 배출량의 차이에 해당하는 배출권을 자유롭게 거래할 수 있는 제도이고, 공동이행제(Joint Implementation: JI 의정서 제6조)란 온실가스 배출 의무를 가진 국가 혹은 그 국적을 가진 사업 주체들이 공동으로 배출 감축사업에 참여하고 그 부가적인 배출 감축 성과를 참가 당사자 간 합의에 따라 분할하여 자국의 배출 감축 의무 할당량을 상쇄하는 데 쓸 수 있도록 하는 제도이다. 그리고 청정개발체제(Clean Development Mechanism: CDM 의정서 제12조)란 온실가스 배출 의무를 가진 국가 혹은 그 국적을 가진 사업 주체들이 그렇지 아니한 국가 혹은 그 국적을 가진 사업 주체와 합의하여 공동으로 배출 감축사업에 참여하고 배출 감축 의무를 진 참가 당사자가 인증된 배출 감축 성과를 자국 배출 감축 의무 할당량의 일부로 상쇄하는 데 쓸 수 있도록 하는 제도를 말한다.

29) 이에 관한 논의로는 김연태(1996: 429-456) 참조.

표 9-3 녹색성장 기본법상 녹색 성장을 위한 정책 수단

	저탄소 녹색 성장의 추진	저탄소 사회의 구현	녹색생활 및 지속가능발전의 실현
정책 수단	녹색경제 · 녹색산업의 육성 · 지원(§ 23) 자원순환의 촉진(§ 24) 기업의 녹색경영 촉진(§ 25) 녹색기술의 연구개발 및 사업화 등의 촉진(§ 26) 정보통신기술의 보급 · 활용(§ 27) 금융의 지원 및 활성화(§ 28) 녹색산업투자회사의 설립과 지원(§ 29) 조세 제도 운영(§ 30) 녹색기술 · 녹색산업에 대한 지원 · 특례 등(§ 31) 녹색기술 · 녹색산업의 표준화 및 인증 등(§ 32) 중소기업의 지원 등(§ 33) 녹색기술 · 녹색산업 집적지 및 단지조성 등(§ 34) 녹색기술 · 녹색산업에 대한 일자리 창출 등(§ 35)	기후 변화 대응 기본계획(§ 40) 에너지기본계획의 수립(§ 41) 기후 변화 대응 및 에너지의 목표관리(§ 42) 온실가스 감축의 조기 행동 촉진(§ 43) 온실가스 배출량 및 에너지 사용량 등의 보고(§ 44) 온실가스종합정보관리 체계의 구축(§ 45) 총량제한 배출권 거래제 등의 도입(§ 46) 교통부문의 온실가스 관리(§ 47) 기후변화영향평가 및 적응 대책의 추진(§ 48)	녹색생활 및 지속가능발전의 기본원칙(§ 49) 지속가능발전 기본계획의 수립 · 시행(§ 50) 녹색국토의 관리(§51) 기후 변화 대응을 위한 물관리(§ 52) 저탄소 교통 체계의 구축(§ 53) 녹색건축물의 확대(§ 54) 친환경 농림수산의 촉진 및 탄소 흡수원 확충(§ 55) 생태관광의 촉진 등(§ 56) 녹색 성장을 위한 생산 · 소비 문화의 확산(§ 57) 녹색생활 운동의 촉진(§ 58) 녹색생활 실천의 교육 · 홍보(§ 59)

에 일정한 기준에 따라 책정된 오염권, 즉 오염배출권을 기업에 판매하는 제도를 말한다. 이 제도는 수질오염 방지와 관련하여 제안된 것으로 일정 기간 동안 일정 지역에 일정량의 오염물을 배출할 수 있는 오염배출권이 공개시장을 통해 판매되고 매입된 오염배출권은 기업 간에 자유로이 양도될 수 있다. 이 과정에서 각 기업은 배출권 매입 비용과 자체 처리 비용을 비교하여 매입 여부를 결정하게 되는 것이다. 이와 유사한 방법으로 환경경제학적 관점에서 관심을 모으고 있는 오염 면허 거래제는 환경행정 당국이 특정 오염물질의 배출에 대해 일정 수의 오염권 또는 오염 면허를 만들어 이에 대한 시장을 형성하고 증권거래소에서와 같은 방식으로 이 면허를 거래하게 하는 방식이다. 가령 일정한 절차를 거쳐 일련의 유해물질들에 관한 지역적 최대 배출 허용치(Maximaleimission)를 정하여 이를 등록된 '배출권(Emissionsrechte)'으로 나누고, 각 배출시설의 사업자들에게 배분하는 한편, 이 배출권들이 이전성 있는 환

경이용권(fungible Umweltnutzungsrechte)으로서 당해 지역에서 전부 또는 분할되어 거래될 수 있도록 한다. 자기에게 허여(許與)된 정도를 초과하여 오염물질을 배출하는 시설의 사업자는 시장에서 자기가 지불해야 했을 오염 방지 비용을 상회하지 않는 한도 내에서 필요한 만큼의 오염권을 매입할 수 있고, 이러한 매입 사실을 등록함으로써 자기의 배출을 합법화할 수 있다. 반면 자기에게 배분된 오염권을 이를 매각했을 경우 지불해야 했을 배출방지 비용보다 더 높은 가격으로 판매할 수 있는 사업자는 배출을 감소·중지하거나 억제함으로써 자기의 배출권을 매각하게 될 것이다. 이와 같이 거래를 통해 형성되는 시장가격은 기업이 환경오염에 대해 지불해야 하는 최적의 환경오염 방지 비용(optimale Reinhaltungskosten)으로서 일종의 환경공과금(Umweltabgabe)의 역할(물론 이와는 달리 진정한 희소가격으로서)을 수행하게 된다(Bender/Sparwasser, 1990: 35). 이러한 배출면허 거래제는 시장 및 가격기구를 통하여 환경오염 문제의 효율적인 해결을 가능하게 하는 제도로서, 기준 설정이 갖는 단점을 어느 정도 극복하면서도 배출부과금제도가 갖는 장점을 살릴 수 있는 환경 규제 수단으로 평가되고 있다(최병선, 1991: 491). 이것은 그 경제적 효율성 외에도 민간부문의 자율적 의사결정을 유도하고 이에 따라 민간이 환경오염 방지 기술의 개발 및 수용을 보다 적극적으로 추진하게 함으로써, 경제 성장과 인플레이션의 경우에도 다른 방안들 보다 효과적이라는 데 장점이 있으며, 미국의 경우 대기오염 방지와 수질오염 방지를 위하여 부분적으로 시행해 본 결과 그 탁월성이 입증되었다고 한다(최광, 1992: 262-263). 물론 이러한 오염면허 거래제에 대하여는 그 감시의 문제점을 초래하며, 수인 가능한 총량 배출 기준의 결정은 환경오염이 지역 경계를 넘어 확산되는 경우 극히 어려울 뿐만 아니라, 과학기술의 진보에 따라 배출 허용 기준이 인하될 경우 환경이용권의 계속적인 평가 절하를 요구하게 될 것이라는 점에서 '환경의 상품화(Vermarktung der Umwelt)'를 초래할 뿐이라는 비판이 제기되고 있다(Bender/Sparwasse, 1990: 35-36).[30]

한편 총량 규제 방식에 의한 배출상쇄제 또는 보상 모델(Kompensationsmodell)

30) 독일의 경우, 이러한 배출면허 거래제는 특히 이웃관계에 있어 권리 보호를 위한 공·사법제도에 잘 통합될 수 없다는 점에서 법질서에 부적합한 제도로서 압도적인 다수에 따라 거부되어 한번도 구체적으로 검토되지 못했다고 한다. 시장형성의 곤란 등 그 밖의 단점에 관하여는 가령 최병선(1992: 491) 이하를 참조.

은 일면 전술한 배출면허 거래제와도 유사하나 총량 규제를 전제로 하여 배출시설 상호간의 배출 조정 내지 상쇄를 유도하는 제도로서, 어떤 배출업자에게 환경질서법상의 배출 제한을 면제받는 대신 이로 인하여 배출 방지 활동의 부족분을 다른 배출업자가 자기에게 부하된 환경 보호 의무 이상으로 보상적으로 부담하도록 하는 제도이다. 이 모델에서는 일정한 유해물질에 대하여 한 업소(공장) 또는 복수 업소의 개별 배출시설 간에 배출권의 교환이 허용되며, 따라서 지역적으로 동일한 영향권을 갖는다면 하나의 업종단체 내에서 허용되게 된다. 배출량의 증가는 이러한 배출 업종단체 내에서 필요한 배출 감소 조치를 통하여 보상되어야 한다. 이 모델은 또한 공장밀집지역(Ballungsgebiet)에서 기존의 (배출지역별) 최대 배출 허용치가 준수되는 한, 기존 배출업소의 확장이나 신규 업소의 설치를 가능케 한다. 반면 최대 허용치가 소진되어 버리면, 기존 배출시설의 확장이나 신규 설치는 그 단체 내에 다른 시설 또는 업소가 그 만큼 자기의 몫 이상으로 배출을 감소시키거나 방지하는 경우에만 가능하게 된다. 배출 감소 조치가 이들 업소 자신에게 유리하지 못한 경우에는 그 신규 배출업소에 따라 그에 대한 보상을 받을 수 있도록 한다(Bender/Sparwasser, 1996: 36). 따라서 이 제도는 공해지역의 집중화를 꾀하여 공해지역의 확산을 방지하려는 취지를 지닌 제도이지만, 자칫 인구가 밀집된 공장지역에 적용되면 그 지역주민이나 근로자들의 정치적 저항을 초래할 수 있다는 점에 문제를 지니고 있다(최병선, 1992: 493).

(5) 명령적 규제와 시장 유인적 규제의 비교 및 정책 수단의 배합

명령적 규제는 통제 지향적이며 규제 효과가 직접적으로 나타나는 데 비해, 시장 유인적 규제는 유도적이고 신축적이며 규제 효과도 간접적으로 나타난다는 점에서 기본적인 차이가 있다. 일견 환경정책 목적 달성의 실효성면에서는 명령적 규제방법이 보다 직접적이고 근본적인 수단으로 보이지만, 다른 한편에서는 기대되는 상대방의 자발적인 협조나 경제적 효과의 측면에서는 시장 유인적 규제방법이 더 합리적이라고 할 수도 있다. 그러나 이 양자의 접근방법이 상호배타적이거나 그 어느 것이 반드시 더 타당하다고는 말할 수 없다(Stavins, 2000).

명령적 규제는 규범 준수로 발생하는 비용을 수범자에게 부담시키는 데 비해, 재정적 유인이나 조성적 급부의 제공은 공공부문의 비용을 발생시키므로 일견 비용면에서 경제 유인적 규제에 비해 훨씬 저렴한 것처럼 보인다. 그러나 명령적 규제는 수범자에게 규범 준수의 동기가 결여될 경우 인・허가를 발급하거나 수범자의 행위를 감시하고 법 위반행위에 대한 제재를 가함으로써 규제 법규의 실효성을 확보하는 등 그 규범 집행을 위한 행정기구를 유지하기 위한 비용을 발생시키며, 또 이 비용은 결국 모든 납세자에게 전가되고 말 것이기 때문에 이것이 언제나 저렴하다고는 할 수 없다(Hucke, 1983: 50f). 양자는 오히려 서로 동일한 규제 목적을 위하여 상호 보완적인 관계에 설 수도 있으며, 또 경우에 따라서는 각각의 규제 목적과 관련하여 차등적인 적절성을 지닐 수도 있다.

전통적인 명령적 규제 방식이 계속 강화되어 왔음에도 불구하고 환경오염을 방지하는 데 소기의 성과를 거두지 못하거나 부분적인 성과를 거두는 데 그치는 사례가 늘어남에 따라 오염자들의 유인구조(incentive structure)를 바꾸지 않는 한 그 규제 효과를 얻을 수 없다는 인식이 확산되기 시작했다. 경제 유인적 규제 방식을 통해 오염자들의 이해 득실에 대한 계산에 영향을 미치고 그들의 유인구조를 바꾸어줌으로써 더욱 효과적으로 환경정책 목표를 달성할 수 있다는 경제 유인적 규제론이 점점 더 많은 지지자들을 확보하게 된 것이다(Freeman III, 2000: 191－208).

우리나라에서도 1990년대 이전까지 환경법은 주로 배출시설의 인・허가, 지도점검이나 행정감독 및 제재 처분, 그리고 각종 환경 관련 기준에 의거한 지시 및 통제(command and control) 등과 같은 직접 규제에 해당하는 환경정책 수단을 중심으로 삼아 왔으나, 1990년대 이후 직접적 규제 수단 외에 다양한 경제적 유인 수단들을 활용하는 방향으로 변화하기 시작하였다. 실례로 1992년부터 배출부과금(기본부과금・초과부과금), 환경개선부담금, 폐기물예치금・부담금, 수질개선부담금 등 각종 경제 유인적 수단들을 도입・시행해 왔고, 환경세, 배출권거래제(marketable permit system) 등 다양한 정책 도구들의 도입과 확대 방안을 모색하고 있다.

이미 앞에서 본 바와 같이 직접 규제나 경제 유인적 규제중 어느 것이 항상 더 효과적이라고 볼 수는 없고 또 양자가 상호 보완적이거나 차등적인 효용을 지니는 경우도 많기 때문에 오히려 문제는 개별・구체적인 규제 목적에 비추어 어떠한 규제 수단이 가장 효과적인가, 또는 다양한 규제 수단들을 어떻게 배합하여 사용하는 것이 효과적인가 하는 것을 판단하는 데 있다고 볼 수 있다. 즉, 구체적인 환경정책 목적에 비추어 직접 규제, 경제적 유인제도, 신축적 환경관리 수단, 자율적 환경관리 등의 수단 중에 가장 효과적인 것을 선택하거나 또는 가장 적합한 수단들을 연계시킨 환경정책 배합(policy mix)을 찾아내고, 그 실효성을 제고해나가는 것이 현명하다.

3) 현행법상 환경 보호 수단들

현행법상 환경 보호를 위한 법적 수단들 중 중요한 것만을 소개해 보면 다음과 같다.

(1) 환경계획

환경 보전이란 극히 복합적인 과제이므로 종종 개개의 명령, 금지 및 인·허가 등과 같은 개별적 결정만으로는 이를 달성할 수 없는 경우가 생긴다. 각각의 개별 결정들이 상호간에 조화되지 않으면 환경 피해가 단지 지연되는데 그치거나 환경 보전 조치들이 실기(失機)해 버리는 결과를 막을 수 없다(Kloepfer, 1992: 596; Rn. 686). 이러한 이유에서 환경 보전의 실행 수단으로서 등장하는 것이 바로 계획이란 활동 형식으로서 계획은 사전배려원칙을 실현시키기 위한 가장 적합한 수단으로 간주된다.

현행법상 환경 보호를 위한 계획의 유형은 크게 적용 범위에 따라, 종합적 환경계획(환경정책기본법 제14조에 근거한 국가환경종합계획), 영향권별 환경관리계획, 각각의 보호대상에 대한 분야별 환경보전관계법에 의한 부문별 환경계획(자연환경보전법 제8조에 근거한 자연환경 보전기본계획, 폐기물관리법 제10조에 근거한 폐기물관리 종합계획 등), 나아가 국토계획·도시계획 등과 같은 종합계획 또는 전체 공간계획의 일환으로 수립·추진되는 환경계획, 그리고 산림계획이나 하천정비 기본계획 등과 같은 다른 부문계획의 일부로서 추진되는 계획들로 나뉜다. 환경계획은 또 법에 근거를 두고 있는지 여부에 따라 법정계획과 비법정계획으로 구분될 수 있다. 1996년 수립된 물관리종합대책은 비법정계획의 예이다. 끝으로 환경계획은 그 수립주체에 따라 중앙정부가 수립하는 국가계획과 지방자치단체가 지역적 특성을 감안하여 수립하는 지방환경계획으로 나눌 수 있는데, 충청남도와 울산광역시의 환경보전 중기종합계획 등이 지방환경계획의 예라고 할 수 있다.

(2) 환경 관련 기준 설정

① 기준 설정

기준 설정(standard-setting)이란 일반적으로 법령으로나 행정 결정에 따라 기준을 설정하고 이를 규제나 그 밖의 행정적 조치의 근거로 삼는 것을 말한다. 환경법상의 기준 설정은 환경 보전이란 목적을 달성하기 위하여 국가나 지방자치단체 등이 일정한 환경 관련 기준을 정하고 그것에 소정의 법적 효과를 결부시키는 것을 말한다. 환경법에 있어 기준 설정의 대상으로는 '환경정책기본법'(§12)에 의한 '환경 기준'과 '지역환경 기준', '물환경보전법'(§32), '대기환경보전법'(§16)에 의한 배출 허용기준, '가축분뇨의 관리 및 이용에 관한 법률'에 의한 방류수 수질 기준(§5), '토양환경보전법'에 의한 토양오염 우려 기준(§14), 토양오염 대책 기준(§16) 등이 있다.

표 9-4 환경 관련 기준의 종류

구 분	환경 관련 기준	근거 법령
수질	수질환경 기준(하천, 호수, 지하수, 해역), 먹는물 수질 기준, 방류수 수질 기준, 폐수배출 허용 기준	'환경정책기본법', '물환경보전법', '가축분뇨의 관리 및 이용에 관한 법률'
대기	대기환경 기준, 대기배출 허용 기준, 제작차 배출 허용 기준, 운행차 배출가스 허용 기준	'대기환경보전법'
소음·진동	소음 환경 기준, 공장소음·진동 배출허용 기준, 자동차의 소음 허용 기준(제작자동차, 운행자동차 건설 및 생활소음·진동규제 기준)	'소음·진동관리법'
토양보전 및 유독물관리	토양오염 우려 기준 및 대책 기준, 농수산물 재배를 제한할 수 있는 오염 기준, 유독물 및 관찰물질의 지정 기준	'토양환경보전법', '화학물질관리법'

② 환경질 기준

환경질 기준(Standards of Environmental Quality)이란 쾌적한 환경을 보전하고 사람의 건강을 보호하기 위하여 요구되는 환경조건을 수치화한 것으로서, 일반적으로 "유지되어야 할 환경상의 조건에 관한 기준"[31]을 말하는 것으로 이해되고 있다.

---

31) 일본의 경우 당초 성안 과정에서는 이와 같은 표현이 정부 내 협의 과정에서 정부의 행위를 법적으로 의무지우려는 성격을 지닌 것이 아니라 단순히 행정의 도달목표라는 점을 명확히 한다는 취지에서 "유지될 것이 요망되는 환경상의 조건에 관한 기준"으로 완화되었으나, 오늘날 여전히 행정에게 법적 의무를 지우는 것으로 해석되고 있다(이에 관하여는 北村喜宣, 1992: 256-257

환경정책기본법은 '환경 기준'을 "국민의 건강을 보호하고 쾌적한 환경을 조성하기 위하여 국가가 달성하고 유지하는 것이 바람직한 환경상의 조건 또는 질적인 수준"으로 정의하고 있다(§3 viii).

환경정책기본법 제12조 제1항은 "국가는 생태계 또는 인간의 건강에 미치는 영향 등을 고려하여 환경 기준을 설정하여야 하며, 환경 여건의 변화에 따라 그 적정성이 유지되도록 하여야 한다"고 규정하고 있다. 이것은 사회적 규제의 수단으로 보편화되고 있는 기준 설정(standard setting)의 한 유형이지만 일반적인 규제 기준과는 뚜렷이 구별되는 특성을 지닌다.[32] 환경정책기본법이 일본의 공해대책기본법과 마찬가지로 종래의 환경행정의 기본이 되었던 배출 허용 기준 중심의 접근방법을 지양하여 환경 기준의 설정을 규정하고 있는 것은 환경행정의 전향적 발전을 지향하기 위한 것이다.

종래의 공해대책은 오염물질을 배출하는 발생원에 대한 농도 규제를 중심으로 행해졌으나 발생원의 규모·수가 증대되었기 때문에 설령 개개의 발생원으로부터의 오염물질 배출량이 감소되더라도 오염의 총량은 오히려 확대되는 집적현상(集積現象)을 막을 수 없었다. 또한 환경오염이 개별 발생원으로부터의 배출행위에만 기인하는 것이 아니라 인간의 일상활동 및 부적절한 토지이용 및 하수도의 미정비 등과 같은 원인이 집적된 결과 발생하는 것인 이상, 환경행정의 방법도 종합적인 모습을 띠지 않으면 안 된다. 그리하여 자연정화력을 초월하는 오염물질의 배출을 금지할 뿐만 아니라 환경이 지닌 자연정화력의 감소를 막기 위한 방법을 강구하는 것이 환경정책의 기본이 되어야 하며, 이를 위해서 이미 오염이 진행되고 있는 지역에서는 당해 지역환경의 정화 목표가 설정되어 그 실현을 지향하고 규제·유도 등의 대책이 강구되어야 한다. '환경 기준'이란 바로 이러한 목표를 수량화한 것으로서(北村喜宣,

---

참조). 한편 김남진 교수는 환경 기준을 광의와 협의로 나누어 설명하고 있다(김남진·김연태, 2014: 529). 즉, 환경 기준이란 광의로는 특정 환경에 요구되는 일정 요건을 전제로 이를 위하여 유지될 것이 요청되는 기준이며 여기에는 지역적 환경 기준 외에도 노동에 적합한 작업장 환경 조건, 교육에 적합한 실내 조건에 관한 기준 등이 포함될 수 있는 반면, 환경정책기본법상의 환경 기준이란 협의의 개념, 즉 지역환경 조건에 관한 기준만을 의미한다는 것이다. 그러나 환경정책기본법 제10조 제1항의 환경 기준을 지역환경 조건에 관한 기준만으로 볼 수 있을지에 대하여는 의문이 없지 않다.

32) 기준설정(standard setting)에 관하여는 Stephen Breyer, Regulation and its Reform, 1982, Ch.5, p.96 이하를 참조.

1992: 256), 일반적으로 "유지되어야 할 환경상의 조건에 관한 기준"을 말하는 것으로 파악될 수 있다.

'환경정책의 잣대'로서 환경 기준은 대통령령으로 설정하도록 되어 있다(§12 ②). 이에 따라 환경정책기본법 시행령 제2조는 법 제12조 제2항에 따른 환경 기준을 정하고 있다. 법형식상 대통령령으로 정하도록 되어 있는 이상, 환경 기준은 행정청에 대한 관계에서 뿐만 아니라 국민·사업자에 대한 관계에서도 일단 법(규범)적 구속력을 갖게 된다고 할 수 있다.[33] 그러나 그 규범적 효력의 내용이 오로지 행정에 대한 것이냐 아니면 국민 개인이나 사업자에 대한 것이기도 하느냐는 문제이다. 환경 기준은 일종의 최저 기준으로서 국민 개개인에게 그 기준을 하회하지 않는 환경 여건에서 살 수 있는 권리 또는 법률상 이익을 부여하는 것인가? 아니면 단순히 행정에게 유지·달성해야 할 목표만을 설정하는 데 불과한 것인가? 환경 기준이 환경 보전 행정의 기본지표로서 각 개별법에 의한 배출 허용 기준의 설정의 전제가 된다는 점, 따라서 양자가 상호 밀접한 관계에 있다는 점에 관해서는 의문의 여지가 없다.[34] 그러나 환경정책기본법상의 규정만으로 본다면, 환경 기준은 일단 국가 및 지방자치단체만을 수범자로 하고 있는 것이라고 해석된다. 환경 기준에 따라 국민 개인이나 사업자에 대하여 준수의무가 부과되는 것은 물론 아니다. 환경 기준은 직접적 규제 기준이 아니다. 그렇다면 문제는 환경 기준이 개인에게 권리 또는 법률상 이익을 부여하는 것인가에 귀착된다고 할 수 있다. 이를 해결하기 위해서는 행정에 대한 목표 설정이 법적 의무의 성질을 띠는지의 여부와 환경 기준의 설정·유지 의무에 관한 관계 법 규정의 취지가 개인의 법률상 이익을 보호하려는 데 있는지의 여부가 판단되어야 한다. 환경정책기본법 제13조는 국가 및 지방자치단체에게 제12조에 따른 "환경 기준이 적절히 유지되도록" 환경에 관련되는 법령의 제정과 행정계획의 수립 및 사업의 집행을 할 경우 같은 조 제1호 내지 제4호의 사항을 고려해야 한다고 규정하고 있다. 따라서 환경 기준의 유지는 단순한 행정 목표가 아니라 법적 목표라고 해야 할 것이다. 나아가 법은 제6조 제1항에서 환경권을 제도화하고 있다. 따라서 이미 설

---

33) 따라서 일본에서와 같은 환경 기준 고시(環境基準告示)의 법적 성질을 둘러싼 논쟁의 여지는 없다. 이에 관하여는(北村喜宣, 1992: 257)을 참조.

34) 이것은 행정목표설에서도 인정하는 바이다(전병성, 1992: 98).

정된 환경 기준을 근거로 또는 환경 기준을 정한 대통령령을 보호 법규로 삼아 개인이 자기의 법률상 이익을 주장하거나 그 침해를 이유로 권리 보호를 구할 여지는 충분하다고 할 수 있다. 다만, 과연 어떤 것이 적정한 환경 기준인지에 관하여 법은 기껏해야 불확정 개념을 통하여 단지 추상적인 지침만을 제공할 뿐이다. 따라서 환경 기준의 내용적 설정 자체에 관한 한, 결국 행정의 정책적·기술적 판단 여지가 성립될 가능성이 크다는 점을 시인하지 않을 수 없다. 한편 개인이 환경 기준을 설정·변경하는 대통령령의 취소·변경을 소구하거나 그 무효임을 확인하는 소송을 제기할 수 있는가에 관해서는, 먼저 취소소송의 경우 이는 법령에 대한 취소소송의 허용성 문제로 귀착되는데, 이를 처분 법규로 볼 수 있다든지 하는 특별한 사정이 없는 한, 그 처분성을 인정하기 곤란할 것이며, 그 기준설정의 타당성 여하에 관하여도, 앞에서 본 것처럼 환경정책기본법 규정의 명백한 위반이라고 볼 수 있는 경우가 아닌 한, 행정청의 판단 여지가 인정된다고 볼 여지가 많다. 환경 기준에 대한 무효확인소송 역시 처분의 성립을 전제로 하는 처분무효확인소송의 형태로는 허용되지 않는다고 볼 것이며, 나아가 대통령령의 위법·위헌 여부는 헌법 제107조 제2항에 의한 규범 통제의 대상이지 행정소송의 대상은 아니라는 점을 상기할 필요가 있다.

일본의 경우에도 환경 기준은 행정의 목표, 다시 말해 행정이 달성하기 위하여 노력해야 할 목표를 나타내는 지표로서 제도화된 것이지만 행정에게 이를 달성해야 할 법적 의무를 부과한다든지 사업자에 대한 규제 기준으로서 직접 기능하는 것은 아니며 이러한 의미에서 시민(사업자)의 권리 의무를 직접 규정하는 것은 아니라고 이해하는 것이 일반적이다(行政目標說)(北村喜宣, 1992: 257; 小高剛, 1992: 198; 岩田幸基 編, 1971: 165). 그러나 예컨대 환경 기준의 달성을 목적으로 하여 행해지는 총량 규제제도 하에서는, 백퍼센트 확실한 것은 아니라 해도, 총량 규제 기준이 환경 기준으로부터 상당한 확실성을 가지고 결정되며, 게다가 양 기준의 연계구조는 대기오염방지법 및 수질오탁방지법이란 실정법의 근거를 가지므로,[35] 그 한도에서는 환경 기준이 단순한 노력 목표

35) 일본의 경우 총리부령(總理府令)으로 정한 배출 기준은 환경 기준이 유지 달성될 수 있을 것을 목표로 설정되는 것이지만, 오직 환경 기준으로부터 직접적 자동적으로 결정되는가 여부가 문제되는데, 이에 대하여 판례는 부정적이라고 한다. 반면 대상으로 된 오염물질의 따라 다르지만 가령 유해물질에 관한 배수 기준의 경우는 환경 기준의 10배로 설정되어 있는데, 이는 배출수가 하천수보다 약 10배로 희석된다는 것을 상정해 역산하여 얻어진 수치라고 한다.

라고는 할 수 없다는 반론이 있다(阿部泰隆, 1982: 2, 10; 北村喜宣, 1992: 257). 일본 공해대책기본법 제9조만을 본다면 환경 기준은 추상적인 행정의 노력 목표에 불과한 것이라고 하겠지만, 개별법에 따라 일정한 법적 구속력을 지니는 목표로 인정되는 이상, 그 법적 성격에 변화가 생긴 것으로 보아야 한다는 것이다. 그러나 판례는 이산화질소(NO_2)에 관한 환경 기준을 현저히 완화시킨 환경 기준 개정 고시의 취소를 구하는 항고소송에서 환경 기준 고시는 정책상의 노력 목표를 추상적으로 정립하는 행위이며, 총량규제 기준도 오직 환경 기준으로부터 자동적으로 결정되지 않는 것이므로, 양 기준의 관계는 사실상의 것에 불과하다고 판시함으로써 그 고시의 처분성을 부정한 바 있다.[36]

환경 기준은 다음과 같은 법규범적 의미를 갖는다.

환경 기준은 첫째, 환경영향평가에 있어 환경 목표의 설정시 고려사항으로 작용한다. 즉, '환경영향평가법' 제5조는 환경 보전 목표를 설정함에 있어 '환경정책기본법 제12조에 따른 환경 기준'을 고려하여야 한다고 규정하고 있다. 아울러 환경영향평가법은 제11조 제3항에서 전략환경영향평가 항목 등을 결정할 때에는 환경 기준 유지 등과 관련된 사항을 고려하여야 한다고 규정하고 있다.

둘째, 환경 기준의 오염물질 심사・평가의 기준이 되기도 한다. 가령 '대기환경보전법' 제7조 제1항은 환경부 장관이 대기 중에 존재하는 물질의 위해성을 독성, 생태계 영향, 배출량과 더불어 '환경정책기본법' 제12조에 따른 환경 기준에 대비한 오염도를 기준으로 하여 심사・평가할 수 있다고 규정하고 있다.

셋째, 환경 기준은 각각의 개별법이 허가 기준에 관하여 환경 배려 조항을 두고 있는 경우 허가 기준으로 고려됨으로써 이를 초과하는 환경 악화를 초래하는 시설의 설치 허가를 제한하도록 하는 사유가 될 수 있다(수질・수생태계 보전법 §33 ⑤).

넷째, 환경 기준은 가령 '대기환경보전법' 제22조의 경우처럼 총량 규제의 기준 또는 근거를 제공하는 기능을 한다. 즉, 환경부 장관은 대기오염 상태가 환경 기준을 초과하여 주민의 건강・재산이나 동・식물의 생육에 심각한 위해를 끼칠 우려가 있다고 인정하는 구역 또는 특별대책지역 중 사업장이 밀집되어 있는 구역의 경우에는

36) 東京地判 1981.9.17(判例時報 1014호 p.26). 그러나 민사상 손해배상청구에 있어서 환경 기준은 오염의 수인 한도의 판단 요소로 인정되고 있다고 한다(大阪地判 1974.2.27, 判例時報 729호 p.3, 札幌地判 1980.10.14, 判例時報 988호 p.37).

그 구역의 사업장에서 배출되는 오염물질을 총량으로 규제할 수 있다(§22 ①).

다섯째, 오염 발생원에 대한 민사상의 손해배상청구나 유지청구소송에 있어 수인한도를 판단하는 중요한 기준으로서도 고려될 수 있다.

여섯째, 환경 기준은 각종 환경정책이나 제도의 도입 여부, 시행 시기 등을 좌우하는 유용한 기준을 제공해 준다.

2019년 1월 15일 개정된 환경정책기본법은 환경 기준은 국민의 생명 및 생태계에 직접적인 영향을 미치는 중요한 지표임을 고려하여 환경부가 이를 주기적으로 평가하도록 근거 규정을 신설하고, 국민의 알권리 보장 차원에서 환경 기준 및 설정 근거를 공표하도록 하였다. 이에 따르면, 환경부 장관은 제12조에 따른 환경 기준의 적정성 유지를 위하여 5년의 범위에서 환경 기준에 대한 평가를 실시하고, 그 결과를 지체 없이 국회 소관 상임위원회에 보고하여야 한다(§12의3 ①, ②). 또한 국가 및 지방자치단체에게 제12조 제1항 및 제3항에 따라 환경 기준을 설정하거나 변경할 때에는 제1항에 따른 평가결과를 반영하도록 하였다(§12의3 ③). 아울러 환경부 장관은 제12조에 따라 정한 환경기준 및 그 설정 근거를 공표하여야 한다(§12의2 ①).

③ 배출 허용 기준

배출 허용 기준(permissible emission standards)이란 오염물질의 배출원에 대하여 오염물질을 배출할 수 있는 법적 허용 한도를 정한 것을 말한다. 배출 허용 기준은 앞에서 본 환경 기준을 달성하기 위한 수단의 하나지만 환경 기준과는 달리 규제기준으로서 직접 구속력을 가진다. 배출 허용 기준의 대표적인 예로는 '물환경보전법' 제32조, '대기환경보전법'(§16)에 따른 배출 허용 기준, '가축분뇨의 관리 및 이용에 관한 법률'에 의한 방류수 수질 기준(§13) 등을 들 수 있다. 예컨대, '물환경보전법'은 제32조에서 폐수 배출시설에서 배출되는 오염물질의 배출 허용 기준을 환경부령으로 정하고 이를 초과할 경우 일정한 방지시설의 개선을 명하거나(같은 법 제39조에 의한 개선명령) 또는 위의 기준을 초과하여 환경오염물질을 배출하는 업체에 대하여 배출부과금을 부과하도록 규정하고 있는데, 여기서 배출 허용 기준은 그 법형식이 법규명령일 뿐만 아니라 개선명령 등 규제명령에 의해 그 준수가 확보되고 나아가 배출부과금 부과의 기준이 된다는 점에서 법적 구속력을 가짐을 알 수 있다.

환경부 장관이 환경부령으로 배출 허용 기준을 정하는 때에는 일반적으로 관계 중앙행정기관의 장과 협의하도록 되어 있다(물환경보전법 § 32 ②, 대기환경보전법 § 16 ②).

배출 허용 기준은 이미 앞에서 본 바와 같이 각종 개별 환경법들을 통해 환경 기준과 일정한 관계를 맺을 수 있다. 실례로 '물환경보전법'은 제32조 제3항에서 특별시·광역시 또는 도로 하여금 환경정책기본법 제12조 제3항에 따른 지역환경 기준의 유지가 곤란하다고 인정하는 때에는 조례로 제1항의 기준보다 엄격한 배출 허용 기준을 정할 수 있도록 수권하고 있다. 다만, 이러한 배출 허용 기준의 설정은 제74조 제1항에 따라 제33조·제37조·제39조 및 제41조 내지 제43조에 따른 환경부 장관의 권한이 시·도지사에게 위임된 경우에 한하며(같은 조 단서), 배출 허용 기준이 설정·변경된 때에는 시·도지사는 이를 지체없이 환경부 장관에게 보고하고 이해관계자가 알 수 있도록 필요한 조치를 하여야 한다(§ 32 ④). 이와 같은 경우에서 볼 수 있는 바와 같이 배출 허용 기준은 궁극적으로는 환경 기준의 달성을 지향하기 위한 수단이 된다고 볼 수 있고(예: 가축분뇨의 관리 및 이용에 관한 법률 § 13 '정화시설의 방류수수질기준'), 이 점에서 환경 기준은 규제 기준의 성질을 띤 배출 허용 기준의 기초 내지 지침으로서 작용할 수 있는 것이다.

배출 허용 기준의 설정은 각각의 단행법들에 따라 하위법령(환경부령)에 위임되어 있고(예: 대기환경보전법 § 16 ① 가축분뇨의 관리 및 이용에 관한 법률 § 13 ① 방류수 수질 기준), 환경정책기본법 제38조에 따른 특별대책지역에 관하여는 각각 단행법에서 환경부 장관이 특별 배출 허용 기준을 정하도록 하는 경우가 있다(예: 대기환경보전법 § 16 ③ 가축분뇨의 관리 및 이용에 관한 법률 § 13 ②).

(3) 환경영향평가

환경영향평가(Environmental Impact Assessment: EIA, Umweltverträglichkeitsprüfung: UVP)란 사전 배려 또는 예방의 원칙에 배경을 둔 효과적인 환경 보전 수단의 하나이다. 환경정책기본법은 전략환경영향평가, 환경영향평가 및 소규모 환경영향평가의 대상, 절차 및 방법 등에 관한 사항을 따로 법률로 정하도록 규정하고 있고(§ 41 ②), 이에 따라 '환경영향평가법'이 제정·시행되고 있다.

환경보호법제가 아무리 잘 정비되어 있어도 환경 침해적 영향을 미치는 요인들을 사전에 파악하여 통제할 수 있는 방법이 마련되지 않으면 결국 실효적인 환경 보전을 가져오기보다는 불필요한 시간과 노력의 낭비를 초래할 뿐이다. 이러한 견지에서 환경영향평가제도는 환경에 대한 위해요인을 사전에 예측·평가하여 저지 또는 완화방안을 강구하기 위한 효과적인 수단이라 할 수 있다. 이것은 연혁상 1969년 미국의 '국가환경정책법(National Environmental Policy Act: NEPA)'에서 도입된 대표적인 사전예방원칙(precautionary doctrine)에 의한 제도로서,[37] 개발계획의 수립 또는 공사 시행에 앞서 개발자로 하여금 그 개발사업이 환경에 미치는 영향을 미리 조사·평가하게 하여 이를 인·허가 조건으로 삼는 것을 내용으로 하고 있다.

한국의 환경영향평가제도는 1977년 환경보전법이 제정되면서 미국의 제도를 모방하여 도입되었다. 그러나 당초 이 제도는 주로 정부사업의 추진에 있어 관련 부처가 보건사회부와 협의하도록 하는 정도에 불과했고, 그나마 관계 부처의 이해 부족으로 사문화되다시피 하다가, 1979년에 발족된 환경청의 활동을 통하여 1981년 '환경영향평가서 작성에 관한 규정'이 만들어져 1982년부터 시행되기 시작했다. 미국의 경우, 당초 소극적이었던 환경보호청(EPA)의 태도에도 불구하고 이 제도가 주로 환경단체들의 영향력 행사와 이를 배경으로 한 의회의 이니시어티브에 의해 도입됨으로써 정부 규제적 측면 외에도 주민 참여 또는 공공 참여(public participation)의 측면이 강조될 수 있었던 데 비해, 한국의 경우 당초에는 정부 주도에 의하여 주로 행정 규제적 목적 하에 도입·시행되다가, 여소야대 정국에서 우여곡절을 거친 끝에 1990년에 이르러서야 비로소 주민 참여 가능성을 부여하는 방향으로 정비되게 되었다. 환경영향평가제도는 1993년 2월 환경정책기본법상의 환경영향평가과 관련된 조항을 분리·흡수하여 대폭 개선한 내용을 담은 환경영향평가법이 정부에 의하여 단행법으로 입안·추진되어 1993년 6월 11일 법률 제4567호로 제정됨으로써 독자적인

---

37) 이처럼 미국의 국가환경정책법 제102조(NEPA §102)의 규정이 환경영향평가제도의 효시라 할 수 있다. 미국의 환경영향평가제도에 관한 소개로는 이상돈, 환경정책법, 아세아문화사, 1985; Sloan, Irving J., *Environment and the Law*, 1979, Oceana Publication, p.2 이하를 참조. 외국의 환경영향평가제도에 관하여는 전병성, 우리나라 환경법의 발전과 환경정책 기본법의 제정, 『환경법연구』 제14집(1992), p.112 이하를 각각 참조. 독일의 제도에 관하여는 김성수, 환경 관련 절차법, 보상 법, 쟁송법의 입법정책적 과제, 고시계 1993/3, p.96 이하와 Bender/Sparwasser, aaO, Rn.77ff.(S.27ff.)를, 프랑스의 제도에 관하여는 환경법의 쟁점과 동향, 『법무자료』 제164집(1992), p.121 이하를 각각 참조.

제도로 완성되었고, 이후 수차례의 개정과 다른 법률과의 통합 등 우여곡절을 거쳐 현행 '환경영향평가법'의 규율을 받게 되었다. 개정법은 환경평가를 전략환경영향평가(사전환경성검토 행정계획), 환경영향평가 및 소규모 환경영향평가(사전환경성검토 개발사업)로 구분하고, 평가 체계별 절차・방법 등을 구체적으로 규정하는 등 환경영향평가제도를 전면적으로 재편성하였다.[38]

(4) 직접적 규제 수단들

'환경정책기본법'은 제30조 제1항에서 "정부는 환경 보전을 위하여 대기오염・수질오염・토양오염 또는 해양오염의 원인이 되는 물질의 배출, 소음・진동・악취의 발생, 폐기물의 처리, 일조의 침해 및 자연환경의 훼손에 대하여 필요한 규제를 하여야 한다"고 규정하고 있다. 환경 보전을 위하여 사용될 수 있는 행정 수단으로서 이제까지 살펴본 계획, 환경영향평가, 지역・지구제 등이 갖는 중요성이 증대되고 있는 것은 사실이지만, 환경 보전 행정은 여전히 개별적 사안에 있어 법령 및 계획을 집행하기 위한 행정상의 규제 수단들에 의존하고 있다. 이들은 전통적인 경찰법적 배경에서 유래된 전형적인 질서행정 또는 침해행정의 수단들로 크게 신고(申告), 등록(登錄), 표시(表示) 등 의무부과(義務賦課), 인・허가제(認許可制), 그리고 배출 규제(排出規制)를 위한 명령(命令)・제재(制裁), 행정벌(行政罰) 등으로 나뉜다.

① 인・허가제

환경 규제 수단 중에서 인・허가, 즉 법률에 의한 허용유보부 금지(Verbot mit Erlaubnis－oder Genehmigungsvorbehalt)는 핵심적인 지위를 차지한다. 이것은 다시 일정한 행위의 법령 위배 여부를 사전에 심사하여 문제가 없을 때 이를 허용하는 경우인 '예방적 금지(Kontrollerlaubnis)'와 반대로 사회적으로 유해하거나 바람직하지 못한 행위를 일반적으로 억제하기 위하여 금지하고 다만 예외적인 경우에만 그 금지를 해제하는 경우인 '억제적 금지(Ausnahmebewilligung)'로 나뉜다. 전자와는 달리 억제적 금지의 경우에는 그 허용 여부가 관계 행정청의 재량에 맡겨져 있다는 점에 특징이 있다. '대기환경보전법' 제23조 제1항, '물환경보전법' 제33조 제1항, '소

---

38) 상세한 내용은 홍준형(2013: 157－243)을 참조.

음 · 진동관리법' 제8조 등 환경 관계법에 따른 배출시설의 설치 · 변경 허가는 배출 부과금에 의한 배출 규제와 함께 한국에 있어 환경 규제의 양대 축을 이루는 것으로서 일종의 예방적 규제 허가의 성질을 갖는 데 비해, 하천법 제33조에 따른 하천 점용 허가는 공법상 특별사용권을 부여하는 것이므로 강학상 일종의 특허의 성질을 지닌 것으로 대체로 후자에 해당하는 것으로 보아야 할 경우가 많다.

② 배출 규제

환경행정은 위와 같은 인 · 허가제 외에도 일정한 작위 · 부작위 · 수인 등의 의무을 부과하는 명령적 행위를 통해서도 수행된다. 배출 허용 기준과 같은 환경 관계 기준을 매개로 하여 상대방에게 일정한 행위 의무을 부과함으로써 행해지는 배출 규제 조치가 그 대표적인 경우이다. 배출 허용 기준 등과 같은 환경 기준을 매개로 하여 적극적으로 상대방에게 일정한 행위 의무를 부과함으로써 행해지는 이른바 배출 규제 조치가 그 대표적인 경우라고 할 수 있다. 예컨대, '물환경보전법'과 '대기환경보전법'은 가동개시 신고를 한 후 조업 중인 배출시설에서 배출되는 오염물질의 정도가 배출허용 기준을 초과한다고 인정하는 때에는 대통령령으로 정하는 바에 따라 기간을 정하여 사업자에게 그 오염물질의 정도가 배출 허용 기준 이하로 내려가도록 필요한 조치를 취하라는 명령, 즉 개선명령을 발할 수 있도록 하고 있다('물환경보전법' §39, '대기환경보전법' §33). '소음 · 진동관리법'(§15) 역시 시 · 도지사에게 조업 중인 공장에서 배출되는 소음 · 진동의 정도가 배출 허용 기준을 초과하는 때에는 환경부령으로 정하는 바에 따라 기간을 정하여 사업자에게 그 소음 · 진동의 정도가 배출 허용 기준이하로 내려가는 데 필요한 조치를 취하라는 개선명령을 할 수 있도록 하고 있다. 이와 같은 개선명령은 가장 전형적인 규제하명에 해당한다.

또한 환경부 장관은 공공수역의 수질오염 방지를 위하여 특히 필요하다고 인정하는 때에는 시 · 도지사, 시장 · 군수 · 구청장으로 하여금 관할 구역의 하수관로, 공공폐수처리시설, 공공하수처리시설 또는 폐기물 처리시설 등의 설치 · 정비 등을 하게 할 수 있고(물환경보전법 §12), 공공수역에 유류, 유독물, 농약 등을 누출 · 유출시키거나 분뇨, 축산폐수, 동물의 사체, 폐기물(폐기물관리법에 의한 지정폐기물 제외) 또는 오니(汚泥)를 버리는 행위로 인하여 공공수역이 오염되거나 오염될 우려가 있는 경우 행위자 등이 당해 물질을 제거하는 등 오염의 방지・제거를 위한 조치(방제 조치)를 해야 할 의무를 이행하지 아니하는 경우에는, 시・도지사가 당해 행위자 등에게 방제 조치의 이행을 명할 수 있는데(물환경보전법 §15 ③), 이러한 처분 역시 하명의 성질을 가지는 것이라 할 수 있다.

환경 규제를 위한 행정처분(하명)들은 배출 허용 기준의 준수를 확보하기 위해 행해지는 침익적 처분들로서 개개의 관계 법규정에 따라 수권되고 있고, 그 의무의 이행은 다시 일정한 행정 제재적 성격을 갖는 명령・조치 또는 행정대집행 등에 따라 확보되고 있다. 가령 '물환경보전법' 제15조 제3항에 따른 방제 조치 명령으로 이행되지 아니하거나 그 방제 조치만으로는 수질오염의 방지 또는 제거가 곤란하다고 인정되는 때에는 시・도지사가 시장・군수・구청장(자치구의 구청장)으로 하여금 행정대집행법이 정하는 바에 따라 당해 방제 조치의 대집행을 할 수 있도록 한 '물환경보전법'의 규정(§15 ④)이 대표적인 예라 할 수 있다.

③ 행정 제재적 명령・조치

앞에서 본 바와 같은 배출 규제 조치들은 다시 행정 제재 수단에 의하여 그 이행이 확보되고 있다. '대기환경보전법'과 '물환경보전법'은 환경 보전을 위한 규제명령 위반에 대하여 조업정지 명령・과징금 처분・허가 취소・위법시설에 대한 폐쇄 조치 등 제재적 의미를 갖는 행정처분을 결부시킴으로써 그 명령에 따른 의무 이행을 확보하고 있다. 이러한 환경보전행정상 의무 이행을 확보하기 위한 수단들은 '소음・진동관리법'(조업정지 명령, 허가 취소, 위법시설폐쇄 명령 등), '화학물질관리법'(등록의 취소 등, 과징금 처분, 개선 명령 등), '가축분뇨의 관리 및 이용에 관한 법률'(허가 취소), '해양환경관리법'(해양환경관리업자에 대한 영업정지 명령・등록 취소 등) 등에서도 유사하게 채용되고 있다.[39]

(5) 배출부과금

배출부과금(emission charge or effluent charges) 제도란 일반적으로 일정한 기

---

39) 법령으로 직접 일정한 방지시설(가축분뇨관리법 제12조에 의한 처리시설)의 설치 의무를 부과하고 이에 따르지 않을 때 처벌 등 제재(制裁)를 가하는 경우도 이에 해당하는 것으로 볼 수 있다(같은 법 제50조 제7호).

준을 초과하는 공해 배출량이나 잔류량에 대하여 일정 단위당 부과금을 곱하여 산정되는 금전적 급부 의무를 부과함으로써 환경오염을 방지하려는 수단을 말한다. 가령 '대기환경보전법'(§35) · '물환경보전법'(§41) 등이 배출 허용 기준을 초과하여 배출되는 오염물질로 인한 환경상의 피해를 방지하고 배출 허용 기준의 준수를 확보하기 위하여 그 배출 허용 기준을 초과하여 오염물질을 배출하는 업체에 대하여 대통령령으로 정하는 바에 따라 오염물질의 종류 · 배출 기간 · 배출량 등을 기준으로 산정한 배출부과금을 부과할 수 있도록 한 것이 그 예이다.

배출부과금은 행정법상의 의무 위반자에 대하여 과하는 금전상의 제재로서 일종의 과징금의 성격과 시장 유인적 규제 수단으로서의 의미를 아울러 지니고 있다. 배출부과금의 부과는 그 금전적 급부 의무의 부과라는 점에서 일견 조세 부과와 비슷하여 공해배출세(emission taxes)라고도 불리고 있으나 일정한 환경 관련 기준을 초과하여 오염물질을 배출했다는 사실에 대한 행정적 제재로서의 의미를 갖는다는 점에서 조세와는 구별된다.

배출부과금은 환경부 장관이 부과 · 징수하는데, 그 대상은 대기 분야의 경우, 대기오염물질로 인한 대기환경상의 피해를 방지하거나 줄이기 위하여 대기오염물질을 배출하는 사업자(제29조에 따라 공동 방지시설을 설치 · 운영하는 자를 포함한다)와 제23조 제1항부터 제3항까지의 규정에 따른 허가 · 변경 허가를 받지 아니하거나 신고 · 변경 신고를 하지 아니하고 배출시설을 설치 또는 변경한 자가 되고(대기환경보전법 §35 ①), 수질 분야의 경우, 수질오염물질로 인한 수질오염 및 수생태계 훼손을 방지하거나 감소시키기 위하여 수질오염물질을 배출하는 사업자(공공폐수처리시설, 공공하수처리시설 중 환경부령으로 정하는 시설을 운영하는 자를 포함한다) 또는 제33조 제1항부터 제3항까지의 규정에 따른 허가 · 변경 허가를 받지 아니하거나 신고 · 변경 신고를 하지 아니하고 배출시설을 설치하거나 변경한 자가 된다(물환경보전법 §41 ①).

배출부과금은 배출 허용 기준 초과 여부, 배출되는 오염물질의 종류, 오염물질의 배출량 등을 고려하여 초과배출부과금(초과부과금)과 기본배출부과금(기본부과금)으로 구분하여 부과하도록 되어 있다(대기환경보전법 §35 ②, 동 시행령 §24; ① 물환경보전법 §41 ②, 동 시행령 §41 ①).

(6) 환경오염에 대한 행정적 · 형사적 제재

환경 문제는 현대 국가의 '숙명적 과제(Schicksalsaufgabe)'이다. 현대 국가는 전쟁이나 범죄, 질병뿐만 아니라 날로 심각해지고 있는 환경오염과 생태계 파괴에 대해 투쟁해 나가지 않으면 안 된다. 과거 환경오염에 대한 국가적 대응은 공공의 안녕질서를 유지하기 위한 경찰작용의 차원에서 이루어졌다. '환경법의 전사(前史, pre-history)'에 해당하는 이 시기에 있어 환경법이라 부를 수 있는 것이 있었다면 그것은 곧 경찰법(警察法)이었다. 그러나 이후 환경법이 경찰법에서 공해방지법으로, 그리고 다시 환경법으로 변천해 나가는 과정에서 환경 문제에 대한 경찰의 기능과 역할은 대폭 축소되기에 이르렀고 환경 보전은 더 이상 제복을 입은 경찰관의 임무가 아니라 환경 전문가를 대동한 전문행정가의 규제행정적 과제라는 인식이 확산되었다. 이것은 일면 경찰의 기능이 이른바 집행경찰(Vollzugspolizei)의 그것으로 축소되고 타면 환경행정과 환경법이 독자적인 행정 분야로 분화되는 현상에 따른 것이라 할 수 있다.

그러나 환경 문제를 해결하기 위한 국가적 노력에도 불구하고 환경 상태는 계속 악화일로를 걸었고, 환경법의 집행 결함(Vollzugsdefizit)에 대한 무수한 사례들이 보고되었다. 환경법 또는 환경법상의 환경 보호 수단들의 한계가 노출됨에 따라 전통적인 국가형벌권의 위하력(威嚇力)에 호소하려는 경향이 다시금 고개를 들었고, 이는 환경오염 행위를 범죄시하는 대중의 고조된 환경 의식에 부합되는 것이기도 했다.[40] 이러한 배경에서 출현한 환경오염 행위의 범죄화전략(Kriminalisierungsstrategie)은 환경형법(Umweltstrafrecht)의 대두를 가져왔다. 환경형법이 확충 · 강화되어야 한다는 대중들의 이 같은 요구가 형법의 최후 수단(ultima ratio)으로서의 성격이나 일탈행위에 대한 일반적 탈범죄화 경향(allgemeine Tendenz zur Entpönalisierung von abweichendem Verhalten)과 부합될 수 있는지는 의심스럽다. 또한 형법이 원칙적으로 환경불법(Umweltunrecht)의 진정한 행위 주체를 포착할 수 있을지 의문이라 하지 않을 수 없다(Kloepfer, 1992: Rn. 756).

---

40) 이러한 환경 문제에 관한 범죄화전략은 우리나라에서도 한 실증적 연구에 따라 환경오염 행위에 대한 국민 일반의 법감정 에도 부합하는 것으로 조사된 바 있다(김익기 · 김성언, 1993: 169). 가령 수원지 오염으로 사람이 사망한 경우는 방화나 상해보다도 높은 정도의 심각성을 띤 범죄라고 인식하고 있다고 보고된 바 있다.

그러나 환경범죄의 단속, 진압과 처벌이 이제 환경 문제 해결을 위한 국가적 노력의 목록에서 빠질 수 없는 항목이 되어 있다는 것은 부인할 수 없는 사실이다. 물론 국가는 이와 같은 환경범죄를 진압·처벌하는 외에도 이를 예방하고 그 밖의 (범죄를 구성하지 않는) 일반적인 환경법 위반행위의 단속을 지원하며 또 환경오염으로 인한 위험을 방지하거나 발생한 위험을 제거하는 등 다양한 임무를 통하여 환경 문제의 해결에 관여한다. 환경오염과 생태계 파괴가 가속화되고 있는 상황에서 이들 영역들은 현대 국가가, 그 법치국가적 조건을 준수하면서 효율성을 기할 수만 있다면, 마약사범, 밀수사범 또는 공중위생 저해사범의 단속이나 산업 스파이의 수사, 개인 정보 침해의 단속 등과 함께 진정한 국민의 지지를 개척할 수 있는 전략적 부문이자 도전의 장이라 할 수 있다.

환경 보전 목적을 관철시키기 위한 최종적인 수단으로 징역·벌금과 같은 행정형벌과 과태료와 같은 행정질서벌을 포함하는 행정벌이 부과될 수 있음은 물론이다. 예컨대, '물환경보전법'이나 '대기환경보전법' 등이 벌칙에 관한 장에서 이러한 행정벌에 관한 규정을 두고 있고 '환경범죄 등의 단속 및 가중 처벌에 관한 법률'이 환경오염에 관한 업무상 과실범을 형사 처벌하도록 하고 있는 것이 그 예이다. 이러한 행정벌은 결국 법원의 재판에 의해 부과되는 것이라는 점에서 위에서 본 각종 실행 수단과는 구별된다.

(7) 기타 환경 보호 수단

환경행정이 공해(公害)로 인한 위험 방지라는 소극적 경찰 목적에서 적극적 환경 보전의 목적으로 그 중점을 이동하고 있는 이상, 그 행위 형식의 전문화·다양화는 불가피한 현상이다. 이와 같이 환경행정의 중점 이동이 특히 그 행위 형식면에서 관철된 결과 자금 지원과 행정지도·기타 비공식적 행정작용 등이 환경 보호를 위하여 활용되고 있다.

제 4 절 환경법과 규제 실패

1. 환경 규제와 규제 실패

규제 실패, 즉 환경 규제의 실패는 환경법과 환경행정에서 매우 특징적으로 나타나는 현상이다. 환경 규제의 실패에 관해서는 무엇보다도 규제와 규제 실패의 개념을 분명히 해 둘 필요가 있다. 물론 이들 개념에 관한 보편적인 합의는 존재하지 않는다. 그러나 이들 개념의 일상언어적 관용을 고려하여 그 최소한의 공통분모를 식별하는 것은 충분히 가능하고 또 논의의 목적상 유용한 일이기도 하다.

1) 규제의 개념

규제란 개념은 일상용어 또는 법령상의 용어로 사용되고 있으나, 본래 엄밀히 한정된 법적 개념은 아니며,[41] 행정학이나 정치경제학에서도 통일적인 개념으로 정립되어 있다고는 볼 수 없다(정용덕, 1983: 38－40). 그것은 가령 정치경제학적 관점에서 정부 규제를 접근하는 입장에서는 "바람직한 경제사회 질서의 구현을 위해 정부가 시장에 개입하여 기업과 개인의 행위를 제약하는 것"으로 정의되고 있으며(최병선, 1992: 18－24), 행정법학적 견지에서는 "행정 주체가 공익을 위하여 관련 행위에 있어 비당사자적인 입장에서 지속성 있는 규칙에 입각하여 일정한 목표를 가지고 의도적으로 국민의 사적 행위를 제한하고 규율하는 행정작용(김유환, 1989: 17; 최영규, 1993: 11)"으로 정의되고 있는 것이 그 예이다.

환경 규제에 관한 논의에서 준거가 될 규제의 개념을 일의적으로 엄밀히 확정하기는 곤란할지라도, 규제개념이 지닌 여러 측면을 분석함으로써 환경 규제의 상위개념, 즉 유개념(Gattungsbegriff)으로서 규제의 의미를 밝히는 것은 충분히 가능하고 또 유용하다고 할 수 있다. 이러한 관점에서 규제란 규제의 목적, 주체, 대상 및 태양을 통하여 한정되는 개념으로서, 목적면에서는 시장의 실패, 사회적 불공평, 환

41) '규제'의 일반적 · 어의론적 의미에 관하여는 최영규(1993: 7) 이하; *Black's Law Dictionary*(6th ed. 1990), p.1286 등을 참조.

경 파괴 등 바람직하지 못한 사회적 결과를 제거 또는 극복하기 위하여 행해지는 공익 추구 활동이며, 주체면에서는 정부 및 공공단체 등 규제기관이 행하는 공적 활동이고, 대상면에서는 민간(기업과 개인) 또는 사적 부문에 대한 공적 제약이며, 태양면에서는 권리의 제한이나 의무의 부과를 통한 민간의 자율적 결정과 그에 따른 사회적 행동에 대한 제약과 개입이라고 말할 수 있다. 이러한 의미에서의 규제는 근대 헌법 이래 법질서의 기초가 되고 있는 사적 자치(Privatautonomie)의 원칙에 비추어 원칙적으로 법치주의적 제약 하에 있는 것으로 보아야 한다. 이를테면 법치행정의 원칙의 필수적 요소로서 법률의 유보(Vorbehalt des Gesetzes)원리와 관련하여 '규제 유보의 이론(Theorie des Regulations－Vorbe halts)'이 성립한다고 볼 수 있다. 경제적 규제와 대비되는 사회적 규제의 일종으로서 환경 규제란 이러한 의미에서 환경 보호 또는 환경 보전이라는 공익을 달성하기 위한 환경행정의 주체에 의한 사적 부문에 대한 공적 제약과 개입이라고 정의될 수 있을 것이다.

2) 규제 실패

규제 실패 역시 과학적으로 엄밀히 규정되지 않는 매우 포괄적이고 상대적인 개념이라 할 수 있다.[42] 규제의 실패란 규제의 성공에 대칭되는 개념이다(Sunstein, 1990: 84). 따라서 규제의 실패를 말할 수 있으려면 그 성패를 가늠할 객관적이고 일의적인 평가 기준이 존재해야 하는데, 그 평가 기준 자체가 논란의 대상이 될 수 있으므로, 규제 실패의 개념 역시 안정성을 갖기가 어렵게 된다. 실제로 규제의 실제 결과를 평가하는 데에는 여러 가지 난점이 있다는 사실이 밝혀지고 있다. 선스테틴(Sunstein, 1990: 76－77)은 이를 다음과 같은 몇 가지 요인들로 나누어 설명하고 있다.

첫째, 가장 근본적인 난점은 규제의 효과가 상대방에 따라 상이하게 나타날 수 있으며, 양자를 구별할 기준을 설정하기가 어렵다는 데 있다. 가령 유독물질에 대한 규제는 그것이 빠짐없이 또는 최대한으로 집행되면 성공적이라고 평가될 수도 있지만, 그것이 일부의 관측자들에게 사소한 이익을 위해 과다한 비용을 초래하는 것으로 여겨진다면 이를 가급적 집행하지 않는 것이 최선의 결과를 가져오는 선택이라고 판단

42) 이에 관하여는 김유환(1994: 113－114), Sunstein(1990: 75－77)을 참조.

될 수도 있는 것이다.

둘째, 규제의 성패에 대한 판단은 규제의 적정한 목표와 범위에 대한 주관적 견해에 의존하는데, 이에 대한 합의가 이루어진다 해도 규제의 편익과 비용을 평가함에 있어서는 가치와 사실에 관한 심한 견해차가 나타날 수 있다. 가령 규제의 수혜자(beneficiary)가 규제에 따른 보호를 포기하는 대가로 요구하는 '원매가격(asking price)'과 자신들에게 혜택을 주리라고 생각되는 규제를 도입하기 위하여 지불할 '구매 용의가격(offer price)'을 훨씬 하회할 수 있다. 이 문제가 해결되더라도 이러한 '지불 의사(willingness－to－pay)'라는 기준을 결정적인 것으로 볼 수 있을지 의문이 없지 않다. 이 '지불 의사'란 요인은 효용을 대변해줄 만큼 충분히 정련된 개념이 아닐 뿐만 아니라 지불 능력에 대한 의존성을 배제할 수 없고, 나아가 생명과 건강을 평가하기 위하여 이 기준을 사용하는 데는 논란의 여지가 있으며, 또 여러 가지 측면에서 도덕적인 반론에 취약성을 보일 수 있기 때문이다.

셋째, 규제의 비용과 편익을 평가하기가 곤란한 경우가 많다는 것이다. 특히 규제 이후 나타난 편익(postregulation benefit)이 규제로 인한 것인지 아니면 다른 원인에 기인한 것인지를 판단하기 어려운 경우가 적지 않다. 가령 규제 이후 나타난 교통사고와 사망율의 감소는 규제의 결과가 아니라 규제 이전에 발생한 경제적 사정이나 인구 이동 등에 따른 것일 수도 있고, 더욱이 혼성적인 변인들을 통제하는 것은 극히 어렵기 때문이다. 또한 규제의 효과를 평가함에 있어 고려되어야 할 규제의 부수적 또는 우연적 비용이나 편익이 무시되는 경우가 빈번한 반면, 이러한 효과를 측정하기 곤란한 경우가 많다는 것도 문제이다. 가령 새로운 오염원에 대한 통제는 재래적인 오염원을 장기간 시장에 유지시키는 결과를 초래할 수도 있는 반면, 정부가 오염을 통제하기 위하여 기술 개발을 요구함으로써 다른 분야에까지 유용한 기술 발전이 촉진될 수도 있는데, 규제 효과의 평가에 있어 이처럼 다양한 요인과 측면들을 불변적인 것으로 취급하는 것은 극히 어렵다는 것이다.

그러나 이러한 난점에도 불구하고, 선스테인(Sunstein, 1990: 76－77)에 따르면, 규제 이후의 상태와 규제가 도입되지 않았다면 존재했을 가상적 상태를 개괄적으로 비교하는 것은 가능하다고 한다. 또 통일적인 기준에 의해 비용 편익을 측정함으로써 다양한 규제 프로그램들이 어떠한 차이를 가지는지를 평가할 수 있는 가능성이 주어질 수도 있다. 규제효과에 대한 결론이 다투어지지 않는 한 이러한 종류의 접근 방법을 통하여 일정한 규제가 중요한 편익을 가져왔다는 사실을 확인할 수 있다는 것이다. 그리하여 선스테틴(Cass R. Sunstein)은 위에 서술된 바와 같은 난점과 불확정성을 시인하면서도 규제 성패의 판단 기준을 규제 법규에서 찾고 있다. 즉, 규제 법규가 그 규제를 정당화하는 기본적 목표들을 얼마나 달성했는가에 따라, 그리고 그 목표들을 최소한의 비용으로 달성했는지에 따라 그 규제가 성공적이었는지를 판단할 수 있다는 것이다. 이와 같은 목표들을 달성하지 못하거나 중대한 역효과를 발생시켰거나 어떤 납득할 만한 견지에서도 규제의 비용이 그 편익을 위축시키거나 아니면 규제가 공익 목적에 비추어 옹호될 수 없는 이익단체의 이해관계를 구현하는 데 그치는 경우에는 규제 법규의 실패를 이야기할 수 있다고 전제한다.

이와 같은 선스테틴의 논의는 절대적으로 타당한 것이라고는 볼 수 없을지라도 적어도 구체적인 규제 법규의 성패를 분석하는 데에는 유용한 접근방법이라고 평가된다. 문제는 규제 법규가 달성하고자 하는 기본목표들을 어떻게 추출해낼 것인가 하는데 있다. 그것은 일반적으로 시장의 실패(market failure)와 정부 개입의 근거로 지목되고 있는 독점(monopoly), 집합행동의 비합리성, 조정의 난점 및 거래 비용의 문제(collective action problems, coordination questions, and transactions Costs), 불완전한 정보(inadequate information), 외부 효과(externalities) 등(최병선, 1992: 66-93; Sunstein, 1990: 47-73)을 극복 또는 시정하는 데 있다고 말할 수 있다. 그러나 개별 구체적인 규제 법규에서 이러한 규제의 근거 또는 정당화 사유를 도출해 내는 것은 결국 실정법 해석에 대한 이론적 해명(Lehre der Auslegung des positiven Rechts)으로서 법해석론(Rechts; Rechtsdogmatik)의 과제로 귀결된다. 그 결과는 구체적인 규제 법규에 따라 극히 다양하게 나타날 수 있으며, 동일한 규제 법규 또는 규정에 대해 이른바 '해석 경쟁(Auslegungswettbewerb)'의 여지도 배제될 수 없다. 규제의 근거를 규명함에 있어 전통적인 법학은 문리 해석, 논리적 · 체계적 해석, 역사적 해석, 그리고 목적론적 해석 등의 방법을 제공하고 있다. 규제의 목적이나 근거를 규명함에 있어 역사적 해석과 목적론적 해석방법은 상대적으로 빈번히 활용될 수 있으며, 이를 통해 전통적인 법학이 금기시해 왔던 법정책적 측면, 즉 입법자의 의사, 규제법의 정책 목적 등을 인식할 수 있다. 이러한 해석 과정을 통해 합리적인 지적 판단 능력을 갖춘 평균적인 사회구성원이 납득할 만한 규제 근거가 도출될 수 있다면 이를 바탕으로 특정 규제가 성공적인지를 판명할 수 있게 될 것이다. 아무튼 규제 법령 중에는 설령 편익을 가져올지라도 그 비용이 너무 과다하여 편익의 실제적 효과가 손상되거나, 예상하지 못한 부수 효과(side effect)가 야기되거나, 당초 규제의 지지자들의 기대에 훨씬 못 미치는 성과를 거두는 데 그치는 경우가 존재하는 것이 사실이다. 더욱이 규제가 의도된 결과와 정반대의 결과를 초래하는 이른바 '규제의 패러독스(paradox of regulation)'가 발생하는 경우도 적지 않다(Sunstein, 1990: 75).

우리는 이러한 현상을 통틀어 규제의 실패라는 개념으로 묶어도 무방할 것이다. 이러한 현상은 규제기관의 관료 부패, 무능, 규제기관의 포획(regulatory capture)에 기인하는 것일 수도 있고(최병선, 1992: 200), 경제 우선 논리와 같은 규제제도의 환경적 요인, 규제 입법 자체의 문제점, 규제 집행상의 문제점 등에 기인하는 것(김유환, 1994: 136-147)으로도 볼 수 있으나, 여기서는 그 원인을 다음에 보는 바와 같은 규제 모델을 통하여 밝혀 보기로 한다.

그림 9-3 환경 규제의 법적 메커니즘

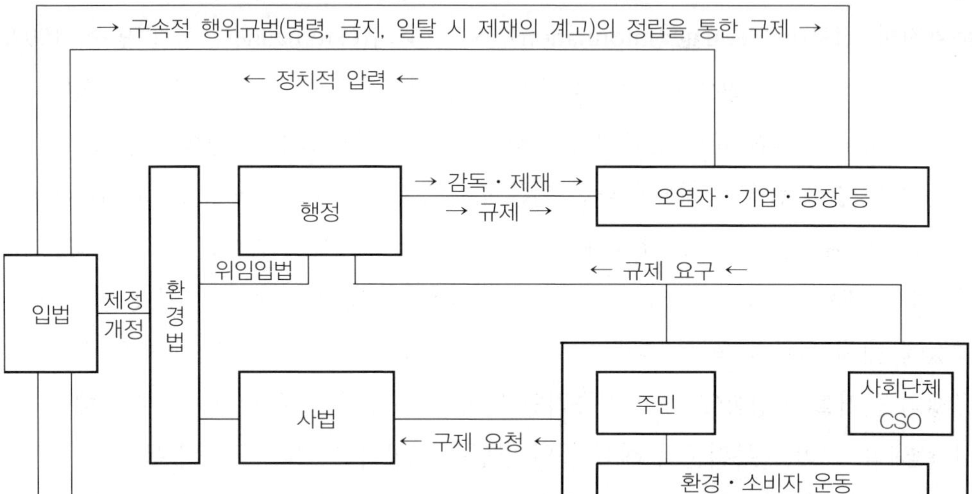

2. 환경 규제의 법적 과정과 규제 실패

1) 환경 규제의 법적 과정

법, 즉 환경법이 그 환경 보호 또는 규제의 목적을 실현해 가는 과정은 [그림 9-3]에서 보는 단순화된 모델을 통하여 설명될 수 있다. 여기서 법은 민주적 정당성을 지닌 의회, 즉 입법권자에 의하여 구속적 행위규범으로서 정립된다. 법규범의 제정은 으레 특수한 공익목적을 추구하는데 이 공익 목적은 여기서는 구체적인 환경 보호의 목적으로서 당해 법령의 첫머리에서 목적 규정의 형태로 표현되게 마련이다. 환경 규제는 이와 같이 수범자(Normadressat)들에 의하여 준수될 것으로 기대된 법규범의 정립을 통하여 행해진다. 법규범은 주로 명령 또는 금지의 형태를 띠며, 이로써 입법권자는 환경 규제의 목적 실현을 위하여 바람직하다고 평가한 일정한 범주의 허용되는 행위들을 확정한다. 이 경우 규범을 일탈하는 행위에 대해 제재를 가할 것이라는 계고(戒告)는 바람직한 행위에 대한 규범적 요구의 준수를 보장하는 교정 수단이 된다. 한편 지역주민 등 이해관계인이나 공중(국민)은 입법과 행정에 대하여, 문제된 사업자등 수범자에 대하여 각각 정치 · 사회적 통제와 압력을 가하는 환경 요인으로 작용하는 동시에, 환경운동 · 입법운동을 통하여 환경 규제의 주동적 요인으로도 작용할 수 있다.

위와 같은 환경 규제의 모델을 전제로 할 때 법이 환경 문제를 효과적으로 해결하고 있는가, 이를 위하여 먼저 충족되어야 할 전제 조건은 무엇인가라는 물음에 답하기 위해서는 다음과 같은 몇 가지 사항을 검토할 필요가 있다. 그것은 무엇보다도 첫째, 환경 법규 자체가 적정한 것인가, 둘째, 오늘날 지속적으로 나타나고 있는 환경 규제 법규의 양적 확대 및 규율 밀도 · 복잡성의 증대 경향은 환경 보호정책의 목표에 비추어 바람직한 것인가, 셋째, 환경법이 실효성 있게 집행되고 있는가, 넷째, 환경법의 규율이 비공식적으로 회피되고 있지는 않은가, 다섯째, 법은 환경오염으로 인한 피해에 대하여 적정한 구제방법을 마련하고 있는가 하는 것이다.

2) 환경 규제의 실패

(1) 환경 문제의 해결 수단으로서 환경법의 적정성

구체적인 환경 문제의 해결을 위하여 제정된 환경 법규는 적정한 것인가? 이러한 물음은 규제 법규 자체의 적실성(適實性), 타당성에 관한 것이다. 만일 규제법규 자체가 적실성과 타당성을 갖지 않는다고 판단된다면 그것을 근거로 하여 수행되는 환경규제 전체가 포기되거나 재검토되지 않으면 안 된다. 대체로 우리나라의 환경입법은 이미 앞에서 살펴 본 바와 같이 결코 완비되었다고 말할 수는 없을지라도, 다른 나라의 경우나 다른 법 분야에 비해 비교적 충실한 내용과 체제를 갖추고 있다고 할 수 있다. 현행 환경법령의 면모만을 보아도 누구나 그 방대한 규모와 상세한 규율에 놀라움을 금할 수 없을 것이다. 그럼에도 불구하고 현행 환경법의 미비함이나 새로운 환경법규의 필요성을 지적하는 견해가 드물지 않게 제기되는 실정이다.

현행 환경법의 실체적 적정성에 관한 문제점으로 무엇보다도 환경행정조직의 분산·중첩을 들 수 있다.

첫째, 정부조직상 환경부의 위상에 관련된 문제이다. 그동안 환경정책이 표류했던 것은 환경부의 행정부 내 위상 또는 정책 관철 능력의 결함과 결코 무관하지 않다는 지적이 있었다. 환경부는 당초 환경처 출범 이래 줄곧 행정부 내에서 다른 경제부처나 정치·행정부처에 비해 단지 부차적인 중요성과 영향력을 갖는 부서로 인식되어 온 것이 사실이다. 이처럼 환경부가 행정부 내에서 줄곧 일종의 주변 부서로 평가절하되어 온 것은 물론 그동안 국가정책 수립 과정에서 환경정책이 등한시되었던 사정에 기인한다. 그동안 환경부의 전신인 환경처가 정부조직상 국무총리 소속 하에 설치되어 정책 통괄·조정 기능만을 가질 뿐 독자적으로 부령을 발하거나 실효성 있는 환경 규제를 집행할 수 없다는 비판을 받았던 것도 그러한 사정과 맥락을 같이한다. 이러한 배경에서 1994년 환경처가 환경부로 승격되었고, 또 정부조직 개편의 와중에서도 환경부만은 이례적으로 기구를 확대할 수 있었다. 그러나 집행부서로 승격된 환경부의 역할과 기능과 관련하여 환경부의 정책 통할 기능의 소실에 대한 우려와 함께 그 집행 능력에 대한 의문이 제기되고 있다. 또 아직까지 환경부의 정치적 위상이 높아졌다는 증거도 발견되지 않는다. 물론 환경부의 위상을 일종의 '슈퍼' 정부기관(super－agency)으로 끌어 올리는 것만이 능사가 아니라는 것은 미국 환경보호청(EPA)의 격상안이 그리 매력적으로 취급되지 않는 사실(Rose, 1994: 9)만을 생각하더라도 그리 납득하기 어려운 것은 아니다. 그러나 앞으로 지방자치단체가 담당해야 할 환경정책 및 집행 기능을 고려하여 환경부의 정책 통괄·조정 기능을 강화하고 집행 기능을 재조정하는 방안을 검토할 필요가 있다. 문제는 환경부가 정부의 정책과정에서 환경정책을 상충하는 경제정책, 정치사회적 정책들과의 경쟁 속에서 얼마나 강력하게 관철시킬 수 있느냐 하는 데 있다. 환경처가 가졌던 환경정책의 통괄·조정권만 해도 그것이 제대로만 행사될 수 있었다면 오늘날 우리가 겪는 환경정책의 표류에 기인한 환경 문제의 상당부분은 발생하지 않았을 것이다. 따라서 환경부에게 이 정책 통괄·조정 기능을 회복시킬 수 있는 방안을 입법정책적 차원에서 강구할 필요가 있다.[43] 이를 위해서는 무엇보다도 10여 개 부처에 분산되어 있는 환경 보전 기능들을 가능한 한 통합시킴으로써 환경부의 소관 업무와의 중복을 회피하는 것이 급선무이다. 환경 관련 업무에 대한 관할이 분산됨으로 말미암아 그 통일적·체계적인 처리가 이루어지지 못하고, 그 결과 환경행정의 비효율적 중복이나 책임 전가로 인한 공백 등 적지 않은 문제가 발생한다는 것은 그동안의 경험이 말해주는 바이다. 물론 파격적으로 행정 각부의 권한 배분의 기준을 고쳐 모든 환경에 관련된 업무를 전부 환경부에 몰아주거나 현실적인 행정 여건을 무시한 채 예산과 인력의 지원을 집중시킬 수는 없다. 그러나 통합적 환경관리가 요구되는 분야에 관한 권한은 환경부에 맡기고, 그 밖에 환경부 소관에 속하지 아니하는 환경 관련 업무에 관하여도 환경부의 개입권을 제도화하여야만 통합적 환경정책의 시행을 기대할 수 있을 것이다(이달곤, 1993: 165－167).

둘째, 지방환경청과 지방자치단체의 환경행정 부서 간에 적절한 역할 분담 또는 권한 배분이 필요하다는 지적이 나오고 있다. 이와 관련하여 지방자치단체의 환경 관련 행정부서가 효과적인 환경행정을 수행하는 데 충분한 조직·인력이나 장비·예산을 갖추고 있지 못하다는 점이 취약점으로 지적되고 있다.

---

43) 김종순(1995: 50)은 환경부의 정책 조정 기능을 강화하기 위하여 환경 관련 업무의 통합조정권을 강화함과 동시에 대통령비서실에 환경담당 수석비서관을 두어 정책 통괄·조정 기능을 부여하는 방안을 제기한 바 있다.

지역적 특성에 맞는 환경 보호를 기하기 위하여 지방자치단체의 역할은 아무리 강조되어도 지나치지 않을 것이다. 일례로, 1992년 7월 환경 관계 법령의 개정으로 종래 지방환경청과 지방자치단체에 분산되어 있던 환경 규제 권한 중 공해 및 유해물질 배출업소에 대한 단속·처분권을 지방자치단체로 대폭 이관했던 것은 주목할 만한 변화였다. 그러나 그 결과는 각 시·도의 인력이나 소요 장비가 부족하여 업무수행에 차질이 빚었고, 환경 규제권의 분권화가 오히려 규제 활동의 완화를 초래했다는 지적을 받았다.[44]

지방자치단체의 환경정책적 역할에 관한 현행법의 규정들은 환경정책에 관한 국가 주도의 발상에 입각하고 있다. 즉, 정부조직법은 제39조 제1항에서 환경부 장관에게 "자연환경, 생활환경의 보전 및 환경오염 방지에 관한 사무"를 관장하도록 하고, 환경정책기본법은 제4조 제1항에서 국가에게 "환경오염 및 환경 훼손과 그 위해를 예방하고 환경을 적정하게 관리·보전하기 위하여 환경보전계획을 수립하여 시행할 책무"를 지우고 있다. 환경정책에 있어 지방자치단체가 수행하여야 할 역할을 배려하고 있는 법은 환경정책기본법이다. 환경정책기본법은 제4조 제2항에서 지방자치단체에게 관할 구역의 지역적 특성을 고려하여 국가의 환경보전계획에 따라 그 지방자치단체의 계획을 수립하여 이를 시행할 책무를 진다고 규정하고 있다. 이것은 환경정책기본법이 지방자치법과는 달리 지방자치단체의 환경정책적 역할의 중요성을 인식한 결과가 반영된 것이라 할 수 있다. 다만, 지방자치단체가 관할 구역의 지역적 특성을 고려하여 수립·시행할 독자적 환경보전계획은 어디까지나 국가의 환경보전계획에 의한 제약 아래 놓여 있음을 인식할 필요가 있다. 물론 국가적 수준에서 환경정책의 통합적 수행이 요구되는 이상 이러한 현행법의 태도를 나무랄 수는 없을 것이다. 그러나 그러한 국가 주도적 발상으로 말미암아 환경정책에 관한 지방자치단체의 역할이나 권한이 명확히 설정되어 있지 않다는 것이 문제이다. 즉, 지방자치단체의 사무를 예시하고 있는 지방자치법 제9조 제2항에 따르면, 지방자치단체는 주민 복지 증진에 관한 사무(제2호)로서 청소, 오물의 수거 및 처리(자 목), 농림·상공업 등 산업 진흥에 관한 사무(제3호)로서 공유림관리(사 목), 그리고 지역개발 및 주민의 생활환경시설의 설치·관리에 관한 사무(제4호)를 수행하도록 되어

44) 이에 관하여는 유제원 외(1995: 3-21)를 참조.

있다. 제4호에 따른 지방자치단체의 사무는 자연 보호 활동, 지방하천 및 소하천의 관리, 상·하수도의 설치·관리, 도립·군립 및 도시공원, 녹지 등 관광·휴양시설의 설치·관리 등을 제외하고는 주로 지역개발사업, 지방 토목·건설사업의 시행, 도시계획사업의 시행, 지방도 등의 신설·개수 및 유지 등 주로 개발사업에 치중되어 있고, 지방자치단체의 환경정책에 관한 역할과 권한이 분명히 설정되어 있지 않다. 또 각 개별 분야의 환경법들은 환경 관련 업무를 주로 국가사무로 규정하되, 이를 지방자치단체의 기관에게 기관위임할 수 있도록 하고 있다. 환경부의 업무 중 국가사무의 비중이 지방자치단체의 고유사무 및 단체위임사무에 비해 압도적으로 높은 것도 바로 그런 이유에서이다.

그 밖에도 부처 간 및 지방자치단체 상호간의 이해 대립을 조정할 수 있는 심급 또는 기구가 결여되어 있다는 점, 환경행정을 위한 전문인력의 부족, 전문인력 양성 기관의 불충분, 지방자치 수준에서 지역 특성에 맞는 실효적인 환경행정을 가능케 할 법제도(환경 관계 조례 등)의 미비 등이 문제점으로 지적되고 있다.[45)]

환경 법규의 적정성에 관한 비판이 가해지고 있는 또 하나의 대표적인 사례를 들자면 수질·수생태계보전법과 대기환경보전법 등에서 채택하고 있는 배출부과금제도를 빼놓을 수 없다.

물론 규제 수단의 선택에는 그 규제 효과에 대한 불확실성, 의존할 수 있는 실증적인 자료의 부족, 각국의 역사적·정치경제적 상황의 상위로 인한 비교의 곤란 등 많은 어려움이 따르는 것이 사실이다.

그 밖에도 현행 환경 법규는 그 적정성의 면에서 개선을 요하는 많은 문제점을 남기고 있다. 가령 법 체계의 혼란, 관련법 사이의 형평성과 조화의 측면에서 문제가 있다든지(최병선, 1992: 441), 규제 효과면에서 현실적으로 수범자의 자발적인 법 준수를 기대하기 곤란한 이상, 환경 기술의 개발을 촉진시키기보다는 임기응변적인 규범 준수 및 제재의 감수만을 가져온다든지, 또는 환경영향평가제도나 배출부과금제도와 같은 개별 제도의 미비점이 개선되지 않고 있다는 비판이 이 점을 말해주고 있다. 무엇보다도 중대한 문제는 이와 같이 개별 환경 법규의 적정성이 의문시되고 있음에도 불구하고 그 개선 및 현실 적응에 적지 않은 애로가 뒤따른다는 데 있다. 가

45) 이에 관하여는 홍준형(1995b), 박수혁(1993: 294－296) 등을 참조.

령 입법 과정의 지연이나 그 본래적 신중성으로 인하여 시의적절한 법 개정을 기하기가 어렵거나, 경제정책 또는 경기정책과의 갈등을 통하여 환경입법의 개선이 저지되는 경우가 적지 않다는 점, 본래 균등하게 적용되어야 할 규제 법규에 그 제정 단계에서 이미 수범자의 경제적 능력이나 사회적 지위의 차이에 따른 불평등한 영향력의 행사를 통하여 예외 규정이나 기준의 하향 평준화가 초래될 수 있다는 점 등이 지적될 수 있을 것이다.

실례로 엄청난 사회적 물의를 일으켰던 1991년의 대구페놀오염사건 이후 배출부과금 제도의 문제점이 지적됨에 따라 부과금 수준을 대폭 인상하는 등 관계법상의 벌칙을 강화할 수 있는 특별법의 제정이 논의되었으나 업계의 반발로 무산된 경험이 있다.

(2) 환경에 대한 법적 규제의 복잡 · 세분화

환경 법규 역시 다른 사회규범이 그 효력을 실현하는 과정과 마찬가지의 과정을 통하여 실현된다. 그러나 다른 사회 규범과는 달리 환경 법규는 그 전문기술성으로 말미암아 일반적인 행위 규범에서 나타나는 사회화를 통한 규범의 내면화 효과를 결여한다는 점에서 특색을 지닌다. 물론 환경 침해를 가능한 한 회피하여야 한다는 것은 사회화 과정을 통하여 매개될 수 있을 지도 모른다. 그러나 특정 사업자에게 있어 오염물질의 배출 허용 기준을 준수해야 한다는 동기는 더 이상 사회화 과정에서 형성되지 않는다. 그의 행태는 오히려 규범의 준수와 위배 사이의 비용수익 효과에 대한 합리적 분석(cost-benefit analysis)에 따르기 마련이다. 환경 법규가 날로 기술화되는 현상은 비단 수범자의 행태뿐만 아니라 법규범의 발전 조건 자체에 영향을 준다. 규제대상이 된 분야가 복잡하면 할수록 법규범의 발전은 규율 영역의 복잡성에 부응하기 위하여 보다 상세한 규정을 갖추든지 그렇지 않으면 일반적 · 개괄적인 규정 형식에 만족하든지 하는 딜레마에 봉착하게 된다. 한편 환경영향에 대한 평가나 환경 기준의 설정 등과 같이 고도로 전문기술적 판단을 요할 뿐만 아니라 수시로 발전하는 환경 기술의 수준에 의존하기 때문에, 그때그때 탄력적인 대응이 요구되는 문제에 대하여 의회가 스스로 세부적인 입법을 행하기란 그 자체의 현실적 한계로 인하여 불가능한 경우가 많다. 이에 따라 의회는 골격 입법만을 행하고 세부적 규율은 행정부에 의한 법규명령에 위임하거나 심지어는 종래 외부적 효력이 부인되어 왔던 행정규칙 같은 형식에 위양해버리는 경향이 나타나게 된다. 특히 환경 규제의 주대상인 수범자들이 전문가로서 실질적으로 규제 법규를 제정하게 되는 전도된 입법 현실은 이러한 환경법의 전문기술화 경향의 극단적인 폐단이라 할 수 있다. 법규범이 전문기술화되면 될수록 일반인의 법에 대한 인지 가능성은 저하되며, 반면 이에 대한 전문인력을 동원할 수 있는 경제적 능력을 갖춘 부류의 수범자들은 훨씬 더 많은 규제로부터의 자유를 누리게 될 것이라는 것도 그리 어렵지 않게 예상할 수 있는 결과이다.

(3) 환경법의 실효성 문제: 집행 결함의 문제

아무리 환경 법규가 잘 완비되어 있다 하더라도 그 실효성이 없으면 환경 문제의 해결을 기대할 수 없을 것이다. 그러므로 각종 환경 법령이 그 집행에 있어 실효성을 확보하고 있는가 하는 문제가 검토되지 않으면 안 된다. '집행 결함' 또는 실효성의 결여는 다른 법 분야에서도 문제되지 않는 것은 아니지만, 특히 환경법 분야에서 현저하게 나타나는 현상이다(Bender/Sparwasser, 1990: Rn. 67).

환경 규제 정책의 집행에 있어 중심적 요소를 이루는 것은 규제를 받는 수범자의 행태에 대한 감시와 법령 위반의 제재 외에도 환경에 영향을 주는 행위나 사업에 대한 인·허가제이다. 이러한 인·허가제는 환경에 영향을 주는 행위나 사업 자체의 허용 여부를 통제할 수 있다는 점에서 가장 강력한 명령적 규제 수단이라 할 수 있다. 그러나 인·허가제는 다음에 보는 몇 가지 요인에 의하여 그 실효성에 중대한 손상을 겪게 된다.

첫째, 환경행정 조직상 환경 보전 업무가 다수의 정부부서에 체계 없이 분산되어 있는데 비해, 환경 보전의 주무 부처인 환경부는 법적으로나 사실상 이들의 권한 행사를 효과적으로 총괄 조정할 처지에 있지 못하다는 데 문제가 있다. 무엇보다도 환경부의 위상이 경제나 국방을 담당하는 부처에 비해 상대적으로 취약하기 때문에 환경정책이 경제정책이나 국방정책 등과 갈등을 빚을 경우, 특히 부처별 할거주의 또는 부처 간 힘겨루기를 통하여 정책 간의 중복·상충이 환경 보전 정책의 불이익으로 결말이 나는 경우가 많으며, 책임의 분산 및 책임 한계의 모호성 등으로 인하여 환경 보호의 통일성과 체계성이 저해되는 경우도 빈번하다.

둘째, 환경부를 위시한 환경 전담부서 이외의 행정기관은 각기 본래의 업무에 치중할 뿐 환경 보호나 환경오염의 방지에 관한 업무를 부차적인 것으로 다루려는 경향이 있으며, 이러한 경향은 환경 규제 권한이 다른 부서에 존재하거나 하위기관에 이관되면 될수록, 중앙정부로부터 지방자치단체로 이양되면 될수록 더욱 현저히 나타난다.

또한 환경오염행위의 금지 · 제한이나 법령 위반에 대한 제재 등 주로 명령적 규제방식에 의존하고 있는 환경 규제의 실효성 자체가 광범위한 의문에 처해 있으며, 보조금이나 부과금제와 같은 경제 유인적 규제 수단 역시 그 실효를 거두기에는 적지 않은 문제점을 안고 있다는 점을 지적하지 않을 수 없다. 물론 환경법의 완벽한 집행이란 환상에 지나지 않는다. 끊임없이 증가하는 환경 관계 법령의 홍수나, 그 난맥상, 무체계성, 환경법제의 내적 조화를 위한 노력의 결여, 그리고 무수한 해석상의 난점들은 차치하고서라도 환경법의 적법한 집행이 관할 행정인력이나 장비의 불충분성으로 말미암아 좌절되고 마는 것이 부정할 수 없는 현실이기 때문이다.

행정력(Verwaltungskapazität) 자체가 이미 희소자원(knappe Resource)인 것이다. 또한 행정기관의 정보 부족이나 통제 능력의 한계로 인하여 환경 법령의 집행이 실패하는 경우도 드물지 않으며, 여기에는 환경행정을 위한 전문인력이나 예산 · 시설 · 장비의 부족, 지역 특성에 맞는 효과적인 환경행정을 가능케 하는 법제도의 미비 등과 같은 요인들이 가세한다.

(4) 환경법의 비공식적 회피

환경 규제에 있어 실제로 규제 업무를 담당하는 것은 일선행정기관이다. 따라서 환경 규제는 현실적으로 이들 일선행정기관과 규제를 당하는 수범자 간의 상호작용을 통하여 실행된다. 환경 규제는 일반적으로 명령 · 금지 등을 통한 단속(團束)의 성격을 띠므로 이들은 서로 상반된 목표를 추구하게 마련이다. 즉, 수범자는 가급적 규제나 단속을 회피하고자 하는 데 비해, 행정기관은 환경 법령의 규범적 요구를 충족시키기 위하여 어느 정도 통제권을 행사하고자 하며, 이 통제의 강도(强度)는 상급기관에 의한 구속이 강하면 강할수록 높아진다. 한편 이들 양자는 상호 의존 관계에 놓이게 된다. 즉, 수범자는 규제 법규의 일반적 구속력에 의해 행정기관에게 의존하며, 행정기관은 규제를 위한 정보나 자료(가령 배출물질의 양이나 위험성에 관한 신고자료)의 획득을 수범자에게 의존한다. 행정기관은 가령 배출시설이나 방지시설의 설치허가를 발급받아야 하는 수범자에 대한 관계에서는 우월한 지위에 서게 될 것이다. 반면 일반적으로 배출 허용 기준을 초과하는 오염물질의 배출과 같은 환경법 위반 사실의 적발이나 입증이 곤란하기 때문에 행정기관이 자발적 동기에서 단속에 나서지 않는 한, 이미 환경오염 피해가 현재화되었을 때, 가령 이웃주민이 민원을 제기할 때에야 비로소 단속을 하게 되는 애로가 있다. 여기에다 환경 규제 법규의 구속력이 높아진 일반의 환경 의식과는 달리[46] 수범자에 대한 관계에서 내면화되고 있지 못하다는 점, 행정청의 단속이나 측정이 통상 그때그때 특정 시점에 한하여 행해지므로 사실상 장기간에 걸친 불법 배출을 규제할 수 없다는 점,[47] 종종 기술적으로 판단하기 곤란한 환경오염 원인의 규명이 문제될 경우 전문인력을 동원함에 있어(특히 대기업의 경우) 수범자가 인력·장비 및 예산상의 제약을 받는 규제 행정기관에 비해 압도적인 능력을 갖는 경우가 적지 않다는 점, 소송 지연을 통해 규제 효과가 저지될 수 있는 여지가 있다는 점 등의 요인이 가세함으로써 탈법행위의 여지는(특히 영세업자나 중소기업보다는 대기업의 경우) 더욱더 늘어나지 않을 수 없다.

우리나라 환경관계법상 배출부과금제도와 관련하여 부과금액과 징수금액 간의 괴리, 부과금수준이 낮고,[48] 그것도 어쩌다가 한번 적발되었을 때 약간의 부과금을 물면 그만이라는 생각 때문에 기업이 공해방지시설을 제대로 갖추려 하지 않고, 갖추고 있을지라도 잘 가동시키지 않고 있다는 사실이 이미 여러 차례 언론 등의 보도에 의하여 확인된

46) 최근의 한 법의식조사(김익기·김성언, 1993: 169)는 가령 수원지오염으로 사람이 사망한 경우는 방화나 상해보다도 높은 정도의 심각성을 띤 범죄라고 인식하고 있다고 보고한 바 있다.

47) 가령 배출 허용 기준에 의한 배출부과금제는 배출 시의 농도만을 따지는 것이기 때문에 배출 허용기준을 하회하도록 물로 희석하여 배출시키거나, 가스를 섞어 배출시키는 등의 탈법행위가 발생하게 되는데 이를 환경 규제당국이 언제나 통제하거나 적발할 수 있는 것은 아니기 때문에 문제가 되는 것이다.

48) 가령 1990년 1년 간 부과된 금액을 업소의 수로 나누면 업소당 평균 345만 원 수준에 불과한 것으로 나타나고 있다. 이는 많은 경우 정화시설의 연간운영비보다 낮은 수준이어서 기업의 오염물질방출을 줄이는 유인 기능이 제도로 발휘되지 못하는 요인이 된다. 그리하여 부과금제도가 환경오염물질 배출을 억제하는 제도라기보다는 오히려 환경기금의 재원 확보 수단 정도로 보는 것이 환경행정 당국의 입장이 아닌가 하는 의문이 제기되기도 한다(최광, 1992: 259).

바 있다.

(5) 환경법과 권리구제의 문제점

환경법은 환경오염으로 인한 피해를 방지 또는 구제하기 위한 효과적인 분쟁 해결수단을 강구하고 있는가? 이 물음은 앞서 본 환경법의 적정성이나 실효성 못지않게 환경법의 성패를 가늠해 주는 중요한 전제 조건에 관한 것이다. 환경 분쟁은 환경오염과 생태계 파괴의 함수이다. 환경 상태가 악화되면 될수록 환경 분쟁도 더욱더 심각한 양상을 띠게 된다.

> 환경 분쟁은 환경 문제의 실재를 알려주는 경고이기도 하다. 물론 환경 문제가 언제나 환경 분쟁으로 표면화되는 것은 아니다. 특히 우리나라처럼 효과적인 권리 보호 수단이 갖춰지지 못한 상황에서는 환경 분쟁이 잠재화된 상태로 고착되는 경우도 적지 않다. 환경 분쟁의 발생은 분쟁 원인이 된 환경오염이 이미 심각한 국면에 이르렀음을 의미하는 경우가 많다. 환경 분쟁은 환경 문제의 조기경보라기보다는 환경 악화를 방지하고 피해를 구제하지 않으면 안 될 절박한 상황이 도래했음을 알려주는 위기경보라고 보아야 할 것이다. 환경 분쟁의 신속·공정한 해결은 가해자로 하여금 환경 파괴적 행태로 나아갈 수 없도록 하는 심리 강제의 효과를 가질 수 있다. 환경 분쟁의 효과적 해결은 간접적으로 환경 보호 및 환경 파괴의 방지 기능을 가질 뿐만 아니라, 그 공정한 해결이 보장되는 한, 환경 분야에 있어 분배적 정의의 실현을 위한 수단이 될 수도 있다. 그러나 환경 분쟁의 해결 수단으로서 법이 지니는 효능과 그에 대한 분쟁 당사자들의 기대는 극히 낮은 수준에 머물러 있다. 생활의 거의 모든 영역에서 공식적 분쟁 해결 수단으로서 권위를 구가해 온 법이 환경 분쟁의 와중에서 자칫 용도 폐기를 당할지도 모르는 위기에 직면하고 있다. 왜일까? 과거 개발독재 아래서 법보다 권력의 '주먹'이 가까왔다면 이제는 팔을 걷어붙이고 머리에 붉은 띠를 맨 피해 지역주민들의 울분과 집단의 자해적 위력만이 가장 빠르고 확실하게 문제를 해결할 수 있게 된 것일까? 이러한 의문은 곧 법이 제공하는 환경 분쟁의 해결방법이 과연 얼마나 효과적이며 실용적인가, 환경 분쟁의 해결 수단으로서 법제도가 지닌 문제점은 없는가, 나아가 무엇이며 환경 분쟁을 성공적으로 해결하기 위해서는 법제도가 갖추어야 할 조건은 무엇이며, 또 어떤 대안이 있는가라는 물음으로 이어진다.

환경오염으로 인한 피해 발생은 그 문제에 관한 한, 환경 보호를 위한 입법적·행정적 · 정치적 노력이 주효하지 않았다는 사실을 의미하는 경우가 많다. 그 경우 그 피해를 어떻게 얼마나 효과적으로 구제받을 수 있도록 할 것인가 하는 문제가 남는다. 환경오염으로 인하여 피해를 입은 주민은 통상 그 피해를 구제받기 위하여 ① 직접 가해자 또는 가해 기업에 진정하거나 대화로 타협할 수 있고, ② 관계 행정기관에게 피해 발생을 알리고 그 해결을 촉구하거나, ③ 환경피해 분쟁조정법에 따라 환경분쟁조정위원회에 조정 등을 신청할 수 있고, 끝으로 ④ 법원에 제소함으로써 환경오염으로 인한 피해의 구제를 구할 수 있다.[49] 이 중 마지막 수단은 당해 가해시설의 허가와 같은 합법적 존립의 기초를 소멸시키거나 규제행정청에 대한 환경 규제 조치 발동청구권을 행정소송을 통하여 관철시키는 공법상 구제와 환경오염 피해의 가해자를 직접 상대방으로 한 민사소송에 의한 구제로 나뉘는데, 여기서 후자, 즉 민사구제는 주로 민법 제750조 이하에 의한 불법행위로 인한 손해배상책임과 유지소송[50] 등에 의하여 주어진다. 그러나 민사구제에는, 특히 손해배상의 경우, 첫째, 복합오염의 경우 가해자 · 피고의 특정이 곤란하고, 둘째, 고의 · 과실은 피해자 측에서 입증하지 않으면 안 되며, 셋째, 인과관계도 피해자 측에서 과학적으로 입증할 필요가 있다는 점에 어려움이 있으며, 공법상 구제의 경우에도 원고 적격이라는 장애물을 뛰어넘어야 하는 부담이 있다는 점, 집단적 분쟁 해결을 위한 소송 절차가 마련되어 있지 않다는 점, 나아가 규제행정청의 환경 규제 의무의 이행을 관철시킬 수 있는 소송상의 수단, 즉 행정상 이행소송이 허용되지 않고 있다는 점 등 적지 않은 문제점들이 도사고 있다. 이들은 모두 환경법상 효과적인 권리구제를 제약하는 요인으로 작용한다.

환경소송의 현실적 애로

환경소송(또는 공해소송)은 대체로 사회적 강자라 할 수 있는 대기업을 상대로 하는 경우가 많다. 이러한 경우 종종 경제적으로 열세에 놓여 있는 원고 측이 오염 원인 등을 규명함에 있어 충분한 전문인력의 도움을 받지 못하여 패소하거나, 재정 능력이나 인력 등 모든 면에서 실질적인 우위를 지닌 피고 측의 소송상의 지연전술로 인하여 원고 측이 재판 비용

49) 이에 관하여는 홍천룡(1992: 6) 이하를 참조.
50) 이에 관하여는 오석락(1991: 16－20, 40－43, 125) 이하, 홍천룡(1992: 48) 이하를 참조.

을 감당하지 못하여 소송을 중도에 포기하는 사례들이 빈번히 나타나고 있다. 또한 법원의 인력 부족 및 소송사건의 폭주 등으로 인한 소송 지연은 환경 분쟁에 있어 권리구제를 제약하는 현실적 애로로 작용한다. 가령 1972년 진해화학의 공해로 김양식장을 망친 어민들이 제기한 손해배상청구소송은 14년 만인 1986년 10월에야 비로소 최종 소 판결을 받았다. 이 소송이 진행되는 동안 강자인 피고 측은 고의적으로 소송 지연작전을 썼고, 이로 말미암아 재판 비용을 감당하지 못해 소송을 중도에 포기하는 경우가 있었고, 또 장기간 소송이 진행되는 중에 피해 어민 2명이 자살한 사건도 있었다. 이러한 사실은, 비단 민사구제에 특유한 것이라고는 할 수 없을지라도, 재판제도를 통한 환경상 권리구제제도의 현실적 불충분성을 단적으로 노정시킨 사례라 할 수 있다.

(자료: 한국일보, 1986.11.7: 11면)

환경오염 사고는 피해 규모가 크고 광범위한 경우가 많아 사고 유발 기업은 그 배상책임을 감당하지 못하고, 피해자는 적절한 피해배상을 받지 못하며 결국 정부가 막대한 국고를 투입하게 되는 악순환으로 이어지는 경향이 빈번하다는 점,[51] 더욱이 과학적 인과관계 입증이 용이하지 않은 환경오염 사고의 특성상 피해자들이 고통을 당해도 원인 규명에 대한 입증 부담을 안고 장기간 쟁송에 휘말림으로써 제때 권리구제를 받지 못하는 경우가 빈번하다는 점을 이유로 2014년 12월 31일 '환경오염피해 배상책임 및 구제에 관한 법률'(법률 제12949호, 시행 2016.1.1)이 제정되었다. 이 법은 환경책임과 환경책임보험을 연계하여 환경오염 피해 발생 시 자동차 책임보험처럼 대부분 보험을 통해 피해자가 신속히 피해 배상을 받도록 하고 사고 기업도 추가 부담 없이 보험을 통해 배상에 따른 재무 리스크를 회피할 수 있도록 하는 동시에 기업 스스로 환경오염 사고 리스크를 줄이기 위해 법령을 준수하고 환경 안전에 투자하는 등 환경 안전 관리를 유도한다는 선순환구조를 지향하며, 특히 환경오염으로 인한 피해구제를 용이하게 하고, 권리구제의 사각 지대를 해소하는 등 실효성 있는 환경오염 피해구제를 가능하게 하기 위하여 오염원인자 부담원칙의 실질적 구현을 위한 무과실책임과 인과관계 추정의 법리를 명문화하였다. 그러나 이러한 법률이

51) 구미 불산사고가 그 전형적인 사례였다. 2012년 9월 구미의 한 화학공장에서 탱크로리의 불산을 공장 저장탱크로 옮기던 중 작업자 부주의로 밸브를 건드려 누출사고가 발생했다. 이로 인해 대규모 인명・물적 피해가 발생하였다. 정부는 특별재난지역을 선포하고, 사고 수습을 위해 554억 원의 국고를 투입하였다.

실제로 체감도 높은 피해구제 효과를 거둘 수 있을지는 미지수이다.

환경오염으로 인한 피해의 구제에 관하여는 무엇보다도 분쟁을 정규적인 구제 절차보다는 시위나 실력 행사, 집단적 분규를 통하여 해결하려는 지배적인 경향이 문제점으로 인식되어야 한다. 물론 관심은 이러한 경향 자체보다는 피해자들로 하여금 시위 등 집단적 실력 행사를 통한 문제해결을 선호하도록 만드는 사회적 분위기와 제도적 결함에 돌려져야 한다. 법적 절차보다는 명망가의 압력, 민심 수습 차원의 권력적 문제해결 방식의 능률성을 뒷받침했던 권위주의적 사회분위기가 점차 해소된다 할지라도, '공해소송은 오래 걸린다', 법적 절차의 복잡성이나 과다한 비용 때문에 '승산이 불확실하다'는 체험적 법의식이 존재하는 한 이러한 경향은 계속될 것이기 때문이다.

반면 비정규적 · 대체적 분쟁 해결 방법(Alternative Dispute Resolution: ADR)에 대한 갈망이 다른 어느 분야보다도 환경분쟁에서 절실히 표출되고 있지만, 환경 분쟁 조정 절차의 효과는 여러 가지 측면에서 제약이 따른다.

3) 환경법상 규제 실패의 극복 방안

환경 문제 일반의 경우와 마찬가지로 환경법상 규제 실패를 극복할 수 있는 효과적 방안에 관해서도 만병통치약은 없다. 그러나 이제까지의 논의를 바탕으로 이제 환경법상 규제 실패를 극복할 수 있는 방안을 모색한다면, 그 방향은 이미 주어져 있는 것이나 다름이 없다. 그것은 첫째, 환경법의 적정성을 확보해야 한다는 점, 둘째, 환경법의 복잡 세분화에 따른 폐단을 제거하고 수범자들의 환경법 인식을 제고할 수 있는 방안을 강구해야 한다는 점, 셋째 환경법의 실효성을 제고할 수 있는 방안을 모색해야 한다는 점, 환경법의 비공식적 회피를 막을 수 있는 법제도적 장치를 마련해야 한다는 점, 그리고 환경 분쟁에 대한 효과적인 권리구제 수단을 확보해야 한다는 점으로 귀결된다. 이러한 목표들을 달성하기 위해서는 광범위한 환경법제의 개선 · 정비뿐만 아니라 일반적인 행정법제도의 개혁이 요구되며, 법해석론적 수준에서도 보다 적극적이고 진취적인 작업이 필요하다. 물론 이러한 과제들을 이야기하기는 쉽지만 그 실천은 대단히 어려운 것이 사실이다. 확고한 의지와 부단한 노력이 필요하다.

생각발전소

1. 환경 규제와 환경법의 실패를 극복할 수 있는 방법은 무엇일까? 환경 규제의 설계, 환경법의 입안, 환경법의 집행 및 환류 등으로 나누어 대안을 찾아보자.
2. 환경법은 국민의 생활환경과 건강은 물론 경제, 문화 등 다양한 측면에서 영향을 미치고 있다. 국민이 환경법의 형성에 참여할 수 있는 길은 어떤 것이 있을까? 지방자치 수준에서 환경법의 형성에 영향을 미칠 수 있는 방법도 생각해 보자.
3. 최근에 대기오염 및 각종 화학물질 대응을 위해 저장된 환경법들은 어떤 것이 있는지 논의해 보자.

Chapter

10 해외 주요국의 환경행정

선진국들의 환경행정을 비교 · 분석해 보는 것은 우리나라 환경행정 체제의 개선과 유용한 정책개발을 위한 유용한 정보를 제공해 줄 수 있다. 이 장은 이러한 시각에서 미국, 일본, 영국, 독일이 환경행정을 어떻게 추진하고 있는지를 체계적으로 비교 · 분석하였다. 각국의 환경행정의 기본방향과 특징, 환경행정 및 정책의 전개 과정, 환경 관련 행정기관들의 역할, 환경 관련 중요 법 체계 등을 각 국가별로 살펴보았다.

한국은 단일 오염체 중심에서 통합적 환경관리를 위한 조직 편성으로 넘어가는 과도기이며 국가사무를 지방정부에 위임하여 운영하고 사무가 많다. 여전히 협의보다는 강제의 의한 행정집행이 많으며, 환경 보전보다는 경제 성장에 취우친 국가적 정책 방향 때문에 위상제고를 많은 노력을 기울이고 있다. 한편, 미국은 여전히 단일오염체 중심의 조직 편성을 갖추고 있지만 여러 부처와 지방정부에서 환경정책을 분산적 · 자율적으로 추진하고 있다. 연방의회의 권한이 강하기 때문에 미국 환경청은 상대적으로 재량권이 적은 편이며, 협의보다는 강제적 방식으로 행정을 집행하고 있다. 일본의 경우는 오염 매체별로 환경성의 조직을 편성하고 있으며, 높은 재량권을 가지고 협의보다는 강제에 의해서 행정을 집행하고 있다. 중앙정부가 일률적으로 환경 기준을 적용하지만 실제 집행 권한은 지방정부에 많이 분권화되어 있다. 영국은 환경 업무를 통합적으로 관리하고 있지만 집행의 책임은 지방정부에 분산하여 운영하는 구조를 가지고 있다. 조문화된 환경 규제를 최소화하고 강제보다는 협의에 의해서 환경 업무를 집행하고 있다. 그렇지만 주민 및 환경단체의 참여는 제한적이며 행정부의 재량권이 높다. 마지막으로 독일의 경우, 중앙정부에서 정책을 수립하지만 집행은 주정부에서 주로 담당하며, 주정부는 스스로도 환경정책을 수립하여 집행하는 권한도 많이 가지고 있다. 그리고 협의보다는 강제적으로 환경정책을 추진하고 있다.

대부분의 나라들이 공통적으로 환경 문제의 통합적 관리와 강제보다는 협의에 의한 환경행정을 위해서 더 많은 노력이 필요한 것을 분석된다. 한편, 우리나라는 다른 선진국처럼 국가사무 중심의 구조에서 지방정부에 더 많은 재량권과 자율권을 보장하는 분산적 행정구조를 더 적극적으로 고려할 필요가 있을 것이다.

한 나라의 환경정책과 제도는 그 나라의 정치 · 경제 · 문화의 특수성에 의하여 그 틀이 결정된다. 그렇지만 환경 문제가 지구상의 모든 국가에 처해 있는 공통의 문제이기 때문에 문화와 체제의 특수성을 초월하여 일반성 또한 지니고 있다. 다른 나라의 환경행정 제도를 고찰하는 이유도 이러한 정책의 특수성과 일반성을 살펴보고, 우리에게 유익한 정책을 선별적으로 도입 · 확산시키는 데 있는 것이다.

역사적으로 환경 문제는 산업화를 먼저 이룬 선진국에서 발생하였으며, 그 해결책 또한 이들 국가를 중심으로 발달해 오고 있다. 한국을 비롯한 중 · 후진국들은 어느 정도의 시차를 두고 선진국들의 정책과 제도를 도입하는 형태를 취하고 있다. 이를 정책의 확산(diffusion)이라고 하는데, 맹목적 확산은 환경 문제를 해결하기보다는 고착화와 왜곡을 가져올 수 있다. 따라서 비판적 고찰과 비교분석을 통하여 한국의 환경 문제와 행정에 적합한 정책적 방향과 대안을 모색할 필요가 있다. 이러한 측면에서 여기에서는 미국, 일본, 영국, 독일의 기본방향과 특징, 전개 과정, 관리 체계, 그리고 법 체계를 살펴보고, 각 국가별 비교분석을 통하여 각 국가별 차별성을 파악해 보고자 한다.

제 1 절 미 국

미국의 환경정책은 여러 면에서 많은 관심을 불러일으킨다. 첫 번째 이유로는 미국 인구가 지구 전체의 4.28%에 불과하면서도 세계 GDP의 약 23.3%를 차지하고 있으며 1인당 에너지 소비량이 세계에서 가장 높은 7.02 TOE를 기록하고 있다.[1)] 에너지를 비롯한 각종 천연자원에서 매년 세계 전체 생산량의 약 25%를 소비하고 있어 지구환경에 지대한 영향을 미치기 때문이다. 두 번째 이유로는 미국의 환경정책은 타국의 정책에 하나의 모델로 작용할 가능성이 높을 뿐만 아니라 많은 영향을 미치기 때문이다. 여기에서는 미국 환경행정의 기본방향과 특징, 전개 과정, 환경행정관리 체계, 그리고 법 체계에 대하여서 살펴보고자 한다.

1. 기본방향 및 특징

미국 환경행정의 특징은 다음과 같이 요약할 수 있다. 첫째, 정책의 형성 및 집행이 분권화 및 다양화된 의사결정 구조 안에서 이루어진다. 환경 유관 기능들이 여러 부처에 분산되어 있으며 상대적으로 중앙정부의 권한이 약하다. 이렇게 분권화된 집행체제가 정책의 형성이나 집행을 더욱 느리게, 그리고 점진적으로 이루어지게 하는 원인이 된다. 정책이 원만하게 집행되기 위해서는 정부 안팎의 다양한 이해집단들 간에 동의와 협의가 있어야 하기 때문이다. 그러나 이러한 다원화된 체제는 정책의 정당성을 높여 준다는 점에서 장점이 있다.

둘째, 미국 환경정책의 역사는 지속적 발전과 개선의 기록이 아니라 차라리 불연속적 적응(fit)과 시도(start)로 특징지을 수 있다. 환경정책이 좀 더 근원적이며 장기적인 정책과 임기응변적이며 근시안적인 정책들 간의 갈등과 타협에 의하여 만들어져 왔다는 것이다(Kraft & Vig, 1990; Vig & Kraft, 2012). 이것은 일반적인 환경정책의 결정 과정에서 알 수 있듯이 정책형성 단계에서부터 연방 및 주 의원, 보좌관, 대통령, 백악관 참모, 행정부 관료, 특별위원회, 연구기관 등과 같은 다수의 집단들이 참여하여 정책 대안을 마련하기 때문이다.

셋째, 일본과 영국의 환경행정 제도와 비교했을 때 미국의 제도는 상대적으로 정부 주도의 강제적 환경정책을 추구하고 있다. 일반적으로 연방정부가 기준을 설정하

1) 『세계에너지 통계 2018』에 따르면, 한국이 296Mtoe, 일본이 429Mtoe의 에너지를 소비하고 있다. 경제 규모는 미국이 세계 1위이나 에너지 소비는 중국에 이어 세계 2위이다. 2009년을 기점으로 중국의 1인당 에너지 소비량이 늘었기 때문이다. 이런 결과는 중국의 인구 규모에서 기인하는 것으로 분석된다. 참고로, 2017년 당시 중국의 전체 에너지 소비량은 3,105.1Mtoe, 미국은 2,201 Mtoe이다.

고 주정부가 집행과 강제를 담당하는 형태를 보인다. 환경 규제를 명령 규제와 시장 유인 규제로 양분해 볼 때, 미국의 경우는 전통적으로 명령과 통제에 입각한 규제 방식을 채택하여 사용하여 왔다. 물론 규제 수단의 발달로 탄소배출권의 거래와 같은 시장유인 정책들이 도입 시행되고 있지만, 명령 규제가 근간을 이루고 있다는 것이다. 그러나 명령 규제는 경제적으로 비효율적이며 복잡하고 비생산적이라는 비판이 있다. 그럼에도 불구하고 명령과 강제 수단을 가지고 있는 행정기관이 환경 규제에 대한 기업의 순응 여부를 판단하여 강제하는 과정에서 정치적 협상의 여지가 많이 존재한다. 이것은 곧 정치적 압력과 행정 재량이 어떻게 실질적인 환경 규제 정책을 형성해 나가는지를 결정하는 요인이 되고 있다는 것이다(이승재, 1995: 23-26). 그러나 연방정부가 주정부에 규제 기준을 설정하거나 관리를 담당하도록 유인하는 방식도 나타나고 있다. 예를 들어, 주정부로 하여금 대기 및 수질환경 기준을 설정하고 집행하도록 한다(박미옥 외, 2015).

2. 전개 과정

미국 환경정책의 변천을 시대순으로 고찰하면 다음과 같다(Kraft & Vig, 1990; Cohen, 2006; Rosenbaum, 2013).

1) 1969년 이전

환경정책에서 연방정부 차원의 역할이 매우 제한되어 있었던 시기이다. 1899년에 제정된 '오물법(Refuse Act)'은 개인들이 항해 수로에 오물을 버릴 경우 공병대(Army Corps of Engineers)의 허가를 받게끔 하고 있지만, 이 법에서는 환경을 보호한다는 가치를 중요하게 고려하지는 않았다. 루스벨트(Theodore Roosevelt) 대통령이 집권했던 1901~1909년 기간에 자연 보호를 위한 환경정책들이 추진되기도 했지만, 1930년에 대공황에 직면하면서 환경정책은 공황을 타개하기 위한 경제개발 정책과 연동되면서 댐건설, 국립공원 개발, 야생지역 복원 등을 통하여 일자리 창출을 위한 경제개발을 위한 수단의 성격이 강했다.

1948년 제정된 '수질오염통제법(Water Pollution Control Act)'도 미국 연방정부가 지방정부의 쓰레기 매립장 건설이나 공해 관련 연구사업을 지원하는 정도였으며, 이 시기부터 연방정부, 주정부, 지방정부에서 환경정책이 발달하기 시작하였다. 미국의 환경정책이 본격적으로 시작된 것은 1963년의 '청정대기법(Clean Air Act)'이 제정되면서 연방정부의 지침 하에 주정부들이 오염 감소 기준을 설정하고 이를 집행하기 위한 환경정책을 시작하면서부터이며, 중앙정부가 지방정부들이 오염 기준치를 설정하고 집행계획을 수립하였는가를 점검하는 수준이었다. 미국 사회에서 환경정책이 중요한 정치적 의제가 되고 중요하게 부각되기 시작한 것은 1969년에 '국가환경정책법(National Environmental Policy Act)'이 제정되면서부터라고 볼 수 있다.

2) 1970년대

1969년 이후 정부의 환경정책은 국유지의 자원관리 수준을 넘어 점차 산업공해와 폐기물 처리 쪽으로 확대되어 갔다. 이러한 변화에는 레이첼 카슨(Rachel L. Carson)의 『침묵의 봄(*Slient Spring*)』과 같은 산업화에 따른 환경오염을 고발하는 출판물의 발간이 기폭제가 되기도 하였다. 이 밖에도 생태학의 발전, 샌타 바버라 해역에서의 원유 유출사고, 환경론자들의 조직적인 환경운동 등이 연방정부로 하여금 종합적인 환경정책을 펼치도록 유도하였다.

1969년 제정된 미국의 '국가환경정책법(NEPA)'은 정부와 국민의 환경에 대한 관심을 제도화한 환경정책의 기본법이라 할 수 있다. 특히 카터(Jimmy Carter) 대통령의 환경정책에 대한 관심으로 1970년대 미국의 환경정책이 본궤도에 오르기 위해서 주목을 받았다. 예를 들면, 미국 의회는 1977년 '청정대기법(Clean Air Act)'과 '청정수질법(Clean Water Act)'을 개정하여 오염 규제를 강화시켰다. 1970년대 환경정책 중 가장 실질적이면서 상징적인 사건은 1970년 닉슨(Richard Nixon) 대통령에 의한 EPA(Environmental Protection Agency)의 탄생이라 하겠다. 뿐만 아니라 닉슨 대통령은 환경위원회(Council of Environmental Quality)를 신설하여 대기정화법(Clean Air Act)과 수질오염방지법(Federal Water Pollution Control)을 대폭 강화하였다.

그러나 1970년대 미국 정부의 환경정책이 모든 분야에 걸쳐서 의욕적으로 전개된 것은 아니었다. 인구 문제와 에너지 문제에 관련된 환경정책에서는 예외적으로 정부의 주도적 역할이 미흡했다. 왜냐하면 환경 문제와 관련해 인구정책은 미국 출산율의 자연 감소로 큰 의미가 없었으며 환경 친화적 에너지 정책도 이해집단들의 반발로 인해 정부가 주도적으로 정책을 실행할 수 없었던 것이다.

3) 1980년대

레이건(Ronald Reagon) 대통령이 주도했던 1980년대의 미국 환경정책은 한 마디로 후퇴기였다. 신자유주의의 영향으로 반환경적 정책 기류가 강했다. EPA를 비롯한 환경정책 관련 기관에 반환경론자 혹은 적어도 환경 보호에 호의적이지 않은 인물들을 임명하였으며, 관련 기관들의 예산을 대폭 삭감하였던 것이다. 1990년대의 오염규제 관련 예산이 1980년대에 비해 무려 33%나 삭감된 것이 그 대표적인 사례라고 할 수 있다. 환경법의 집행이 느슨해지고 자연자원 정책이 오히려 개발 위주로 선회하게 된 것이다. 레이건 정부는 환경 보호와 경제 성장이 양립할 수 없다는 입장에서 시장 기제를 통하여 경기 침체를 극복하려는 반환경적 경제정책을 추진하였다. 또한 1970년에 입법화된 제도나 규제들이 신기술의 개발 속도를 과신한 나머지 실제 집행에서는 많은 문제점과 반대를 초래하였다. 레이건 정부의 이러한 반환경적 정책은 오히려 환경운동의 촉진제 역할을 하였던 것이다. 1980년대 후반에는 시민단체들이 WTO와의 통상 협상에 환경 문제를 포함시켜서 환경 보호의 중요성을 강조하는 정치적 압력을 행사하기도 하였다.

4) 1990년대

지난 1970년대와 1980년의 환경정책은 전통적인 오염물질 규제와 생태보존 지역을 포함한 공원 면적의 확대, 그리고 국유지(public land)를 보호한다는 측면에서는 성공적이었다고 평가할 수 있다. 대기질의 경우에는 6대 오염물질[2]이 매년 평균 34.2% 감소하였다. 국립공원의 면적도 무려 169%의 확장을 보였다.

수질의 경우에는 경제유인규제제도 등의 도입을 통하여 점차 향상되고 있지만 만

2) SO_2, CO, HC, NO_2, 분진, 납.

족할 만한 수준은 아니었다. 특히 비점오염원(non-point sources)과 지하수의 관리에는 아직도 개선의 여지가 많다. 독극물질의 처리 문제는 슈퍼펀드 제도의 도입을 통하여 해결을 시도하고 있었으나 아직까지도 가장 진전이 없는 영역이라 하겠다.

1990년대 들어 미국 환경행정의 새로운 특징은 경제 원리에 입각한 규제 수단들이 강구되고 있다는 것과 국가 발전의 새로운 패러다임으로 제시되고 있는 지속 가능한 발전을 뒷받침하는 정책들이 도입되었다는 점이다. 배출권 판매 제도의 도입이나 대통령 자문 지속가능발전위원회(The President's Council on Sustainable Development)의 구성 등에서 이를 엿볼 수 있다. 특히 클린턴(Bill Clinton) 행정부는 교토의정서를 준수하면서 중요성이 다시 부상했지만, 부시(George W. Bush) 행정부 들어서면서 환경부 장관을 개발지향적인 인물로 임용하여 다시 1980년대의 기조로 돌아가는 모습을 보였다. 그러나 1990년대에 주목할 점은 탄소배출권 거래제도와 같은 시장 기제를 적극 활용하면서 미국의 환경정책에 변화가 나타나기 시작하였다.

5) 2000년대

1990년대까지는 상대적으로 해결하기 쉬운 환경 문제들이 많이 상태였고 대처 방안도 쉽게 강구할 수 있었다. 하지만 2000년대에 들어서면서 다루기 어려운 난제들이 대두되었다. 따라서 오염물질 제거의 속성상 미래의 한계비용이 과거의 한계비용보다 훨씬 높을 수밖에 없었다. 한마디로, 소위 제1세대 환경 문제는 어느 정도 통제할 수 있으나, 제2세대 혹은 제3세대 환경 문제는 아직도 어려움에 봉착해 있었다고 볼 수 있다. 여기서 제2세대 환경 문제란, 독극물 처리, 유해 폐기물, 핵폐기물 등을 의미하며, 제3세대 환경 문제란, 생물종 다양성의 보존과 같은 지구적 차원의 문제를 의미한다.

2000년대 미국의 환경정책은 재생에너지를 활용한 환경산업 정책에 주목하였다. EPA는 재생에너지 관련 연구사업과 성과창출 과학사업을 지원하며 DOE도 국립연구소 시스템을 통하여 재생에너지 기술의 연구개발을 지원하였다. 그리고 환경기술이 급속도로 발전하면서 청정생산기술(Cleaner Production Technology)과 무공해기술(Green Technology)의 응용이 보편화되면서 환경산업이 급성장하였다.

또 다른 새로운 현상은 주정부, 지방정부, 지역공동체의 이해관계자 등이 환경정책에 적극적으로 참여하면서 지역별로 환경혁신 정책과 환경보호 활동이 추진되었다는 점이다. EPA, 주정부, 지방정부, 지역공동체, 기업 등이 강력한 유대관계를 형성하여 파트너십 체제를 구축하였으며, 공중건강 보호 및 최적화된 환경 서비스가 제공되었다.

6) 2010년대

오마바(Barack Obama) 정부가 들어서면서, 미국은 온실가스 감축, 기후 변화 등에 대응하기 위해서 적극적인 노력을 시도하였다. 기후변화대응계획(Climate Action Plan: CAP)의 시행을 통하여 대내·외적으로 기후 변화 대응정책을 강조하였으며, 행정명령을 통하여 2013년 6월에는 기후변화행동계획을 발표하기도 하였다. 오바마 2기 정부에서는 청정에너지(clean energy)를 중심으로 석유, 가스개발, 원자력, 청정석탄 등 모든 자원을 활용하는 '포괄적 접근(all of the above)' 전략을 추구하였고(정혜영, 2015), 중국과 손잡고 기후 변화 대응 체제인 파리협정을 주도하였다(이상훈, 2017). 그러나 2017년 3월 트럼프(Donald Trump) 정부가 취임한 이후, 미국 에너지·기후변화 정책 방향은 환경친화적 에너지 개발·이용 기조를 접고, 석유·가스 에너지 자원을 국부 창출의 원천으로 전환하는 변화를 보였다(양의석·김은진, 2018). 트럼프 대통령은 2017년 6월 파리 기후변화협정(Paris Agreement, 2015)을 탈퇴하였다(정귀희, 2017).

3. 환경행정관리 체계

미국의 연방 환경관리청은 1970년에 설립된 EPA(Environmental Protection Agency)이다. 주요 기능으로는 연방정부 차원에서의 환경 및 오염의 연구, 모니터링, 환경 및 규제 기준의 설정, 그리고 환경정책의 집행을 통하여 국민들에게 청정하고 건강한 자연환경을 제공하는 데 있다고 천명하고 있다. 미국의 환경관리 체계에서 중요한 위치를 차지하는 조직과 그들의 기능은 아래와 같다. 이들 조직은 서로 공동의 목표와 활동 기반을 지니고 있기도 하지만 서로 상반된 목표와 활동 기반을 갖고 있기도 하다. 예를 들면, 환경단체와 기업 간에는 서로 상반된 목표를 갖고 있다고 보아야 할 것이다. 따라서 환경관리 체계의 성공적 운영은 이들 조직이 상호 연계하여 환경 보전이라는 목표를 달성할 수 있도록 하느냐에 달렸다. 이는 일종의 관리 체계 문제로서 다양한 이해관계자들을 어떻게 하나의 목표 하에 집중시킬 것인가 하는 것이기도 하다.

1) 환경질위원회(CEQ)

환경질위원회(Council on Environmental Quality: CEQ)는 환경 문제와 관련하여 연방정부에서 가장 중요한 정책형성기관이라고 할 수 있다. 1969년에 제정된 '국가환경정책법(National Environmental Policy Act: NEPA)'에 의하여 만들어진 CEQ는 대통령직속기관(Executive Office of the President)에 속하며, 상원의 동의 하에 대통령이 지명하는 세 명의 위원으로 구성되어 있다. CEQ의 주요 업무는 다음과 같다.

① 자연 보전, 사회적 · 경제적 · 건강적 요구 사항, 그리고 국가의 목표들에 부합되는 환경질의 개선을 촉진하는 국가정책을 개발하고 추천한다.

② 생태계와 환경질에 관련된 조사, 연구, 분석, 탐구 등을 행한다.

③ 동 · 식물계를 포함한 환경 변화를 추적 · 조사하고 이 환경 변화의 근본적인 원인에 대하여 분석한다.

2) 환경보호청(EPA)

환경보호청(Environmental Protection Agency: EPA)은 1970년 12월에 설립되었으며, 산업 및 경제발전으로 인하여 발생하는 심각한 환경오염으로부터 국민의 건강과 국토의 자연환경을 보전 및 복원하기 위해서 설립되었다. CEQ가 정책형성 및 대통령 자문과 관련된 기관이라면, EPA는 환경 개선을 위한 실질적인 규제와 통제를 집행하는 기관이다. EPA는 연방수질관리처(Federal Water Quality Administration), 국가대기질관리처(National Air Pollution Control Administration), 폐기물관리처(Bureau of Solid Waste Management)의 기능, 그리고 여러 연방기관들로부터 이양

받은 농약과 방사능 기준에 관련된 업무 등을 통합하여 만들어진 것이다. 미국 EPA의 조직과 기능은 [그림 10－1]과 같다.

3) 지방정부

주정부와 지방정부는 전통적으로 헌법이 부여한 고유 권한을 통해 환경 업무를 관리하고 있다. 여기에서 고유 권한이란 건강, 토지이용, 교통, 일반적 복지 수단에 관련된 권한을 의미한다. 1960년대 말까지만 해도 연방정부의 환경 보호 정책은 공원과 미개간지를 보존하는 것이 주된 임무였으나, 1970년대에 들어서 수질과 대기오염과 관련된 기준들에 관심을 보이기 시작했다. 이에 반해 지방정부들은 조례를 통하여 토지이용을 규제해 왔을 뿐만 아니라 일반 쓰레기 처리 업무를 담당하였고, 주정부는 교통, 수자원 이용, 대기오염 물질 배출에 관한 규제를 수행하고 있다. EPA가 전국 대기질 기준을 책정할 수 있지만 권역별 대기오염 상태의 측정이라든지 차량 검색과 같은 집행 업무는 지방정부의 몫이다.

환경행정을 담당하는 조직들은 주정부마다 다소 상이하다. 1970년에 가장 포괄적인 환경조직을 창설한 뉴욕 주는 모든 오염 규제 기능뿐만 아니라 자원관리 기능까지 한 기관에서 수행하고 있다.

4) 이익집단

환경정책에 영향을 미치는 이익집단들로는 크게 ① 전통적 자연보전주의자, ② 공중보건론자(public health group), ③ 환경론자, ④ 공해업소 등을 들 수 있다. 전통적 자연보전주의자들은 대부분 레크리에이션과 옥외 취미 활동 집단, 그리고 환경보호론자 등을 지칭한다. 이 집단은 자신들의 이익이 환경 파괴로 인하여 침해받는 것도 우려하지만 정부의 환경 규제 활동으로 인한 침해도 반대하고 있다. 공중보건론자들은 친환경론자이지만 자신들의 고유한 활동 영역이 공해 규제 정책에 의하여 축소되는 것은 반대한다는 특징이 있다. 환경론자들은 기본적으로 인구 혼잡, 공해, 그리고 도시 생활의 병폐들을 해소시키려는 활동가를 말하며, 공해업소란 경제적 이익에 기초한 사업가들을 지칭한다. 이들 집단들은 환경질 개선 혹은 환경의 악화를

그림 10-1 미국 EPA의 조직 및 기능

조직:

행정조직	
본청	지역사무소
대기 및 방사능 관리부(OAR)	지역 1/Boston
화학물질 및 오염방지부(OCSPP)	지역 2/New York
재무관리부(OCFO)	지역 3/Philadelphia
집행 및 규제부(OECA)	지역 4/Atlanta
법률고문실(OGC)	지역 5/Chicago
검사실(OIG)	지역 6/Dallas
국제 및 원주민 관리부(OITA)	지역 7/Kansas City
토양관리부(OLEM)	지역 8/Denver
미션지원부(OMS)	지역 9/San Francisco
연구개발부(ORD)	지역 10/Seattle
물관리부(OW)	

기능:

부 서	주요 기능
청장실(Office of Administrator)	EPA에 대한 전반적인 감독 기능 수행. 청장실에는 행정심판부, 공보관, 환경협력관리관, 의회·정부간관계부, 과학자문위원회 등이 있음
미션지원국(Office of Mission Support)	정부기관 및 기타 주요 자산의 보호를 비롯하여 내부 고객, 이해관계자 및 대중을 대상으로 효율성, 조정 및 고객 경험을 향상시키기 위해서 EPA의 시설 및 기타 중요 자산 보호, 인수 활동(계약), 관리, 인적 자본, 정보 기술 및 정보 관리 활동 지원과 같은 핵심 임무 지원 기능 담당
대기·방사능국(Office of Air and Radiation)	대기오염과 방사능 노출 방지 담당. 프로그램 개발, 기술 정책 및 규제 방안 개발. 실내·외 공기, 대기오염의 정체 및 이동, 산성비, 오존층 파괴, 방사능 보호 및 오염 방지 문제를 다룸

국제 및 소수종족 업무국(Internal and Tribal Affairs)	국제정책 및 환경 문제 담당. 인디언 거주지역의 공중보건 및 환경 보호를 강화하기 위한 EPA의 노력을 조정. 환경보호청의 인디언정책 개발과 집행을 감독하고 지원함
규제집행국 (Office of Enforcement and Compliance Assurance)	정부가 제정한 환경법이 제대로 준수되도록 하는 역할. 규제 대상으로 하여금 오염 방지에 초점을 둔 방안들을 이행하도록 촉구하고 환경법을 준수하도록 함. 산하에 집행역량부(Enforcement Capacity and Outreach Office), 환경심판부(Office of Environmental Justice), 기획・정책분석부, 연방시설사업부(Federal Facilities Enforcement Office), 형사집행부(Office of Criminal Enforcement, Forensics, and Training), 연방사업부(Office of Federal Activities), 규제이행부(Office of Regulatory Enforcement), 유적복원사업부(Office of Site Remediation Enforcement)가 있음
화학물질안전 및 오염예방국 (Office of Chemical Safety and Pollution Prevention)	유독화학물의 잠재적인 위험으로부터 국민의 건강과 환경을 보호하는 역할. 화학물질의 위험성에 대한 국민들의 알 권리와 오염 예방 증진. 동식물과 생태계, 그리고 국민들을 보호하기 위하여 농약과 화학물질 평가. 산하에 오염예방부, 유독물질부, 농약프로그램부, 독극물유출부(Office of Toxics Release) 등이 있음
국토・비상사태관리국 (Office of Land & Emergency Management)	고체 쓰레기와 응급 대책 프로그램에 대한 정책 개발과 지도 담당. 위험한 폐기물의 매립, 지하 저장탱크, 고체 폐기물에 대한 방향과 기준을 설정. 고체 폐기물 관련 활동에 대한 기술적 지원 담당. 고체 폐기물에서 에너지를 추출하는 작업과 관련된 업무도 수행. 유기된 폐기물과 유출 사고에 대응하기 위한 프로그램의 개발과 집행, 오염된 토양과 지하수 관련 혁신기술 개발 장려도 담당
물관리국 (Office of Water)	자연자원 프로그램의 개발, 기술정책, 식수에 대한 규제, 수질, 하천수, 오염기준, 습지 보호, 해양, 하천 유역의 개발을 포함한 수질 관련 활동을 책임. 지하수・음용수부(Office of Ground Water and Drinking Water), 과학기술부(Office of Science and Technology), 폐수관리부(Office of Wastewater Management), 습지・바다・하천유역부(Office of Wetlands, Oceans, and Watersheds)가 있음
재정관 (Chief Financial Officer)	EPA의 기획, 예산, 분석 및 재무관리 담당
감사관실 (Office of Inspector General)	EPA의 프로그램과 운영에 대한 감사 담당
업무총괄국 (Office of General Council)	EPA의 언론정책, 기획 및 평가 기능, 각종 위원회 활동 업무 수행

자료: EPA(2019)(https://www.epa.gov/aboutepa/epa-organization-chart) 재인용.

방지하는 데 필요한 비용을 얼마나 부담할 것인가에 대해서 서로 다른 시각을 갖고 있다. 이러한 시각의 차이로 인해 이익집단들은 때로는 서로 협동하고 때로는 견제하면서 환경정책의 수립 및 집행에 영향력을 행사하고 있다.

5) 기 업

지금까지 기업들은 환경 보전을 비용으로 고려하지 않았다. 그러나 국민들의 환경질에 대한 요구가 증대하고 있고 국내·외의 잇단 입법 조치들이 자신들의 생산 활동, 심지어는 존폐에까지 영향을 미치게 되자 환경에 많은 관심을 쏟고 있다. 기업들이 만들고 있는 각종 환경연구소와 공해물질 관리를 전담하는 부서의 설립이 그 좋은 사례라 하겠다. 지금까지 기업의 오염통제는 대체적으로 기술이나 생산 부서의 일부 기능으로만 인식되어 왔으나, 최근에는 생산 공정의 설계에서 폐기 처분되는 제품의 수거에 이르기까지 경영 전반에 걸쳐 환경 요소를 고려하는 소위 환경 경영에 대한 관심이 고조되고 있다. 오염물질의 배출과 관리의 최일선에 있는 기업환경 부서의 협조 없이는 국가의 환경관리 체계가 제대로 작동할 수 없다는 인식 하에 이들에 대한 정부의 관심이 매우 커지고 있다.

6) 시민단체

시민들의 환경 실태에 대한 자각은 시민운동단체의 증가를 가져오고 있다. 이들은 크기와 활동 영역에서 차이를 보이지만 기본 관심은 공해 관련 정보의 공개, 환경보호 활동, 그리고 심지어는 환경 입법의 제정과 집행에까지 이르고 있다.

전체적으로 미국 시민들은 환경 문제에 대하여 더욱더 익숙해져 가고, 환경단체를 강화하고, 로비를 통하여 선거에 영향을 끼치려고 노력한다. 이렇게 다른 사람들에게 영향력을 행사하려는 과정에서 시민들은 자신들의 태도도 변화시켜 갈 것이다. 미국의 주요 환경운동단체로는 National Wildlife Federation, the National Audubon Society, Sierra Club, 그리고 Wilderness Society 등을 들 수 있다.

4. 법 체계

미국의 '환경법'도 다른 나라처럼 크게 기본법과 개별법으로 대분하여 설명할 수 있다. 기본법은 환경 입법 체계 내에서 핵심적인 위치를 차지하면서 각각의 개별 대책법 상호간의 연결고리 역할을 한다. 국가마다 다소간에 차이는 있겠지만 기본법의 내용에는 대체로 환경 문제에 대한 국가의 기본 정책, 이를 실현하기 위한 세부 대책 제도 또는 기구의 설치 등에 관한 사항이 담겨 있다.

미국의 경우 환경오염 규제의 상당 부분이 연방 입법을 중심으로 이루어지는데, '환경개선법', '대기정화법', '수질정화법', '수질법' 등이 있다. 이 중 환경오염 규제의 주요 분야인 대기, 수질 및 폐기물에 관하여 구체적인 내용을 살펴보기로 한다 (Findley & Farber, 1988; 김종민, 1993; Malone, 2010).

1) 국가환경정책법

미국의 환경정책에 관한 기본법은 1969년에 제정된 '국가환경정책법(National Environmental Policy Act: NEPA)'이다. 이 법의 목적은 국가환경계획에 통일성을 유지하고 환경행정상 조정 기능을 부여하는 데 있다. 또한 환경과 인간의 생산적이고도 쾌적한 관계를 유지하는 데 필요한 국가의 환경정책에 관한 의지를 선언한 법이다. 이 법의 제정은 미국 환경 보전 역사에 새로운 전기를 마련해 주었으며, 환경보호론자의 입장에서는 환경운동에 필요한 제도적 힘을 제공받은 법이다. 이 법에 근거한 환경영향평가제도가 바로 그것이며, 위에서 언급한 CEQ도 이 법에 근거하여 설립되었다.

2) 청정대기법

청정대기법(Clean Air Act)은 1963년의 '대기질법(Air Quality Act)'이 세 차례에 걸쳐 개정된 것이며, 미국의 EPA는 이 법에 근거하여 설치되었다. 미국 대기 관련 환경 기준의 특징은 다음과 같다.

첫째, 비용과 무관하게 기준이 정해진다는 점이다. 국민의 안전 한계치를 정하고 이에 맞추어 환경 기준을 설정한다는 점에서, 미국 정부의 환경 철학을 잘 반영해 주고 있다.

둘째, 환경 기준이 지역의 특수성에 관계없이 획일적으로 정해진다는 점이다. 미국의 대기질 기준은 전 지역이 동일하다. 승용차나 트럭과 같은 이동 오염원은 오염물질별로 배출 허용량을 마일당 그램으로 제한한다. 고정 오염원은 연방정부가 규제하는 새로운 오염원과 주정부가 규제하는 기존 오염원으로 구분한다. 연방정부의 경우, 오염원에 대한 기준 설정은 "지속적인 배출 감소를 위하여 가장 좋은 기술(best technological system of continuous emission reduction)"을 근거로 추진되고 있으나 사업체가 수용할 수 있어야 한다. 1990년에는 배출권 거래제도를 도입하였다.

3) 청정수질법

미국의 EPA는 청정수질법(Clean Water Act)에 따라 전국 수역의 배출 기준을 설정한 후 배출시설에 대한 규제와 하수처리 시설에 대한 재정 지원이라는 두 가지 정책에 의존하여 수질 보전에 힘써 왔다. 이 법은 연방정부의 주도 하에 주정부에서 각종 시책을 시행해 나가는 유형으로 되어 있다.

대기 및 수질 관련 배출 기준은 소위 "예고와 의견 제출에 의한 결정(notice and comment rulemaking)"이라는 절차를 거쳐 정해진다. 첫 번째 단계는 EPA의 용역을 받는 자가 배출 기준 설정에 필요한 자료를 얻기 위하여 대상 산업체를 조사하는 과정이다. 두 번째 단계는 EPA가 계약자가 제시한 자료를 중심으로 작성한 배출 기준 초안을 공표하는 과정이다. 세 번째 단계는 초안에 대하여 일정 기간 동안 산업체와 관련 단체로부터 공식문서로 제출된 의견을 수렴하는 과정이다. 제출된 의견은 초안에 대한 내부 검토와 함께 취합되어 EPA가 배출 기준을 확정하는 과정에 반영된다.

4) 유해 폐기물의 규제

유해 폐기물의 배출 규제는 이미 폐기 처분된 폐기물과 현재 배출되고 있는 폐기물로 나누어 행해지고 있다. 전자는 소위 수퍼펀드(Superfund)라 불리는 '오염제거 자금법'에 의하여, 후자는 '자원보존 및 복구법(Resource Conservation and Recovery

Act)'에 근거하여 이루어지고 있다. 수퍼펀드는 오염 지역의 정화사업을 계속하기 위하여 기금 부담에 관한 근거 규정을 두고 있다. 또한 유해물질 누출 사고와 관련하여 주정부와 지방정부가 소관별로 사고 처리 계획을 수립하도록 하는 규정과 유해물질을 취급하는 기업체의 명단을 의무적으로 제출하도록 하는 규정을 두어, 긴급한 사고에 대비함과 동시에 주민들의 알 권리를 보장해 주고 있다.

'자원 보존 및 복구법'은 일반 폐기물과 유해 폐기물의 처리에 관한 기술적인 기준을 정하였고, 주정부 단위로 폐기물 처리 계획을 수립하여 시행하도록 하였으며, 환경 보호를 위하여 폐기물의 감량 및 자원의 회수를 도모하도록 하고 있다.

제 2 절 일 본

일본은 상대적으로 우리나라에 비해 먼저 산업발전이 시작되었고, 1960년대부터 환경 문제에 대한 인식을 갖기 시작했지만 1960년대 말에 들어서면서 환경정책을 본격적으로 추진하기 시작했고, 1980년에 와서야 국제사회에서의 역할을 인식하기 시작했다. 여기에서는 일본 환경행정의 기본방향 및 특징, 전개 과정, 환경행정관리 체계, 법 체계 등에 대해서 살펴보고자 한다.

1. 기본방향 및 특징

1960년대 일본의 환경정책은 경제 성장을 저해하지 않는 범위 내에서 관리를 한다는 수준에서 환경 규제 정책을 추진하였다. 환경정책이 본격적으로 국가적 이슈가 된 것은 1992년 리우환경회의(Rio Summit) 개최 이후에 환경 문제가 세계적으로 주요한 의제가 되면서부터이다. 이후부터 환경정책이 중요한 정치적 이슈가 되고 정권 획득을 위한 정책 과제로 논의되었다.

일본의 환경정책은 각 이슈별로 소관 부처가 달랐으나 1990년대 들어서면서 종합적 환경정책의 중요성이 강조되었다. 환경기본계획(1992)과 환경기본법(1993) 제정을 통해 환경정책의 종합적 연계성을 강화시켰다. 그리고 2001년에는 행정 개혁을 통해 후생성과 통상산업성의 일부 환경 기능을 분리하여 환경청에 통합시키면서 환경성으로 승격시켰다. 일본의 환경정책은 주로 공중보건과 안전 관련 정책이 주를 이루고 있고, 자연환경 및 생태계 보전을 위한 정책은 다소 미흡하다. 그럼에도 불구하고 일본 환경정책의 기본방향을 보면, 지속 가능한 사회의 기반이 되는 국토 및 자연의 유지 및 형성을 중요한 방향으로 설정하고 다음과 같이 중점 분야를 설정하고 있다.

- 경제 · 사회의 녹색화와 그린이노베이션 추진
- 국제 정세에 적시에 대응 가능한 전략 추진
- 지속 가능한 사회실현을 위한 지역 만들기 · 인재 육성, 기반 정비의 추진
- 지구온난화에 관한 대처
- 생물다양성 보전 및 지속 가능한 이용에 관한 대처
- 물질순환의 확보 및 순환형 사회 구축을 위한 대처
- 물 환경보전에 관한 대처
- 대기 환경보전에 관한 대처
- 종합적인 화학물질 대책의 수립과 추진을 위한 대처

일본의 환경정책은 미국과 달리 기본적으로 중앙정부와 지방정부가 지속적 협의를 통하여 기준을 설정하고 집행해 나가는 유형을 지니고 있다. 도쿄(東京)를 비롯한 많은 지방정부들이 중앙정부가 규정하고 있는 것보다 더 엄격한 환경 기준을 설정하기도 하였다. 또한 일본은 환경정책을 통하여 기업의 혁신을 유도하였다. 1990년대에 들어서면서 일본 기업들은 강력한 환경 규제에 대응하기 위해서 기술 혁신에 박차를 가하여 기업의 기술 혁신을 촉진시켰다. 따라서 글로벌 환경 규제에서도 환경규제가 무역장벽이 되고 있는 글로벌 경쟁에서 우위를 얻기 위한 기반으로 활용하고 있으며, 그 대표적인 사례가 하이브리드 자동차와 같은 친환경 자동차 산업에 대한 대대적인 투자와 개발이라고 할 수 있다.

2. 전개 과정

1) 1969년 이전

역사적으로 볼 때 일본은 우리나라보다 일찍이 산업화의 길을 밟아왔고, 1950년대 중반부터 각종 공해 문제에 시달려 왔다. 일본 정부가 환경 문제에 관심을 갖게 된 배경에는 1950년대 전국적으로 물의를 빚었던 요가이치 천식사건, 미나마타병 및 이타이이타이병 등 심각한 공해병의 발병 때문이라 할 수 있다. 일본은 1960년대에 제2차 세계대전의 패배에서 재기하기 위해서 급속한 성장을 추구하였지만 그 부작용 또한 적지 않았던 바, 심각한 환경오염 문제에 직면하고 있었다. 따라서 각종 환경규제를 도입하는 등의 대책을 마련하려고 하였지만 가시적인 성과를 내지 못하고 많은 갈등에 부딪치게 되었던 것이다. 따라서 일본의 환경정책이 본격적으로 추진된 것은 1960년대 말부터라고 볼 수 있다(김용헌, 2013). 일본 정부는 제도적인 장치로서 1967년에 '공해대책기본법'을 제정하였고, 1969년에 첫 환경 관련 백서인 『공해백서』를 발간하였다. 그러나 공해대책기본법이 당시의 대기 및 수질 오염을 규제하기에는 너무 빈약하였기 때문에 도쿄(東京)는 1969년에 '공해방지조례'를 제정하기도 하였다.

2) 1970년대

1970년에 들어서면서 일본의 공해 문제는 정점에 도달하였다. 1970년에 '공해국회'라는 용어가 만들어질 정도로 정치인들은 공해 문제 해결과 생활환경 보전을 실현하면서 경제발전을 추진하려고 하였다. 일본 도쿄(東京)는 중앙정부보다 더 엄격한 환경기준을 만들어서 적용하기도 하였다. 그리고 악취방지법(1971), 폐기물처리법(1970)을 제정하여 국내의 공해 문제 해결을 위해서 전력을 다하였으며, 1972년에 『공해백서』를 『환경백서』로 개명하면서 국제적 동향을 처음으로 언급하기도 하였다. 그러나 1970년대까지 일본의 국제환경 정책은 국제사회를 의식하기는 하였지만, 단순히 자연환경의 현황을 파악하는 수준에 불과하였다(김용헌, 2013).

3) 1980년대

일본은 1980년대부터 선진국으로서 국제사회에서의 역할을 인식하기 시작하였다. 그리고 기존에는 공업화에 의한 산업형 공해 문제를 중심으로 접근을 하였다면, 1980년대에 들어서면서 생활형 공해 문제로 주요 관심이 변화하기 시작하였다. 자동차 등에 의해서 대기오염을 비롯한 도시생활형 환경 문제가 심각하게 증가하면서 폐기물 처리 문제와 재활용(리사이클)을 활성화시키고 환경 규제를 강화시키는 방향으로 발전하였다. 이러한 환경 규제의 강화는 기업의 환경 기술에 대한 혁신적 발전과 특허를 활성화시키는 계기가 되었다(김용헌, 2013).

4) 1990년대

1990년대에는 기존의 산업형 공해와 생활형 공해 문제를 해결하기 위한 노력이 어느 정도의 성과를 나타내기 시작하였다. 국제사회에서는 오존층 파괴와 지구 온난화에 대한 우려가 높아지면서 환경 문제에 대한 심각성이 확산되었고, 환경 파괴에 대한 원인 규명을 요구하는 여론이 대두되기 시작하였다. 따라서 일본은 1990년대 이후부터 국제사회의 환경정책에 적극적으로 참여하기 시작하였고 공조를 주도하였다. 1993년에 시행된 환경기본법을 보면, 환경보전 정책을 종합적으로 추진・시행하였고 지속 가능한 사회 구축으로 지구환경을 보전하여 인류 복지에 기여한다는 목적을 명확히 밝히고 있다. 일본은 1992년에 환경기본계획을 수립하여 환경기본법과 연계시켜서 종합적 환경정책을 강화하고자 하였다(김용헌, 2013).

5) 2000년대

일본은 2001년에 환경청에 후생성과 통상산업성의 일부 기능을 통합시켜서 환경성으로 승격시켰다. 그리고 지구온난화대책추진법(1998), 순환형사회형성추진기본법(2000), 그린구입제정법(2000), 프레온가스회수파괴법(2001), 환경배려촉진법(2004) 등을 제정하였다. 일본은 경제발전과 지구환경 보전을 연계시킨 '지속 가능한 발전'을 국제사회에 정착시키는 데 일정부분 기여하기도 하였다. 또한 이 시기에 강력한 환경정책을 추진하면서 환경 분야의 선구적인 기술개발과 시장경쟁력을 확보하여 기업의 경쟁력을 동시에 강화시키는 데 기여하였다(김용헌, 2013).

6) 2010년대

1990년대 이후 장기간의 경기불황을 경험해 온 일본은 환경산업 분야에 있어서는 우수한 기술력과 신뢰를 주도하게 되면서, 2010년 이후부터는 환경에 대한 규제를 강화하면서 실질적인 무역장벽으로의 역할을 하게 되었다. 1990년대 대비 2009년에는 2020년까지 온실가스를 25%까지 삭감하겠다는 목표를 천명하기도 하였다. 그리고 2010년에 수립한 '에너지 기본계획 2030'을 통하여 환경 에너지의 효율성, 신재생에너지 개발 등을 강조하였고, 2012년에 발표한 '제4차 에너지 기본계획'에서는 저탄

그림 10-2 일본의 환경 관련 법 제정과 정비

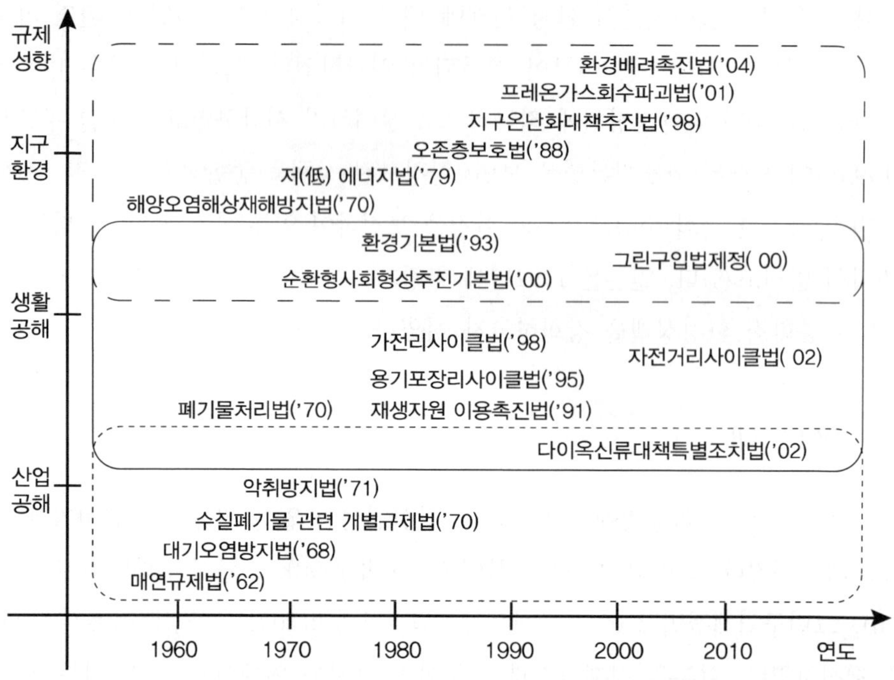

자료: 김용헌(2013: 376) 재인용.

소・순환・공생의 통합을 기반으로 건강하고 풍요로운 환경과 사회를 만들겠다는 목표를 수립하였다. 그러나 2011년에 발생한 동일본대지진으로 일본은 심각한 환경 위기에 직면하게 되었고, 국제사회에서도 최고 수준으로 인정받던 환경정책이 정체와 위기에 직면하게 되었다. 따라서 2014년에 개정한 '제2차 에너지 기본계획 2030'에서는 신재생 에너지의 비율 확대, 에너지 및 환경에서의 국제 공헌을 중심으로 개편하였다(김용헌, 2013). 일본 환경정책의 변화를 보여주는 법 제정 과정을 제시하면 [그림 10－2]와 같다.

3. 환경행정관리 체계

중앙정부와 지방정부 간의 환경행정관리 체계를 보면, 중앙정부와 지방정부의 정책 수립이 각각 독립적으로 추진하는 듯하지만 사실, 지방정부는 주로 중앙정부의 정책을 집행하는 역할을 한다. 환경행정의 총괄 업무를 담당하고 있는 환경성은 지구온난화, 오존층 보호, 재활용, 화학물질, 해양오염 방지, 산림 및 녹지와 하천 보호, 환경영향평가, 방사성 물질의 감시 측정 등의 업무를 다른 부처와 공동으로 추진하고 있다. 한편 경제산업성의 산하에 있는 자원에너지청에서 기후 변화와 관련된 온실가스감축정책 등의 에너지 자원 산업과 관련된 포괄적 정책을 개발하고 감독 역할을 수행하고 있다. 그리고 지방정부에서는 중앙정부가 설정한 최소한의 배출 기준을 토대로 환경정책을 수행한다. 지방정부는 기업과 PAC(Pollution Control Agreement)를 맺고 배출 기준을 조례로서 설정하여 환경관리 기능을 담당한다.

일본에는 환경성 이외에도 1972년에 공해 분쟁을 전담하기 위하여 발족된 '환경분쟁조정위원회'가 있다. 이 위원회는 매년 일본의 공해 및 환경 현황을 조사하여 그 결과를 발표하도록 되어 있다. 일본 전국의 공해 고발 건수는 1972년에 8.8만 건을 기록하였는데, 각종 환경정책에 힘입어 이러한 추세가 점차 감소하고 있는 추세이다. 그 밖에 관련 문제에 대한 종합적인 조정을 위한 기구로서, 1989년에 설치된 지구환경보전위원회(Council for Global Environment Conservation)가 있다. 정부 부처 간에 환경 문제에 대한 조정은 환경 관련 업무들이 정부의 각 기관에 방대하게 분산되어 있다는 점에서 매우 중요한 의미를 지닌다.

1) 환경성

일본의 환경성은 환경에 대한 전반적인 문제와 정책을 관리하고 있다. 산림 및 녹지와 하천 보호, 지구온난화, 오존층 보호, 재활용, 화학물질, 해양오염 방지, 환경영향평가, 방사성 물질의 감시 측정 등의 업무를 다른 부처와 공동으로 추진하고 있다. 일본 환경성의 조직과 기능은 <표 10-1>과 같다.

표 10-1 일본의 환경성 조직 및 기능

조직	
내부부국	대신관방
	폐기물/재활용대책부
	종합환경정책국
	환경보건부
	지구환경국
	물/대기환경국
	자연환경국
지방사무국	지방환경사무소[홋카이도(北海道) 지구, 도호쿠(東北) 지구, 긴키(近畿) 지구, 간토(関東) 지구, 주부(中部), 주코구(中國) 지구, 시코쿠(四國) 지구, 규슈(九州) 지구]
심의회	중앙환경심의회
	아리아케해 · 야요해 종합조사평가위원회
	임시 미공해건강피해보상불복심사회
	국립연구개발법인심의회
	나마타병인정심사회
시설기관	환경조사연구소
특별기관	공해대책회의
외국	원자력규제위원회

자료: 환경성(https://www.env.go.jp/kr/aboutus/index.html)(2019.5.4).

기능:

부서	주요 기능
대신관방	– 인사, 회계, 복지에 관한 심사, 법령심사, 환경성 내 업무 종합조정, 지방환경정세조사, 자료의 수집 정리를 진행하며 정책 평가, 홍보, 환경 정보를 수집하는 등 환경성의 기능을 최대한 발휘하기 위해서 지원함

폐기물/ 재활용대책부	– 대신관방 산하에 속한 부서 – 생활환경의 보전 및 자원의 유효 이용의 관점에서 폐기물 등의 발생 억제 – 순환자원의 적정한 재사용 · 재활용 및 처분 추진
종합환경정책국	– 환경 보전에 관한 기본정책의 수립 및 시행 – 관계 행정기관의 환경 관계 업무에 대한 종합조정을 실시 – 다른 부서와 청의 환경 보전 예산 및 연구개발 업무 조정 – 환경 보전을 위한 지방공공단체와의 협력 – 특별대책지역에 대한 계획의 수립 시행 – 환경영향평가에 관한 기본정책의 수립 · 시행 – 각 성, 청의 환경영향평가에 관한 업무 종합 · 조정 – 국립환경연구소의 조사, 연구 및 연구업무 지도 감독 – 중소기업의 공해방지시설 설치융자지원 및 공해방지사업단 지도감독을 수행함
환경보건부	– 종합환경정책국 산하에 배치된 부서 – 화학물질로 인한 환경오염으로 발생하는 사람의 건강이나 생태계에 대한 영향을 미연에 방지하는 관점에서 종합적인 시책을 전개 – 공해로 인한 건강 피해를 받은 사람들에게 신속 · 공정한 보호를 도모하는 부서 – 공해건강 피해 보상, 대기오염으로 인한 건강 피해 방지대책 수립 – 유해화학물질로 인한 환경오염 및 건강영향조사 – 국립미나미타병 연수센터의 운영에 관한 사항을 다룸
지구환경국	– 지구온난화 방지, 오존층 보호 등 지구환경 보전에 관련된 정부정책 총괄 추진 – 환경부에 관한 국제 기관 – 외국의 행정기관 등과의 협상 · 조정 – 개발도상국에 대한 환경 협력 – 지구환경보전에 관한 기본정책의 수립 시행 – 관계 행정기관의 지구 환경 보전에 관한 업무 종합 조정 – 지구환경에 관한 조사, 연구사업 추가, 기타 지구환경 보전에 관한 사무 수행
물 · 대기환경국	– 더 나은 대기, 물, 토양 환경을 보전 · 재생하기 위해 대기 및 수질 오염 방지, 토양 오염 대책 등으로 국민의 건강 보호 및 생활환경의 보전 업무 수행 – 소음, 진동, 악취 등에 문제를 대응하기 위하여 대기, 소음환경기준 설정 – 공장, 사업장 등에서 배출되는 매연, 분진 등의 규제, 자동차 배출가스, 소음 허용기준 설정, 공장, 사업장에서 발생되는 소음 진동, 악취 등의 규제, 교통 공해방지를 위한 종합적인 대책의 수립 · 시행 – 오존층 파괴물질 방출 억제 대책 수립 – 수질환경 기준 설정, 공장 사업장 등에서 배출되는 폐수의 농도 규제 및 총량 규제, 생활오수 처리 대책, 특정 호소 지정 및 호소수질 보전 대책 수립 · 시행 – 폐기물의 처리 · 처분을 위한 기준설정 토양오염 방지 대책 수립 · 시행 – 농약에 의한 환경오염 방지를 위한 기준 설정 – 지반침하 방지 대책 수립, 지하수 채취 규제, 선박에서 배출되는 유해물질 등에 의한 해양오염 방지 대책 수립을 실시
자연환경국	– "건전한 생태계를 유지 · 회복, 자연과 인간의 공생 확보"를 목표로 함 – 자연환경을 보전하고, 사람이 자연스럽게 배우고 자연의 은혜를 느낄 수 있도록 다양한 자연과의 만남을 위하여 자연환경의 보전 이용에 관한 정책의 수립 – 관계 행정기관의 자연환경 관련 업무 조정

	– 자연환경에 관한 조사 및 조사결과 공표, 국립공원 등 자연환경 보전지역 지정 – 국립공원 등 자연환경 보전지역의 지정, 행위 규제 및 이용 지도 – 자연환경 보전시설의 정비 조정 및 지정 등, 자연공원 명승지 이용보급 향상 – 야생생물의 보호 및 번식사업, 수렵 규제 및 지도, 희귀동식물 보호 – 멸종 위기에 처한 야생생물 보호 대책 수립 – 조수 피해 방지 대책 수립, 국민공원 유지 관리 등을 수립
환경조사연구소	– 환경 관련 자료의 수집과 통계처리를 담담하고 공무원 및 관계자의 환경교육을 담당하고 있음
지방환경사무소	– 환경 보전에 관한 인재 육성의 핵심기관 – 환경행정에 종사하는 국가 및 지방 공공단체의 담당 직원 등의 능력 개발, 자질의 향상을 도모하기 위해 각종 환경 보전에 관한 연수 실시
원자력규제 위원회	– 원자력 안전과 인·허가 사항을 관리하는 기구임
기타	– 중앙환경심의회 등의 위원회 활동, 국립환경연구소 등이 있어 환경 업무를 담당하고 있음

2) 지방정부

일본의 환경행정에 관한 총괄적인 책임은 환경성에 있으나, 환경오염원 각각에 대한 구체적인 규제 권한은 지방자치단체장에게 있다. 일본의 경우, 미국과는 달리 신규 오염물질 배출업소에 대한 엄격한 배출 허용 기준을 작성하는 것은 전형적으로 지방정부의 역할이다. 그리고 기본계획의 수립, 재정확보, 각종 환경 기준의 설정, 부분별 계획의 종합·조정 등 환경 보전 기본정책의 입안과 관리 기능을 제외한 기타 환경관리 기능은 법률적으로 지방자치단체의 고유사무에 해당된다. 한편 중앙정부가 배출 허용 기준을 정하고 유해폐기물의 배출이나 배출시설의 설치를 허가하지만 각 도에서 행정구역 내의 환경 목표를 달성하기 위해 배출 허용 기준을 수정할 수 있다. 산업폐기물의 통제는 주로 민간기업이 담당하며, 일부 지방정부가 담당하는 경우가 있다. 예를 들어, 도쿄(東京)의 경우, 포괄적인 환경정책 시행을 위하여 공해국을 자연환경보호부, 대기보전부, 수질보전부, 방지조성부 등의 조직으로 구성하고 있으며, 기획, 집행, 통제 기능까지 모두 보유하고 있어 외부 변화에 효율적으로 대응할 수 있도록 하고 있다.

4. 법 체계

일본은 1970년대 말에 개최된 소위 공해임시국회에서 환경 관련 14개 법률을 제・개정함으로써 지금의 '환경법' 체계를 구축하였다. '환경관련법'을 그 기능에 따라 분류하면 공해 규제에 관한 법, 공해로 인한 피해의 구제에 관한 법, 그리고 공해 방지사업에 관한 법으로 나눌 수 있다. 그러나 위에서 언급하였듯이 일본의 환경행정에 관련한 가장 기본이 되는 법률은 '환경기본법'이므로, 이 법률에 대하여 먼저 설명하기로 한다.

1) 환경기본법

이 법률은 총 46조로 구성되어 있는 '환경기본법'은 "환경 보전에 대한 기본 이념을 규정하고, 종합적이고 계획적인 시책을 추진하여, 현재와 장래 국민의 건강한 문화적 생활의 확보에 기여함과 아울러 인류의 복지에 공헌한다"는 것을 그 목적으로 하고 있다.

제1장은 총칙이고(제1~13조), 제2장에는 환경 보전에 관한 기본적 시책을 규정하고, 환경기본계획(제15조), 환경 기준(제16조), 특정 지역 공해 방지(제17조, 제18조)와 비용 부담 및 재정 조치(제37~40조) 등을 게시하고 있다. 그리고 제3장에서 환경심의회・공해대책회의(제41~46조)에 대한 규정을 명시하고 있다. 한편 '환경기본법' 제20조는 환경영향평가제도에 관한 조항으로서 "토지의 형질 변경, 공작물의 신설 등을 하는 사업자가 그 사업을 실시함에 있어 미리 환경에 대한 영향을 스스로 적정하게 조사하고 예측 또는 평가를 하여, 그 결과에 따라 환경의 보전에 대하여 적절히 배려하고 필요한 조치를 강구"하도록 하고 있다. 그러나 현행 제도 하에서는 사업 방침을 정하고 나서 환경영향평가를 하는 경우가 많기 때문에 나중에 불합리한 요소가 발생하여도 계획을 변경하기 어렵게 되어 있고, 사업계획을 결정할 때도 환경 보전의 입장에서 환경성 장관이 의견을 개진할 기회가 한정되어 있다(시다라 마사오, 1995: 31).

2) 대기오염방지법

공해로 인한 피해자의 구제는 일반적으로 사법적 수단인 민법상 불법행위에 관한 규정에 의하여 어느 정도 해결되었으나, 광범위한 지역에 걸친 대규모의 공해 피해가 발생하면서 민법상의 불법행위 규정에 의한 해결책 마련에 어려움을 겪게 되었다. 이처럼 공해 피해의 구제 문제가 사회적인 과제로 등장하면서 민법상 불법행위에 관한 규정의 특례로 '대기오염방지법'과 '수질오탁방지법' 등에 공해로 인한 피해를 입은 자에 대하여 무과실 책임을 인정하는 규정을 명시하고 있다(김종민, 1993: 122; 桑原勇進, 2013). 대기오염 방지법을 보면, 제1장에서 총칙을 언급하고 제2장에서 매연 배출 규제, 휘발성 유기화합물의 배출 규제, 먼지에 관한 규제, 유해대기오염물질대책의 추진 등에 대해서 규정하고 있다. 이 법은 공장이나 사업장에서 사업활동이나 건축물의 해체 과정에서 발생하는 매연 및 분진의 배출을 규정하고 있으며, 유해한 대기오염에 대한 시책, 자동차 배출가스와 관련된 배출 허용 기준, 사업자의 손해배상 책임에 대한 규율을 명시하고 있다(현준원, 2015).

3) 수질오염방지법

이 법은 공장 및 사업장에서 공공수역으로 배출되는 물의 배출 및 지하에 침투하는 물의 침투를 규제한다. 그리고 생활배수 대책을 추진하는 정책 등에 의해 공공수역 및 지하수의 수질 오탁의 방지를 도모한다. 이로써 국민의 건강을 보호함과 동시에 생활환경을 보전하고 공장 및 사업장에서 배출되는 오수 및 폐액으로 인해 사람의 건강에 피해가 발생한 경우에 사업자의 손해배상 책임에 대하여 정함으로써 피해자의 보호를 그 목적으로 규정하고 있다. 법에서 다루고 있는 내용을 보면, 배출수의 배출 규제, 생활배수 대책의 추진, 수질 오탁 상황의 감시, 손해배상, 벌칙 등을 규정하고 있다. 한편 도도부현(都道府縣) 지사는 공공수역 및 지하수의 수질 오탁 상황을 상시 감시하여야 하며, 상시 감시 결과를 환경대신에게 보고하여야 한다(일본수질오염방지법, 2019).

제 3 절 영 국

산업혁명의 발상지인 영국은 아마도 지구상에서 환경 문제를 가장 먼저 경험한 나라이며 최초로 환경정책을 도입한 국가라 할 수 있다. 1952년 12월 5일부터 5일에 걸친 대기오염으로 약 4,000명의 사망자를 낸 런던 스모그 사건은 우리에게도 잘 알려진 세계적인 환경재난이다. 이처럼 영국에서는 세계 최초의 산업국가답게 환경 문제가 다른 그 어느 나라보다도 가장 심각한 문제가 대두 된 바 있다. 따라서 환경 문제를 국제적으로 가장 먼저 인식한 나라이기도 하다. 이에 영국의회는 1863년 세계 최초로 오염 통제 기준인 소위 '알칼리법'을 제정하였다. 여기에서는 영국 환경행정의 기본방향 및 특징, 전개 과정, 환경행정관리 체계, 그리고 법 체계를 살펴보고자 한다.

1. 기본방향 및 특징

영국의 환경행정은 여타의 국가와는 달리 몇 가지 특징을 갖는다.

첫째, 매우 유연하고 협력적인 접근방식을 취하고 있다는 점이다. 즉, 대기환경 기준이나 수질환경 기준이 없다는 독특한 특성은 그 이행이 보장되지 않는 규칙이나 규제를 채택하지 않는 영국의 전통에서 기인하는 것으로 보인다.

둘째, 영국의 중앙정부는 환경정책의 포괄적인 골격만을 제시하고 이에 대한 집행은 지방정부가 담당하며, 지방정부의 자치권을 제약하는 규정을 법으로 제정하는 경우는 매우 드물다. 예를 들면, 1968년에 개정된 '청정대기법(Clean Air Act)'은 지방정부로 하여금 청정 지역을 선포할 수 있는 권한을 부여하지만 특정 지방정부로 하여금 이를 선포하도록 강요하지는 않는다. 결국 환경 기준을 설정할 때도 전국적으로 획일적인 기준을 강요하기보다는 각 지역의 특성이나 경제적 여건, 그리고 기술적 가능성에 따라 다양한 기준을 허용하고 있다.

셋째, 그럼에도 불구하고 영국의 환경행정도 1980년대 후반에 들어서면서 점차 통합화 · 단일화되어 가고 있다. 환경 문제에 대한 관심과 위기 의식의 증대로 영국에서도 중앙정부의 역할이 점차 증대되고 있다. 예를 들면, 1987년부터는 통합오염관리 방식(integrated pollution control)을 채택하고 왕립오염검사단(Her Majestey's Inspectorate of Pollution)을 설립하여 오염원에 대한 종합적인 감시와 기술적인 사항에 관한 자문을 담당하게 하였다. 또한 영국은 1990년에는 기존의 환경 관련 개별법을 일원화하고 환경 규제를 강화하기 위하여 환경정책의 기반이 되는 '환경보호법'을 제정하였다. 이 법은 폐기물 감량화와 재활용 등 자원 절약과 폐기물 관리에 대해서도 규율하고 있다. 그리고 환경행정의 주무 부처인 환경·식품·농업부(Department for Environment, Food and Rural Affairs: Defra)는 2001년 기존의 환경성(Department of the Environment)과 주택부, 교통부, 공공사업부 등 여러 부처와 지방정부에 분산되어 있던 환경행정 기능을 통폐합하여 설치된 초대형 기구이다. Defra의 환경 관련 주요 업무는 환경오염 규제, 야생자원 보호, 역사 유적과 건축 유적의 보호, 주택행정, 국토계획행정, 도시재개발, 지방자치단체 행정 지원, 수자원의 관리, 건축시장의 조성 업무, 스포츠와 레크리에이션 등을 포함하고 있다.

넷째, 영국 환경행정의 또 다른 특색은 정책의 집행에 있어 노동조합의 역할이 크다는 점이다. 지역수질국을 비롯한 환경 업무를 담당하는 기관들이 환경정책의 집행 전략으로 노동조합의 협조를 각별히 강조하고 있다. 노동조합은 에너지, 기후 변화, 생물다양성, 수질관리 등을 포함한 지속 가능한 환경에 대한 다양한 역할들에 적극적으로 참여하고 있다.

다섯째, 영국의 환경 규제의 추진 형태를 보면, 일반 국민들의 참여를 제한하고 있는 반면에, 기업체와 긴밀한 협조 관계를 유지하고 있다. 그리고 대단히 비공식적으로 융통성 있게 규제 시스템을 운영하고 있다. 그럼에도 불구하고 환경행정과 규제는 주로 법적 처벌에 의존하고 있다(Franklin et al., 1995: 28; Hawke, 2002).

2. 전개 과정

1) 1969년 이전

영국은 일찍이 산업혁명을 거치면서 환경오염으로 인하여 심각한 문제점을 경험한 국가이다. 석탄연소에 의한 가정의 난방배기가스가 원인이 된 1952년 런던 스모그 사건이 발생하면서 심각한 대기오염의 심각성을 인식하게 되었고, 영국 정부는 1956년에 대기청정법을 제정하였다. 그리고 1960년대 말에 영국에서는 환경단체가 급증하면서 환경 보호 정책이 더욱 주목을 받기 시작하였다.[3] 이때부터 영국은 본격적으로 현대적 환경운동이 시작되었다. 1960년대 말에 이러한 현대적 환경운동이 나타난 것은 산업화와 오염 증가, 농업 분야의 화학물질 사용, 자동차의 증가로 인한 환경에 대한 인간의 영향이 증가하면서 자연스럽게 나타난 것이다. 그러나 당시 영국은 여전히 개발 중심의 정책을 지향했으며, 개발로 인한 환경오염을 최소화하는 노력을 모색하였다(Christman, 2013).

2) 1970년대

1960년까지만 해도 영국의 환경 정책은 책임 부처가 없었기 때문에 문제를 중심으로 대응하였으며, 체계적인 환경행정 체계가 구축되지는 못하였다. 그러나 국제사회의 동향이 영국의 환경정책에 많은 변화를 만들어 냈다. 영국은 1970년대에 접어들면서 기존의 'Dirty Man of Europe'이라는 이미지에서 벗어나기 위해서 많은 노력을 하였다. 1970년에 환경정책을 담당하는 환경부(Department of Environment: DOE)가 처음 설립되면서 환경행정을 체계적으로 구축하기 위한 첫 번째 시도를 하였다. 환경부는 기존의 주택부, 지방부, 교통부, 공공사업부 등에 산재되어 있는 환경사무를 통폐합하여 환경정책 및 행정을 총괄하는 주무 부처를 만들었다. 영국 정부는 1970년대 접어들면서 사회복지 문제가 어느 정도 해결되었지만, 환경 보전, 에너지 관련 산업, 수자원 관리 등에서 문제가 발생하면서 환경오염에 더 많은 관심을 갖게 되었다. 특히 1972년부터 시작된 인류환경에 대한 UN회의를 기점으로 영국도 생태계의 중요성과 지속 가능한 발전을 강조하는 계기를 마련하였다. 특히 EU 국가들이 높은 수준의 환경 규제를 요구하면서 영국의 수질, 쓰레기 처리 등 다양한 영역에서 영국의 환경법이 새롭게 개선되었다. 영국은 1972년에 유해성 폐기물법을 제정하였

---

3) 영국에서 시민환경운동단체인 NT(National Trust)의 회원이 1945년까지만 해도 7,850명이었다가 1960년에 9만 7천 명으로 급증하였다.

고, 1974년에는 수질법, 오염통제법을 설치하도록 하였다. 한편 이 시기 환경행정의 일반적 방식은 규정을 통한 명령과 통제였다(Burns & Carter, 2018). 일반적으로 환경적 목표를 설정하고 이것을 위반할 경우에는 벌금을 내도록 하거나 허가 시스템(licensing system)을 도입하여 환경 규제를 준수하도록 하였다(Christman, 2013).

3) 1980년대

1979년 대처 수상(Margaret Thatcher Prime Minister)이 집권을 하면서 경제 성장과 신자유주의를 강조하는 정책 기조가 지배적으로 자리잡게 된다. 따라서 관심이 점점 높아지던 영국의 환경행정은 상대적으로 소강되었고, 대기오염방지위원회(Clean Air of Council), 에너지와 환경위원회(Commission of the Energy and the Environment)와 같은 자문조직이 폐지되었다. 단지, 왕립환경오염위원회(the Royal Commission of Environmental Pollution)가 환경행정과 정책을 지원하는 역할을 보좌하였다. 영국 정부의 선호도에 의해서 환경정책과 행정은 점점 우선 순위에서 밀리는 경향을 보였다. 그러나 산성비, 오존 파괴 문제, 사이즈웰 원자력발전소 문제 제기, 체르노빌 원자력발전소 사고 등 다양한 환경 문제가 잇따라 발생하였다. 영국은 농업, 에너지, 교통 등 모든 환경 관련 시스템을 새롭게 점검하는 계기를 가질 수밖에 없는 상황이 되었다. 따라서 영국은 1980년대 후반에 오면서 환경 문제와 관련된 법들을 강화하면서 국제적으로도 높은 수준의 요구를 주도하는 경향을 보였다(OECD, 1994). 특히 EU가 환경정책을 강화하기 위해서 정책적 개입을 하면서 환경 문제를 국내 정치의 의제로 삼게 되는 기회가 많이 늘어났다. 대표적으로 환경에 대한 European Community(EC)의 제3차와 제4차 실천원칙(Action Programmes)과 1986년에 만들어진 'A Single European Act'에서 환경정책 통합이 적극적으로 반영되기 시작하였다. 이처럼 EU가 환경정책들을 강화하면서 영국도 환경 문제를 국내 정치의 의제로 삼는 기회들이 증가하였다. 다만, 1980년대에는 신자유주의가 부상하는 시기였기 때문에 1970년대의 통제와 규제에 의한 접근보다는 규제의 유연성, 효율성을 강조하면서 보다 완화된 규제와 가벼운 통제를 선호하는 경향을 보였다.

4) 1990년대

1990년대는 지속 가능한 발전을 위한 사회적 요구가 커지는 시대였다. 1992년 리우환경협약(Rio Summit)을 전후하여 환경과 관련된 지속 가능한 발전에 대한 요구가 더욱 증대하였다. 리우협약에서 제안된 Agenda 21은 모든 수준에서 지속 가능한 발전을 위한 거버넌스의 행동계획을 수립하고 있다. 영국은 리우환경협약의 아젠더 21을 기반으로 온실가스 문제, 기후 변화 프로그램, 생물다양성 행동계획을 포함한 지속가능한 발전을 위한 국가 전략을 수립한 첫 번째 국가였다. 이때부터 영국은 지속 가능한 발전과 환경 보호를 위한 높은 수준의 정부 노력을 보였다. 영국 정부는 과학적 정보에 기반한 정책, 사전예방원칙, 경제 행위의 한계 용량 기준의 원칙, 환경자본 축적의 원칙, 오염자부담의 원칙을 기반으로 농촌, 주택, 도시개발, 건설, 에너지, 지방정부의 모든 문제를 통합적으로 대응하고자 하였다. 따라서 영국은 1992년에 환경각료위원회를 설치하여 환경 관련 부서들이 모두 참여하여 환경 이슈를 공동으로 고려하도록 하였으며, 1993년에는 환경-건강연구원을 설립하여 환경이 건강에 미치는 영향을 연구하도록 하였다. 특히 영국은 새로운 기후 변화 대응 프로그램의 개발과 함께 '지구온난화 문제'를 해결하려고 하였고, 탄소배출량 감축 목표와 함께 탄소배출권 거래제도를 도입하여 자발적 시장참여를 유도하였다. 또한 고효율 에너지 전환을 위한 이산화탄소 감소 기술과 같은 기술 혁신을 주도하였다. 한편 영국은 1996년 왕립환경오염단속단(Her Majesty's Inspectorate of Pollution: HMIP)을 개편하여 환경행정을 통합적으로 추진하기 위한 환경청(The Environmental Agency)을 설립하였다. 그리고 1997년에는 환경, 교통, 지역 문제를 통합적으로 접근하고 해결하기 위해서 환경교통지역부(Department of Environment, Transport and Regions: DETR)를 만들었다. 그리고 1997년에는 교토의정서를 서명하고 기후 변화 대응책의 일환으로 에너지 및 탄소 규제 정책을 적극적으로 추진하였다.

5) 2000년대

영국은 2000년대 환경정책과 행정을 위한 조직적 변화를 단행하였다. 1997년 집권한 노동당과 토니 블레어(Tony Blair)는 환경이 보건, 경제, 교통의 중심에 있다는 시각에서 사회복지와 경제에 환경을 자연스럽게 접목시켜서 건전한 환경행정을 영국의 산업정책의 핵심 구성 요소로 반영하려고 하였다. 그래서 2001년에 환경, 식품, 농업을 통합한 환경식품농림부(Department of Environment, Food, and Rural Affairs: Defra)를 창설하였다. 환경식품농림부는 환경교통지역부(DETR)가 가지고 있던 환경보전, 야생동물 및 전원지역 보전, 농업 · 어업 · 식품부의 모든 기능, 내무부의 동물복지와 사냥과 관련 기능을 통합한 조직이었다. 또한 통합적 환경에 대한 접근을 위해서 2001년 전 부서의 부장관들과 스코틀랜드, 웨일스, 북아일랜드 지역 담당장관 등 총 20명으로 구성된 녹색 부장관 소위원회(Ministerial Sub-committee of Green Ministers)를 구성하였다. 그리고 지속가능한발전팀(Sustainable Development Unit)을 만들어서 정부의 각 부서들이 정책과 행정에서 지속 가능성을 얼마나 잘 지키고 반영하는지를 모니터링하는 보고서를 발간하였다. 이처럼 Defra는 전 부서에 네트워크를 구축하고 모니터링함으로써 지속 가능한 발전을 추진하도록 하였다. 또한, 수상의 자문위원회로서 지속 가능한 발전위원회(Sustainable Development Commission)를 만들어서 정부, 경제, 사회의 전 분야에서 지속 가능한 발전을 핵심적인 원칙으로 반영하도록 하는 자문기구 역할을 하였다. 특히 영국은 기후 변화에 적극적으로 대응하기 위해서 에너지와 기후변화부(The Department of Energy and Climate Change: DECC)를 2008년에 신설하기도 하였다. 그러나 2016년에 이 부서는 비즈니스, 에너지와 산업전략부(Department for Business, Energy and Industrial Strategy: DBEIS)에 통합되었다. 2000년대 영국의 환경정책과 행정은 통합적 접근을 강조하였지만 집행은 여전히 분권화되어 있었다. 또한 북유럽의 다른 국가들에 비해 환경에 대하여 상대적으로 소극적이었던 영국은 2000년대에 노동당이 집권하면서 유럽의 환경정책과 행정 방식을 적극적으로 수용하였고 유럽화시켜 나가는 계기를 마련하였다(Rollinson, 2010).

6) 2010년대

영국의 2010년대 환경행정과 정책은 Defra가 2011년 이래로 지속적으로 발간하고 있는 『자연환경백서(*The Natural Environment White Paper*)』에서 명시하고 있듯이 5개의 주요 목표를 기반으로 하고 있다(DEFRA, 2014).

첫 번째는 자연환경을 보전하고 향상시키는 것이다. 먼저 생물다양성을 제고시키기 위해서 생태계 평가 체계(Ecosystem Assessment)를 구축하고 'Biodiversity 2020: A strategy for England's wildlife and ecosystem services'을 발간하여 생물다양성의 구성 요소와 전략을 구축하고자 하였다. 또한 건강한 자연환경으로부터 사람들이 얻을 수 있는 편익과 서비스를 향상시키고 환경을 보호하기 위해서는 지방정부의 역할이 중요하기 때문에 48개의 Local Nature Partnerships를 구축하여 성공 사례 공유, 실행 전략 논의 등을 수행하였다. 또한 50여 명의 자연가치 홍보대사를 선정하여 최근의 근거 자료를 기반으로 정책결정에 참여하도록 하였으며, 자연개선지역(Natural Improvement Areas)을 선정하여 환경보전이 더욱 적극적으로 이루어지도록 지원하는 정책을 추진하였다. 이외에도 저탄소 인프라, 토양 및 하천 보호, 도시 및 마을의 자연 회복, 해양환경 관리 등을 위한 다양한 정책을 추진하였다.

두 번째는 그린경제(green economy)를 촉진시키는 것이다. 그린경제를 위해서 영국 정부는 그린경제 로드맵을 수립하였고, 독립성을 갖는 자연자본 위원회(Natural Capital Committee)를 설립하여 경제문제내각 위원회(Economic Affairs Cabinet Committee)에 자문을 해주고 중요 정보를 보고하도록 하였다. 또한 그린경제위원회(Green Economy Committee)를 만들어서 건강한 자연 보호와 편익의 극대화를 위한 전략을 수립하도록 하였다. 또한 전체 자연환경계획(Total Environment initiative)을 수립하고 이것을 기반으로 지방정부들과 파트너십을 추진하도록 하였다. 또한 생태계 시장 태스크포스(Ecosystem Markets Task Force)를 만들어서 자연의 서비스를 중요하게 생각하고 보호하는 친환경 상품, 서비스, 제품, 투자 수단 및 시장 확대의 기회를 검토하도록 하였다.

세 번째는 지역 자연 파트너십과 건강 및 웰빙위원회가 적극적으로 협력하여 건강한 자연의 서비스가 사람들에게 전달될 수 있도록 하였다. 또한 자연환경에 대한 교육을 강화시키고 해안, 농어촌, 이웃들과의 연계와 접근을 제고시켜서 자연과 사람의 관계를 재건하려고 노력하였다. 또한 이들 계획이 체계적으로 추진될 수 있도록 생태계 지식교환 네트워크(Ecosystem Knowledge Exchange Network)을 구축하여 정책결정자, 이익집단, 연구자들이 지역 생태계 프로젝트에 같이 참여하여 지원하도록 하였다. 정부는 이 네트워크를 통하여 보다 효율적으로 해양 및 토지보전, 사회적·경제적 편익을 제공할 수 있도록 하였다. 또한 언급했던 국가생태계 평가 체계를 통하여 환경 시스템에 대한 이해와 서비스를 제고시키려고 노력하였다.

또한 영국은 25년 환경계획을 수립하여 청정공기(Clean air), 청정하고 풍부한 물(Clean and plentiful water), 풍부한 초목과 야생동물(Thriving plants and wildlife), 환경 위협 요인으로부터의 위험 감소(Reducing the risks of harm from environmental hazards), 지속 가능한 효율성을 기반으로 자연자원의 사용(Using resources from nature more sustainably and efficiently), 자연환경에서 경관, 유산, 참여의 촉진(Enhancing beauty, heritage and engagement with the natural environment), 기후변화의 완화와 적응(Mitigating and adapting to climate change), 쓰레기의 최소화(Minimising waste), 화학물질에 대한 노출관리(Managing exposure to chemicals), 방역 강화(Enhancing biosecurity)에 대한 계획을 수립하였다. 대기 및 수질을 개선하고 멸종 위기에 처한 많은 식물, 나무 및 야생 생물종 등의 모든 자연에 대한 보호와 관리를 포괄하고자 하였다.

3. 환경행정관리 체계

영국의 환경행정 조직을 중앙정부와 지방정부로 구분하여 알아보기로 한다. 영국의 중앙환경 행정조직은 수상 직속의 환경식품농림부(Department of Environment, Food, and Rural Affairs: Defra)와 준독립적 기관인 각종 지역환경관리청들과 지역사무소에 의하여 이루어지고 있다. 의원내각제를 채택하고 있는 영국에서는 Defra의 장관이 환경 업무를 총괄하고 있으며, 여러 환경 관련 전문직 공무원이 포진하고 있는 전문기관을 중심으로 이뤄지고 있다. 또한 1995년 환경법(Environment Act)에 근거하여 설립된 환경청(Environment Agency)이 수상 직속의 독립된 중앙행정기구로서 의회와 내각과의 상호 협조 하에서 업무를 추진하고 있다.[4] 따라서 여기에서는

4) 영국의 환경청은 집행기관이지만 우리나라와는 달리 장관의 직접 통솔을 받지 않는 Executive Non-departmental Public Body라고 한다. https://www.gov.uk/government/organisations/environment-agency

환경식품농림부와 환경청에 대하여 살펴보고 더불어 지방정부의 환경행정을 다루고자 한다.

1) 중앙 환경행정 조직

(1) 환경식품농림부(Defra)

먼저 환경농림식품부(Department of Enviroment, Food, and Rural Affair: Defra)는 산하에 6개 영역으로 구분된 33개의 산하조직을 거느리고 있다. Defra의 주요 목표, 조직 체계와 주요 기능을 정리하면 다음과 같다.

영국의 환경행정 체계는 지방정부보다 중앙정부가 많은 권한을 가지고 있으며, 전반적으로 Defra가 환경행정 및 정책의 기획과 집행 과정을 총괄한다. 그리고 지방정부는 주로 중앙부처가 제시한 기준과 절차 등의 지침을 실행하는 역할을 담당하고 있다. 이처럼 영국의 환경행정 체계는 수직적으로 통합되어 있다. Defra라는 자신들의 행정 목표가 지속가능발전이라는 것을 분명히 하고 있다. 이를 달성하기 위한 구체적 정책으로 기후 변화와 에너지, 지속 가능한 생산과 소비, 그리고 폐기물 관리 전략, 자연환경 및 생태자원의 보호, 야생동·식물의 보호, 지속 가능한 농업 등을 제시하고 있다. 이 밖에 환경 기본 기능으로 수질 및 대기오염, 생물종 다양성, 토양오염 및 토지관리에 주력하고 있다.

Defra의 주요 목표
• 지속 가능한 발전과 삶의 질의 향상 • 더 나은 환경, 다양한 야생동물, 자연자원의 지속 가능한 이용 • 지속 가능한 농업, 어업, 식량생산을 통하여 소비자의 요구를 충족시키는 경제적 풍요의 달성 • 농촌지역과 전원 시골지역의 경제발전, 환경조직의 지속 가능한 발전

그림 10-3 영국 Defra 조직 체계

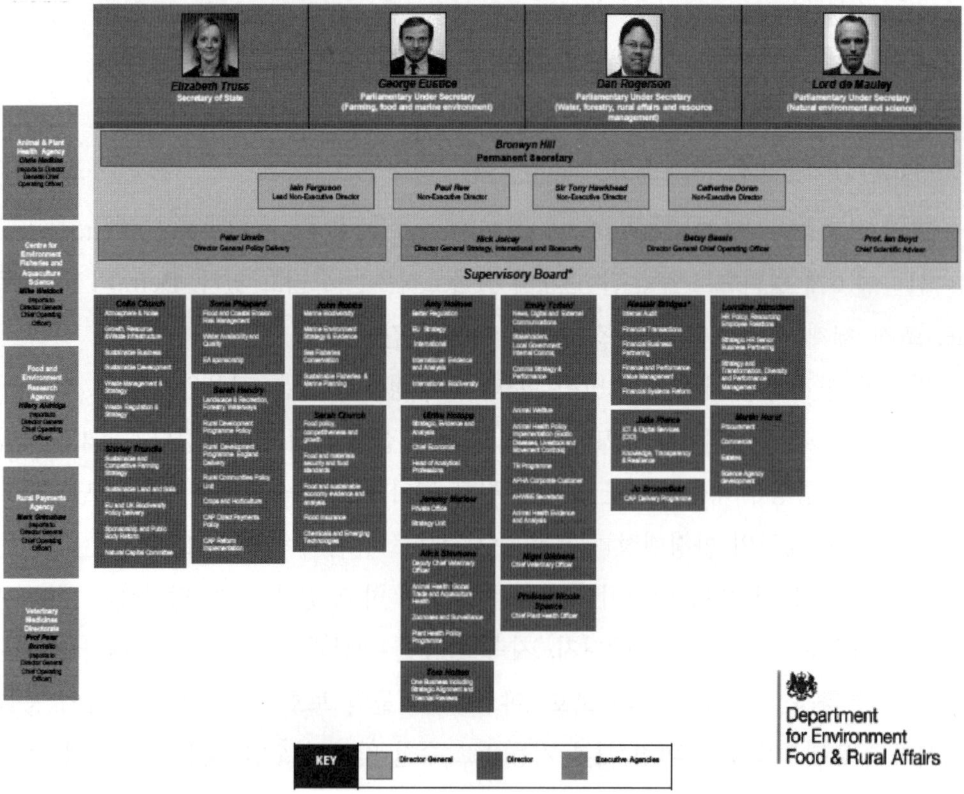

자료: Defra internal organogram as at 1 October 2014(2019)(https://www.gov.uk/government/publications/organisational-structure-of-defra-and-details-of-staff).

또한 Defra는 기존의 DETR에서 교통부를 분리하고 농수산물과 동물보건 기능을 포함시켰으며, 과학 및 협력, 커뮤니케이션 기능을 보완하였다. Defra는 대기, 토양, 수질의 지속적이고 획기적인 개선, 자연자원과 동식물 보호, 폐기물 처리, 어류 보호 등의 공기, 물 및 토양의 질, 자연보호, 폐기물 처리 등 다양한 영역에서 역할들을 하고 있다. Defra의 기능을 간략하게 정리하면 다음과 같다.

Defra의 주요 기능
• 대기, 토양 및 수질의 지속적이고 획기적인 개선 • 자연자원 및 동식물의 보호 강화 • 오염통제 및 하천 하구언 관리 • 강과 바다의 범람에 대한 생명과 재산의 보호를 위해 효과적인 방어와 경고 체계 제공 • 폐기물 재이용, 재활용 장려를 통한 폐기물 최소화 • 폐기물 처리 기준 개선 • 지방자치단체의 요구와 환경 간의 적절한 균형 유지를 통해 수자원 관리 • 오염지역의 복원을 위해 다른 기관들과 협력 • 연어 및 청정수역 어류의 보호와 증식 • 하천 운송의 보존과 개선 • 교육과 정보 제공을 통해 환경 이슈에 대하여 국민에게 홍보 • 우선 순위 설정 및 사회가 납득할 수 있는 해결책 강구 등

표 10-2 영국 Defra의 산하조직

정부 산하기관	정부 집행공공기관	비정부 집행공공기관
– 임업위원회 – 수도규제국	– 동식물 보건국 – 환경, 어업 및 양식 과학 센터 – 농촌 지원국 – 수의약품국	– 농업 및 원예 개발위원회 – 왕립 식물원 이사회 – 물 소비자 협의회 – 환경청 – 공동 자연 보전위원회 – 해양 관리국 – 국가 산림회사 – 자연 잉글랜드 – 바다생선산업국
비정부 자문공공기관	**비정부 평가공공기관**	**기 타**
– 환경유출 자문위원회 – 독립 농업 항소 패널 – 과학 자문위원회 – 동물제품위원회	– 식물 품종 및 씨앗 검역소	– 코벤트 가든 마켓 – 다트무어 국립공원 관리청 – 식수 검역소 – 엑스무어 국립공원 – 레이크 지구 국립공원 – 뉴림 국립공원 – 노스욕무어 국립공원 – 노스 머브랜드 국립공원 – 피크 지구 국립공원 당국 – 사우스 다운스 국립공원 – 영국 공동조정국 – 요크셔 데일스 국립공원

자료: Department for Environment, Food and Rural Affairs(2019)(https://www.gov.uk/government/)(2019. 8.12).

한편, Defra는 33개의 산하조직을 보유하고 있다. Defra 산하조직은 [표 10－2]와 같다.

(2) 환경청

영국의 환경청(Environment Agency: EA)은 1996년 환경정책 집행기관인 왕립산업대기오염감사단(Her Majesty's Industrial Air Pollution Inspectorate), 왕립환경오염감사단(Her Majesty's Inspectorate of Pollution), 국립하천관리청(National River Authority) 등에 산재해 있던 기능들을 통합하여 환경청을 설립하였다. 심각한 환경오염행위, 특별규제 대상 오염물질의 배출행위 등은 중앙정부에서 담당하고, 그 이외의 오염행위는 지방정부가 담당하는 이원적 형태를 취하고 있는데, 환경청은 Defra에서 기획된 환경정책을 지방정부에서 실행하는 역할을 담당하는 조직으로서 Defra와는 수직적 상하관계를 형성하고 있다. 환경청은 전국에 14개소에 지역사무소를 두고 있다.

환경청은 대표적인 비정부집행기관(Executive non－departmental public body)에 해당되며 업무는 크게 두 영역으로 나누어지는데, 한 영역은 홍수와 해양 관련 위기관리 업무이고, 다른 한 영역이 환경과 기업 활동과 관련된 환경 산업 및 보호 업무이다. 환경청의 세부적 업무는 지역사무소에서 집행한다. 환경청은 전국 14개소에 지역사무소를 두고, 수질 및 대기오염의 방지, 홍수 방지, 지구온난화, 그리고 지속가능발전 관련 업무를 총괄하고 있다.

부 서	주요 기능
환경청 (Environmental Agency)	• 산업단지와 폐기물 규제 업무 • 오염된 토지의 관리 • 홍수 및 해양 위기 관리 • 수자원 질적 관리 • 환경과 관련된 수산업 관련 업무 • 하천 및 수로 관리 • 생태계 보전 업무

이러한 기능을 수행하기 위해서 설립한 조직구조는 [그림 10－4]와 같다.

(3) 지역 환경관리 체계

Defra는 광범위한 분야의 환경 업무를 담당하고 있지만, 실질적인 환경정책의 집행업무는 33개의 준독립적인 산하기관들에 의하여 수행되고 있다. 즉, Defra의 종합적인 관장 하에서 집행 업무는 오염 매체에 따라 지방청과 지역별 수질보전청 또는 하천정화위원회 등에서 관장하고 있다.

대기오염에 대한 통제는 중앙정부와 지방정부가 분담하고 있다. '왕립산업대기오염검사단[Her Majesty's Industrial Air Pollution(Alkali) Inspectorate]'이 영국 본토, 웨일스, 북아일랜드를 담당하고 있으며, '왕립산업오염검사단(Her Majesty's Industrial Pollution Inspectorate)'이 스코틀랜드를 담당하고 있다. 이들의 신분은 공무원이며, 전통적으로 외부 간섭을 거의 받지 않는 독자적인 기구이다.

영국의 수질오염 방지에 대한 노력은 영국의회가 '강오염방지법(River Pollution Act)'을 제정한 1876년부터 시작한다. 그러나 이 법은 지방정부들이 집행하지 않으므

그림 10-4 영국 환경청 조직구조

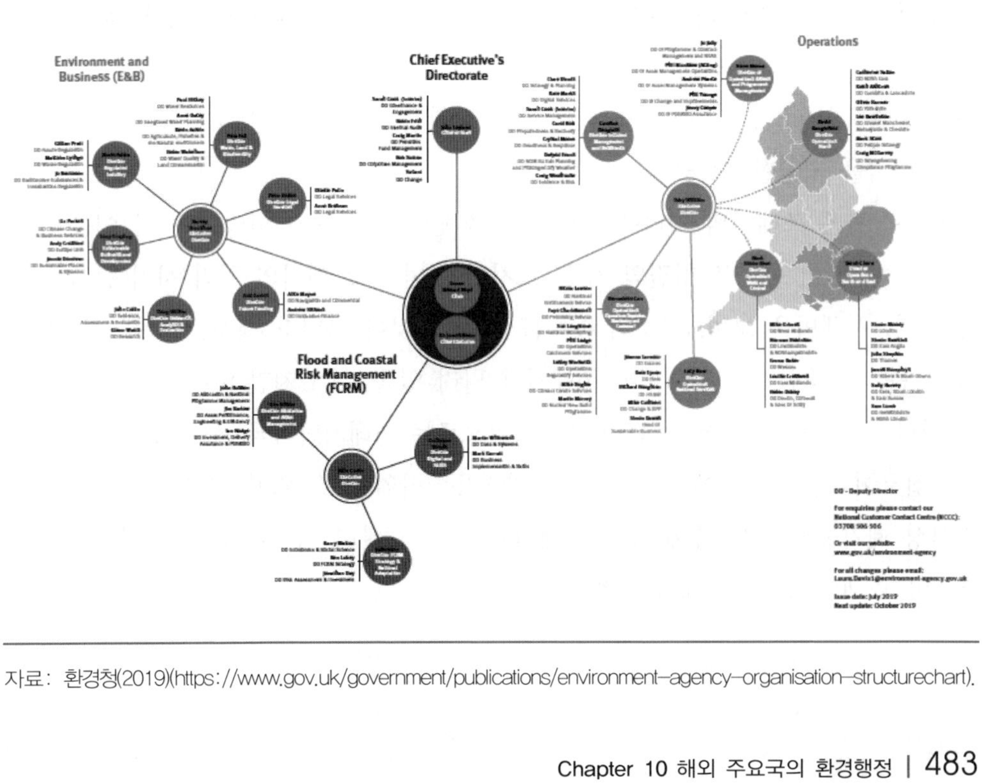

자료: 환경청(2019)(https://www.gov.uk/government/publications/environment-agency-organisation-structurechart).

로 실효를 거두지 못하였다. 1963년에 '수자원법(Water Resources Act)'이 제정되어 29개 소의 강기구(River Authorities)를 발족함으로써 수질오염 방지 노력이 본격화되었다. '강기구'의 구성원 대부분은 지방정부에 의하여 임명된다. 이들 '강기구'와 여타 수자원 관련 기관들은 1970년대 초에 10개소의 지역수질국(Regional Water Authorities: RWA)으로 통합되었다. 이 기구의 구성원은 지방정부가 인구 비례에 의하여 과반수 이상을 임명하고 나머지는 중앙정부에 의하여 임명된다.

2) 지방정부

지방자치의 전통이 강한 영국은 환경 보전에서도 지방정부의 역할이 매우 중요하게 인식되고 있다. 따라서 중앙정부는 환경정책의 방향과 지방정부가 감당하기 어려운 사안에 대해서만 관여하고 있다. 영국의 지방정부의 역할 중에서도 쓰레기 관리와 수질관리 분야에 한정하여 살펴보기로 한다.

(1) 쓰레기 관리

영국의 '환경보호법'은 쓰레기 처리 업무를 담당할 지역 당국의 권한과 의무를 정하고 있다. 주, 구, 런던선거구의회, 런던시의 주민의회, 실리제도(Isles of Scilly)의 의회는 주요한 쓰레기 행정 당국이며, 국무장관은 쓰레기 담당 부서로 다른 종류의 지역 당국을 지정할 수 있다.

국무장관은 쓰레기의 처리에 관한 규약을 만들어 쓰레기 담당 부서가 이를 고려하도록 하고, 이 규약은 청결의 기준, 토지이용 범위, 쓰레기의 처리 시기 등을 제시해 준다. 시행법을 보면, 청소의 횟수를 지정한 것이 아니라 청소 시간을 지정하고 있다. 즉, 읍 중심가는 밤새도록 쓰레기가 널려 있을 수 있지만 8시까지는 청소되어야 한다. 쓰레기를 처리하는 관련 행정기관으로는 쓰레기단속국, 쓰레기처리국, 쓰레기수집국이 있다. 여기에서 쓰레기란, 가정용·산업용·상업용 쓰레기를 의미하며, 방사성 폐기물과 같은 통제 대상 쓰레기는 쓰레기 관리 허가에 따라 조치된다(이종열, 1994: 203-204; Jordan, 2005).

(2) 수 질

영국의 수자원관리는 이원화되어 있다. 급수와 배수에 관한 사무는 1989년 민영화되었고, 수질환경은 환경청의 소관이다. 언급했듯이 환경청은 지방환경청이 있으며, 이외에 물서비스 규제부(Ofwat), 음용수감시과(The Drinking Water Inspectorate: DWI), 식수 소비자위원회(Consumer Council for Water), 상하수도 사업자들이 있다. 영국은 물보호법(Water Act)에 근거하여 중앙정부가 환경청을 관리 및 통제하고 통합적인 수자원 관리시스템을 수립하여 운영하고 있다. 물보호법(Water Act)에 따르면, 국무장관은 통제수역에 유독·유해한 오염물질이 유입되는 것을 통제하고 예방하기 위하여 일정 지역을 자원 보호지대로 설정할 수 있다. 그러나 이렇게 하기 전에 지역 당국과 협의하여야 한다(이종엽, 1994: 206－208; Jordan, 2005).

4. 법 체계

영국은 주로 판례법주의를 채택하고 있으며, 환경법을 세계적으로 가장 먼저 마련한 국가이다. 13세기부터 환경법을 제정하기 시작하였으나 19세기 이전까지는 대부분 지방입법이었다. 그리고 1847년 '도시개선법'이 시행되면서 국가 입법을 갖추기 시작하였다(환경부, 2008). 영국의 환경 관련법을 설명할 때 주로 환경보호법이 제정된 1990년 이전과 이후로 구분하여 설명한다. 1906년에 염기 등 '제조업 관리법(Alkali etc Works Regulation Act)'을 제정하였으며, 1913년에는 '매연방지법'을 제정하였다. 그리고 1952년 런던 스모그 오염사건 이후 '대기청정법'(1956)으로 대체 제정하였다. 또한 하천 관련해서는 1876년에 '하천오염방지법'을 제정하였으며, 1960년에는 '소음방지법', 1981년에는 '야생동물과 농촌법'을 제정하였다. 그리고 1990년에는 폐기물, 대기·수질, 소음 등을 통합 관리하기 위해서 환경 보호의 기본법인 '환경보호법(Environmental Protection Act)'을 제정하였다. 영국은 1990년에 들어서면서 종래의 매체별 단속일변도 정책에서 벗어나 통합적 환경관리 체계(Integrated Pollution Control: IPC)라는 새로운 산업환경 규제구조를 확립하여서 사전예방을 통한 근본적인 오염 예방을 강조하였다. 그리고 '수자원법'(1991), '공업용수법'(1991), '도시계획법'(1990), '오염방지법'(1999) 등을 제정하여 환경 관련 법적 체계를 보완 및 개선하였다. 영국의 환경 관련법의 목록을 간략하게 제시하면 다음과 같다.

환경보호법(Environmental Protection Act)
물보호법(Water Act)
수자원법(Water Resources Act)
기후변화법(Climate Change Act)
농촌자연환경법(Natural Environment and Rural Communities Act)
지역사회환경법(Clean Neighbourhoods and Environment Act)
농촌용지경계법(Countryside and Rights of Way Act)
농촌야생동물법(Wildlife and Countryside Act)
오염통제법(Control of Pollution Act)
탄소예산 시행령(Carbon Budget Order)
에너지정보규제(Energy Information Regulations)
온실가스방출거래제도규제[Greenhouse Gas Emissions Trading Scheme(Nitrous Oxide) Regulations]
폐기물규제[Waste (England and Wales) Regulations]
에너지 계획법(Planning and Energy Act)
에너지법(Energy Act) 등

여기에서는 환경보호법(Enviornmental Protection Act), 물보호법(Water Act), 기후변화법(Climate Change Act)에 대해서 살펴보고자 한다.

1) 환경보호법

환경보호법(Environmental Protection Act)은 환경 관련 모든 절차와 물질들을 규정하고 각 배출물이 환경으로 배출되는 것을 제한할 수 있는 전반적인 체제를 규정하고 있다. 그리고 승인 및 집행은 환경청(EA)과 스코틀랜드 환경보호국(SEPA)이 담당하는 것으로 명시하고 있다. 승인 후 규정을 준수하도록 규정하고 있으며, 범죄자에 대한 형사 제재를 할 수 있도록 하였다. 또한 가정, 산업 및 상업 폐기물 등을 육지에서 어떻게 해야 하는지를 규제하고 허가하는 제도도 규정하고 있다. 허가받지 않았거나 유해한 활동을 방지하기 위해 수입 폐기물, 생산자, 운반자, 보관자, 취급자 또는 통제 폐기물의 처리자에 대한 광범위한 관리를 규정하고 있다. 지역 사무소는 법을 준수하지 않는 가구 및 사업체에 대한 형사 처벌을 할 수 있도록 하고 있다. 이외에도 쓰레기와 관련된 위반, 유전자 변형 유기체(GMO)에 대한 법적 통지 및 위험평가, 수입, 취득, 보관, 출시 또는 마케팅과 관련한 의무, 권한을 명시하고 있다. 환경보호법에서 규정한 내용을 간략하게 정리하면 지방 당국의 통합 공해 방지 및 대기 오염 방지, 육상 폐기물, 오염된 토양, 법규에 따른 성가심과 깨끗한 공기, 쓰레기 등에 대한 관리 및 규제를 명시하고 있으며, 부가적으로 방사성 물질, 유전자 변형물질, 웨일스의 자연 보호에 대해서도 규정하고 있다.

2) 물보호법

물관리와 지속 가능성을 위한 관련 법에는 물보호법(Water Act)과 물자원법(Water Resource Act) 등이 있다. 여기에서는 물보호법을 중심으로 구체적인 내용을 살펴보고자 한다. 물보호법의 Part 1에서는 수자원의 이용과 저장에 관한 내용이 담겨 있으며, Part 2에서는 물 서비스에 관한 새로운 관리 조직의 설립, 지방정부의 하천 감독권에 관한 내용을 기술하고 있다. Part 3에서는 물 취수 및 저장 통제, 토지배수와 홍수대비, 하천관리, 수질오염관리를 위한 조항들로 구성되어 있다. 마지막으로 Part 4에서는 홍수대비위원회의 설립과 관리, 토지 및 공업과 관련된 강감독권 등을 규정하고 있으며, 이외에도 수자원 관리에 따른 재정관리 및 강 위원회의 역할 등을 규정하고 있다. 한편 상하수도 사업자들은 추가적으로 환경청에서 규정한 EC Environmental Directives, River Basin Management Plans를 준수할 필요가 있다.

3) 기후변화법

영국 기후변화법(Climate Change Act)의 주요 내용은 2050년까지 1990년 대비 온실가스 배출량을 80%까지 감축하는 목표를 설정하였다. 구체적으로 Part 1에서는 탄소 저감 목표를 설정하고, 이러한 목표치의 감축을 위해서 탄소 예산화 제도(Carbon Budgeting System)를 도입하였다. Part 2에서는 기후 변화 위원회 구성에 대하여 설명하고 있고, Part 3에서는 거래계획, 활동과 권한을 언급하고 있다. 마지막으로 Part 4에서는 기후 변화의 영향에 대한 보고와 적응을 법적으로 명시하고 있다. 이 법에서는 독립기관으로서 기후변화위원회를 창설하여 매년 정부에 온실가스 배출 목표량을 권고하고, 진행상황에 대해 의회에 보고서를 제출하도록 하였다. 그리고 온실가스 감축을 위해서 국내 온실가스 배출권 거래제도(emissions trading schemes)를 도입하고, 바이오 연료 사용 증대 및 가정 폐기물 감축 방안을 도입하였다. 민간업체들도 온실가스 감축을 위한 기여를 보고하도록 하고 있다. 영국의 기후변화법은 온실가스 감축 의무를 국내법으로 규정한 세계 최초의 법안이라는 데 큰 의의가 있다.

제 4 절 독 일

독일은 환경선진국가로서, 전 세계적으로 다양한 환경정책을 우선적으로 도입한 대표적인 나라이다. 독일은 정부의 적극적인 환경정책과 환경교육을 통하여 1960년대부터 환경 보호를 위해서 적극적인 노력을 하였고, 도심환경보호구역 제도, 환경표지제도 등 다양한 제도를 통해 지속 가능한 발전을 추구해왔다. 독일은 1970년대에 들어서면서 시민들을 중심으로 친환경운동을 본격적으로 시작하였으며, 계속되는 친환경 문제에 대한 인식과 환경단체들의 활동을 통하여 녹색운동의 발전과 정당 설립의 기반이 되었다. 1990년대 동서독이 통일되면서 환경정책이 다소 위축되었지만, 1998년 독일 연방 총선 결과로 사민당과 녹색당이 연합정부를 구축하면서 환경 문제와 정책이 중요한 전환점을 맞게 되었다. 그리고 2010년대를 맞이하면서 독일은 여전히 친환경적인 에너지 정책, 핵에너지의 탈피, 생태적 조세 개혁, 온실가스 감축 등을 중심으로 환경정책과 행정을 적극적으로 국가경제 및 에너지 문제에 연계시켜서 추진하고 있다. 여기에서는 독일 환경행정의 기본방향 및 특징, 전개 과정, 환경행정관리 체계, 그리고 법 체계를 중심으로 살펴보고자 한다.

1. 기본방향 및 특징

독일은 16개 주정부로 구성된 연방국가로서 연방정부 차원에서 환경정책을 입법화하고, 집행은 주정부가 담당하는 분리 시스템을 갖추고 있다. 그리고 독일의 주정부는 스스로 독자적인 환경정책을 수립·집행할 수 있는 권한을 가지고 있으며, 연방정부에 이러한 독자적 정책에 대하여 보고해야 할 의무를 갖지는 않는다. 즉, 주정부가 독자적인 정책결정을 위한 강한 권한을 가지고 있는 연방국가라고 볼 수 있다. 또한 지역의 환경법 집행은 지방정부가 중심이 되어 집행하며, 대형 배출업소는 광역자치단체가 소형 배출업소는 기초자치단체가 각각 역할을 분담하여 수행한다.

독일 환경정책의 특징을 간략하게 살펴보면, 환경정책이 연방정부의 경제, 에너지 등 다른 영역의 정책에도 직접·간접적인 영향력을 행사할 만큼 중요한 역할을 한다. 따라서 연방환경·자연 보호·핵안보 장관(Federal Ministry for the Environment, Nature Conservation and Nuclear Safety)은 독일의 국가 정책결정에 막강한 영향력 행사한다. 독일의 환경정책은 경제 성장과 환경 보호가 함께 성장하는 지속 가능한 발전의 시각을 강조하고 있다. 그렇다 보니 기술, 제도, 사회 개혁을 통해 생태적으로 자원 및 에너지의 효율성 향상 분야와 기후 변화·에너지·폐기물 분야의 정책은 상당한 성과를 보이고 있으나 도로건설 및 산업개발로 인한 자연생태계 훼손, 하천 훼손, 건강을 위협하는 미세먼지와 오존 수준 등 교통 및 생태계 보호 분야의 정책목표 달성에는 한계점들이 나타나고 있다. 후쿠시마 원전 사고 이후, 탈핵 선언 및 신재생에너지 비중의 증대을 위한 환경정책을 추진하고 있다(안병옥, 2010). 독일의 환경정책을 영역별로 간략하게 정리하면 <표 10-3>과 같다.

표 10-3 독일의 환경정책

구 분	설 명
에너지 생산과 효율성	- 열병합발전확대법(Combined Heat and Power Protection Act), 재생에너지법(EEG), 발전차액지원제도(FIT) - 에너지 절약법, 열보호 규정
순환경제, 폐기물, 재활용	- 순환경제, 폐기물, 재활용: 거주지 폐기물 이용, 처리 및 기타 폐기물 처분에 관한 기술지침
원료 및 재료 효율성, 유해물질 사용 회피	- 유해물질 투입금지 및 감축에 관한 규정
대기정화 및 배출 방지	- 연방배출방지법, 대기정화에 관한 기술지침
수자원 경제	- 유럽연합의 수자원 제도적 지침, 먹는 물 규정 등

자료: 박미옥 외(2015).

2. 전개 과정

1) 1969년 이전

이 당시 독일의 환경행정과 정책은 동독과 서독으로 구분해서 살펴볼 필요가 있다. 환경행정은 동독에서도 더욱 강조된 경향이 있었다. 이미 동독 헌법 제15조 제2항에서는 “시민의 안녕을 위하여 국가와 사회는 자연 보호에 유념한다. 물과 대기를 깨끗하게 유지하고 동·식물계와 국가의 자연경관적 미를 보호하는 것은 해당 기관과 시민의 임무이다”라고 규정하여 환경호를 위한 규정을 헌법에 명문화하였다(통일부, 2018). 동독은 1954년에 이미 ‘자연보호법’을 제정하였고, 1960년대에는 천연자원(토지, 광물자원, 물과 삼림 등)에 대한 입법을 하기도 하였다. 그리고 환경 관련 행정조직은 환경법의 발전과 병행하면서 이루어졌다. 먼저 1968년에 환경자문단(Umweltbeirat)이 구성되었으며 이후 정부의 공식적인 부처로 발전하게 된다. 한편 서독에서 환경 보호에 대한 담론이 본격적으로 시작된 것은 1960년대 말이라고 볼 수 있다. 공업화로 인한 대기오염과 산성화로 인해 유럽의 숲이 황폐화된 것이 계기가 되었다. 1969년 사회민주당과 자유민주당이 연합정부를 형성하면서 개혁정책의 일환으로 환경 문제를 다루었고, 그 결과가 1970년 9월 서독 연방정부가 포괄적이며 미래지향적인 환경긴급지원 정책을 통과시키는 것으로 나타났다(통일부, 2018).

2) 1970년대

서독에서는 환경에 대한 관심이 높아지면서 1970년에 “환경에 대한 시급한 대처” 정책안을 만들고, 1971년부터 환경정책 및 대안을 추진하면서 100개의 항목과 규칙을 제정하고 예산을 마련하였다. 1971년 9월 브란트(Willy Brandt) 정권에서는 유럽 최초로 환경보호를 위한 행동 프로그램인 ‘환경프로그램(Umweltprogram)’을 작성하였고, 환경정책을 시작하였다. 연방정부는 기본법(GG) 제74조(연방의 경쟁적 입법권) 제24항(대기 정화, 소음 극복, 폐기물 처리 등)에 근거하여 ‘연방환경정책기본법’을 제정하였고, 이에 따라 개별적인 환경법이 입법화되었다. 환경 관련 부처로는 1971년 연방내무부(BMI) 내에 만들어진 환경문제전문위원회(SRU)와 식량농림부가 대표적이며, 이외에도 도시건설부, 교통부, 경제부, 연구기술부, 청소년·가족·여성·건강부에 다양한 기능이 분산되어 있었다. 1974년 7월 연방환경청(Umweltbundesamt: UBA)을 신설하여 환경에 관한 정책을 통합적으로 담당하게 하였지만, 여러 부처에 분산되어 있던 광범위한 환경 보호 기능을 완전히 통합하지는 못하였다. 그러나 1974년 세계적 경제공황이 발생하면서 서독에서는 환경운동이 약화되었으며 환경에 관한 관심도 국민들로 부터 다소 멀어지는 경향을 보였다. 따라서 정치권에서도 활력을 잃게 되자, 환경 지향적인 시민들이 자발적으로 시민친환경 운동을 하는 모습을 보이면서 환경보호운동을 활성화시키는 경향을 보였다.

한편 동독도 1970년대는 국가 차원에서 환경보호 정책을 실시할 수 있는 법적·제도적 기반을 조금씩 갖춘 시기였다. 1970년 5월 '국토육성법(Landeskulturgesetz)'을 제정하여, 토지 경작이나 농촌 보존, 자연경관 보호, 토양·산림·물의 이용과 보호, 대기 정화, 폐기물의 재활용과 무해 처리, 소음으로 부터의 보호 등 환경의 전 영역에 걸쳐 필요한 규정들을 포괄적으로 명시하고 있다. 그리고 조직적 차원에서는 1971년에 환경 문제를 총괄하는 환경 보호 및 수경제부(das Ministerium für Umweltschutzund Wasserwirtschaft)를 설치하였다. 이 조직은 환경보호계획 수립, 정책 제안 및 의사결정, 법률 시행 여부의 감독, 주민과 국가경제에 대한 환경 피해의 영향 예측 및 진단 등의 역할을 수행하였다.

동서독 간의 환경 문제 해결을 위한 협력을 1970년대에 들어서면서 시도하였지만 정치적 소원으로 인하여 실질적으로 이루어지지는 못하였다. 오스트제(Ostsee)의 오염이 심각해지면서 협력을 시도하였지만 실질적으로 이루어지지 못하였다. 동서독 간의 포괄적 환경협력을 처음 시도한 것은 1972년 12월에 체결된 동서독 간의 '기본조약(Grundlagenvertrag)' 제7조였다. 그러나 이것 또한 1974년 중동전쟁의 여파로 불어닥친 석유파동으로 인하여 환경협력은 중심적 과제가 되지 못하였다.

3) 1980년대

1980년대 서독의 환경운동과 정책은 녹색운동과 정당으로 발전하게 되었다. 1982년 환경 문제가 세계적인 문제로 부상하면서 1983년 녹색당이 정식으로 국회에 등장하기 시작하였고, 소극적인 정치권이 새롭게 환경에 더욱 관심을 갖게 되었다. 시민들의 친환경적 인식과 생태운동이 초기 녹색당의 활동에 큰 지원이 되었다. 그리고 서독 정부는 1986년에는 환경・자연보호・원자로안전부(Bundes－Ministerium fuer Umwelt, Naturschutzund Reaktorsicherheit: BMU)를 만들어서 총괄적으로 환경정책을 수립하였다. 한편 동독은 1980년대에 서독에 비해 대기오염이 15배나 심할 정도로 심각했으며, 기후 변화에 따른 물 부족과 병충해 등으로 인하여 산림생태계의 파괴도 심각하였다. 또한 동독에서는 우라늄 채굴 과정에서 발생하는 방사능 오염으로 인하여 주민들의 생명과 자연경관이 위협을 받고 있었다. 우라늄 채굴은 자연경관, 수자원 관리, 대기의 황폐화 및 주민들의 삶을 파괴하였다. 동독 정부도 조치를 취할 수 없을 만큼 심각한 상황에 직면하였다. 동독 주민들은 환경 유해물질들에 장기간 노출되면서 서독에 비해 평균 수명이 현저히 낮을 만큼 심각하였다. 그러나 동독 정부는 환경 관련 자료와 통계를 국가기밀로 분류하면서 개선과 보상보다는 은폐하려고 하였다.

1970년대까지는 실효성이 없었던 환경 문제 해결을 위한 동서독 간의 협약이 1980년대에 들어서면서 실질적으로 이루어지기 시작하였다. 1989년 베를린 장벽이 무너지기 전까지 환경 문제 해결을 위해서 다양한 협력을 시도하였다. 베를린 하천 보호사업을 위해서 동서독은 1982년에 전문가 회담을 통하여 합의문을 채택하였다. 이후 '환경보호기본협정(Umweltschutzrahmenabkommen)'을 체결하기 위한 협상이 1985년 11월과 1986년 1월에 개최되었다. 그리고 1987년 9월에 동독 공산당 서기장이었던 호네커(Erich Honecker)의 서독 방문을 계기로 서독 연방환경부 장관과 동독 환경부 장관은 '동서독의 환경협력을 위한 합의'를 하였다. 그리고 통일 직전인 1989년 7월 서독의 '연방환경부'와 동독의 '환경 보호 및 수자원관리부'가 공동 발표를 통하여 서독의 재정적 지원으로 동독지역의 환경복구사업을 추진할 것을 약속하였다. 그리고 1989년 11월 9일 베를린 장벽이 붕괴되면서 1990년 2월 말 동서독 간의 '환경통합(Umweltunion)'을 체결하였다.

4) 1990년대

통일 독일의 연방정부와 함께 시작한 1990년대의 환경행정과 정책은 1980년대에 비해 상대적으로 다소 부진한 면이 있었다. 그러나 거대한 통일 비용뿐만 아니라 통일과 함께 떠안은 동독지역 환경오염의 해결이 커다란 과제로 등장하였다. 독일은 공동성명을 통하여 '공동환경보호위원회'를 구성하여 동서독이 환경 문제에 대하여 책임공동체가 되는 '환경연합'을 수립하는 것을 목표로 하였다. 1990년 말에는 '신연방주의 생태회복과 발전에 관한 기본방침(Eckwerte zur ökologischen Sanierung und Entwicklung in den neuen Bundesländern)'을 발표하고, 우선 순위에 따라 환경정책을 시행해 나갔다. 그리고 1994년에 와서는 독일기본법(GG)에 제20조a를 새롭게 추가하여 환경 보호를 국가 목표로 설정하였다. 그리고 독일은 환경정책을 유럽연합의 환경정책과 연계시켰다. 그리고 '환경위원회'를 구성하여 환경 통합을 위한 기반을 구축하였고, 2000년까지 모든 연방주의 환경 기준이 동일한 수준에 이르도록 하였다.

한편 독일은 동독지역을 서독지역과 동일한 수준으로 환경을 개선하기 위해서 다양한 노력을 하였다. 1994년 2월 8일 연방정부가 작성 배포한 '독일통일과 신연방주의 재건에 관한 자료'에 의하면 통일 당시 동독지역에는 하수도망, 정화시설, 쓰레기 처리장 등 대부분의 환경보호 인프라가 문제가 있거나 아예 없는 상황인 것으로 조사되었다. 따라서 2000년까지 기한을 정하고 중기적 생태개선 대책을 수립하였다. 그리고 환경기초시설의 복구와 신규시설을 설치하였으며, 독일은 70,000여 개의 오염 의심지역을 확인하고, 1991년부터 1997년까지 총 153개의 대형 정화시설을 새로 설치하였다.

5) 2000년대

1998년 독일연방 총선 결과로 사민당과 녹색당이 연합정부를 출범시켰다. 1998년부터 2005년까지 사민당 출신의 게르하르트 슈뢰더(Gerhard Fritz Kurt Schröer) 총리가 이끈 연합정부는 에너지와 환경에서 중요한 정책을 집중적으로 제시하였다. 생태적 조세 개혁을 실시하고 재생에너지 촉진법을 도입하였고, 2002년에는 핵에너지 탈피와 같은 논쟁적인 정책도 전력산업계와의 대화와 합의를 통해 법적인 근거를 마련하였다. 그리고 2000년에는 지속 가능한 발전 전략을 발표하기도 하였다. 2002년에 재집권을 하였지만 장기간의 경기 침체가 발생하면서 2005년까지 주목할 만한 환경정책을 제시하지 못하였다. 하지만 2009년에 자동차세를 배기량 기준에서 온실가스 배출량으로 개편하는 정책을 도입하기도 하였다(안병옥, 2010).

독일의 2000년대 환경행정과 정책은 기후 변화와 에너지 자원관리, 생태계 보호와 매체별 오염관리로 구분해 볼 수 있다. 기후 변화와 에너지 자원관리를 위해서 교토의정서에 기반하여 1990년 대비 21%까지 온실가스 배출량을 2012년 이전에 감소시키는 목표를 설정하였는데, 2008년에 이미 23%를 달성하였으며, 2007년에 목표를 상향하여 2020년까지 1990년 대비 40%를 감축하겠다는 목표를 설정하였다. 독일의 환경정책이 기후 변화와 에너지 관리 측면에서는 괄목할 만한 성과를 보여주었지만 생태계 보호와 오염관리 측면에서는 다소 취약한 결과를 보여주었다. 독일 정부가 에너지 효율 기술이 기반을 둔 환경 보호와 기후 변화 대응에 초점을 맞추다 보니 생태계 보호를 위한 정책들은 간과한 경향이 있었다. 2000년대 독일에서는 도로 건설에 치중하면서 생물 서식지와 자연 생태계 파괴가 심각했다는 지적이 있다(안병옥, 2010).

6) 2010년대

2010년대 독일의 환경정책은 에너지와 기후 변화에 초점을 두고 있다. 독일은 2011년 3월 후쿠시마에서 발생한 원자력 재앙으로 원자력의 단계적 폐지를 결정하였다. 후쿠시마의 재앙은 원자력의 국내 사용 위험에 대한 정치적 · 사회적 인식을 근본적으로 바꾸었으며, 앙겔라 메르켈(Angela Merkel) 총리는 '핵 정지'를 공식적으로 발표하였다. 독일은 연방 및 주 차원에서 에너지 정책이 환경정책과 기후 변화 정책을 지원해야 하며, 공급 안보를 강화시키고, 생산성을 고려하며 사회적 영향을 반영하는 네 가지 원칙을 수립하였다. 그러나 이러한 원칙을 실행하는 데 핵에너지를 고려하지 않는 원칙을 세웠다. 그리고 재생에너지 공급을 확장하기 위해서는 에너지 네트워크를 더욱 확장하는 것이 필수적이다. 따라서 메르켈 총리는 에너지 네트워크

확장을 위한 새로운 민관의 협력적 동의를 주도하였다.

한편 독일은 정부와 민간의 모든 영역에서 기후 변화에 대한 인식을 형성하고 적극적으로 대응하려고 하였다. 독일은 현재 독일 에너지 소비의 60%를 2050년까지 재생 에너지로 전환하겠다는 정책적 변화를 주도하고 있다. 그리고 독일은 2007년에 유럽 및 국제 차원에서 국가의 의무를 준수하기 위해 통합 에너지 및 기후 프로그램(IEKP)을 승인했는데, EU의 다른 국가들이 2020년까지 CO_2 배출량을 30% 줄이는 반면, 독일은 같은 기간에 40%를 줄이겠다고 결정했다. 독일 내부적으로 석탄사용이 증가하면서 CO_2 배출이 증가하는 문제를 개선하기 위해서는 에너지 전환이 필연적이며, 이러한 전환을 통하여 기후 변화에 대응하겠다는 것이다. 또한 독일은 기후 변화에 적응하기 위해서 네 가지의 적응전략을 제시하였다.

첫 번째는 기후 변화에 대한 지식과 정보를 제공하고 이해관계자들의 기후 변화에 대한 역량을 향상시키는 것입니다. 두 번째는 인센티브 시스템 및 프로모션과 관련된 규정도 포함시켜서 법적·기술적 체제를 보완하는 것이다. 세 번째는 정부가 주도적으로 공공 영역의 인프라와 부동산을 대상으로 기후 변화 기준을 고려하여 기후 변화 적응을 구현하는 것이다. 네 번째는 개발 원조의 일환으로 기후 변화 적응에 기여할 수 있는 국제적인 역할에 독일이 적극적으로 역할을 하는 것이다(Hübner, 2015).

3. 환경행정관리 체계

독일의 독일기본헌법 제20조에 의하면, 국가는 장래의 세대에 관한 책임으로서 헌법 질서의 범위 내에서 입법이나 법률 및 규범에 따른 행정적 집행을 통하여 자연을 보호한다고 규정하고 있다. 기후 보호 및 대기오염 수준 관리, 소음 경감, 폐기물 관리, 수자원 보호, 유해물질로 부터의 보호, 유전공학, 토양 보호, 자연경관 보호, 원자력 안전, 방사능으로부터의 보호 등의 기능을 수행한다. 독일의 환경행정 체계는 주정부는 연방정부로부터 환경정책의 집행에 대한 관리·감독을 받지만, 연방정부와 명확하게 구분된 기능을 수행하는 분권적 행정 체계를 형성하고 있다. 독일에서 환경정책이 독립된 부처로 등장한 것은 체르노빌 원자력발전소 사고 이후이며, 연방 차원의 환경 주무 부처인 연방환경 · 자연 보호 · 핵안전부를 설치하고, 각 주에 연방환경청을 두어 집행 업무를 당당하고 있다.

1) 연방정부

연방정부는 유럽연합의 환경지침(환경과 관련한 지침, EU environmental directives)의 세부적 가이드라인을 설정하며, 국가 환경정책의 거시적 방향수립 및 주정부 환경정책 집행에 대한 자문 역할을 수행한다. 그리고 주정부는 연방정부의 지침을 준수하여 지방정부에 적용 가능한 환경 관련 정책의 개발 및 집행에 대한 관리 · 감독을 한다. 지방정부 또한 환경 관련 조례를 가지며 환경정책을 위한 집행 업무를 수행한다. 그러나 연방정부의 환경부 장관은 주정부의 환경정책을 수행하는 데 있어서 이의를 제기하고 행정규정을 지시할 수 있다. 그리고 연방정부는 주정부들과의 원활한 환경행정을 위해서 매년 2회씩 정기적인 환경장관회의(UMK)를 개최하여 환경정책의 결정과 추진에 관한 논의를 하고 있다. 그리고 이 회의는 실무적인 논의를 위해서 산하에 분과별 워킹그룹을 두고 있다.[5)]

(1) 연방환경 · 자연 보호 · 핵안전부

한편 연방정부의 담당 부처인 연방환경 · 자연 보호 · 핵안전부의 산하에는 연방환경청(Federal Environment Agency), 연방 자연보호청(Federal Agency for Nature Conservation), 연방 방사능보호청(Federal Agency for Radiation Protection)의 세 개 기관이 있다. 이들은 환경 분야에 관련된 연구개발 수행 및 전문적인 조언 및 정책연구를 담당하고 있으며, 연방 방사능 보호청은 정책기획 및 집행 역할을 수행하고 있다(박미옥 외, 2015). 독일의 환경행정 체계를 간략하게 제시하면 [그림 10-5]와 같다.

독일 환경행정의 최상위 기획 및 집행 조직인 연방환경 · 자연 보호 · 핵안전부는

5) 물 관련 정책(Bund/Länder-Arbeitsgemeinschaft Wasser), 폐기물 관련 정책(Bund/Länder-Arbeitsgemeinschaft Abfall), 자연 보전 관련 정책(Bund/Länder-Arbeitsgemeinschaft Naturschutz, Landschaftspflege und Erholung), 토양 보호 관련 정책(Bund/Länder-Arbeitsgemeinschaft Bodenschutz), 오염 매체 관련 정책(Bund/Länder-Arbeitsgemeinschaft Immissionsschutz) 분과를 포함해서 8개 분과를 운영한다.

그림 10-5 독일 연방정부 환경행정 체계

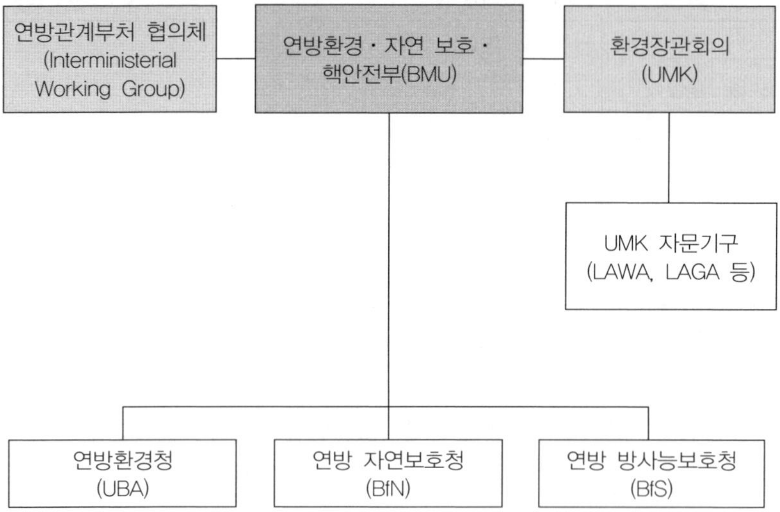

자료: 박미옥 외(2015: 133) 수정 인용.

연방의 환경정책 수립과 입법 기능을 총괄하는 부처이다. 다양한 환경 관련 입법을 준비하고 EU의 지침을 독일의 법으로 바꾸는 역할을 한다. 또한 국내의 환경 문제뿐만 아니라 유럽연합을 포함한 국제적 차원의 긴밀한 환경 협력을 강화시키는 역할을 수행한다(BMU, 2019). 특히 국내에서는 수질 보호와 수자원 관리의 총괄, 자연경관의 보호와 휴양관련 업무, 화학물질의 관리 업무, 도시 개발, 농촌 인프라, 방사능 관리 및 처리 업무를 담당하고 있다. BMU는 다양한 연구 및 조사 기능을 중점적으로 담당하며 정책 집행은 하지 않고 있다(박미옥, 2015). 연방환경 · 자연 보호 · 핵안전부의 기능을 간략하게 정리하면 <표 10-4>와 같다.

표 10-4 연방환경 · 자연 보호 · 핵안전부(BMU) 주요 기능

주요 기능	내 용
기후 및 에너지	- 기후 보호 - 탄소배출권 거래 - 기후보호 이니셔티브 - 에너지 효율성 향상

핵에너지, 방사선 보호	– 핵 에너지 안전 – 핵 에너지 공급 및 처리 – 방사선 보호 조치
물, 폐기물, 토양	– 폐기물 발생의 억제, 처리 및 재활용 – 하천 보호 – 해양환경 보호 – 토양 보호 및 지속적 자원 보장을 위한 예방
대기, 교통	– 대기의 정화, 보존 – 사회, 경제, 산업 등 여러 분야에서 환경오염 감소
환경, 정보, 교육	– 일자리 창출을 위한 환경정책 추진 – 환경 교육을 위한 홍보 및 기후 보호 프로그램 활성화

자료: 박미옥 외(2015: 143) 수정 인용.

한편 연방환경청(UBA)은 1974년 설립되었으며, 6개의 국으로 구성된 본청과 전국에 13개 지역사무소를 두고 있다. 연방 차원의 환경법, 대기오염, 기후 변화, 폐기물 처리, 수자원 관리, 토지 보호, 화학물질, 환경 보호 관련 문제에 대하여 정책 지원을 위해서 전문적인 조사·연구 수행, 제도 및 정책 분석·평가를 위한 기준 개발, 환경계획 및 정부간행물 제공, 연방 차원의 대기 모니터링, 환경 이슈에 대한 정보 제공, 환경영향평가를 지원한다. 생태, 화학, 경제학, 변호사, 엔지니어 등 다양한 과학분야의 전문지식을 가진 구성원의 비율이 50%를 차지할 정도로 높은 전문성을 확보한 조직이다.

(2) 연방 자연보호청

연방 자연보호청은 1993년에 설립된 조직으로서 BMU의 정책 지원을 위한 다양한 연구와 자연 보호 및 경관 보호 관련 예산을 총괄 관리하며, 학술단체 및 연구기관에 대한 기금을 제공하고 관리·감독하는 역할을 수행한다. 이 조직도 절반 이상이 다양한 분야의 전문가로 구성되어 있으며, 분야별 협력을 요하는 이슈에 효과적으로 대처할 수 있도록 조직구성을 하고 있다. 자연 보호 및 경관 보존을 위한 전문적인 연구 및 조사와 함께, 생물 다양성 보호를 위한 기능을 수행한다. 이외에도 종 보전을 위한 동식물 수출입 지원과 보호대상 지정, 자연 보호에 대한 국제협약, 남극조약 및 독일 유전공학 법과 관련된 업무를 수행하고 있다.

(3) 연방 방사능보호청

연방 방사능보호청은 방사선에 의한 환경 보호, 원자력 안전, 연료 저장, 폐기물 관리 및 이동 등과 관련된 업무를 일원화하기 위해 1989년에 설립된 조직이다. 환경 관련 다른 청과는 다르게 방사능보호청은 원자력 정책에 대한 집행 및 규제 권한을 가지고 있다. 구체적인 기능은 BMU의 원자력 업무 및 방사선 보호에 관한 업무 지원, 방사선 보호 및 원자력 안전에 관한 연구・조사, 방사능 폐기물 처리시설의 설치 및 운영 지원, 핵연료 저장소의 이동 및 보관에 관한 허가, IMIS에 대한 방사능 모니터링, 독일방사능보호위원회(German Radiological Protection Commission) 사무국으로서 역할을 수행한다.

2) 지방정부

16개 주정부에서도 환경정책의 실행을 위해서 중요한 역할들을 하고 있다. 주정부는 연방 상원입법에 협력하고 주정부 차원에서 새로운 법을 제정하여 연방정부의 법 원칙을 보충한다. 연방 정부의 환경부 장관이 각 주정부를 통하여 법 실행의 합법성과 합목적성을 점검하며 주정부 차원의 집행에 대한 이의가 있을 때 환경부 장관은 주정부에 행정 지시를 내릴 수 있다. 주정부는 주로 미시적인 정책을 기획하고 관리하는 역할을 수행하지만, 연방정부의 환경정책을 벗어나지 않는 선에서 주 실정에 맞는 세부 환경정책을 수립・관리한다. 한편 주정부는 학교에서의 환경교육 수준을 결정하거나 환경 관련 프로젝트를 장려하는 데 있어서 자주적으로 결정을 한다. 주정부들은 정당의 영향력으로부터 독립적 역할을 하려고 하며, 실제 문제 해결에 있어서도 독립적 활동을 강화하기 위해 연구위원회를 설립・운영하고 있다(박미옥, 2015).

4. 법 체계

독일의 환경 관련 법 체계는 1980년 후반에 국제사회에서 지구환경 문제가 중요한 이슈로 대두되었다. 국내적으로는 1990년에 동서독이 통일되면서 동독의 환경오염의 심각성이 표면화되었으며, 이후 연합・녹색당 연립정권이 들어서면서 체계화되기 시작하였다. 독일의 환경 관련 법령은 연방법과 각 주법으로 구성되며, 연방법은 유해한 환경영향을 방지하고자 하는 '연방공해방지법(Federal Imission Control Act: Bundes-Immissionsschutzgesetz, 이미시온방지법)'(1974)과 이에 기초한 8,000개의 개별법으로 구성되어 있다. 독일은 1960~1970년대 경제개발에 따른 산성비 피해, 라인강 오염, 폐기물 오염 등 환경 문제가 심각해짐에 따라 1970년대부터 매체별 환경 관련 법령을 제정하기 시작하였다. 한편 독일의 환경법과 관련 정책은 사전배려의 원칙, 원인자부담의 원칙, 협동의 원칙에 기초하고 있다. 아래에 제시한 것과 같이 다양한 대표적 법안들이 있지만 여기에서는 공해, 수질관리, 재생에너지에 관련된 법을 중심으로 살펴보고자 한다.

연방공해방지법(Federal Imission Control Act)
연방물호보법(Federal Water Act)
재생에너지자원법(Renewable Energy Sources Act)
연방토양보호법(Federal Soil Protection Act)
연방자연보호법(Federal Nature Conservation Act)
환경영향평가법(Environmental Impact Assessment Act)
온실가스거래법(Greenhouse Gas Emissions Trade Act)
에너지보호법(Energy Conservation Act)
폐기물질 사이클 관리법(Closed Substance Cycle Waste Management Act)
화학물질법(Chemical Act)
핵에너지법(Atomic Energy Act)
유전공학법(Genetic Engineering Act)

1) 연방공해방지법

독일의 연방공해방지법(Federal Imission Control Act)의 목적은 환경에 대한 유해한 영향으로부터 인간, 동물, 식물, 토양, 물, 대기, 문화재, 기타 재료 및 제품을 보호하는 데 목적이 있다. 이 법은 다른 많은 개별법들의 기초가 되는 중요한 기반을 제공해주고 있다. 또한 이 법은 환경에 유해한 영향에 대비하여 예방 조치를 취하는 역할을 포함하고 있다. 적용 범위를 보면, 제32조와 제37조에 근거한 물질로 제조된

설비, 연료, 물질 및 제품의 생산, 마케팅 및 수입, 제38조와 제40조에 근거하여 만들어진 트레일러 및 철도 차량, 항공기 및 선박은 물론 부유체 및 부유시설의 특성, 장비, 운영 및 시험, 제41조부터 제43조까지의 규정에 따라 철도, 마그네틱 서스펜션 철도 및 전차뿐만 아니라 공공 도로의 건설에 적용된다. 한편 이 법의 적용 범위의 예외로서 공항, 원자력법 또는 관련된 법령에 의한 시설, 장비, 부속품 또는 핵연료, 기타 방사성 물질에는 적용되지 않는다. 또한 연방 및 주정부가 수자원 보호 목적으로 발행한 수자원 규정에 규정된 경우에도 적용되지 않는다. 이 법은 시설의 설치와 운영을 위해서 면허의 전제 조건과 절차, 면허대상이 되는 시설 운영자의 의무와 면허가 없는 경우의 시설물 설치와 운영자의 의무, 금지사항 등을 규정하고 있다. 그리고 배출과 방출에 대한 측정과 결정, 안전점검을 위한 규정과 위원회 등에 대해서도 명시하고 있다(German Law Archive, 2019).

2) 연방물관리법

1957년에 처음 제정된 연방물관리법(Federal Water Act)은 동식물의 서식지을 위해서 뿐만 아니라 생태계의 파괴를 막기 위해서 물을 잘 관리해야 한다는 것에 취지를 두고 있다. 따라서 물에 영향을 줄 수 있는 경우에는 수질오염을 피하고 물환경을 적절하게 관리해야 한다는 것을 명시하고 있다. 이 법은 2002년까지 7회의 개정이 이루어졌는데, EU의 물관리 지침(European Water Framework Directive: WFD)을 체계적으로 반영한 것이다.

이 법의 구체적인 역할을 보면, 지표수(목표: 우수한 생태 학적 및 화학적 상태) 및 지하수(목표: 우수한 정량적 및 화학적 상태)에 대한 관리 목표 및 요구 사항을 명시하고 있다. 그리고 하수 처리 계획, 오염 방지 규정, 일반 물관리 계획 등에 대하여 새롭게 개선된 측정 및 관리 계획 프로그램을 도입하였다. 독일 연방정부는 무엇보다도 공개 정보 및 상담과 관련하여 유럽의 물관리 지침에서 요구하는 사항을 훨씬 능가하는 것을 이행하려하고 있다. 마지막으로, 독일 연방정부는 강 유역 지구의 수역관리를 국가 및 국제 차원에서 조화롭게 조정하기 위해서 명시하고 있다(German Law Archive, 2019).

3) 재생에너지 자원법

재생에너지 자원법(Renewable Energy Sources Act)은 재생 전력 생산을 촉진시키기 위해서 FIT(feed-in tariff)를 적용한 것이다. 이 법은 2000년 4월에 처음 발효되었으며, 세계 최초로 풍력과 태양광, 바이오 매스(열병합 발전 포함), 수력 발전 및 지열 에너지같은 녹색 전력 공급 관세 제도를 도입하였다. 중대한 개정이 2014년 8월에 있었는데, 구체적인 내용을 보면, 바인딩 확장 그리드(binding expansion corridor)를 촉진시키고 비용절감형 풍력 및 태양광 기술에 집중하여 비용을 획기적으로 줄이도록 하였다. 그리고 새로운 대규모 전기생산시설은 사업자가 생산한 전기를 직접 마케팅할 책임을 갖도록 하여 전기시장에 이들이 적극적으로 융화되도록 하였다. 그러나 소비자들을 위해서 전기 가격의 급격한 상승을 통제하도록 규정하였다. 재생에너지 생산자는 직접 판매를 할 수 있으며, 경매에 의해서 필요한 재정을 확보하도록 규정하고 있다. 재생에너지 자원법은 독일이 재생 에너지 점유율을 2025년까지 40~45%로, 2035년까지 55~60%로, 2050년까지 최소 80%에 도달하는 것을 목표로 하고 있다. 한편 2017년에 새롭게 개선을 하였는데, 이 개혁안에서는 육상 바람, 해상 바람, 태양 및 바이오 매스 프로젝트에 대한 공개입찰 절차를 도입하였다(German Law Archive, 2019).

제 5 절 한국과 해외 주요국의 환경행정 구조 비교분석

지속 가능한 발전을 성공적으로 실현하면서 자연환경을 보전하기 위해서는 다양한 국가에서 추진하고 있는 환경정책과 행정을 눈여겨 들여다 볼 필요가 있다. 더 나아가 국내·외적으로 직면한 환경 문제의 해결 방안을 모색하고, 환경행정을 행정학에서 더욱 일반화된 학문 영역으로 발전시키기 위해서는 한국의 환경행정 구조와 외국의 그것들을 비교 연구하는 작업이 유익한 시사점을 줄 수 있다. 이러한 맥락에서 여기에서는 한국과 함께 해외 주요국의 환경행정 및 정책 체계를 비교·분석해 보고자 한다.

1. 환경행정의 발달

1) 한국의 환경행정의 발달

먼저 우리나라에서는 환경행정의 주무 부처인 환경부는 1967년 보건사회부의 공해계(公害係)로 출발하였다. 이후 1980년의 환경청 신설과 1990년의 환경처로의 승격, 그리고 1994년 환경부로 승격되면서 오늘날의 모습을 갖추게 되었다. 1960년대 이후 환경행정은 위생관리에서 공해 방지, 그리고 환경관리로, 최근에는 사전예방에까지 중점을 두는 방향으로 발전하여 왔다.

'정부조직법'에 의하면 환경부는 "자연환경 및 생활환경의 보전과 환경오염 방지에 관한 사무"를 담당하도록 되어 있다. 환경부의 임무가 오염 방지와 환경 보전이라는 '전통적' 기능에 국한되어 있음을 알 수 있다. 환경보전 중에서도 주로 생활환경에 초점이 맞추어져 있으며, 최근 들어 지구환경 문제와 화학물질의 관리 및 자연환경 보전에 관련된 기능들이 추가되고 있다.

2) 미국의 환경행정의 발달

미국의 환경행정은 1960년대의 환경 의식의 고조, 1970년대의 환경법과 제도의 정비, 1980년대의 환경 보전과 경제 성장의 대립 속에서 환경행정의 침체, 그리고 1990년대 이후 환경과 경제적 가치의 조화를 추구하는 방향으로 전개되어 왔다. 지속가능발전이라는 새로운 패러다임에 입각하여 환경 보전과 경제 성장을 동시에 추구하는 방향으로 행정력을 모으고 있다(The President's Council on Sustainable Development, 1997). 환경행정의 주무 부처인 환경보호청(Environmental Protection Agency: EPA)은 1970년 조직개편계획 제3호(Reorganization Plan #3)에 의하여 독립기관으로 설치되었다. 환경보호청의 사명은 "국민의 건강을 보호하고 생명체가 의존하고 있는 대기, 수자원, 토지와 같은 자연환경을 보전하는 것"이다(2019, EPA).

3) 일본의 환경행정의 발달

제2차 세계대전 이후 일본은 수출 지향적 경제 성장 모형, 거점 중심의 집중적인 지역 개발, 에너지 다소비형의 중화학공업화 전략을 추진하면서 산업과 경제를 부흥시켰다. 그러나 가장 오염된 산업국가라는 오명도 획득하게 되었다. 수은 중독으로 인한 미나마타병과 카드뮴 중독으로 인한 이타이이타이병이 좋은 예라 하겠다. 이러한 사회적 분위기를 반영하여 1967년 '공해대책기본법'이 제정되었고, 1970년 일본의 소위 공해국회에서 14개 '환경법'을 통과시켰다. '환경오염통제기본법'이 개정된 것을 비롯하여 '대기오염통제법' 등의 환경 관련법들이 제정되었다. 1993년 지금까지의 '환경오염통제기본법'과 '자연보전법'에 기반하고 있던 환경행정의 기본 구도를 개혁하기 위하여 '환경기본법'을 제정하였다. 이 법은 현재 세대와 미래 세대를 위하여 환경을 보전해야 한다는 점을 강조하고, 환경에 미치는 부하를 최소화하면서 지속가능한 개발을 이룩할 수 있는 사회 체제를 구축하고, 국제 협조를 통하여 지구환경 보전에 이바지한다는 목표를 표방하고 있다.

4) 영국 환경행정의 발달

세계 최초의 산업국가답게 영국의 환경 문제는 다른 나라에 비해 일찍 사회 문제화되었다. 영국의 환경 문제는 귀족지주 계급들이 산업 활동에 따른 오염을 통제하고 자신들에게 미치는 폐해를 줄이고자 하는 노력에서 출발하였다(문태훈, 1997: 282-283). 이는 일본이나 우리나라처럼 일반 대중의 건강과 재산상의 피해를 줄이기 위한 노력에서 출발한 환경행정과는 그 출발 기반이 다른 것이다. 영국 의회는 1863년 세계 최초로 오염통제 기준을 마련하게 되는데 이것이 소위 '알칼리법'이다. 1970년 이후 영국은 기존의 주택부 · 지방부 · 교통부 · 공공사업부 등 여러 부처에 산재되어 있던 환경행정 기능을 이관받아서 환경행정의 주무 부처인 환경부(Department of Environment)를 신설하였다. 1997년 환경부는 다시 교통부와 통합하여 환경교통지역부(Department of Environment, Transport and the Regions: DETR)로 대형화되었고, 2001년 다시 환경 · 식품 · 지역부(Department for Environment, Food and Rural Affairs: Defra)로 개편되었다. 이러한 통합의 주된 목적은 관련 정책들의 보다 체계적 접근을 꾀하고 국내·외의 지속가능발전을 증진하여 궁극적으로 주민의 삶의 질을 높이기 위한 것이다(김상묵, 1999: 18-19; http://www.environment_agency.gov.uk).

5) 독일 환경행정의 발달

분단된 독일의 환경행정은 서로 다른 정치행정 체제에서 관리 통제되면서 동독과 서독은 많은 차이를 보였다. 동독은 상대적으로 일찍 1954년에 '자연보호법'을 제정하기도 하였지만 1970와 1980년대에 들어서면서 실효성 없는 환경행정과 정책으로 심각한 환경오염이 국민들의 삶을 위협하는 수준에 이르렀다. 서독은 1970년에 환경긴급지원정책을 통하여 환경정책을 시작하였고, 1974년에 연방환경청을 신설하여 통합적 환경정책을 추진하였다. 베를린 장벽이 무너지는 1980년 말까지 다양한 환경문제 해결을 위한 협력을 시도하였지만 정치적 장벽으로 실효성 있는 정책 추진이 되지는 못하였다. 1989년 베를린 장벽이 무너지면서 서독과 동독은 환경 통합을 체결하였지만 통일 비용이 과다하게 요구되면서 1990년대 통일독일의 환경정책은 다소 부진하였다. 2000년대에 들어서면서 독일 연방정부는 생태계 보호와 오염 관리는 다소 소극적이었지만 기후 변화와 에너지 관리에서는 적극적인 정책 추진을 통하여 국내적으로 '핵 정지'를 공식적으로 발표하고, 국제적으로도 기후 변화 정책을 적극적으로 주도하였다. 2010년대에 오면서 독일은 친환경 에너지 정책, 핵에너지 탈피, 생태적 조세 개혁, 온실가스 감축 등을 중심으로 환경행정 및 정책에 에너지 문제 및 국가 경제를 효율적 추진을 위한 다양한 노력을 하고 있다.

2. 환경행정의 구조

1) 한국 환경행정의 구조

우리나라 환경부는 단일 오염매체에 근거한 국 단위 편제를 통하여 자연·대기·수질·상하수도·폐기물 등을 보전 관리하는 구조를 갖는 문제점을 타개하기 위해서 문재인 정부에 들어오면서 조직을 새롭게 개편하였다. 문재인 정부는 환경 거버넌스를 강화시키고 통합적 환경 관리를 위해서 환경을 자연환경정책국과 생활환경정책국으로 나누고 물과 관련된 기능을 분리시켜서 물통합정책국, 물환경정책국, 수자원정책국, 4대강 조사평가단으로 구분하여 운영하고 있다. 따라서 2019년 현재 환경부의 조직은 3실 3국 1기획단으로 구성되어 있다. 또한 환경부는 국립환경과학원 등의 소속기관과 한국환경공단 등의 산하공공기관을 두고 있다. 또한 지방의 환경관리를 위하여 특별지방행정기관인 유역별 및 지역별 지방환경청을 두고 있다.

그러나 여전히 환경 문제의 특성상 환경 관련 업무들이 여러 중앙부처와 지방자치단체에 분산·위임되어 있다. 천연기념물의 관리, 해양환경 관리, 국토개발계획의 수립, 자연자원의 관리 등과 같이 환경행정과 직접적 관련성이 높은 업무가 여러 부처에 산재하여 있다. 이렇게 권한과 기능이 여러 부처에 분산되어 있기 때문에 각각의 목적에 부합하는 정책 추진은 용이하지만 종합적이고 체계적인 계획을 수립하고 종합적인 영향관계를 반영하여 집행하기에는 한계가 있다.[6] 환경행정은 지방정부에도 분산되어 집행되고 있다. 지방자치단체들은 관할 구역 내 환경 보전 대책의 수립, 일반폐기물의 수집·처리, 오수·분뇨·축산·폐수의 처리 등 고유 업무와 산업공단 외 지역의 오염물질 배출업소 관리 및 환경개선부담금의 부과 징수 등을 환경부장관으로부터 위임받아 사무처리를 하고 있다. 그러나 여전히 전체 환경행정 업무에서 국가사무의 비중이 더 높아서 아직까지도 우리나라 환경 업무는 중앙정부에 집중된 경향이 있다.[7]

2) 미국 환경행정의 구조

미국의 정치구조는 매우 다원화되어 있다. 의회와 행정부, 그리고 법원에 권한이 분산되어 있어 상호 견제가 될 뿐만 아니라 기업체를 비롯한 각종 이익단체들의 정

6) 자연환경 분야를 예로 들어보면, 희귀 동식물 중 천연기념물로 지정된 것(검은독수리, 수달 등)은 문화재청이, 그렇지 않은 포유동물과 새와 나무는 산림청이, 물고기는 해양수산부가, 양서류·파충류·곤충, 그리고 초본류는 환경부가 각각 관리하고 있다. 더군다나 '문화재보호법'은 문화유적과 동식물을 한꺼번에 다루고 있다.

7) 김번웅·오영석(1997: 161)에 의하면, 14.4%만이 지방사무이고 20.3%는 지방위임사무, 그리고 65.3%가 국가사무이다. 이에 대한 최근의 통계는 구하기 어려우나 담당 공무원들의 면담에 의하면 아직도 환경 업무의 60% 정도가 국가사무라고 한다.

치적 활동이 활발하여 권한이 어느 한 부처나 이익에 편재되어 있지 않다. 지방정부들도 자율적으로 정책을 결정하고 집행하려는 풍토가 강하다. 미국의 이러한 정치구조가 환경행정의 구조에 그대로 반영되어 의회와 법원, 그리고 환경단체와 경제단체들이 환경정책의 형성과 집행에 적극적으로 참여하며, 정책집행 과정이 매우 가시적이고 갈등이 표면화되는 경우가 많다. 환경 기능들이 여러 중앙부처와 독립기관 등에 분산되어 있으며, EPA는 단일 오염매체에 근거한 국(局) 단위 편제를 통하여 자연・대기・수질・상하수도・폐기물 등을 보전 관리하고 있다. 이러한 미국의 단일매체적인 환경 규제방식은 많은 비판을 받아 왔다(Howe, 1991; Vig & Kraft, 2012).

3) 일본 환경행정의 구조

일본의 환경행정 주무 부처는 1971년에 설립된 환경성(環境省)이다. 환경성은 처음에 기획조정국, 자연환경보전국, 대기보전국, 수질환경보전국 4개 국(局)으로 출발하였다. 이후 1974년에 환경보건과, 1990년에 지구환경과가 신설되었다. 따라서 일본 환경성은 우리나라의 환경부, 그리고 미국의 EPA처럼 환경 매체별로 조직된 전통적 환경행정 구조에 기반을 두고 있으며 기능 또한 유사하다. 환경성의 주요 기능은 환경정책 기본계획의 수립과 추진, 국가 환경정책의 전반적인 조정 등이다. 부처 간 환경 분쟁에 관한 종합적인 조정기구로는 1989년에 설치된 지구환경보전위원회가 있다. 일본의 경우 환경행정에 대한 최종적인 책임은 환경성 장관에게 있지만, 개개의 환경오염원에 대한 구체적인 규제 권한의 행사는 법률에 의하여 지방자치단체장의 권한으로 규정되어 있다. 환경 관련법의 집행과 강제의 책임은 기본적으로 현(縣) 정부에 위임되어 있고, 경우에 따라 시정부에 위임된 경우도 있다(桑原勇進, 2013; 정회성 외, 1998: 81-82).

4) 영국 환경행정의 구조

영국 중앙정부는 내각책임제 국가 중에서도 매우 독특하다. 정부 각 부처를 책임지는 각료 간에도 복잡한 계층제가 존재하기 때문이다. Defra 각료진(Ministerial Team)의 정점에는 부처를 책임지며 내각에 참여하는 담당장관이 있다. Defra 담당장관은 부수상직을 겸임하고 있다. 담당장관 밑에는 4명의 각외장관(Minister of State)과 4명의 정무차관(Parliamentary Under Secretary)이 있다. 각외장관은 담당장관과 함께 정부 부처를 통솔하며 통상적으로 특정한 책임이 부여되고, 각자가 수행하는 업무 영역에 따라 담당 분야가 직명의 뒤에 명시되어 있다.

Defra의 각외장관들은 각각 '지역개발 및 도시계획', '환경', '식품' 등의 고유 업무를 담당한다. 정무차관은 소속 부처의 업무와 관련된 의회 업무를 담당하며 담당장관의 지시에 따라 특정 업무에 대한 책임을 부여받기도 한다(Jordan, 2005; 박천오 외, 1996: 221－222). 이렇게 많은 수의 각료진을 두는 이유는 내각책임제에서 행정부처에 대한 정치적·행정적인 책임성을 확보하고 고위층 간의 조정과 협력을 통하여 더욱 원활한 업무 수행을 꾀하기 위해서이다(김상묵, 1999: 20).

영국 환경행정구조의 특징은 한국·미국·일본과 비교하여 환경 관련 업무들을 한 부처에 통합하였다는 것이다. 토지이용계획과 개발계획, 그리고 식품 기능까지 한 부처에서 다루고 있어 환경행정과 관련된 권한과 기능이 다른 나라에 비교하여 상대적으로 한 부처에 집중되어 있다.

1996년 환경행정 집행기관들을 통합하여 환경청(Environment Agency)을 발족하였으며(정회성 외, 1988: 75), 잉글랜드와 웨일스 지역의 8개의 광역사무소와 26개의 기초지역사무소를 두고 있다. 환경청은 폐수배출 규제, 폐기물의 처리 운반, 대형 배출업소에 대한 지도 단속, 오염지역관리, 수자원관리, 홍수 방지, 레크리에이션, 선박·어업관리 등을 담당하고 있다. 영국은 배출업소의 규모에 따라 중앙정부 책임이냐 지방정부 책임이냐가 결정된다. 대형 배출업소인 경우에는 중앙정부가 직접 배출업소의 인허가 등 규제행위를 하고, 소형의 경우에는 지방자치단체의 환경건강과에서 담당하고 있다. 실질적인 환경정책의 집행은 상당 부분 지방정부의 권한으로 분권화되어 있다(문태훈, 1997: 301).

5) 독일 환경행정의 구조

독일은 주로 연방정부에서 환경정책을 수립하고 집행은 주정부가 담당하고 있다. 독일 연방정부의 연방환경·자연 보호·핵안전부는 경제와 에너지를 포함한 다양한 영역에 영향력을 행사하지만 연방정부에 비해 주정부는 독자적인 환경정책을 수립하고 집행하는 권한을 가지고 있으며 보고해야 할 의무를 갖지는 않는다. 이처럼 주정부가 독자적인 정책결정을 위한 강한 권한을 가지고 있다. 그러나 연방정부의 환경부 장관은 주정부의 환경정책에 대하여 이의를 제기하고 행정규정을 지시할 수도 있다. 그리고 주정부는 연방정부의 지침을 준수하여 지방정부에 적용 가능한 환경 관련 정책을 개발하고 집행하며 관리감독하는 역할을 수행한다. 지방정부 또한 환경 관련 조례를 제정하여 정책을 집행할 수 있다. 연방정부의 환경부 장관은 주정부와의 원활한 환경 거버넌스를 위해서 년 2회씩 정기적으로 환경장관회의를 개최한다. 그리고 환경자연보호 핵안전부 산하에는 연방환경청, 연방 자연보호청, 연방 방사능보호청이 있어서 연구 개발, 정책 조언 등을 담당하고 있다. 다만 연방 방사능보호청은 정책의 기획과 집행 기능도 수행하고 있다.

3. 환경행정의 특징

1) 한국 환경행정의 특징

우리나라 환경행정은 지난 50여 년 간 조직과 기능, 그리고 법 체계라는 측면에서 많은 발전을 이룩하였다. 그러나 아직까지도 정책의 체계성과 집행에 많은 문제점을 보이고 있다. 특히 집행이 매우 취약하다. 이런 의미에서 우리나라 환경행정은 수사학적으로만 발달되어 왔다고 비판을 하는 학자들도 있다. 이러한 현상의 주된 원인으로는 예산과 전문성의 부족과 함께 아직도 경제 성장 위주의 분위기가 우리 사회에 팽배해 있기 때문이다. 따라서 환경부의 위상이 다른 부처에 비해 상대적으로 약하다는 것도 주요한 원인이 되고 있다. 환경정책의 수립과 집행 과정에 기업들이 영향을 미치고 국토교통부, 산업통상자원부를 비롯한 개발 및 경제 부처들이 환경행정의 약화를 초래하는 경우가 많다. 1992년의 낙동강 페놀 오염사건의 발발과 시화호 오염사건들이 이를 잘 대변해 주고 있다(문태훈, 1997: 396).

우리나라 환경행정의 큰 특징은 사회환경의 변화와 시대적 요구에 맞게 그 구조와 기능이 높은 대응성을 갖지 못하는 경우가 많다. 환경 보호를 위한 부처의 권한과 영향력이 다른 부처에 비해 상대적으로 취약하다는 것도 큰 특징이자 문제점이라 하겠다. 우리나라는 여전히 환경 보전보다는 경제 발전이 정책 효과면에서 더 가시적이고 국민들의 요구를 적극적으로 반영하는 것으로 받아들여지기 때문이다.

2) 미국 환경행정의 특징

미국의 환경행정은 우리나라와 달리 행정기관에 재량권과 자율성이 적다. 의회가 각종 환경 관련법에 구체적 목표와 기준 심지어 일정까지 명시하고 EPA는 이를 집행하는 방식이다. 이는 행정기관의 재량권 남용을 막기 위해서인데, 1970년의 '청정대기법(Clear Air Act)'과 1972년의 '연방수질오염관리법(Federal Water Pollution Control Act)'에 잘 나타나 있다.

환경행정의 집행 방식을 '협의를 통한 집행(enforcement through consultation)'과 '강제에 의한 집행(enforcement through coercion)'으로 구분해 볼 때 미국은 후자에 속하는 대표적인 국가이다(문태훈, 1997: 235－236). 2000년대 들어서면서 미국 환경행정의 새로운 특징은 경제 원리에 입각한 규제 수단들이 강구되고 있다는 것과 국가 발전의 새로운 패러다임으로 제시되고 있는 지속가능발전을 뒷받침하는 정책들이 도입되고 있다는 것이다. 배출권 판매제도의 도입이나 지속가능발전위원회(The President's Council on Sustainable Development)의 구성 등에서 이를 엿볼 수 있다. 그러나 트럼프(Donald Trump) 정부에 들어서면서 파리 기후변화협정에서 탈퇴하는 등 지구 차원의 환경 문제에는 소극적으로 대처하고 있다는 비판을 받고 있다.

3) 일본 환경행정의 특징

일본의 환경행정은 행정부가 의회와 법원에 비해 상대적으로 높은 자율성과 재량권을 지니고 있다. 따라서 환경성은 이 자율성과 재량권을 이용하여 기업체를 지도하고 설득하며 협상하여 기업체들로 하여금 환경 기준과 오염물질 배출 기준을 준수하도록 유도한다. 미국이나 우리나라보다 더 비공식적 채널을 통하여 환경 목표를 달성하고 있다. 일본의 지방자치단체들의 환경행정 조직들은 공해와 싸우는 과정에서 발전하였기 때문에 오염 방지 관련 조직이 상대적으로 잘 발달되어 있다. 일본의 환경기준은 기본적으로 전국적 수준에서 정하는 일률적인 기준이다. 단, 지역이나 수역의 특성에 따라 환경 기준을 달리 정할 필요가 있는 경우는 정부가 해당 지역이나 수역의 환경 기준 설정을 도도부현(都道府縣) 지사에게 위임할 수 있도록 되어 있다. 배출 기준 또한 기본적으로 중앙에서 결정하지만 지방자치단체에 의하여 보완되고 강화된다. 예를 들면, '대기오염방지법'은 대기오염에 관한 배출 기준은 지방자치단체의 조례에 의하여 좀 더 엄격한 기준으로 변경할 수 있도록 하고 있다. 일본의 배출 기준은 오염물질의 성격이나 오염원의 입지, 오염시설의 형태 등에 따라 탄력적으로 운영된다. 일단 배출 기준을 엄격하게 설정해 놓고 이를 기업이나 지역주민들과의 협의를 통하여 절충적으로 적용하는 형태를 취하고 있는 것이다. 결국 일본의 배출 기준은 환경 기준과 마찬가지로 오염자가 지켜야 할 기준이라기보다는 행정부가 오염 원인자를 지도하기 위한 가이드라인의 성격이 강하다(문태훈, 1997: 338-339; 桑原勇進, 2013).

4) 영국 환경행정의 특징

영국의 환경행정은 한국이나 미국의 환경행정과 비교해 볼 때 독특하다. 조문화된 환경 기준이 없으며, 처벌을 최소화한다. 그리고 강제는 융통성이 있으며 행정부는 상당한 행정재량권을 보유하고 집행이 분권화되어 있다. 그리고 규제자와 피규제자 간에는 밀접한 협력 관계를 형성하고 있으며, 주민들의 규제 과정에 대한 참여가 제한되고 있다(문태훈, 1997: 279). 예를 들면, 음용수 관리에 있어 정부가 정하고 있는 것은 '마실 물은 단지 건강에 좋아야 한다'는 정도이며 건강에 좋은 것이 무엇인지는 각 지역의 수질관리청에서 결정하도록 하고 있다(Vogel, 1986: 70; 문태훈, 1997: 287-288). 환경행정의 집행 방식을 '협의를 통한 집행'이냐 혹은 '강제에 의한 집행'으로 구분해 볼 때 영국은 전자에 속하는 대표적인 국가이다.

그러나 이러한 비공개적이고 비정형적인 행정유형에 변화가 일고 있다. 1990년 '환경보전법(Environmental Protection Act of 1990)'에 잘 나타나 있듯이, 엄격한 오염 규제와 강한 처벌을 도입하고 있으며, 중앙의 왕실오염검사단(HMIP)과 지방정부의 권한이 강화되었다. 또한 대중들의 환경정보에 대한 접근권을 강화하기 위하여 오염검사단의 환경정보와 기업체들의 규제 준수 여부에 대한 정보의 공개를 인정하고 있다(Franklin et al., 1995: 28; 문태훈, 1997: 323).

5) 독일 환경행정의 특징

독일의 환경행정은 연방공해방지법(Federal Immission Control Act)을 기반으로 다양한 오염 매체별 법 체계를 구성하고 있다. 독일은 3대 원칙을 기반으로 환경정책을 수립하였다. ① 예방원칙, ② 원인제공자부담 원칙, ③ 공동협력원칙이다. 첫째, 예방원칙은 환경정책 결정을 할때는 항상 생물체와 생활공간을 구성하는 자연과 생태계를 고려해야 한다는 것이며, 둘째, 원인제공자부담 원칙은 원인제공자가 원상복구비용을 모두 부담해야 한다는 원칙이다. 셋째, 공동협력 원칙은 모두가 환경보호에 대한 책임감을 가지고 공동협력할 때에 자연환경이 미래에도 보존될 수 있다는 원칙이다.

그런데 독일은 지속 가능한 발전을 중시하면서 기술과 정책을 통하여 자원과 에너지의 효율성을 제고시키고 기후 변화에도 기여할 수 있다는 시각에서 정책을 추진하기 때문에, 교통 및 사업개발로 인한 생태계 훼손이나 공기 및 물오염에 대한 대응에는 다소 한계점을 보이고 있다. 또한 연방정부 산하기관들의 역할도 중요하게 영향을 미칠 수 있다. 정책연구와 평가 등을 담당하면서 기획과 집행 기능을 수행하지 않는 연방환경청과 연방 자연보호청과는 다르게 연방 방사능보호청은 환경정책의 기획 및 집행 기능을 동시에 보유하고 있는데, 이러한 연방정부 산하기관의 정책집행 기능의 여부도 일정 부분 작용한 것으로 분석된다. 이상에서 언급한 각국의 환경행정 구조와 특징을 간략하게 정리하면 <표 10-5>와 같다.

표 10-5 해외 주요국의 환경행정 체계 비교

비교 기준	한국	미국	일본	영국	독일
주무 부처	환경부	환경보전청 (Environmental Protection Agency)	환경성(環境省)	환경 · 식품 · 지역부 (Defra)	연방환경 · 자연 보호 · 핵안전부(BMU)
환경 행정의 발달	– 1980년 환경청 신설 – 1994년 환경부로 승격 – 공해, 수질 등의 생활환경 초점 – 최근 지구환경, 화학물질, 자연환경 보전에 관심	– 1970년에 독립기관으로 EPA 신설 – 환경 보전과 경제 성장의 대립 속에서 환경 보전 침체 – 최근 지속 가능한 발전 시각에서 경제 성과와 환경 보전 동시 추구	– 2001년에 환경성으로 승격 – 제2차 세계대전 이후 집중적 지역개발과 중화학공업으로 가장 오염된 산업국 오명 – 1990년대 환경기본법을 제정하고 지속 가능한 발전 추구	– 귀족 계급들이 자신들의 산업 활동에 의해서 자신들이 보는 피해를 줄이기 위해서 환경관리 시작 – 1970년대 환경부 신설 – 1997년 현재의 환경식품지역부 신설 – 지속 가능한 발전 추구	– 1986년 서독의 환경자연보호원자로 안전부 설치 – 1990년 동서독 간의 환경 통합 체결 – 기후 변화와 재생에너지 관리정책 적극 추구 – 생태계 및 기후 변화 정책 소극적 추구
환경 행정의 구조	– 단일 오염체 중심의 환경부 조직에서 통합적 환경관리를 위한 조직 편성의 과도기 – 환경 업무의 중앙 집중화 – 지방자치단체의 고유사무도 있지만 국가사무가 위임에 의해서 자치단체에 분산되어 있음	– EPA의 단일오염체 중심의 조직 편성 – 환경단체, 경제단체들이 환경정책의 형성과 집행에 영향력이 큼 – 환경정책의 기능이 여러 중앙부처와 독립기관에 분산되어 있음 – 지방정부도 자율적 환경정책 결정 및 집행	– 일본 환경성의 오염매체별 조직 편성 – 지구환경보전위원회를 통하여 부처 간 환경분쟁 조정 – 환경관련법과 규제의 집행 책임은 지방정부에 있어서 상대적으로 분권화되어 있음	– 환경 관련 업무를 중앙의 한 부처에서 통합적 관리 – 집행 기능도 환경청에 통합하여 운영 – 실질적인 환경정책 집행의 책임은 상당 부분 지방정부에 분산되어 있음	– 연방정부에서 정책 수립, 주정부에서 집행담당의 분산구조 – 주정부가 독자적으로 환경정책을 수립하고 집행하는 권한이 많음 – 지방정부도 조례를 제정하여 집행함
환경 행정의 특징	– 환경부의 위상의 다른 부처에 비해 상대적으로 약함 – 사회환경의 변화에 맞게 환경부 조직의 변화와 대응성이 낮음 – 여전히 환경 보전보다 경제 성장에 치우쳐 있음 – 협의보다는 강제에 의한 집행이 더 우세함	– 의회의 권한과 역할이 상대적으로 큼 – EPA는 연방의회가 정해준 목표와 기준을 집행함으로써 재량권과 자율성이 적음 – 협의보다는 강제적 방식으로 집행	– 비공식적 경로를 통하여 정책 목표 설정 및 집행이 많음 – 행정부가 높은 재량권과 자율권을 가짐 – 전국을 대상으로 일률적 환경 기준 적용 – 특수한 지역에만 도도부현에 위임하여 예외 인정 – 협의보다는 강제에 의한 집행이 더 우세함	– 조문화된 환경 기준과 처벌의 최소화 – 행정부의 재량권이 높고 집행은 분권화되어 있음 – 주민 및 환경단체들의 참여는 제한적임 – 강제보다는 피규제자와의 협의에 의한 집행 방식이 우세함	– 생태계, 자연 보전보다는 에너지 효율성과 기후 변화에 더 편중된 환경정책 추진 – 상당부분 정책집행의 권한과 책임을 주정부가 가짐 – 협의보다는 강제에 의한 집행이 더 우세함

생각발전소

1. 가깝고도 먼 나라 일본과 우리나라의 환경행정 구조를 비교하면서 느낀 점은 무엇인가? 느낀 점을 환경행정 중앙부처의 목적, 기구표, 기능, 그리고 목적 달성의 방법이라는 측면에서 논의해 보자.
2. 우리는 비교연구를 통하여 환경행정의 부처 간 및 부처 내 통합 정도가 국가마다 차이가 있다는 것을 알았다. 여러분은 우리나라의 정치와 사회 상황에서 환경부가 다른 부처의 환경 관련 업무를 통합화하여 대형화하는 것이 가능하다고 생각하는가? 가능하다면 (혹은 가능하지 않다면) 그 이유는 무엇인가? 가능하게 하려면 어떤 조건들이 충족되어야 하는지 생각해 보자.
3. 환경행정에서 비교 연구를 하는 이유는 무엇이라고 생각인가? 미국과 영국, 그리고 일본, 독일의 환경행정 구조를 비교하면서 무엇을 느꼈으며, 이것이 한국의 환경행정 발전에 의미하는 바가 무엇이라고 생각하는가? 자신의 생각을 정리해 보자.
4. 다음의 웹사이트에 들어가 각 나라의 환경행정 구조와 기능에 대하여 공부해 보자.
   (1) http://www.me.go.kr/home/web/main.do
   (2) http://www.epa.gov/
   (3) www.gov.uk/government/organisations/department-for-environment-food-rural-affairs/ about
   (4) http://www.env.go.jp/en/

참고문헌

[국내 문헌]

강정혜(2008). 대체적 분쟁해결제도(ADR)로서의 환경분쟁조정과 환경소송. 『환경법연구』, 30(3): 185－204. 한국환경법학회.

강진영(2012). '생물자원전쟁' 나고야 의정서 채택에 따른 제주의 대응전략. 제주발전연구원. *JDI FOCUS*, No.139.

경기연구원(2013). 『신환경규제3.0: 환경과 경제의 융합』.

고문현(2012). 물과 관련한 국제적 논의의 동향 및 UN총회(2010.7.28) 물인권 결의. 『법제』, (2012.6): 73－101.

고영훈(2000). 『환경법』. 서울: 법문사.

고우성(1995). 『동남아의 정치경제』. 서울: 21세기 한국연구재단.

관계부처합동(2010). 저탄소 녹색성장 기본법 시행에 따른 국가 기후변화 적응대책(2011~2015).

______(2018). 제4차 국가생물다양성전략(2019~2023).

______(2019). 2018 이상기후보고서.

교육과학기술부 · 농림수산식품부 · 지식경제부 · 보건복지가족부 · 환경부 · 국토해양부 · 농촌진흥청 · 산림청 · 방위사업청 · 중소기업청 · 기상청(2008.5). 『제2차 환경기술개발종합계획(2008~2012)』.

구승회(2006). 『생태철학과 환경윤리(*Ecological Philosophy & Environmental Ethics*)』: 148－150. 동국대학교출판부.

구연창(1992). 『환경법론』. 법문사.

국가과학기술위원회(2011.4.19). 생명연구자원관리기본계획(2011－2020).

국무총리실 수질개선기획단(2001). 『2001~2005 해양환경보전종합계획』.

국민일보(2016.11.7).

국제출판교역(2011). 『すぐ役に立つＩＳＯ環境法』. 서울: 국제출판교역.

국토교통부 · K－water(2014). 『물과 미래: 2014 세계 물의 날 자료집』.

국토해양부(2010). 『2010년 국가 해양쓰레기 모니터링 결과 보고서』.

______(2011). 『(제4차)수자원장기종합계획 제2차 수정계획(2011~2020)』.

국토해양부 · 환경부 · 농림수산식품부 · 경찰청(2008). 제1차 해양쓰레기 관리 기본계획: 75.

김나현(2018). “월전기료 350원 … 5만원대 공기청정기 만든 ‘홍대 큰형’,” https://news.joins.com/article/22758143 [접속일: 2019.7.20]
김동건(2000). 환경행정소송과 지역주민의 원고적격. 『행정판례연구 V』. 한국행정판례연구회 편. 서울대학교 출판부.
김동섭(2013). EPR 제도 변화와 함께 알아보는 수산물 양식용 부자 재활용 관련 현황, (사)한국발포스티렌재활용협회, 홍선욱 · 이종명 · 장용창 · 이미정(편). 『2013 스티로폼 폐부자 회수 및 재활용 활성화 워크숍 자료집』. (사)동아시아바다공동체오션.
김동수 · 김용덕(2007). 미국 유럽 일본 및 한국의 바이오산업 정책분석. 『국제경영리뷰』, 11(2).
김명식 역(1999). Joshep R. Desjardins, 『환경윤리의 이론과 전망(*Environmental Ethics: An Introduction to Environmental Philosophy*)』. 자작아카데미.
김번웅 · 오영석(1997). 『환경행정론』. 서울: 대영문화사.
김병진(1992). 정책집행과정에 있어서 대상집단. 『고시계』, 12: 167－170.
______(1995). 『정책학개론』. 서울: 박영사.
김상묵(1999). 중앙환경행정조직에 대한 비교 연구: 한국 · 미국 · 영국의 사례를 중심으로. 동국대학교 21세기 국제사회연구회 발표 논문.
김성수(1992). 환경침해시설설치절차와 주민참여. 『고시계』.
______(1993). 環境關聯 節次法, 補償法, 爭訟法의 立法政策的 課題. 『고시계』.
______(2012). 물기본권에 관한 연구. 『환경법연구』, 34(1): 231－258.
김수석(2005). 식물유전자원관리실태와 개선방안. 『농촌경제』, 28(3).
김연태(2010). 환경행정소송상 소송요건의 문제점과 한계: 원고적격과 대상적격을 중심으로. 『환경법의 법리와 법정책』(서울대학교 환경에너지법센터 주최 제3차 학술포럼 발표논문집): 45－86.
김용헌(2013). 일본환경정책의 변천과 시사점. 『일본근대학연구』, 40: 367－390.
김유환(1994). 環境法規에 있어서의 規制失敗와 法的對應. 『환경법연구』, 제16권.
김은주(2010). 나노물질 위해성 평가: 논점과 전망. 『환경논총』, 49: 193－206.
김인환(1993). 우리나라 환경규제의 실효성과 한계. 「환경논총』, 제31권.
김일방 역(1997). 가토히사다케 저. 『환경윤리란무엇인가?』: 66.
김정석 · 김홍열 · 이정숙(2011). 생명연구자원 정책동향 및 주요 이슈. 한국과학기술기획평가원(KISTEP).
김종민(1993). 『환경문제와 환경법』. 서울: 행법사.
김종순(2001). 환경규제 기능의 중앙: 지방간 분담구조 개편 및 협력 체제 강화 방안. 『한국행정논집』, 13(4): 953－977.
김종호 · 장기복 · 이미숙 · 하종식 · 조일현(2009). 『환경시장의 구조변화와 정책과제』. 한국환경정책평가연구원.

김주한 · 이항구 · 이상연 · 정은미(2000). 『생물산업 발전을 위한 기반구축방안』. 산업연구원.
김창수(2006). 『수질환경정책의 구조와 논리』. (주)한국학술정보.
______(2008). 『환경정책의 구조와 논리: 갈등과 협력의 대위법』. (주)한국학술정보.
______(2010). 『4대강 살리기 사업의 역설과 남강댐의 딜레마』. (주)한국학술정보.
______(2011a). 물산업 기술육성과 환경행정기능의 조정. 한국행정학회 춘계학술대회 발표논문.
______(2011b). 포스트 4대강 사업과 낙동강 상수원의 딜레마: 남강댐 물 분쟁의 제도적 프레임 분석. 『한국행정논집』, 23(2).
______(2012). 물 인권과 물 관리 거버넌스. 『물과 인권』. 서울: 도서출판 피어나.
______(2016). 『공공갈등과 행정이론』. 경기: 피앤씨미디어.
김춘환(2000). 공권적 환경권이론. 『공법연구』, 29(2): 349-367. 한국공법학회.
김향기(2009). 행정소송의 원고적격에 관한 연구. 『환경법연구』, 31(2).
김현준(2010). 저탄소 녹색성장 기본법의 법적 성질 및 다른 법률과의 관계. 『공법연구』, 39(2): 489-518.
김홍균(2010). 『환경법』. 홍문사.
낙동강유역환경청(2006). 『낙동강 대권역 물환경관리 기본계획(2006~2015)』.
낙동강환경관리청(1999). 「낙동강권역 수질오염원조사보고서』(CD-ROM).
노화준(1996). 『정책평가론』. 서울 법문사.
녹색성장위원회(2009). 『녹색성장5개년계획 2009~2013』.
매일경제(2019.9.23).
메도우즈, D. H. 외(1971). 『인류의 위기. 로마클럽 리포트』. 삼성문화문고 · 삼성문화재단.
명성준(2009). 에너지산업 발전을 위한 국정과제의 모니터링. 한국정책학회 추계학술대회 발표논문.
문상덕(2009). 녹색성장기본법에 대한 환경법적 검토. 『환경법연구』, 31(1): 15-38.
문선웅(2006). 한국 바이오산업의 현황과 정책과제. 『KIET 산업경제』.
문순홍(1995). 서론: 지속가능한 사회를 향한 생태전략 시론. 도날드 워스터 외 저. 문순홍 편역. 『지속가능한 사회를 향한 생태전략』. 서울: 도서출판 나라사랑.
문태훈(1997). 『환경정책론』. 서울: 형설출판사.
______(2008). 한국환경정책의 변화와 과제 1963~2007. 『한국정책학회보』, 17(3).
______(2010). 환경문제의 개선을 위한 공공적 접근방법의 확대: 필요성과 가능성, 그리고 과제. 『한국행정논집』, 22(3).
문현주(2015). 물환경정책의 변화와 이슈. 박순애 외. 『환경정책의 역사적 변동과 전망』. 경기: 문우사.
박균성 · 함태성(2005). 『환경법』. 서울: 박영사.
박미옥(1997). 도시 폐기물 정책의 집행에 관한 연구. 동국대학교 대학원 박사학위논문.

______(2011). 기후변화 · 환경위기, 절제만이 답이다. 『월간 미래와 환경』.
박완철(1998). 광역 상수원 오염실태와 수질개선방안: 농촌지역의 생활하수 및 축산폐수 처리대책을 중심으로. 『환경과 생명』.
박용하(2006). 『생물다양성협약의 국가대응체계』. 한국환경정책평가연구원.
박재완(2002). 환경행정소송에서의 원고적격. 『재판자료』, 제94집: 117-227. 법원도서관.
박정규 외(2000). 『최신 수질관리』. 서울: 동화기술.
박천오 외(2005). 『비교행정론』. 서울: 법문사.
배민기(2014). 충북 생물자원(다양성) 보전 활용 및 대응전략 모색. 『충북 FOCUS』, (100): 1-25. 충북연구원.
법무부(1992). 『환경법의 쟁점과 동향』. 법무자료 제164집.
______(1995a). 『國際環境法과 貿易』.
______(1995b). 『國際環境法研究』;
사회복지학사전(2009).
산업통상자원부 · 한국바이오협회(2013). 『2011년기준 국내바이오산업 실태조사 결과보고서』.
서재호(2011). 신환경산업기술과 환경산업정책의 이슈: 이론, 현황, 전망. 한국행정학회 춘계학술대회 발표논문.
서혜미 · 문태훈(2010). 녹색성장 프로그램의 성공요인 연구. 『환경정책』, 18(1).
석인선(1992). 환경기본권론. 한국공법학회 제24회 월례발표회 발표문.
송동수(2009). 종량제봉투의 불법유통 방지를 위한 폐기물관리법과 조례의 개선방안. 『環境法研究』, 31(2): 291-318.
송병준(2002). 해외 생물자원 활용을 위한 지출전략 시급. 『산업경제정보』, 제102호. 산업연구원.
시다라 마사오(1995). 일본의 環境保全對策에 關한 最近動向. 『에너지협의회보』, 34: 26-35.
신상민(2013). 환경규제에 관한 연구. 고려대학교 석사학위 논문.
신용승(2009). 통합환경관리를 위한 매체 통합적 위해성 평가의 필요성 및 현황. 『환경법과 정책』, 2: 145-166.
심원준(2013). 발포스티렌 부자가 해양환경에 미치는 영향. 홍선욱 · 이종명 · 장용창 · 이미정(편). 2013 스티로폼 폐부자 회수 및 재활용 활성화 워크숍 자료집. (사)동아시아바다공동체오션.
안병옥(2010). 『지난 10년간 독일환경정책의 평가와 전망』. friedrich ebert stiftung.
오석락(1991). 『환경소송의 제문제』. 서울: 일신사.
오영석(2000a). 조선시대 자연자원관리체계에 관한 연구. 『한국행정학보』, 34(1).
______(2000b). 비교론적 시각에서 본 한국의 환경행정 구조. 『한국행정학보』, 12: 3.
______(2000c). 한국과 필리핀의 환경행정구조 비교 연구. 『한국행정논집』.
오윤석(2008). 농업유전자원법에 관한 고찰. 『농촌경제』, 30(6).

온실가스종합정보센터(2018). 『2018 국가온실가스 인벤토리 보고서』.
유제원 외(1995). 環境規制權의 分權化 效果. 『韓國行政學報』, 29(1): 3-21.
윤순진(2003). 기후변화와 기후변화정책에 내재한 환경불평등. 『ECO』, 3: 8-42.
______(2005). 기후변화와 한국사회의 대응: 교토의정서 발효에 즈음하여. 『환경과 생명』, 43: 151-169.
______(2007). 영국과 독일의 기후변화정책. 『ECO』, 11(1): 43-95.
______(2008). 기후불의와 신환경제국주의: 기후담론과 탄소시장의 해부를 중심으로. 『환경정책』, 16(1): 135-167.
______(2009). 저탄소 녹색성장의 이념적 기초와 실재. 『ECO』, 13(1).
이강웅(2003). 『환경행정론』. 서울: 대왕사.
이강혁(1992). 환경권과 권리구제. 『현대행정과 공법이론』(南河徐元宇博士華甲記念論文集).
이규성 외(1999). 『수질오염개론』. 서울: 형설출판사.
이길복 · 조은기(2004). 『식물유전자원 국가관리정책 방향과 대책』 농촌진흥청 농업생명과학연구원.
이두순(2000). 식물유전자원 관리체계의 개선방향. 『농촌경제』, 23(2).
이민창(2003a). 자율규제의 성공요인과 한계: 신문판매공정규약 사례를 중심으로. 『한국사회와 행정연구』, 14(3).
______(2003b). 지속가능한 개발과 환경규제. 『지역개발연구』, 8(1).
이상규 · 노영진 · 최윤(2008). 『바이오산업의 발전모형 개발과 산업혁신전략: 미국 바이오산업의 협력네트워크 분석을 중심으로』. 산업연구원.
이상돈(1992). 환경정책기본법과 환경대책개별법. 『사법행정』.
이상한(1997). 『환경법의 경제학적 분석』. 서울: 한국경제연구원.
이상훈(2017). 미국의 기후변화 대응전략은 어떻게 바뀔까? 『세계와 도시』, 특집호.
이성복(2003). 산업관련 정부조직의 국가간 비교: 한국, 미국, 영국, 독일, 프랑스, 일본을 대상으로. 한국행정학회 동계학술대회 발표논문.
______(2004). 산업발전분야 정부조직개편. 행정학회 세미나 발표논문.
이성인(2012). 『저소비 고효율 경제사회 구축을 위한 국가 에너지 효율화 구축을 위한 추진전략 연구』. 서울: 에너지경제연구원.
이시경(1993). 지방환경행정조직의 기구개편과 기능 조장. 『한국행정학보』, 27(1).
이영준 · 최재용(2010). 생물다양성협약에서의 ABS에 대한 이해와 관련국가와의 협력방안. 『환경포럼』. 14(12): 1-8.
이원희 외(2009). 『환경 규제의 역사적 흐름 고찰 및 합리적 개선 방안 연구』.
이종엽(1994). 『환경보전을 위한 지방정부의 역할: 영국의 경우를 중심으로』. 충남대학교 사회과학연구소.

이주하 · 진태은(2016). 나고야의정서 발효에 따른 생물자원센터의 과제. 『환경정책』, 24(3): 161－182.
이태화(2012). 포스트 교토의정서체제 논의과정에서의 정책적 쟁점. 『전북대학교 법학연구소 법학연구』, 37: 23－48.
이해평(2009). 녹색성장형 소방방재산업육성방안. 한국행정학회 춘계학술대회 발표논문.
이현우(2006). 『국외반출 승인대상 생물자원 선정을 위한 연구(1차 연도)』. 한국환경정책평가연구원.
______(2007). 『국외반출 승인대상 생물자원 선정을 위한 연구(2차 연도)』. 한국환경정책평가연구원.
______(2008). 『국외반출 승인대상 생물자원 선정을 위한 연구(3차 연도)』. 한국환경정책평가연구원.
______(2012). 한국 생물다양성정책의 현상과 대응방향. 『환경법과 정책』, 9: 11－36.
이현우 · 김윤승 · 권영한 · 오일찬 · 김은미(2012). 『중장기 생물다양성전략 추진체계 연구』. 한국환경정책평가연구원.
이현우 · 박수진 · 강진영 외(2013). 『생물자원접근과 이익공유실행을 위한 지역개발모델 I』. 한국환경정책평가연구원.
이현우 · 추장민 · 심영규 · 이난지 · 제갈운 · 박수진 · Xue Dayuan 외(2014). 『생물자원접근과 이익공유실행을 위한 지역개발모델 II』. 한국환경정책평가연구원.
일본환경성(2019). https://www.env.go.jp/kr/
임영호(2005). 폐기물처리시설의 주변영향지역 밖에 거주하는 주민들이 소각장 입지지역결정 · 고시처분의 무효확인을 구할 원고적격이 있는지 여부. 『대법원 판례해설』, 55.
장용창(2013). 해양쓰레기 정책의 합리성에 관한 연구. 경남대학교 행정학과 박사학위 논문.
장용창 · 이종명 · 홍선욱 · 심원준 · 강대석(2013). 스티로폼 부자 해양쓰레기 대응 정책 개발과 우선순위 평가. 『한국해양환경 · 에너지학회지』, 16(3): 171－180.
장용창 · 이종명 · 홍선욱 · 이미정 · 이종수(2014). 해양쓰레기 정책 대안의 설계와 평가: 스티로폼 부자의 재활용률 제고 방안을 중심으로. 『지방정부연구』, 19(1).
전병성(1992). 우리나라 環境法의 發展과 環境政策基本法의 制定. 『環境法硏究』, 제14권.
전용일 · 배정생(2015). 생물유전자원 접근 및 이익공유(ABS) 국제규범과 각국의 대응법제에 관한 연구. 『법학연구』, 제44집: 379－413. 전북대학교 법학연구소.
정광호 · 서재호 · 홍준형(2007). 쓰레기 종량제 정책효과 실증분석. 『한국행정학보』, 41(1): 175－201.
정남조 편역(1993). 『현대의 폐기물 문제』. 서울: 녹원출판사.
정남철(2006). 環境訴訟과 隣人保護: 소위 새만금사건과 관련하여. 『環境法硏究』, 28(1): 239－268.
정부합동(국무조정실, 환경부 등)(1998). 『맑은 한강: 새 천년의 대계』.
______(1999). 『낙동강수계 물 관리 종합대책』.

______(2000a). 『중부권의 젖줄 금강 살리기』.

______(2000b). 『호남의 생명수 지키기 대역사』.

정승건(1999). 『해양정책론』. 부산: 효성출판사.

정윤수(2004). 『규제순응 확보를 위한 다원주의적 접근: 환경규제를 중심으로』. 한국지방정부학회 동계학술대회 논문집.

정정길(1990). 『정책학원론』. 서울: 대명출판사.

정회성 · 변병설(2003). 『환경정책의 이해』. 서울: 박영사.

조은래(2000). 『환경법』. 서울: 세종출판사.

조창현 · 곽대종 · 최현경(2009). 『녹색산업 발전방안연구』. 산업연구원.

조현권(1999). 『환경법: 이론과 실무』. 법률문화원.

조홍식(2000). 분산이익소송에서의 당사자적격. 『판례실무연구』 Ⅳ(비교법실무연구회 편). 서울: 박영사.

______(2006). 대안적 분쟁해결제도(ADR)의 경제학: 환경분쟁조정제도에 대한 평가를 중심으로. 『비교사법』, 13(1): 85－159.

______(2008). 우리나라 기후변화대책법의 전망. 『환경법연구』, 30(2): 311－338.

중앙환경분쟁조정위원회(2010). 『2009 환경분쟁조정사례집』, 제18집.

지구환경기획단(1992). 『21세기 지구환경 실천요령: 리우 지구환경회의 문서 영문본』.

지식경제부 바이오나노과(2010). 『2009년도 국내바이오산업통계』.

진상현(2007). 사회생태자본에 기반한 대안적 지역발전모델. 『한국정책학보』, 16(4): 201－222.

진태은(2015). 생물자원, 바이오경제시대의 핵심소재. 『과학기술정책』, 25(11): 20－25.

채영근(2001). 우리나라 토양환경보전법과 그 개정안의 내용과 문제점. 『공법연구』, 29(2): 381－386.

천대윤(2009). 녹색성장정책의 과제와 전략에 관한 소고. 한국정책학회 하계학술대회 발표논문.

최 광(1992). 환경오염과 국민경제. 『생태계 위기와 한국의 환경문제』.

최동현(2001). 『해양환경보호정책 집행의 실효성 제고방안』. 한국해양수산개발원.

최동현 · 최재선(1999). 바다 쓰레기 관리정책 수립에 관한 연구. 『해양정책연구』, 13(2).

최병선(1992, 2006). 『정부규제론』, 서울: 법문사.

최병선 외(1999). 『규제의 유형별 특성과 분류기준에 관한 이론적 논의』. 규제연구회.

최윤희(2007). 『바이오산업의 2020비전과 전략』. 산업연구원.

최윤희 · 정은미(2002). 『포스트－지놈시대의 한국바이오산업 혁신촉진방안: 기술이전체계를 중심으로』. 산업연구원.

최재천(2008). 환경 및 자원분야. 최호진 · 정지범 · 박경돈 · 임동진(편저). 『미래선진한국의 행정연구』. 한국행정연구원.

최종원(2010). 생물자원 보전 관리 및 이용 마스터플랜 시행. 『환경정보』, Nov./Dec.

최지용(1998). 팔당상수원 보호를 위한 토지이용규제방안. 경실련 환경개발센터. 『생명의 물, 팔당호 이렇게 살리자』.
추장민(2004). 『중장기 환경산업육성 및 해외진출 촉진방안』. KEI.
통일부(2018). 『독일통일총서 23』. 통일부.
프리드먼 · 토마스(2008). 『뜨겁고, 평평하고 붐비는 세계』. 경기: 21세기북스.
하선영(2019). "월1.5만대→30만대로 쑥…미세먼지로 폭발하는 공기청정기 시장." https://news.joins.com/article/23377752 [접속일: 2019.7.20]
하혜영(2009). 환경분쟁에서 조정성립의 결정요인에 관한 연구: 조성성립 요인의 판별과 예측을 중심으로. 『한국행정학보』, 43(4): 335-357.
______(2011). 환경분쟁조정의 실효성 분석: 재정결정 불복사건의 법원 제소를 중심으로. 『한국행정학보』, 45(1): 77-99.
한국무역협회(2019). 『전세계 환경규제 강화 추이와 수출기업의 대응전략』.
한국에너지공단(2019). 『2019 대한민국 에너지 편람』.
한국행정연구원(2009). 『미래선진한국의 행정연구』.
한국행정학회(2009). 『환경규제의 역사적 흐름 고찰 및 합리적 개선 방안 연구』(환경부 보고서).
한국환경보건학회(2011). 『수용체 관점에서의 환경보건정책 평가지표 개발연구』. 환경부.
______(2016). 『환경보건학』. 서울: 한국방송통신대학교 출판문화원.
한국환경산업기술원(2010). 『환경산업 경쟁력지수 표준모델 개발』.
한국환경정책평가연구원(2008). 『위해도 저감체계 연구』. 서울: 한국환경정책평가연구원
______(2012). 『환경보건 분야 위해성 소통 화성화를 위한 전략 연구』. 서울: 한국환경정책평가연구원.
한상운 외(2007). 『통합적 환경관리체계 구축을 위한 방안 연구Ⅱ』. 환경정책분석평가연구원
한성구(2013). 바이오경제(Bioeconomy) 실현을 위한 정책방향연구. 한국정책학회 하계학술대회 제4회의 발표논문.
함태성(2009). '녹색성장'과 '지속가능발전'의 관계정립에 관한 법적 고찰: 저탄소 녹색성장기본법(안) 제정에 관한 법적 논쟁과 관련하여. 『환경법연구』, 31(1): 355-376.
해리스 · 요나단(1995). 지속가능한 발전을 위한 국제기구 개편론. 도날드 워스터 외 저. 문순홍 편역. 『지속가능한 사회를 향한 생태전략』. 서울: 도서출판 나라사랑.
허 영(1995). 『韓國憲法論』. 서울: 박영사.
홍기훈(2011). 런던의정서의 기후지구공학적 사업 관리 규범 개발 동향 분석. 홍기훈 편. 『기후지구공학적 사업의 관리 규범 제정에 관한 국제 동향: 런던의정서를 중심으로』. 서울: 도서출판 오름.
홍성방(2000). 환경기본권: 한국헌법 제35조에 대한 해석론적 · 입법론적 소고. 『환경법연구』, 22: 473-490.

홍준형(1993). 『환경행정법』. 서울: 한울.
______(1994a). 독일환경정보법의 제정에 관하여. 『環境法硏究』, 16: 한국환경법학회.
______(1994b). 환경분쟁해결절차의 문제점과 대안. 『환경과 생명』, 가을: 76−87.
______(1994c). 『환경법』. 서울: 한울아카데미.
______(1995). 환경정보의 기능과 환경정보공개제도. 『法學論叢』: 277−312. 경원대학교 법학연구소.
______(2001, 2005). 『환경법』. 서울: 박영사.
______(2006a). 공공정책에 대한 사법적 결정의 법이론적 한계(Ⅰ): 대법원의 새만금사건 판결을 중심으로. 『법제』, 580: 46−68.
______(2006b). 공공정책에 대한 사법적 결정의 법이론적 한계(2). 『법제』, 581: 30−53.
______(2010a). 환경갈등과 조정: 쟁점과 대안. 『環境法硏究』, 32(3): 385−416.
______(2010b). 『행정과정의 법적 통제』. 서울: 서울대학교 출판문화원.
______(2012a). 『환경법특강』. 서울: 박영사.
______(2012b). 『행정구제법』. 도서출판 오래.
______(2013c). 『환경법 특강』. 서울: 박영사.
______(2017a). 『지방자치법』. 서울: 대명출판사.
______(2017b). 『행정법』. 경기: 법문사.
______(2017c). 『행정쟁송법』. 서울: 도서출판 오래.
______(2017d). 『환경법특강』. 서울: 박영사.
______(2018a). 『시민을 위한 행정법입문』. 서울: 박영사.
______(2018b). 『한국행정법의 쟁점』. 서울: 서울대학교 출판문화원.
홍준형 편(2008). 『공공갈등의 관리, 과제와 해법』. 서울: 법문사.
홍천룡(1992). 환경오염피해의 구제. 『환경법연구』, 제14집.
환경부(1996). 『쓰레기 從量制 施行 1년의 實績分析評價』.
______(2000~2018). 『環境白書』.
______(2005a). 『생물자원보전종합대책』.
______(2005b). 『환경백서』.
______(2005c). 보도자료(2005년 1월) "우리나라 환경지속성지수 세계 146국중 122위."
______(2006a). 『물환경관리 기본계획: 4대강 대권역 수질보전 기본계획(2006~2015)』.
______(2006b). 『환경보건 10개년 종합계획(2006~2015)』. 서울: 환경부.
______(2010a). 『하수도 재정투자 효율화 및 경영개선을 위한 하수시설 통합 관리 추진계획(안)(통합 하수도정비 및 설치·운영 선진화)』.
______(2010b). 생물자원 보전 관리 및 이용 마스터 플랜(2011~2020).
______(2010c). 녹색강국 대한민국의 길을 열어주는 2011 주요업무 추진계획.

______(2010d). 녹색성장을 위한 환경산업발전방안.
______(2011). 2011년도 제품 · 포장 재별 재활용의무율 고시. 환경부고시 제2011－9호. 2011년 1월 24일 일부 개정.
______(2013a). 녹색기업지정현황(2013년 12월 31일자).
______(2013b). 『환경백서』. 2013. 2018. 2019.
______(2013, 2018c). 전국폐기물 발생 및 처리현황. 2013년, 2018년 자료.
______(2014). 보도자료(2014년 1월 26일자) “우리나라 환경성과지수(EPI) 178개국 중 43위.”
______(2015a). 『글로벌 환경행정관리 발전방안 연구』. 한국행정학회.
______(2015b). 『음식물류 폐기물 관리정책 개선방안 및 해외우수관리정책 비교연구』. 환경부 · 한국행정학회 환경행정연구회: 57－78.
______(2016a). 제3차 자연환경보전기본계획(2016~2025).
______(2016b, 2018). 보도자료, 자원재활용과. 2016.1.22/2018.9.4.
______(2018a). 『환경백서』(1999~2018년).
______(2018b). 『2018 환경백서』.
______(2018c). 환경성과지수 관리 및 개선방안 마련 연구Ⅳ.
______(2019a). “환경부, 미세먼지 대응에 1조 원대 추경 편성.” http://www.me.go.kr/home/web/board/read.do?menuId＝286&boardMasterId＝1&boardCategoryId＝39&boardId＝977275 [접속일: 2019.7.20]
______(2019b). 2018년 환경보전에 관한 국민의식조사 결과.
환경부 외(2019). 미세먼지 해결 다부처 기술개발사업(가칭) 기획 공청회.
환경부 자원순환국(2009). 생활폐기물 수집 · 운반 대행제도개선 추진.
환경부 환경정보자료실(2000). 『팔당상수원 비점오염원 최적관리사업 기본계획 및 타당성조사 수립』.
황혜신(1999). 광역상수원 수질보전정책의 집행에 관한 연구: 팔당상수원 특별대책지역의 토지이용규제를 중심으로. 서울대학교 행정대학원 석사학위논문.
JTBC(2015.2.13). “음식물류 쓰레기의 사료화 문제.”

[국외 문헌]

Andrady, A. L.(2011). Microplastics in the marine environment. *Marine Pollution Bulletin*, 62: 1596－1605.
Angloinfo the global expat network(2013). Waste Disposal and Recycling in Italy Retrieved from http://italy.angloinfo.com/housing/setting－up－home/waste－recycling/
Baker, Susan, Maria Kousis, Dick Richardson, & Stephen Young(1997). Introduction: the Theory and Practice of Sustainable Development in EU Perspective. In Susan Baker,

Maria Kousis, Dick Richardson, & Stephen Young(eds.). *The Politics of Sustainable Development: Theory, Policy and Practice within the European Union*: 1−40. London: Routledge.

Bakker, Karen(2010). *Privatizing Water: Governance Failure and the World's Urban Water Crisis*. Ithaca and London: Cornell University Press.

Baldwin, Robert & Martin Cave(1999). *Understanding Regulation: Theory, Strategy and Practice*. Oxford: Oxford University Press.

Bender/Sparwasser(1990). *Umweltrecht*. 2.Aufl.

Bender/Sparwasser/Engel(1995). *Umweltrecht. Grundzüge des öffentlichen Umweltschu tzrechts*. 3.Aufl. C. F. Müller.

Breuer, R.(1992). *Umweltschutzrecht*. in: I.v.Münch(hrsg). Besonderes Verwaltungsrecht. 9.Aufl.

Breyer, Stephen(1982). *Regulation and its Reform.*

C. Chi−fai(2013, Sep 26). Families could pay HK$74 a month to dump waste, says consultation paper, South China Morning Post. Retrieved from http://www.scmp.com/news/hong−kong/article/1317862/families−could−pay−hk74−month−dump−waste−says−consultation−paper

Carrington, D. & M. Taylor(2018). *Air pollution is the 'new tobacco', warns WHO head.* Retrieved from https://www.theguardian.com/environment/2018/oct/27/air−pollution−is−the−new−tobacco−warns−who−head [접속일: 2019.7.20]

Carson, Rachel(2011). 『침묵의 봄』. 김은령 역. 파주: 에코리브르; *Silent Spring*, MA: Houghton Mifflin Company, 1962.

Chester, I. Barnard(1956). *The Function of Executives.* Cambridge, Mass: Harvard University Press.

Cohen, Steven(2006). *Understanding Environmental Policy.* Columbia University Press.

Cole, M., Lindeque, P., Fileman, E., Halsband, C., Goodhead, R. M., Moger, J., & Galloway, T.(2013). Microplastic ingestion by zooplankton. *Environmental Science & Technology*, 47(12): 6646 - 6655.

Covello, T.(2005). Risk Communication, In H. Frumkin(ed.). *Environmental health: from global to local.* San Fransisco: Jossey−Bass.

Dale, J. H.(1968). *Pollution, Property and Prices.*

David, Morell & Christopher, Magorian(1982). *Sitting Hazardous Waste Facilities*: Local Opposition and the Myth of Preemption. Cambridge, Ballinger Publishing Company.

Defra(2019). https://www.gov.uk/

Dennis, L. Meadows et al.(1972). *The Limits to Growth*. New York: Universe Book.
Dolšak, Nives & Ostrom, Elinor(ed.)(2003). *The Commons in the New Millennium*. MIT Press.
Dunkan, W. Jack(1981). *Organization Behavior*(2nd ed.). Bostone: Houghton Mifflin Co.
Edwards Ⅲ, G. C.(1980). *Implimenting Public Policy*. Washington D.C.: Congressional Quarterly.
Edwin, T. Haefele(1982). *Representative Government & Environmental Management*. Boltimore: The Johns Hopkins.
Eifert, Martin(1994). *Umweltinformation als Regelungsinstrment*. DÖV.
Environmental Agency(2019). https://www.gov.uk/government/organisations/environment agency.
Environment Bureau(2014). A Food Waste & Yard Waste Plan For Hong Kong 2014–2022. Retrieved from http://www.enb.gov.hk/en/files/FoodWastePolicyEng.pdf
EPA 보고서, 2013년 홈페이지.
______(2019). EPA(https://www.epa.gov/laws–regulations)
EPA(Environmental Protection Agency). n.d., *The NRC Risk Assessment Paradigm*, Retrieved from https://www.epa.gov/fera/nrc–risk–assessment–paradigm [접속일: 2019.6.17]
Eurostat(2009). *The Environmental Goods and Services Sector: A Data Collection Handbook*. Office for Official Publication of the European Communities.
Findley, R. & D. Farber(1988). *Environmental Law*. St. Paul, Minn.: West Publishing Co.
Franklin, Denise, Neil Hawke, & Mark Lowe(1995). *Pollution in the UK*. London: Sweet & Maxwell.
Fred, S. Coombs(1981). *The Base of Non Compliance with a Policy*. in John G. Grumm and Stephen L. Waleseby(eds.). The Analysis of Policy impact. Lexington: Health.
Frumkin, H.(2005). *Environmental health: from global to local*. San Fransisco: Jossey–Bass.
Gamhewage, G.(2014). *An Introduction to Risk Communication*. Retrieved from https://www.who.int/risk–communication/introduction–to–risk–communication.pdf?ua=1 [접속일: 2019.6.10]
Germany Law Archieve(2019). https://germanlawarchive.iuscomp.org/
Gerschwer, Lawrence(1996). Informational Standing under NEPA: Jurisdictionality and the Environmental Decisionmaking Process. *Columbia Law Review*, 93.
Gladwin, T. N., Kennelly, J. J., & Krause, T. S.(1995). Shifting Paradigms for Sustainable Development: Implications for Management Theory and Research. *Academy of Management Review*, 20(4): 874–907.
Gleick, Peter(1999). The Human Right to Water. *Water Policy*, 5: 487–503.

Gregory, M. R.(2009). Environmental implications of plastic debris in marine settings–entanglement, ingestion, smothering, hangers–on, hitch–hiking and alien invasions. *Philosophical Transactions of the Royal Society B: Biological Sciences*, 364(1526): 2013–2025.

Gunningham, Neil & Darren Sinclair(1999). Regulatory Pluralism: Designing Policy Mixes for Environmental Protection. *Law and Policy*, 21(1).

Hans, Jonas(1979). Das Prinzip Verantwortung: Versuch einer Ethik für die technologische Zivilisation. Frankfurt am Main.

Hardin, Garrett(1968). The Tragedy of Commons. *Science*, 162.

Hasenfeld & D. Steinmetz(1981). Client–Official Encounters in Social Service Agencies, in C. T. Goodsell(ed.). *The Public Encounter*. London: Macmillan.

Hauf/Müller(Hrsg)(1985). *Umweltpolitik am Scheideweg*. C. H. Beck.

Hawke, Neil(2002). *Environmental Policy: Implementation and Enforcement*. Ashgate Pub Ltd.

Heo, Nak–Won, Hong, Sang–Hee, Han, Gi–Myung, Hong, Sunwook, Lee, Jongmyoung, Song, Young–Kyung, Jang, Mi, & Shim, Won–Joon(2013). Distribution of small plastic debris in cross–section and high strandline on Heungnam beach, South Korea. *Ocean Science Journal*, 48(2): 225–233.

Himmelmann/Pohl/Tünnessen–Harmes(2000). *Handbuch des Umweltrechts*. C. H. Beck.

Hoffmann–Riem, Wolfgang(1994). Ökologisch orientiertes Verwaltungsverfahrensrecht–Vorklärungen. AöR 590.

Hogg, D.(2002). Financing and Incentive Schemes for Municipal Waste Management. Case Studies, European Commision. Retrieved from http://ec.europa.eu/environment/waste/studies/pdf/financingmuncipalwaste_management.pdf

Howe, Charles W.(1991). An Evaluation of US Air and Water Policies. *Environment*, 33(7): 10–36.

Hübner, Christman(2013). History of Energy and Climate Energy Policy in Germany: Christian Democratic Union perspectives 1958–2014. EKLA.

Hucke, J.(1983). Regulative Politik, Das Beispiel Umweltschutz, in: *Abschied vom Recht?*

ICLEI(2016a). 새천년개발목표(MDGs)에서 지속가능발전목표(SDGs)까지: SDGs란 무엇인가? 이클레이 한국사무소 역. Cities and the Sustainable Development Goals. ICLEI Briefing Sheet, 2.

______(2016b). 도시와 인간주거환경을 위한 새로운 범지구적 목표의 도입. 이클레이 한국사무소 역. Introducing a New Global Goal for Cities and Human Settlements. ICLEI

Briefing Sheet, 3.
______(2016c). 도시에서 SDGs 이행하기. 이클레이 한국사무소 역. Implementing the SDGs in Cities. ICLEI Briefing Sheet, 5.

IEA(2012). *CO_2 Emissions from Fuel Combustion Highlights*(2012 ed.).

______[International Energy Agency](2013). *Key Energy Statistics 2013*.

______(2013). Redrawing the energy–climate map. World Energy Outlook Special Report.

______(International Energy Agency)(2017). *Energy Access Outlook 2017*. Paris: IEA.

IPBES(2019). The IPBES Global Assessment Report on Biodiversity and Ecosystem Services.

IPCC(2007). *Climate Change 2007: Synthesis Report*.

______[Inter–governmental Panel on Climate Change](2013). *Climate Change 2013: The Physical Science Basis*, Summary for Policymakers.

ITU(International Telecommunication Union)(2017). *ICT Facts and Figures 2017*. Retrieved from https://www.itu.int/en/ITU–D/Statistics/Documents/facts/ICTFactsFigures2017.pdf [접속일: 2019.6.10]

Jacobs, M.(1991). *The Green Economy: Environment, Sustainable Development and the Politics of the Future*. London: Pluto Press.

James, G. Anderson(1984). *Public Policy–Making*(3rd ed.). New York: Holt Reinhart and winston.

Jang, Yong–Chang & Song, Byung–Joo(2013). A Critical Analysis of the Rationality of South Korea's Marine Debris Policy. *International Journal of Policy Studies*, 4(2): 1–23.

Jänicke, M./Kunig, P./Stitzel, M.(1999). *Umweltpolitik*. Dietz.

John, DeWitt(1994). *Civic Environmentalism, Alternatives to Regulation in States and Communities*. CQ Press.

Jordan, Andrew J. & Duncan Liefferink(2005). *Environmental Policy in Europe: The Europeanization of National Environmental Policy*. Routledge.

Karen, Arms(1994). *Environmental Science*(2th ed.). *Saunders College Publishing*. Fort Worth Philadelphia.

Kay, John & John Vickers(1990). Regulatory Reform: An Appraisal. Giandomenico Majone(ed.). *Deregulation or Re–regulation?: Regulatory Reform in Europe and the United States*. London: Saint Martin's Press.

Kloepfer, M.(1992). *Umweltrecht*. in: Achterberg/Püttner(Hrsg). Besonderes Verwaltungsrecht II.

Kraft, Michael & Norman J. Vig(1990). *Environmental Policy in the 1990s: Toward a New*

Agenda. CQ Press.

Kraft, Michael E. & Vig, Norman J.(1994). Environmental Policy From the 1970s to the 1990s: Continuity and Change. in: *Environmental Policy in the 1990s: Toward a New Agenda*. CQ Press.

Langford, Malcolm(2005). The United Nations Concept of Water as a Human Right: A New Paradigm for Old Problems? *Water Resources Development*, 21(2): 273−282.

Lee, J., Hong, S., Song, Y. K., Hong, S. H., Jang, Y. C., Jang, M., & Shim, W. J.(2013). Relationships among the abundances of plastic debris in different size classes on beaches in South Korea. *Marine pollution bulletin*, 77: 349−354.

Lipsky, M.(1980). *Street−Level Bureaucracy*. New York: Russell Sage.

Livingston, I.(2019). *Europe's historic heat wave crushed more records this weekend, but it's finally easing*. Retrieved from https://www.washingtonpost.com/weather/2019/07/01/europes−historic−heat−wave−crushed−more−records−this−weekend−is−finally−easing/?utm_term=.6023d308ebf7 [접속일: 2019.7.21]

Macal, Charles M. & Barbara J. Broomfield(1983). Point versus Nonpoint Pollution Control Strategies. *Environmental Policy−Water Quality: Volume Ⅲ of Environmental Policy−A Five Volume Series*. George, S. Tolley et al.(eds.). Cambridge: Ballinger Publishing Company.

Malone, Linda(2010). *Emanuel Law Outlines*. Aspen Publishers.

Martuzzi, M. & J. A. Tickner(eds).(2004). *The precautionary principle: Protecting public health, the environment and the future of our children*. Copenhagen: WHO Regional Office for Europe. Retrieved from http://www.euro.who.int/__data/assets/pdf_file/0003/91173/E83079.pdf [접속일: 2019.7.17]

Miller, G. Tyler & Scott E. Spoolman(2013). 『Environmental Science 14th』.

Mazmanian, Daniel & Paul Sabatier(ed.)(1981). *Effective Policy Implemention*. Lexington Mass: Lextington Books.

National Environmental Education Advisory Council(1996). Report Assessing Environmental Education in the United States and the Implimentation of the National Environmental Education Act of 1990, Washington D.C: U.S.

National Research Council(U.S.) Committee on the Causes and Management(Cor)(2000). *Clean Coastal Waters: Understanding and Reducing the Effects of Nutrient Pollution*. Natl Academy Pr.

O'Leary, Rosemary(1993). Emergency Planning: Local Government and the Community Right−to−Know Act. ICMA.

______(1993). The Progressive Ratcheting of Environmental Laws: Impact on Public Management. *Policy Studies Review*. Autumn/Winter 1993, 12: 3/4, 118－136.

O'Leary, R. & Raines, S.(2001). Lessons Learned from Two Decades of Alternative Dispute Resolution Programs and Process at the U.S. Environmental Protection Agency. *Public Administration Review*, 61(6): 682－692.

OECD(1989). *Economic Instruments for Environmental Protection*. Paris.

______(1994). *United Kingdom*. OECD.

______(1999). *The Environmental Goods and Services Industry: Manual for Data Collection and Analysis*.

______(2001). *Extended producer responsibility: A guidance manual for governments*: 161.

______(2007). *Instrument Mixes for Environmental Policy*.

Office of Technology Assessment(1991). *Biotechnology in a Global Economy*. U.S.

Office of the UN Commissioner for Human Rights(2007). *The Right to Water*. September.

Panayotou, T.(1990). *The Economics of Environmental Degradation: Problems, Causes and Responses*. Development Discussion Paper No.335. A CAER Project Report. *Harvard Institute for International Development*. Cambridge. MA: Harvard University.

Pernthaler/Weber/Wimmer(1992). *Umweltpolitik durch Recht－Möglichkeiten und Grenzen, Rechtliches Strategien zur Umsetzung des Umweltmanifests*. Manzsche Verlags－und Universitäts－buchhandlung. Wien.

Pohl(1996). Instrumente des Umweltrechts, in: Himmelmann/Pohl/Tünnesen Harmes, *Handbuch des Umweltrechts*. C. H. Beck.

Prümm, H. P.(1989). *Umweltschutzrecht*.

Randall, B. Ripley & Grace Franklin(1982). *Bureaucracy and Policy Implementation*. Home Wood, Ⅲ: The Dorsey Press.

Robbin Attfield. *Ethics of Environmental Concern*. a.a.O.: 197.

Robert, Elliot(1985). Critical Notice of the Ethics of Environmental Concern, in: *Australasian Journal of Philosophy*, 63: 499－505.

Rochman, C. M., Browne, M. A., Halpern, B. S., Hentschel, B. T., Hoh, E., Karapanagioti, H. K., Rios－Mendoza, L. M., Takada, H., Teh, S., & Thompson, R. C.(2013). Policy: Classify plastic waste as hazardous. *Nature*, 494: 169－171.

Rollinson, Simon(2010). Changing Dynamics of Environmental Politics in Britain: a case study of the UK Climate Change Act. *POLIS Journal*, 3: 1－38.

Rophl, Günter(1985). *Die unvollkommene Technik*. Frankfurt a. M.

Rose, Carol M.(1994). Given－ness and Gift: Property and the Quest for the environmental ethics. *Environmental Law*, 24: 1, 1－31.

Rosenbaum, Walter A.(2013). *Environmental Politics and Policy*(9th ed.). CQ Press.

Roßnagel, A./Neuser, U.(Hrsg.)(1996). *Reformperspektiven im Umweltrecht. Nomos－Verlags-gesellschaft*. Baden－Baden.

Sachs, Jeffrey D.(2015). 「지속가능발전의 시대」. 홍성완 역. 파주: 21세기북스; *The Age of Sustainable Development*. N.Y.: Columbia University Press.

Schmidt, Reiner(1994). *Der Staat der Umweltvorsorge*. DÖV 749ff.

Schraufnagel, D. E. et al.(2019). Air Pollution and Noncommunicable Diseases: A Review by the Forum of International Respiratory Societies, Environmental Committee. Part 1: The Damaging Effects of Air Pollution. *Chest*, 155(2): 409－416.

Schulz, A. & M. E. Northridge(2004). Social determinants of health: Implications for environmental health promotion, *Health Education & Behavior*, 31(4): 455－471.

Schumahur, E. F.(2002). 이상호 역, 『작은것이 아름답다: 인간중심의 경제를 위하여』. 서울: 문예출판사.

Skumatz Economic Research Associcate(2007). Pay As You Throw in the U.S.: 2006 update and analyses Retrieved from http://www.epa.gov/osw/conserve/tools/payt/pdf/sera06.pdf

Stavins, Robert N.(1998). The Choice of Regulatory Instruments in Environmental Policy. *Harvard Environmental Law Review*, 22(2): 313－367. with N. Keohane & R. Revesz Reprinted in *Land Use and Environmental Law Review*. Vol.30. September 1999.

Stone, Christopher D.(1974). Should Tree Have Standing?: Toward Legal Rights for Natural Objects. *Portola Valley*. CA: Tioga Publishing Company.

Susskind, Lawrence & Jennifer Thomas－Larmer(1999). *The Consensus Building Handbook: A Comprehensive Guide to Reaching Agreement*. The Consensus Building Handbook.

Thomas, L. Friedman(2009). 2009 Green Forum 연설문, 조선일보・이상네트웍스공동주관.

UN(2015). *Transforming Our World: The 2030 Agenda for Sustainable Development.*

UNDP[United Nations Development Program](2007). *Human Development Report 2007/2008－Fighting Climate Change: Human Solidarity in a Divided World.*

UNFCCC[United Nations Framework Convention on Climate Change](2013). National greenhouse gas inventory data for the period 1990~2011.

Vig, Norman J. & Kraft, Michael E.(ed.)(2000). *Environmental Policy*(4th ed.). CQ Press.

______(2012). *Environmental Policy: New Directions for the Twenty－First Century*(8th ed.). CQ Press.

Vogel, David(1990). Environmental Policy in Europe and Japan. In Norman J. Vig &

Michael E. Kraft. *Environmental Policy in the 1990s*. Washington D.C.: CQ Press.

WCED(World Commission on Environment and Development)(1987). *Our Common Future*. The Report of the World Commission on Environment and Development. Oxford: Oxford University Press.

WHO(World Health Organization)(2013). *Health risk assessment from the nuclear accident after the 2011 Great East Japan earthquake and tsunami, based on a preliminary dose estimation*

WHO. n.d.(a). *General information on risk communication*. Retrieved from https://www.who.int/risk-communication/background/en/ [접속일: 2019.6.10]

WHO. n.d.(b). 21st century challenges and opportunities for risk communications, Retrieved from https://www.who.int/risk-communication/21st-century-challenges-opportunities-for-risk-comms.pdf?ua=1 [접속일: 2019.6.9]

WMO[World Meteorological Organization](2013). "The Global Climate 2001~2010: A decade of climate extremes summary report." available at http://library.wmo.int/pmb_ged/wmo_1119_en.pdf

World Bank(2013). *Building Resilience: Integrating Climate and Disaster Risk into Development*.

World Commission on Environment and Development(1987). *Our Common Future*. Oxford. UK: Oxford University Press

Wu, Jianguo(2013). Landscape Sustainability Science: Ecosystem Services and Human Well-being in Changing Landscape. *Landscape Ecology*, 28: 999-1023.

Zivin, J. G. & M. Neidell(2018). Air pollution's hidden impacts. *Science*, 359(6371): 39-40. DOI: 10.1126/science.aap7711

吉田克己(1979). 環境基準.『公害總點検と環境問題の行方』. ジュリスト 増刊 總合特輯.

木佐茂男・古城誠(1995).『環境行政判例の綜合的硏究』. 北海道大學圖書刊行會.

北村喜宣(1992). 環境基準.『行政法の爭点(新版)』. ジュリスト 増刊.

山村恒年(1997).『環境法入門』. 昭和堂.

山村恒年(1989).『自然保護の 法と戰略』東京: 有裴閣選書.

桑原勇進(2013).『環境法の基礎理論』. 東京: 有斐閣.

小高剛(1992).『行政法各論』. 有斐閣.

松村弓彦(1999).『環境法』. 成文堂.

阿部泰隆・談路剛久 編(1995).『環境法』. 有斐閣.

原田尙彦(1977).『環境權と裁判』. 弘文堂.

______(1981). 『環境法』. 弘文堂.

[방문해 볼 만한 웹사이트]

기상청: http://www.kma.go.kr

기후변화행동연구소: http://climateaction.re.kr/

기후변화홍보포털: http://www.gihoo.or.kr

에너지관리공단: http://www.kemco.go.kr/

온실가스종합정보센터: http://www.gir.go.kr/main.jsp

환경부: http://www.me.go.kr

환경재단 기후변화센터: http://www.climatechangecenter.kr/

Germanwatch: http://germanwatch.org/de/startseite

International Energy Agency: http://www.iea.org

IPCC: http://ipcc.ch/

UNEP: http://www.unep.org/

UNFCCC: http://unfccc.int/

World Meteorological Organization: http://www.wmo.org/

World Resource Institute: http://www.wri.org/

https://www.apha.org/apha-communities/member-sections/environment

찾아보기

ㄱ

건설폐기물 256, 306
게브레예수스(Tedros Adhanom Gebreyesus) 228
경관권 385
경쟁성 80
경제 유인적 규제 402, 404
경제이익단체 84
경제적 규제 342
경제적 유인수단원칙 275
경제적 유인제도 357
계약수거제 325
고다드 우주연구소(GISS) 182
고위급 정치포럼(HLPF) 38
공공자율 프로그램 349
공공재 58, 59
공동이행제도(JI) 406
공적개발원조(ODA) 197
공해세 346
교토의정서 183, 191, 206
교토 체제 195
국가 기후변화 적응대책 214
국가기후환경회의 228
국가물관리 체계 169
국가온실가스 감축목표 210
국가환경정책법(NEPA) 390, 449, 458
국립건강원(NIH) 113
국제개발원조(ODA) 26
국제 배출권 거래제(IET) 195
군서도서연합(AOSIS) 198
규범적 책임 61
규제 실패 426, 427
규제의 패러독스 430
그린경제 477
그린피스(Green Peace) 86
기준 설정 412, 413
기후 변화 176
기후변화 대응 기본계획 209
기후변화법 486, 487
기후 변화에 관한 정부간 위원회(IPCC) 176
기후 변화 5대 적응원칙 214
기후변화협약(UNFCCC) 183, 186, 191, 193, 206, 398
기후투자기금(CIF) 197

ㄴ

나고야(名古屋) 의정서 95
나이로비선언 29
나이로비회의 105
낙동강 페놀오염 사고 146
납부칩 · 스티커제 292
네거티브 방식 353
녹색기업(GC) 362
녹색기후기금(GCF) 185, 197, 208
녹색성장 국가전략 209

녹색성장위원회 208
녹색성장정책 102
농업행위 규제 366
님비(NIMBY) 262, 336

ㄷ

단계별 보호구역 관리제도 366
대기오염 254
대기오염방지위원회 474
대통령자문지속가능발전위원회(PCSD) 34
대표농도경로(RCPs) 181
도구적 책임 62
독립채산제 325

ㄹ

런던 스모그 사건 28, 471
런던의정서 144
런던협약 145
레스터(James P. Lester) 79
레이건(Ronald Reagon) 450
로젠바움(Walter A. Rosenbaum) 67
루스벨트(Theodore Roosevelt) 448
리우+10회의 36
리우+20회의 36
리우선언 364
리우환경회의 460

ㅁ

매즈매니언(Daniel Mazmanian) 319
메르켈(Angela Merkel) 494
명령적 규제 402, 403, 409
명령 지시적 규제 344, 354, 360
명령 통제식 규제 351
목표지향적 자발적 협약 349
무공해 기술 451
무역기술장벽(TBT) 359
물보호법 486, 487
물 산업 173
물이용부담금 150
물 인권 132
미국공공보건협회 229
미국 항공우주국(NASA) 179
미국 해양대기청(NOAA) 179

ㅂ

바나나(BANANA) 신드롬 336
바이오벤처기업 116, 125
발리 로드맵(Bali Road Map) 184
방치폐기물 312
배출권 거래제(ETS) 195, 346, 347, 365, 367, 406
배출 규제 156, 420, 421
배출면허 거래제 406
배출부과금 346, 422
배출부과금제도 408, 435
배출자부담원칙 275
배출 전망치(BAU) 194
배출 허용 기준 417
번영축 40
벤처 캐피털 116
보먼(A. Bowman) 79
보조금 346
부담금 346
본(Bonn)지침 106
부과금 346
분류식 154
불딩(Kenneth E. Boulding) 57
불확실성 80

브란트(Willy Brandt) 490
브룬트란트(Gro Harlem Bruntland) 29
브룬트란트 보고서 30
블레어(Tony Blair) 475
비점오염원 344
비정부조직(NGOs) 34
빈용기 보증금제도 272

ㅅ

사바티어(Paul A. Sabatier) 319
사업장폐기물(ISW) 255, 256, 324
사업장폐기물 감량화 제도 304
사용자부담원칙 150
사유재 58
사전예방원칙 275
사전 예방적 규제 363
사전적 규제 353
사회적 규제 342, 353, 402
산림원칙협약 399
산업배출지침(IED) 373
산업폐기물 255
상수원 관리지역 지원제도 151
상수원 보호 규제 365
상수원 오염 원인 366
새천년개발목표(MDGs) 38, 40, 42
생명공학정보센터(NCBI) 114
생물다양성과학기구(IPBES) 94
생물다양성협약(CBD) 95, 105, 110, 121, 399
생물유전자원 115
생물자원 100
생물자원산업(바이오산업) 102
생물자원정책 97, 107, 115
생산자 책임 재활용제도 264
생태계 지식교환 네트워크 477
생태계 평가 체계 477
생태계 활력성 369
생활폐기물(MSW) 255, 256, 324
생활환경 382
선스테틴(Cass R. Sunstein) 427, 428
성과지향적 자발적 협약 349
세계경제포럼(WEF) 368
세계기상기구(WMO) 182
세계무역기구(WTO) 249
세계생물다양성정보기구(GBIF) 106
세계자연기금(WWF) 86
세계지속가능발전정상회의(WSSD) 35
세계환경개발위원회(WCED) 29
수계관리기금 150
수변구역제도 149
수변생태벨트 150
수자원 130
수질오염 130, 133, 254
수질환경 기초시설 152
수질환경 정책 수단 159
수출입폐기물 313
순환자원정보센터 307
슈뢰더(Gerhard Fritz Kurt Schröer) 493
시민단체 457
시장 경제적 접근방법 344
시장 유인적 규제 344, 346, 354, 361, 402, 409
신기후 체제 192
신뢰 보호의 원칙 384
신중성 24, 25
심각성 80
쓰레기 제로화 322
쓰레기 종량제 275, 287, 346

ㅇ

안전성 24, 25
앤더슨(James G. Anderson) 335

억제적 금지 420
에너지기후변화시대 102
에너지와 환경위원회 474
엔트로피 증대의 법칙 57
연계성 24, 25
연방공해방지법 512
연방 방사능보호청 499
연방수질오염관리법 510
연방 자연보호청 498
연방환경 · 자연 보호 · 핵안전부(BMU) 496, 497
연방환경청(UBA) 491
열역학 제1법칙 57
열역학 제2법칙 57
영농폐기물 314
예방적 금지 420
예치금 346
오염총량관리제 157
오 · 폐수 처리 과정 160
온실가스 배출권 거래제 218
온실가스 배출 현황 199
온실가스 · 에너지 목표관리제 217
올바로 체계(Allbaro System) 262, 311
왕립환경오염단속단(HMIP) 475
왕립환경오염위원회 474
왕실오염검사단(HMIP) 511
요하네스버그선언 35
우리 공동의 미래 24, 30
위해성 관리 243
위해성 소통 246
위해성 평가 239
윌슨(Ernest H. Wilson) 109
유럽공동기술개발기구(EUREKA) 114
유럽생명공학연맹(EFB) 114
유엔경제사회이사회(UN ECOSOC) 44
유엔 고위급정치포럼(HLPF) 44
유엔 기후변화협약(UNFCCC) 176
유엔 물기구(UN Water) 48
유엔인간환경회의(UNCHE) 28
유엔통계위원회(UNSC) 44
유엔환경개발회의(UNCED) 105
유엔환경계획(UNEP) 29, 182
유전자변형농식물(GMO) 101
유전자원 109
음식물류 쓰레기 종량제 290
음식물류 폐기물 306
의료폐기물 312
이산화탄소 포집 및 저장(CCS) 198
이산화황 거래제도 365
이슈 네트워크 82
이클레이(ICLEI) 34, 36
이행 인센티브 346
인간축 40
인간환경선언 398
인 · 허가제 420
일괄도급제 325
일반폐기물 255
일본바이오산업경영자협회(JABEX) 115, 125
일조권 385

ㅈ

자발적 협약 351
자연자원 56
자연환경 56, 382
자연환경백서 476
자연환경 보전정책 97, 98
자연환경 향유권 385
자원순환 성과관리제도 315
자원순환 인정제도 315
자원순환정책 252
자율 규제 344, 348, 354, 362
자진신고자 감면제도 373

재활용목표관리제도 271
재활용 폐기물 관리정책 273
저출산 고령화 문제 26
저탄소 녹색성장 기본법 405
전용봉투제 292
전자태그(RFID) 시스템 292
전통적인 위해성 평가 241
점오염원 343
정부 규제 342
정부조직(GOs) 34
정책 네트워크 82
제3자 인증 350
제3차 생물다양성전략 99
제이콥스(Jane Jacobs) 31
제품 포장재 사용 규제정책 302
조망권 385
중앙환경행정 기구 69
지구온난화 177
지구온난화 지수(GWP) 177
지구축 40
지구환경기기금(GEF) 197
지구환경보전위원회 465
지방행동21 36
지속가능발전(SD) 24, 75
지속가능발전위원회(UNCSD) 34, 38, 73
지역 · 지구제 420
직접 규제 343
질산염 감시구역제도 366
집적현상 413

ㅊ

청년실업 문제 26
청소 대행업체 326
청정개발체제(CDM) 195, 406
청정대기법 458, 471, 510
청정생산기술 451
청정수질법 459
친환경 에너지타운 조성사업 310

ㅋ

카슨(Rachel L. Carson) 449
카터(Jimmy Carter) 449
코리언 힐(Korean Hill) 101
코모너(B. Commoner) 62, 77
콤즈(Fred S. Coombs) 335
크로커(T. Crocker) 367
클린턴(Bill Clinton) 451

ㅌ

토양오염 254
토지매수제도 149
토지이용 규제 147
톤당 단가제 325
통합 물관리 체계 169
통합 에너지 및 기후 프로그램(IEKP) 495
통합오염 예방저감 지침(IPPCD) 373
통합 위해성 평가 241
통합적 오염 예방관리(IPPC) 371
트럼프(Donald Trump) 452, 510

ㅍ

파리협정 188, 201
파트너십축 40
평화축 40
폐기물 254
폐기물 감량화 정책 301
폐기물 관리 261, 262
폐기물 부담금제도 298

폐기물 재활용 305
폐기물 종량제 255
폐기물 처리시설 262
폐기물 처리업체 323
폐기물 처분 부담금제도 317
포괄성 24
포지티브 방식 353
프라이스(Vistoria Price) 64
프리드먼(Thomas Friedman) 338

ㅎ

하스켈(Elizabeth Haskell) 64
합류식 154
해양생태계 141
해양쓰레기 141
해양쓰레기 통합정보시스템 144
해양오염 137
허가제 325
헤닝(Leopold D. Henning) 79
헤펠(Edwin T. Haefele) 331
헬코(Hugh Helco) 82
협상형 자발적 협약 349
형평성 24, 25
화학물질 등록 · 평가제도(REACH) 393
확대 생산자 책임제도 142
환경건강 369
환경계획 411
환경과 개발에 관한 리우선언 398
환경과 개발에 관한 유엔회의(UNCED) 398
환경교통지역부(DETR) 475, 480, 504
환경권 60, 379, 381
환경권에 대한 판례 383
환경 규제 60, 342, 426, 431
환경 규제 개혁 368
환경기술 451
환경 기준 416
환경 라벨링 제도 350, 363
환경 문제 59, 372, 378
환경법 390
환경 법규 435, 436
환경법의 체계 397
환경보건 229, 236
환경 보호 411
환경보호기본협정 492
환경보호단체 85
환경보호법 486
환경보호청(EPA) 453, 503
환경 분쟁 440
환경성 466
환경성과지수(EPI) 368
환경소송 441
환경 · 식품 · 농업부(Defra) 472, 476, 479, 480, 483, 507
환경영향평가(EIA, UVP) 416, 418
환경영향평가제도 73, 363, 435
환경오염 424, 440
환경 유해인자 234
환경이용권 407
환경장관회의(UMK) 496
환경적으로 건전하고 지속가능한 발전(ESSD) 33
환경정책 65
환경정책기본법 65
환경정책평가연구원(KEI) 121
환경조성청구권 385
환경지속성지수(ESI) 370
환경질 기준 412
환경질위원회(CEQ) 67, 453
환경처(EPA) 67
환경청(EA) 482
환경침해배제청구권 385

환경행정 65, 399, 447, 503, 505, 509
환경행정 체계 67, 69

1회용품 사용 규제정책 301
4대강 사업 162
4대강 특별법 157
5P축 40
ABS 121
Agenda 21 398, 475
BOD 135, 153
COD 136
GIS 75
MERS 249
PAC 465
PAY－PER－BAG SCHEME 284, 285
PAYT(pay as you throw) 278
PAYT 프로그램 278
PHE 237
TAGGED BAG SCHEME 284
UN 지속가능발전목표(SDGs) 39
UNICEF 133
WHO 133, 229

저자 소개

김창수

서울대학교 대학원(행정학 박사)
현) 한국지방정부학회 연구부회장
현) 부경대학교 행정학과 교수

[주요 저서 및 논문]
『정부규제의 구조와 논리』(2012)
『공공갈등과 행정이론』(2016)
『정책학의 구조와 논리』(2018)

[관심 분야]
환경행정, 관료제, 공공갈등관리, 정부규제 등

김하나

미국 델라웨어대학교(에너지환경정책학 박사)
현) 세종대학교 기후변화협동과정 조교수
녹색성장위원회 위원, 서울시 에너지정책위원회 위원

[주요 저서 및 논문]
『기후변화·에너지·보건 넥서스』(2018, 공저)
“Circular Economy and Energy Transition: A Nexus Focusing on the Non–Energy Use of Fuels” (2019)
“PV Waste Management at the Crossroads of Circular Economy and Energy Transition: The Case of South Korea”(2018)
“A study for the promotion of environmental management in the health sector in South Korea” (2018)
“Changes in energy and carbon intensity in Seoul's water sector”(2018) 외 다수

[관심 분야]
에너지–물 넥서스, 에너지전환, 순환경제 등

문태훈

미국 뉴욕주립대학교(SUNY at Albany)(행정 및 정책학 박사)
현) 중앙대학교 사회과학대학 도시계획부동산학과 교수
현) 국가지속가능발전위원회 위원장(2018~현재)
1994년 서울연구원 도시환경연구부 책임연구원, 1995년 중앙대학교 교수로 부임, 시스템다이내

믹스학회장(2003), 한국지역개발학회장(2016), 환경정책학회장(2020), 환경부 자체평가위원장(2016), 서울시 지속가능발전위원회 공동위원장(2015) 등 역임

[주요 저서 및 논문]

『환경정책론』(1997)

『시스템사고로 본 지속가능도시』(2007)

『지속가능도시론』(2007, 공저)

『환경행정학』(2014, 공저) 등

"성장의 한계 논의의 전개와 지속가능발전에의 함의"(2016)

"Policy Analysis to Reduce Climate Change-Induced Risks in Urban and Rural Areas in Korea"(2017, 공저)

박미옥

동국대학교 대학원(행정학 박사)

현) 한국행정학회 환경행정연구회장

현) 한국정책학회 부회장

현) 고양시 공직자윤리위원회 위원장

현) 기상청 자체평가위원

한국지방자치학회 부회장, 한국행정학회 여성특별위원회 위원장, 환경부 자체평가위원회 평가위원, 한국기상산업기술원 비상임이사, 농림식품부 정보공개심의위원 등 역임

[주요 저서 및 논문]

『환경행정학』(2014, 공저)

『환경정책론』(2017, 공저)

"21세기 녹색혁명, 6차산업화 정책사례 연구: 한국과 일본을 중심으로"(2017)

"한국지방정부의 자원순환정책집행에 관한 연구: 경기도 음식물쓰레기종량제의 사례분석을 중심으로"(2016)

"한국 음식물류 쓰레기종량제의 집행과 정책적 시사점: 정책대상집단의 순응요인확보를 중심으로"(2015)

"녹색성장과 음식물쓰레기 종량제의 집행과 정책적 시사점"(2011)

"MB정부의 4대강사업에 대한 찬반양론에 대하여"(2010)

"저출산 시대에 한국보육정책의 실태분석"(2010) 외 다수

[관심 분야]

환경, 복지 및 여성 정책, 지방행정 등

박용성

영국 맨체스터대학원(행정학 박사)
현) 단국대학교 행정학과 교수
현) 기획재정부 공공기관 경영평가단 위원
대통령소속 지방이양위원회 실무위원장, 정부혁신관리위원회 위원 등 역임

[주요 저서 및 논문]

『이론으로 풀어 본 정부혁신』(2007, 공저)
"조직역량지수 신뢰성검증에 관한 연구"(2009)
"정책옹호연합모형에 있어서 정책중개자의 유형과 역할에 대한 연구"(2011, 공저)
"하위정부는 존재하는가? 소하천정책 하위체계의 유형분석에 대한 연구"(2012) 외 다수

[관심 분야]

환경정책, 정부 및 공공부문의 혁신, 정책변동연구 등

오수길

성균관대학교 대학원(행정학 박사)
현) 고려사이버대학교 창의공학부 교수
환경부 중앙환경정책위원회, 서울시 지속가능발전위원회, 전국지속가능발전협의회

[주요 저서 및 논문]

『로컬 거버넌스의 성공모델』(2018, 공저)
『우리의 지속가능한 도시』(2017, 공저)
Interdisciplinary Perspectives on Public Affaris & Qualitative Research(2016, 편저)
"유엔 SDGs 지방화의 맥락과 이행 방안"(2018, 공저)
"지속가능발전목표와 지방정부의 목표체계 전환"(2018, 공저)
"환경 거버넌스와 헌법"(2017) 등

[관심 분야]

거버넌스, 지속가능발전, 행정철학 등

윤순진

미국 델라웨어대학교(환경에너지정책학 박사)
현) 서울대학교 환경대학원 교수
현) 산업통상자원부 에너지위원회 위원
현) 환경부 자체평가위원회 위원
한국 공간환경학회 부회장, 전 대통령자문 지속가능발전위원회 위원, 독일 총리실 산하 지속가능발전위원회 동료평가위원 등 역임

[주요 저서 및 논문]

『남북한 환경정책 비교연구』(2008, 공저)
『우리 눈으로 보는 환경사회』(2009, 공저)
『기후붕괴시대』(2010, 공저)
『환경사회학 이론과 환경문제』(2013, 공저)
『환경사회학; 환경사회학 이론과 실제』(2004, 공저)
"Climate Policy Networks in South Korea: alliance and conflicts"(2014) 외 다수

[관심 분야]

기후변화정책, 환경, 에너지, 기후 변화에 대한 시민 인식, 에너지정책, 환경 정책 등

하현상

미국 플로리다 주립대학교(FSU)(행정학 박사)
현) 국민대학교 행정학과 부교수
한국지방행정연구원 수석연구원, 한국행정학회 총무이사, 한국정책학회 연구이사, 정부업무평가 전문위원, 행정안전부 합동평가위원 등 역임

[주요 저서 및 논문]

『문화와 국민행복:문화국가 만들기』(2019, 공저)
"What Explains Local Governments' Involvement in Collaborative Commitments for a Sustainable Environment"(2019)
"지속가능한 환경을 위한 거버넌스 채택에 대한 신뢰와 제도의 영향: 미국 플로리다 지방정부를 중심으로"(2013, 공저) 외 다수

[관심 분야]

지방 및 도시행정(마을공동체, 지역발전), 환경정책, 문화정책 등

홍준형

독일 Göttingen대학교(법학 박사)
현) 서울대학교 행정대학원 교수
한국공법학회 회장(2011.7~2012.6)
한국환경법학회 회장(2009.7~2010.7)
서울대학교 행정연구소 소장(2009.1~2014.12)
한국학술단체총연합회 이사장 · 회장(2014.1~2016.11)
개인정보분쟁조정위원회 위원장(2011.11.14~2015.12)
중앙환경분쟁조정위원회 비상임위원(2008.10~2010.10)

[주요 저서 및 논문]

『환경법특강』(2017)
『환경법』(2005)
『시민을 위한 행정법입문』(2018)
『한국행정법의 쟁점』(2018)
『행정과정의 법적 통제』(2010)
『행정법』(2017)
『행정구제법』(2012)
『법정책의 이론과 실제』(2008)
『공공갈등의 관리, 과제와 해법』(2008, 공저)
Die Klage zur Durchsetzung von Vornahmepflichten der Verwaltung(1992). Schriften zum Prozeßrecht Bd.108, Duncker & Humblot Verlag, Berlin

[관심 분야]

환경법과 환경정책, 법정책학, 행정법, 행정과정의 법적 통제, 정보행정법 등

개정판

환경행정학

펴낸날 제1판 제1쇄 2014년 9월 10일
개정판 제1쇄 2020년 2월 28일
지은이 박미옥 외
펴낸이 임춘환
펴낸곳 도서출판 대영문화사
주소 (본사) 사무실: 경기도 고양시 일산서구 주화로 70
우신프라자 307호 (우) 10387)
(본사) 물류센터: 경기도 고양시 일산서구 덕산로
107번길 68-50 (우) 10205)
등록 1975년 12월 26일 제3-16호
전화 (031) 913-3062, (031) 914-3884~5
팩스 (031) 913-3839
홈페이지 http://www.dymbook.co.kr

ISBN 978-89-7644-758-6
값 29,000원